中华人民共和国行业标准

Gonglu Gongcheng Biaozhun Guifan Huibian Quanshu

公路工程标准规范汇编全书

交通工程卷

本社汇编

人民交通出版社

内 容 提 要

《公路工程标准规范汇编全书》分九卷对现行公路工程类行业标准、规范、规程进行了汇编，并对上述图书出版过程中的疏漏予以校正。本书为《公路工程标准规范汇编全书》之交通工程卷，汇编了《公路交通安全设施设计规范》（JTG D81—2006）、《公路交通安全设施设计细则》（JTG/T D81—2006）、《公路交通安全设施施工技术规范》（JTG F71—2006）、《高速公路护栏安全性能评价标准》（JTG/T F83-01—2004）、《公路隧道交通工程设计规范》（JTG/T D71—2004）、《公路工程质量检验评定标准　第二册　机电工程》（JTG F80/2—2004）、《高速公路交通工程及沿线设施设计通用规范》（JTG D80—2006）等七部现行公路工程类行业标准，以便于相关公路工程技术人员使用。

图书在版编目（CIP）数据

公路工程标准规范汇编全书．交通工程卷/本社汇编．北京：人民交通出版社，2007.11
ISBN 978－7－114－06736－5

Ⅰ.公…　Ⅱ.人…　Ⅲ.①道路工程－标准－汇编－中国②交通工程－标准－汇编－中国　Ⅳ.U41－65

中国版本图书馆 CIP 数据核字（2007）第 121158 号

书　　名：公路工程标准规范汇编全书·交通工程卷
著 作 者：本社汇编
责任编辑：刘　涛　李　农
出版发行：人民交通出版社
地　　址：（100011）北京市朝阳区安定门外外馆斜街 3 号
网　　址：http://www.ccpress.com.cn
销售电话：（010）85285838，85285995
总 经 销：北京中交盛世书刊有限公司
经　　销：各地新华书店
印　　刷：北京宝莲鸿图科技有限公司
开　　本：880×1230　1/16
印　　张：35
字　　数：1112 千
版　　次：2007 年 11 月　第 1 版
印　　次：2007 年 11 月　第 1 次印刷
书　　号：ISBN 978－7－114－06736－5
印　　数：0001－2000 册
定　　价：116.00 元
（如有印刷、装订质量问题的图书由本社负责调换）

目　　录

JTG

中华人民共和国行业标准 JTG D81—2006

1

公路交通安全设施设计规范

Specification for Design of Highway Safety Facilities

2006-07-07 发布 2006-09-01 实施

中华人民共和国交通部发布

中华人民共和国交通部公告

2006 年第 16 号

关于发布《公路交通安全设施设计规范》(JTG D81—2006)和《公路交通安全设施施工技术规范》(JTG F71—2006)的公告

现发布《公路交通安全设施设计规范》(JTG D81—2006)和《公路交通安全设施施工技术规范》(JTG F71—2006),自 2006 年 9 月 1 日起施行,原《高速公路交通安全设施设计及施工技术规范》(JTJ 074—94)同时废止。

《公路交通安全设施设计规范》(JTG D81—2006)中第 4.2.1 条第(1)、(2)款;第 4.2.2条第(1)款;第 5.2.1 条;第 5.2.2 条;第 8.2.1 条第(1)款为强制性条文,必须严格执行。《工程建设标准强制性条文》(公路工程部分)2002 版中关于《高速公路交通安全设施设计及施工技术规范》(JTJ 074—94)的强制性条文同时废止。

该两本规范的管理权和解释权归交通部,日常解释及管理工作由编制单位交通部公路科学研究院负责。请各有关单位在实践中注意总结经验,若有修改意见请函告交通部公路科学研究院,以便修订时研用。

特此公告。

中华人民共和国交通部

二〇〇六年七月七日

前　言

为更好地适应公路建设的需要,交通部交公路发【1999】739号文决定对1994年6月1日实施的《高速公路交通安全设施设计及施工技术规范》(JTJ 074—94)进行修订,并委托交通部公路科学研究院负责。

修订工作坚持"安全、环保、舒适、和谐"的公路建设理念,在全面总结1994年以来我国公路交通安全设施的使用经验、借鉴和吸收国外的相关标准和先进技术的基础上进行,充分体现了"以人为本、安全至上"的指导思想。修订后的规范分为《公路交通安全设施设计规范》、《公路交通安全设施施工技术规范》和《公路交通安全设施设计细则》三册。

本《公路交通安全设施设计规范》分为十一章,分别是:1 总则、2 术语、3 护栏防撞性能、4 路基护栏、5 桥梁护栏、6 交通标志、7 交通标线、8 隔离栅和桥梁护网、9 防眩设施、10 轮廓标、11 活动护栏。与原规范相比,《公路交通安全设施设计规范》扩大了适用范围,由高速公路、一级公路扩大到新建和改建的各等级公路;进一步明确了公路护栏的防撞性能,调整、扩充了护栏的防撞等级,对各类型式护栏的设置原则作了较大修改,完善了护栏端部处理和过渡处理的内容;增加了交通标志、交通标线和活动护栏的内容;重点强调了设计原则和设计方法,并为新技术的开发和应用留有余地;引入了路侧安全净区、宽容设计、运行速度和安全性评价等概念。

各有关单位在使用过程中,若有意见和建议,请函告交通部公路科学研究院北京交科公路勘察设计研究院(地址:北京市海淀区西土城路8号,邮政编码:100088,电话:010-62062052,E-mail:hx. liu@ rioh. cn),以便下次修订时研用。

主 编 单 位:交通部公路科学研究院

参 编 单 位:北京交科公路勘察设计研究院
广东省交通集团有限公司
北京中路安交通科技有限公司

主要起草人:刘会学　李爱民　杨久龄　唐琤琤　黄　晨　贾日学
钟纪楷　汤文杰　程　宁　徐学敏　葛书芳　杨　峰
张　治　张巍汉　吴京梅

目　次

1　总则

1.0.1　为使公路交通安全设施设计安全合理、技术先进、确保质量、经济实用，制定本规范。

1.0.2　本规范适用于新建和改建公路。

1.0.3　公路交通安全设施设计内容包括护栏、交通标志、交通标线、隔离栅、桥梁护网、防眩设施、轮廓标和活动护栏等。

1.0.4　公路交通安全设施应结合路网与公路条件、交通条件、环境条件进行总体设计，交通安全设施之间、交通安全设施与公路主体工程和其他设施之间应互相协调、配合使用。

1.0.5　公路交通安全设施设计应坚持“安全、环保、舒适、和谐”的理念，体现“以人为本、安全至上”的指导思想。

1.0.6　公路交通安全设施设计应考虑路面加铺、罩面等因素的影响。

1.0.7　在满足安全和使用功能的条件下，应积极而慎重地采用新技术、新材料、新工艺、新产品。

1.0.8　改建工程交通安全设施设计应结合改建后的公路、交通、环境条件进行。

1.0.9　公路交通安全设施设计除应符合本规范外，尚应符合国家现行有关标准、规范的规定。

2 术语

2.0.1 护栏 barrier

一种纵向吸能结构，通过自体变形或车辆爬高来吸收碰撞能量，从而改变车辆行驶方向、阻止车辆越出路外或进入对向车道、最大限度地减少对乘员的伤害。按其在公路中的纵向设置位置，可分为路基护栏和桥梁护栏；按其在公路中的横向设置位置，可分为路侧护栏和中央分隔带护栏；根据碰撞后的变形程度，可分为刚性护栏、半刚性护栏和柔性护栏。

2.0.2 路基护栏 subgrade barrier

设置于路基上的护栏。

2.0.3 桥梁护栏 bridge railing

设置于桥梁上的护栏。

(1)纵向有效构件 longitudinal effective element

桥梁护栏中能有效地阻挡失控车辆越出桥外的纵向受力构件。根据其承受碰撞荷载的大小，可分为主要纵向有效构件(如主要横梁)和次要纵向有效构件(如次要横梁)。

(2)纵向非有效构件 longitudinal ineffective element

桥梁护栏中不考虑承受车辆碰撞荷载的纵向非受力构件。

2.0.4 路侧护栏 roadside barrier

设置于公路路侧建筑限界以外的护栏，以防止失控车辆越出路外或碰撞路侧构造物和其他设施。

2.0.5 中央分隔带护栏 median barrier

设置于公路中央分隔带内的护栏，以防止失控车辆穿越中央分隔带闯入对向车道，并保护中央分隔带内的构造物。

2.0.6 刚性护栏 rigid barrier

一种基本不变形的护栏结构。混凝土护栏是其主要代表型式，由一定形状的混凝土块相互连接而组成墙式结构，通过失控车辆碰撞后爬高并转向来吸收碰撞能量。

2.0.7 半刚性护栏 semi-rigid barrier

一种连续的梁柱式护栏结构，具有一定的强度和刚度。波形梁护栏是其主要代表型式，由相互拼接的波纹状钢板和立柱构成连续梁柱结构，利用土基、立柱、波纹状钢板的变形来吸收碰撞能量，并迫使失控车辆改变方向。

2.0.8 柔性护栏 flexible barrier

一种具有较大缓冲能力的韧性护栏结构。缆索护栏是其主要代表型式，由数根施加初拉力的缆索固定于端柱上而组成钢缆结构，主要依靠缆索的拉应力来抵抗车辆的碰撞荷载、吸收碰撞能量。

2.0.9 护栏标准段 standard section of barrier

某种护栏断面结构型式保持不变并在一定长度范围内连续设置的结构段。

2.0.10 护栏过渡段 transition section of barrier

在两种不同护栏断面结构型式之间平滑连接并进行刚度或强度过渡的专门结构段。

2.0.11 护栏渐变段 flare section of barrier

设置于护栏外移端头与标准段之间进行线形平滑过渡的结构段。

2.0.12 护栏端头 barrier end

护栏标准段开始端或结束端所设置的端部结构。

2.0.13 路侧安全净区 roadside clear zone

公路行车方向最右侧车行道以外、相对平坦、无障碍物、可供失控车辆重新返回正常行驶路线的带状区域。

2.0.14 解体消能设施 breakaway device

设置于公路路侧安全净区内的标志立柱、照明灯杆、交通信号灯柱等各类路侧行车障碍物在受到车辆撞击时，通过自身的解体来吸收碰撞能量，从而减轻交通事故严重性的设施。

2.0.15 隔离栅 fence

用于阻止人、畜进入公路或沿线其他禁入区域、防止非法侵占公路用地的设施。

2.0.16 桥梁护网 overpass fencing facilities

安装于公路上跨桥梁两侧、用于阻止有人向公路内抛扔物品、杂物，或防止运输散落物等落到公路上的防护设施。

2.0.17 防眩设施 anti-glare facilities

防止夜间行车受对向车辆前照灯眩目影响的设施。

2.0.18 轮廓标 delineator

沿公路土路肩设置的，用以指示公路方向、车行道边界的视线诱导设施。

2.0.19 活动护栏 movable barrier

设置在中央分隔带开口处用以分隔对向交通的可移动护栏，在抢险、救援等紧急情况下，能及时、方便地开启，使车辆紧急通过。

3 护栏防撞性能

3.0.1 公路护栏按防撞等级可分为:路侧 B、A、SB、SA、SS 五级;中央分隔带 Am、SBm、SAm 三级。各等级护栏的碰撞条件和性能应满足表 3.0.1 的规定。

表 3.0.1 护栏防撞性能

防撞等级	碰撞条件			碰撞加速度* (m/s^2)	碰撞能量(kJ)
	碰撞速度(km/h)	车辆质量(t)	碰撞角度(°)		
B	100	1.5	20	≤200	
	40	10	20		70
A、Am	100	1.5	20	≤200	
	60	10	20		160
SB、SBm	100	1.5	20	≤200	
	80	10	20		280
SA、SAm	100	1.5	20	≤200	
	80	14	20		400
SS	100	1.5	20	≤200	
	80	18	20		520

注:* 指碰撞过程中,车辆重心处所受冲击加速度 10ms 间隔平均值的最大值,为车体纵向、横向和铅直加速度的合成值。

3.0.2 在综合分析公路线形、设计速度、运行速度、交通量和车辆构成等因素的基础上,需要采用的护栏碰撞能量低于 70kJ 或高于 520kJ 时,应进行特殊设计。

4 路基护栏

4.1 一般规定

4.1.1 公路路侧安全净区的宽度得不到满足时,应按护栏设置原则进行安全处理。

4.1.2 路侧护栏应位于公路土路肩内,中央分隔带护栏宜以公路中心线为轴对称设置。护栏的任何部分不得侵入公路建筑限界以内。

4.2 设置原则

4.2.1 路侧护栏

(1)车辆驶出路外有可能造成二次特大事故的路段必须设置路侧护栏。

(2)凡符合下列情况之一、车辆驶出路外有可能造成单车特大事故或二次重大事故的路段必须设置路侧护栏:

①二级及以上等级公路边坡坡度和路堤高度在图4.2.1的I区方格阴影范围之内的路段;

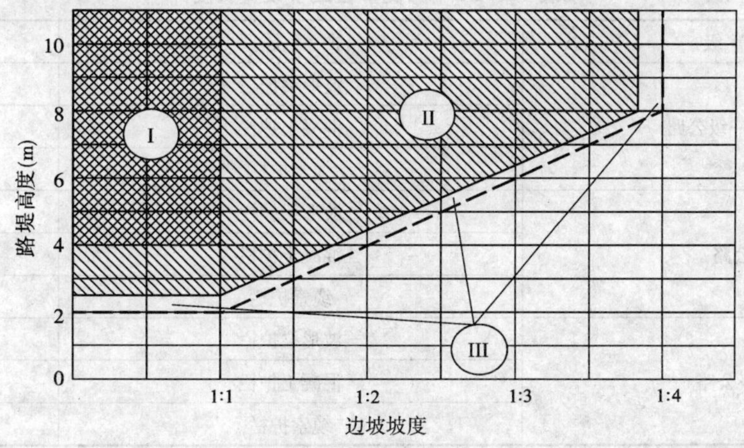

图4.2.1 边坡坡度、路堤高度与设置护栏的关系

②路侧有江、河、湖、海、沼泽、航道等水域的路段。

(3)凡符合下列情况之一、车辆驶出路外有可能造成重大事故的路段,应设置路侧护栏:

①二级及以上等级公路边坡坡度和路堤高度在图4.2.1的II区斜线阴影范围以内的路段;

②高速公路、一级公路路侧安全净区内设有车辆不能安全穿越的照明灯、摄像机、可变信息标志、交通标志、路堑支撑壁、声屏障、上跨桥梁的桥墩或桥台等设施的路段;

③二级及以上等级公路路侧边沟无盖板、车辆无法安全穿越的挖方路段;

④三、四级公路路侧有悬崖、深谷、深沟等的路段。

(4)凡符合下列情况之一、经论证车辆驶出路外有可能造成一般或重大事故的路段宜设置路侧护栏:

①二级及以上等级公路边坡坡度和路堤高度在图4.2.1的III区内的路段,三、四级公路边坡坡度和路堤高度在图4.2.1中I区内的路段;

②二级及以上等级公路纵坡大于或等于现行《公路工程技术标准》(JTG B01)规定的最大纵坡值的下坡路段和连续长下坡路段;

③二级及以上等级公路平曲线半径小于现行《公路工程技术标准》(JTG B01)一般最小半径的路段外侧;

④在高速公路、一级公路用地范围内存在粗糙的石方开挖断面、高出路面30cm以上的混凝土基础、挡土墙或大孤石等障碍物时;

⑤高速公路、一级公路互通式立体交叉出口匝道的三角地带及匝道小半径圆曲线外侧。

(5)根据车辆驶出路外有可能造成的交通事故等级,应按表4.2.1-1的规定选取路侧护栏的防撞等级。因公路线形、运行速度、填土高度、交通量和车辆构成等因素易造成更严重碰撞后果的路段,应在表4.2.1-1的基础上提高护栏的防撞等级。

表4.2.1-1 路基护栏防撞等级的适用条件

公路等级	设计速度(km/h)	车辆驶出路外或进入对向车道有可能造成的交通事故等级		
		一般事故或重大事故	单车特大事故或二次重大事故	二次特大事故
高速公路	120	A、Am	SB、SBm	SS
	100、80	A、Am	SB、SBm	SA、SAm
一级公路	60	A、Am	A、Am	SB、SBm
二级公路	80、60	B	A	SB
三级公路	40、30	B	B	A
四级公路	20	B	B	A

(6)路侧护栏最小设置长度应符合表4.2.1-2的规定,相邻两段路侧护栏的间距小于表4.2.1-2中规定的最小长度时宜连续设置。

表4.2.1-2 路侧护栏最小设置长度

公路等级	护栏类型	最小长度(m)
高速公路、一级公路	波形梁护栏	70
	混凝土护栏	36
	缆索护栏	300
二级公路	波形梁护栏	48
	混凝土护栏	24
	缆索护栏	120
三、四级公路	波形梁护栏	28
	混凝土护栏	12
	缆索护栏	120

4.2.2 中央分隔带护栏

(1)当整体式断面中间带宽度小于或等于12m时,必须设置中央分隔带护栏;大于12m时,应分路段确定是否设置中央分隔带护栏。

(2)公路采用分离式断面时,行车方向左侧应按路侧护栏设置;上、下行路基高差大于2m时,可只在路基较高的一侧按路侧护栏设置。

(3)高速公路和禁止车辆掉头的一级公路中央分隔带开口处,必须设置活动护栏。

(4)根据车辆驶入对向车道有可能造成的交通事故等级,应按表4.2.1-1的规定选取中央分隔带护栏的防撞等级。因公路线形、运行速度、交通量和车辆构成等因素易造成更严重碰撞后果的路段,应在表4.2.1-1的基础上提高护栏的防撞等级。

4.3 型式选择

4.3.1 选择护栏型式时,应考虑下列因素:

(1)护栏的防撞性能

所选取的护栏型式在强度上必须能有效吸收设计碰撞能量，阻止相应失控车辆越出路外或进入对向车道并使其正确改变行驶方向。

(2)受碰撞后的护栏变形程度

受碰撞后护栏的最大动态变形量不应超过护栏与被防护对象之间容许的变形距离。

(3)护栏所在位置的现场条件

路肩和中央分隔带宽度、公路的边坡坡度等均可影响某些型式护栏的使用。

(4)护栏材料的通用性

护栏及其端头、与其他型式护栏的过渡处理，宜采用标准化材料。

(5)护栏的全寿命周期成本

除考虑护栏的初期建设成本外，还应考虑投入使用后的养护成本。

(6)护栏养护工作量的大小和养护的方便程度

应综合考虑常规养护、事故养护、材料储备和养护方便性等因素。

(7)护栏的美观、环境因素

应适当考虑护栏的美观因素，并充分考虑沿线的环境腐蚀程度、气象条件和护栏本身对视距的影响等因素。

(8)所在地区现有公路护栏使用的效果

应避免现有护栏使用中存在的缺陷。

4.3.2 对景观有特殊要求的公路可选择外观自然、与周围环境相融合的护栏型式，但不得降低护栏防撞等级。

4.4 构造和材料要求

4.4.1 护栏从路面到护栏顶部的高度宜为70～100cm。需要的护栏高度超过100cm时，护栏结构应避免失控车辆的乘员头部直接撞击护栏。

4.4.2 路侧、中央分隔带内路基土压实度不能满足现行《公路路基设计规范》(JTG D30)中对路基路床压实度的要求时，或路侧护栏立柱外侧土路肩保护层厚度小于25cm时，应采取加强措施。

4.4.3 混凝土护栏的混凝土强度等级、配筋量和基础设置应通过设计计算确定，混凝土护栏所受碰撞荷载的分布如表4.4.3。

表4.4.3 混凝土护栏所受碰撞荷载的分布

防撞等级	碰撞荷载标准值(kN/m)	荷载分布长度(m)	力的作用点
A、Am	53	4	距护栏顶面5cm
SB、SBm	91	4	
SA、SAm	86	5	
SS	104	5	

4.4.4 护栏在设置的起讫点、交通分流处三角地带、中央分隔带开口以及隧道入、出口处等位置，应进行便于失控车辆安全导向的端头处理。不同型式的路基护栏之间或路基护栏与桥梁护栏之间应进行过渡处理。

4.4.5 护栏所用材料必须具有足够的强度、耐久性，且易于维护管理。山区、林区等可充分利用当地符合使用要求的建筑材料。

5 桥梁护栏

5.1 一般规定

作用于桥梁护栏上的碰撞荷载大小可按表 5.1.0 规定确定。钢筋混凝土墙式桥梁护栏的碰撞荷载分布可采用本规范表 4.4.3 的规定。

表 5.1.0 桥梁护栏碰撞荷载

<table>
<tr><th rowspan="2">防撞等级</th><th colspan="2">碰撞力(kN)</th><th rowspan="2">防撞等级</th><th colspan="2">碰撞力(kN)</th></tr>
<tr><th>Z=0m</th><th>Z=0.3~0.6m</th><th>Z=0m</th><th>Z=0.3~0.6m</th></tr>
<tr><td>B</td><td>95</td><td>75~60</td><td>SA、SAm</td><td>430</td><td>360~310</td></tr>
<tr><td>A、Am</td><td>210</td><td>170~140</td><td>SS</td><td>520</td><td>435~375</td></tr>
<tr><td>SB、SBm</td><td>365</td><td>295~250</td><td></td><td></td><td></td></tr>
</table>

注:Z 是桥梁护栏的容许变形量。

5.2 设置原则

5.2.1 高速公路桥梁的外侧和中央分隔带必须设置桥梁护栏。

5.2.2 作为干线公路的一级、二级公路桥梁必须设置路侧护栏,作为干线公路的一级公路桥梁必须设置中央分隔带护栏。

5.2.3 作为集散公路的一级、二级公路桥梁应设置路侧护栏,作为集散公路的一级公路桥梁宜设置中央分隔带护栏。

5.2.4 跨越深谷、深沟、江河湖泊的三、四级公路桥梁应设置路侧护栏,位于其他路段经综合论证可不设置护栏的桥梁应设置视线诱导设施或人行栏杆。

5.2.5 根据车辆驶出桥外或进入对向车行道有可能造成的交通事故等级,应按表5.2.5的规定选取桥梁护栏的防撞等级。因桥梁线形、运行速度、桥梁高度、交通量和车辆构成等因素易造成更严重碰撞后果的路段,应在表 5.2.5 的基础上提高护栏的防撞等级。

表 5.2.5 桥梁护栏防撞等级适用条件*

<table>
<tr><th rowspan="2">公路等级</th><th rowspan="2">设计速度(km/h)</th><th colspan="2">车辆驶出桥外有可能造成的交通事故等级</th></tr>
<tr><th>重大事故或特大事故</th><th>二次重大事故或二次特大事故</th></tr>
<tr><td rowspan="2">高速公路</td><td>120</td><td rowspan="3">SB、SBm</td><td>SS</td></tr>
<tr><td rowspan="2">100、80</td><td rowspan="2">SA、SAm</td></tr>
<tr><td rowspan="2">一级公路</td></tr>
<tr><td>60</td><td>A、Am</td><td>SB、SBm</td></tr>
<tr><td>二级公路</td><td>80、60</td><td>A</td><td>SB</td></tr>
<tr><td>三级公路</td><td>40、30</td><td rowspan="2">B</td><td rowspan="2">A</td></tr>
<tr><td>四级公路</td><td>20</td></tr>
</table>

注:* 二级及以上等级公路小桥、通道、明涵的护栏防撞等级宜与相邻的路基护栏相同。

5.3 型式选择

选择桥梁护栏型式时,应考虑下列因素:

(1)桥梁护栏的防撞性能

所选取的护栏型式在强度上必须能有效吸收设计碰撞能量，阻止相应失控车辆越出桥外或进入对向车道并使其正确改变行驶方向。

(2)受碰撞后的护栏变形程度

受碰撞后护栏的最大动态变形量不应超过可容许的变形距离。

(3)环境和景观要求

①钢桥应采用金属梁柱式桥梁护栏；

②对景观有特殊要求的桥梁宜选用梁柱式桥梁护栏或组合式桥梁护栏；

③积雪严重的地区，宜采用金属梁柱式或组合式桥梁护栏；

④为减小桥梁自重、减轻车辆碰撞荷载对桥面板的影响，宜采用金属梁柱式护栏；

⑤跨越大片水域的特大桥或桥下净空大于或等于10m时，宜采用组合式或钢筋混凝土墙式桥梁护栏；

⑥二级及以上等级公路小桥、通道、明涵宜采用与相邻的路基护栏同样的型式。

(4)护栏的全寿命周期成本

除考虑护栏的初期建设成本外，还应考虑投入使用后的养护成本。

5.4 构造要求

5.4.1 金属梁柱式护栏的构造应满足下列规定：

(1)高速公路、一级公路的桥梁不宜设置护轮安全带，否则，其高度宜控制在5～10cm之间，护栏面宜与护轮安全带边缘成一直线。

(2)护栏的最小高度应满足图5.4.1-1的要求。在图中阴影区设置横梁时，应避免失控车辆的乘员头部直接撞击护栏。

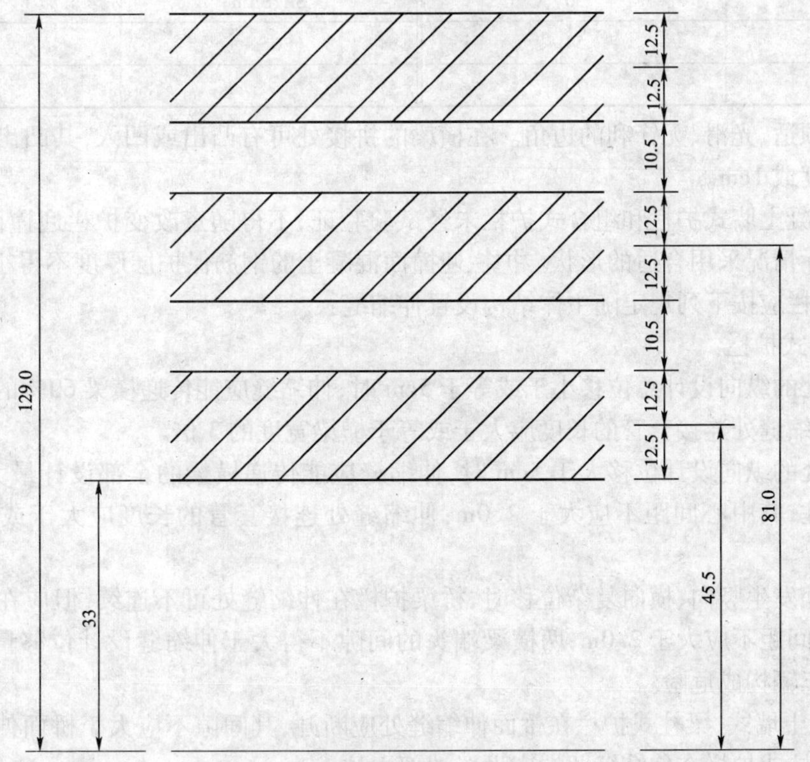

图5.4.1-1 桥梁护栏高度要求(阴影区内宜设置横梁)(尺寸单位:cm)

(3)护栏构件的截面厚度应根据计算确定，并不小于表5.4.1-1规定的最小值。

表 5.4.1-1　金属制护栏的截面最小厚度值

材料	截面型式	最小厚度值(mm)			
		主要纵向有效构件	纵向非有效构件和次要纵向有效构件	辅助板、杆和网	抱箍、辅助构件
钢	空心截面	3	3	3	3
	其他截面	4	3	3	3
铝合金	所有截面	3	1.2	3	1.2
不锈钢	所有截面	2	1.0	2	0.5

(4)横梁的拼接设计应满足下列要求:

①拼接套管长度应大于或等于 $2D$,并不应小于 30cm,如图 5.4.1-2。

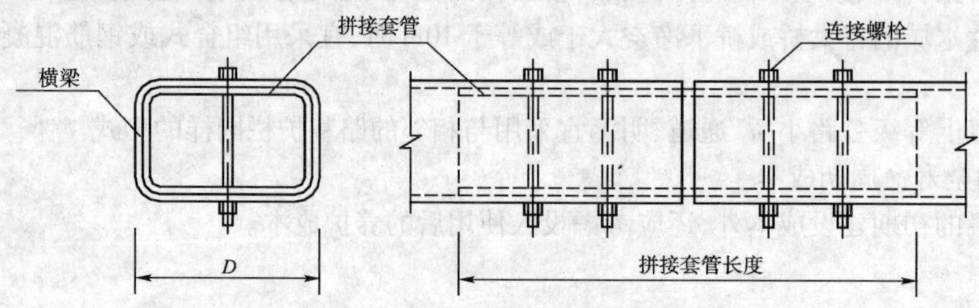

图 5.4.1-2　横梁的拼接

②拼接套管的截面抵抗矩不应低于 0.75 倍的横梁截面抵抗矩,连接螺栓应满足横梁极限弯曲状态下的抗剪强度要求。

③拼接处的设计拉力值应不小于表 5.4.1-2 的规定。

表 5.4.1-2　横梁拼接处的设计拉力值

防撞等级	设计轴拉力(kN)	防撞等级	设计轴拉力(kN)
B	30	SA、SAm	70
A、Am	54	SS	70
SB、SBm	70		

④护栏面应顺适、光滑、无锋利的边角。在横梁的拼接处可有凸出或凹入,其凸出或凹入量不得超过横梁的截面厚度或 1cm。

5.4.2　钢筋混凝土墙式护栏和组合式护栏未经试验验证,不得随意改变护栏迎撞面的截面形状,但其背面可根据实际情况采用合适的形状。护栏迎撞面混凝土的钢筋保护层厚度不得小于 4.0cm。

5.4.3　桥梁护栏应按下列规定随主体结构设置伸缩缝:

(1)金属梁柱式护栏:

①当伸缩缝处的纵向设计总位移小于或等于 5cm 时,伸缩缝应能传递横梁 60% 的抗拉强度和全部设计最大弯矩;伸缩缝处连接套管的长度应大于或等于横梁宽度的 3 倍。

②当伸缩缝处的纵向设计位移大于 5cm 时,伸缩缝应能传递横梁的全部设计最大弯矩;伸缩缝两侧应设置端部立柱,其中心间距不应大于 2.0m;伸缩缝处连接套管的长度应大于或等于横梁宽度的 3 倍。

③当伸缩缝处发生竖向、横向复杂位移时,桥梁护栏在伸缩缝处可不连续,但应在伸缩缝两端设置端部立柱,其中心间距不应大于 2.0m,两横梁端头的间隙不得大于伸缩缝设计位移量加 2.5cm。横梁端头不得对失控车辆构成危险。

(2)钢筋混凝土墙式、梁柱式护栏在桥面伸缩缝处应断开,其间隙不应大于桥面伸缩缝的设计位移量,钢筋混凝土梁柱式护栏在伸缩缝两端应设置端部立柱。

(3)组合式护栏中钢筋混凝土部分应符合墙式护栏中有关伸缩缝设置的规定,金属结构部分应符合金属护栏中有关伸缩缝设置的规定。

5.4.4　护栏根据需要可设置承受碰撞受力构件以外的辅助构件。所有辅助构件应与桥梁护栏受力构件牢固连接，并不得侵入公路建筑限界以内。

5.4.5 桥梁护栏与桥面板应进行可靠连接。

5.4.6 当桥梁护栏与路基护栏的结构型式不同时，应进行过渡段设计。

5.4.7 金属构件的密封和排水应符合以下规定：

(1)空心断面构件应设置排水孔或在所有的拼缝处完全密封。

(2)镀锌孔、排水孔的直径不应大于空心截面周长的1/12。非镀锌构件排水孔的孔径不应小于8mm，其间距应大于70cm。镀锌孔、排水孔的位置应布设恰当。

6 交通标志

6.1 一般规定

6.1.1 公路交通标志的分类、形状、图案、颜色、文字、规格，应符合现行《道路交通标志和标线》(GB 5768)的规定。

6.1.2 交通标志应与交通标线配合使用，动态交通标志的设置不应妨碍静态交通标志的使用。

6.1.3 交通标志所提供的信息应全部与交通管理有关，除旅游区标志、服务设施标志外，不应带有任何广告色彩。

6.2 设置原则

6.2.1 公路交通标志的设置，应以不熟悉周围路网体系的公路使用者为设计对象，综合考虑周边路网与公路条件、交通条件、气象和环境条件等因素，制定合理的设置标准，根据各种交通标志的功能和驾驶人员的行为特征进行合理设置。

6.2.2 对二级及以上等级的公路和其他等级的国、省道公路应优先设置指路标志，其他公路或未设置相关指路标志的公路，经论证可设置必要的警告标志。禁令标志应设置在交通法律、法规发生作用的地点附近醒目的位置，并应避免与其他交通标志的互相影响。限速标志应根据不同路段的通行能力、车型构成比例、车辆的运行速度等分段进行设置。

6.2.3 在选择路网中指路标志的目的地信息时，应根据路网密度、公路等级、公路功能、目的地知名度等进行统一考虑。不同种类的交通标志信息应互相呼应，不得出现信息中断。

6.2.4 交通标志沿公路纵、横向设置的位置应符合现行《道路交通标志和标线》(GB 5768)的规定。位于高速、一级公路路侧安全净区内的交通标志应根据标志结构规格采用解体消能结构或设置护栏加以防护，位于其他公路路侧安全净区内的交通标志宜进行必要的诱导。

6.2.5 公路交通标志的任何部分不得侵入公路建筑限界以内。路侧柱式交通标志的安装高度应考虑其板面规格、所在位置的线形特点和地形特征、是否有行人通行等因素，悬臂、门架式等悬空标志净空高度应预留 20 ~ 50cm 的余量。

6.2.6 交通标志安装时，标志板面的法线应与公路中心线平行或成一定角度。路侧安装的禁令标志和指示标志为 0° ~ 45°，指路标志和警告标志为 0° ~ 10°。悬臂、门架或附着式悬空标志安装时，标志的安装角度应与道路中心线垂直或前倾 0° ~ 10°。

6.3 版面设计

6.3.1 交通标志版面应清晰、美观。

6.3.2 指路标志上使用的箭头应以一定角度反映车辆的正确行驶方向。

6.3.3 公路的指路标志应采用汉字，根据需要可与其他文字并用。当标志采用中、英两种文字时，地名应用汉语拼音，专用名词应用英文。

6.3.4 地点、距离标志中，地点应放在最左侧，并由近而远、从上到下排列。如果几个独立的标志板组成一组，则各板的长度应相同。地点、方向标志中，直行标志应设置在最上部，其下为向左、向右可以到达的地点。

6.3.5 当路段运行速度与设计速度之差大于20km/h时，宜按运行速度对交通标志的版面规格及视认性加以检验。

6.4 支撑方式

交通标志支撑方式应根据交通量、车型构成、车道数、沿线构造物分布、风荷载大小以及路侧条件等因素综合确定。

6.5 材料要求

6.5.1 反光材料

(1)公路交通标志板均应采用符合现行《公路交通标志反光膜》(GB/T 18833)要求的反光膜或其他逆反射材料制作。

(2)交通标志板采用反光膜材料时，高速公路、一级公路的反光等级不得低于二级；二、三级公路的反光等级不得低于四级；四级公路的反光等级不得低于五级。

6.5.2 标志板和支撑结构

交通标志板和支撑结构所用材料应具有足够的强度、耐久性和抗腐蚀能力。

6.6 结构设计

6.6.1 设计基本风速应采用当地平坦空旷地面，离地面10m高，重现期为50年10min平均最大风速值，并不得小于22m/s。

6.6.2 交通标志结构应按承载能力极限状态和正常使用极限状态进行设计，并应同时满足构造和工艺方面的要求。

6.6.3 交通标志的结构重要性系数可分为两个等级：

(1)位于高速公路、一级公路上的悬臂式、门架式交通标志，结构重要性系数$\gamma_0 = 1.0$；

(2)位于高速公路、一级公路上的其他类型的交通标志及位于其他等级公路上的交通标志，结构重要性系数$\gamma_0 = 0.9$。

7 交通标线

7.1 一般规定

7.1.1 二级及以上等级的公路必须设置交通标线，其他公路宜视需要设置交通标线。交通标线的分类、定义及颜色应符合现行《道路交通标志和标线》(GB 5768)的有关规定。

7.1.2 纵向或横向连续设置的交通标线应根据需要设置排水孔。

7.2 设置原则

7.2.1 一般路段的交通标线

(1)高速公路和一级公路的一般路段应设置车行道边缘线、车行道分界线；二级及以下等级的双车道公路应设置路面中心线，路面较宽或非机动车较多的路段可设置车行道边缘线。

(2)车行道边缘线应设置于公路两侧紧靠车行道的硬路肩内，不得侵入车行道内。车行道分界线应设置于同向行驶的车行道分界处。

(3)车行道边缘线的宽度应为15~20cm，车行道分界线的宽度应为10~15cm，路面中心线的宽度应为10~15cm。交通标线的宽度应根据公路的设计速度和路面宽度确定。

7.2.2 特殊路段的交通标线

(1)经常出现强侧向风的特大桥梁路段、宽度窄于路基的隧道路段、急弯陡坡路段、车行道宽度渐变路段，应设置禁止变换车道线，线宽与车行道分界线一致。

(2)二级及以下等级的公路桥梁段与路基段同宽时，路面中心线在桥梁长度范围应设置双黄中心实线，在桥梁引道两端大于160m范围内应设置黄色虚实线。公路桥梁窄于路基段且宽度小于6m时，在桥梁及两端渐变段范围内可不画中心线。

(3)路面文字标记应按由近到远的顺序排列，字数不宜超过3个，设置规格应符合表7.2.2的规定。最高限速值应按一个文字处理。

(4)位于中央分隔带或路侧安全净区内未加护栏防护的桥墩、隧道洞口、交通标志立柱等构造物应设置立面标记，颜色为黄黑相间，线宽及间距均为15cm。立面标记应向车行道方向以45°角倾斜。立面标记宜设置为120cm高。

表7.2.2 公路路面文字标记规格

设计速度(km/h)	字高(cm)	字宽(cm)	纵向间距(cm)
120、100	900	300	600
80、60	600	200	400
40、30、20	300	100	200

(5)二级及以下等级的公路上设置减速丘设施时，应在距其两侧各30m的范围内设置减速丘预告标线。

(6)需要车辆减速或提醒驾驶员注意安全行车处，可根据需要设置减速标线。

7.2.3 互通式立体交叉、服务区、停车区出入口交通标线

(1)互通式立体交叉、服务区、停车区出入口交通标线应根据互通式立体交叉、服务区、停车区的型式，准确反映交通流的行驶方向。

(2)互通式立体交叉出入口处,宜设置导向箭头。出口导向箭头的规格、重复设置次数可参考表7.2.3选取。出口导向箭头应以减速车道渐变点为基准点,间距50m。入口导向箭头应以加速车道起点为基准点,视加速车道长度而定,可设三组或两组。

表7.2.3　导向箭头的长度及设置次数

设计速度(km/h)	120、100	80、60	40、30、20
导向箭头(m)	9	6	3
重复设置次数	≥3	3	≥2

7.2.4　平面交叉渠化标线

(1)二级及以上等级的公路平面交叉应设置渠化标线,其他公路的平面交叉宜设置渠化标线。导向箭头的规格、重复设置次数可参考表7.2.3选取。

(2)平面交叉应根据其型式、车道宽度、交叉公路的优先通行权和各种交通流量的分析结果设置渠化标线。

7.2.5　收费广场交通标线

(1)进入收费广场应设置减速标线、收费岛路面标线、岛头标线,各条减速标线的设置间距应根据驶入速度、广场长度经计算确定。

(2)收费广场出口端可设置部分车行道分界线。

7.2.6　突起路标的设置

(1)下列情况下,应在路面标线的一侧设置突起路标,并不得侵入车行道:

①高速公路的车行道边缘线上;

②一级公路互通式立体交叉、服务区、停车区路段的车行道边缘线上;

③互通式立体交叉匝道出入口路段。

(2)隧道的车行道分界线上宜设置突起路标。

(3)突起路标可单独设置成车行道边缘线和车行道分界线。

(4)突起路标的壳体颜色、设置位置、间距应符合现行《道路交通标志和标线》(GB 5768)的规定。

7.3　材料选择

7.3.1　交通标线涂料的技术要求应符合现行《路面标线涂料》(JT/T 280)和《道路交通标线质量要求和检测方法》(GB/T 16311)的要求。

7.3.2　二级及以上等级的公路应采用反光型涂料。无照明设施的三、四级公路宜采用反光型涂料,有照明设施的三、四级公路可采用非反光型涂料。

7.3.3　选用标线材料时,应根据标线材料的逆反射值、防滑值、抗污性能、环保性能、与路面的附着力、性价比等综合考虑。

7.3.4　突起路标应符合现行交通行业标准《突起路标》(JT/T 390)的要求。突起路标与涂料标线配合使用时,应选用定向反光型,其颜色应与标线颜色一致。设置于路面中心线、隧道内的突起路标,应选用双面反光型。

8　隔离栅和桥梁护网

8.1　一般规定

8.1.1　隔离栅的高度不宜低于1.5m。

8.1.2　桥梁护网距桥面的高度不宜低于1.8m。

8.2　设置原则

8.2.1　隔离栅

(1)除特殊路段外,高速公路、需要控制出入的一级公路沿线两侧必须连续设置隔离栅,其他公路可根据需要设置。

(2)凡符合下列条件之一者,可不设置隔离栅:

①高速公路、需要控制出入的一级公路的路侧有水渠、池塘、湖泊等天然屏障的路段;

②高速公路、需要控制出入的一级公路的路侧有高度大于1.5m的挡土墙或砌石等陡坎的路段;

③桥梁、隧道等构造物,除桥头、洞口需与路基隔离栅连接以外的路段。

(3)隔离栅遇桥梁、通道时,应在桥头锥坡或端墙处围封。

(4)隔离栅遇尺寸较小、流量不大的涵洞时可直接跨越。

(5)隔离栅的中心线应沿公路用地范围界限以内20~50cm处设置。

8.2.2　桥梁护网

(1)上跨高速公路、需要控制出入的一级公路的车行或人行构造物两侧均应设置桥梁护网。

(2)公路跨越铁路、通航河流、交通量较大的其他公路时,应根据需要设置桥梁护网。

(3)桥梁护网应做防雷接地处理,接地电阻应小于10Ω。

9 防眩设施

9.1 一般规定

9.1.1 防眩设施应按部分遮光原理设计,直线路段遮光角不应小于 8°,平、竖曲线路段遮光角应为 8°~15°。

9.1.2 设置防眩设施不应减小公路的停车视距。

9.2 设置原则

9.2.1 高速公路、一级公路凡符合下列条件之一者,应设置防眩设施:

(1)中央分隔带宽度小于 9m 的路段;

(2)夜间交通量较大、服务水平达到二级以上的路段;

(3)圆曲线半径小于一般值的路段;

(4)凹形竖曲线半径小于一般值的路段;

(5)公路路基横断面为分离式断面,上下行车行道高差小于或等于 2m 时;

(6)与相邻公路或交叉公路有严重眩光影响的路段;

(7)连拱隧道进出口附近。

9.2.2 非控制出入的一级公路平面交叉、中央分隔带开口两侧各 100m(设计速度≥80km/h)或 60m(设计速度 60km/h)范围内可逐渐降低防眩设施的高度,由正常高度降至开口处的 0 高度,否则不宜设置防眩设施。

9.2.3 公路沿线有连续照明设施的路段,可不设置防眩设施。

9.2.4 防眩设施连续设置时,应符合下列规定:

(1)应避免在两段防眩设施中间留有短距离间隙。

(2)各结构段应相互独立,每一结构段的长度不宜大于 12m。

(3)结构型式、设置高度、设置位置发生变化时应设置渐变过渡段,过渡段长度以 50m 为宜。

10 轮廓标

10.1 一般规定

按行车方向,配置白色反射体的轮廓标应安装于公路右侧,配置黄色反射体的轮廓标应安装于公路左侧。轮廓标不得侵入公路建筑限界以内。

10.2 设置原则

10.2.1 高速公路、一级公路的主线及其互通式立体交叉、服务区、停车区等处的进出匝道应全线连续设置轮廓标。轮廓标在公路前进方向左、右侧对称设置。直线路段设置间距不应超过50m,曲线路段和匝道处设置间距不应大于表10.2.1的规定。公路路基宽度、车道数量有变化的路段及竖曲线路段,可适当加密轮廓标的间隔。

表10.2.1 曲线路段、匝道处轮廓标的设置间距

曲线半径(m)	≤89	90~179	180~274	275~374	375~999	1 000~1 999	≥2 000
设置间距(m)	8	12	16	24	32	40	48

10.2.2 二级及以下等级公路的视距不良路段、设计速度大于或等于60km/h的路段、车道数或车道宽度有变化的路段,以及连续急弯陡坡路段宜设置轮廓标,其他路段视需要可设置轮廓标,设置间距可按表10.2.1的规定选用。

10.2.3 安装轮廓标时,反射体应面向交通流,其表面法线应与公路中心线成0°~25°的角度。

10.2.4 各种类型的轮廓标设置高度宜保持一致,轮廓标反射体中心线距路面的高度应为60~70cm。有特殊需要时,经论证可以采用其他高度。

11 活动护栏

11.1 一般规定

11.1.1 活动护栏应有效地阻止非紧急车辆在中央分隔带开口处的通行。

11.1.2 活动护栏应便于移动。

11.2 设置原则

11.2.1 高速公路的中央分隔带开口处必须设置活动护栏。

11.2.2 设有中间带的一级公路在禁止车辆掉头的中央分隔带开口处应设置活动护栏。

11.2.3 活动护栏应设置在中央分隔带开口处的公路中心线位置,设置的长度应能有效封闭中央分隔带开口。

11.2.4 活动护栏的设置高度应与中央分隔带护栏的高度协调一致。

11.2.5 活动护栏上部应设置轮廓标或反射体。设置反射体时,规格为4cm×18cm,可由反光片或反光膜制作,反光等级应为二级以上,颜色和设置高度应与中央分隔带轮廓标保持一致。

11.2.6 位于有防眩要求路段的活动护栏上宜设置防眩设施。

本规范用词说明

本规范按执行的严格程度,对各项技术指标的规定,在条文用词上采用了以下写法,请使用者充分考虑工程项目所处自然条件、交通特点和工程特性等具体情况,灵活运用。

规范条文用词:

1. 表示很严格,非这样做不可的用词:

正面词采用"必须";反面词采用"严禁"。

2. 表示严格,在正常情况下应这样做的用词:

正面词采用"应";反面词采用"不应"或"不得"。

3. 表示允许有选择,有条件时首先应这样做的用词:

正面词采用"宜";反面词采用"不宜"。

4. 表示允许有选择的用词:

正面词采用"可"。

附件

《公路交通安全设施设计规范》

（JTG D81—2006）

条 文 说 明

1 总则

1.0.1 交通行业标准《高速公路交通安全设施设计及施工技术规范》(JTJ 074—94,下简称《94 版规范》)自交通部 1994 年 1 月发布,1994 年 6 月实施以来,至今已达十余年。这十多年来,是我国公路建设飞速发展时期,交通安全设施的建设取得了很大成绩。《94 版规范》对我国高速公路交通安全设施的建设起到了积极的指导和推动作用,深受公路界的好评。但与国外交通安全设施先进水平相比,与广大公路出行者对交通安全、交通服务的期望和需求相比,《94 版规范》还存在着很多不适应之处。

由于《94 版规范》是在 1988 ~ 1992 年期间制定的,属于我国高速公路早期建设的成果体现,限于当时的条件和高速公路建设的有限经验,交通安全设施的建设以经济、实用为原则。近年来我国公路建设有了长足的发展,高速公路、等级公路总里程由 1994 年底的 500 余公里、86.14 万公里分别增至 2005 年底的 4.1 万公里、159.18 万公里。各地在使用《94 版规范》的过程中,积累了不少设计、施工的宝贵经验和教训,涌现了一批新的研究成果和结构型式,新材料、新工艺得到了广泛的应用,如新型三波波形梁护栏、新型混凝土护栏结构、新型标线材料、新型材料的防眩板、新型突起路标和轮廓标等。这些成果均反映在新修订和制定的《道路交通标志和标线》(GB 5768—1999)、《公路三波形梁钢护栏》(JT/T 457—2001)、《隔离栅技术条件》(JT/T 374—1998)、《公路防眩设施技术条件》(JT/T 333—1997)、《塑料防眩板》(JT/T 598—2004)、《公路用玻璃纤维增强塑料产品 第 4 部分:防眩板》(JT/T 599.4—2004)、《突起路标》(JT/T 390—1999)、《轮廓标技术条件》(JT/T 388—1999)等一批技术标准中。《94 版规范》与上述标准已不匹配,修订《94 版规范》已非常迫切了。

此次修订就是要针对我国公路建设的发展水平,结合我国的经济技术条件,因地制宜、实事求是地作出规定,以使我国公路交通安全设施的设计安全合理、技术先进、确保质量、经济实用,并在国家公路基本设施建设中起到积极地规范和质量控制的作用。

1.0.2 本规范此次为修订。我国目前公路交通安全设施设计及施工的实施均按《94 版规范》执行,但该规范仅适用于高速公路和汽车专用一级公路,对一般公路的交通安全设施没有规定。考虑到其他等级的公路在我国公路通车里程中占有很大比重,交通安全形势也很严峻,另外现行《公路工程技术标准》(JTG B01—2003)重新划分了公路等级,所以本规范适用范围扩大到新建和改建各等级公路。对于改建公路,因公路条件受限制时,本规范规定的个别条款,经过经济技术比较后,可作合理改动。

1.0.3 公路交通安全设施为满足公路使用者安全行车的需要,应该具有四类使用功能,包括:①主动引导;②被动防护;③全时保障;④隔离封闭。本规范包含的护栏、交通标志、交通标线、隔离栅和桥梁护网、防眩设施、轮廓标和活动护栏可以实现上述功能。根据各类设施的不同特点,本规范分别规定了设计指导思想、设置原则、型式选择、构造要求、材料要求等内容。

1.0.4 公路全路段交通安全设施的设计不但要考虑道路条件、交通条件,而且还要考虑周边路网条件和环境条件,进行总体设计,这样才能从公路使用者的角度出发,更好地为其提供优质服务。

交通安全设施之间、交通安全设施与公路主体工程和其他设施之间应互相协调、配合使用。如交通标志与交通标线之间的含义不得相互矛盾,交通标志与监控外场设备之间不应互相影响,护栏之间的型式不一致时应进行过渡处理,公路上设置减速丘设施时应设置相应的交通标志、标线等。

1.0.5 公路交通安全设施设计应坚持"安全、环保、舒适、和谐"的理念,采用合理的、能体现驾驶员及其他公路使用者需要的交通安全设施,这对公路出行的安全性、方便性有重要作用。

1.0.6 公路路面加铺、罩面后,部分交通安全设施,如护栏的高度、交通标志的高度均会受到一定程度的影响。这种情况下,在设计时可考虑采取一定的措施,如适当增加交通标志的高度;混凝土护栏可适当加高并采用单坡型;波形梁或缆索护栏立柱适当加长并预留连接孔,也可采用迫紧器抽换式混凝土基础来安装立柱。迫紧器可由铸钢材料制作,ϕ140 规格的迫紧器如图 1-1。

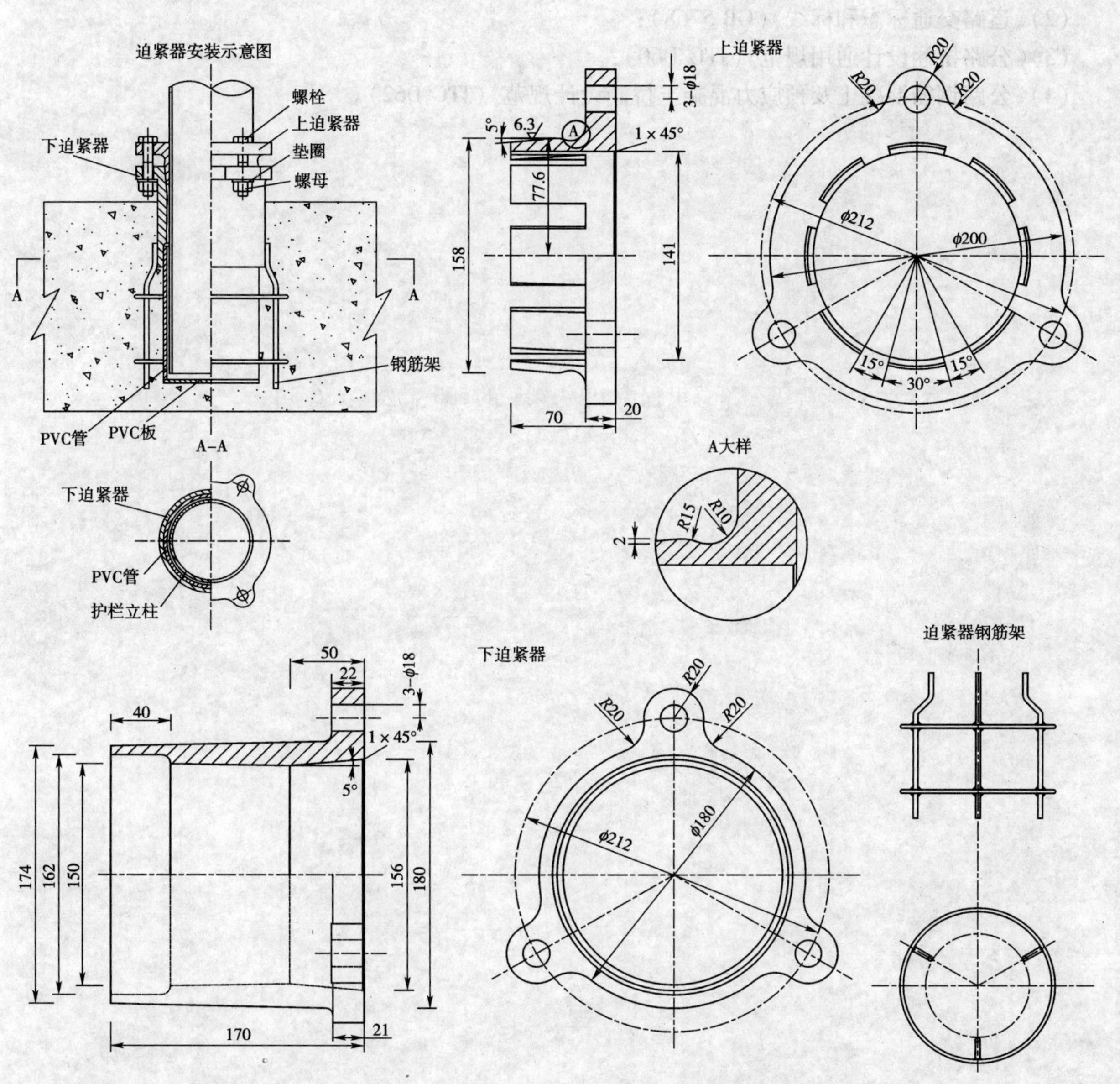

图 1-1 迫紧器抽换式混凝土基础示意图(ϕ140 规格)(尺寸单位:mm)

1.0.7 近年来,国内外公路交通安全设施领域的新技术、新材料、新工艺、新产品不断出现,在设计中采用时,应注意以下几个方面的因素:

任何新技术、新材料、新工艺、新产品首先必须要满足安全和使用功能方面的要求。应通过有关权威机构的试验验证,符合相关标准、规范的要求,如护栏方面的产品可按照《高速公路护栏安全性能评价标准》(JTG/T F83-01)的规定确定该产品能否达到相应的防撞性能;标线涂料、防眩板能否满足相关规范中规定的功能要求等。

其次还要考虑耐久性、建设成本、养护成本、美观、防盗性等因素。

在必要的条件下,应经过现场试验段的检验。

经上述充分论证后才可以采用公路交通安全设施的新技术、新材料、新工艺和新产品。

1.0.8 改建公路工程完成后,各种道路条件、交通条件、环境条件往往会发生很大变化,应结合改建后的公路(包括公路等级、设计速度等)、交通条件进行交通安全设施的重新设计。

1.0.9 本条中所指标准、规范主要包括:

(1)《公路工程技术标准》(JTG B01);

(2)《道路交通标志和标线》(GB 5768);

(3)《公路桥涵设计通用规范》(JTG D60);

(4)《公路钢筋混凝土及预应力混凝土桥涵设计规范》(JTG D62)。

3 护栏防撞性能

3.0.1 公路上的护栏,应实现以下功能:①阻止车辆越出路外或穿越中央分隔带闯入对向车道;②防止车辆从护栏板下钻出,或将护栏板冲断;③护栏应能使车辆回复到正常行驶方向;④发生碰撞时,对乘客的损伤程度最小;⑤能诱导驾驶员的视线。

要实现上述功能,则需要护栏既要有相当高的力学强度和刚度来抵挡车辆的冲撞力,又要使其刚度不要太大,以免使乘客受到严重的伤害,因此进行护栏设计的要旨就是解决这一矛盾。本次修订首先对《94 版规范》的护栏碰撞条件进行了评价,然后分析研究了欧、美、日等发达国家护栏碰撞条件的发展趋势。在此基础上,提出了确定我国护栏碰撞条件的原则,通过对碰撞条件参数的调查,最终确定了我国公路护栏的碰撞条件。

(1)对《94 版规范》护栏碰撞条件的评价

①《94 版规范》中将路基护栏和桥梁护栏分为两种不同的碰撞条件,如表 3-1 和表3-2。

表 3-1 路基护栏碰撞条件

防撞等级	碰撞速度(km/h)	车辆质量(t)	碰撞角度(°)	碰撞能量(kJ)
A	60	10	15	93
S	80	10	15	165

表 3-2 桥梁护栏碰撞条件

防撞等级	碰撞速度(km/h)	车辆质量(t)	碰撞角度(°)	碰撞能量(kJ)
PL_1	80	2.0	20	57.8
	50	10	15	64.6
PL_2	70	10	15	126.6
PL_3	80	14	15	231.6

②根据编写组对成雅、成渝、太旧三条高速公路车辆碰撞护栏事故的调查统计,1998 年 1 月 ~2000 年 12 月三年间,共发生波形梁护栏板完全变形或被撞断、立柱严重弯曲或倒伏、拔起、基础完全破坏的事故约为 10 起(如表 3-3),占事故总数的 7%。这些事故造成了严重的人员伤亡和车辆损坏。

表 3-3 护栏受损严重的交通事故

车型	护栏种类	次数
小客车	中央分隔带护栏	2
	抽换式护栏	1
大货车	中央分隔带护栏	2
中货车	路侧波形梁护栏	5

编写组对潍坊—莱阳、济南—青岛、京福山东段、青岛胶州湾、南京—上海、玉溪—元江、楚雄—大理、福州—泉州、广州—汕头等共 752km 高速公路的事故调查统计资料表明:路侧和中央分隔带的事故约各占一半,其中较严重的冲出路侧、穿越中央分隔带或进入中央分隔带的事故占 1/10 左右。

交通事故造成护栏严重损坏的主要原因是:车辆速度高、汽车质量大、碰撞角度大,以及护栏地基土密实度不够、立柱打入松土中、混凝土基础埋深不足、护栏立柱与土基支撑强度不够。总体而言,《94 版规范》中对护栏的碰撞条件规定偏低,对护栏立柱和地基土施工质量带来的问题规定不够严密,已不能适应目前公路交通条件的需求,护栏整体强度偏弱。

(2)护栏碰撞条件的发展趋势

目前,欧、美、日等国家护栏碰撞条件的发展趋势有如下特征:

①车辆组成向小型化和大型化两极发展，大型车比例提高。

②小客车自身的被动安全措施进一步强化，如配置了安全带、气囊、ABS、防侧撞装置等，使得护栏防止二次事故发生的功能更加受到重视。

③护栏的碰撞能量普遍提高，例如日本的车辆质量从14t提高到25t，欧盟车辆质量更是提高到30t和38t。

④路基护栏和桥梁护栏采用统一的碰撞条件，但碰撞等级有区别。日本、欧盟和美国护栏的碰撞条件分别如表3-4、表3-5、表3-6。

表3-4　日本护栏碰撞条件（1998和2004年版）

护栏防撞等级			车辆质量（t）	碰撞速度（km/h）	碰撞角（°）	强度（冲击度）（kJ）
路侧用	分离带用	步行道界内用				
C	Cm	Cp		26以上		45以上
B	Bm	Bp		30以上		60以上
A	Am	Ap		45以上		130以上
SC	SCm	SCp	25	50以上	15	160以上
SB	SBm	SBp		65以上		280以上
SA	SAm	—		80以上		420以上
SS	SSm	—		100以上		650以上

注：A、Am级以上用于高速公路。

表3-5　欧盟护栏碰撞条件（EN 1317—1998）

试验等级	碰撞速度（km/h）	碰撞质量（t）	碰撞角度（°）	碰撞能量（kJ）	车　型
TB11	100	0.9	20	40.6	小客车
TB21	80	1.3	8	6.21	小客车
TB22	80	1.3	15	21.5	小客车
TB31	80	1.5	20	43.32	小客车
TB32	110	1.5	20	81.9	小客车
TB41	70	10	8	36.6	重货
TB42	70	10	15	126.63	重货
TB51	70	13	20	287.48	公共汽车
TB61	80	16	20	462.13	重货
TB71	65	30	20	572.0	重货
TB81	65	38	20	724.57	拖挂车

表3-6　美国护栏碰撞条件（NCHRP350）

试验等级	车　种	质量（kg）	车速（km/h）	角度（°）	碰撞能量（kJ）
	820C	775±25	50	20	8.7
1	700C	895±25	50	20	10.1
	2000P	2 000±45	50	25	34.5
	820C	775±25	70	20	17.1
2	700C	895±25	70	20	19.8
	2000P	2 000±45	70	25	67.5
	820C	775±25	100	20	40.4
3	700C	895±25	100	20	35
	2000P	2 000±45	100	25	137.8

续上表

试验等级	车种	质量(kg)	车速(km/h)	角度(°)	碰撞能量(kJ)
4	820C	775 ±25	100	20	40.4
	700C	895 ±25	100	20	35
	2000P	2 000 ±45	100	25	137.8
	8000S	8 000 ±200	80	15	132.3
5	820C	775 ±25	100	20	40.4
	700C	895 ±25	100	20	35
	2000P	2 000 ±45	100	25	137.8
	36000V	36 000 ±500	80	15	595.4
6	820C	775 ±25	100	20	40.4
	700C	895 ±25	100	20	35
	2000P	2 000 ±45	100	25	137.8
	36000T	36 000 ±500	80	15	595.4

(3)确定我国护栏碰撞条件时遵循的原则

①顺应护栏碰撞条件的发展趋势，满足我国公路交通实际情况的要求，确保85%~90%以上的失控车辆不会越出、冲断或下穿护栏；

②坚持“以人为本，安全至上”的指导思想，最大限度地降低事故严重度及减少二次事故的发生；

③车辆碰撞护栏是小概率交通事件，在确定护栏碰撞条件时应坚持经济、实用原则，应考虑我国的经济承受能力；

④满足碰撞条件的护栏结构应能通过实车碰撞试验的验证。

(4)碰撞条件参数的调研结果

编写组从2000年4月开始至2001年4月止，先后组织6批人员到16个省市33条高速公路共7000多公里的公路上进行调研，获取了近千个碰撞事故的有效数据，勘察了400多个碰撞事故现场，拍摄近千幅照片和一部分录像资料，调研结果如下：

①碰撞角度：被调查公路的交通事故碰撞角度统计量汇总于表3-7。

表3-7　碰撞角度特征统计量汇总表

公路名称	N(个)	θ_{max}(°)	θ_{min}(°)	$E(\theta)$	P_{15}(%)	P_{20}(%)
福泉厦漳高速	40	30.4	3.1	15.6	55	70
厦门大桥	1	—	—	14.3	—	—
厦门海沧大桥	1	—	—	29	—	—
沪宁高速	13	22.2	4.2	14.4	39	85
京石高速	71	43.8	2.9	13.3	63	86
石太高速	46	33.7	3.4	11.2	83	89
京福高速德州段	23	45.1	2.9	14.5	57	83
济青高速	59	29.4	3.7	12.1	70	89
京福高速天津段	6	26.9	6.7	16.4	—	—
京津塘高速	41	30.4	4.3	12.4	76	88
海南环岛高速	15	21.7	0.8	7.6	87	87
京沈高速	54	41.8	3.6	16.4	56	75
沈大高速	53	34.9	2.8	15.5	53	81
沈铁高速	18	36.4	3.8	18.4	39	61
长吉高速	12	38.9	6.1	14.9	53	93

续上表

公路名称	N(个)	θ_{max}(°)	θ_{min}(°)	$E(\theta)$	P_{15}(%)	P_{20}(%)
哈大高速	16	55.4	4.4	14.4	69	88
柳桂高速	4	10.3	4.6	7.8	—	—
南北高速	4	19.9	5.2	13.1	—	—
楚大高速	18	16.1	2	6.5	94	100
玉元高速	14	28.4	4.6	10.5	86	93
成雅高速	43	60	9	24.8	3	14
成渝高速	29	40	10	26	10	28
太旧高速	17	45	5	21.8	14	28
平均	合计598	33.8	4.2	15.3	56	74

注:N-样本观测值数量;θ_{max}-样本观测最大值;θ_{min}-样本观测最小值;$E(\theta)$-样本观测平均值;P_{15}-观测值不大于15°的样本数占样本总数的比例;P_{20}-观测值不大于20°的样本数占样本总数的比例。

从表3-7中可知,平均碰撞角度为15.3°,有46%样本的碰撞角度大于15°,有26%样本的碰撞角度大于20°。

如果将我国护栏碰撞事故的碰撞角度看作一个总体,则本次调查所得到的碰撞角度数据就可以看作是这个总体的一个样本X。假定样本X符合正态分布$N(\mu,\sigma^2)$,我们可以通过矩阵估计法求得参数μ和σ的估计量,并计算出85%位碰撞角度的计算值为$\theta_{85\%}=21.8°$,如图3-1。

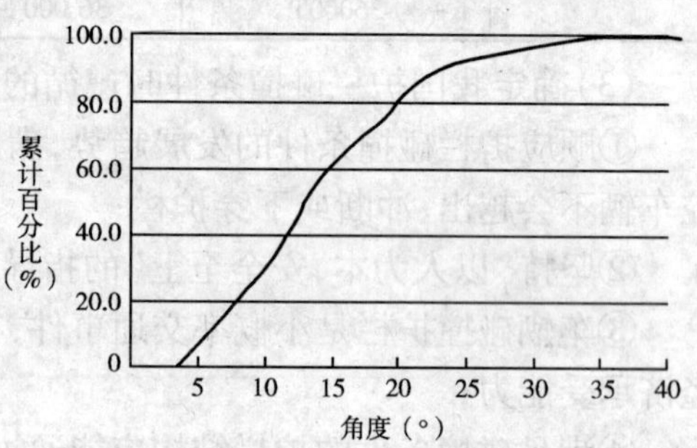

图3-1 全部碰撞角度的累计百分比图

因此,我国护栏的碰撞角度规定为20°。

②碰撞速度:被调查路段的平均车速见表3-8。

表3-8 平均车速汇总表(km/h)

公路名称	小型车			中型车			大型车		
	小轿	吉普	小面	小货	中客	中货	VOLVO	大客	大货
沪宁高速	115	76	83	77	95	67	100	82	65
济青高速	114	108	81	73	92	70	101	84	62
京沪高速淮阴段	127	—	73	78	96	67	95	76	60
京石高速	113	105	78	68	88	61	99	71	60
石太高速	121	105	74	74	91	70	105	86	57
沈长高速	124	103	77	78	95	70	—	91	65
哈大高速	122	119	72	88	87	68	—	94	64
长吉高速	123	111	87	83	95	73	—	103	66
沈大高速	116	101	80	76	94	72	—	92	64
沈四高速	126	99	—	77	98	68	—	88	67
京沈高速	125	110	83	79	94	69	—	90	64
京昌高速	103	91	72	72	83	63	—	77	55
沈丹高速	113	98	75	77	92	68	—	83	65
福泉厦漳高速	107	108	79	84	95	70	—	97	70
长湘高速	104	102	80	77	94	69	—	83	61
柳桂高速	120	113	80	75	94	69	—	94	57
南北高速	119	—	—	71	93	75	—	98	77

续上表

公路名称	小型车				中型车		大型车		
	小轿	吉普	小面	小货	中客	中货	VOLVO	大客	大货
京津塘高速	115	101	72	76	92	69	—	90	64
楚大高速	111	102	84	73	86	61	—	95	—
玉元高速	96	105	87	77	77	51	—	99	—
平均值	116	103	79	77	92	67	100	89	63
最大值	127	119	87	88	98	75	105	103	77
最小值	96	76	72	68	77	51	95	71	55

由表3-8可以看出：各条高速公路上车速最高的均为小客车；客车的平均车速大于货车的平均车速；小型车的车速高于大型车；客车车速大于同一级别的货车车速；路况好的公路车速较高。

车速统计样本只包括了调查中设计速度为120km/h高速公路上的所有车速数据。表3-9是小客车、中货车、大客车的主要统计值。碰撞速度的取值还应考虑到我国高速公路最高限速值为120km/h。

表3-9 典型车型的车速统计

车型	$E(v)$(km/h)	$v_{15\%}$(km/h)	$v_{85\%}$(km/h)	v'(km/h)
小型车	116.5	97.6	134.8	100
中货车	68.9	56.5	79.5	60
大客车	90.9	73.8	107.4	80

注：$E(v)$-车速的平均值；$v_{15\%}$-15%位车速；$v_{85\%}$-85%位车速；v'-建议碰撞速度，当$v_{85\%}$小于限制车速时，为$v_{85\%}$的0.8倍，当$v_{85\%}$大于限制车速时，为限制车速的0.8倍。

日本《护栏设置标准·同解说》(1998和2004年版)对碰撞速度取值的解释中说明：车辆的碰撞速度主要取决于运行速度，另外碰撞时驾驶员采取的制动措施、制动距离和路面状况的不同也会影响车辆的碰撞速度，并按运行速度的0.8倍取值为碰撞速度。参考此原则，我国公路护栏碰撞速度的取值规定如表3-10。

表3-10 设计速度与碰撞速度(km/h)

公路等级	高速公路、一级公路				二~四级公路
设计速度	120	100	80	60	80、60、40、30、20
碰撞速度计算值	96	80	64	48	
碰撞速度规定值	100	80	60		40

③车辆质量：

a. 被调查高速公路各种车辆的占有率如表3-11。统计结果表明，小型车辆(2.5t以下)占有率为57.8%，中型(10t以下)及以下车辆占有率为88.3%，大型车辆(10t以上)占有率为11.7%，其中大型客车(14~18t)占有率为4.5%。

b. 根据《2000年国家干线公路交通量手册》，被调查干线公路各种车型车辆占有率如表3-12。统计结果表明，小型车辆(2.5t以下)占有率为53.5%，中型(10t以下)及以下车辆占有率为71.3%，大型货车(10t以上，14t以下)占有率为13.0%，大型车辆(14t以上)占有率为15.3%。由于我国高速公路收费标准对大型车辆偏高，并且有些高速公路限制拖挂车行驶，所以在干线公路上大型车辆(14t以上)占有率高于高速公路。

c. 碰撞车辆质量的确定：

(a)在车辆碰撞护栏的试验中，小客车主要用于评价发生碰撞时乘员所承受的加速度值，以验证乘员的安全性。从理论上分析，小客车的质量越小，其加速度值越大，对乘员安全性的影响也越大，所以选用1.5t小客车作为评价最大加速度的碰撞车型，是偏安全的。

表3-11　高速公路不同车型车辆占有率(%)

公路名称	小型车辆		中型车辆		大型车辆		合计
	小客	小货	中客	中货	大客	大货	
	2t以下	2.5t以下	10t以下	10t以下	14~18t	10t以上	
沪宁高速	55.9	7.9	12.9	11.7	8.0	3.6	100
济青高速	47.7	12.5	16.1	8.5	7.9	7.3	100
京沪高速淮阴段	28.5	5.3	5.3	30.4	2.7	27.8	100
京石高速	56.7	8.2	8.2	15.6	4.0	7.3	100
京津塘高速	68.9	6.2	11.2	6.7	2.2	4.8	100
石太高速	45.3	10.7	12.4	24.1	3.4	4.1	100
沈大高速	43.1	12.6	8.9	21.4	4.0	10.0	100
京昌高速	68.6	1.2	16.9	3.7	7.8	1.6	100
沈四高速	41.8	13.0	8.5	24.8	2.5	9.5	100
哈大高速	59.1	12.9	9.0	11.8	2.1	5.1	100
长吉高速	60.7	11.1	6.7	16.0	2.7	2.7	100
沈长高速	32.0	7.9	3.2	37.5	1.1	18.3	100
京沈高速	46.0	7.2	5.0	24.3	0.6	16.9	100
沈丹高速	59.7	14.7	9.4	9.7	3.0	3.5	100
福泉厦漳高速	33.4	14.6	6.3	31.1	6.3	8.4	100
长湘高速	47.6	12.4	8.2	23.0	2.8	6.0	100
柳桂高速	50.0	7.4	7.4	23.8	8.9	2.5	100
南北高速	44.0	6.4	18.3	16.5	11.9	2.8	100
楚大高速	45.5	7.1	11.0	29.8	5.9	0.8	100
玉元高速	35.4	7.5	5.4	48.3	2.7	0.7	100
平均值	48.5	9.3	9.9	20.6	4.5	7.2	100

表3-12　干线公路不同车型车辆占有率(%)

公路名称	小型车辆		中型车辆	大型车辆		
	小客	小货	中货	大客	大货	拖挂
	2t以下	2.5t以下	10t以下	14~18t	10t以上	14t以上
G101	45.7	18.0	15.7	5.3	8.3	6.9
G102	29.7	19.4	23.4	5.5	10.7	11.2
G103	50.9	15.5	8.0	6.1	8.1	11.4
G104	34.7	15.9	20.5	10.0	12.1	6.7
G105	30.4	20.2	18.5	9.5	17.6	4.3
G106	30.6	20.3	16.3	10.0	14.3	8.5
G107	25.6	15.9	23.3	8.9	17.4	8.9
G108	31.9	16.5	19.4	7.4	14.5	10.2
G109	30.3	14.8	21.7	6.8	13.5	12.7
G110	30.1	12.8	19.5	4.7	17.5	15.3
G111	41.5	18.0	15.3	3.9	14.4	6.5
G112	30.8	19.1	16.5	5.9	13.3	14.2
G201	37.6	22.2	18.3	9.9	7.5	4.4
G202	30.2	26.7	18.4	8.7	9.6	6.4
G203	44.2	19.8	12.5	4.4	11.5	7.5

续上表

公路名称	小型车辆		中型车辆	大型车辆		
	小客	小货	中货	大客	大货	拖挂
	2t 以下	2.5t 以下	10t 以下	14～18t	10t 以上	14t 以上
G204	41.3	16.3	17.5	9.7	9.6	5.4
G205	34.3	18.6	17.8	9.3	12.0	7.9
G206	39.5	20.5	13.6	10.5	10.5	5.4
G207	35.2	15.7	19.6	8.8	13.8	6.8
G208	19.7	13.7	15.4	7.1	19.5	24.6
G209	38.3	17.9	17.9	8.2	11.8	5.8
G210	31.8	20.1	18.3	8.7	14.4	6.7
G211	24.0	15.6	20.8	9.4	18.3	11.8
G212	23.2	23.3	24.8	16.1	10.5	2.0
G213	39.8	18.9	19.2	9.7	10.7	1.7
G214	33.7	19.7	23.0	5.9	16.9	0.6
G215	55.0	9.2	12.7	4.3	13.5	5.3
G216	44.0	10.7	17.0	9.7	12.6	5.9
G217	33.9	12.2	19.7	9.8	15.2	8.9
G218	45.4	11.5	13.4	9.2	16.2	3.9
G219	13.4	3.7	37.2	1.8	41.5	1.2
G220	38.1	20.4	9.5	11.5	10.2	10.3
G221	41.3	6.2	34.0	8.6	7.8	1.9
G222	42.4	15.6	14.8	4.0	21.5	1.6
G223	69.3	10.0	7.5	6.1	6.9	0.1
G224	56.4	12.2	10.9	8.7	11.6	0.1
G225	59.8	11.0	11.3	5.5	9.4	3.0
G227	23.7	18.7	21.1	12.7	19.4	4.1
G301	39.5	14.2	21.5	3.5	16.3	4.8
G302	45.8	13.5	13.6	9.4	14.0	3.6
G303	41.2	17.0	16.2	5.6	12.7	7.1
G304	37.8	23.1	18.3	6.0	7.4	7.5
G305	33.8	20.7	17.5	5.4	8.7	13.8
G306	23.8	20.4	21.9	5.4	13.7	10.1
G307	27.5	15.5	16.6	5.4	14.9	20.1
G308	38.3	20.5	10.6	8.3	10.1	12.2
G309	30.3	21.5	15.2	6.3	9.3	17.2
G310	37.4	11.9	17.9	8.0	16.7	8.0
G311	33.5	14.2	15.3	8.5	14.0	14.4
G312	29.1	13.9	20.5	9.9	19.6	6.9
G314	37.5	9.0	14.6	8.4	17.9	12.4
G315	50.2	12.3	10.9	9.8	10.0	6.6
G316	39.5	15.5	21.6	7.2	14.4	1.7
G317	40.7	20.1	17.2	12.1	8.6	1.3
G318	43.1	17.9	19.5	9.7	7.9	1.8

公路名称	小型车辆		中型车辆	大型车辆		
	小客	小货	中货	大客	大货	拖挂
	2t 以下	2.5t 以下	10t 以下	14～18t	10t 以上	14t 以上
G319	41.8	15.2	17.8	9.7	13.6	1.9
G320	36.7	16.9	21.5	9.5	13.4	2.0
G321	34.2	18.7	19.2	14.4	11.9	1.6
G322	38.9	13.6	21.7	10.9	11.8	3.0
G323	35.8	18.7	20.8	9.6	12.9	2.1
G324	38.4	15.4	19.0	10.5	13.2	3.4
G325	23.7	21.5	19.1	13.2	18.6	3.9
G326	35.0	19.3	26.1	7.6	10.7	1.0
G327	45.8	19.1	11.1	10.9	3.0	10.1
G328	36.0	19.0	13.3	14.0	12.9	4.7
G329	46.4	15.0	20.2	10.7	4.4	3.3
G330	29.6	14.1	25.2	10.4	7.5	13.2
平均值	37.0	16.5	18.0	8.4	13.0	6.9

(b)从高速公路和国家干线公路交通量统计分析结果可以看出,80%左右的车辆是10t以下的中型车辆(包含小型车),考虑与《94版规范》的延续性,仍选用10t的中型车辆作为碰撞条件之一。

(c)大型车辆的碰撞条件分别选择14t的大货车(延续《94版规范》)和18t大客车,确保特大桥和路侧特别危险路段的护栏能防止大客车越出,减少重大恶性交通事故发生。

(d)大货(客)车碰撞试验着重验证护栏应有不被冲破的强度。

(5)我国公路护栏的碰撞条件及护栏的防撞性能

综上分析,确定我国公路各等级护栏的碰撞条件如表3-13。

表3-13　公路护栏碰撞条件

防撞等级	碰撞条件				碰撞能量(kJ)	护栏性能评价条件
	碰撞速度(km/h)	车辆质量(t)	碰撞角度(°)	碰撞加速度*(m/s^2)		
B	100	1.5	20	≤200		乘员安全性
	40	10	20		70	护栏强度
A、Am	100	1.5	20	≤200		乘员安全性
	60	10	20		160	护栏强度
SB、SBm	100	1.5	20	≤200		乘员安全性
	80	10	20		280	护栏强度
SA、SAm	100	1.5	20	≤200		乘员安全性
	80	14	20		400	护栏强度
SS	100	1.5	20	≤200		乘员安全性
	80	18	20		520	

注:*指碰撞过程中,车辆重心处所受冲击加速度10ms间隔平均值的最大值,为车体纵向、横向和铅直加速度的合成值。

3.0.2　在综合分析公路线形、设计速度、运行速度、交通量和车辆构成等因素的基础上,需要采用的护栏碰撞能量低于70kJ或高于520kJ时,应进行特殊设计。

(1)需要采用的护栏碰撞能量低于70kJ时，如一些低等级公路或部分农村公路，应进行特殊设计，如设置护柱、石砌护墩、石垛、城墙式混凝土挡块等设施，但应进行适当的基础处理，并根据需要配置必要的钢筋，如图3-2。

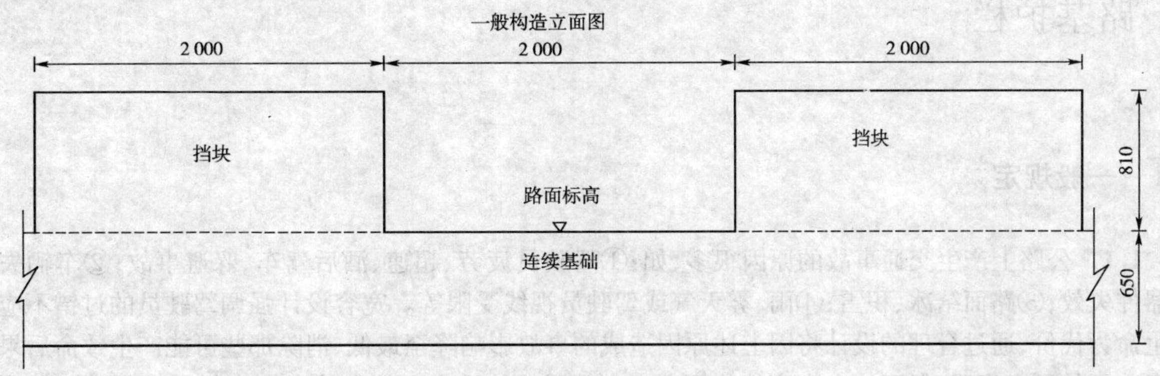

图3-2　经基础处理的城墙式混凝土护栏（尺寸单位：mm）

(2)需要采用的护栏碰撞能量高于520kJ时，如连续长下坡路段或陡坡加小半径曲线路段，车辆的运行速度往往高于设计速度，或者发生交通事故时，车辆的碰撞角度较大，或者车型构成中，大型车辆所占比例很大，在这些路段，经过综合分析，应进行特殊设计，如增加护栏高度和断面尺寸、提高材料强度等。

(3)特殊设计的护栏应经过试验验证或通过主管部门组织的审查后才能使用。

4 路基护栏

4.1 一般规定

4.1.1 公路上产生交通事故的原因很多,如:①驾驶员疲劳、超速、酒后驾车、躲避事故;②车辆失控或器件失效;③路面结冰、积雪;④雨、雾天气或驾驶员视线受限等。宽容设计强调驾驶员的过错不应该以生命为代价,通过合理的设计将因上述原因造成的事故影响降至最低、消除那些可能产生致命后果的因素。国外研究表明:保证一定宽度的路侧安全净区可以使绝大多数失控车辆恢复正常行驶。所谓路侧安全净区就是指公路行车方向最右侧车行道以外、相对平坦、无障碍物、可供失控车辆重新返回正常行驶路线的带状区域,如图 4-1。

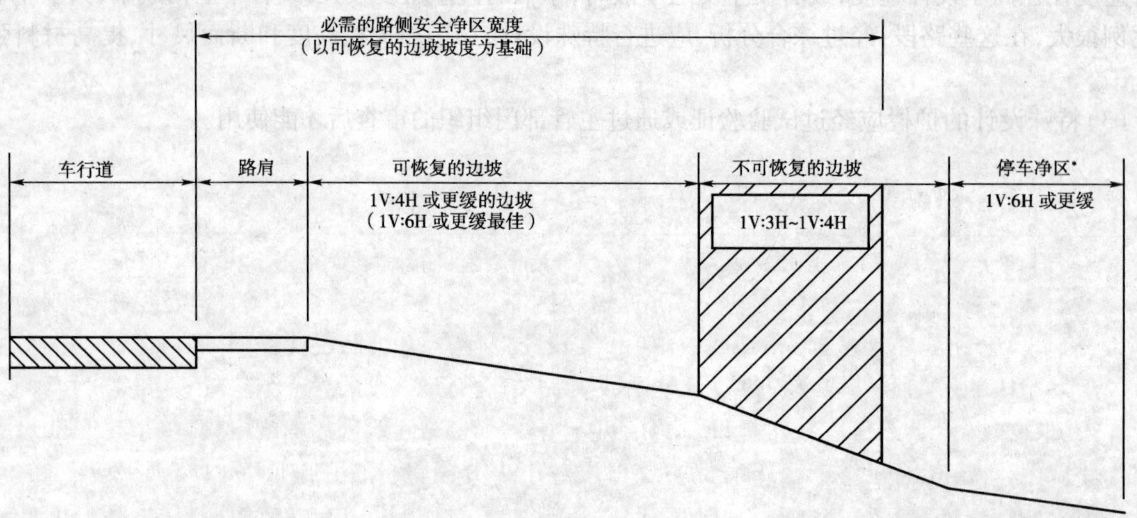

图 4-1 路侧安全净区的概念

注:*由于必需的路侧安全净区内有一部分为不可恢复的边坡(图中阴影部分),因此需要附加的停车净区,其宽度等于阴影部分的宽度。

国内外统计数据表明,约 30% 左右造成人员伤亡的交通事故是由于车辆驶出路外造成的,因此应对路侧安全净区内的障碍物进行必要的处理,以减少类似事故的发生。按照宽容设计理念,对位于路侧安全净区内的各类行车障碍物,应按下列顺序进行处理:

(1)去除行车净区内的障碍物;

(2)重新设计障碍物,使车辆能安全穿越;

(3)将障碍物移至不易受撞击的位置;

(4)通过采用解体消能设施减少车辆撞击的严重程度;

(5)采用纵向护栏保护障碍物或在障碍物前设置防撞缓冲设施;

(6)如因条件限制不能实施上述方案,则应对障碍物加以视线诱导。

在前 4 种措施不能实施而失控车辆越出路外产生的事故严重度高于碰撞护栏的严重度时,才考虑设置护栏。

关于路侧安全净区的宽度,我国目前正在进行研究。下面提供欧、美等国家的一些数据供设计参考。

(1)欧洲一些国家对路侧安全净区均有明确规定,如表 4-1、表 4-2。

表 4-1 一些国家对路侧安全净区宽度的规定

国　别	路侧安全净区宽度值(m)	国　别	路侧安全净区宽度值(m)
比利时	3.5	波兰	3.5
捷克	4.5	葡萄牙	2.0
丹麦	3.0～9.0	德国	见表 4-2 的规定
法国(高速公路)	10	英国	4.5
匈牙利	2.5	瑞士	10
荷兰	10		

表 4-2 德国高速公路路侧安全净区的规定

路段特征	边坡的坡度	障碍物离行车道边缘的距离(m)	
		A_1	A_2
直线段 R>1 500m 的曲线外侧 曲线内侧	缓坡 1:∞～1:8	10.0	6.0
	中坡 1:8～1:5	12.0	8.0
	陡坡>1:5	14.0	10.0
R<1 500m 的曲线外侧	缓坡 1:∞～1:8	12.0	10.0
	中坡 1:8～1:5	14.0	12.0
	陡坡>1:5	16.0	14.0

注:A_1-车辆偏离车行道时对第三方造成危害或造成严重事故后果的间距;A_2-与障碍物的间距。

(2)美国通过对路侧安全性的长期研究,提出路侧安全净区与现场条件(边坡坡度、填方或挖方高度)、设计速度、公路所在地区(城市还是农村)和实践经验有关,并编制了计算图、表,如表 4-3。对于位于事故多发路段的平曲线路段还提供了调整系数表。

4.1.2 根据现行《公路工程技术标准》(JTG B01)中关于公路建筑限界的规定,路侧护栏只能设置于公路土路肩内,但应留有足够的土路肩保护层厚度。中央分隔带护栏在中间带内原则上应对称布设。当公路中心线位置内有构造物、地下管线时,护栏立柱的中心线可以向一侧适当偏移,但护栏的任何部分不得侵入公路建筑限界以内。

表 4-3 美国路侧安全净区的计算表

设计速度	设计平均每日交通量(辆/天)	填方边坡			挖方边坡		
		1V:6H 或更缓	1V:5H～1V:4H	1V:3H	1V:3H	1V:5H～1V:4H	1V:6H 或更缓
60km/h 或以下	750 以下	2.0～3.0	2.0～3.0	**	2.0～3.0	2.0～3.0	2.0～3.0
	750～1 500	3.0～3.5	3.5～4.5	**	3.0～3.5	3.0～3.5	3.0～3.5
	1 500～6 000	3.5～4.5	4.5～5.0	**	3.5～4.5	3.5～4.5	3.5～4.5
	6 000 以上	4.5～5.0	5.0～5.5	**	4.5～5.0	4.5～5.0	4.5～5.0
70～80km/h	750 以下	3.0～3.5	3.5～4.5	**	2.5～3.0	2.5～3.0	3.0～3.5
	750～1 500	4.5～5.0	5.0～6.0	**	3.0～3.5	3.5～4.5	4.5～5.0
	1 500～6 000	5.0～5.5	6.0～8.0	**	3.5～4.5	4.5～5.0	5.0～5.5
	6 000 以上	6.0～6.5	7.5～8.5	**	4.5～5.0	5.5～6.0	6.0～6.5
90km/h	750 以下	3.5～4.5	4.5～5.5	**	2.5～3.0	3.0～3.5	3.0～3.5
	750～1 500	5.0～5.5	6.0～7.5	**	3.0～3.5	4.5～5.0	5.0～5.5
	1 500～6 000	6.0～6.5	7.5～9.0	**	4.5～5.0	5.0～5.5	6.0～6.5
	6 000 以上	6.5～7.5	8.0～10.0*	**	5.0～5.5	6.0～6.5	6.5～7.5

续上表

设计速度	设计平均每日交通量（辆/天）	填方边坡			挖方边坡		
		1V:6H 或更缓	1V:5H～1V:4H	1V:3H	1V:3H	1V:5H～1V:4H	1V:6H 或更缓
100km/h	750 以下	5.0～5.5	6.0～7.5	**	3.0～3.5	3.5～4.5	4.5～5.0
	750～1 500	6.0～7.5	8.0～10.0*	**	3.5～4.5	5.0～5.5	6.0～6.5
	1 500～6 000	8.0～9.0	10.0～12.0*	**	4.5～5.5	5.5～6.5	7.5～8.0
	6 000 以上	9.0～10.0*	11.0～13.5*	**	6.0～6.5	7.5～8.0	8.0～8.5
110km/h	750 以下	5.5～6.0	6.0～8.0	**	3.0～3.5	4.5～5.0	4.5～5.0
	750～1 500	7.5～8.0	8.5～11.0*	**	3.5～5.0	5.5～6.0	6.0～6.5
	1 500～6 000	8.5～10.0*	10.5～13.0*	**	5.0～6.0	6.5～7.5	8.0～8.5
	6 000 以上	9.0～10.5*	11.5～14.0*	**	6.5～7.5	8.0～9.0	8.0～9.5

注：* 当调查研究或历史数据表明某些路段连续发生交通事故的频率较高时，设计人员所提供的路侧安全净区宽度可高于本表的规定。从实用的角度出发，路侧安全净区可控制在 9m。

** 由于车辆在可穿越的未防护 1V:3H 的边坡上恢复正常行驶的可能性不大，因此在这种边坡坡底处不应存在固定障碍物。确定边坡坡底处恢复区的宽度应考虑路权、环境、经济、安全及事故的历史数据等因素。此外，车行道边缘与 1V:3H 边坡开始点之间的距离也会影响坡底处的恢复区宽度。由于受几个因素的制约，图 4-1 绘出了可用以确定理想的最大恢复区宽度的填方边坡参数。

4.2 设置原则

4.2.1 路侧护栏

（1）～（4）路侧护栏根据防护对象的不同主要分为路堤护栏和障碍物护栏两大类。

①路堤护栏：

决定是否设置路堤护栏的关键因素是路堤高度和边坡坡度，一般可根据越出路堤事故的严重度指数，画出路堤高度和坡度与设置护栏的关系图。很多国家根据本国条件建立了这种关系图，作为是否设置路堤护栏的依据。当边坡坡度较缓，或者填土高度较低时，即使重心较高的车辆越出路外，翻车的可能性也很小，因为车辆能顺着坡面下滑，一般认为没有必要设置护栏。至于填土高度和边坡坡度与设置护栏的具体规定各国不完全一致，有些国家把 1:4或 1:3的边坡、路堤高 3～5m 作为设置护栏的起点，必要性不是很大，因为 1:3或 1:4的边坡车辆越出路外，如果速度不是很高，不会有什么太大危险。美国 2002 年版《路侧设计指南》认为 1:4或更缓的边坡车辆可以穿越，对行车不构成威胁。大多数国家将 1:2的边坡、填土高度 4m，1:1.5 的边坡、填土高度为 3m，1:1的边坡、填土高度为 2m 作为设置护栏的起点。

编写组在确定边坡坡度、路堤高度与设置护栏的关系时，根据我国公路交通的实际情况和经济承受能力水平，将边坡坡度、路堤高度划分为三个区域，正文中用图 4.2.1 表示。二级及以上等级的公路：位于图中方格区（I 区）范围内的路段，必须设置路侧护栏；位于斜线阴影（II 区）范围内的路段，应设置路侧护栏；位于虚线（III 区）以上区域内的路段，宜设置路侧护栏。三、四级公路考虑到运行速度、经济条件、交通量等因素作出了不同规定。

②障碍物护栏：

开阔、平坦、无障碍物的路侧条件是设计者所希望的，当公路路侧安全净区范围内不能提供安全行车的条件时，则需要设置护栏来保护障碍物。路侧障碍物可分为不能穿越的危险物和不能移走的障碍物，这些路侧危险障碍物是造成每年交通事故死亡人数 30% 的直接原因。如按照宽容设计理念不能对这些危险障碍物进行安全处理时，则要设置护栏加以隔离或保护。

为路侧障碍物设置护栏的主要依据是障碍物的特征和路侧安全净区能否得到满足，当障碍物距车行道边缘的距离小于路侧安全净区的宽度值时，经论证需要设置相应防撞等级的护栏。

③以路堤、障碍物及其他危险条件为基础，根据车辆驶出路外可能造成的事故严重程度，本条将设

置护栏的条件分为三类：

a. 除车辆本身外，有可能造成第二方人员伤亡、财产损失的特大事故的严重危险路段。因此类情形很难定量化，故第（1）款中未列举具体路段，铁道部、交通部联合下发的《关于在公路与铁路并行路段设置防护栏的通知》（铁运函[2005]978号）中要求"凡公路与铁路等高或公路高于铁路的并行路段，均应设置防止汽车冲入或坠入铁路的防护设施"可作为参考，与此类似的情形还包括"与高速公路并行、路侧有房屋、输电线塔、危险品储藏仓库等"。应结合间距、公路线形、交通量等因素综合确定。发生交通事故极其严重的，归为本类，次之的归为下一类。

b. 有可能造成车辆本身人员伤亡、财产损失的特大事故和二次重大事故的严重危险路段。

c. 有可能造成一般、重大事故的较严重危险路段。第（4）款第②、③、⑤项还应结合路堤边坡和障碍物的分布来确定，如互通式立体交叉的三角地带处，如已填平或进行了边坡处理，路侧安全净区的宽度又满足要求，则没有必要设置护栏。

这里，对车辆驶出路外可能造成的后果严重程度借鉴了我国公安部目前的分类方法，并据此规定了路基护栏防撞等级的适用条件。公安部对道路交通事故的等级分为四类：轻微事故，是指一次造成轻伤1至2人，或者财产损失机动车事故不足1 000元，非机动车事故不足200元的事故。一般事故，是指一次造成重伤1至2人，或者轻伤3人以上，或者财产损失不足3万元的事故。重大事故，是指一次造成死亡1至2人，或者重伤3人以上10人以下，或者财产损失3万元以上不足6万元的事故。特大事故，是指一次造成死亡3人以上，或者重伤11人以上，或者死亡1人，同时重伤8人以上，或者死亡2人，同时重伤5人以上，或者财产损失6万元以上的事故。

本条主要通过此方法对路侧的危险程度进行分类，以更准确地从公路条件本身确定需要设置护栏的防撞能力，与交通事故实际发生的伤亡人数和财产损失并无必然联系。在具体使用时应注意具体问题具体分析。

（5）正文表4.2.1-1在确定路基护栏防撞等级适用条件时，考虑了公路等级、设计速度和路侧危险程度。设计速度和路侧危险程度相同时，等级高的公路选用的护栏防撞等级有可能高一些，主要是考虑到等级高的公路承担的交通量更大，导致的交通事故有可能更多。在使用该表时，应结合具体条款的说明，当公路线形、运行速度、填土高度、交通量和车辆构成等使产生的交通事故后果更严重时，应在该表的基础上提高护栏的防撞等级。

（6）路侧护栏的最小设置长度，主要考虑护栏的整体作用，只有当护栏作为连续梁能很好发挥整体效果时，护栏才是有效的。如果护栏设置长度较短，不仅影响美观，而且不能发挥护栏的导向功能，增加碰撞的危险性。碰撞试验、仿真分析以及实地调查结果表明：高速公路、一级公路上设置的波形梁护栏最小设置长度不宜小于70m；二级公路上，其最小设置长度不宜小于48m；三、四级公路上，其最小设置长度不宜小于28m。混凝土护栏自重大、整体性好，在高速公路、一级公路上设置时，其最小长度不宜小于36m；二级公路上，其最小设置长度不宜小于24m；三、四级公路上，其最小设置长度不宜小于12m。缆索护栏设置短了不经济。缆索护栏需要张拉、靠端部结构和中间端部结构来支撑。高速公路、一级公路上，其最小设置长度不宜小于300m；二、三、四级公路上，其最小设置长度不宜小于120m。上文所说的护栏最小设置长度是指护栏的标准段、渐变段和端头所构成的总长度。如果相邻两段路侧护栏的间距小于规定的最小长度时，宜将两段护栏连接起来。

4.2.2 中央分隔带护栏

日本高速公路交通事故统计数据表明，车辆与中央分隔带护栏接触、冲撞、爬上护栏、个别冲断护栏的事故，约占事故总数的22%～25%。也就是说，在高速公路上发生的交通事故，有1/4与中央分隔带有关，因此，在中央分隔带设置护栏是非常必要的。中央分隔带护栏就是为了防止车辆越过中央分隔带闯入对向车道而设置的。因为这种事故一旦发生其后果是非常严重的。各国在规定中央分隔带护栏设置标准时，往往以中央分隔带的宽度、交通量为依据，如表4-4。交通量较低时，车辆横越中央分隔带的概率就低。但是，在交通量较低时，车辆的速度就会相对提高，因此，一旦发生横越中央分隔带的情况，就可能产生严重的后果。对于交通量的规定各国有较大差别，各国都把中央分隔带的宽度看成是否设置中央分隔带护栏的重要依据，比较宽的中央分隔带，车辆横越的概率也相对低。美国的传统做法是中央分隔带宽度超过10m时可以不设置护栏。考虑到一些公路交通量较大、车速高、横越事故多，一些州已提高了这一标准，如佛罗里达州规定宽度19.5m以下、加利福尼亚州规定宽度23m、每日交通量60 000辆以上的中央分隔带应考虑设置护栏。《94版规范》规定"中央分隔带宽度大于10m时，可不设中央分隔带护栏"。参考现行《公路工程技术标准》(JTG B01)的条文说明，并结合国内已通车高速公路的运营状况，本规范规定：当整体式断面中间带宽度小于或等于12m时，必须设置中央分隔带护栏；大于12m时，应综合考虑公路线形、运行速度、中央分隔带的宽度、交通量及车型构成等因素，分路段确定是否设置中央分隔带护栏。

表4-4　部分国家设置中央分隔带护栏的标准

国别	中央分隔带的宽度(m)	交通量(辆/日)	道路等级
比利时	0	5 000	
	4	10 000	
	6	15 000	
	8	20 000	
丹麦	3	5 000	
	6	10 000	
	8	20 000	
波兰	4		
	6	20 000	
葡萄牙	4	10 000	
	5	20 000	
	6	30 000	
瑞典		15 000	
英国	2		
		10 500	
捷克、芬兰			
奥地利、德国、匈牙利、荷兰、日本			快速道路、汽车专用公路一律设置中央分隔带护栏
阿尔及利亚	4.5		
	4.5~6	4 000	
罗马尼亚	中央带有障碍物时需设置护栏		
法国	4.5m或中央分隔带有障碍物时，需设置护栏		

4.3　型式选择

4.3.1　根据碰撞后的变形程度，护栏可分为刚性护栏、半刚性护栏和柔性护栏，其主要代表型式分别为混凝土护栏、波形梁护栏和缆索护栏，钢背木护栏属于半刚性护栏的一种。刚性护栏几乎不变形，但当车辆与护栏的碰撞角度较大时，对车辆和乘员的伤害较大；半刚性护栏刚柔相兼，具有较强的吸收碰撞能量的能力，对车辆和乘员的伤害相对较小；柔性护栏在受到碰撞后，由于变形较大，因此对车辆和乘员的伤害最小。

在选择护栏型式时，需要综合考虑的因素如表4-5。

表4-5　选择护栏型式时应考虑的因素

序号	考虑因素	说明
1	防撞等级的选择	护栏在结构上必须能阻挡并使设计车辆转向。 选择防撞等级时，应综合考虑道路条件(平纵线形、中央分隔带宽度、边坡坡度、路侧障碍物等)和交通条件(车型构成、交通量、车速等)
2	变形量	护栏的变形量不应超过容许的变形距离：柔性护栏变形最大，刚性护栏变形最小，半刚性护栏变形居中。 如果护栏与被保护物体间距较大，则可选择对车辆和乘员产生冲击力最小的方案。如障碍物正好临近护栏，则只能选择半刚性或刚性护栏。大多数护栏可通过增加立柱或增加板的强度来提高整体强度。 4.5m以下宽度的中央分隔带不宜设置柔性护栏

续上表

序号	考虑因素		说明
3	现场条件		边坡的坡度、与行车道的距离可能会限制某些护栏的使用： 在边坡上设置护栏时，如边坡坡度陡于1:10，应采用柔性或半刚性护栏；如边坡坡度陡于1:6，则任何护栏均不应在边坡上设置。 如土路肩较窄，则立柱所受土压力较小，则需要增加埋深、缩短柱距或土中增加钢板
4	通用性		护栏的型式及其端头处理、与其他型式护栏的过渡处理应尽量标准化，中央分隔带护栏型式还应考虑与其他设施（如灯柱、标志立柱和桥墩等）的协调性。 当采用标准护栏不能满足现场要求时，才需要考虑非标准或特殊护栏的设计
5	全寿命周期成本		在最终确定设计方案时，考虑最多的可能是各种方案的初期建设成本和将来的养护成本。一般情况下，护栏的初期建设成本会随着防撞等级的增加而增加，但养护成本会减少。相反，初期建设成本低，则随后的养护成本会大大增加。发生事故后，柔性或半刚性护栏比刚性或高强度护栏需要更多的养护。交通量大、事故频发的路段，事故养护成本将成为必须考虑的因素，刚性护栏是较好的选择方案
6	养护	(1)常规养护	各种护栏均不需要大量的常规养护
		(2)事故养护	一般情况下，事故后柔性或半刚性护栏比刚性或高强度护栏需要更多的养护。 在交通量相当大、事故频率较高处，事故养护成本可能会变为最需要考虑的因素，这种情况通常发生在城市高速公路沿线。在这种位置处，刚性护栏（如混凝土护栏）通常作为选择方案
		(3)材料储备	种类越少，所需要的库存类别和存储需求越少
		(4)方便性	设计越简单，成本越低，且越便于现场人员准确修复
7	美观、环境因素		美观通常不是选择护栏型式的控制因素，但旅游公路或对景观要求高的公路除外。这种情况下，可选择外观自然、能与周边环境融为一体而又具有相应防撞等级的护栏型式。 护栏的选择还要考虑沿线的环境腐蚀程度、气象条件和其对视距的影响等，如积雪地区应考虑除雪的方便性
8	实践经验		应对现有护栏的性能和养护需求进行监测，以确定是否需要通过改变护栏型式来减少或消除已发现的问题

4.3.2 因设置护栏对提升公路景观没有任何作用，因此旅游公路或对景观要求高的公路，应尽量寻找可以替代护栏的措施，如设置浅碟型边沟或挖方路段边沟上设置盖板等。经论证，需要设置护栏时，其外观应力求简洁、减少装饰并充分考虑通透性、降低刚性护栏的存在感，护栏色彩应与构造物及周边环境相协调。

4.4 构造和材料要求

4.4.1 在失控车辆撞击护栏时，应防止乘员的头部直接撞击在护栏结构上，因此护栏的高度不宜高于乘员的头部，所以在满足护栏功能的前提下，其高度以小于100cm为好，而且在曲线半径较小的路段，护栏高度低有利于驾驶人员从护栏上方看清路外的情况。但当需要护栏抵抗很大的碰撞力、需要防止大型车辆翻越时，可以考虑将护栏的高度定为100cm以上，但护栏的结构应采取必要的措施，以防止失控车辆的乘员头部直接撞击护栏。

当路侧或中央分隔带设置有路缘石、路缘石外立面位于护栏面的外侧，即失控车辆首先需撞击路缘石然后再撞击护栏的情况下，护栏的高度还应再加上路缘石的高度。

4.4.2 目前国内高速公路、一级公路中央分隔带种植土和回填土的存在影响了护栏立柱承载力的充分发挥，路侧有时也存在这种情况，尤其是路侧护栏立柱外展时，往往达不到规定的土路肩保护层厚度，影响了护栏功能的发挥，应采取必要的加强措施，如在立柱距路缘石顶部或路面50mm以下的位置处焊接钢板或采用混凝土基础的方法。

4.4.3 对于钢筋混凝土护栏和组合式护栏，其荷载分布范围根据德国标准DIN1072和正文表4.4.3确定，同时，为了计算方便，分布荷载q取平均值，即A、SB和Am、SBm级$q=P/4.0$(kN/m)；SA、SS和SAm级$q=P/5.0$(kN/m)。

4.4.4 没有经过处理的护栏端部在受到失控车辆冲撞时将给乘员带来很大伤害，因此应从有助于防止冲撞和冲撞时具有一定缓冲性的角度加以处理。如路侧波形梁护栏在行车方向的上游端头宜设置为外展地锚式或圆头式，行车方向下游端头可采用圆头式；隧道入口处的路侧波形梁护栏宜以抛物线形向洞口壁延伸，并设置满足隧道建筑限界要求的圆形端头等；隧道出口处护栏应采用与隧道壁搭接的方式，端部护栏板应进行斜面焊接处理等。

同样，不同型式的路基护栏之间或路基护栏与桥梁护栏之间也应进行过渡处理，以免护栏端部成为行车障碍物。

4.4.5 对于护栏用材料，考虑到长时间的使用，必须具备很高的强度、耐久性，并易于维护管理。对于一些新材料，通过可靠的试验数据和工程实践证明符合上述要求的也可使用。对于山区和林区等具有丰富建筑材料的地区，可充分利用符合使用要求的当地建筑材料来加工、制作护栏，如砌石钢筋混凝土护栏、木制护栏等。

5　桥梁护栏

5.1　一般规定

一般情况下,车辆越出桥外的事故严重度比越出路基外的事故严重度高,因此桥梁应选择比路基段防撞等级高的护栏,有些国家建立了路基护栏和桥梁护栏两套防撞等级体系。但从护栏体系而言,对于某些种类的护栏桥梁和路基是通用的。

混凝土墙式桥梁护栏作为永久性构造物,一方面受气候变化的影响,另一方面受车辆碰撞的摩擦,常使其表面剥落,摩擦系数值增大,降低其改变失控车辆方向的能力,并且影响美观。近几年的工程实践中,特别是有冻融的地区,混凝土护栏表面发生啃边和脱皮的现象较为严重,因此本规范规定,高速公路、一级公路桥梁护栏的混凝土强度等级不应低于C30,其他公路桥梁护栏的混凝土强度等级不应低于C20。

桥梁护栏碰撞荷载的确定方法如下:

车辆碰撞护栏是十分复杂的过程,到目前为止尚没有精确计算方法来进行描述。车辆碰撞护栏常用的数学模型见图5-1,该数学模型是建立在基本假设的基础上。

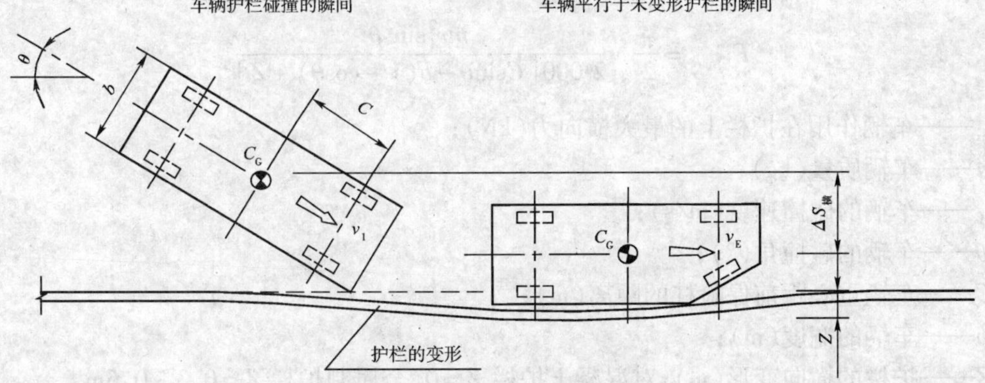

图5-1　车辆与护栏碰撞的数学模型

(1)基本假设

——从车辆碰撞护栏起到车辆改变方向平行于护栏止,车辆的纵向和横向加速度不变;

——车辆的竖向加速度和转动加速度忽略不计;

——车辆改变方向平行于护栏时车辆的横向速度分量为0;

——车辆在改变方向时不发生绊阻;

——车辆碰撞护栏期间容许车辆发生变形,但车辆的重心位置不变;

——车辆近似为质点运动;

——刚性护栏的变形值$Z=0$,柔性护栏的变形值$Z>0$;

——车辆与护栏、车轮与公路的摩擦力忽略不计;

——护栏连续设置。

(2)公式推导

设车辆的横向位移$\Delta S_横$:

$$\Delta S_横 = C\sin\theta - b(1-\cos\theta) + Z$$

车辆横向位移 $\Delta S_{横}$ 所需的时间 Δt：

$$\Delta t=\frac{\Delta S_{横}}{横向平均速度}$$

又∵ 横向平均速度 $=1/2\{v_1\sin\theta+0\}$

$$\therefore \quad \Delta t=\frac{C\sin\theta-b(1-\cos\theta)+Z}{v_1\sin\theta/2}$$

又∵ 车辆横向平均加速度 $G_{横}=a_{横}=(\Delta v)_{横}/\Delta t$

横向速度变化：$\Delta v=v_1\sin\theta-0$

$$G_{横}=v_1\sin\theta/\Delta t$$

$$\therefore \quad G_{横}=\frac{v_1^2\sin^2\theta}{2[C\sin\theta-b(1-\cos\theta)+Z]}$$

又据 $F_{横}=ma_{横}$

$$F_{横}=\frac{m(v_1\sin\theta)^2}{2[C\sin\theta-b(1-\cos\theta)+Z]}$$

$F_{横}$ 单位取 kN 时，

$$F_{横}=\frac{m(v_1\sin\theta)^2}{2\,000[C\sin\theta-b(1-\cos\theta)+Z]} \tag{5-1}$$

假设车辆和护栏的刚度可理想化为线性弹簧，则碰撞力与时间的关系曲线是正弦曲线，车辆横向最大加速度 $G_{横\max}$ 为：

$$G_{横\max}=\pi/2(G_{横})$$

$$F_{横\max}=\frac{\pi}{2}\cdot\frac{mv_1^2\sin^2\theta}{2\,000[C\sin\theta-b(1-\cos\theta)+Z]} \tag{5-2}$$

式中：$F_{横\max}$——车辆作用在护栏上的最大横向力(kN)；

m——车辆质量(kg)；

v_1——车辆的碰撞速度(m/s)；

θ——车辆的碰撞角(°)；

C——车辆重心距前保险杠的距离(m)；

b——车辆的宽度(m)；

Z——护栏的横向变形(m)，对混凝土护栏 $Z=0$，金属制护栏 $Z=0.3\sim0.6$m。

为验证式(5-1)和式(5-2)预测的精度，美国曾用其预测的横向碰撞力与碰撞试验实测的碰撞力相比较，得出公式的预测精度为 ±20%，如表 5-1 和图 5-2。从表 5-1 可见，对于小汽车，式(5-1)和式(5-2)预测的碰撞力和试验的实测值很相近。英国桥梁护栏标准中护栏的设计荷载就直接采用式(5-2)的计算值，即车辆以平均运行速度碰撞护栏时的设计碰撞力。

表 5-1　美国刚性护栏横向碰撞力(碰撞速度 96km/h，$\theta=15°$)

车 辆 质 量	平均力(kN)	最 大 力(kN)		
	式(5-1)计算值	式(5-2)计算值	布卢姆试验值	布什试验值
2 043kg	84.5	129.0	133.4	124.5
9 080kg	155.7	244.6	311.4	373.6
18 160kg	258.0	404.8	667.2	667.2
31 780kg	—	—	1 112.0	—
32 688kg	404.8	636.1	—	—

日本现行车辆用刚性护栏碰撞力如表 5-2。

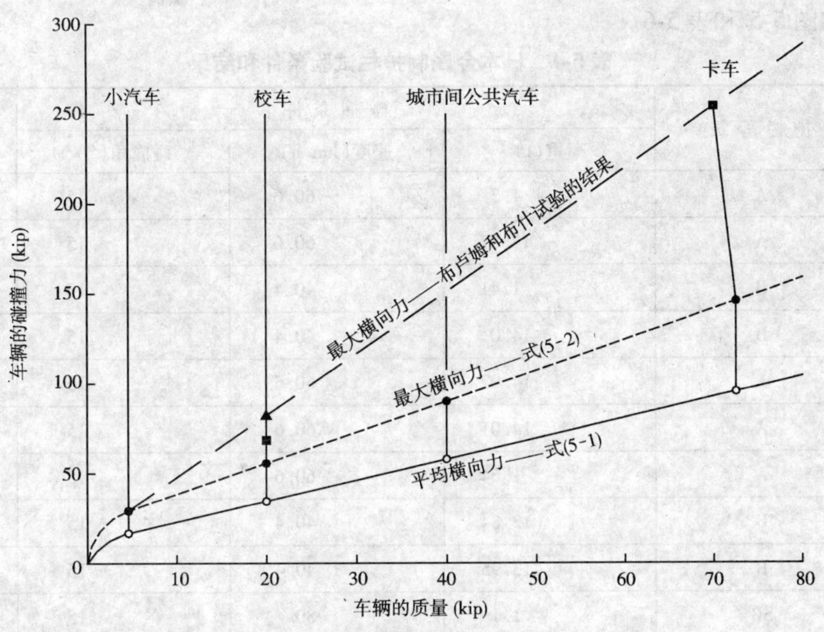

图 5-2　美国刚性护栏碰撞力($v=60\text{mph}, \theta=15°$)

注:1kip = 4.445kN;1mph = 1.609km/h。

表 5-2　日本刚性护栏碰撞力

碰 撞 条 件	碰撞能量(kJ)	碰　撞　力(kN)		
		单坡型	F 型	直墙型
25t, 50km/h, 15°	160	34	35	43
25t, 65km/h, 15°	280	57	58	72
25t, 80km/h, 15°	420	86	88	109
25t, 100km/h, 15°	650	135	138	170

我国桥梁护栏试验中理论碰撞力与实测碰撞力的比较结果如表 5-3。

表 5-3　中国刚性护栏碰撞力的比较

试 验 次 序	碰 撞 条 件			计算最大碰撞力(kN)	实测值(kN)
	碰撞角(°)	车重(t)	车速(km/h)		
1	21.6	2	91.5	183.9	192.4
2	21.1	18	81	563.2	589.1
3	20.4	18	84	688.0	719.6
4	19.2	2	95	168.7	176.4
5	20.5	20	64	423.7	443.2
6	21.1	20	86	762.5	797.6

通过不同国家刚性护栏碰撞力的比较可知,中国实测的护栏碰撞力最大，英国和日本最小，美国居中。考虑到碰撞力在护栏上的分布模型仍采用美国桥规的有关规定，所以我国护栏碰撞力采用与美国桥规的规定相近似的数值。

(3)碰撞力的分布

车辆碰撞护栏时，碰撞力是沿着护栏碰撞面移动的,并随时间而变化。一般假设车辆与护栏碰撞时，其平均力达到最大值时，车辆与护栏的接触长度就是碰撞力的作用范围。对于大型拖挂车，最大碰撞力有可能在失控车辆改变方向后，车辆的尾部与护栏相撞时产生。但由于车辆已改变了行驶方向,车辆越出路外的危险性降低了。所以,设计时，取初始的最大碰撞力。日本金属制桥梁护栏碰撞试验的结果如表 5-4。美国对钢筋混凝土墙式护栏碰撞试验的结果如图 5-3、图 5-4 和表 5-5,美国推荐的设计荷载分布如图 5-5 和表 5-6。

表 5-4　日本金属制护栏试验条件和结果

序　号	护栏等级	碰撞条件			车体接触长度(m)
		车重(t)	速度(km/h)	碰撞角(°)	
1	A	1.3	60.6	15	3.7
2	A	13.87	60.6	15	11.2
3	B	1.41	40.4	15	2.8
4	B	14.0	40.4	15	3.7
5	A	14.02	60.6	15	9.15
6	A	14.01	60.6	15	8.8
7	A	1.64	60.6	15	3.4
8	B	13.84	40.4	15	4.1
9	B	13.95	40.4	15	4.81
10	SB	1.1	80	15	2.90
11	SB	14.0	80	15	13.35

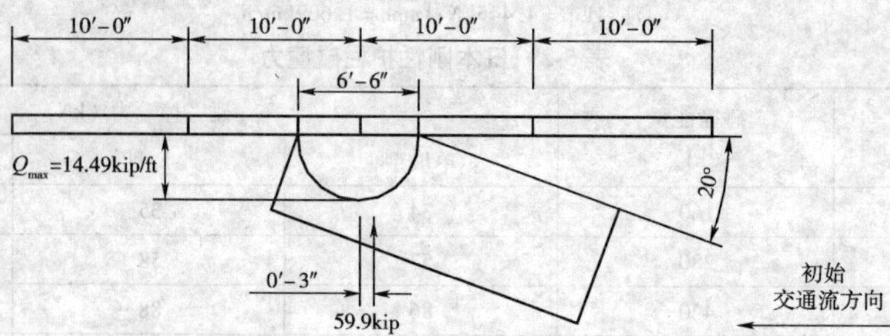

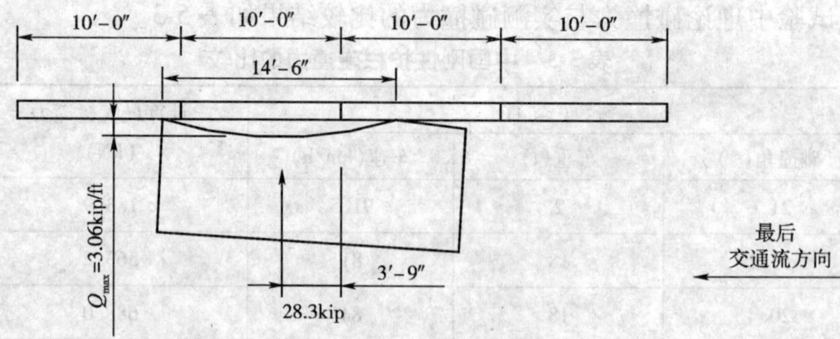

图 5-3　美国混凝土墙式护栏的碰撞过程(碰撞条件:m = 4 740lb;v = 59.9mph;θ = 24°)

注:1lb = 453.592g;1kip = 4.445kN;1mph = 1.609km/h;1kip/ft = 1.458kN/m;1′ = 0.305m;1″ = 2.45cm。

表 5-5　美国混凝土墙式护栏碰撞试验结果

试验条件			碰撞状态	合　力				最大力	
重量(lb)	速度(mph)	角度(°)		高度(in)	大小(kip)	接触高度(ft)	接触长度(ft)	单位面积(kip/ft^2)	单位长度(kip/ft)
2 050	59.0	15.5	始	17.0	18.4	2.33	5.0	3.89	5.76
			终	18.7	8.4	2.58	7.6	1.11	1.82
2 090	58.5	21.0	始	19.0	21.1	2.67	6.0	3.25	5.52
			终	20.7	13.1	3.00	8.0	1.35	2.58
2 800	58.3	15.0	始	18.1	18.5	2.50	5.0	3.85	5.81
			终	15.3	13.9	2.08	10.8	1.82	2.01

续上表

试验条件			碰撞状态	合力				最大力	
重量(lb)	速度(mph)	角度(°)		高度(in)	大小(kip)	接触高度(ft)	接触长度(ft)	单位面积(kip/ft²)	单位长度(kip/ft)
2 830	56.0	18.5	始	19.3	22.0	2.92	4.8	3.65	7.61
			终	21.3	22.5	3.00	10.2	1.52	3.48
4 680	52.9	15.0	始	21.4	52.5	3.08	7.3	5.73	11.24
			终	24.0	28.3	3.25	10.7	2.01	4.16
4 740	59.9	24.0	始	21.8	59.5	3.17	6.5	7.18	14.49
			终	22.5	28.3	3.25	14.5	1.48	3.06
20 030	57.6	15.0	始	29.0	63.7	2.17	12.3	5.88	21.20
			终	32.7	73.8	1.58	25.5	4.51	4.54
32 020	60.0	15.0	始	26.3	85.0	2.58	6.3	12.90	21.20
			终	28.4	11.0	2.25	15.0	15.40	22.10

表 5-6 美国刚性护栏推荐的极限设计荷载

设计试验条件	最大设计荷载(kN/m)	设计荷载分布长度(m)	有效高度(m)
2 043kg,96km/h,$\theta=15°$	15.2	2.3	0.6
2 043kg,96km/h,$\theta=25°$	19.7	2.0	0.6
9 080kg,96km/h,$\theta=15°$	11.0	3.8	0.85
14 528kg,96km/h,$\theta=15°$	30	4.6	0.75

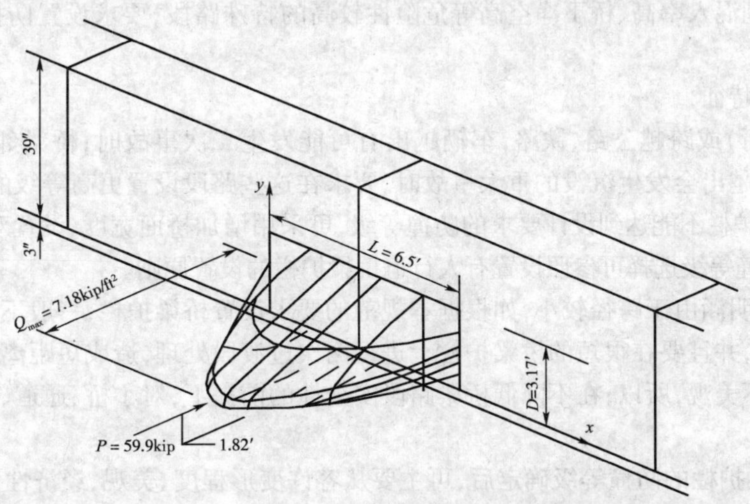

图 5-4 接触应力的分布

注:1kip = 4.445kN;1mph = 1.609km/h;1kip/ft = 1.458kN/m;1′ = 0.305m;1″ = 2.45cm。

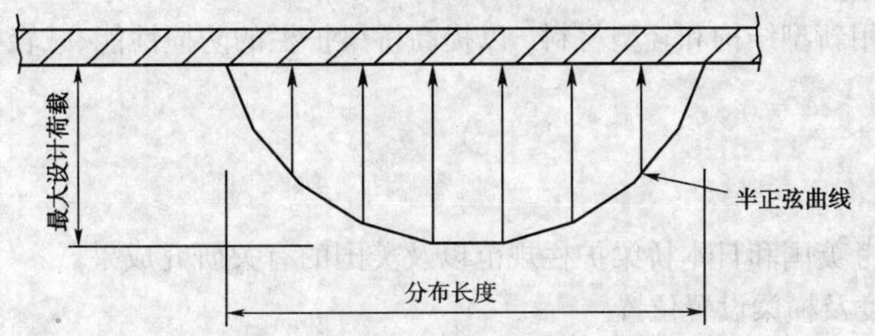

图 5-5 美国刚性护栏推荐的极限设计荷载

为提高护栏的防撞性能,减少乘客伤亡和车辆损坏,应尽量使碰撞车辆与护栏的接触长度长些,从而延长碰撞时间,减小车辆的加速度。对于金属制桥梁护栏，本规范考虑车辆碰撞护栏总的接触长度为12m。

5.2 设置原则

5.2.1~5.2.5 一般情况下，桥梁路侧危险程度明显比路基段高,车辆越出桥外往往会造成车毁人亡的重大恶性交通事故。考虑到公路的运行速度、交通量、投资费用等因素,根据公路等级及现行《公路工程技术标准》(JTG B01—2003)的要求,作出了上述规定。

对设置有人行道的公路,一般认为,可不必考虑车辆掉下桥梁的可能性。但是，为预防从桥上掉下的车辆造成二次事故并考虑到在公路桥梁上设置人行道，车辆和行人处于同一平面上,对交通量大、车速高的桥梁段，车辆碰撞行人和非机动车的事故严重度增大，为保护行人和非机动车，同时把机动车和非机动车在平面上分隔开，提高车辆与行人的安全性，按实际需要在人行道与车行道分界处设置汽车、行人分隔护栏是适当的。

5.3 型式选择

选择桥梁护栏型式时,应考虑下列因素:

(1)桥梁护栏的防撞性能:主要从公路等级、桥梁护栏外侧的危险物特征等方面加以考虑。

①公路等级

原则上应根据公路等级并结合交通量、运行速度和投资费用等因素选择相应防撞等级的桥梁护栏。但是,对于大型车辆混入率高、桥下净空高等危险性较高的特殊路段,要求设置防撞等级更高的桥梁护栏。

②路侧危险物特征

桥梁邻近(平行)或跨越公路、铁路,车辆越出有可能发生二次事故时;桥梁邻近或跨越江、河、湖、海、沼泽路段,车辆越出会发生沉没的重大事故时,要求在这些路段设置更高等级的桥梁护栏。

如果单排桥梁护栏不能达到设计要求的防撞等级,可采用增加桥面宽度、设置双排桥梁护栏的方法。双排桥梁护栏的防撞等级选择可参照设置有人行道桥梁护栏的设置原则。

③小桥、通道、明涵由于跨径较小,如根据本规范的要求设置桥梁护栏,一般不能满足桥梁护栏结构上所需的最短长度,并且要在很短的桥梁护栏上进行两次过渡段处理,造成短距离内桥梁护栏强度的不连续,整个护栏也不美观,所以,在不降低桥梁路段安全性的前提下,对小桥、通道、明涵的护栏可按路基段护栏的要求设置。

(2)~(4)桥梁护栏的防撞等级确定后,可主要从容许变形程度、美观、经济性和养护维修等方面确定适当的护栏型式。虽然桥梁护栏的建造成本只占桥梁总建造费用的很小一部分，但是型式的选择对其在安全、美观、耐用性、养护等方面仍具有很大的影响，桥梁护栏应与桥梁型式、桥梁周围的自然景观相协调，起到美化桥梁建筑的作用。

条件成熟时,可采用新型结构和轻型材料，以提高桥梁护栏的防撞性能、减轻桥梁的自重。

5.4 构造要求

5.4.1 本条主要参考英国和日本桥梁护栏规范以及美国的有关研究成果。

(1)~(2)护栏高度及横梁设置位置

①护轮安全带(缘石)对行车的影响

国外就缘石的防撞性能进行了大量试验研究，美国的Graham对设有护栏的缘石进行的碰撞试验结果如表5-7。

表 5-7　设有护栏的缘石碰撞试验结果

试验编号	撞击试验条件		缘石尺寸(in)		评　　注
	速度(mph)	角度(°)	*A*	*b*	
10	61	27	10	60	当车通过 5ft 宽的人行道时,没有跳车。10in 高的缘石损坏了驾驶系统
11	51	28	10	20	10in 高的缘石损坏了驾驶系统
16	29	22	10	20	(11 000lb 绞车)前轮登上缘石……
29	45	35	10	18	驾驶系统受到 10in 高缘石的严重损坏……
30	55	25	10	18	
31	60	25	10	20	由于前轮的损坏,当车离开栏杆后,在 31 号试验中车轮转离栏杆。在 32 号试验中车轮朝向栏杆
32	61	25	10	20	
44	31	7	6	6	车辆的损坏是轻微的,所以两个试验(44 和 45)用同一个车,并在第二个试验后,车还是可驾驶的
45	53	7	6	6	
47	40	25	6	6	……使用前已损害的汽车,然而驾驶部分没有进一步损坏,而且试验后车被开走了

注:1mph = 1.609km/h;1ft = 0.305m;1in = 2.54cm;1lb = 0.453 6kg。

从该试验可得出如下结论:当缘石偏离护栏正面时,25.4cm 高的缘石对驾驶员造成相当严重的伤害,并导致“跳车”;但当缘石只有 15.2cm 高并靠近护栏的正面时,不会发生“跳车”,此时缘石对车辆与护栏碰撞没有造成值得注意的影响。一般情况下,缘石不要和护栏一起使用,如果由于其他原因必须一起使用,如排水的需要,则应把缘石设在护栏的正面或缘石的正面与护栏正面成一直线,并且缘石的高度尽可能低。这时,在确定护栏横梁距桥面的竖向净空时,应忽略缘石的高度。

英国桥梁护栏标准规定缘石的高度为 50 ~ 100mm,并且缘石的正面与护栏正面在立面上成一直线(垂直于桥面)。

②桥梁护栏的有效高度

a. 桥梁护栏不但要有足够的高度阻挡车辆越过,而且应阻止车辆向护栏方向倾翻或下穿。过去认为护栏的有效高度就是护栏最顶面的高度,但是,在梁柱式护栏系统和组合式护栏系统中,护栏的抗力 *R* 通常不是位于护栏的最顶面,而是略低处。桥梁护栏的有效高度定为护栏抵抗力 *R* 距桥面的高度。因此,在考虑护栏高度对车辆倾覆的影响时,护栏的有效高度比护栏总高度更为重要。美国从车辆碰撞护栏的事故中发现,很多护栏被车辆突破翻越,不是因为护栏强度不足,而是因为护栏的有效高度不够。

桥梁护栏的有效高度与设计车型直接相关。世界各国生产的汽车五花八门,从大吨位的重型汽车到重量很小的微型汽车,其质量相差非常悬殊,车辆外形变化很大,但对某一种具体车型,如小汽车或卡车,各国对其外形尺寸都有一定的限制。并且,随着各国市场的对外开放和国际标准化,各国对车型的规定也将大致相近。所以,国外对桥梁护栏有效高度的规定,我们可以参考。

美国根据车辆与护栏碰撞试验分析和野外统计调查得出的护栏有效高度如表 5-8 和表 5-9。英国规定桥梁护栏的最小高度为 100cm,主要纵向有效构件(有效高度)的范围是 53.5 ~ 68.5cm,次要纵向有效构件的最大高度为 38.5cm。日本桥梁护栏标准规定主要横梁的中心高度范围是 60 ~ 80cm,一般取值均大于 70cm,主要横梁下面的次要横梁的高度为 25 ~ 55cm。日本是以卡车为主的国家,欧美国家则小汽车占绝对多数(日本的小汽车保有量占 40%,卡车占 60%,欧美国家小汽车保有量占 85% ~ 93%),但从桥梁护栏的高度应同时适合小汽车和卡车的碰撞条件出发,各国对桥梁护栏有效高度的规定是相近的。

表 5-8　防撞等级与有效高度的关系

防 撞 等 级	B	A	SB、SA	SA、SS
有效高度(m)	<0.68	0.68 ~ 0.86	>0.86	>0.86

表 5-9　阻止车辆倾翻所要求的护栏有效高度

车　　型	碰撞条件	最小有效高度(cm)
817 ~ 2 043kg 小汽车	$v = 96\text{km/h}, \theta = 25°$	61.0
9 080kg 轿车	$v = 96\text{km/h}, \theta = 25°$	86.3
14 530kg 公共汽车	$v = 96\text{km/h}, \theta = 25°$	76.2

b. 桥梁护栏除满足车辆碰撞的强度要求外，还应给公路使用者以心理安全感。根据我国长期以来桥梁护栏的使用经验，当桥面高出地面或水面 3m 以上时，栏杆扶手顶面应高于人体重心，即身高的 2/3 ~ 3/5 处(如以平均身高 170cm 计，重心高为 110cm 左右)。所以，一般栏杆高度以不低于 110cm 为宜。驾驶员坐在驾驶室里，同样有高空恐惧感。

在桥梁护栏兼作人行栏杆，需要增加桥梁护栏的总高度时，可以采用三横梁式护栏系统或在桥梁护栏顶面增加纵向非有效构件的方法。

c. 桥梁护栏的高度要适应桥面净空的要求，如天津市部分桥梁护栏的设计是按照"桥宽在 10m 以下时，栏杆高度在 1.0m 以下；桥宽在 10 ~ 30m 时，栏杆高度在 1.2m 左右"的标准进行。

d. 设置横梁时，应避免失控车辆的乘员头部直接撞击护栏。

③立柱距横梁正面的距离(即横梁的突出量)和桥梁护栏竖向净空

a. 横梁的突出量(立柱的退后距离)

桥梁护栏的横梁正面比立柱还靠近行车道一侧的突出式结构称为阻挡式护栏，如图 5-6。为防止车辆与护栏碰撞时车辆翻倒或被护栏绊阻，要求车辆与护栏的接触点(称为力的作用点)向下不能有太大的移动。但在图 5-6 所示的非阻挡式护栏被车辆碰撞时，随着护栏的变形，力的作用点向下方移动。所以认为非阻挡式护栏比阻挡式护栏翻车的可能性更大，车辆更容易被护栏立柱绊阻，其结果是车辆翻倒，并由于翻车诱发损坏立柱，或车辆被立柱绊阻，不能沿护栏面平滑地改变方向，从而降低护栏的防撞性能。由此可见，在预防翻车及车辆与立柱碰撞方面，可以说阻挡式比非阻挡式护栏性能更优良。再者为减小碰撞翻车的可能性，主要横梁宜比下段横梁略微突出。其突出时参照英国和日本的标准规定。有关横梁的突出量(即立柱的退后距离)规定参见桥梁护栏竖向净空的说明。

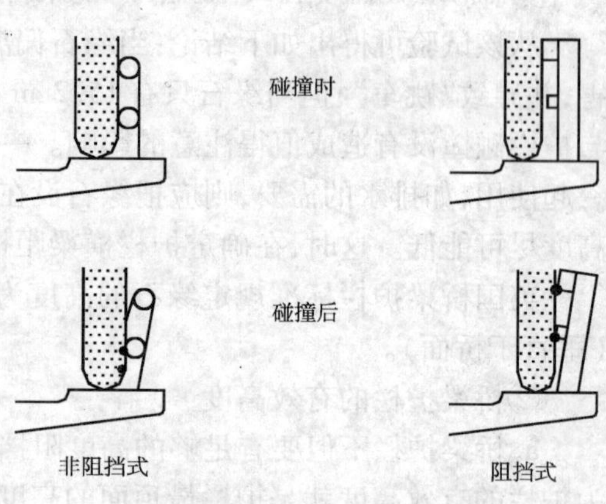

图 5-6　力作用点的变化

b. 桥梁护栏的竖向净空

在梁柱式桥梁护栏系统中，竖向净空设计不合适常引起车辆绊阻。绊阻的类型有前轮绊阻、保险杠绊阻、车前盖绊阻。引起车辆绊阻的护栏构件有立柱和横梁。影响车辆绊阻的因素很多，包括横梁的竖向净空、横梁的突出量(即立柱的退后距离)、横梁的型式、护栏系统的刚度和碰撞条件，如图 5-7。目前还没有从理论上进行定量分析的方法，但从大量的试验资料、野外调查和车辆外形尺寸统计分析得

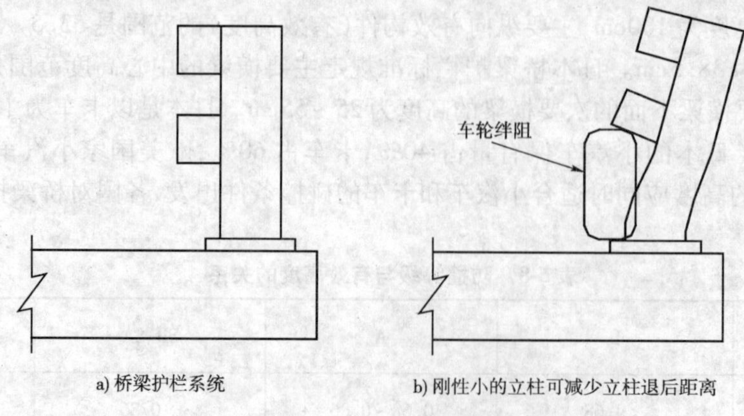

图 5-7　横梁净空过大引起车轮绊阻

出，桥梁护栏的竖向净空和立柱的退后距离有联系。很明显，立柱的退后距离越大，横梁的竖向净空越小，车辆发生绊阻的可能性越小。美国在1984年的试验结果如表5-10。英国对立柱退后距离的规定是，一般服务水平（防撞等级接近A级的PL_2级）的桥梁护栏立柱退后距离最小值是150mm，低服务水平（B级）的桥梁护栏立柱退后距离的最小值是100mm，最大竖向净空是310mm。美国根据以前的试验结果提出桥梁护栏几何尺寸的新标准（2001年版AASHTO LRFD桥梁设计规范图A.13.1.1-2～3），如图5-8。

表5-10 没有发生绊阻的立柱退后距离

车　型	碰撞角（°）	护栏类型	竖向净空（cm）	立柱退后距离（cm）
Honda	12.5	Indiana5A	39	54
Honda	20	Indiana5A	39	22.9
Vega	19.5	Indiana5A	39	12.7
Honda	19.0	修订的 Indiana5A	33	22.9
Honda	15.0	HPR230	33	12.7
Vega	15.0	7101	38.1	14.0
Honda	15.0	三波纹护栏	35.6	22.9
Honda	18.0	三波纹护栏	35.6	35.6
Honda	20.0	铝三波纹护栏	26.0	5.1

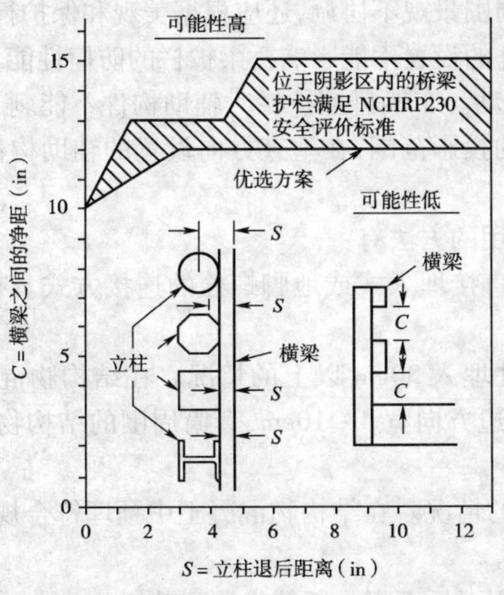

a) 车轮、保险杠或车前盖直接撞击立柱的可能性

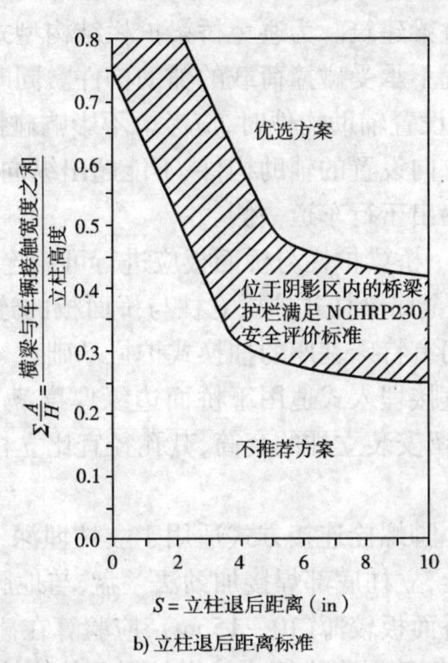

b) 立柱退后距离标准

图5-8 竖向净空设计原则

（3）规定金属制桥梁护栏构件的最小截面厚度主要从保证桥梁护栏系统具有一定的刚度考虑，使车辆碰撞桥梁护栏时不致发生过大的变形；其次是考虑桥梁护栏的强度储备，如严格按护栏的防撞等级设计，那么B级桥梁护栏就不能很好地满足公路上正常行驶车辆的碰撞条件，其安全性偏低。

（4）本条引自日本护栏标准。横梁拼接处必须具有不妨碍由于横梁受温度变化引起的伸缩变形的性能，又能使横梁具有连续性，并且在护栏的碰撞面（正面）没有突出物。桥梁护栏的横梁一般是开口或闭合的空心断面形式，必须保证连接用套管在横梁变形时不脱落，并能传递横梁的弯曲应力。拼接套管的最小长度是根据横梁的宽度和最小四个拼接螺栓确定的。

5.4.2 钢筋混凝土墙式桥梁护栏的型式有NJ型、F型、单坡型和直墙型等。美国的碰撞试验结果表明，这些型式的护栏在具有一定高度并按照设计荷载配筋时，均能达到相应的防撞等级。如护栏高度分别为81、90、100cm时，其防撞等级能达到A、SB、SA等级。在F型护栏基础上开发的加强型护栏，高度为100、110cm，防撞等级能达到SA、SS等级。

根据混凝土护栏的发展趋势，桥梁混凝土护栏推荐采用F型、单坡型和加强型。其迎交通流方向的断面形式应与路侧混凝土护栏相同，未经试验验证不得随意改变，但其背面可根据所在位置适当调整。

钢筋混凝土护栏靠近交通流的一侧，由于经常受到车辆的碰撞和摩擦作用，使混凝土表层擦伤、破碎或脱落，造成钢筋外露、腐蚀破坏，影响外观，并且增大了碰撞车辆与护栏间的摩擦系数，影响护栏的防撞性能。解决这一问题有两种方法：首先要选择适当的材料，如在波特兰水泥中减小铝酸三钙的含量；其次，钢筋混凝土保护层厚度不宜过小，提高混凝土构件表面的质量。本规范参照美国钢筋混凝土护栏保护层厚度的一般要求，规定其最小值为4.0cm。

组合式桥梁护栏是由钢筋混凝土墙式护栏和金属制梁柱式护栏组合而成的。目前我国高速公路最常用的桥梁护栏类似组合式NJ型的护栏。在美国过去的一些特大桥、大桥也都采用组合式桥梁护栏。组合式桥梁护栏可做成组合式NJ型，也可做成组合式F型，建议采用F型。钢筋混凝土墙式护栏的背面可根据实际条件改变其形状。但是，靠近交通流面即护栏正面的截面形状未经试验验证不能随意改变。

5.4.3 本条引自英国桥梁护栏标准。桥梁护栏横梁的伸缩缝设计应与桥梁伸缩缝的位移相一致。在横梁伸缩缝处，一方面要保证桥梁能自由地伸缩变形，另一方面要考虑桥梁护栏的结构连续性。桥梁护栏在伸缩处不连续不可轻易使用。

5.4.4 本条引自英国桥梁护栏标准中有关辅助构件设置的规定。

(1)桥梁护栏的主要功能：一是阻挡车辆、行人、非机动车掉下桥，为公路使用者提供安全保障；二是美化桥梁建筑。为避免桥梁护栏结构型式单调、与周围景观不协调，还应根据美观和保护行人安全的需要设置不承受碰撞荷载的辅助构件。同时，辅助构件的设置不能影响桥梁护栏的防撞性能。

(2)设置辅助构件时，应考虑不影响碰撞车辆的运动。车辆碰撞护栏时辅助构件不能刺入车体内。在水平方向设置的辅助构件，不能超出纵向有效构件的投影范围；在垂直方向设置的辅助构件，不能比立柱更突出于行车道一侧。

5.4.5 桥梁护栏与桥面板应进行可靠连接，目前常用的方法有：

(1)金属梁柱式护栏立柱与桥面板的连接可采用直接埋入式或地脚螺栓的连接方式。有条件时，也可采用有特殊基座的抽换式护栏基础。

①直接埋入式适用于桥面边缘厚度满足护栏立柱埋入30cm以上的情况。在结构物混凝土浇筑时，应预留安装立柱的套筒，其孔径宜比立柱直径或斜边方向宽4~10cm，套筒周围的结构物应配置加强钢筋。

②地脚螺栓连接方式适用于立柱埋深不足30cm的情况。在结构物混凝土中预埋符合规定长度的地脚螺栓，立柱底部焊接加劲法兰盘，与地脚螺栓连接。

如桥面板较薄(10~15cm)，应验算在碰撞荷载作用下桥面板是否首先受到破坏。

(2)钢筋混凝土墙式护栏与桥面的连接应符合下列规定：

①采用现浇法施工时，应通过护栏钢筋与桥梁结构物中的预埋钢筋连接在一起的方式形成整体。

②采用预制件施工时，通过锚固螺栓等连接件将桥梁结构物与护栏连接在一起形成整体。

(3)钢筋混凝土梁柱式护栏和组合式护栏可采用钢筋混凝土墙式护栏与桥面的连接方法。

5.4.6 根据美国公路交通事故统计资料，车辆碰撞路侧护栏的事故中有50%发生在路基护栏与桥梁护栏的过渡段上，车辆碰撞桥梁护栏的事故中有50%是发生在桥梁护栏端部。碰撞桥梁端部的事故中，死伤事故占29.8%，而车辆碰撞路侧护栏、中央分隔带护栏死伤事故仅占9.5%。因此，欧美等国特别重视桥梁护栏的过渡段设计。本规范按照国、内外的研究和实践成果，规定路基护栏与桥梁护栏防撞等级或刚度不同时，均应进行过渡设计，以避免护栏端部构成行车障碍物。

6 交通标志

6.1 一般规定

6.1.1 从工程心理学的角度来看,交通标志只有满足下面几个要求才能发挥作用:①醒目度——交通标志能在要求的认读距离以外吸引驾驶人员的注意,能在标志所处的背景中清晰地显示出来;②易读性——能在瞬间理解其含义;③公认性——容易被不同文化和语言背景的人们所理解。根据研究成果,交通标志的颜色、形状和图形符号应符合下列规定:

(1)颜色:交通标志版面上的颜色目前规定有七种,应根据不同的功能选择恰当的颜色,如表6-1所示。

表 6-1 交通标志颜色使用原则

颜色	含 义	主要适用范围	其他适用范围
红色	停止或禁止	用于禁令标志红圈、红杠,及部分标志的底色	铁道路口警告标志、注意信号灯警告标志、会车先行指示标志、国道编号指路标志、急救站识别指路标志、绕行标志、此路不通标志、高速公路终点及终点预告标志、警告性线形诱导标志、一些施工标志
黄色	警告	用于警告标志底色、警告性质告示牌底色	省道编号指路标志、高速公路终点提示指路标志、车距确认标志、施工安全标志
绿色	允许行驶、方向指导	用于高速公路的指路标志	注意信号灯警告标志
蓝色	为公路使用者提供服务指引、行驶信息	用于指示标志、一级及以下等级公路的指路标志	"禁止车辆临时或长时停放"、"禁止车辆长时停放"禁令标志,道路施工安全标志
黑色	交通控制	用于警告标志、禁令标志、辅助标志的图案或文字	人行横道指示标志,省道、县道编号指路标志,行驶方向指路标志,停车场标志,绕行标志,高速公路终点提示标志,紧急电话、加油站、紧急停车带标志,车距确认标志
白色	交通控制	用于禁令标志、指示标志、指路标志、旅游区标志、施工安全标志、辅助标志底色、图案或文字	事故易发路段警告标志
棕色	为休养区或文化旅游区提供指引	用于旅游区标志	

(2)形状:交通标志版面的形状应符合表6-2的要求。

表 6-2 交通标志版面的形状

形 状	适 用 范 围
正等边三角形	警告标志
圆形	禁令标志(减速让行除外)、指示标志(大部分)
倒等边三角形	减速让行标志
菱形	分、合流诱导标志
八角形	停车让行标志
矩形(含正方形)	指路标志、旅游区标志、辅助标志、部分指示标志和施工标志

(3)图案:警告、禁令、指示标志和带有图案的指路标志(如:国、省、县道编号,行驶方向,地点识别,告示牌等)均应符合现行《道路交通标志和标线》(GB 5768)的规定,个别方向性图案可视实际需要进行调整。

6.1.2 交通标志与交通标线应配合使用,不得出现相互矛盾的设置。如设置禁止超车标志的路段,标线应相应设置禁止超车标线。视距良好、无降雪的路段,可仅设置交通标线来指导驾驶人员的行驶。

动态交通标志和静态交通标志使用的功能不同。动态交通标志主要是监控中心根据公路上发生交通拥堵、交通事故、气象环境等特殊事件时发布的、用于指导驾驶人员安全行驶的实时信息。大多数情况下,公路上设置的静态交通标志将持续发生作用。动态交通标志的设置非常重要,但它的设置不应影响静态交通标志的使用功能。

6.1.3 交通标志的设置目的主要是通过为公路使用者提供安全、统一、高效的行车指引来促进公路的安全水平和运输效率。交通标志的设置应完全从交通管理的角度出发,除为旅游者提供服务的指路标志和服务区标志外,不应带有任何广告色彩。

6.2 设计原则

6.2.1 公路交通标志的设置应综合考虑下列因素:

(1)公路网的布局、作为设置对象的公路(简称"对象公路",下同)在路网中的地位和作用决定了交通标志的设置层次和引导方向。

我国公路按行政等级可分为:国家公路、省公路、县公路和乡公路(简称为国、省、县、乡道)以及专用公路五个等级。一般把国道和省道称为干线,县道和乡道称为支线。

国道是指具有全国性政治、经济意义的主要干线公路,包括重要的国际公路,国防公路,连接首都与各省、自治区、直辖市首府的公路,连接各大经济中心、港站枢纽、商品生产基地和战略要地的公路。省道是指具有全省(自治区、直辖市)政治、经济意义,并由省(自治区、直辖市)公路主管部门负责修建、养护和管理的公路干线。县道是指具有全县(县级市)政治、经济意义,连接县城和县内主要乡(镇)、主要商品生产和集散地的公路,以及不属于国道、省道的县际间公路。乡道是指主要为乡(镇)村经济、文化、行政服务的公路,以及不属于县道以上公路的乡与乡之间及乡与外部联络的公路。专用公路是指专供或主要供厂矿、林区、农场、油田、旅游区、军事要地等与外部联系的公路。

公路的行政等级决定了公路交通标志的设置对象是长途、中途还是短途公路使用者。

公路条件、交通条件和环境条件是对象公路所特有的,交通标志的设置应能充分体现上述特点,以不熟悉周围路网体系的公路使用者为设计对象,为其以正常速度行驶时提供容易识别与理解的信息。同一条公路采用的交通标志的设置原则和标准应保持一致性,以与驾驶人员的期望值相吻合。

(2)公路交通标志是为了维护公路结构、保持公路安全和畅通不可缺少的公路交通管理和安全设施,对公路使用者来说具有指路、警告、禁止或者传达指示情报的功能。在设置交通标志时,应全面考虑各种交通标志的功能,使其能够连续提供行路信息,形成完整的标志体系。

根据功能,交通标志可分类如下:

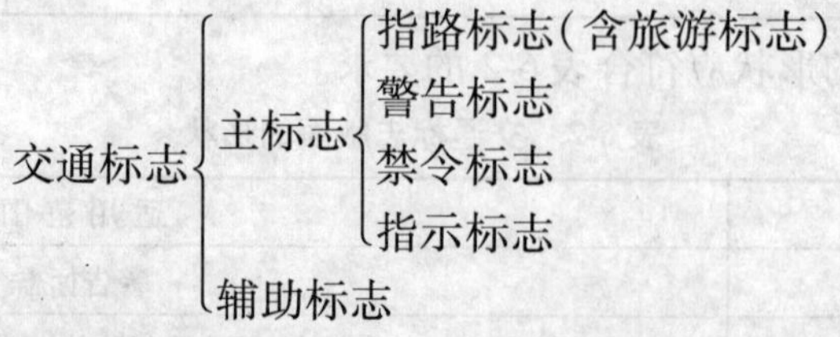

根据公路的各种运营环境分别设置各个交通标志非常重要,但作为一条路线或路网来说,如果没有统一的设置标准,要充分发挥标志的功能并不容易。因此,根据公路的功能、技术等级、交通流量、车型构成等规定出一定的设置标准和设置的优先次序以达到统一的建设标准非常重要。

(3)交通标志的设置应考虑人的行为特征。人的行为在交通工程和道路安全中的作用主要表现在视觉信息、信息需求、信息处理等三个方面:

①视觉信息：据估计，驾驶员在驾驶车辆行驶时所需要的信息中，占90%的为视觉信息。人的视觉特征如视野的深度、宽度，眼睛的移动，色彩的识别，亮度和眩光的影响，速度的判断等，是交通标志设置的基本考虑要素。

②信息需求：对公路使用者来说，几乎所有的信息都是通过视觉的传递接收的，因此设置交通标志时，应注意其显著性、易理解性、可信性和定位性。

③信息处理：驾驶员的驾驶任务包括获取信息、处理信息、选择行动方案、实施行动方案并通过重复这一过程来观察决策的结果。由于人的行为的局限性，以及驾驶员、车辆和公路环境之间的关系使得上述过程非常复杂。设置交通标志时，还应考虑驾驶员的预期值、反应时间和短期记忆等特征。只有充分考虑公路使用者的行为特征，交通标志的设置才具有有效性。

本条所指的"不熟悉周围路网体系的公路使用者"并不是说公路使用者对周围环境一无所知，而是指通过地图或其他查询手段，对前往的目的地和途经路线有所了解，然后借助交通标志的指引能够顺利抵达目的地。

6.2.2 根据我国现行《公路工程技术标准》(JTG B01—2003)，公路根据功能和适应的交通量可分为高速公路、一级公路、二级公路、三级公路和四级公路五个等级。二级及以上等级的公路由于技术标准高或较高，交通量较大，公路使用者对指路标志的需求较大；其他等级的国、省道由于承担了大量的中远途运输的任务，因此对指路标志的需求也比较大。上述两种情况应优先设置指路标志。指路标志设置后，具有相似含义的警告标志可以不必设置，但对等级较低的一些公路，由于线形、路面、气象等原因，与驾驶员的预期值出入较大，需要提醒驾驶员采取减速等措施的路段经工程论证后可设置有关的警告标志。根据法律、法规设置的禁令标志应设置在其发生作用的位置或附近，并应容易被驾驶人员所识别和理解。

我国2004年5月1日开始实施的《道路交通安全法》及《道路交通安全法实施条例》对高速公路及各等级道路的限速值进行了规定，并要求"机动车上道路行驶，不得超过限速标志标明的最高时速"，"(高速公路)道路限速标志标明的车速与上述车道行驶车速的规定不一致的，按照道路限速标志标明的车速行驶"。交通安全法实施条例中还规定"在道路同方向划有2条以上机动车道的，左侧为快速车道，右侧为慢速车道。在快速车道行驶的机动车应当按照快速车道规定的速度行驶，未达到快速车道规定的行驶速度的，应当在慢速车道行驶。……"。因此，在设置限速标志时，应综合考虑公路的通行能力、车型构成比例、道路条件及路侧环境条件，根据不同路段的具体情况，分别采用设计速度或运行速度值，分段进行灵活设置。

6.2.3 作为指路标志的交通标志，引导方法可分为地名指示方式和路线名称或编号指示两大类，也可将其组合使用。

目前使用较多的是地名指示方式。其优点是能适应公路网的变化。交通标志中出现的地名应尽量采用公路交通地图中的地名(如有些地名没有但又很重要，则在地图修订时应加以完善)。当路网密度很大、到达同一地点可有多种选择时，采用地名指示方式的缺点是不容易确定哪条路线更快捷。

相对地名指示方式而言，美国、德国等国家采用以公路编号为主的路径指引系统。公路编号是远程公路固定的导向特征，它定义了每条公路的地理走向，通过编号的特殊导向作用可限制交通标志上目的地指示的字数。我国高速公路以下的国、省、县道目前均已编号，高速公路的编号目前正在进行中。在选择指路信息时，应充分利用这些资源。

对于交通量较大的干线公路网，选择交通标志的版面信息时，可综合考虑一般方向和控制方向。公路编号可作为一般方向，公路沿线作为基准地区的重要城市可作为控制方向。

公路网中的地名应互相匹配并作统一考虑。互通式立交、平面交叉之间的公路主线路段与互通、平交附近的交通标志中所用的地名应互相协调，在公路使用者出行过程中，地名发生变化时，不应出现指示突然中断的情况。

6.2.4 现行《道路交通标志和标线》(GB 5768—1999)对交通标志的纵、横向设置位置进行了较明确的规定，一般情况下应遵照执行。由于土地短缺等原因，我国公路的交通标志大多数将位于路侧安全净区内。考虑到建设费用的因素，本条对不同等级的公路提出了不同的处置方案，高速公路、一级公路路侧安全净区内的交通标志应根据标志结构规格采用解体消能结构或设置护栏加以防护，位于其他公路路侧安全净区内的交通标志宜进行必要的诱导，以保证行车安全。

6.2.5 公路交通标志设置净空的要求

(1)各类交通标志的横向位置任何部分均不应侵入公路建筑限界以内，其中柱式标志板的内边缘、悬臂式标志和门架式标志的立柱内边缘距土路肩边缘线的距离不应小于25cm。设置于高速公路、一级公路中央分隔带上的交通标志板或立柱与中央分隔带边缘线的间距每侧均应大于现行《公路工程技术标准》(JTG B01)中 *C* 值的规定。设置于桥梁上的交通标志如受空间条件的限制，其立柱可以落在混凝土护栏上，但应进行必要的防护。

(2)建议各类交通标志板下缘距路面的高度如表6-3所示。

表6-3 标志板下缘距路面的高度(cm)

标志分类		路侧柱式、附着式	悬臂式、门架式、高架附着式
主标志	警告标志	160~250①	应符合公路建筑限界的要求：高速公路，一、二级公路不小于500；三、四级公路不小于450
	禁令标志	160~250①	
	指示标志	160~250①	
	指路标志	100~250①	
辅助标志②		应符合公路建筑限界的要求	

注：①选择高度值时，应根据标志是否妨碍行人活动或版面信息是否被遮挡而定。无行人活动的路侧标志可取下限，临时性标志不受此限。

②主标志的安装高度应考虑辅助标志也能满足公路建筑限界的要求。

(3)悬臂或门架安装的标志，其设置高度应满足公路建筑限界的规定。考虑到标志构件施工误差，标志门架、横梁变形下垂，路面加厚面层等因素，标志净空高度需留20~50cm的余量。

(4)在积雪地区，标志净空高度应考虑历年积雪深度及除雪方法，一般情况下，净空高度应留有压实雪层厚度的余量。

6.2.6 交通标志的安装角度

(1)路侧安装时，为避免标志面对驾驶员的眩光，标志板面的法线应与公路中心线平行或成一定角度：禁令标志和指示标志为0°~45°，如图6-1；指路标志和警告标志为0°~10°，如图6-2。

(2)采用悬臂、门架或附着式支撑结构时，标志的安装角度应与公路中心线垂直。在积雪地区，采用门架安装时标志板可前倾0°~10°。

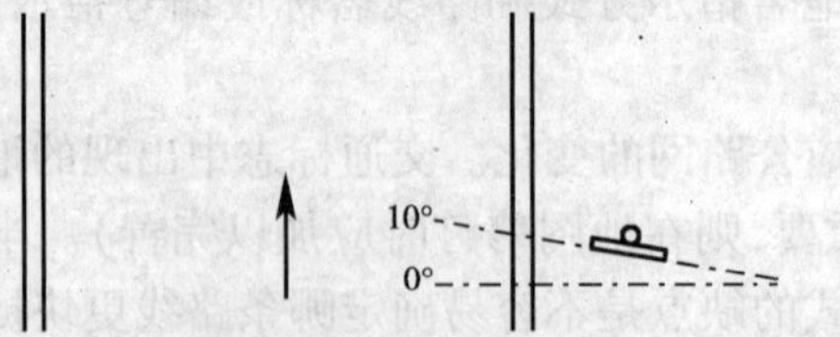

图6-1 指路标志和警告标志的安装角度

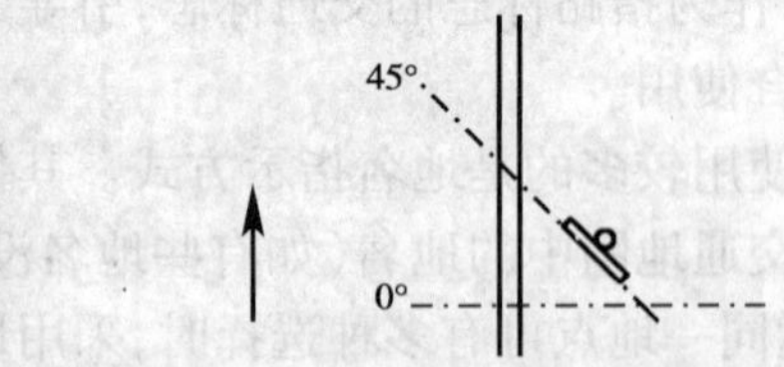

图6-2 禁令标志和指示标志的安装角度

6.3 版面设计

6.3.1 交通标志版面由下列要素组成：①颜色；②文字(中、英文等)；③公路编号、出口编号；④里程数字；⑤箭头符号；⑥图形符号；⑦边框等。

版面美观得体、简捷大方是交通标志获得良好的可辨性和易读性的前提。通过交通标志版面各要素的合理布置，可以保证：简单的易读性；按照公路等级提供信息；明确的交通导向关系。

6.3.2 标志箭头表示前方公路行驶路线或车道的方向。水平方向的箭头应用于正交的交叉口。门架式标志或跨线桥上附着式标志的版面，如内容为指示车道的用途或行驶目的地时，则箭头应向下，并指向该车道的中心线；如在出口附近，车辆驶离直达车道，则箭头应倾斜向上，倾斜角度应能反映出口车道的线形。路侧安装的指路标志，表示直达方向的箭头应指向上方，表示转向方向的箭头应与转向车道的线形保持一致；如出现向左、向右和向上的三个箭头，则指向右侧的箭头应放置在最右侧，指向上、左的箭头应放置在最左侧。

箭头可以放置在主要标志文字的下方，或文字一侧的适当部位。

6.3.3 指路标志是否采用中、英文或中文、少数民族文字对照，应考虑下列因素：

(1)公路的服务对象：如果公路使用者(包括驾驶人员和乘客等)85%以上为中国人，则指路标志应以中文为主，否则可考虑中英文对照。但国家级公路上的指路标志建议采用中、英文两种文字，以解决越来越多的来华旅游、商贸洽谈的国外人员的标志认读问题。与我国相邻的日本、韩国等干线公路也大都采用当地文字与英文对照的方式。

(2)公路的使用功能：为使旅游观光地区的指路标志或其他公路上的旅游标志体现国际化与多样化，营造友好的旅游环境，可采用中英文对照的方式。

(3)公路所在的位置：少数民族自治地区的交通标志，为突出民族特色，可采用中文与少数民族文字相对照的方式。如所在公路符合前两个条件，为减小版面规格、降低造价，宜采用中英文对照的方式。

(4)全线规划：公路是否采用中文与英文或少数民族文字相对照的方式，还应结合所在路线的设置标准，以体现标志设置的标准化、系统化。

(5)主管部门批准：公路是否采用中、英文或少数民族文字，由设计单位与建设单位协商确定，但应报请省级主管部门批准后实施。

6.3.4 地点、距离和地点、方向标志按一定顺序排列，符合驾驶人员的预期值需要，方便驾驶人员的判读与理解。

6.3.5 运行速度是指当交通处于自由流状态，且天气良好时，在路段特征点上测定的第85个百分位上的车速。当同一路段的设计速度与运行速度之差值大于20km/h时，宜按运行速度对交通标志的版面规格及视认性加以检验。对新建公路，可按现行《公路项目安全性评价指南》(JTG/T B05—2004)的规定对运行速度加以预测。

6.4 支撑方式

合理选择交通标志的支撑结构是保持交通标志视认性、有效性的基础。将交通标志设置在车行道一侧、车行道上方应视所在位置的道路、交通条件等而定。一般情况下，可将交通标志设置在路侧，采用单柱、双柱或多柱式支撑方式，这样既简单又经济。还可通过改善路侧安装条件(如修剪路侧种植物、清除或移开路侧障碍物等)、将交通标志安装在路侧较高位置处等方法尽量采用柱式结构。对多车道公路或大型车辆比例很高的公路上的重要标志，经过工程研究可以采用悬臂式或门架式等悬空支撑方式，其中悬臂式相对经济一些，版面内容少时宜尽量使用。

如公路沿线设置有上跨天桥等构造物，路侧设置有高挡土墙、照明灯杆等，则交通标志在满足建筑限界要求的前提下，可以采用附着式支撑方式。

6.5 材料要求

6.5.1 反光材料

根据有关单位的试验结果，门架、悬臂型悬空标志如采用与路侧同样等级的反光膜材料，则其反光效果只能达到路侧的14%～17%(图6-3)。如提高反光膜等级仍达不到反光效果，则可根据现行《道路交通标志和标线》(GB 5768)的规定采用外部照明或内部照明的方式。

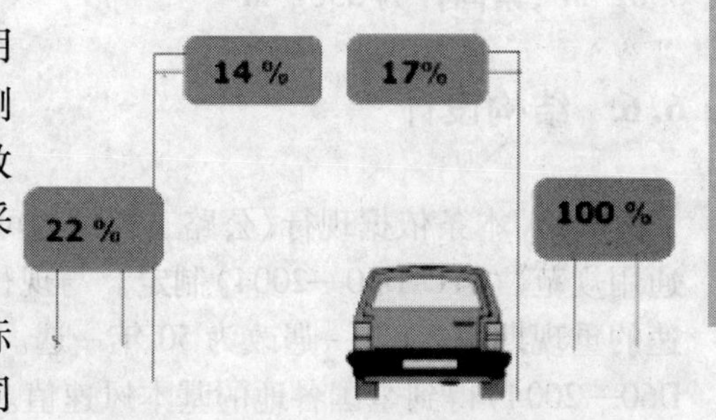

图6-3 各种支撑结构标志反光膜的反光效果

如果采用发光二极管作为字符或图案，则其颜色应与标志字符、边框或背景相一致；如果需要闪烁，则所有单元应同时以每分钟大于50次小于60次的频率闪烁。采用照明或发光二极管的方式应保持标志设计的均一性，不得降低其昼夜的能见性、易读性，要便于驾驶员的理解。

6.5.2 标志板和支撑结构

选用交通标志板板材时，应根据公路等级、所在位置的气象条件、腐蚀程度、经济条件等因素综合确定。有些地区为减少二次被盗的机会，采用了铝塑板材料。铝塑板与铝合金板相比，强度要低很多，而且必须对芯材外露部分采取有效处理措施。对面积在 15m² 以上的大型标志的板面结构，为便于运输、安装及养护，宜采用挤压成型的铝合金板拼接而成，其断面如图 6-4。

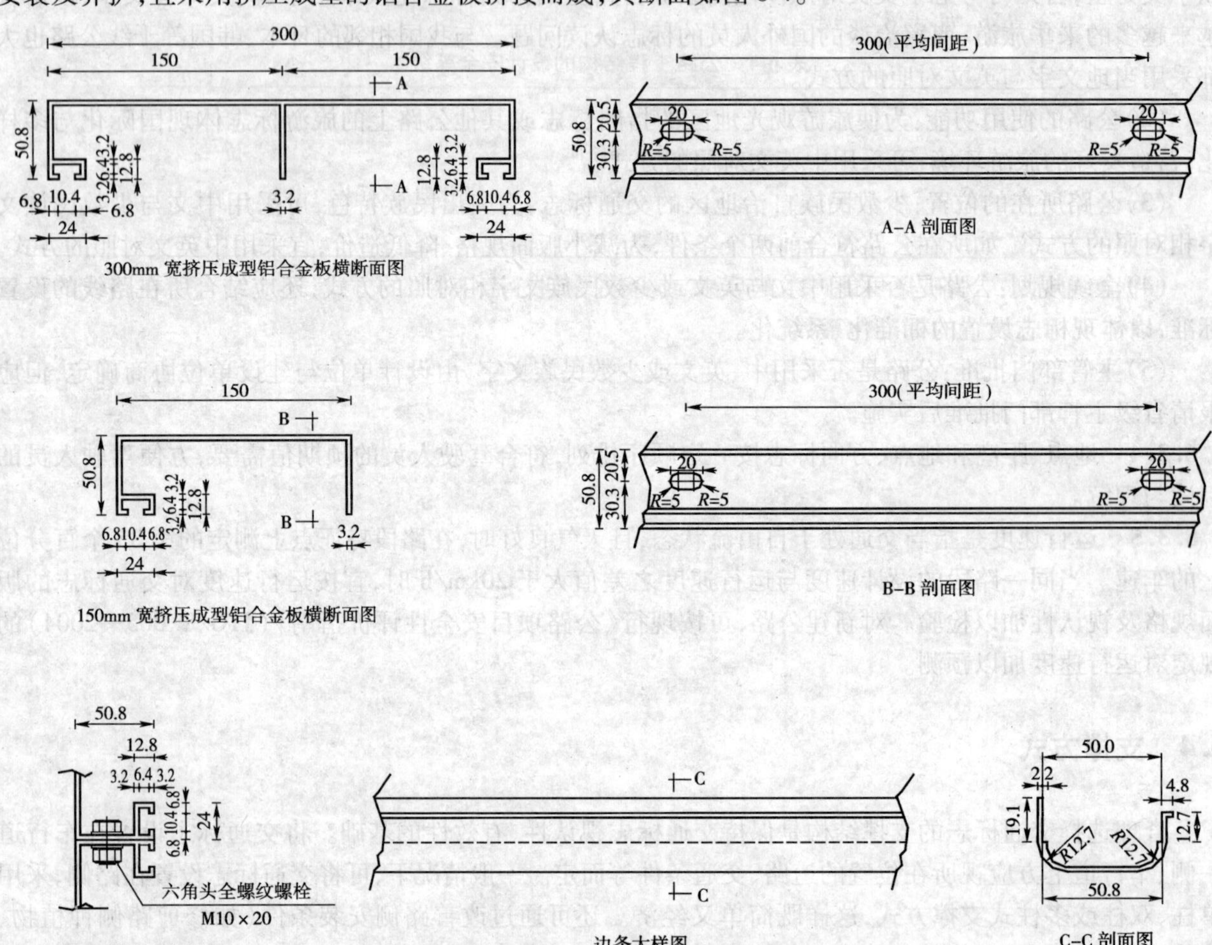

图 6-4 挤压成型标志底板断面图(尺寸单位:mm)

钢管、H 型钢、槽钢等型钢作为标志的立柱、横梁，具有强度高、加工性能好的优点，但易腐蚀，应进行防腐处理。钢管混凝土兼具钢管和混凝土的优点，强度高、变形小，在标志立柱高度大于 10m 以上时具有较大优势。

交通标志一般采用钢筋混凝土扩大基础，位于软基路段的落地式交通标志可采用桩基础，位于桥梁段的单柱式交通标志可采用钢支撑结构作为基础，附着在桥梁上。

钢构件必须经防腐处理才能使用，可采用热浸镀锌的工艺，立柱、横梁、法兰盘的镀锌量为 550g/m²，紧固件为 350g/m²。

6.6 结构设计

6.6.1 本条依据现行《公路工程结构可靠度设计统一标准》(GB/T 50283—1999)和《公路桥涵设计通用规范》(JTG D60—2004)制定。与现行《道路交通标志和标线》(GB 5768—1999)相比，设计基本风速的重现期由 30 年一遇改为 50 年一遇。当无风速记录时，可通过查阅《公路桥涵设计通用规范》(JTG D60—2004)得到全国各地的基本风速值。从安全和美观的角度考虑，设计基本风速不得小于 22m/s。

6.6.2 交通标志结构设计理论

(1)承载能力极限状态:对应于交通标志结构或其构件达到最大承载能力或出现不适于继续承载的变形或变位的状态,计算时采用荷载设计值。

(2)正常使用极限状态:对应于交通标志结构或其构件达到正常使用或耐久性的某项限值的状态,验算时采用相应的荷载标准值。

6.6.3 本条参照现行《公路工程结构可靠度设计统一标准》(GB/T 50283—1999)和《公路桥涵设计通用规范》(JTG D60—2004)制定。上述标准和规范将公路工程按照结构破坏可能产生的后果的严重程度划分为三个等级,如表6-4。

表6-4 公路工程结构的设计安全等级

安全等级	路面结构	桥涵结构
一级	高速公路路面	特大桥、重要大桥
二级	一级公路路面	大桥、中桥、重要小桥
三级	二级公路路面	小桥、涵洞

根据交通标志结构破坏可能产生的后果,本条将交通标志结构的安全等级分为二级和三级两个等级,并确定了相应的结构重要性系数。

7 交通标线

7.1 一般规定

公路上设置的交通标线,在为公路使用者提供出行诱导和信息服务方面具有很重要的作用。在一些情况下,交通标线可用来作为交通标志、交通信号的补充。交通标线还可单独使用,来提供其他设施所无法表达的禁令、警告和指路信息。

当然交通标线也有局限性。它的可视性会受到雪、碎屑、路面积水等的限制。交通标线的耐久性受到材料特性、交通量、气象和所在位置的影响。因此在进行交通标线的设计时,应综合考虑公路条件、交通流特性、交通管理的需要和材料特点等因素,进行科学、合理的设置。

路面标线尽管厚度较薄,但仍有一定的阻水作用,尤其是南方雨水较多的地区,处理不当容易导致交通事故,因此应按设计图纸的要求留出排水孔。位于禁止超车线上的突起路标,在施划禁止超车线时,应采取措施预留突起路标的位置。

7.2 设置原则

7.2.1 一般路段的交通标线

现行《道路交通标志和标线》(GB 5768—1999)对车行道边缘线、车行道分界线、路面中心线线宽的规定有一定范围。在实际使用时,可根据设计速度从表 7-1 中选取。

表 7-1 路面标线宽度

设计速度(km/h)		车行道边缘线(cm)	车行道分界线(cm)	路面中心线(cm)
120、100		20	15	—
80、60	高速、一级公路	20	15	—
	二级公路	15	10	15
40、30		15	10	15
20	双车道	—	—	10
	单车道	—	—	—

图 7-1 为设计速度 100km/h 的高速公路一般路段标线设计示例。

7.2.2 特殊路段的交通标线

(1)禁止变换车道线的设置。禁止变换车道线实质上就是禁止超车线,用于禁止车辆变换车道和借道超车。对于经常出现强侧向风的特大桥梁路段、宽度窄于路基的隧道路段、急弯陡坡路段、车行道宽度渐变路段,应设置与车行道分界线同宽的禁止变换车道线。一般情况下,禁止变换车道线宜与禁止超车标志同时设置,如图 7-2 所示。

(2)本款引自加拿大不列颠哥伦比亚省运输部 1994 年 6 月出版的《路面标线手册》,适用于二级及以下等级公路桥梁标线的设置,如图 7-3、图 7-4。

(3)路面文字标记主要是利用路面文字,指示或限制车辆行驶的标记,如最高限速、车道指示(快车道、慢车道)等;当公路同向车道数大于 2 或者因地形条件等的限制无法设置交通标志时,可采用设置路面文字标记的方法。为增加视认效果,可选择上坡路段设置。考虑到交通量增加后车辆之间的互相影响，条文规定文字按由近到远的顺序排列。

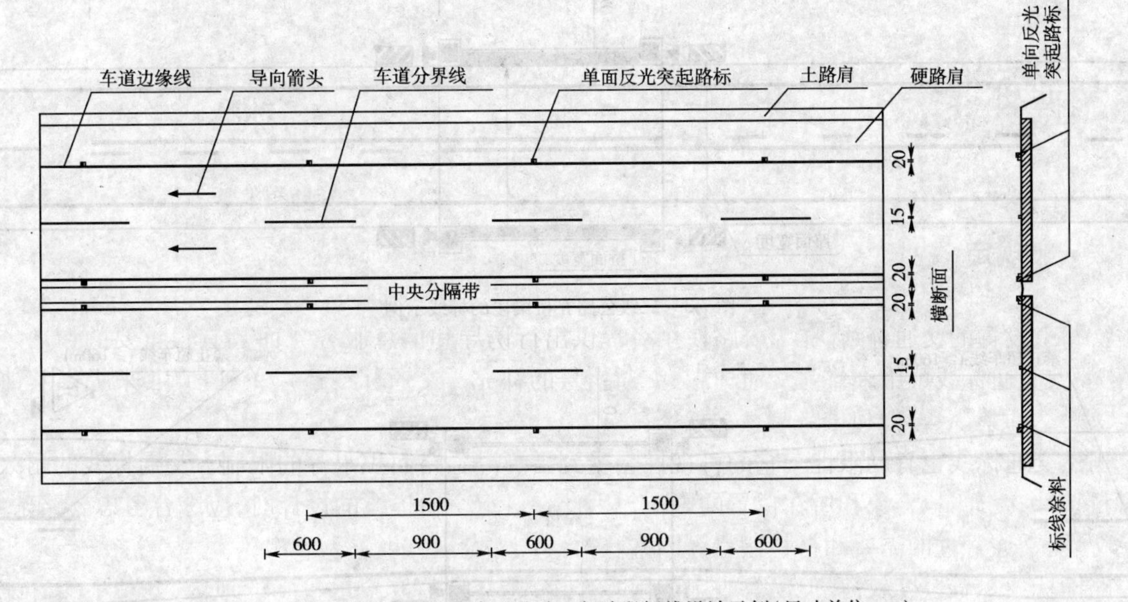

图 7-1　设计速度 100km/h 的高速公路一般路段标线设计示例（尺寸单位：cm）

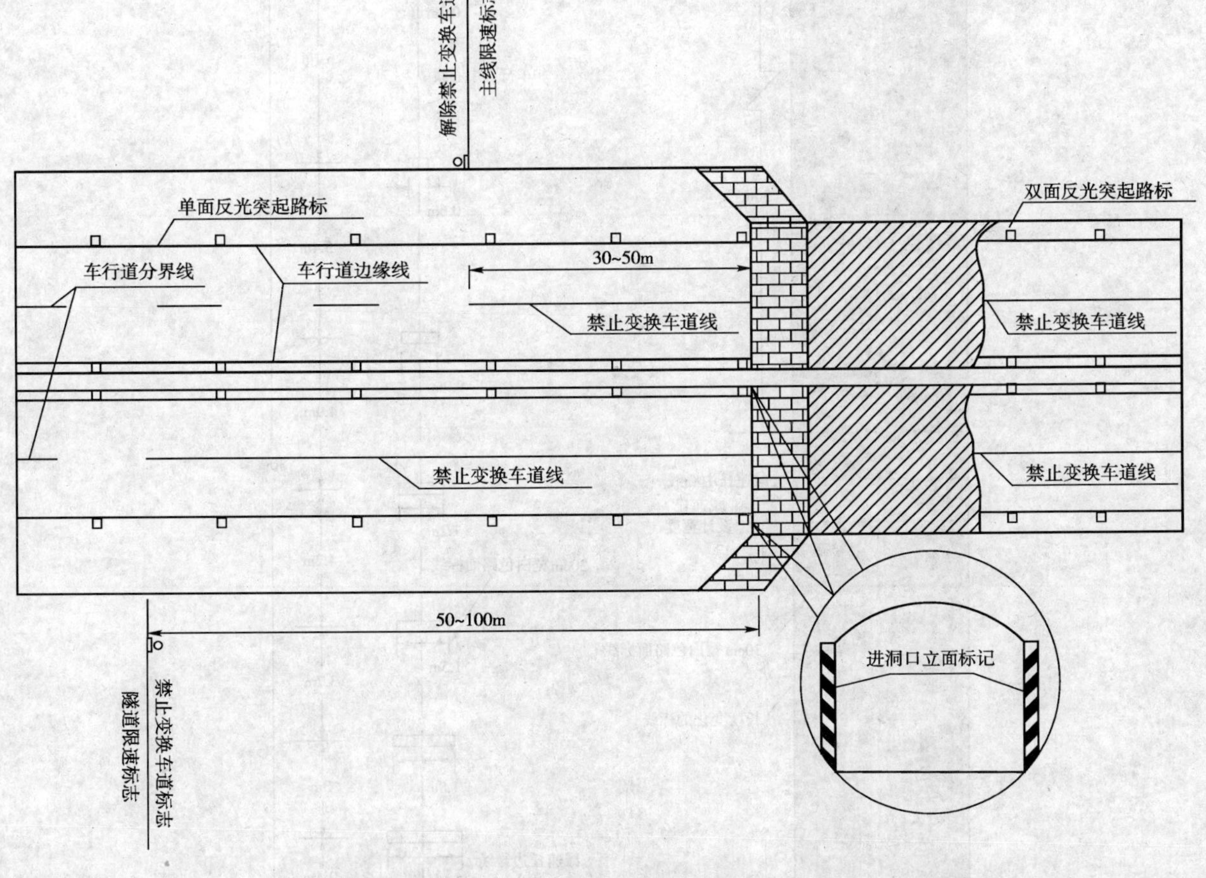

图 7-2　禁止变换车道线示例（隧道洞口段）

（4）立面标记用于提醒驾驶员注意，在车行道或路侧有高出路面的构造物，以防止发生碰撞。立面标记宜设置为 120cm 高。

（5）本条引自美国联邦公路局《街道和公路均一交通控制设施手册》（2003 年版），如图 7-5。

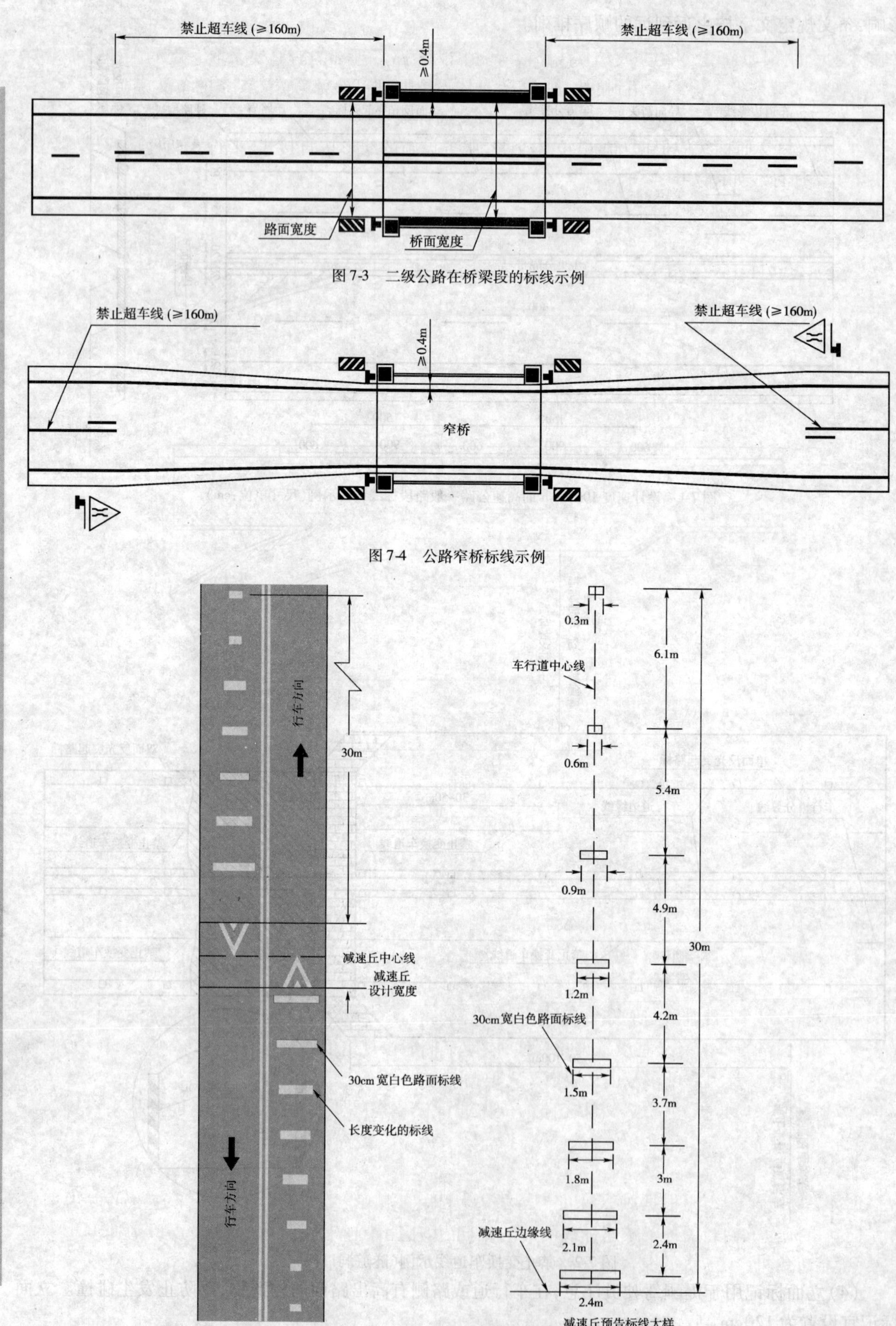

图 7-3　二级公路在桥梁段的标线示例

图 7-4　公路窄桥标线示例

图 7-5　二级双车道公路减速丘预告标线示例

(6)很多交通事故是由于驾驶员超速引起的，尽管驾驶员需要承担主要责任，但对于一些需要引起驾驶员注意的路段(如急弯陡坡或长直线路段等)，作为公路管理部门有必要采取一定的限速或提醒设施。减速标线就是设计中经常用到的一种方法，具体设置原理可参见第7.2.5条的条文说明。

7.2.3 互通式立体交叉、服务区、停车区出入口交通标线

(1)出入口交通标线应根据互通式立体交叉、服务设施的线形按直接式、平行式两种情况设置。平行式出口交通标线如图7-6。

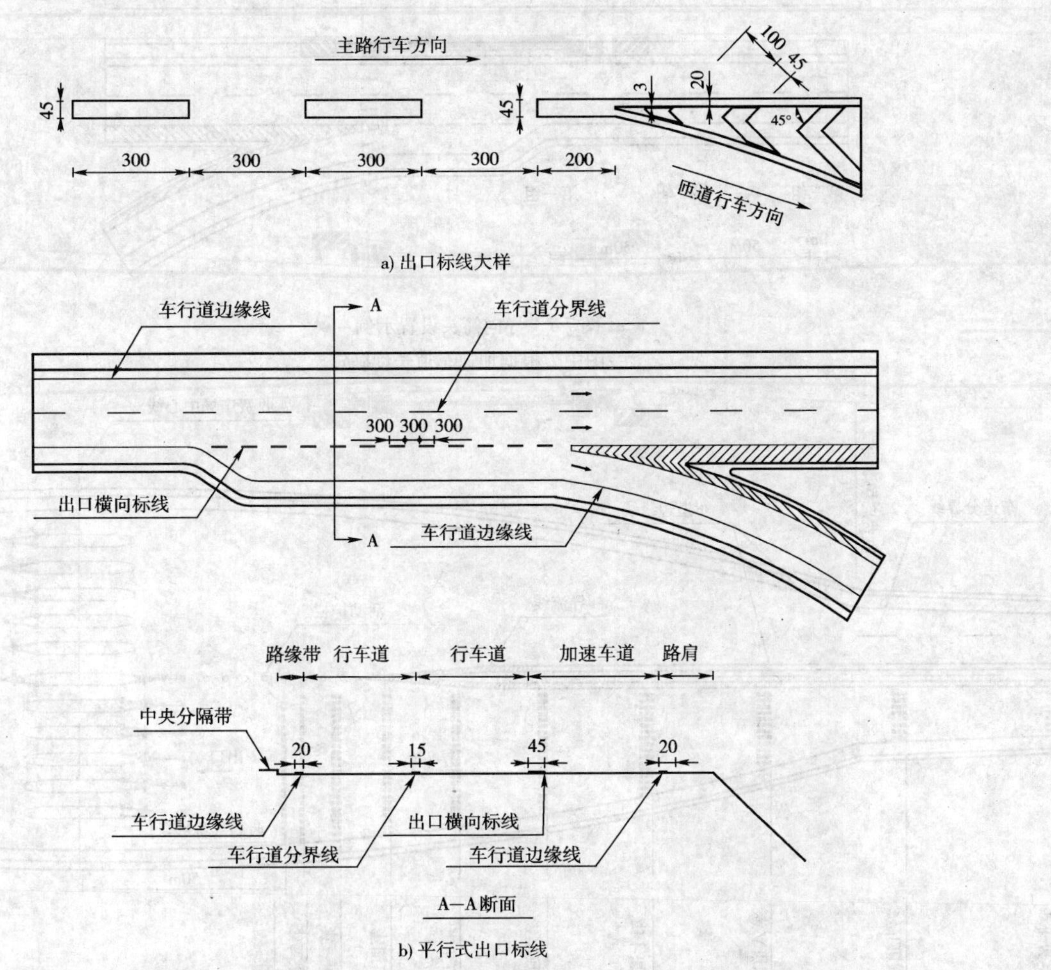

图7-6 高速公路平行式出口标线设置示例(尺寸单位:cm)

(2)导向箭头表示车辆的行驶方向，互通式立体交叉入口、出口处导向箭头的设置如图7-7。

7.2.4 平面交叉渠化标线

(1)对于较宽、不规则或行驶条件比较复杂的交叉路口，二级及以上等级的公路平面交叉应设置渠化标线，其他公路的平面交叉宜设置渠化标线，以使车辆能按规定的路线行驶。因车辆交织较多，因此导向箭头的重复设置次数可参考正文表7.2.3根据实际需要确定。

(2)平面交叉应根据其型式、交叉公路的优先通行权、车道宽度、各种交通流量的分析来设置渠化标线。

7.2.5 收费广场交通标线

收费广场减速标线应根据驶入速度、广场长度利用牛顿第二定律进行计算(末速度可取为期望值)，控制指标为车辆经过各条减速标线的时间相同，由于间距越来越密，使驾驶员误以为速度越来越快，从而主动减速。图7-8为某高速公路混合式收费广场交通标线设置示例。

7.2.6 突起路标的设置

突起路标是安装于路面上用于标示车道分界、边缘、分合流、弯道、危险路段、路宽变化、路面障碍物位置的反光和不反光体。当车辆偏离车行道时，突起路标可给车辆驾驶员以振动提示，以避免交通事故

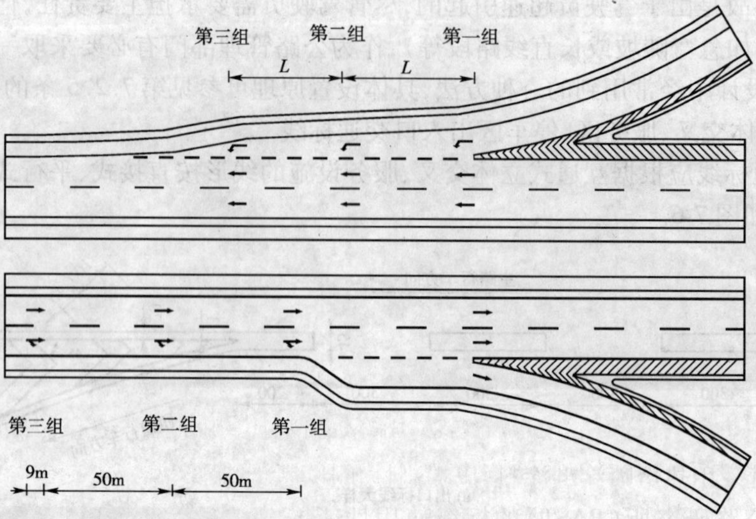

图 7-7　导向箭头设置示例

注：图中 L 根据加速车道长度确定。

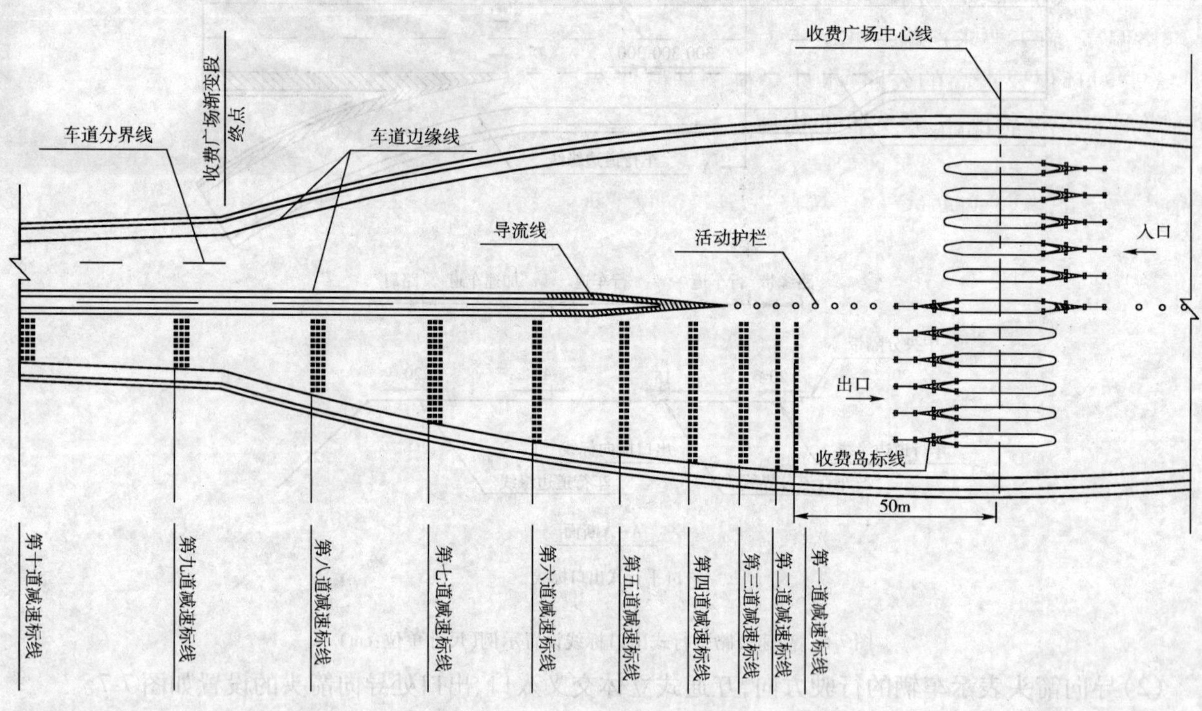

图 7-8　收费广场交通标线示例

的发生。反光突起路标在夜间能起到视线诱导的作用。正文中根据不同的公路条件，提出了突起路标的设置原则，如高速公路、一级公路由于车速较高，驾驶员疲劳时易发生驶出路外的事故，故建议高速公路车行道边缘线及一级公路互通式立体交叉等处的车行道边缘线上应予以设置。

7.3　材料选择

7.3.1 ~ 7.3.3　交通标线涂料可分为液态溶剂型、固态热熔型、液态双组分、液态水性和抗滑型等。选取标线材料时，可考虑下列因素：

(1)高速公路的车行道边缘线、斑马线等处可采用热熔喷涂型（涂层厚度 0.7 ~ 1.0mm），能满足反光要求，且性价比最高。

(2)高速公路的车行道分界线可采用耐久性标线涂料，如热熔刮涂型（涂层厚度1.5 ~ 2.5mm）。

(3)普通公路建议采用反光标线，以预防交通事故的发生。

(4)公路事故多发路段可采用树脂防滑型涂料(图 7-9)和热熔突起型涂料(图 7-10)。

图 7-9　树脂防滑型涂料

(5)水泥路面可采用热熔喷涂型涂料,以提高性价比。

(6)德国联邦公路研究所(BAST)的标线使用性能模拟试验表明,采用双组分涂料施划的标线使用性能满意率最高。这种标线反光性能优良,使用寿命最长,缺点是价格偏高、施工要求严格。

(7)对环保要求高的公路,水性涂料将是最佳选择,同时该种标线性价比高、反光性能优良。

图 7-10　热熔突起型涂料

7.3.4　考虑到在发生交通事故、火灾等紧急事件时,隧道内有可能将变成逆向行车,故应选用双面反光型标线。

8 隔离栅和桥梁护网

8.1 一般规定

(1)隔离栅能阻止人、畜进入公路或其他禁入区域,防止非法侵占公路用地。它可有效地排除横向干扰,避免由此产生的交通延误或交通事故,保障公路的通行安全和效益的发挥。

公路上跨桥和人行天桥上有人向下抛扔物品,或桥上杂物被风吹落到公路上,或桥上行驶车辆装载的物品散落到公路上时,非常容易引发交通事故,因而在上述构造物的两侧设置桥梁护网是必要的。

(2)隔离栅的高度是结构设计的重要指标,该指标的取值高低直接影响着工程的材料费用和性价比。所以,隔离设施高度的确定必须结合实际的地域地形、沿线村镇人口的稠密程度,以及人们生产、生活流动路线等诸多因素而定。综合上述诸多方面的影响因素可以看出,沿封闭公路两侧影响隔离设施高度的因素是个变量,是随地形和人口分布密度变化的函数。为了保证隔离栅的整体美观效果和设计施工的便利性,高度只是根据特殊的地形和其他特殊因素而产生间断式的变化。一般情况下,隔离设施的高度宜尽可能统一,高度变化不宜太频繁。

隔离栅的高度主要以成人高度为参考标准,一般在1.5~1.8m之间。在城市及郊区人口密度较大的路段,特别是青少年较为集中的地方,如学校、运动场、体育馆、影(剧)院等处,该地区的隔离设施的设计高度宜取上限,并且根据实际需要可在此基础上进一步加高到使人无法攀越的程度。而在人迹稀少的山村或郊外,由于人流较小,攀登隔离设施穿越公路的可能性远远低于城市地区,其设计高度可取下限值。其实,任何设施并不能真正阻挡人们强行攀越、钻入公路界的行为。要使人们自觉地遵守交通规则,爱护公路设施,取决于社会文明程度和法制观念的提高,取决于宣传教育。

桥梁护网的设置高度宜为1.8~2.1m,在交通量大、行人密度高、临近城镇厂矿等地点可取上限,反之则取下限。桥梁护网宜与桥梁横断面比例协调,避免给人压抑感。如桥梁两侧设置混凝土护栏时,网面可从护栏顶部设计;如设置桥梁栏杆,则桥梁护网网面应从桥面开始设计。

8.2 设置原则

8.2.1 隔离栅

(1)除正文第(2)款所述条件外,高速公路、需要控制出入的一级公路沿线两侧必须实行封闭,以防止行人、非机动车、牲畜等闯入公路及非法侵占公路用地。这是确保行车安全、排除横向干扰、充分发挥公路功能的重要措施。

(2)对于公路两侧的一些天然屏障、不必担心有人进入公路和非法侵占公路用地的路段,可以不设置隔离栅。

(3)隔离栅遇桥梁、通道时的围封。

公路两侧的封闭,一般在桥梁、通道等处为薄弱环节,人、畜等往往会从桥头锥坡处钻入。因此,在这些地点,需采取措施进行围封。在小桥桥头,隔离栅可以沿锥坡爬上,在桥头处围封,也可沿端墙围封。通道的进出口,由于过往人、畜较多,需特别注意人为破坏的可能性,应选择强度高,人、畜无法爬入的结构进行围封。

(4)对一些尺寸较小、流量不大的涵洞,隔离设施可直接跨过。但在跨越处,需作一定的围封处理,以防人、畜钻入公路内。跨越涵洞时,立柱可适当加强、加深。

(5)隔离栅的中心线,一般沿公路用地范围界线以内0.2~0.5m处设置。这主要考虑立柱的基础能落在公路界以内，避免因侵占界外用地发生纠纷。

8.2.2 桥梁护网

除基础设置方式和方法不同外，桥梁护网的结构型式与隔离栅大体相同，但由于在空旷的原野上，上跨立交桥往往是周围地物中的最高点，在桥上设置金属防护网后，其遭雷击的危险性大大增加，因而桥梁护网应做防雷接地处理。对交通量大、临近城镇厂矿的桥梁更应引起设计者的注意。防雷接地的阻抗应小于10Ω。

9 防眩设施

9.1 一般规定

9.1.1 防眩设施既要有效地遮挡对向车辆前照灯的眩光，也应满足横向通视好、能看到斜前方，并对驾驶员心理影响小的要求。如采用完全遮光，反而缩小了驾驶员的视野，影响巡逻管理车辆对对向车道的通视，且对驾驶行车有压迫感。同时，无论白天或黑夜，对向车道的交通状况是行车的重要参照系，其中很重要的一点是驾驶员在夜间能通过对向车前照灯的光线判断两车的纵向距离，使其注意调整行驶状态。从国外试验结果可知，相会两车非常接近(小于50m)时，光线不会影响视距，但当达到某一距离时，眩光会对视距产生较大的影响。防眩设施不需要很大的遮光角就可获得良好的遮光效果。所以，防眩设施不一定要把对向车灯的光线全部遮挡，而采用部分遮光的原理，允许部分车灯光穿过防眩设施，当然透光量不应使驾驶员感到不舒适。条文中推荐了较理想的遮光角的数值。

直线路段遮光角 β_0 如图9-1，应按式9-1计算。

$$\beta_0 = \tan^{-1}\left(\frac{b}{L}\right) \tag{9-1}$$

式中：b——防眩板的宽度(m)；

L——防眩板的纵向间距(m)。

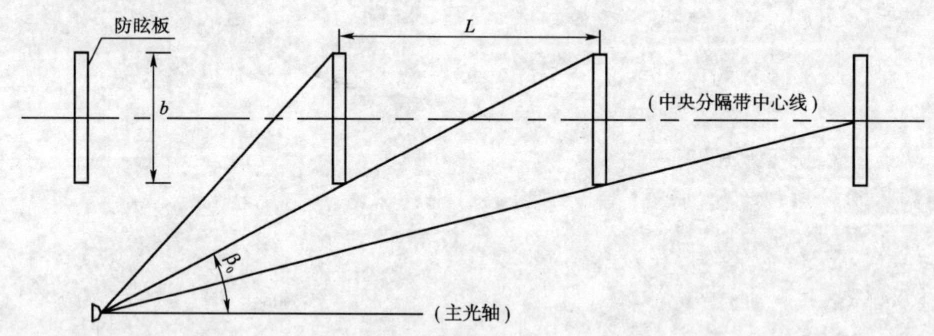

图9-1 遮光角计算图示

平曲线路段遮光角 β 应按式9-2计算。

$$\beta = \cos^{-1}\left(\frac{R - B_3}{R}\cos\beta_0\right) \tag{9-2}$$

式中：R——平曲线半径(m)；

B_3——车辆驾驶员与防眩设施的横向距离(m)。

9.1.2 在曲线半径较小且中央分隔带较窄的弯道上，设置防眩设施可能会影响曲线外侧车道的视距。因此，在设置防眩设施之前应进行停车视距的分析，保证设置防眩设施后不会减小停车视距。对停车视距的影响是随中央分隔带宽度和曲线半径的减小而趋于严重的，故对在弯道上设置防眩设施可能引起的视距问题应予以足够的重视。

弯道上设置的防眩设施如果经检验影响了视距，则可考虑降低防眩设施的高度。降低高度后的防眩设施可阻挡对向车前照灯的大部分眩光，且驾驶员能看见本车道前方车流中最后一辆车的顶部，这个高度值一般在1.2m左右。另外也可考虑将防眩设施的设置位置偏向曲线内侧，但此方法对于较小半径的弯道来说，效果并不明显，景观效果也不好，因而主要在较大半径的曲线路段采用。

如采取上述方法仍不能得到较好的防眩效果和景观效果，则不宜在中央分隔带上设置防眩设施。

如确需设置，则可采取加宽中央分隔带的方法，使车道边缘至防眩设施之间有足够的余宽，以保证停车视距。日本东名高速公路就采取了加宽中央分隔带的方法，取得了明显的成效，使东名高速公路成为绿茵连续的优美舒适公路，这是日本东名与名神高速公路的区别之一。

9.2 设置原则

9.2.1 高速公路、一级公路设置防眩设施的条件：

(1)在公路上两车相会时，驾驶员受眩光影响的程度与两车的横向距离有很大的关系。英国道路交通研究所(TRRL)《相对两车前照灯对视距的影响》研究表明：当两车横距较大($S=15$m)时，两车纵距愈小，视距愈大，特别是两车很接近时，视距显著增加；当横距$S=40$m时，视距几乎与纵距无关。

交通部公路科学研究院进行的防眩试验也表明，当相会两车横向距离达14m以上时，相会两车灯光不会使驾驶员眩目。这一结果和英国试验结果一致。

国内外的研究者普遍认为：提供足够的横向距离以消除对向车前照灯眩目是理想的防眩设计。国外六车道的高速公路，除满足日间的交通量需求外，夜间左侧车道(靠近中央分隔带的车道)上几乎没有或很少有车辆行驶，甚至中间车道的车辆也不多。这样，两车相会时有足够的横向距离，消除了对向车道前照灯的眩目影响。英国高速公路车辆行驶规则规定：不是为了超车或边车道无空时，不得使用右侧车道(英国正常行车规则为左行，右侧超车)。这样，对向车流间有足够的横向距离，因而无眩目影响，或影响甚微，可不设防眩设施。

我国2004年5月1日施行的《中华人民共和国道路交通安全法实施条例》规定：在道路同方向划有2条以上机动车道的，左侧为快速车道，右侧为慢速车道。当中央分隔带宽度为7m时，加上两条左侧路缘带宽$2\times0.75=1.5$m，中间带宽度为8.5m。如相会两车都在快速车道上行驶，其横向间距值为12.25m($S=8.5+2\times3.75/2=12.25$m)。故当中央分隔带宽度大于9m时，一般都能有效地降低眩光对驾驶行为的影响，或说眩光对驾驶行为的影响可以不考虑。因而规范规定在中央分隔带宽度大于或等于9m时，就不必设置防眩设施了。

(2)～(7)防眩设施的设置取决于很多条件，除第(1)款外，符合本条第(2)款～第(7)款条件之一者也应设置防眩设施。夜间交通量大、大型车混入率较高，这是设置防眩设施的主要条件。其他如平曲线路段、竖曲线路段、车辆交织运行路段、连拱隧道进出口附近等，可根据其对驾驶员眩目影响的程度确定是否设置防眩设施。当公路路基的横断面为分离式断面，上下行车行道不在同一水平面时，理论计算和实践经验均表明：若上下行车行道的高差小于或等于2m，会车时眩光对驾驶员的影响较大，需要设置防眩设施；在高差大于2m时，眩光影响较小，并且在这种情况下，一般都应在较高的车行道旁设置路侧护栏，而护栏(除缆索护栏外)也能起到部分遮光的作用，因而此时也就不必设置专门的防眩设施了。

设计防眩设施时，应根据本规范的有关规定，结合公路交通的具体情况，通过进行必要的投资效益比分析，对防眩设施的设置路段、型式作出选择。

9.2.2 在无封闭设施的路段上设置防眩设施，如有人翻越防眩设施或从中跳出，往往使驾驶员猝不及防。尤其在夜间，以一定间距栽植的树木在灯光的照射下就像人站立在路旁一样，使驾驶员感到紧张，而更加谨慎地行车。即使道路条件好，驾驶员也不敢将车速提高，而且本能地使车辆轨迹偏离车道，即离中央分隔带远些。许多统计资料都表明，在无封闭设施的路段设置防眩设施后，反而使该路段的事故率增加，尤其是恶性事故率上升，这与侧向通视不好致使驾驶员对前方的突发事件反应不及有关。因此，在无封闭设施的路段是否设置防眩设施、选择什么类型的防眩设施应予慎重考虑。如确需设置，则应选择好防眩设施的型式和高度，既尽量不给人、畜随意横穿的可能，又要有利于驾驶员横向通视。非控制出入的一级公路平面交叉和中央分隔带开口处有行人及车辆穿越，若连续设置防眩设施，驾驶员在突发情况下往往反应不及，防眩设施应在路口一定范围内断开或逐渐降低防眩设施高度加以提醒。根据停车视距的要求，设计速度大于或等于80km/h时，靠近中央分隔带车行道行驶的车辆发现行人到完全停止的防眩设施开口长度要求为100m左右，设计速度为60km/h时，防眩设施开口长度要求为60m左右，故建议一级公路平面交叉、中央分隔带开口两侧一定范围内不宜设置防眩设施。考虑到车辆驾驶员遇到平面交叉、中央分隔带开口的减速心理及外侧车道行驶等其他因素，平交路口的防眩设施断开长度可适当缩小。

9.2.3 在有连续照明设施的路段，车辆夜间一般都以近光灯行驶，会车时眩目影响甚微，显然在这种情况下可以不考虑设置防眩设施。

9.2.4 防眩设施连续设置的规定

(1)防眩设施的设置应考虑连续性，避免在两段防眩设施之间留有短距离的间隙。因为这种情况会给毫无思想准备的驾驶员造成很大的潜在眩目危险，易诱发交通事故，而且从人的视觉感受和景观上来说效果也不好。

(2)防眩板应以一定长度的独立结构段为制造和安装单元，这种结构段的长度一般小于12m，视采用材料、工艺情况而定。防眩板设置在道路上，免不了要遭受失控车辆的冲撞而损坏。为减轻损坏的严重程度，方便更换维修，设计时应每隔一定距离使前后相互分离，使各段互不相连。这样做既有利于加工制作和运输安装，而且从防止温度应力破坏的角度来说也是必须的。防眩板每一独立段的长度可与护栏的设置间距相协调，选择4m、6m、8m、12m或稍长一些都是可以的。

(3)防眩设施的设置高度原则上应全线统一。不同防眩结构的连接应注意高度的平滑过渡，不要出现突然的高低变化。设置在凹形竖曲线路段的防眩设施，其设置高度应根据竖曲线半径及纵坡情况由计算确定，并在一定长度范围(渐变段)内逐步过渡，以符合人的视觉特性。该渐变段的长度与人的视觉特性、结构尺寸和变化幅度、车辆的行驶速度(公路等级)等有关，一般宜大于50m。但在设计中，应根据具体情况确定合适的渐变段长度。另外，防眩板板条宽度的变化幅度一般都不大，故其渐变段的长度还可小一些。

10 轮廓标

10.1 一般规定

轮廓标是一种指示设施而不是警告设施。轮廓标的反射体与汽车前照灯及驾驶员视线的几何关系如图 10-1。驾驶员从反射器正面驶来，由远至近逐渐接近并从侧面通过。

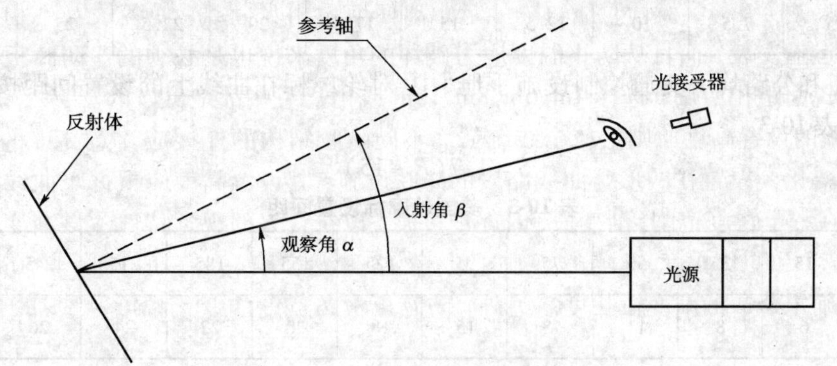

图 10-1 反射体与灯光、驾驶员视线的关系

在这个过程中，反射体的入射角由于线形的关系，有可能在很大范围内变化。相反，观察角的变化却很小。入射角的变化可以影响反射器的亮度。因此，在公路上使用的反射体必须保持均匀、恒定的亮度，不允许闪耀，也不允许当入射角在某一范围内变化时突然变亮或变暗。保持足够的反射亮度是轮廓标反射器必须具有的光学性能。

一般在静止条件下，用行驶光束(远光灯)照射轮廓标反射体时，驾驶员能在 500m 处发现，在 300m 处能清晰地看见；用交会光束(近光灯)照射时，驾驶员可在 200m 处发现，在 100m 处能清晰地看见。

10.2 设置原则

10.2.1 高速公路、一级公路上车辆运行速度很高，为提高行车的安全性和舒适性，指示公路前方线形非常重要，连续设置轮廓标就是诱导驾驶员视线，标明公路几何线形的有效办法。驾驶员能明了前方公路线形，从而能快速、舒适地行驶，增加行车安全水平，有效地避免交通事故。在高速公路、一级公路互通式立体交叉枢纽范围内，及服务设施、停车场等进出口匝道连接线上，特别在小半径曲线上，应在公路两侧连续设置轮廓标。

高速公路、一级公路上车辆运行速度高，如只在右侧设置轮廓标，在多车道情况下，对行驶于快车道的车辆，视线诱导效果就很差。因此，左侧也设置连续的轮廓标是必要的。

轮廓标的设置间隔应根据公路线形而定，高速公路、一级公路的直线段，其设置最大间隔不应超过 50m。视线诱导标连续等间距设置时，由于受到前灯照射角度的影响，在小半径曲线路段内，轮廓标的连续可视性要比直线路段差，不能保证具有圆滑曲线的诱导效果。因此，日本在曲线上设置轮廓标，其间距按式(10-1)的计算结果确定。

$$S = 1.1(R-15)^{1/2} \tag{10-1}$$

式中：S——轮廓标设置间距(m)；

R——曲线半径(m)。

日本轮廓标设置标准中，对轮廓标设置间距的规定如表 10-1。

表 10-1　日本轮廓标设置间距

曲线半径(m)	0～50	51～80	81～125	126～180	181～245	246～320	321～405	406～500	501～650	651～900	901～1200	1 201～1 550	1 551～1 950	1 951～
设置间距(m)	5	7.5	10	12.5	15	17.5	20	22.5	25	30	35	40	45	50

加拿大的《街道和公路均一交通控制设施手册》中，对轮廓标在曲线上的设置间距按式(10-2)计算,设置间距规定如表 10-2。

$$S = 2 \times (0.3R)^{1/2} \tag{10-2}$$

表 10-2　加拿大轮廓标设置间距

曲线半径(m)	43	58	70	97	116	145	194	249	349	582	1 747
设置间距(m)	5	7.5	10	12.5	15	17.5	20	22.5	25	30	35

美国的《街道和公路均一交通控制设施手册》中,对轮廓标在曲线上的设置间距按式(10-3)计算,设置间距规定如表 10-3。

$$S = 1.7(R - 15)^{1/2} \tag{10-3}$$

表 10-3　美国轮廓标设置间距

曲线半径(m)	15	35	55	75	95	125	155	185	215	245	275	305
设置间距(m)	6	8	11	13	15	18	20	22	24	26	27	29

我国对轮廓标设置间隔的规定，是在充分考虑了发达国家的相关规定,并结合我国运营高速公路、一级公路的实际情况制定的。

在轮廓标布设设计时，应特别注意从直线段过渡到曲线段的路段，或由曲线段过渡到直线段的路段，要处理好轮廓标视线诱导的连续性，使其能平顺圆滑地过渡。

高速公路、一级公路的竖曲线与平曲线相比，对轮廓标设置间距的影响要小得多。德国对轮廓标在竖曲线上的设置间距也有明确的规定，如表 10-4。编写组在规范条文中没有对此作出具体规定，但允许在设计中根据竖曲线的不同半径，在保持轮廓标诱导连续性的前提下，对设置间距作适当调整。

表 10-4　轮廓标在竖曲线上的设置间距

竖曲线半径(m)	设置间距(m)	竖曲线半径(m)	设置间距(m)
800 以下	5～16	3 000～4 000	47～50
800～1 500	16～21	4 000 以上	50
1 500～3 000	21～31		

10.2.2　汽车驾驶员在白天一般以路面标线及护栏作为行车指导，快速顺利地行驶。但到了晚上，上述设施的视线诱导功能显著下降，路面标线只能在汽车前灯照射的有限范围内才能看清，护栏由于设置在道路两侧，夜间的可视距离更小。随着汽车行驶速度的增加，驾驶员极迫切需要了解公路前方的路线走向。据日本运输省对道路运输车辆的安全标准规定，汽车前灯同时打开能确认前方 100m 的障碍物。如使用近光灯，则应能确认道路前方 40m 处的障碍物。在行驶速度为 40km/h 的情况下，其刹车距离为 40m，刚好能满足近光灯照射下确认前方 40m 处的障碍物。如果速度超过 40km/h 时，需要的刹车距离已超过了近光灯可能看清的范围，这时，恐怕就难以弄清前方道路的状况，也就很难保证行驶的安全。因此，在日本的视线诱导标设置标准中明确规定，设计车速在 50km/h 以上的路段必须设置视线诱导设施。

车道数及车道宽度或路肩宽度发生变化，是造成交通流不稳定的重要原因，在夜间往往会引起交通安全方面的问题。在该路段设置的轮廓标能使驾驶员了解车道数或车道宽度的变化，这对顺利通过瓶颈路段防止事故发生将会十分有效。

汽车从直线段过渡到曲线段，尤其向小半径曲线行驶时，驾驶员的视线很难随公路线形急剧变化。在夜间，驾驶员更难以看清公路的线形。如果在急弯陡坡及与急弯连接的路段连续设置轮廓标，可以使驾驶员了解公路线形的急剧变化，非常清晰地显示出公路轮廓，从而能有效地预防交通事故的发生，确保交通安全。

10.2.3 轮廓标反射体表面法线与公路中心线成25°角主要适用于柱式轮廓标。

10.2.4 波形梁护栏横梁中心线距路面的高度为60cm左右。以此为基准，规定轮廓标反射体中心线距路面60～70cm。路面积雪非常厚的路段，可适当加高。其他路段有特殊需要时，也可采用其他高度。

11 活动护栏

11.1 一般规定

活动护栏是设置在中央分隔带开口处，为方便特种车辆（如交通事故处理车辆、急救车辆）在紧急情况下通行和一侧道路施工封闭时临时开启放行的活动设施。活动护栏在正常情况下要求具有一定的隔离性能，在临时开放时应能快速、灵活地移动。

11.2 设置原则

11.2.1～11.2.2 高速公路的对向交通是完全隔离的，因此高速公路的中央分隔带开口处必须设置活动护栏。设置中央分隔带的一级公路一般车速很快，不封闭的中央分隔带开口很容易导致恶性交通事故，因此规定除由于管理原因平时即允许掉头的中央分隔带开口之外其余开口应设置活动护栏。

11.2.3 活动护栏的长度必须能封闭中央分隔带开口，只有这样才能起到分隔对向交通的目的，因此要求活动护栏的设置长度必须能有效封闭中央分隔带开口。

11.2.4 活动护栏是公路交通工程管理设施的一部分，它必须与公路主体和其他交通工程设施互相协调，只有这样才能完全发挥交通工程设施的功能。因此，为保证中央分隔带护栏的视线诱导功能的连续、顺畅，要求活动护栏的高度应该与中央分隔带护栏的高度保持协调。

11.2.5 要求活动护栏上设置轮廓标或反光片是为了使夜间活动护栏具有很好的视认性，同时使中央分隔带一侧的轮廓标不至于中断而造成驾驶员的视觉错误。条文中规定的反射体规格 4cm × 18cm 与柱式轮廓标一致，符合此规格的反光材料才能在高速行驶的条件下被驾驶员正确辨认；同时为与中央分隔带轮廓标相协调，要求设置的反射体在颜色和设置高度上与轮廓标保持一致。

11.2.6 当中央分隔带开口所处的路段有防眩要求时，宜在活动护栏上设置防眩设施。防眩设施的型式选择、设置间距、设置高度、遮光角等技术条件应符合本规范防眩设施相关条文的规定。

JTG

中华人民共和国行业推荐性标准 JTG/T D81—2006

2

公路交通安全设施设计细则

Guidelines for Design of Highway Safety Facilities

2006-07-07 发布 2006-09-01 实施

中华人民共和国交通部发布

中华人民共和国交通部公告

2006 年第 17 号

2

关于发布《公路交通安全设施设计细则》（JTG/T D81—2006）的公告

现发布《公路交通安全设施设计细则》（JTG/T D81—2006），自 2006 年 9 月 1 日起施行，作为公路工程行业推荐性标准，在公路行业内自愿采用。

该细则的管理权和解释权归交通部，日常解释和管理工作由编制单位交通部公路科学研究院负责。请各有关单位在实践中注意总结经验，若有修改意见请函告交通部公路科学研究院，以便修订时研用。

特此公告。

中华人民共和国交通部

二〇〇六年七月七日

前 言

为更好地适应公路建设的需要,交通部交公路发【1999】739 号文决定对 1994 年 6 月 1 日实施的《高速公路交通安全设施设计及施工技术规范》(JTJ 074—94)进行修订,并委托交通部公路科学研究院负责。

修订工作坚持“安全、环保、舒适、和谐”的公路建设理念,在全面总结 1994 年以来我国公路交通安全设施的使用经验、借鉴和吸收国外的相关标准和先进技术的基础上进行,充分体现了“以人为本、安全至上”的指导思想。修订后的规范分为《公路交通安全设施设计规范》、《公路交通安全设施施工技术规范》和《公路交通安全设施设计细则》三册。

本《公路交通安全设施设计细则》分为 11 章,分别是:1 总则、2 术语、3 护栏防撞性能、4 路基护栏、5 桥梁护栏、6 交通标志、7 交通标线、8 隔离栅和桥梁护网、9 防眩设施、10 轮廓标、11 活动护栏。与原规范相比,《公路交通安全设施设计细则》增补、修订内容如下:

1. 扩大了适用范围,由高速公路、一级公路扩大到新建和改建的各等级公路;

2. 进一步明确了公路护栏的防撞性能,调整、扩充了护栏的防撞等级,对各类型式护栏的设置原则作了较大修改,完善了护栏端部处理和过渡处理的内容;

3. 增加了交通标志、交通标线和活动护栏的内容;

4. 重点强调了设计原则和设计方法,并为新技术的开发和应用留有余地;

5. 引入了路侧安全净区、宽容设计、运行速度和安全性评价等概念。

各有关单位在使用过程中,若有意见和建议,请函告交通部公路科学研究院北京交科公路勘察设计研究院(地址:北京市海淀区西土城路 8 号,邮政编码:100088,电话:010-62062052,E-mail:hx. liu@ rioh. cn),以便下次修订时研用。

主 编 单 位:交通部公路科学研究院

参 编 单 位:北京交科公路勘察设计研究院

广东省交通集团有限公司

北京中路安交通科技有限公司

主要起草人:刘会学　李爱民　杨久龄　唐琤琤　黄　晨　贾日学

钟纪楷　汤文杰　程　宁　徐学敏　葛书芳　杨　峰

张　治　张巍汉　吴京梅

目　次

1 总则

1.0.1 为使公路交通安全设施设计安全合理、技术先进、确保质量、经济实用,制定本细则。

1.0.2 本细则适用于新建和改建公路。

1.0.3 公路交通安全设施设计内容包括护栏、交通标志、交通标线、隔离栅、桥梁护网、防眩设施、轮廓标和活动护栏等。

1.0.4 公路交通安全设施应结合路网与公路条件、交通条件、环境条件进行总体设计。同一条公路采用的交通安全设施设置原则和设计方案宜保持一致。交通安全设施之间、交通安全设施与公路主体工程和其他设施之间应互相协调、配合使用。

1.0.5 公路交通安全设施设计应坚持"安全、环保、舒适、和谐"的理念,注重公路出行的安全性、方便性、舒适性、愉悦性,体现"以人为本、安全至上"的指导思想。

1.0.6 公路交通安全设施设计应考虑路面加铺、罩面等因素的影响。

1.0.7 公路交通安全设施应结合交通量的增长、运营需求与技术发展状况等逐步补充、完善。

1.0.8 公路路侧安全净区内设置有交通标志、可变信息标志、照明灯、摄像机等,又不能采取能使车辆安全穿越的措施时,应按护栏设置原则设置路侧护栏。

1.0.9 在满足安全和使用功能的条件下,应积极而慎重地采用新技术、新材料、新工艺、新产品。

1.0.10 改建工程交通安全设施设计应结合改建后的公路、交通、环境条件进行。

1.0.11 公路交通安全设施设计除应符合本细则外,尚应符合国家现行有关标准、规范的规定。

2 术语

2.0.1 护栏 barrier

一种纵向吸能结构,通过自体变形或车辆爬高来吸收碰撞能量,从而改变车辆行驶方向、阻止车辆越出路外或进入对向车道、最大限度地减少对乘员的伤害。按其在公路中的纵向设置位置,可分为路基护栏和桥梁护栏;按其在公路中的横向设置位置,可分为路侧护栏和中央分隔带护栏;根据碰撞后的变形程度,可分为刚性护栏、半刚性护栏和柔性护栏。

2.0.2 路基护栏 subgrade barrier

设置于路基上的护栏。

2.0.3 桥梁护栏 bridge railing

设置于桥梁上的护栏。

(1)纵向有效构件 longitudinal effective element

桥梁护栏中能有效地阻挡失控车辆越出桥外的纵向受力构件。根据其承受碰撞荷载的大小,可分为主要纵向有效构件(如主要横梁)和次要纵向有效构件(如次要横梁)。

(2)纵向非有效构件 longitudinal ineffective element

桥梁护栏中不考虑承受车辆碰撞荷载的纵向非受力构件。

2.0.4 路侧护栏 roadside barrier

设置于公路路侧建筑限界以外的护栏,以防止失控车辆越出路外或碰撞路侧构造物和其他设施。

2.0.5 中央分隔带护栏 median barrier

设置于公路中央分隔带内的护栏,以防止失控车辆穿越中央分隔带闯入对向车道,并保护中央分隔带内的构造物。

2.0.6 刚性护栏 rigid barrier

一种基本不变形的护栏结构。混凝土护栏是其主要代表型式,由一定形状的混凝土块相互连接而组成墙式结构,通过失控车辆碰撞后爬高并转向来吸收碰撞能量。

2.0.7 半刚性护栏 semi-rigid barrier

一种连续的梁柱式护栏结构,具有一定的强度和刚度。波形梁护栏是其主要代表型式,由相互拼接的波纹状钢板和立柱构成连续梁柱结构,利用土基、立柱、波纹状钢板的变形来吸收碰撞能量,并迫使失控车辆改变方向。

2.0.8 柔性护栏 flexible barrier

一种具有较大缓冲能力的韧性护栏结构。缆索护栏是其主要代表型式,由数根施加初拉力的缆索固定于端柱上而组成钢缆结构,主要依靠缆索的拉应力来抵抗车辆的碰撞荷载、吸收碰撞能量。

(1)端部结构 end part

缆索护栏的起终点锚固装置,包括端柱、斜撑、索端锚具和混凝土基础。

(2)中间端部结构 middle end part

连续设置缆索护栏超过一定长度时所设置的中间延长锚固装置。

(3)中间立柱 middle post

设置于端部或中间端部之间用于固定缆索的立柱。

(4)托架 bracket

安装于立柱上支撑并固定缆索的装置。

(5)索端锚具 anchor device of cable

固定于端部或中间端部用来锚定缆索的装置。

2.0.9 护栏标准段 standard section of barrier

某种护栏断面结构型式保持不变并在一定长度范围内连续设置的结构段。

2.0.10 护栏过渡段 transition section of barrier

在两种不同护栏断面结构型式之间平滑连接并进行刚度或强度过渡的专门结构段。

2.0.11 护栏渐变段 flare section of barrier

设置于护栏外移端头与标准段之间进行线形平滑过渡的结构段。

2.0.12 护栏端头 barrier end

护栏标准段开始端或结束端所设置的端部结构。

2.0.13 路侧安全净区 roadside clear zone

公路行车方向最右侧车行道以外、相对平坦、无障碍物、可供失控车辆重新返回正常行驶路线的带状区域。

2.0.14 解体消能设施 breakaway device

设置于公路路侧安全净区内的标志立柱、照明灯杆、交通信号灯柱等各类路侧行车障碍物在受到车辆撞击时,通过自身的解体来吸收碰撞能量,从而减轻交通事故严重性的设施。

2.0.15 隔离栅 fence

用于阻止人、畜进入公路或沿线其他禁入区域,防止非法侵占公路用地的设施。

2.0.16 桥梁护网 overpass fencing facilities

安装于公路上跨桥梁两侧,用于阻止有人向公路内抛扔物品、杂物,或防止运输散落物等落到公路上的防护设施。

2.0.17 防眩设施 anti-glare facilities

防止夜间行车受对向车辆前照灯眩目影响的设施。

2.0.18 轮廓标 delineator

沿公路土路肩设置的,用以指示公路方向、车行道边界的视线诱导设施。

2.0.19 反射器 reflector

以互成直角的三个面组成的反射单元系列。

(1)观察角 observation angle

汽车或其他光源的灯光照射到反射器后反射到观察者眼睛所构成的角度。

(2)入射角 entrance angle

汽车或其他光源的灯光与反射器法线之间的角度。

(3)逆反射系数 R' coefficient of retroreflection

平面逆反射表面上的发光强度系数 R 与它的面积 A 的商,即单位面积的发光强度系数。

$$R' = \frac{R}{A} = \frac{I}{EA}$$

式中:R'——逆反射系数($cd \cdot lx^{-1} \cdot m^{-2}$);

R——发光强度系数($cd \cdot lx^{-1}$);

I——发光强度(cd);

E——照度(lx);

A——试样表面的面积(m^2)。

2.0.20 活动护栏 movable barrier

设置在中央分隔带开口处用以分隔对向交通的可移动护栏,在抢险、救援等紧急情况下,能及时、方便地开启,使车辆紧急通过。

3 护栏防撞性能

3.0.1 公路护栏按防撞等级可分为:路侧 B、A、SB、SA、SS 五级;中央分隔带 Am、SBm、SAm 三级。各等级护栏的碰撞条件和性能应满足表 3.0.1 的规定。

表 3.0.1 护栏防撞性能

防撞等级	碰撞条件			碰撞加速度*(m/s^2)	碰撞能量(kJ)
	碰撞速度(km/h)	车辆质量(t)	碰撞角度(°)		
B	100	1.5	20	≤200	
	40	10	20		70
A、Am	100	1.5	20	≤200	
	60	10	20		160
SB、SBm	100	1.5	20	≤200	
	80	10	20		280
SA、SAm	100	1.5	20	≤200	
	80	14	20		400
SS	100	1.5	20	≤200	
	80	18	20		520

注:*指碰撞过程中,车辆重心处所受冲击加速度 10ms 间隔平均值的最大值,为车体纵向、横向和铅直加速度的合成值。

3.0.2 在综合分析公路线形、设计速度、运行速度、交通量和车辆构成等因素的基础上,需要采用的护栏碰撞能量低于 70kJ 或高于 520kJ 时,应进行特殊设计。

4 路基护栏

4.1 一般规定

4.1.1 设计指导思想

(1)应采用宽容设计理念对路侧安全净区内的障碍物进行妥善处理;

(2)公路路侧安全净区的宽度得不到满足时,应按护栏设置原则进行安全处理;

(3)不同型式的路基护栏之间或路基护栏与桥梁护栏之间应进行过渡处理。

4.1.2 设计顺序

(1)收集公路平纵面线形、填挖方数据及运营车辆构成、交通量、运行速度和设计速度等数据;

(2)收集或调研公路两侧安全净区内的各种障碍物分布情况及与其他公路、铁路等交叉的资料;

(3)确定护栏防撞等级及选择护栏型式,其设计代号见附录 A。

4.2 设置原则

4.2.1 路侧护栏

(1)车辆驶出路外有可能造成二次特大事故的路段必须设置路侧护栏。

(2)凡符合下列情况之一、车辆驶出路外有可能造成单车特大事故或二次重大事故的路段必须设置路侧护栏:

①二级及以上等级公路边坡坡度和路堤高度在图 4.2.1 的Ⅰ区方格阴影范围之内的路段;

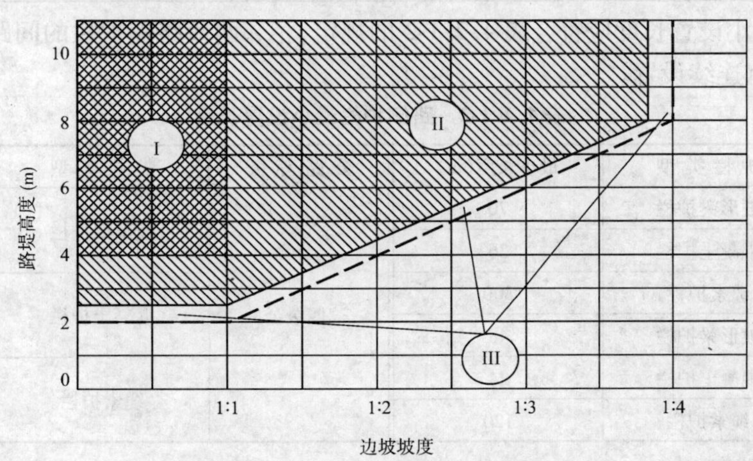

图 4.2.1 边坡坡度、路堤高度与设置护栏的关系

②路侧有江、河、湖、海、沼泽、航道等水域的路段。

(3)凡符合下列情况之一、车辆驶出路外有可能造成重大事故的路段,应设置路侧护栏:

①二级及以上等级公路边坡坡度和路堤高度在图 4.2.1 的Ⅱ区斜线阴影范围以内的路段;

②高速公路、一级公路路侧安全净区内设有车辆不能安全穿越的照明灯、摄像机、可变信息标志、交通标志、路堑支撑壁、声屏障、上跨桥梁的桥墩或桥台等设施的路段;

③二级及以上等级公路路侧边沟无盖板、车辆无法安全穿越的挖方路段;

④三、四级公路路侧有悬崖、深谷、深沟等的路段。

(4)凡符合下列情况之一、经论证车辆驶出路外有可能造成一般或重大事故的路段宜设置路侧护栏：

①二级及以上等级公路边坡坡度和路堤高度在图4.2.1的Ⅲ区内的路段，三、四级公路边坡坡度和路堤高度在图4.2.1中Ⅰ区内；

②二级及以上等级公路纵坡大于或等于现行《公路工程技术标准》(JTG B01)规定的最大纵坡值的下坡路段和连续长下坡路段；

③二级及以上等级公路平曲线半径小于现行《公路工程技术标准》(JTG B01)一般最小半径的路段外侧；

④在高速公路、一级公路用地范围内存在粗糙的石方开挖断面、高出路面30cm以上的混凝土基础、挡土墙或大孤石等障碍物时；

⑤高速公路、一级公路互通式立体交叉出口匝道的三角地带及匝道小半径圆曲线外侧。

(5)根据车辆驶出路外有可能造成的交通事故等级，应按表4.2.1-1的规定选取路侧护栏的防撞等级。因公路线形、运行速度、填土高度、交通量和车辆构成等因素易造成更严重碰撞后果的路段，应在表4.2.1-1的基础上提高护栏的防撞等级。

表4.2.1-1　路基护栏防撞等级的适用条件

<table>
<tr><th rowspan="2">公路等级</th><th rowspan="2">设计速度
(km/h)</th><th colspan="3">车辆驶出路外或进入对向车道有可能造成的交通事故等级</th></tr>
<tr><th>一般事故或
重大事故</th><th>单车特大事故或
二次重大事故</th><th>二次特大事故</th></tr>
<tr><td rowspan="2">高速公路</td><td>120</td><td rowspan="3">A、Am</td><td rowspan="2">SB、SBm</td><td>SS</td></tr>
<tr><td>100、80</td><td>SA、SAm</td></tr>
<tr><td>一级公路</td><td>60</td><td>A、Am</td><td>SB、SBm</td></tr>
<tr><td>二级公路</td><td>80、60</td><td rowspan="3">B</td><td>A</td><td>SB</td></tr>
<tr><td>三级公路</td><td>40、30</td><td rowspan="2">B</td><td rowspan="2">A</td></tr>
<tr><td>四级公路</td><td>20</td></tr>
</table>

(6)路侧护栏最小设置长度应符合表4.2.1-2的规定，相邻两段路侧护栏的间距小于表4.2.1-2中规定的最小长度时宜连续设置。

表4.2.1-2　路侧护栏最小设置长度

<table>
<tr><th>公路等级</th><th>护栏类型</th><th>最小长度(m)</th><th>公路等级</th><th>护栏类型</th><th>最小长度(m)</th></tr>
<tr><td rowspan="3">高速公路、
一级公路</td><td>波形梁护栏</td><td>70</td><td rowspan="6">三、四级公路</td><td rowspan="2">波形梁护栏</td><td rowspan="2">28</td></tr>
<tr><td>混凝土护栏</td><td>36</td></tr>
<tr><td>缆索护栏</td><td>300</td><td rowspan="2">混凝土护栏</td><td rowspan="2">12</td></tr>
<tr><td rowspan="3">二级公路</td><td>波形梁护栏</td><td>48</td></tr>
<tr><td>混凝土护栏</td><td>24</td><td rowspan="2">缆索护栏</td><td rowspan="2">120</td></tr>
<tr><td>缆索护栏</td><td>120</td></tr>
</table>

4.2.2　中央分隔带护栏

(1)当整体式断面中间带宽度小于或等于12m时，必须设置中央分隔带护栏；大于12m时，应分路段确定是否设置中央分隔带护栏。

(2)公路采用分离式断面时，行车方向左侧应按路侧护栏设置；上、下行路基高差大于2m时，可只在路基较高的一侧按路侧护栏设置。

(3)高速公路和禁止车辆掉头的一级公路中央分隔带开口处，必须设置活动护栏。

(4)根据车辆驶入对向车道有可能造成的交通事故等级，应按表4.2.1-1的规定选取中央分隔带护栏的防撞等级。因公路线形、运行速度、交通量和车辆构成等因素易造成更严重碰撞后果的路段，应在表4.2.1-1的基础上提高护栏的防撞等级。

4.3 型式选择

4.3.1 根据碰撞后的变形程度,护栏可分为刚性护栏、半刚性护栏和柔性护栏。其主要代表型式分别为混凝土护栏、波形梁护栏和缆索护栏。钢背木护栏属于半刚性护栏的一种。

4.3.2 选择护栏型式时,应考虑下列因素:

(1)护栏的防撞性能

所选取的护栏型式必须能有效吸收设计碰撞能量,阻止相应失控车辆越出路外或进入对向车道并使其正确改变行驶方向。

(2)受碰撞后的护栏变形程度

受碰撞后护栏的最大动态变形量不应超过护栏与被防护对象之间容许的变形距离。

(3)护栏所在位置的现场条件

路肩和中央分隔带宽度、公路的边坡坡度等可影响某些型式护栏的使用。

(4)护栏材料的通用性

护栏及其端头、与其他型式护栏的过渡处理宜采用标准化材料。

(5)护栏的全寿命周期成本

除考虑护栏的初期建设成本外,还应考虑投入使用后的养护成本。

(6)护栏养护工作量的大小和养护的方便程度

应综合考虑常规养护、事故养护、材料储备和养护方便性等因素。

(7)护栏的美观、环境因素

应适当考虑护栏的美观因素,并充分考虑沿线的环境腐蚀程度、气象条件和护栏本身对视距的影响等因素。

(8)所在地区现有公路护栏使用的效果

应避免现有护栏使用中存在的缺陷。

4.3.3 对景观有特殊要求的公路可选择外观自然、与周围环境相融合的护栏型式,但不得降低护栏防撞等级。

4.4 缆索护栏

4.4.1 缆索护栏由端部结构、中间端部结构、中间立柱、托架、缆索和索端锚具等组成。路侧 B 级和 A 级缆索护栏一般构造见附录 B 图 B.1 和图 B.2。

4.4.2 缆索护栏的端部结构由三角形支架、底板和混凝土基础组成。端部结构各部分构造和尺寸应符合表 4.4.2 的规定。路侧 B 级端部结构图如图 4.4.2-1,A 级端部结构图如图 4.4.2-2。

表 4.4.2 缆索护栏端部结构各部分构造和尺寸

防撞等级	端部立柱				混凝土基础				最下一根缆索的高度(cm)	最大立柱间距(cm)(土中/混凝土中)
	规格(mm)	地面以上高度(cm)	埋入深度(cm)	形式	深度(cm)	长度(cm)	宽度(cm)	体积(m^3)		
B	ϕ168×5	100	50	三角形	150	420	70	4.4	43	700/400
A	ϕ194×5	113	55	三角形	160	500	70	5.6	43	700/400

4.4.3 缆索护栏的中间端部结构由一对三角形支架、底板和混凝土基础组成,总长 21(12)m,各部分构造和尺寸应符合表 4.4.3 的规定。符合下列条件时,应设置中间端部结构:

(1)采用机械施工方式,路侧缆索护栏的设置长度超过 500m 时;

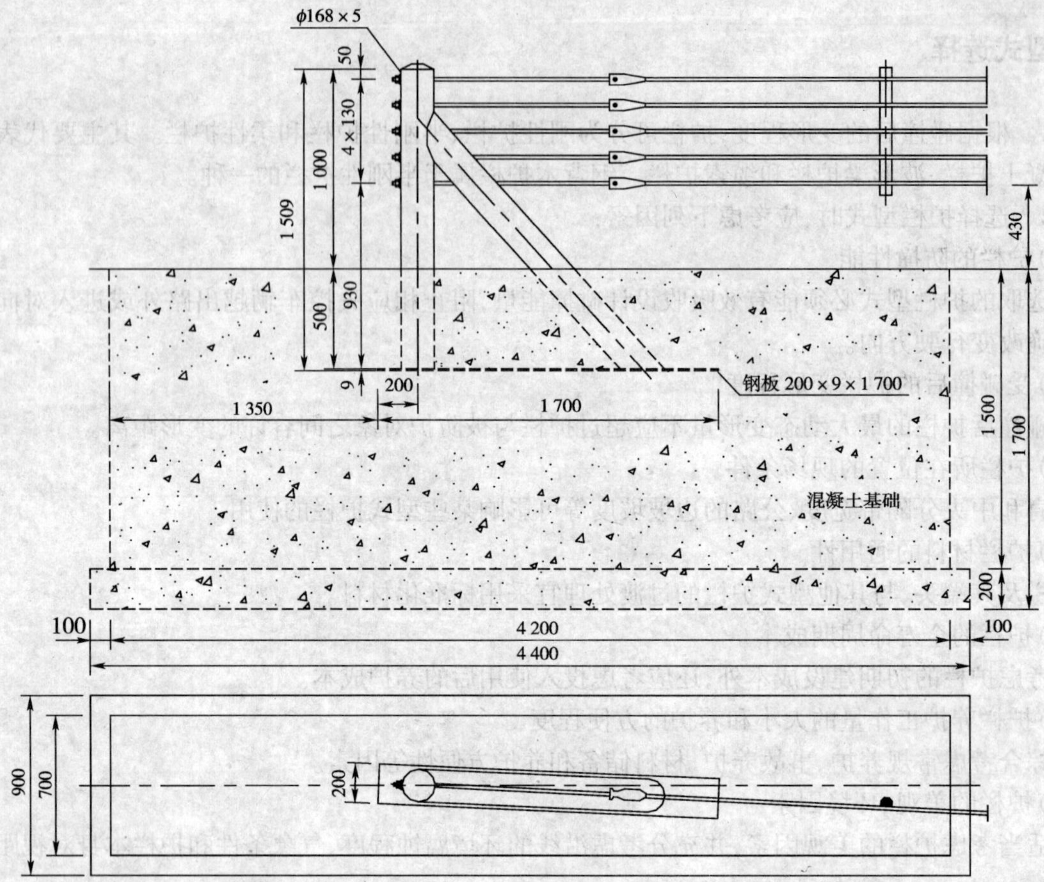

图 4.4.2-1　路侧 B 级端部结构图(尺寸单位:mm)

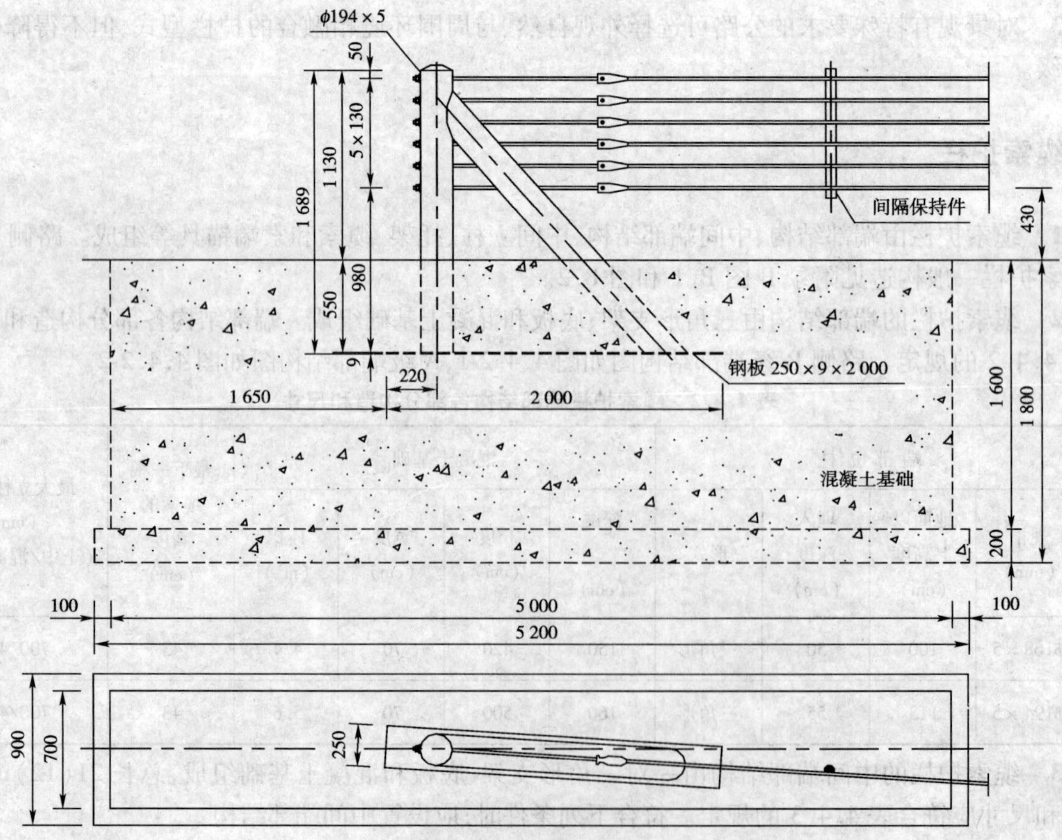

图 4.4.2-2　路侧 A 级端部结构图(尺寸单位:mm)

表 4.4.3　路侧缆索护栏中间端部结构各部分构造和尺寸

防撞等级	端部立柱				混凝土基础				最下一根缆索的高度（cm）	最大立柱间距（cm）（土中/混凝土中）
	规格（mm）	地面以上高度（cm）	埋入深度（cm）	形式	深度（cm）	长度（cm）	宽度（cm）	体积（m^3）		
B	ϕ168 × 5	100	50	三角形	150	420	70	4.4	43	700/400
A	ϕ194 × 5	113	55	三角形	180	500	70	6.3	43	700/400

（2）采用人工施工方式，路侧缆索护栏的设置长度超过 300m 时。

附录 B 图 B.3 为 B 级中间端部一般构造图。

4.4.4　缆索护栏中间立柱的构造和尺寸应符合表 4.4.4-1 的规定。图 4.4.4-1 为路侧 B 级缆索护栏中间立柱的构造图，图 4.4.4-2 为路侧 A 级缆索护栏中间立柱的构造图。

表 4.4.4-1　缆索护栏中间立柱的构造和尺寸

防撞等级	中间立柱					最大立柱间距（cm）
	埋置方式	埋入深度（cm）	地面以上高度（cm）	外径（mm）	壁厚（mm）	
B	土中	165	100	ϕ140	4.5	700
	混凝土中	40	100			400
A	土中	165	113	ϕ140	4.5	700
	混凝土中	40	113			400

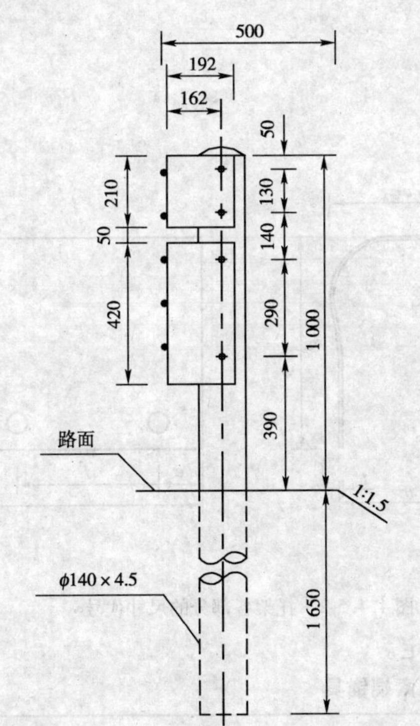

图 4.4.4-1　B 级缆索护栏中间立柱的构造图
（尺寸单位：mm）

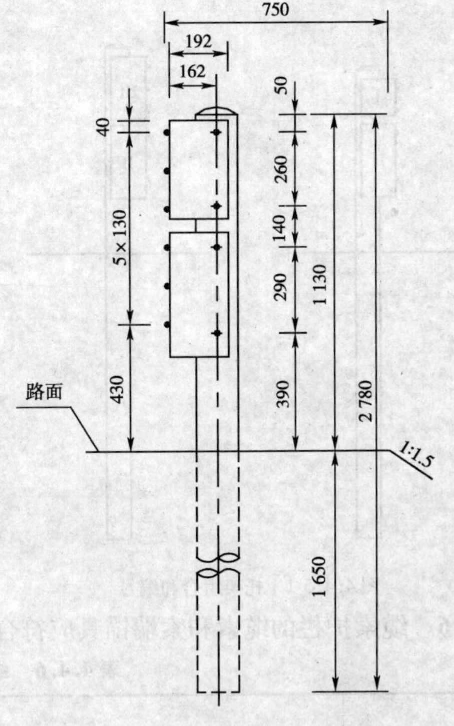

图 4.4.4-2　A 级缆索护栏中间立柱的构造图
（尺寸单位：mm）

（1）在通过小桥、通道、明涵等无法打入的路段，有地下管线的路段或其他不能达到规定埋置深度的路段，中间立柱可设置于混凝土基础中。

（2）中间立柱的间距不宜大于 7m，设置于混凝土中的中间立柱间距不宜大于 4m。设置于曲线路段的缆索护栏，应根据表 4.4.4-2 的规定调整立柱间距。

表 4.4.4-2　曲线部的立柱间距

防撞等级	B、A		
立柱间距(m)	4	5	6
曲线半径 R(m)	$120 \leqslant R \leqslant 200$	$200 < R \leqslant 300$	$R > 300$

4.4.5　缆索护栏托架的编号和组合如图 4.4.5-1,各部分的尺寸代号如图 4.4.5-2,各部分的尺寸应符合表 4.4.5 的规定。

表 4.4.5　缆索护栏托架尺寸

代号名称＼类型		B 级		A 级	
		Ⅰ上托架	Ⅱ下托架	Ⅲ上托架	Ⅱ下托架
A	(mm)	170	170	170	170
b	(mm)	148	148	148	148
e	(mm)	40	50	40	50
螺栓孔间距 f	(mm)	130	290	260	290
h	(mm)	210	420	340	420
r_1	(mm)	55	55	55	55
r_2	(mm)	120	120	120	120
B	(mm)	192	192	192	192
壁厚 t	(mm)	3.2	3.2	3.2	3.2

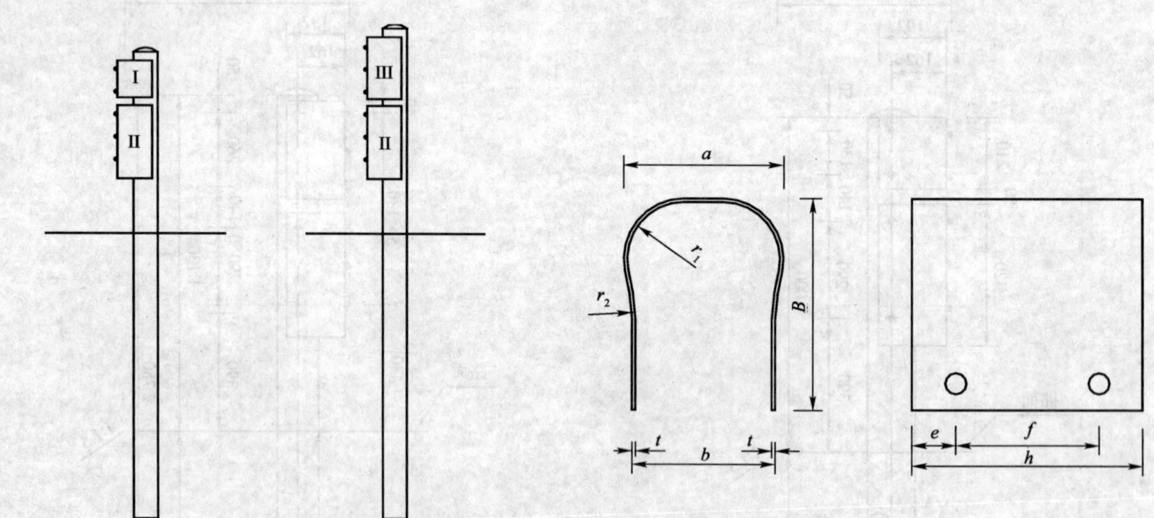

图 4.4.5-1　托架组合和编号　　图 4.4.5-2　托架各部分的尺寸代号

4.4.6　缆索护栏的缆索和索端锚具应符合表 4.4.6 的规定。

表 4.4.6　缆索护栏的缆索和索端锚具

防撞等级	缆　索				索端锚具	
	缆索根数(根)	初拉力(kN)	缆索直径(mm)	缆索间隔(mm)	配件杆径(mm)	全长(mm)
B	5	20	18	130	25	1 200
A	6	20	18	130	25	1 200

4.4.7　缆索护栏沿公路横断面设置的位置应符合下列规定:

(1)路侧缆索护栏应位于公路土路肩内,护栏面可与土路肩左侧边缘线或路缘石左侧立面重合,立柱外侧土路肩保护层厚度不应小于25cm。

(2)中央分隔带缆索护栏宜以公路中心线为轴对称设置。当公路中心线位置内有构造物、地下管线时，可适当调整护栏的横向设置位置。

(3)护栏的任何部分不得侵入公路建筑限界以内。

4.4.8 路侧、中央分隔带内路基土压实度不能满足现行《公路路基设计规范》(JTG D30)中对路基路床压实度的要求时，或路侧缆索护栏立柱外侧土路肩保护层厚度小于25cm时，宜设置加强板或混凝土基础。加强板为310mm×200mm×10mm的钢板，可与护栏立柱焊接或通过螺栓连接，固定在路缘石顶面或路面以下50mm的立柱外侧，与交通流前进方向成0°~15°夹角。中央分隔带采用混凝土基础时，宜将同一断面的两个立柱基础联成整体。

4.5 波形梁护栏

4.5.1 常用路侧波形梁护栏按防撞等级可分为B、A、SB、SA、SS五级，其一般构造详见附录C图C.1~图C.5；常用中央分隔带波形梁护栏按防撞等级可分为Am、SBm、SAm三级，其一般构造详见附录C图C.6~图C.9。

4.5.2 路侧波形梁护栏的构造应符合下列规定：

(1)B级路侧波形梁护栏由二波波形梁板(310mm×85mm×3mm)、立柱(ϕ114mm×4.5mm)和托架(300mm×70mm×4.5mm)等组成，如图4.5.2-1。

(2)A级路侧波形梁护栏由二波波形梁板(310mm×85mm×4mm)、立柱(ϕ140mm×4.5mm)和防阻块(196mm×178mm×200mm×4.5mm)等组成，如图4.5.2-2。

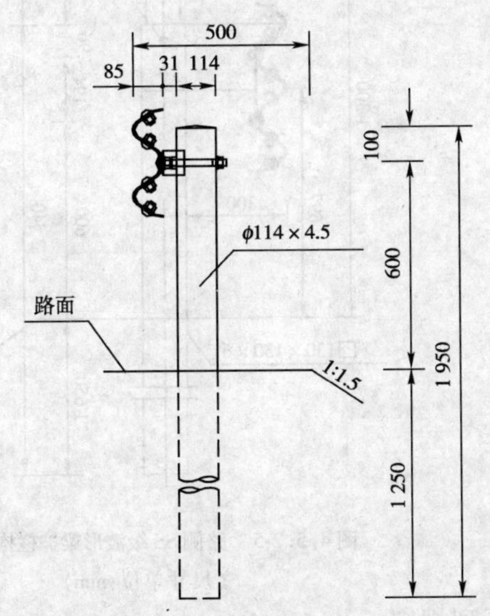

图4.5.2-1 路侧B级波形梁护栏构造

(尺寸单位：mm)

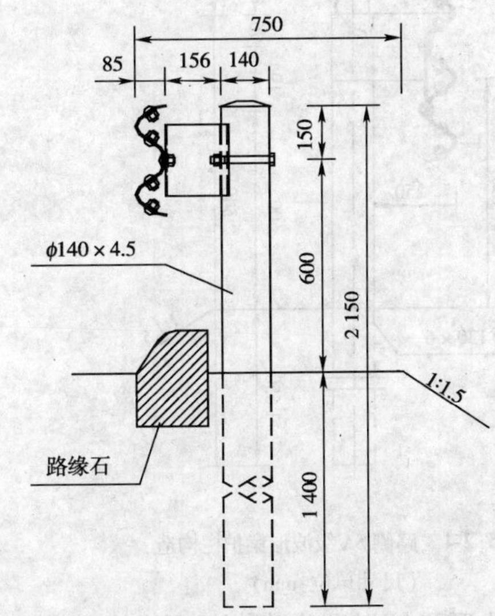

图4.5.2-2 路侧A级波形梁护栏构造

(尺寸单位：mm)

(3)SB级路侧波形梁护栏由三波波形梁板(506mm×85mm×4mm)、立柱(□130mm×130mm×6mm)和防阻块(300mm×200mm×290mm×4.5mm)等组成，如图4.5.2-3。

(4)SA级路侧波形梁护栏由三波波形梁板(506mm×85mm×4mm)、横梁(ϕ89mm×5.5mm)、立柱(□130mm×130mm×6mm和ϕ102mm×4.5mm)和防阻块(300mm×200mm×290mm×4.5mm)等组成，如图4.5.2-4。

(5)SS级路侧波形梁护栏由三波波形梁板(506mm×85mm×4mm)、横梁(ϕ89mm×5.5mm)、立柱(□130mm×130mm×6mm和ϕ102mm×4.5mm)和防阻块(350mm×200mm×290mm×4.5mm)等组成，如图4.5.2-5。

4.5.3 中央分隔带波形梁护栏的构造应符合下列规定：

(1)中央分隔带波形梁护栏可采用分设型或组合型,可根据中央分隔带的宽度、构造物和管线的分布加以确定。

(2)Am 级中央分隔带分设型波形梁护栏由二波波形梁板(310mm × 85mm × 4mm)、立柱(ϕ140mm × 4. 5mm)和防阻块(196mm ×178mm ×200mm ×4.5mm)等组成,如图 4.5.3-1。

(3)Am 级中央分隔带组合型波形梁护栏由二波波形梁板[2(310mm × 85mm × 4mm)]、立柱(ϕ140mm × 4. 5mm)和横隔梁(480mm ×200mm ×50mm ×4.5mm)等组成,如图 4.5.3-2。

(4)SBm 级中央分隔带波形梁护栏由三波波形梁板(506mm × 85mm ×4mm)、立柱(□130mm × 130mm × 6mm)和防阻块(300mm × 200mm ×290mm ×4.5mm)等组成,如图 4.5.3-3。

(5)SAm 级中央分隔带波形梁护栏由三波波形梁板(506mm × 85mm ×4mm)、横梁(ϕ89mm ×5.5mm)、立柱(□130mm ×130mm × 6mm 和 ϕ102mm ×4.5mm)和防阻块(300mm ×200mm ×290mm ×4. 5mm)等组成,如图 4.5.3-4。

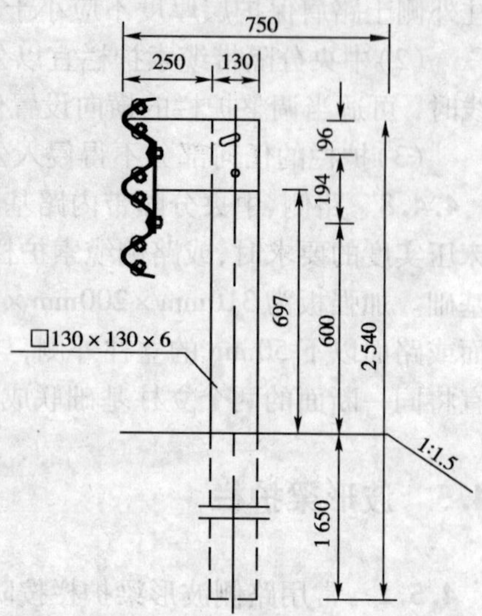

图 4.5.2-3 路侧 SB 级波形梁护栏构造

(尺寸单位:mm)

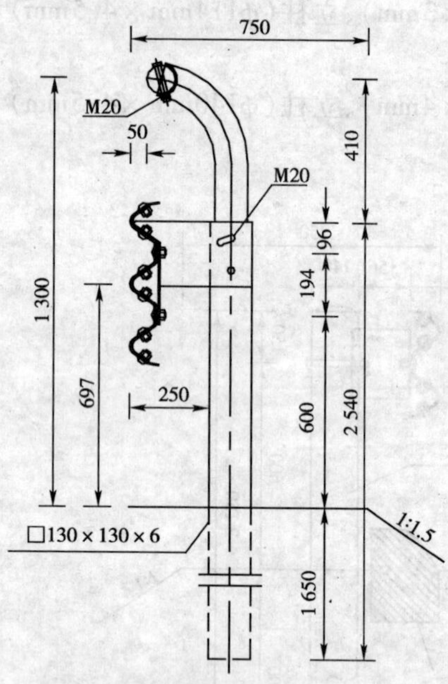

图 4.5.2-4 路侧 SA 级波形梁护栏构造

(尺寸单位:mm)

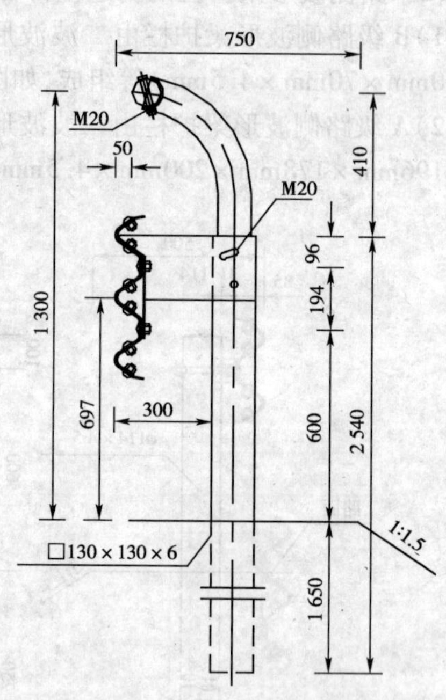

图 4.5.2-5 路侧 SS 级波形梁护栏构造

(尺寸单位:mm)

4.5.4 波形梁护栏沿公路横断面设置的位置应符合下列规定:

(1)路侧波形梁护栏应位于公路土路肩内,护栏面可与土路肩左侧边缘线或路缘石左侧立面重合,立柱外侧土路肩保护层厚度不应小于 25cm。

(2)中央分隔带分设型和组合型波形梁护栏宜以公路中心线为轴对称设置。当公路中心线位置内有构造物、地下管线时,可适当调整护栏的横向设置位置或改变护栏型式。

(3)护栏的任何部分不得侵入公路建筑限界以内。

4.5.5 波形梁护栏横梁中心高度应符合下列规定:

(1)二波波形梁护栏(B 级、A 级、Am 级)的横梁中心高度,从路面算起至连接螺栓孔中心的距离为 600mm。

(2)三波波形梁护栏(SB 级、SBm 级、SA 级、SAm 级、SS 级)的横梁中心高度,从路面算起至三波梁板中心的距离为 697mm。

(3)护栏面与路缘石左侧立面不重合时,上述高度还应增加路缘石的高度。

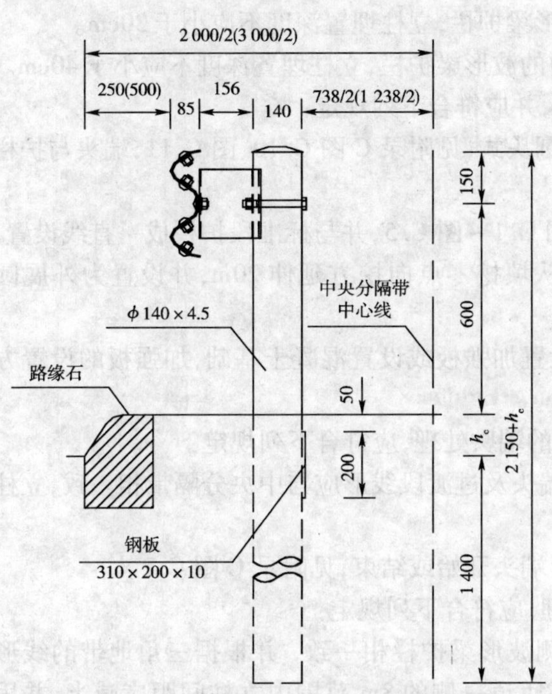

图4.5.3-1　中央分隔带分设型Am级波形梁护栏构造(尺寸单位:mm)

注:h_c为路缘石高度。

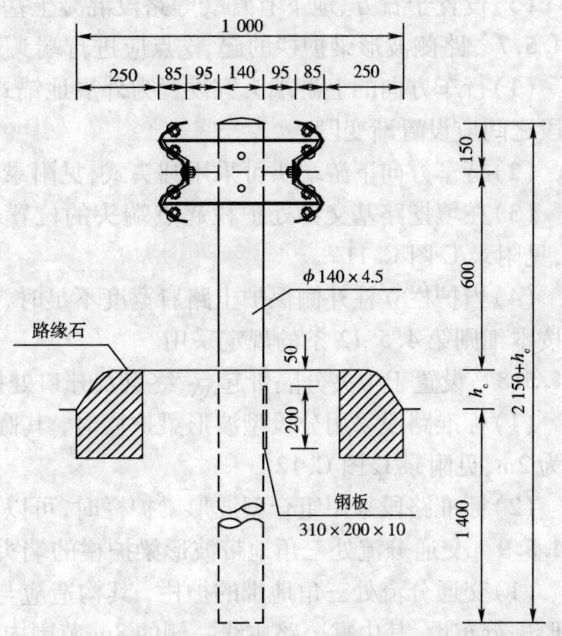

图4.5.3-2　中央分隔带组合型Am级波形梁护栏构造(尺寸单位:mm)

注:h_c为路缘石高度。

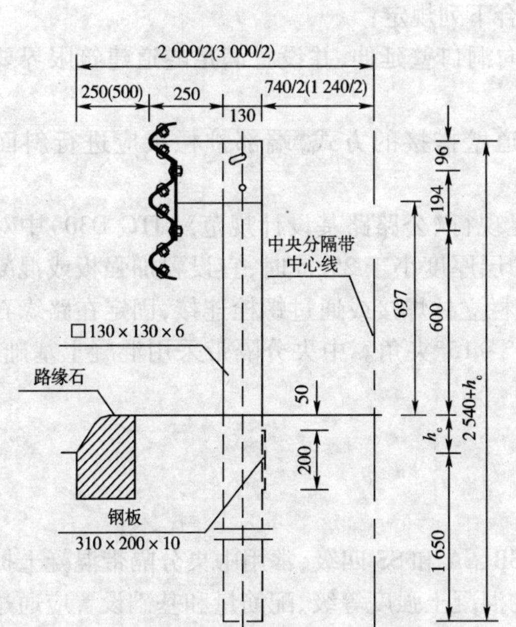

图4.5.3-3　中央分隔带SBm级波形梁护栏构造(尺寸单位:mm)

注:h_c为路缘石高度。

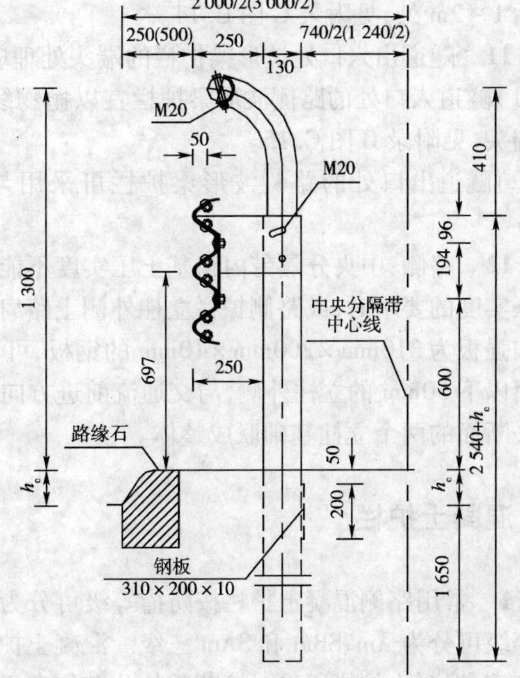

图4.5.3-4　中央分隔带SAm级波形梁护栏构造(尺寸单位:mm)

注:h_c为路缘石高度。

4.5.6　从路面起算,波形梁护栏立柱的埋深应符合下列规定:

(1)设置于土基中的B级二波波形梁护栏,立柱埋置深度不应小于125cm。

(2)设置于土基中的A级、Am级二波波形梁护栏,立柱埋置深度不应小于140cm。

(3)设置于土基中的SB级、SBm级、SA级、SAm级和SS级三波波形梁护栏,立柱埋置深度不应小于165cm。

(4)设置于小桥、通道、明涵等混凝土基础内的波形梁护栏,立柱埋置深度不应小于30cm。

(5)设置于石方、地下有管线等路段混凝土基础内的波形梁护栏,立柱埋置深度不应小于40cm。

4.5.7 路侧波形梁护栏的起、讫点应进行端头处理,并应符合下列规定:

(1)行车方向的上游端头宜设置为外展地锚式或圆头式,见附录C图C.10、图C.11,端头与护栏标准段之间应设置渐变段。

(2)行车方向下游端头可采用圆头式,见附录C图C.1~图C.5,并与标准段护栏成一直线设置。

(3)在填挖路基交界处护栏起点端头的位置,应从填挖零点向挖方延伸20m,并设置为外展圆头式,见附录C图C.11。

(4)当护栏立柱外侧保护土路肩宽度不足时,应设置加强板或设置混凝土基础,加强板的设置方法可按本细则第4.5.12条的规定采用。

4.5.8 设置于中央分隔带起点、终点及开口处护栏的端头处理,应符合下列规定:

(1)标准路段采用分设型波形梁护栏时,其圆形端头及过渡段线形应与中央分隔带相一致,立柱间距为2m,见附录C图C.12。

(2)标准路段采用组合型波形梁护栏时,可以圆形端头开始或结束,见附录C图C.7。

4.5.9 交通分流处三角地带波形梁护栏的端头处理,应符合下列规定:

(1)交通分流处三角地带的护栏,其构造应与路侧波形梁护栏相一致,并根据三角地带的线形和地形进行布设,其中靠公路主线一侧的8m范围内和靠匝道一侧的8m范围内立柱间距应减半,并用圆形端头把三角地带两侧的护栏连接起来,见附录C图C.13。

(2)在迎交通流方向的危险三角地带范围应设置缓冲设施。

4.5.10 路侧设有紧急电话处,护栏应留有开口并进行端头处理。开口处应位于行车方向下游距紧急电话1~2m处,见附录C图C.14。

4.5.11 隧道出入口处波形梁护栏的端头处理应符合下列规定:

(1)隧道入口处的路侧波形梁护栏宜以抛物线型向洞口壁延伸,并设置满足隧道建筑限界要求的圆形端头,见附录C图C.15。

(2)隧道出口处的路侧波形梁护栏可采用与隧道壁搭接的方式,端部护栏板应进行斜面焊接处理。

4.5.12 路侧、中央分隔带内路基土压实度不能满足现行《公路路基设计规范》(JTG D30)中对路基路床压实度的要求时,或路侧护栏立柱外侧土路肩保护层厚度小于25cm时,宜设置加强板或混凝土基础。加强板为310mm×200mm×10mm的钢板,可与护栏立柱焊接或通过螺栓连接,固定在路缘石顶面或路面以下50mm的立柱外侧,与交通流前进方向成0°~15°夹角。中央分隔带采用混凝土基础时,宜将同一断面的两个立柱基础联成整体。

4.6 混凝土护栏

4.6.1 常用路侧混凝土护栏按防撞等级可分为A、SB、SA和SS四级,常用中央分隔带混凝土护栏按防撞等级可分为Am、SBm和SAm三级。混凝土护栏的混凝土强度等级、配筋量和基础设置应通过设计计算确定,混凝土护栏所受碰撞荷载的分布如表4.6.1。高速公路、一级公路混凝土强度等级不应低于C30,其他公路混凝土强度等级不应低于C20。

4.6.2 路侧混凝土护栏的构造应符合下列规定:

(1)路侧混凝土护栏按构造可分为F型、单坡型、加强型三种,应根据路侧危险情况选用。

(2)F型混凝土护栏构造要求如图4.6.2-1、表4.6.2-1。

(3)单坡型混凝土护栏构造要求如图4.6.2-2、表4.6.2-2。

表 4.6.1　混凝土护栏所受碰撞荷载的分布

防撞等级	碰撞荷载标准值（kN/m）	荷载分布长度（m）	力的作用点
A、Am	53	4	距护栏顶面 5cm
SB、SBm	91	4	
SA、SAm	86	5	
SS	104	5	

表 4.6.2-1　F 型混凝土护栏构造要求（单位:cm）

防撞等级	H	H_1	B	B_1	B_2
A	81	55.5	46.4	8.1	5.8
SB	90	64.5	48.3	9	6.8
SA	100	74.5	50.3	10	7.8

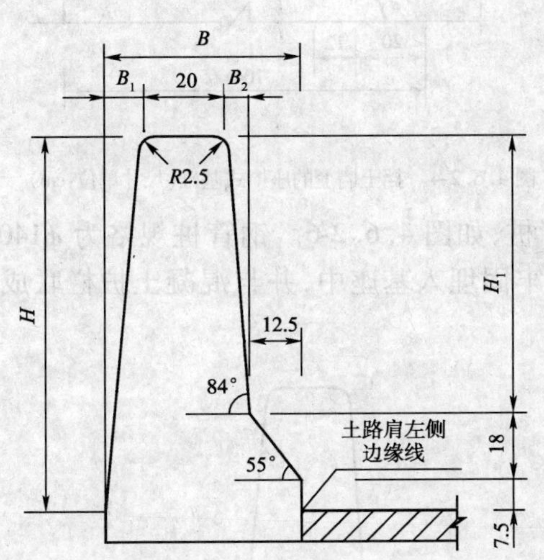

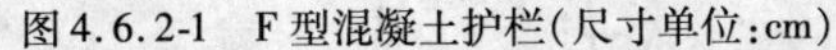
图 4.6.2-1　F 型混凝土护栏（尺寸单位:cm）

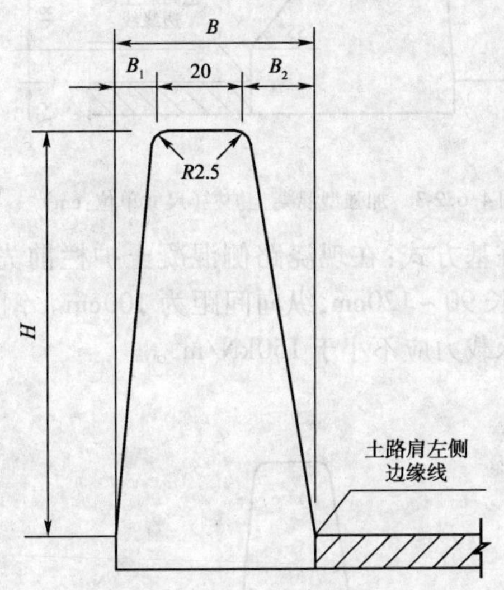

图 4.6.2-2　单坡型混凝土护栏（尺寸单位:cm）

表 4.6.2-2　单坡型混凝土护栏构造要求（单位:cm）

防撞等级	H	B	B_1	B_2
A	81	42.1	8.1	14.0
SB	90	44.5	9	15.5
SA	100	47.2	10	17.2

（4）加强型混凝土护栏构造要求如图 4.6.2-3、表 4.6.2-3。

表 4.6.2-3　加强型混凝土护栏构造要求（单位:cm）

防撞等级	H	H_1	B	B_1	B_2
SA	100	54.5	43.2	5	5.7
SS	110	64.5	44.8	5.5	6.8

（5）路侧混凝土护栏的基础可采用以下两种方式：

①座椅方式:将护栏基础嵌锁在路面结构中,借助路面结构对基础腿部位移的抵抗力来提高护栏的抗倾覆稳定性,如图4.6.2-4、图4.6.2-5。地基的承载力应不小于150kN/m²,基础应配置适量的构造钢筋,并与护栏钢筋牢固焊接,基础混凝土强度等级与护栏相同。

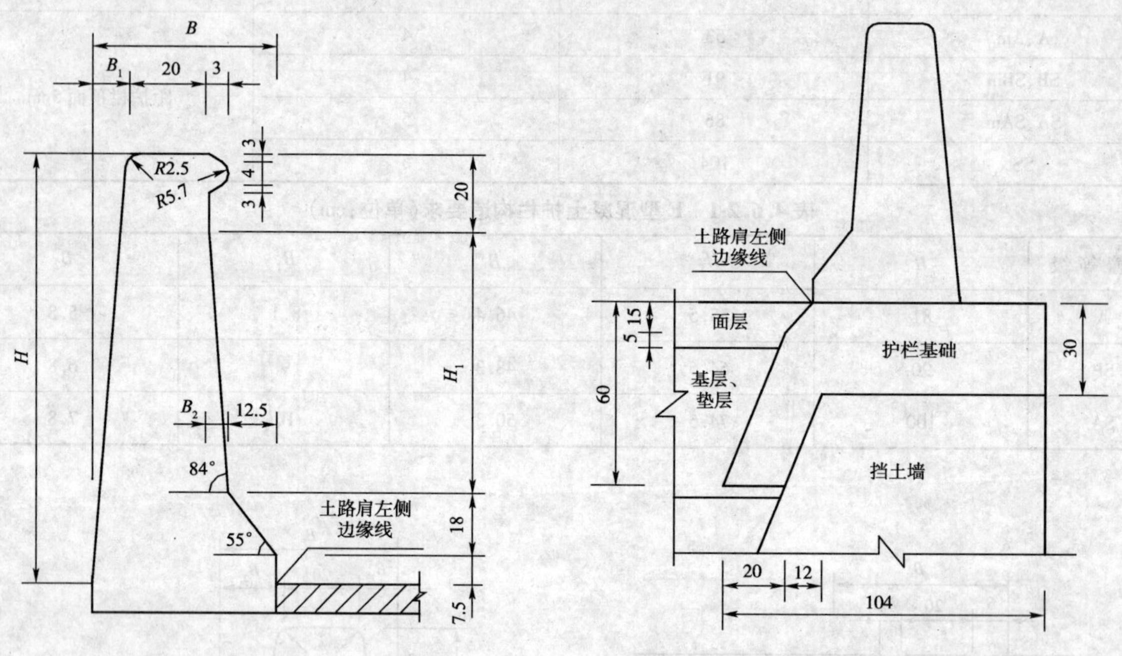

图4.6.2-3 加强型混凝土护栏(尺寸单位:cm)

图4.6.2-4 挡土墙上的座椅式基础(尺寸单位:cm)

②桩基方式:在现浇路侧混凝土护栏前先打入钢管桩,如图4.6.2-6。钢管桩规格为ϕ140mm×4.5mm,长90~120cm,纵向间距为100cm。钢管桩必须牢固埋入基座中,并与混凝土护栏联成整体。地基的承载力应不小于150kN/m²。

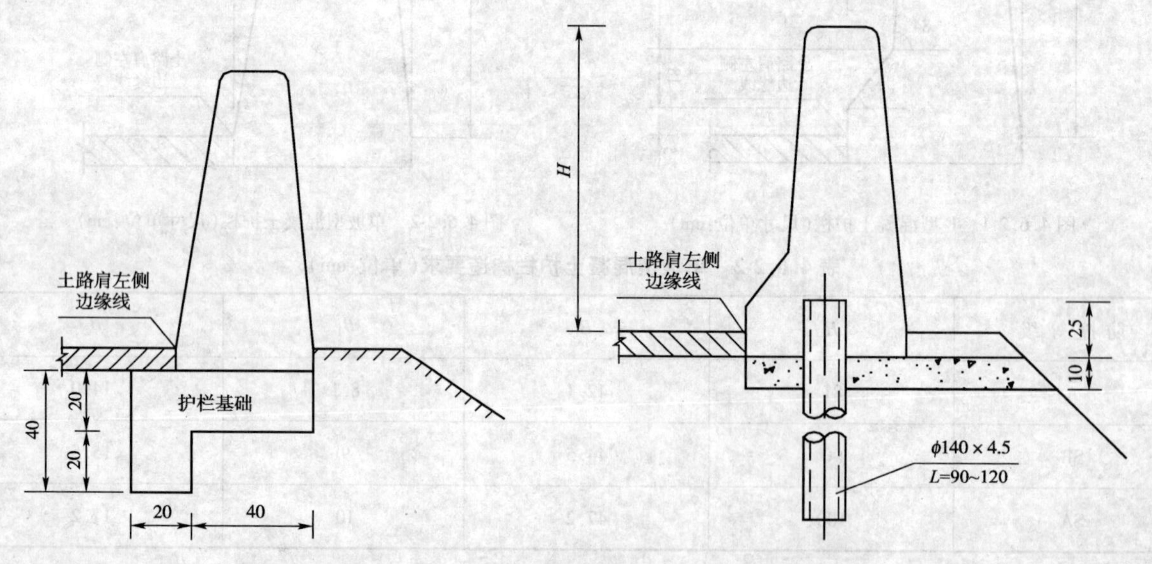

图4.6.2-5 土基上的座椅式基础(尺寸单位:cm)

图4.6.2-6 桩基基础方式(尺寸单位:cm)

4.6.3 中央分隔带混凝土护栏的构造应符合下列规定:

(1)中央分隔带混凝土护栏可采用整体式或分离式,可根据中央分隔带的宽度、构造物和管线的分布加以确定。

(2)整体式混凝土护栏按构造可分为F型和单坡型两种。

①F型中央分隔带混凝土护栏构造要求如图4.6.3-1、表4.6.3-1。

②单坡型中央分隔带混凝土护栏构造要求如图4.6.3-2、表4.6.3-2。

表 4.6.3-1　F 型中央分隔带混凝土护栏构造要求(单位:cm)

防撞等级	H	H_1	B	B_1
Am	81	55.5	56.6	5.8
SBm	90	64.5	58.6	6.8
SAm	100	74.5	60.6	7.8

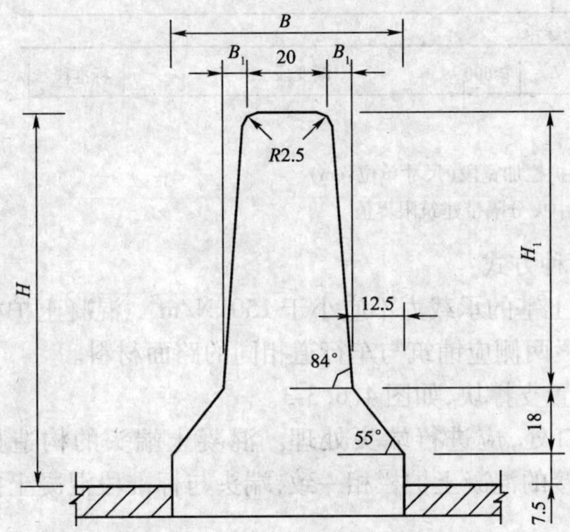

图 4.6.3-1　F 型中央分隔带混凝土护栏
(尺寸单位:cm)

图 4.6.3-2　单坡型中央分隔带混凝土护栏
(尺寸单位:cm)

表 4.6.3-2　单坡型中央分隔带混凝土护栏构造要求(单位:cm)

防撞等级	H	B	B_1
Am	81	48	14.0
SBm	90	51	15.5
SAm	100	54.5	17.2

(3)分离式混凝土护栏按构造可分为 F 型和单坡型两种,其断面形状应与对应的路侧混凝土护栏相同。混凝土护栏背部应设置支撑块,中间可填充种植土进行绿化。分离式混凝土护栏顶部间距不应小于 40cm,侧向净空 C 值应满足现行《公路工程技术标准》(JTG B01)的规定。分离式混凝土护栏中间的积水可通过纵向盲沟再由横向排水管排出,如图 4.6.3-3。

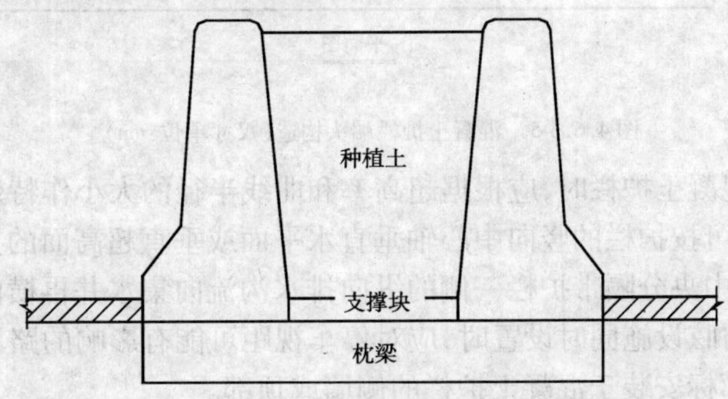

图 4.6.3-3　中央分隔带分离式混凝土护栏构造图

(4)中央分隔带混凝土护栏需保护桥墩、标志立柱、照明灯柱等设施时,可用现浇混凝土护栏在构造物处作围绕包封处理,但加宽部分不得侵入公路建筑限界。在加宽段与标准段之间应设置渐变段,加宽段与渐变段的侧面形状应与标准段保持一致。加宽段的长度不应小于 20 倍的加宽宽度,且过渡段偏角不宜大于 2°,如图 4.6.3-4。

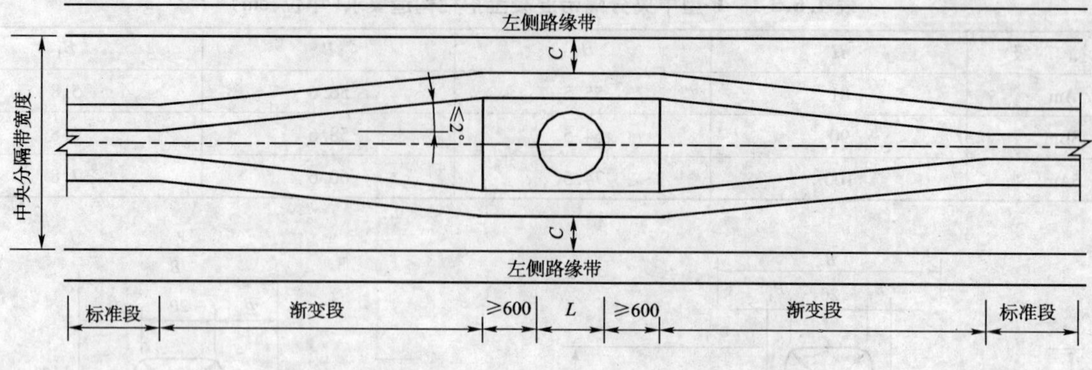

图 4.6.3-4 中央分隔带混凝土护栏加宽段(尺寸单位:cm)

L-标志柱等设施的长度;*C*-中央分隔带建筑限界值

(5)中央分隔带混凝土护栏的基础可采用以下两种方式:

①整体式混凝土护栏基础可直接支承在土基上,土基的承载力不应小于150kN/m²,混凝土护栏嵌锁在基础内,埋置深度一般为10~20cm。混凝土护栏两侧应铺筑与车行道相同的路面材料。

②分离式混凝土护栏下设置枕梁,护栏之间应设置支撑块,如图4.6.3-3。

(6)在中央分隔带混凝土护栏的起、终点和开口处,应进行端头处理。混凝土端头的构造如图4.6.3-5、图4.6.3-6。端头的基础处理方式应与其连接的混凝土护栏相一致,端头与标准段混凝土护栏的结合部,其断面形状应统一。

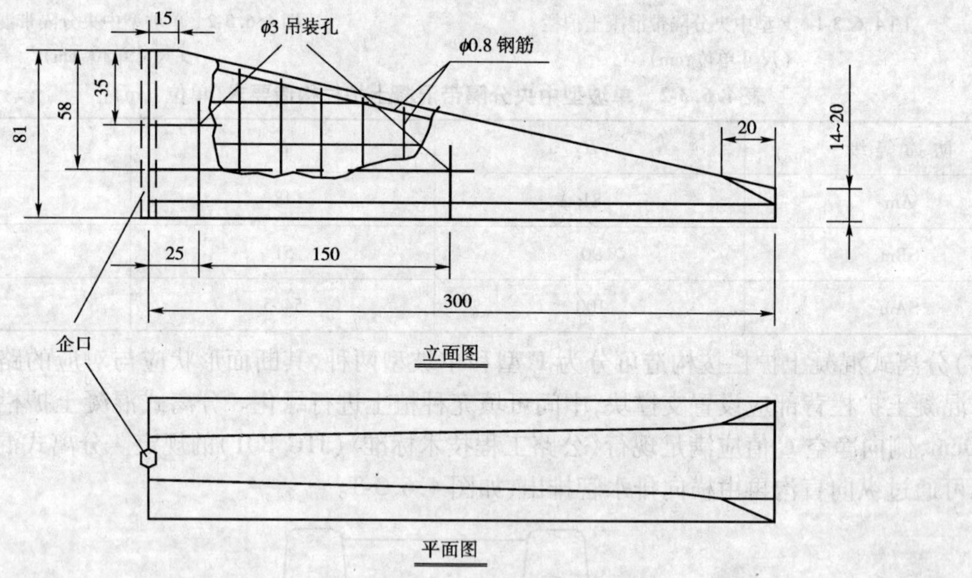

图 4.6.3-5 混凝土护栏端头构造(尺寸单位:cm)

4.6.4 超高路段设置混凝土护栏时,应根据超高率和曲线半径的大小作特殊的设计。护栏的截面形状、中心高度应保持不变,可按护栏的竖向中心轴垂直水平面或垂直超高面的方式进行设置。超高路段的路面排水应通过设置于中央分隔带护栏一侧的纵向排水沟流向集水井再横向排出。

4.6.5 混凝土护栏与防眩设施同时设置时,应对停车视距可能有影响的路段进行验算。混凝土护栏上附设轮廓标时,可将轮廓标安装于混凝土护栏的侧墙或顶部。

4.6.6 同一条公路混凝土护栏的构造型式应保持一致。

4.6.7 每节混凝土护栏的纵向长度,在浇筑、吊装条件允许时,应采用较长的尺寸。预制混凝土护栏长度宜为4~6m;现浇混凝土护栏的纵向长度应按横向伸缩缝的要求确定,一般为15~30m。现浇混凝土护栏每3~4m应设置一道假缝。

4.6.8 预制混凝土护栏其配筋应满足防撞等级的要求,还应考虑预制块长度、吊装方式的影响。现

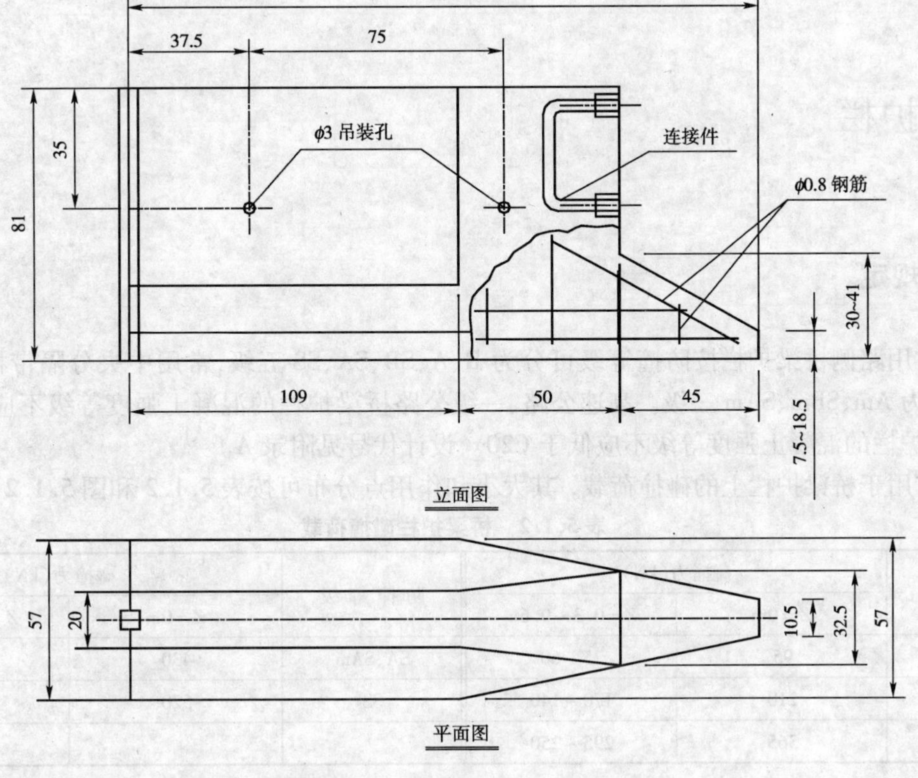

图 4.6.3-6　混凝土护栏端头构造(尺寸单位:cm)

浇的混凝土护栏,可根据防撞等级要求配置受力钢筋或构造钢筋。

4.6.9　混凝土护栏块之间的纵向连接应符合下列规定:

(1)现浇混凝土护栏块之间的纵向连接,可按平接头加传力钢筋处理。

(2)预制混凝土护栏块之间的纵向连接,应按以下方法处理:

①纵向企口连接:适合于防撞等级为 A 级的路侧护栏和 Am 级的中央分隔带护栏,如图 4.6.9-1。

②纵向连接栓方式:在混凝土护栏端头上半部竖向预埋连接栓挡块,两块混凝土护栏对齐就位后,插入工字形连接栓,将混凝土护栏连成整体,如图 4.6.9-2。这种连接方式适合于除防撞等级为 A 和 Am 外的其他防撞等级混凝土护栏。

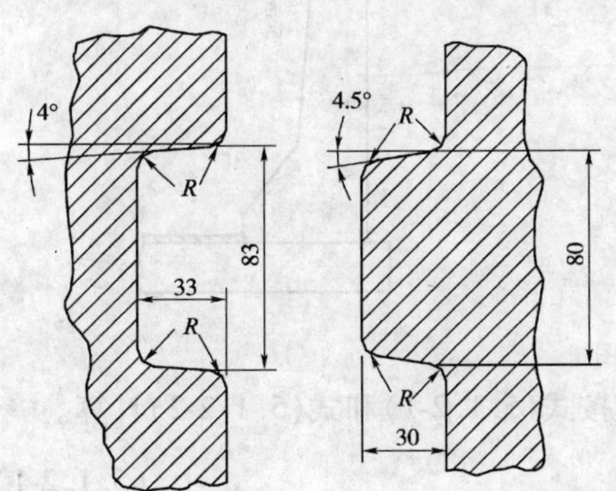

图 4.6.9-1　纵向企口连接(尺寸单位:mm)

注:$R = 5$mm

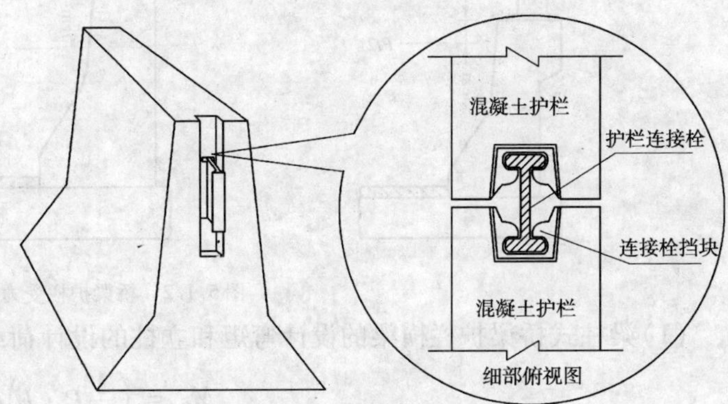

图 4.6.9-2　纵向连接栓方式

5 桥梁护栏

5.1 一般规定

5.1.1 常用路侧桥梁护栏按防撞等级可分为 B、A、SB、SA、SS 五级，常用中央分隔带桥梁护栏按防撞等级可分为 Am、SBm、SAm 三级。高速公路、一级公路桥梁护栏的混凝土强度等级不应低于 C30，其他公路桥梁护栏的混凝土强度等级不应低于 C20。设计代号见附录 A。

5.1.2 作用于桥梁护栏上的碰撞荷载，其大小和作用点分布可按表 5.1.2 和图 5.1.2 的规定确定。

表 5.1.2 桥梁护栏碰撞荷载

防撞等级	碰撞力(kN)		防撞等级	碰撞力(kN)	
	$Z=0$m	$Z=0.3\sim0.6$m		$Z=0$m	$Z=0.3\sim0.6$m
B	95	75 ~ 60	SA、SAm	430	360 ~ 310
A、Am	210	170 ~ 140	SS	520	435 ~ 375
SB、SBm	365	295 ~ 250			

注：Z 是桥梁护栏的容许变形量。

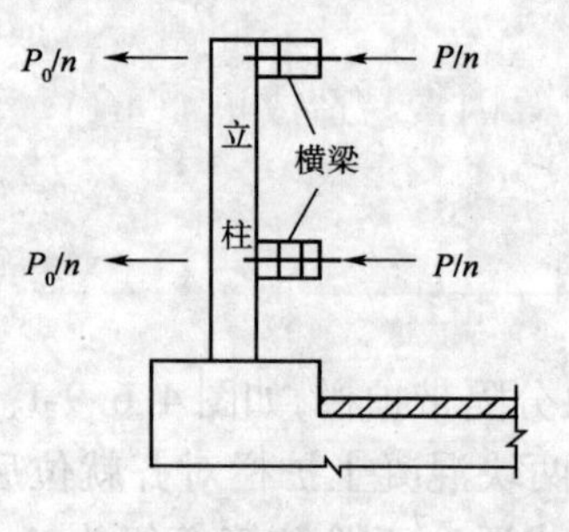

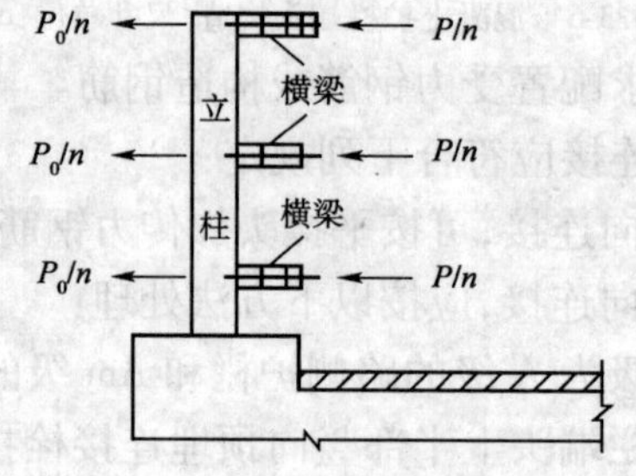

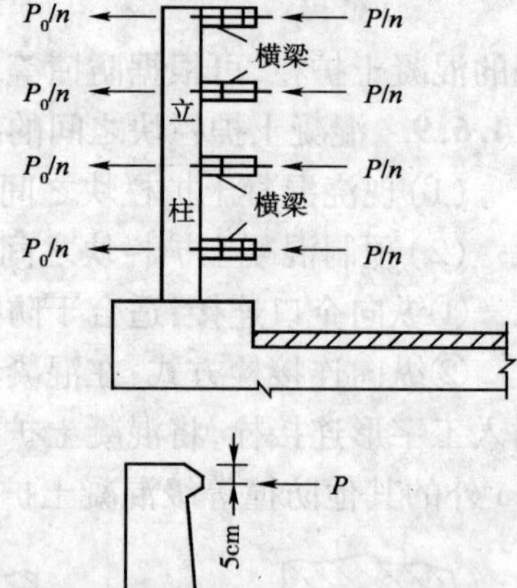

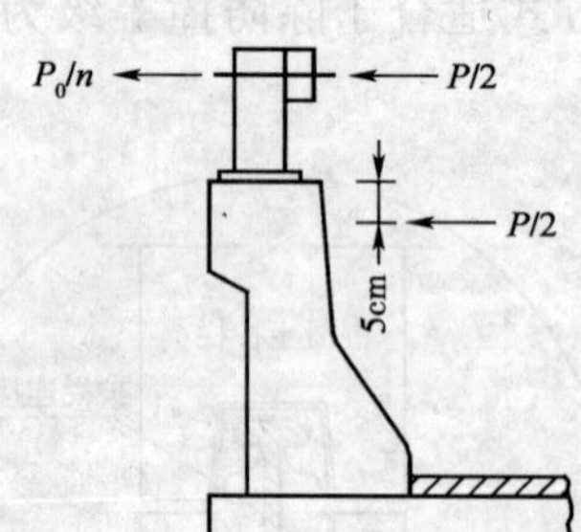

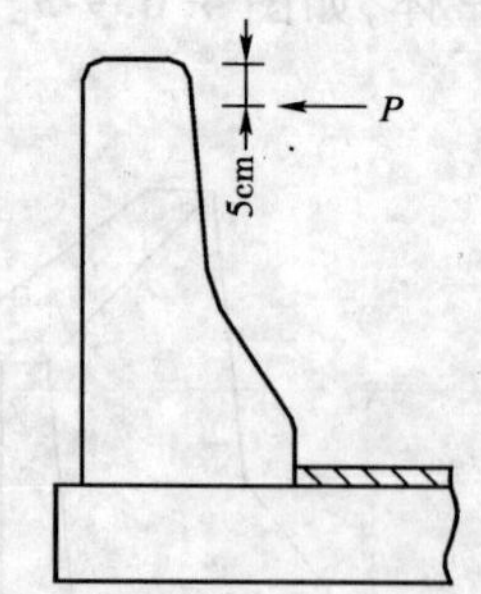

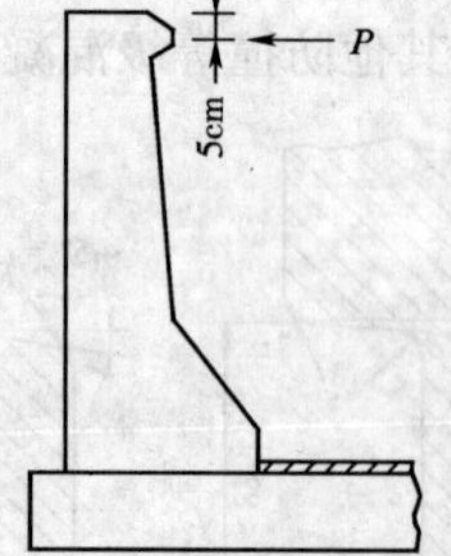

图 5.1.2 桥梁护栏受力分布图

(1)梁柱式桥梁护栏横梁的设计弯矩和立柱的设计荷载应按式(5.1.2-1)和式(5.1.2-2)计算。

$$M_0 = \left(\frac{1}{6}P \cdot L\right) \Big/ n \tag{5.1.2-1}$$

式中：M_0——每根横梁跨中处的弯矩(kN · m)；

P——桥梁护栏承受的碰撞力(kN)，作用在横梁的跨中；

L——横梁的跨径(m)；

n——横梁的数量，不宜超过 4 根。

$$P_0 = \frac{1}{4}P \tag{5.1.2-2}$$

式中：P_0——立柱的设计荷载(kN)；

P——桥梁护栏承受的碰撞力(kN)。

(2)钢筋混凝土墙式桥梁护栏的碰撞荷载分布可采用本细则表4.6.1的规定。

(3)金属桥梁护栏应进行构件强度和变形验算，钢筋混凝土墙式桥梁护栏和组合式桥梁护栏应进行配筋验算。桥梁护栏与桥面板间的连接应进行强度验算。

(4)对桥面板进行强度验算时，应将护栏立柱或墙体最下端断面所受的弯矩作为验算弯矩作用在桥面板上。

5.1.3 桥梁护栏的任何部分不得侵入现行《公路工程技术标准》(JTG B01)规定的公路建筑限界以内。

5.1.4 分离式桥梁的中央分隔带宽度大于标准段时，护栏应按路侧桥梁护栏的防撞等级进行设计。

5.2 设置原则

5.2.1 高速公路桥梁的外侧和中央分隔带必须设置桥梁护栏。

5.2.2 作为干线公路的一级、二级公路的桥梁必须设置路侧护栏，作为干线公路的一级公路的桥梁必须设置中央分隔带护栏。

5.2.3 作为集散公路的一级、二级公路的桥梁应设置路侧护栏，作为集散公路的一级公路的桥梁宜设置中央分隔带护栏。

5.2.4 跨越深谷、深沟、江河湖泊的三、四级公路桥梁应设置路侧护栏，位于其他路段经综合论证可不设置护栏的桥梁应设置视线诱导设施或人行栏杆。

5.2.5 根据车辆驶出桥外或进入对向车行道有可能造成的交通事故等级，应按表5.2.5的规定选取桥梁护栏的防撞等级。因桥梁线形、运行速度、桥梁高度、交通量和车辆构成等因素易造成更严重碰撞后果的路段，应在表5.2.5的基础上提高护栏的防撞等级。

表5.2.5 桥梁护栏防撞等级适用条件*

公路等级	设计速度(km/h)	车辆驶出桥外有可能造成的交通事故等级	
		重大事故或特大事故	二次重大事故或二次特大事故
高速公路	120	SB、SBm	SS
高速公路、一级公路	100、80	SB、SBm	SA、SAm
一级公路	60	A、Am	SB、SBm
二级公路	80、60	A	SB
三级公路	40、30	B	A
四级公路	20	B	A

注：* 二级及以上等级公路小桥、通道、明涵的护栏防撞等级宜与相邻的路基护栏相同。

5.3 型式选择

5.3.1 桥梁护栏可分为钢筋混凝土墙式、梁柱式刚性护栏、金属梁柱式半刚性护栏和组合式护栏。

5.3.2 选择桥梁护栏型式时，应考虑下列因素：

(1)桥梁护栏的防撞性能

①未设置专用人行道或人行道未与车行道隔离设置的桥梁，应在综合分析车辆越出桥外是否发生二次事故的基础上，按表5.2.5中的规定选取。桥梁护栏应根据需要设置用于防止行人摔出桥外且受撞击后不飞散的辅助构件。

②人行道与车行道隔离设置的桥梁，在人行道与车行道分界处应按车辆驶出桥外可能造成重大、特大事故的等级按表5.2.5中的规定选取；在人行道的外侧边缘，应设置高度为110～120cm的人行栏杆。

(2)受碰撞后的护栏变形程度

受碰撞后护栏的最大动态变形量不应超过可容许的变形距离。

(3)环境和景观要求

①钢桥应采用金属梁柱式桥梁护栏。

②对景观有特殊要求的桥梁宜选用梁柱式桥梁护栏或组合式桥梁护栏。

③积雪严重的地区,宜采用金属梁柱式或组合式桥梁护栏。

④为减小桥梁自重、减轻车辆碰撞荷载对桥面板的影响,宜采用金属梁柱式护栏。

⑤跨越大片水域的特大桥或桥下净空大于或等于10m时,宜采用组合式或钢筋混凝土墙式桥梁护栏。

⑥二级及以上等级公路小桥、通道、明涵宜采用与相邻的路基护栏同样的型式。

(4)护栏的全寿命周期成本

除考虑护栏的初期建设成本外,还应考虑投入使用后的养护成本。

5.4 构造要求

5.4.1 金属梁柱式护栏的构造应满足下列规定:

(1)当桥梁未设置护轮安全带或护轮安全带的高度 D 小于10cm、且没有超出护栏面时,各防撞等级的桥梁护栏构造要求如图5.4.1-1。当护轮安全带伸出护栏面的距离大于或等于25cm、且护轮安全带高度 $D \geqslant 10$cm 时,则桥梁护栏高度 H 应在图5.4.1-1的基础上增加 D。

(2)高速公路、一级公路的桥梁不宜设置护轮安全带,否则,其高度宜控制在5~10cm之间,护栏面宜与护轮安全带边缘成一直线。

(3)护栏的最小高度应满足图5.4.1-2的要求,在图中阴影区设置横梁时,应避免失控车辆的乘员头部直接撞击护栏。

(4)立柱间距应符合表5.4.1-1的规定。

表5.4.1-1 金属梁柱式桥梁护栏立柱间距

防撞等级	B	A	SB	SA	SS
立柱间距(m)	≤2	≤2	≤1.5	≤1.5	≤1.5

(5)护栏构件的截面厚度应根据计算确定,并不小于表5.4.1-2规定的最小值。

表5.4.1-2 金属制护栏的截面最小厚度值

材料	截面型式	最小厚度值(mm)			
		主要纵向有效构件	纵向非有效构件和次要纵向有效构件	辅助板、杆和网	抱箍、辅助构件
钢	空心截面	3	3	3	3
	其他截面	4	3	3	3
铝合金	所有截面	3	1.2	3	1.2
不锈钢	所有截面	2	1.0	2	0.5

(6)横梁的拼接设计应满足下列要求:

①拼接套管长度应大于或等于 $2D$,并不应小于30cm,如图5.4.1-3。

②拼接套管的截面抵抗矩不应低于0.75倍的横梁截面抵抗矩,连接螺栓应满足横梁极限弯曲状态下的抗剪强度要求。

③拼接处的设计拉力值应不小于表5.4.1-3的规定。

表5.4.1-3 横梁拼接处的设计拉力值

防撞等级	设计轴拉力(kN)	防撞等级	设计轴拉力(kN)
B	30	SA、SAm	70
A、Am	54	SS	70
SB、SBm	70		

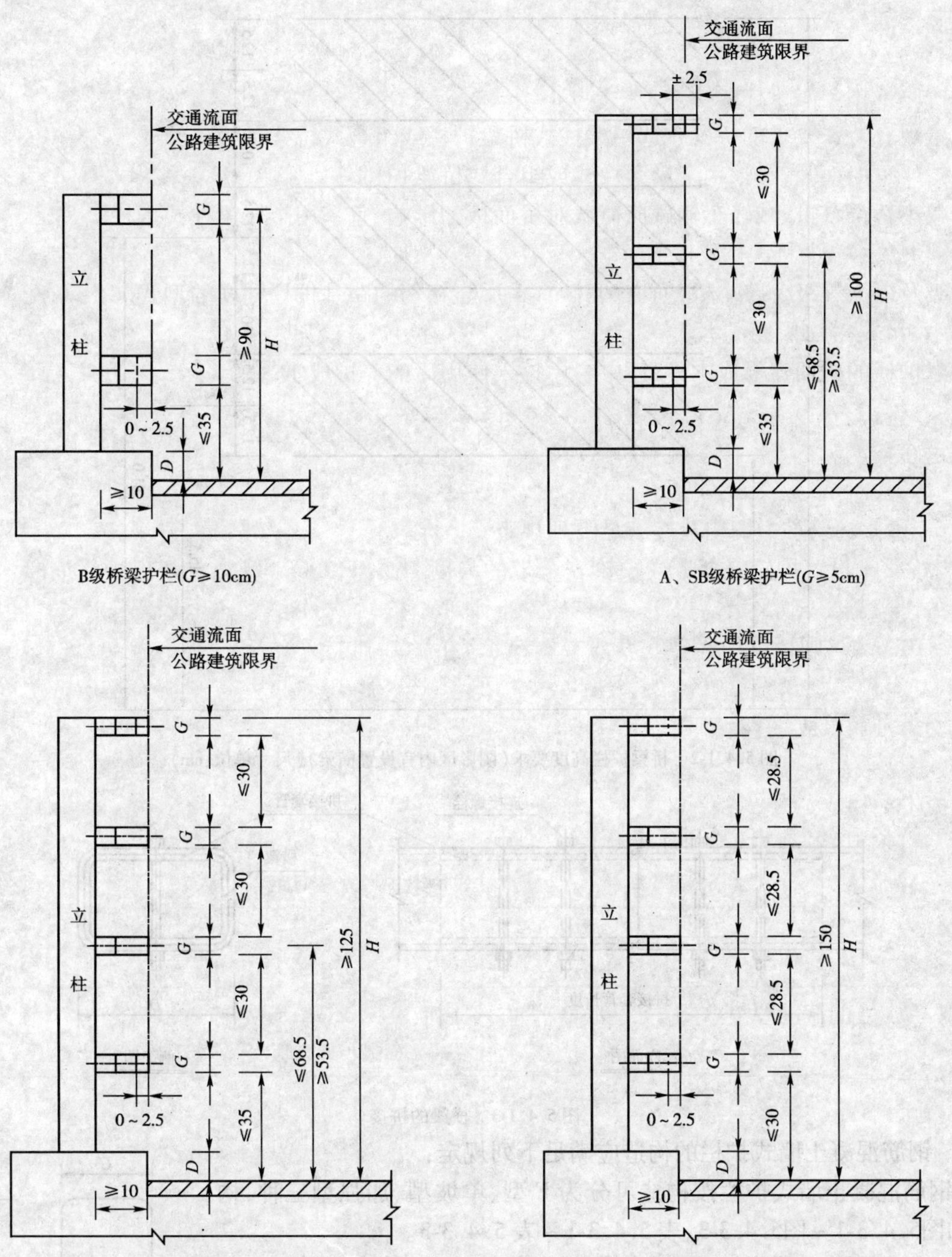

B级桥梁护栏(G≥10cm)　　A、SB级桥梁护栏(G≥5cm)

SB、SA级桥梁护栏(G≥5cm)　　SA、SS级桥梁护栏(G≥10cm)

图 5.4.1-1　金属制桥梁护栏构造要求(尺寸单位:cm)

④护栏面应顺适、光滑、无锋利的边角。在横梁的拼接处可有凸出或凹入,其凸出或凹入量不得超过横梁的截面厚度或1cm。

5.4.2　钢筋混凝土梁柱式护栏的构造应满足下列规定:

(1)B、A、Am 防撞等级的桥梁护栏可以采用钢筋混凝土梁柱式护栏。

(2)梁柱式护栏的构造要求如图 5.4.2,护栏参数如表5.4.2。

表 5.4.2　钢筋混凝土梁柱式护栏参数

参数 型式	A(cm)	B(cm)	C(cm)	D(cm)	E(cm)	F(cm)	G(cm)
Ⅰ型	80	30	50	4	18	11	33
Ⅱ型	80	33	47	0	15	15	30

注:立柱纵向长度 2m,立柱间净距 2m。

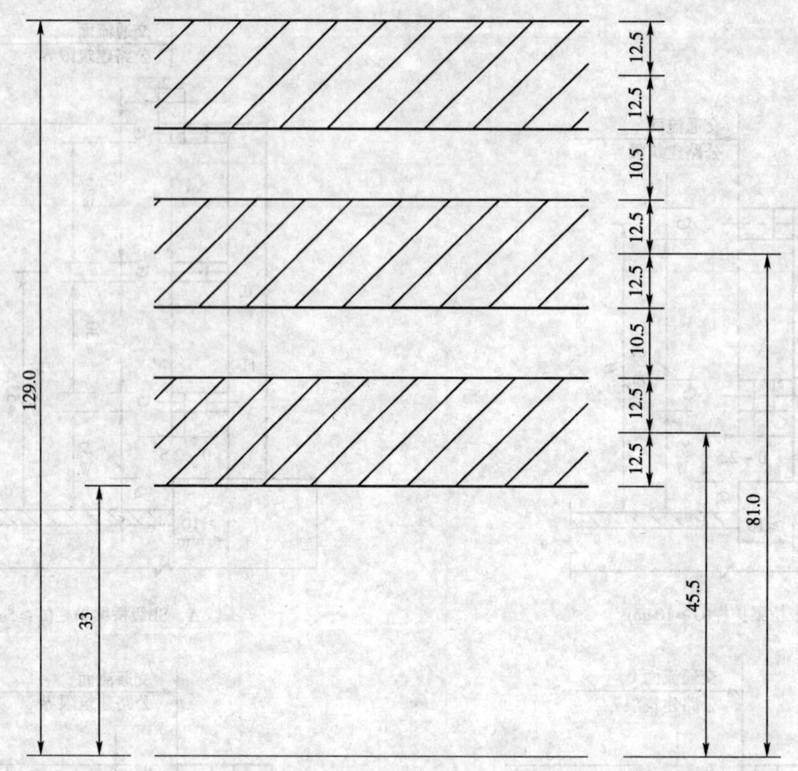

图 5.4.1-2　桥梁护栏高度要求(阴影区内宜设置横梁)(尺寸单位:cm)

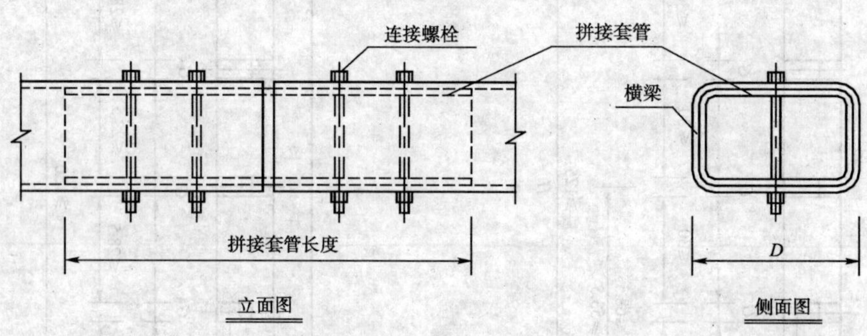

图 5.4.1-3　横梁的拼接

5.4.3　钢筋混凝土墙式护栏的构造应满足下列规定:

(1)钢筋混凝土墙式护栏按构造可分为 F 型、单坡型、加强型三种,构造要求如图5.4.3-1 ~ 图5.4.3-3、表 5.4.3-1 ~ 表 5.4.3-3。

(2)未经试验验证,不得随意改变护栏迎撞面的截面形状,但其背面可根据实际情况采用合适的形状。

(3)护栏迎撞面混凝土的钢筋保护层厚度不得小于 4.0cm。

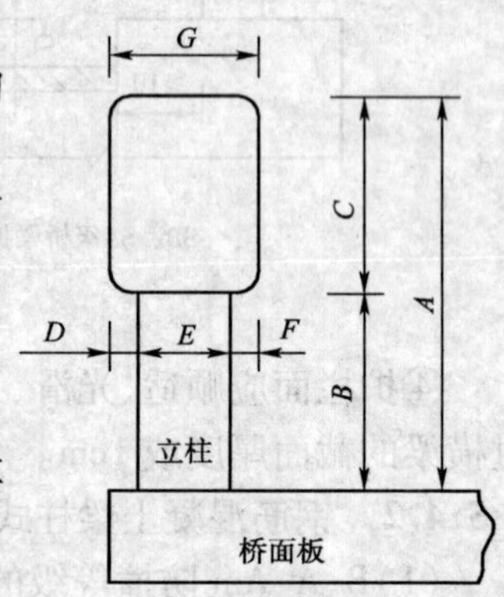

图 5.4.2　钢筋混凝土梁柱式护栏

5.4.4　组合式护栏的构造如图 5.4.4、表 5.4.4,并应满足以下规定:

(1)不得随意改变组合式护栏中混凝土护栏迎撞面的截面形状,但其背面可根据实际情况采用合适的形状。

(2)混凝土护栏迎撞面的钢筋保护层厚度不得小于 4.0cm。

(3)金属横梁及其与混凝土墙体的连接应进行受力验算。

表 5.4.3-1　F 型混凝土护栏构造要求(单位:cm)

防撞等级	H	H_1	B	B_1	B_2
A、Am	81	55.5	46.4	8.1	5.8
SB、SBm	90	64.5	48.3	9	6.8
SA、SAm	100	74.5	50.3	10	7.8

表 5.4.3-2　单坡型混凝土护栏构造要求(单位:cm)

防撞等级	H	B	B_1	B_2
A	81	42.1	8.1	14.0
SB	90	44.5	9	15.5
SA	100	47.2	10	17.2

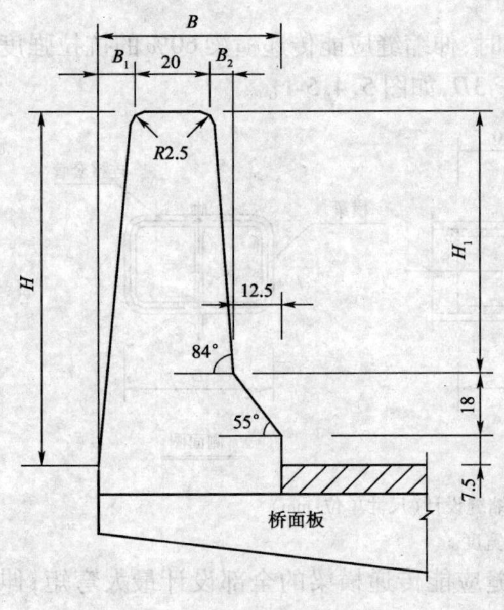

图 5.4.3-1　F 型混凝土护栏(尺寸单位:cm)

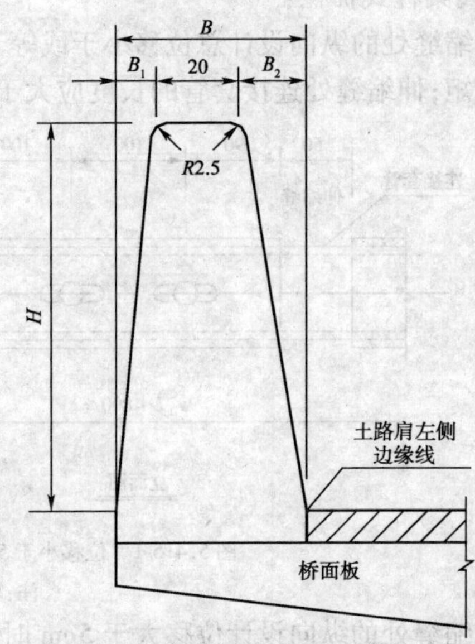

图 5.4.3-2　单坡型混凝土护栏(尺寸单位:cm)

表 5.4.3-3　加强型混凝土护栏构造要求(单位:cm)

防撞等级	H	H_1	B	B_1	B_2
SA	100	54.5	43.2	5	5.7
SS	110	64.5	44.8	5.5	6.8

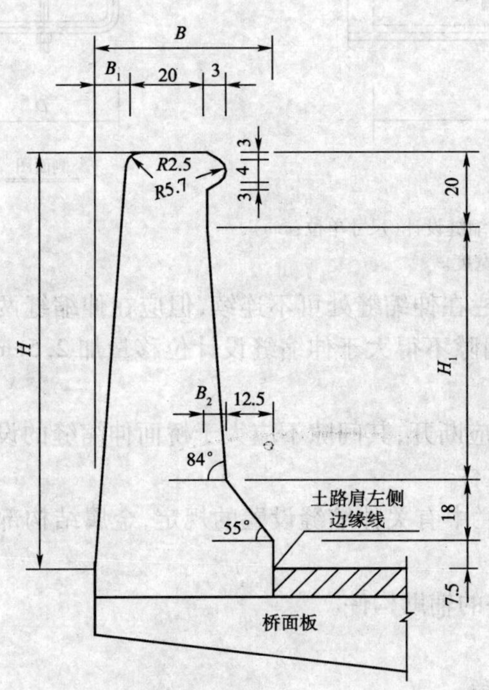

图 5.4.3-3　加强型混凝土护栏(尺寸单位:cm)

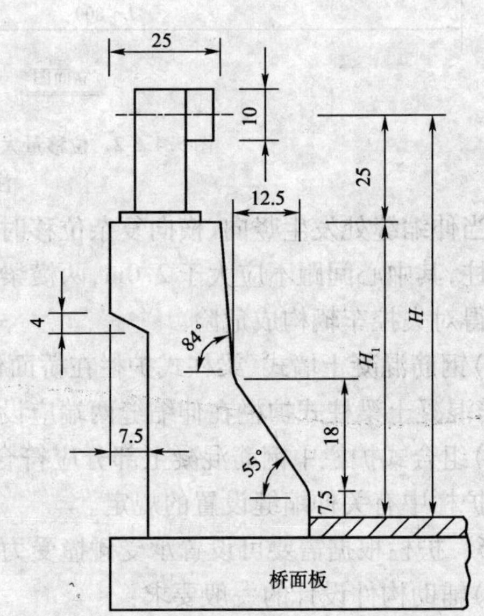

图 5.4.4　组合式桥梁护栏的构造要求
(尺寸单位:cm)

表 5.4.4　组合式护栏的构造要求(单位:cm)

防撞等级	H	H_1	防撞等级	H	H_1
A、Am	81	56	SA、SAm	100	75
SB、SBm	90	65			

5.4.5　桥梁护栏应按下列规定随主体结构设置伸缩缝:

(1)金属梁柱式护栏:

①当伸缩缝处的纵向设计总位移小于或等于 5cm 时,伸缩缝应能传递横梁 60% 的抗拉强度和全部设计最大弯矩;伸缩缝处连接套管的长度应大于或等于 $3D$,如图 5.4.5-1。

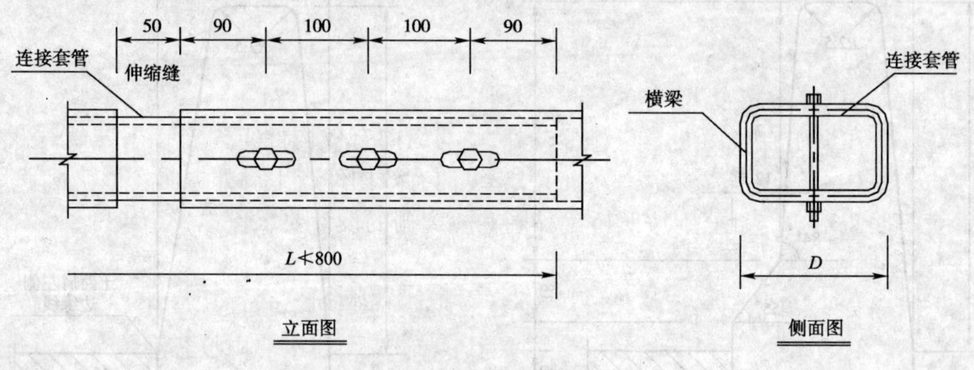

图 5.4.5-1　位移小于 5cm 的伸缩缝设计(尺寸单位:mm)

注:D 为横梁宽度。

②当伸缩缝处的纵向设计位移大于 5cm 时,伸缩缝应能传递横梁的全部设计最大弯矩;伸缩缝两侧应设置端部立柱,其中心间距不应大于 2.0m;伸缩缝处连接套管的长度应大于或等于 $3D$,如图 5.4.5-2。

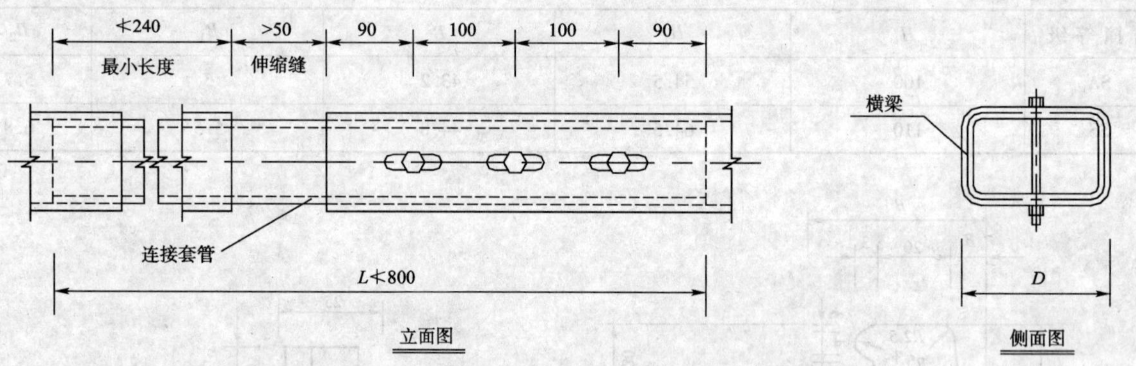

图 5.4.5-2　位移量大于 5cm 的伸缩缝设计(尺寸单位:mm)

注:D 为横梁宽度。

③当伸缩缝处发生竖向、横向复杂位移时,桥梁护栏在伸缩缝处可不连续,但应在伸缩缝两端设置端部立柱,其中心间距不应大于 2.0m,两横梁端头的间隙不得大于伸缩缝设计位移量加 2.5cm。横梁端头不得对失控车辆构成危险。

(2)钢筋混凝土墙式、梁柱式护栏在桥面伸缩缝处应断开,其间隙不应大于桥面伸缩缝的设计位移量,钢筋混凝土梁柱式护栏在伸缩缝两端应设置端部立柱。

(3)组合式护栏中钢筋混凝土部分应符合墙式护栏中有关伸缩缝设置的规定,金属结构部分应符合金属护栏中有关伸缩缝设置的规定。

5.4.6　护栏根据需要可设置承受碰撞受力构件以外的辅助构件。

(1)辅助构件设计的一般要求:

①所有辅助构件应牢固地与桥梁护栏受力构件连接。

②辅助构件不得侵入公路建筑限界以内,其平面投影不应超出主要受力构件的投影范围,如图 5.4.6。

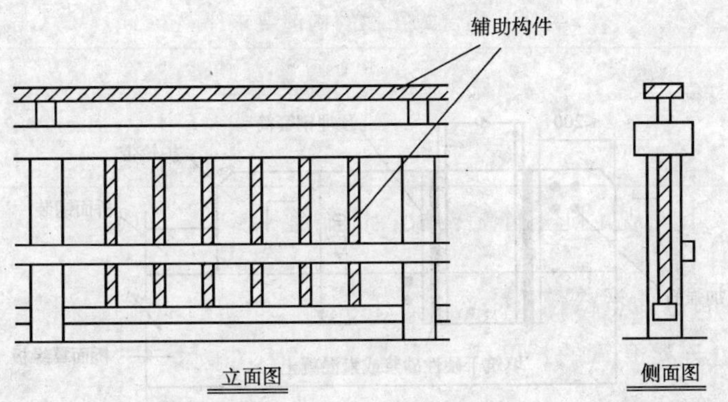

图 5.4.6　辅助构件的设置

(2)辅助构件的设计应符合下列规定：

①竖向杆件应在纵向有效构件之间等距设置，并与纵向有效构件牢固连接。纵向有效构件与竖向杆件的连接处，不应由于竖向辅助杆件受力而引起纵向有效构件产生局部弯曲变形。

②金属网根据使用功能可分别按照桥梁护网和隔离栅的设计要求设置。金属网架设之前应去毛口和滚压，使丝梗保持在同一平面上。

③实体板块表面应平整，两板块之间的接缝间隙不应超过 3mm，其最小厚度应符合本细则表 5.4.1-2的规定，其最大厚度不宜超过最小厚度加 1.0mm。当实体板块用于装饰图案或防止对向车的眩光时，其最大厚度不应超过最小厚度加 2.0mm。使用实体板块作为辅助构件时，应考虑风载对桥梁护栏的影响。

④隔音设施与桥梁护栏配合设置时，如高度和重量较大，则隔音设施必须在桥梁护栏的背面与桥梁护栏连接。

⑤人行栏杆与桥梁护栏合并设置时，应增加护栏的有效高度，金属梁柱式护栏的最小高度应为 1.1m。非有效纵向构件可不考虑车辆的碰撞荷载，但应验算护栏立柱的承载力。非有效纵向构件的水平极限设计荷载宜采用 0.75kN/m。

5.4.7　桥梁护栏与桥面板的连接方式有以下几种，可根据防撞等级、护栏结构型式以及强度计算结果进行选择：

(1)金属梁柱式护栏立柱与桥面板的连接可采用直接埋入式或地脚螺栓的连接方式。有条件时，也可采用有特殊基座的抽换式护栏基础。

①直接埋入式适用于桥面边缘厚度满足护栏立柱埋入 30cm 以上的情况。在结构物混凝土浇筑时，应预留安装立柱的套筒，其孔径宜比立柱直径或斜边方向宽 4 ~ 10cm，套筒周围的结构物应配置加强钢筋，如图 5.4.7-1。

②地脚螺栓连接方式适用于立柱埋深不足 30cm 的情况。在结构物混凝土中预埋符合规定长度的地脚螺栓，立柱底部焊接加劲法兰盘与地脚螺栓连接，如图 5.4.7-2。

(2)钢筋混凝土墙式护栏与桥面的连接应符合下列规定：

①采用现浇法施工时，应通过护栏钢筋与桥梁结构物中的预埋钢筋连接在一起的方式形成整体。

②采用预制件施工时，通过锚固螺栓等连接件将桥梁结构物与护栏连接在一起形成整体，纵向连接应符合本细则 4.6.9 的规定。

(3)钢筋混凝土梁柱式护栏和组合式护栏可采用钢筋混凝土墙式护栏与桥面的连接方法。

5.4.8　桥梁护栏的起、终点应进行端部处理。

(1)金属梁柱式护栏应在桥梁伸缩缝的两侧设置端部立柱，其纵向设计强度应等于中间立柱的横向设计强度。

(2)当桥梁护栏与路基护栏的结构型式不同时，应进行过渡段设计。过渡段的设计应符合下列规定：

①过渡段应采用设置端部翼墙或将半刚性护栏搭接在刚性护栏上的方式。

②端部翼墙可设置在桥梁端部，由桥梁护栏改造而成，也可在路基段独立设置。端部翼墙应根据路基护栏的要求设置预埋件。见附录 C 图 C.16。

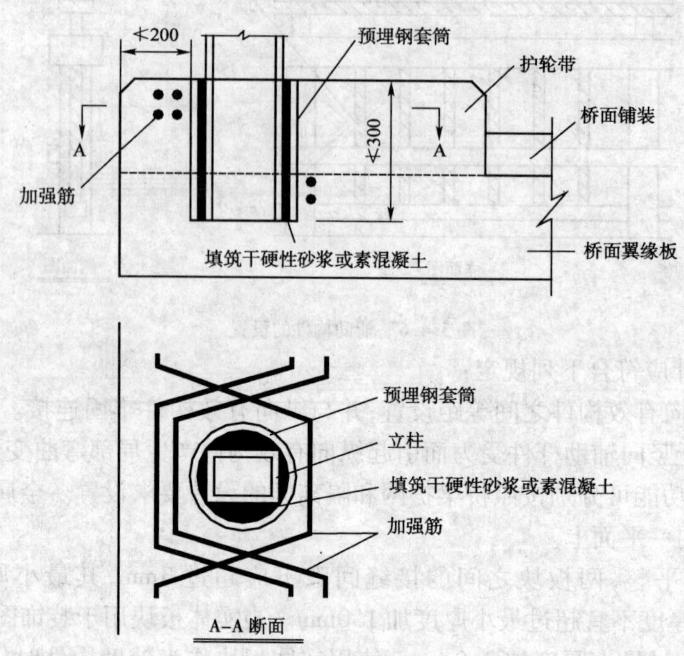

图 5.4.7-1 直接埋入式连接方式(尺寸单位:mm)

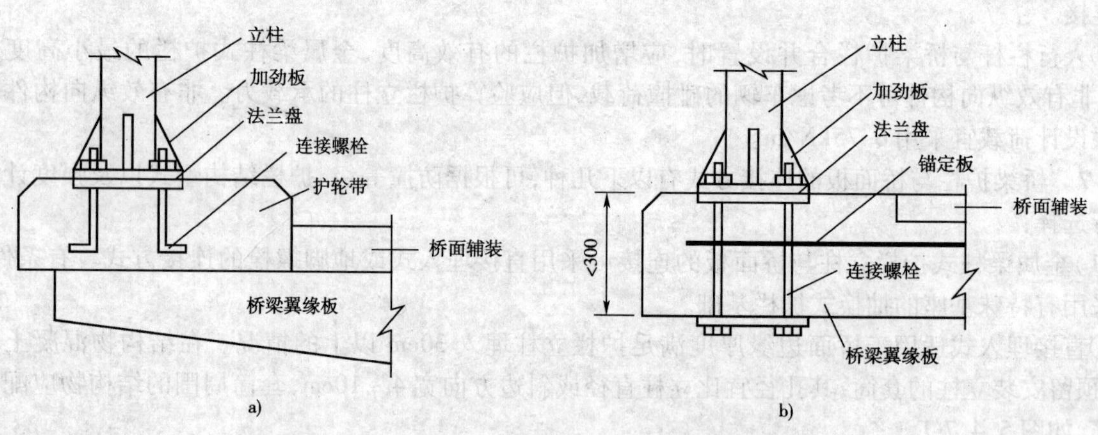

图 5.4.7-2 地脚螺栓连接方式(尺寸单位:mm)

③采用搭接方式时,路基段护栏应进行加强处理,长度不宜短于 10m,见附录 C 图C.17。

④当桥梁护栏与路基护栏或路基段设置的独立端部翼墙均采用刚性护栏时,刚性护栏在桥台伸缩缝处可以断开,其他型式护栏之间的过渡段均不得在桥头处断开。

⑤当靠近桥头的路基段没有设置安全护栏时,应按路基护栏设置条件设计路基段护栏,再进行过渡段设计。

⑥金属梁柱式护栏与路基波形梁护栏的过渡段设计如图 5.4.8。

5.4.9 金属构件的密封和排水应符合以下规定:

(1)空心断面构件应设置排水孔或在所有的拼缝处完全密封。

(2)镀锌孔、排水孔的直径不应大于空心截面周长的 1/12。不镀锌构件排水孔的孔径不应小于 8mm,其间距应大于 70cm。镀锌孔、排水孔的位置应布设恰当,防止对构件强度产生不利的影响。

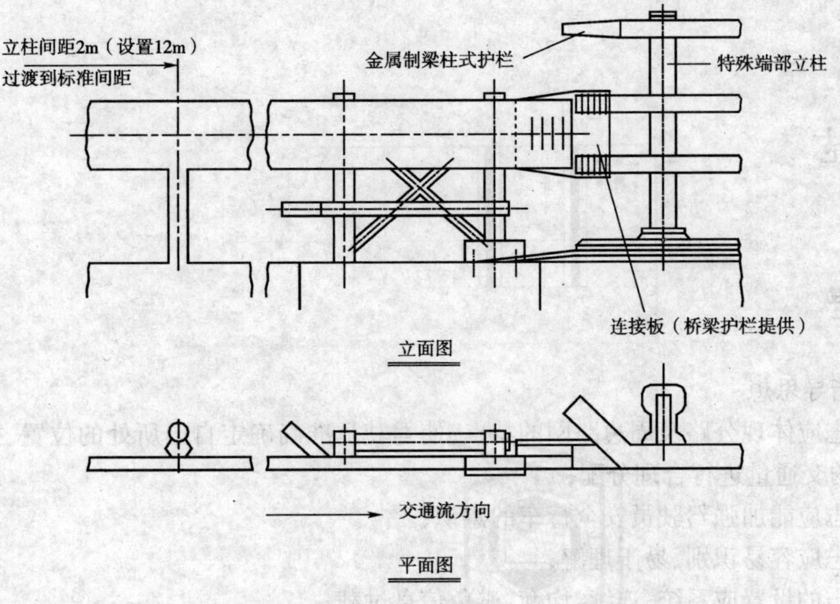

图 5.4.8　波形梁护栏与金属梁柱式护栏的过渡段设计

6 交通标志

6.1 一般规定

6.1.1 设计指导思想

(1)交通标志应体现公路及周边路网的特点,使驾驶员准确确定自己所处的位置、找到正确的目的地,并对路网中的交通量进行合理分配;

(2)交通标志应能加强驾驶员安全行车的意识;

(3)交通标志应容易识别、易于理解;

(4)交通标志的设置应系统、连续、均衡、避免信息过载;

(5)动态交通标志的设置不应妨碍静态交通标志的使用。

6.1.2 设计顺序

(1)收集公路的道路、交通、气象、环境及周边路网等基础资料;

(2)确定公路交通标志的实施标准、规模;

(3)从安全、环保、技术、经济、美观等方面进行方案比较,选择最佳方案。

6.2 设置原则

6.2.1 公路交通标志的设置,应以不熟悉周围路网体系的公路使用者为设计对象,综合考虑周边路网与公路条件、交通条件、气象和环境条件等因素,制定合理的设置标准,根据各种交通标志的功能和驾驶人员的行为特征进行合理设置。

6.2.2 对二级及以上等级的公路和其他等级的国、省道公路应优先设置指路标志,其他公路或未设置相关指路标志的公路,经论证可设置必要的警告标志。禁令标志应设置在交通法律、法规发生作用的地点附近醒目的位置,并应避免与其他交通标志的互相影响。限速标志应根据不同路段的通行能力、车型构成比例、车辆的运行速度等分段进行设置。

6.2.3 在选择路网中指路标志标示的目的地信息时,应根据路网密度、公路等级、公路功能、目的地知名度等进行统一考虑。不同种类的交通标志信息应互相呼应,不得出现信息中断。

6.2.4 交通标志沿公路纵、横向设置的位置应符合现行《道路交通标志和标线》(GB 5768)的规定。位于高速、一级公路路侧安全净区内的交通标志应根据标志结构规格采用解体消能结构或设置护栏加以防护,位于其他公路路侧安全净区内的交通标志宜进行必要的诱导。

6.2.5 公路交通标志的任何部分不得侵入公路建筑限界以内,路侧柱式交通标志的安装高度应考虑其板面规格、所在位置的线形特点和地形特征、是否有行人通行等因素,悬臂、门架式等悬空标志净空高度应较公路净空预留 20 ~ 50cm 的余量。

6.2.6 交通标志安装时,标志板面的法线应与公路中心线平行或成一定角度。路侧安装的禁令标志和指示标志为 0° ~ 45°,指路标志和警告标志为 0° ~ 10°。悬臂、门架或附着式悬空标志安装时,标志的安装角度应与道路中心线垂直或前倾 0° ~ 10°。

6.3 版面设计

6.3.1 设计原则

(1)应正确处理颜色、文字、箭头、编号、图形及边框的关系，使标志版面清晰、美观；

(2)同类交通标志应采用同一类型的标志版面；

(3)门架式交通标志的各交通标志板宜统一高度、统一边框规格。

6.3.2 交通标志采用的颜色、形状、图形符号应符合现行《道路交通标志和标线》(GB 5768)的规定。

6.3.3 指路标志上使用的箭头应以一定角度反映车辆的正确行驶方向。

(1)门架式标志或跨线桥上附着式标志的箭头，用来指示车道的用途或行驶目的地时，箭头应向下，并指向该车道的中心线；用来指示出口方向时，箭头应倾斜向上，倾斜角度应能反映出口车道的线形。

(2)路侧安装的指路标志，表示直行方向的箭头应指向上方，表示转向方向的箭头应与转向车道的线形保持一致。同时出现向上和向左、向右的三个箭头时，指向右侧的箭头应放置在最右侧，指向上、左的箭头应放置在最左侧。

(3)箭头可以放置在主要标志文字的下方，或文字一侧的适当部位。

6.3.4 公路的指路标志应采用汉字，根据需要可与其他文字并用。当标志采用中、英两种文字时，地名应用汉语拼音，专用名词应用英文。因版面规格限制时，部分英文可以采用缩写。

6.3.5 警告、禁令、指示标志的板面尺寸和指路标志的文字高度，应由公路的设计速度决定，如表6.3.5-1、表6.3.5-2。指路标志的板面尺寸，还应考虑字符数量、图形符号、其他文字和版面美化等因素，其他文字与汉字高度的关系如表6.3.5-3。

表6.3.5-1 标志板面与设计速度的关系

设计速度(km/h)		120、100	80	60、40	30、20
警告标志	三角形边长(cm)	130	110	90	70
禁令标志	圆形标志外径(cm)	120	100	80	60
	三角形边长(cm)	—	—	90	70
	八角形外径(cm)	—	—	80	60
指示标志	圆形标志外径(cm)	120	100	80	60
	正方形边长(cm)	120	100	80	60
	长方形边长(cm×cm)	190×140	160×120	140×100	—
	单行线标志长方形边长(cm×cm)	120×60	100×50	80×40	60×30
	会车先行标志正方形边长(cm)	—	—	80	60

表6.3.5-2 汉字高度与设计速度的关系

设计速度(km/h)	120、100	80	60、40	30、20
汉字高度(cm)	60~70	50~60	40~50	25~30

表6.3.5-3 其他文字与汉字高度的关系

其他文字		与汉字高度(h)的关系
拼音字、拉丁字或少数民族文字高	大写	$1/2h$
	小写	$1/3h$
阿拉伯数字	字高	h
	字宽	$0.6h$
	笔划粗	$1/6h$
公里符号高	k	$1/2h$
	m	$1/3h$

6.3.6 地点、距离标志中，地点应放在最左侧，地名由近而远、从上到下排列。如果几个独立的标志板组成一组，则各板的长度应相同。地点、方向标志中，直行标志应设置在最上部，其下为向左、向右可以到达的地点。

6.3.7 当路段运行速度与设计速度之差大于20km/h时，宜按运行速度对交通标志的版面规格及视认性加以检验。

6.4 支撑方式

6.4.1 交通标志的支撑方式可分为柱式、悬臂式、门架式、附着式四种。

6.4.2 交通标志支撑方式应根据交通量、车型构成、车道数、沿线构造物分布、风荷载大小以及路侧条件等因素综合确定。

(1)警告、禁令、指示标志和小尺寸指路标志宜采用单柱式支撑方式，中、大型指路标志可采用双柱或多柱式支撑方式。

(2)当符合下列条件时，根据需要可采用悬臂式或门架式等悬空支撑方式(版面内容少时，宜采用悬臂式)：

①交通量达到或接近设计通行能力时；

②互通式立交的设计很复杂时；

③单向有三个或三个以上车道时；

④互通式立体交叉间距较近时；

⑤出口为多车道时；

⑥大型车辆所占比例很大时；

⑦穿越多个互通式立体交叉、为保持标志信息设置位置的一致性时；

⑧路侧安装空间不足或受遮挡时；

⑨连接两条高速公路之间的枢纽互通时；

⑩出口匝道为左向出口时；

⑪平面交叉口标志或位于互通式立体交叉减速车道起点处的出口预告标志。

(3)公路沿线设置有上跨天桥等构造物，路侧设置有高挡土墙、照明灯杆等时，交通标志在满足公路建筑限界要求的前提下，可以采用附着式支撑方式。

6.5 材料要求

6.5.1 反光材料

(1)公路交通标志板均应采用符合现行《公路交通标志反光膜》(GB/T 18833)要求的反光膜或其他逆反射材料制作。

(2)交通标志板采用反光膜材料时，高速公路、一级公路上宜采用一、二级反光膜，二、三级公路的交通标志宜采用三、四级反光膜，四级公路宜采用四、五级反光膜。

(3)门架、悬臂型等悬空类交通标志，宜采用比路侧交通标志等级高的反光膜。

(4)在保证均匀性和条件容许时，可以采用照明或发光二极管增加重要标志的视认效果。

6.5.2 标志板

交通标志板可采用铝合金板、挤压成型的铝合金型材、薄钢板、合成树脂类板材等制造，所用材料应符合现行《公路交通标志板》(JT/T 279)的规定，厚度应根据计算确定。

6.5.3 支撑结构

(1)交通标志立柱、横梁等可采用钢管、H型钢、槽钢及钢筋混凝土等材料制作，钢管顶端应设置柱帽。钢构件应进行防腐处理。

(2)交通标志应设置钢筋混凝土基础，位于桥梁段的单柱式交通标志可采用钢结构附着在桥梁上。

6.6 结构设计

6.6.1 设计基本风速应采用当地平坦空旷地面,离地面10m高,重现期为50年10min平均最大风速值,并不得小于22m/s。

6.6.2 交通标志结构应按承载能力极限状态和正常使用极限状态进行设计,并应同时满足构造和工艺方面的要求。

6.6.3 交通标志的结构重要性系数可分为两个等级:

(1)位于高速公路、一级公路上的悬臂式、门架式交通标志,结构重要性系数 $\gamma_0 = 1.0$;

(2)位于高速公路、一级公路上的其他类型的交通标志及位于其他等级公路上的交通标志,结构重要性系数 $\gamma_0 = 0.9$。

6.6.4 交通标志结构的荷载计算与组合、极限状态设计方法、地基基础的设计应符合现行《公路桥涵设计通用规范》(JTG D60)、《公路桥涵地基与基础设计规范》(JTJ 024)、《钢结构设计规范》(GB 50017)和《道路交通标志和标线》(GB 5768)等的规定。

7 交通标线

7.1 一般规定

7.1.1 二级及以上等级的公路应设置交通标线，其他公路宜视需要设置交通标线。交通标线包括各类路面标线、导向箭头、文字标记、立面标记和突起路标等，其分类、定义及颜色应符合现行《道路交通标志和标线》（GB 5768）的有关规定。

7.1.2 纵向或横向连续设置的交通标线应根据需要设置排水孔道。

7.1.3 设计指导思想

（1）交通标线的设计应能正确引导交通、确保车辆分道行驶、合理利用路面有效面积；

（2）交通标线与交通标志应配合使用，其含义不得相互矛盾；

（3）交通标线所用材料应具有良好的耐久性、抗滑性、施工方便性和经济性，在白天和晚上均应具有良好的可视性。

7.1.4 交通标线的设计可按下列顺序实施：

（1）收集相关的公路横断面、降雨量、互通式立体交叉、平面交叉、服务设施、桥梁隧道等基础资料；

（2）综合考虑公路条件、交通流特征、交通管理需要和材料特点等因素，科学、合理地设置交通标线。

7.2 设置原则

7.2.1 一般路段的交通标线

（1）高速公路和一级公路的一般路段应设置车行道边缘线、车行道分界线；二级及以下等级的双车道公路应设置路面中心线，路面较宽或非机动车较多的路段可设置车行道边缘线。

（2）车行道边缘线应设置于公路两侧紧靠车行道的硬路肩内，不得侵入车行道内。车行道分界线应设置于同向行驶的车行道分界处。

（3）交通标线宽度宜符合表 7.2.1 的规定。

表 7.2.1 交通标线宽度

设计速度（km/h）		车行道边缘线（cm）	车行道分界线（cm）	路面中心线（cm）
120、100		20	15	—
80、60	高速、一级公路	20	15	—
	二级公路	15	10	15
40、30		15	10	15
20	双车道	—	—	10
	单车道	—	—	—

7.2.2 特殊路段的交通标线

（1）经常出现强侧向风的特大桥梁路段、宽度窄于路基的隧道路段、急弯陡坡路段、车行道宽度渐变路段，应设置禁止变换车道线，线宽与车行道分界线一致。

（2）二级及以下等级的公路桥梁段与路基段同宽时，路面中心线在桥梁长度范围应设置双黄中心实线，在桥梁引道两端大于 160m 范围应设置黄色虚实线，如图 7.2.2-1。公路桥梁窄于路基段且宽度小于 6m 时，在桥梁及两端渐变段范围内可不划中心线，如图 7.2.2-2。

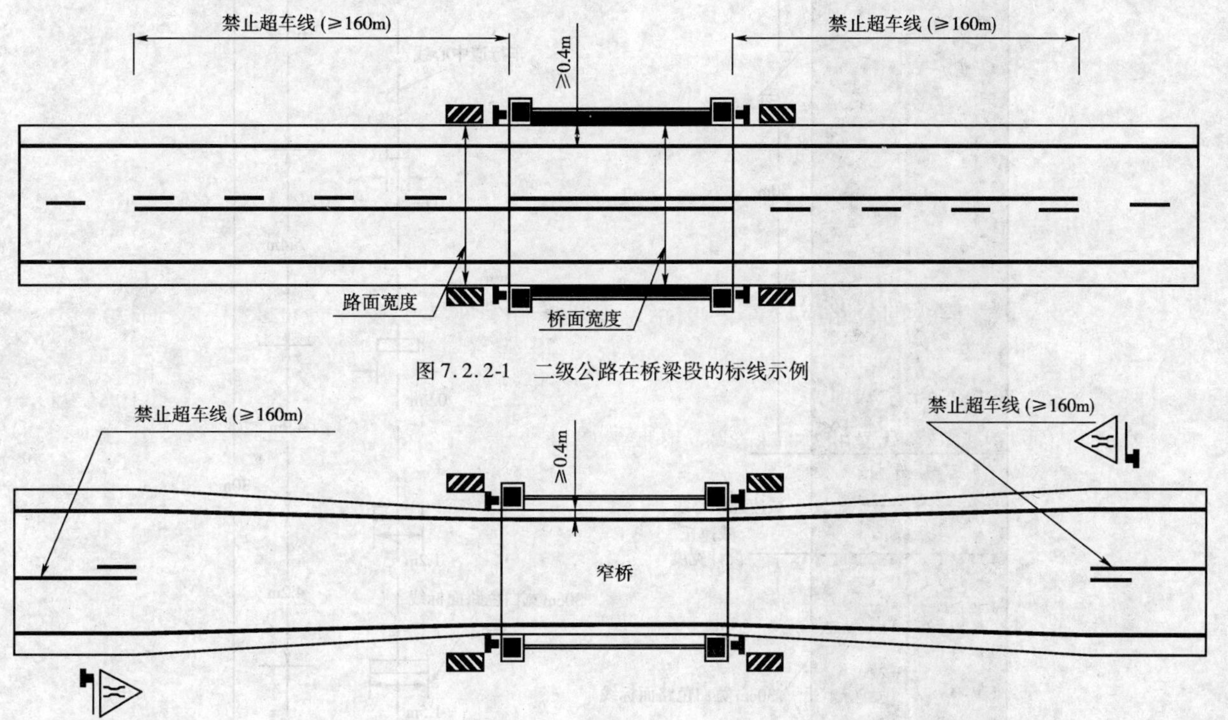

图 7.2.2-1　二级公路在桥梁段的标线示例

图 7.2.2-2　公路窄桥标线示例

(3)宽度窄于路基的隧道入口前 30～50m 范围的右侧硬路肩内应设置斜向行车方向的斑马线，线宽 45cm，间距 100cm；隧道入口前 50～100m、出口后 30～50m 范围的车行道分界处应设置禁止变换车道线，线宽与车行道分界线一致。

(4)爬坡车道处交通标线应连续设置，沿行车方向左侧设置车行道分界线，其宽度、线形应与标准路段的车行道边缘线一致，右侧应设置车行道边缘线，在渐变段处过渡到与标准路段的车行道边缘线相接。

(5)路侧紧急停车带、简易停车区、公共汽车停靠站处交通标线应连续设置，沿行车方向左侧渐变段处设置长 100cm、间距 100cm 的虚线，正常段设置实线，沿行车方向右侧宜设置车行道边缘线，在渐变段处过渡到与标准路段的车行道边缘线相接。虚线、实线的宽度与标准路段的车行道边缘线相同。

(6)路面文字标记应按由近到远的顺序排列，字数不宜超过 3 个，设置规格应符合表 7.2.2 的规定。最高限速值应按一个文字处理。

表 7.2.2　公路路面文字标记规格

设计速度 (km/h)	字高 (cm)	字宽 (cm)	纵向间距 (cm)
120、100	900	300	600
80、60	600	200	400
40、30、20	300	100	200

(7)位于中央分隔带或路侧安全净区内未加护栏防护的桥墩、隧道洞口、交通标志立柱等构造物应设置立面标记，颜色为黄黑相间，线宽及间距均为 15cm。立面标记应向车行道方向以 45°角倾斜。立面标记宜设置为 120cm 高。

(8)二级及以下等级的公路上设置减速丘设施时，应在距其两侧各 30m 的范围内设置减速丘预告标线，如图 7.2.2-3。

(9)需要车辆减速或提醒驾驶员注意安全行车处，可根据需要设置减速标线。

(10)车距确认标线、车行道宽度渐变路段标线、接近障碍物标线等交通标线设置方式应符合现行

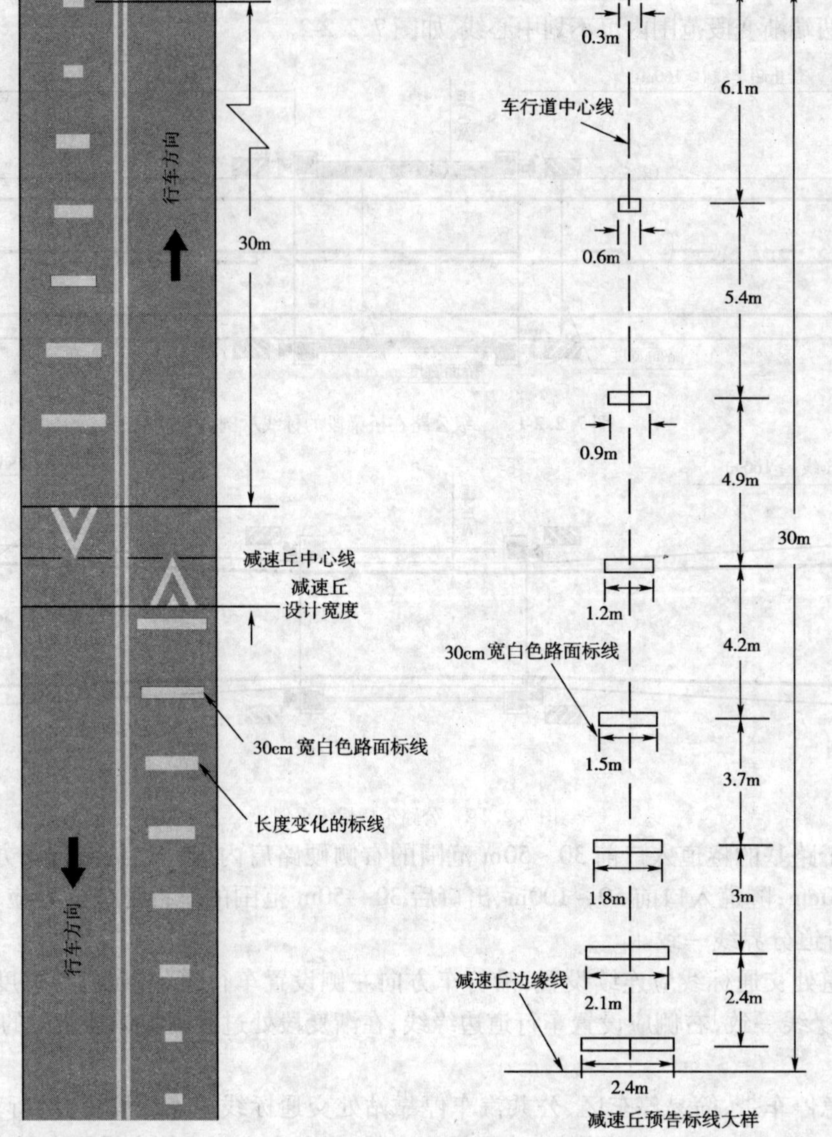

图 7.2.2-3　二级双车道公路减速丘预告标线示例

《道路交通标志和标线》(GB 5768)的有关规定。

7.2.3　互通式立体交叉、服务区、停车区出入口交通标线

(1)互通式立体交叉、服务区、停车区出入口交通标线应根据互通式立体交叉、服务区、停车区的型式,准确反映交通流的行驶方向。

(2)互通式立体交叉出入口处,宜设置导向箭头。出口导向箭头的规格、重复设置次数可参考表7.2.3选取。出口导向箭头应以减速车道渐变点为基准点,间距50m。入口导向箭头应以加速车道起点为基准点,视加速车道长度而定,可设三组或两组。

表 7.2.3　导向箭头的长度及设置次数

设计速度(km/h)	120、100	80、60	40、30、20
导向箭头的长度(m)	9	6	3
重复设置次数	≥3	3	≥2

7.2.4　平面交叉渠化标线

(1)二级及以上等级的公路平面交叉应设置渠化标线,其他公路的平面交叉宜设置渠化标线。导向箭头的规格、重复设置次数可参考表7.2.3选取。

(2)平面交叉应根据其型式、车道宽度、交叉公路的优先通行权和各种交通流量的分析结果设置渠

化标线。部分示例见附录 D。

7.2.5 收费广场交通标线

(1)收费广场进口端应设置减速标线、收费岛路面标线、岛头标线,各条减速标线的设置间距应根据驶入速度、广场长度经计算确定。

(2)收费广场出口端可设置部分车行道分界线。

7.2.6 突起路标的设置

(1)下列情况下,应在路面标线的一侧设置突起路标,并不得侵入车行道:

①高速公路的车行道边缘线上;

②一级公路互通式立体交叉、服务区、停车区路段的车行道边缘线上;

③互通式立体交叉匝道出入口路段。

(2)隧道的车行道分界线上宜设置突起路标。

(3)下列情况下,可设置突起路标:

①高速公路的车行道分界线上;

②一级公路的车行道边缘线、车行道分界线上;

③减速标线上;

④二级、三级公路的导流线及小半径平曲线、公路变窄、路面障碍物等危险路段。

(4)突起路标可单独设置成车行道边缘线和车行道分界线。

(5)突起路标的壳体颜色、设置位置、间距应符合现行《道路交通标志和标线》(GB 5768)的规定。

7.3 材料选择

7.3.1 交通标线涂料可分为液态溶剂型、固态热熔型、液态双组分、液态水性和抗滑型等,其技术要求应符合现行《路面标线涂料》(JT/T 280)和《道路交通标线质量要求和检测方法》(GB/T 16311)的要求。

7.3.2 二级及以上等级的公路应采用反光型涂料。无照明设施的三、四级公路宜采用反光型涂料,有照明设施的三、四级公路可采用非反光型涂料。

7.3.3 选用标线材料时,应根据标线材料的逆反射值、防滑值、抗污性能、环保性能、与路面的附着力、性价比等综合考虑。

7.3.4 标线的厚度应根据其种类、使用位置和施工工艺从表 7.3.4 中选取。

表 7.3.4 标线的厚度范围(mm)

序号	标线种类		标线厚度范围	备注
1	溶剂型		0.3~0.8	湿膜
2	热熔型	普通型、反光型	0.7~2.5	干膜
		突起型	3~7	干膜。若有基线,基线的厚度为 1~2
3	双组分		0.4~2.5	干膜
4	水性		0.3~0.8	湿膜
5	树脂防滑型		4~5	骨材粒径 2.0~3.3
6	预成型标线带标线		0.3~2.5	

7.3.5 突起路标应符合现行交通行业标准《突起路标》(JT/T 390)的要求。突起路标与涂料标线配合使用时,应选用定向反光型,其颜色应与标线颜色一致。设置于路面中心线、隧道内的突起路标,应选用双面反光型。

8 隔离栅和桥梁护网

8.1 一般规定

8.1.1 隔离栅和桥梁护网设计指导思想

(1)应以交通安全为原则,有效地阻止人、畜或物品进入公路用地范围或公路建筑限界以内;

(2)隔离栅的高度应以成人高度为参考值,以距地面高 1.5 ~1.8m 为宜;桥梁护网以距桥面高 1.8 ~2.1m 为宜;

(3)隔离栅和桥梁护网的结构计算可参考交通标志的相关内容。

8.1.2 隔离设施设计可按下列顺序实施

(1)收集公路路侧至公路用地范围内的地形资料和全线管理养护机构的位置、互通式立体交叉、桥隧涵洞、服务设施、沿线城镇村庄分布的资料;

(2)确定合理、有效、美观、经济的设计方案,设计代号见附录 A。

8.2 隔离栅

8.2.1 设置原则

(1)除特殊路段外,高速公路、需要控制出入的一级公路沿线两侧必须连续设置隔离栅,其他公路可根据需要设置。

(2)凡符合下列条件之一者,可不设置隔离栅:

①高速公路、需要控制出入的一级公路的路侧有水渠、池塘、湖泊等天然屏障的路段;

②高速公路、需要控制出入的一级公路的路侧有高度大于 1.5m 的挡土墙或砌石等陡坎的路段;

③桥梁、隧道等构造物,除桥头、洞口需与路基隔离栅连接以外的路段。

(3)隔离栅遇桥梁、通道时,应在桥头锥坡或端墙处围封。

(4)隔离栅遇尺寸较小、流量不大的涵洞时可直接跨越。

(5)隔离栅的中心线应沿公路用地范围界限以内 20 ~50cm 处设置。

8.2.2 型式选择

(1)隔离栅按网片型式可分为钢板网、编织网、电焊网、刺钢丝网、常青绿篱和隔离墙等。

(2)下列路段可选择钢板网、编织网、电焊网的型式:

①靠近城镇人口稠密地区的路段;

②沿线经过风景区、旅游区、著名地点等的路段;

③互通式立体交叉、服务区、停车区、管理养护机构两侧。

(3)下列路段可选择刺钢丝网的型式:

①人口稀少的路段;

②公路预留地;

③跨越沟渠而需要封闭的路段。

(4)金属网隔离栅可与常绿小乔木或灌木配合使用。

(5)根据需要和当地条件可采用常青绿篱和隔离墙等其他型式的隔离栅。

8.2.3 构造要求

(1)隔离栅一般构造见附录 E,网孔规格应考虑下列因素并按照现行《隔离栅技术条件》(JT/T

374)的规定选取：

①不利于人为攀越；

②结构整体的配合要求；

③网面的强度；

④性能价格比。

(2)受地形限制、隔离栅前后不能连续设置时，可自然断开，并以该处作为隔离栅的端部。

(3)地形起伏较大时，隔离栅可沿地形顺坡设置卷网，或将地形整修成阶梯状，采用片网。

(4)隔离栅改变方向处应做拐角设计。

(5)根据管理、养护的需要，隔离栅在适当位置应设置可以开启的活动门。

8.3 桥梁护网

8.3.1 设置原则

(1)上跨高速公路、需要控制出入的一级公路的车行或人行构造物两侧均应设置桥梁护网，其设置范围为下穿公路宽度并各向路外延长10m。

(2)公路跨越铁路、通航河流、交通量较大的其他公路时，应根据需要设置桥梁护网。

8.3.2 型式选择

(1)桥梁护网按网片型式可分为钢板网、编织网、电焊网、实体板等。

(2)选择桥梁护网型式时，必须考虑其强度、美观性、与公路周围环境的协调性、施工养护的方便性等因素。

8.3.3 构造要求

(1)桥梁护网所采用的金属网的型式可与隔离栅相同，其网孔规格不宜大于50mm×100mm。

(2)桥梁护网应做防雷接地处理，接地电阻应小于10Ω。

9　防眩设施

9.1　一般规定

9.1.1　防眩设施主要包括防眩板、防眩网和植树防眩三种型式。

9.1.2　防眩设施设计指导思想：

(1)防眩设施应按部分遮光原理设计，直线路段遮光角不应小于8°，平、竖曲线路段遮光角应为8°~15°。

(2)设置防眩设施不应减少公路的停车视距。

(3)防眩设施所用材料不得反光。

(4)防眩设施结构计算可参考交通标志的相关内容。

9.1.3　防眩设施设计可按下列顺序实施：

(1)收集公路沿线中央分隔带宽度、护栏结构型式、各类构造物及相邻路网的分布数据、公路平纵曲线数据。

(2)确定防眩设施实施地点和实施方案，设计代号见附录A。

9.2　遮光角计算

9.2.1　直线路段遮光角 β_0 如图9.2.1，应按式(9.2.1)计算。

$$\beta_0 = \tan^{-1}\left(\frac{b}{L}\right) \tag{9.2.1}$$

式中：b——防眩板的宽度(m)；

L——防眩板的纵向间距(m)。

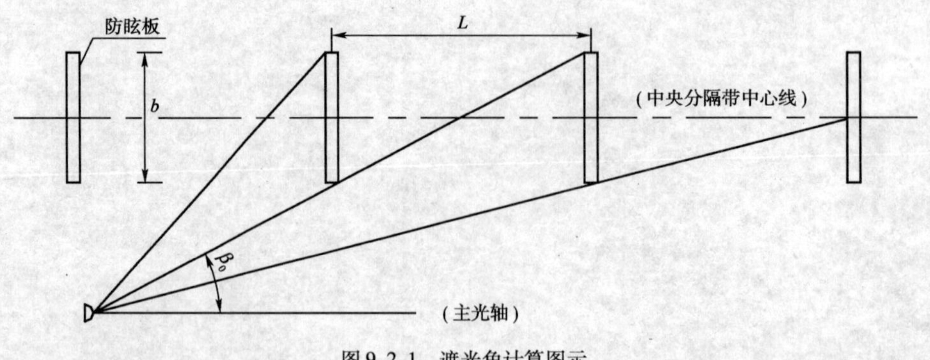

图9.2.1　遮光角计算图示

9.2.2　平曲线路段遮光角 β 应按式(9.2.2)计算。

$$\beta = \cos^{-1}\left(\frac{R - B_3}{R}\cos\beta_0\right) \tag{9.2.2}$$

式中：R——平曲线半径(m)；

B_3——车辆驾驶员与防眩设施的横向距离(m)。

9.3 设置原则

9.3.1 高速公路、一级公路凡符合下列条件之一者,应设置防眩设施:

(1)中央分隔带宽度小于9m的路段;

(2)夜间交通量较大,服务水平达到二级以上的路段;

(3)圆曲线半径小于一般值的路段;

(4)凹形竖曲线半径小于一般值的路段;

(5)公路路基横断面为分离式断面,上下车行道高差小于或等于2m时;

(6)与相邻公路或交叉公路有严重眩光影响的路段;

(7)连拱隧道进出口附近。

9.3.2 非控制出入的一级公路平面交叉、中央分隔带开口两侧各100m(设计速度大于或等于80km/h)或60m(设计速度60km/h)范围内可逐渐降低防眩设施的高度,由正常高度降至开口处的0高度,否则不宜设置防眩设施。

9.3.3 公路沿线有连续照明设施的路段,可不设置防眩设施。

9.3.4 防眩设施连续设置时,应符合下列规定:

(1)应避免在两段防眩设施中间留有短距离间隙。

(2)各结构段应相互独立,每一结构段的长度不宜大于12m。

(3)结构型式、设置高度、设置位置发生变化时应设置渐变过渡段,过渡段长度以50m为宜。

9.4 型式选择

9.4.1 选择防眩设施型式时,应针对公路的平纵线形、气候条件,充分比较各种防眩设施的性能,分析行驶安全感、压迫感、景观要求,并考虑与公路周围环境的协调,结合经济性、施工条件及养护维修等因素综合确定。

9.4.2 高速公路、一级公路宜采用防眩板和植树两种方式交替设置进行防眩。在进行技术经济论证后,也可采用其他的防眩形式。

9.4.3 中央分隔带护栏间距小于树冠直径时,或植树对中央分隔带通信管道有影响时不宜采用植树防眩。

9.5 构造要求

9.5.1 防眩板宽度可采用8~25cm,间距为50~100cm,所用材料应符合现行《公路防眩设施技术条件》(JT/T 333)的规定;植树防眩的树丛间距应根据树冠有效直径经计算确定。

9.5.2 防眩设施的高度可按式(9.5.2)计算:

(1)直线路段防眩设施的高度H:

$$H = h_1 + (h_2 - h_1)B_1/B \tag{9.5.2}$$

式中:h_1——汽车前照灯高度(m),如表9.5.2;

h_2——司机视线高度(m),如表9.5.2;

B_1、B_2——分别为车行道上车辆距防眩设施中心线的距离(m),$B = B_1 + B_2$,如图9.5.2。

表9.5.2 驾驶员视线高度和前照灯的高度值

车　种	视线高度h_2(m)	前照灯高度h_1(m)
大型车	2.0	1.0
小型车	1.30	0.8

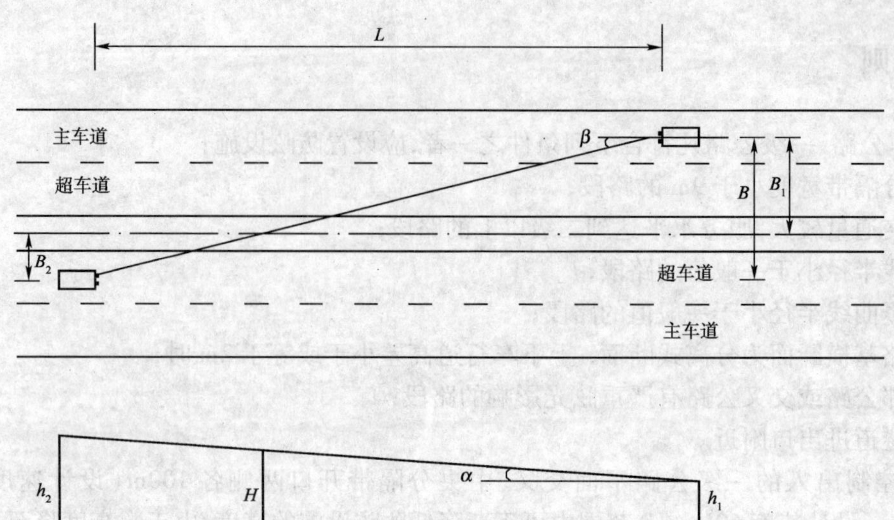

图 9.5.2　防眩设施最小高度计算图式

(2)在竖曲线路段，当竖曲线半径小于现行《公路工程技术标准》(JTG B01)所规定的一般最小半径时，应根据竖曲线路段前后纵坡的大小计算防眩设施的高度是否满足遮光要求。

9.5.3　防眩板与护栏配合设置时，其结构处理应满足以下规定：

(1)防眩板固定在混凝土护栏顶部时，可按独立结构段为单位进行安装。

(2)防眩板与波形梁护栏配合设置时，可通过连接件将防眩板架设在护栏上，或通过立柱将防眩板埋设于中央分隔带上。

(3)防眩设施与护栏组合设置后，不应影响护栏的正常使用功能。

9.5.4　采用植树防眩时，应根据当地气候条件，选择易成活、根系发达且对埋土深度要求较浅、枝叶茂密、落叶少、养护工作量少的树种。

10 轮廓标

10.1 一般规定

10.1.1 轮廓标反射体的颜色分为白色和黄色。按行车方向，配置白色反射体的轮廓标应安装于公路右侧，配置黄色反射体的轮廓标应安装于公路左侧。轮廓标不得侵入公路建筑限界以内。

10.1.2 轮廓标设计指导思想：

(1)轮廓标反射体，在正常的入射角、观察角条件下，必须保持恒定的、充足的亮度，应能满足大、小型车在近光和远光灯照射下的识别和确认要求。

(2)轮廓标应能满足降雨、降雪等特殊天气条件下显示公路轮廓的功能要求。

10.1.3 轮廓标设计可按下列顺序实施：

(1)收集公路沿线各类护栏的设置资料及桥隧构造物的分布资料。

(2)确定轮廓标的设置型式及间距，设计代号见附录 A。

10.2 设置原则

10.2.1 高速公路、一级公路的主线及其互通式立体交叉、服务区、停车区等处的进出匝道，应全线连续设置轮廓标。轮廓标在公路前进方向左、右侧对称设置。直线路段设置间距不应超过 50m，曲线路段和匝道处设置间距不应大于表 10.2.1 的规定。公路路基宽度、车道数量有变化的路段及竖曲线路段，可适当加密轮廓标的间隔。

表 10.2.1 曲线路段、匝道处轮廓标的设置间距

曲线半径(m)	≤89	90 ~ 179	180 ~ 274	275 ~ 374	375 ~ 999	1 000 ~ 1 999	≥2 000
设置间距(m)	8	12	16	24	32	40	48

10.2.2 二级及以下等级公路的视距不良路段、设计速度大于或等于 60km/h 的路段、车道数或车道宽度有变化的路段及连续急弯陡坡路段宜设置轮廓标，其他路段视需要可设置轮廓标，设置间距可按表 10.2.1 的规定选用。

10.2.3 安装轮廓标时，反射体应面向交通流，其表面法线应与公路中心线成 0° ~ 25°的角度。

10.2.4 各种类型的轮廓标设置高度宜保持一致，轮廓标反射体中心线距路面的高度应为 60 ~ 70cm。有特殊需要时，经论证可以采用其他高度。

10.3 型式选择

10.3.1 轮廓标按设置条件可分为柱式轮廓标和附着式轮廓标两类。

10.3.2 根据路侧设置的不同护栏型式及结构物的分布，轮廓标可分别附着于波形梁护栏、混凝土护栏、隧道侧墙和缆索护栏上，其他没有设置护栏的路段可设置柱式轮廓标。

10.3.3 双向行驶的公路和隧道两侧需要设置轮廓标时，应设置双向反光轮廓标。

10.4 构造要求

10.4.1 设置于土中的柱式轮廓标，由柱体、反射体组成。柱体为白色，反射体规格为4cm×18cm，可由反光片、反光膜制作，反光等级应为二级以上。

10.4.2 附着式轮廓标由反射体、支架和连接件组成。反射体可由反光片、反光膜制作，反光等级应为二级以上。

10.4.3 在气候条件恶劣、线形条件复杂的路段应设置反光性能高、反射体尺寸较大的轮廓标。

11 活动护栏

11.1 一般规定

11.1.1 活动护栏应有效地阻止非紧急车辆在中央分隔带开口处的通行。

11.1.2 活动护栏应便于移动。

11.2 设置原则

11.2.1 高速公路的中央分隔带开口处必须设置活动护栏。

11.2.2 设有中间带的一级公路在禁止车辆掉头的中央分隔带开口处应设置活动护栏。

11.2.3 活动护栏应设置在中央分隔带开口处的公路中心线位置，设置的长度应能有效封闭中央分隔带开口。

11.2.4 活动护栏的设置高度应与中央分隔带护栏的高度协调一致。

11.2.5 活动护栏上部应设置轮廓标或反射体。设置反射体时，规格为4cm×18cm，可由反光片或反光膜制作，反光等级应为二级以上，颜色和设置高度应与中央分隔带轮廓标保持一致。

11.2.6 位于有防眩要求路段的活动护栏上宜设置防眩设施。

11.3 型式选择

11.3.1 活动护栏可分为插拔式活动护栏和充填式活动护栏两种构造型式。

11.3.2 选择活动护栏型式时，应根据所在地区的气候特点、所在位置的公路条件综合确定。

11.4 构造要求

11.4.1 插拔式活动护栏由护栏片、反射体、预埋基础等组成，其中护栏片由直管、弯管、立柱等钢管构件焊接而成，如图11.4.1-1。插拔式活动护栏的每片长度应在2~2.5m之间。基础可采用预埋套管或抽换式立柱基础，基础混凝土的强度等级不得低于C20。插拔式活动护栏的基础套管顶面高程应高出路面20mm左右，在套管周边可设置混凝土斜坡，如图11.4.1-2。

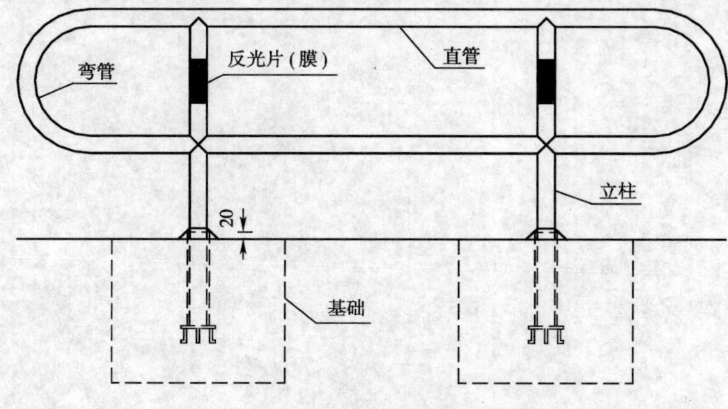

图11.4.1-1 插拔式活动护栏的构造（尺寸单位：mm）

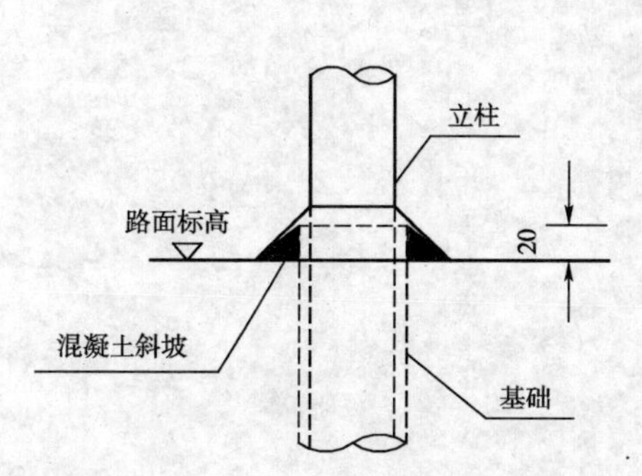

图11.4.1-2 插拔式活动护栏柱的套管构造（尺寸单位：mm）

11.4.2 充填式活动护栏由多块护栏预制块连接而成。护栏预制块可采用塑料或玻璃钢制作,断面型式可采用F型或单坡型混凝土护栏的断面型式,预制块中空,可以充填水或细砂,如图11.4.2。充填式活动护栏预制块的每块长度不应小于2m,在两端应设置便于护栏块连接的企口。

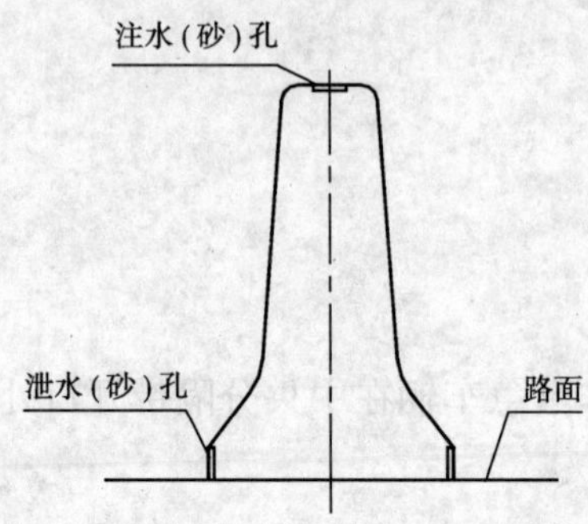

图11.4.2 充填式活动护栏的构造

附录 A　公路交通安全设施设计代号及示例

A.1　护栏设计代号及示例

A.1.1　设置于公路路基上的护栏代号由护栏构造型式代号、防撞等级代号、埋设条件代号三部分组成，各种代号规定如下：

(1)护栏构造型式代号

Gr——波形梁护栏

Grd——组合型波形梁护栏

Gc——缆索护栏

RrF——现浇 F 型混凝土护栏

RrS——现浇单坡型混凝土护栏

RrI——现浇加强型混凝土护栏

RpF——预制 F 型混凝土护栏

RpS——预制单坡型混凝土护栏

RpI——预制加强型混凝土护栏

(2)防撞等级代号

B——路侧 B 级

A——路侧 A 级

SB——路侧 SB 级

SA——路侧 SA 级

SS——路侧 SS 级

Am——中央分隔带 Am 级

SBm——中央分隔带 SBm 级

SAm——中央分隔带 SAm 级

(3)埋设条件代号

nE——埋设于土中，柱距为 *n* 米

E_1——混凝土护栏，埋置在土中

E_2——混凝土护栏，与下部构造物连接

nB1——埋设于小桥、通道、明涵结构物中，采用预埋套筒的基础处理方式，柱距为 *n* 米

nB2——埋设于小桥、通道、明涵结构物中，采用预埋地脚螺栓的基础处理方式，柱距为 *n* 米

nC——埋设于独立设置的混凝土基础中，柱距为 *n* 米

(4)标注方法

①通式

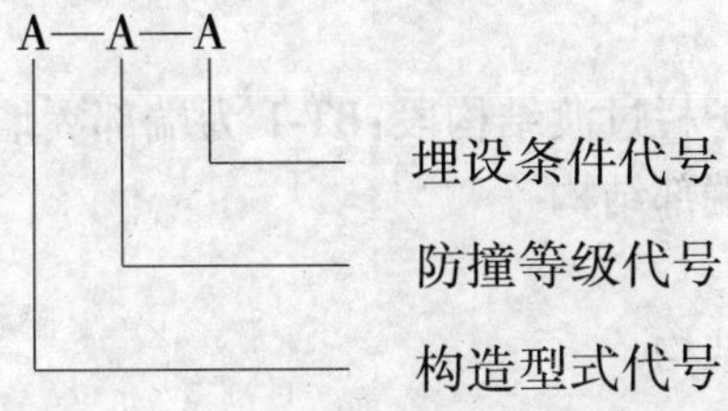

②示例

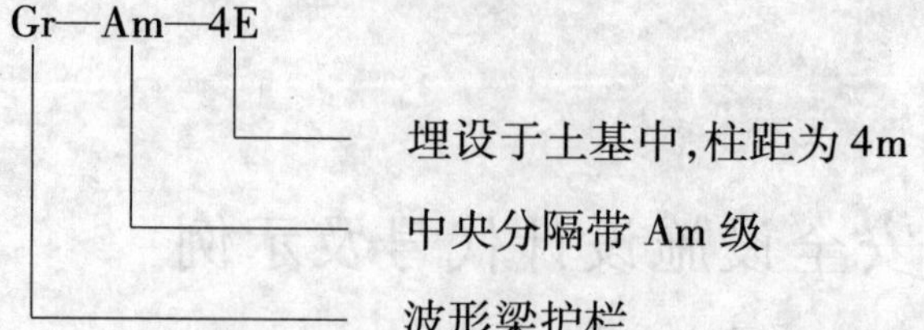

A.1.2 设置于公路桥梁上的护栏代号由构造型式代号、防撞等级代号、埋设条件代号三部分组成，各种代号规定如下：

(1)构造型式代号

Bp——梁柱式护栏

Rcw——钢筋混凝土墙式护栏

Cm——组合式护栏

(2)防撞等级代号

B——路侧 B 级

A——路侧 A 级

SB——路侧 SB 级

SA——路侧 SA 级

SS——路侧 SS 级

Am——中央分隔带 Am 级

SBm——中央分隔带 SBm 级

SAm——中央分隔带 SAm 级

(3)埋设条件代号

B——埋设于混凝土中

Fp——桥梁护栏通过法兰盘与桥面板连接

(4)标注方法

①通式

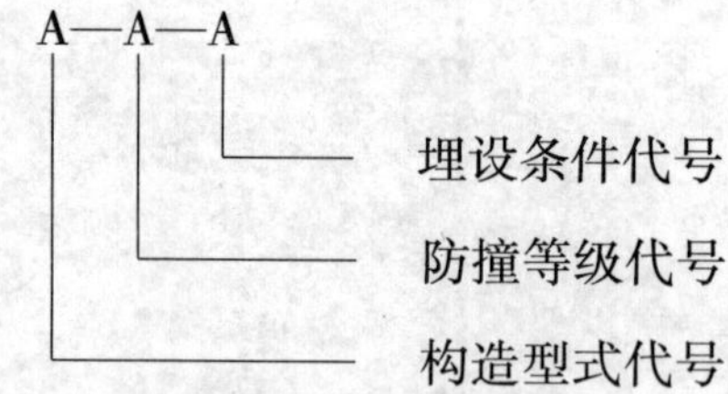

②示例

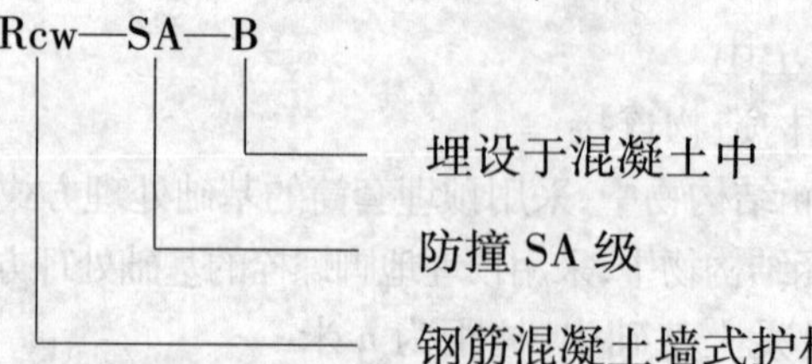

A.1.3 护栏端部及过渡处理的代号规定如下：

AT1——路侧上游端头：AT1-1 为外展地锚式；AT1-2 为外展圆头式

AT2——路侧下游圆形端头

BT——波形梁护栏与混凝土护栏过渡结构段：BT-1 为端部翼墙式；BT-2 为搭接式

CT——中央分隔带护栏开口端部结构

DT——护栏三角端端部结构

ET——紧急电话处护栏端部结构

FT——隧道洞口处端部结构

A.2 隔离栅和桥梁护网设计代号及示例

A.2.1 隔离设施的代号由隔离栅代号、构造型式代号、埋设代号三部分组成，各种代号规定如下：

(1)隔离栅代号

F——隔离栅

(2)构造型式代号

Em——钢板网

Ww——焊接网

Wn——编织网

Bw——刺钢丝

Wb——砌墙

(3)埋设条件代号

E——埋设于土中

C——埋设于混凝土中

(4)标注方法

①通式

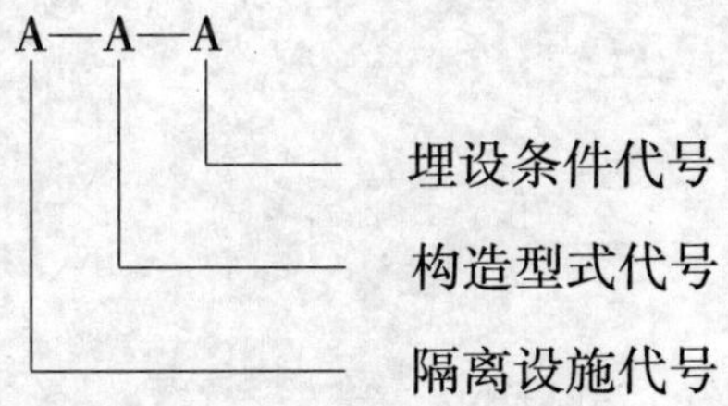

②示例

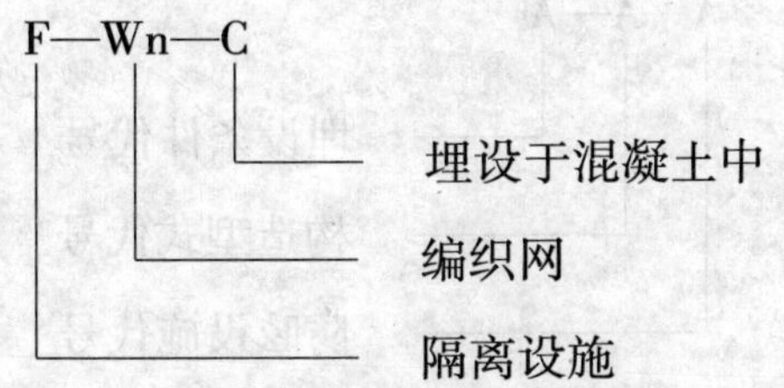

A.2.2 桥梁护网的代号由构造型式代号、埋设代号组成，规定如下：

(1)桥梁护网代号

Bf——桥梁护网

(2)构造型式代号

Em——钢板网

Ww——焊接网

Wn——编织网

Mp——金属板

(3)埋设条件代号

B——埋设或附着于上跨构造物上

(4)标注方法

①通式

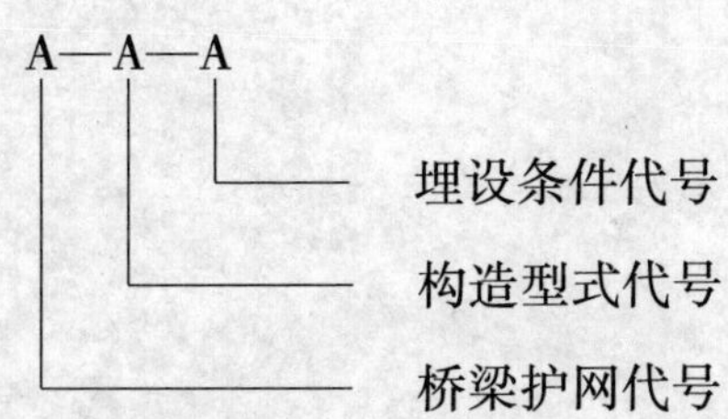

②示例

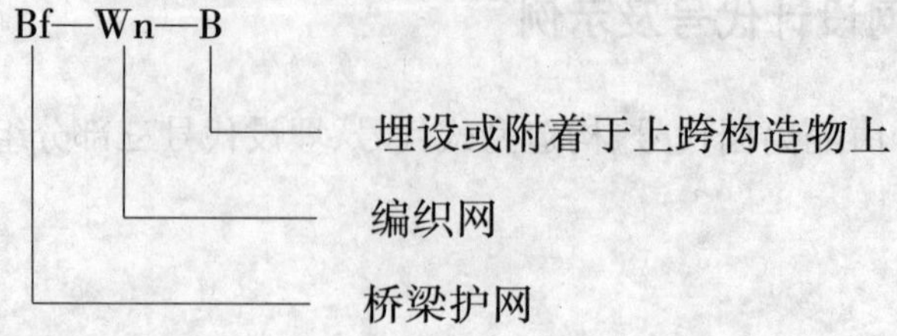

A.3 防眩设施设计代号及示例

A.3.1 防眩设施的代号由构造型式代号和设置条件代号组成,各种代号规定如下:

(1)防眩设施代号

Gs——防眩设施

(2)构造型式代号

P——防眩板

N——防眩网

(3)埋设条件代号

E——埋设于土中

C——埋设于混凝土中

Gw——设置在混凝土护栏上

Gr——设置在波形梁护栏上

(4)标注方法

①通式

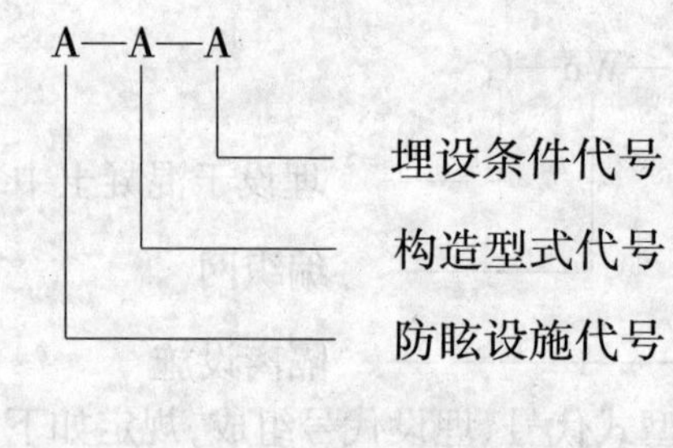

②示例

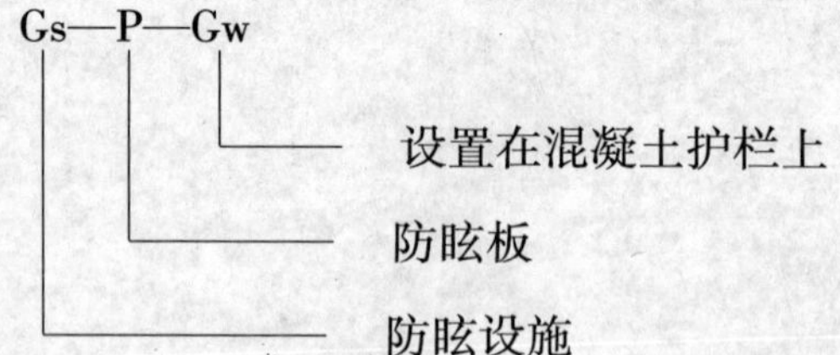

A.4 轮廓标设计代号及示例

A.4.1 轮廓标的代号由构造型式代号和设置条件代号组成,各种代号规定如下:

(1)轮廓标代号

De——轮廓标

(2)构造型式代号

Rbw——白色反射片

Rby——黄色反射片

Rsw——白色反光膜

Rsy——黄色反光膜

(3)埋设条件代号

E——埋设于土中

At——附着式

At1——附着于波形梁护栏上

At2——附着于混凝土护栏上

At3——附着于侧墙上

At4——附着于缆索护栏上

(4)标注方法

①通式

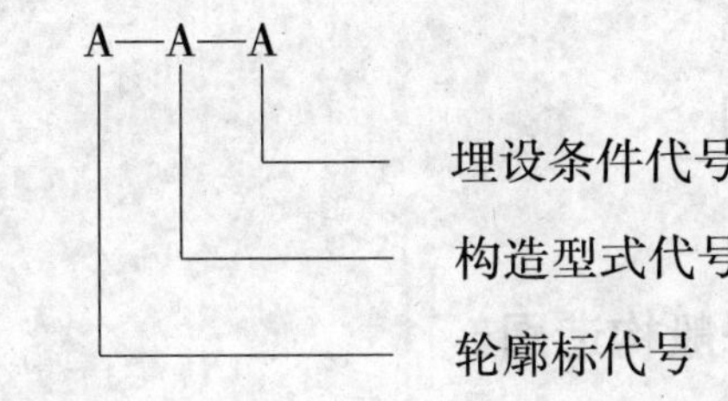

②示例

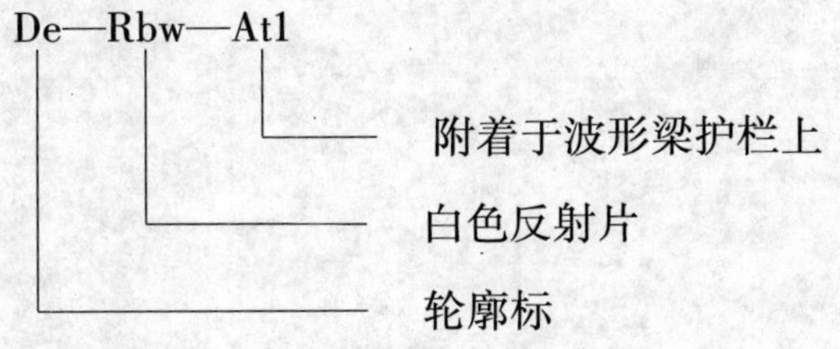

附录B　缆索护栏一般构造图

B.1　B级缆索护栏一般构造图

B.2　A级缆索护栏一般构造图

B.3　B级缆索护栏中间端部一般构造图

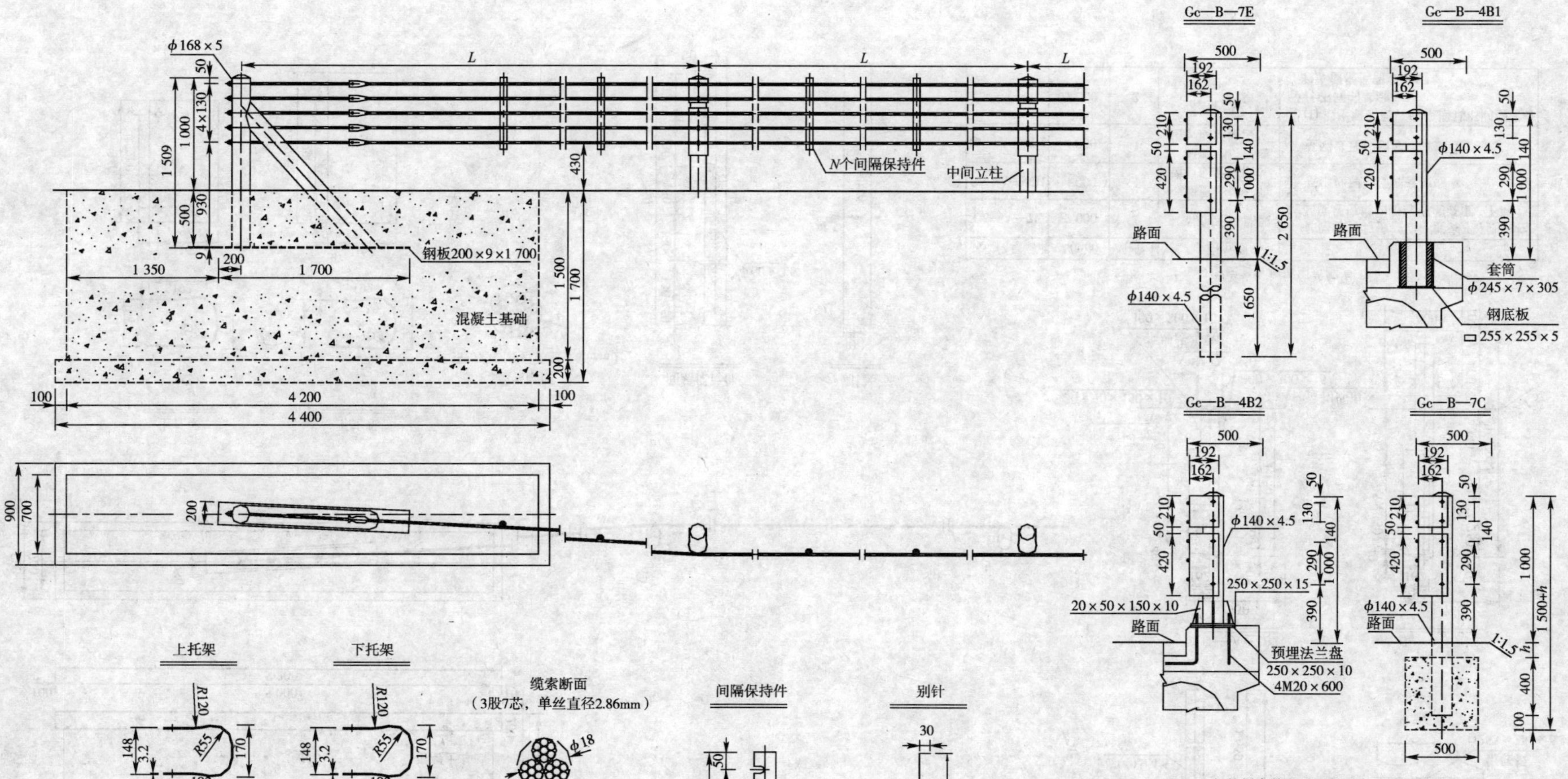

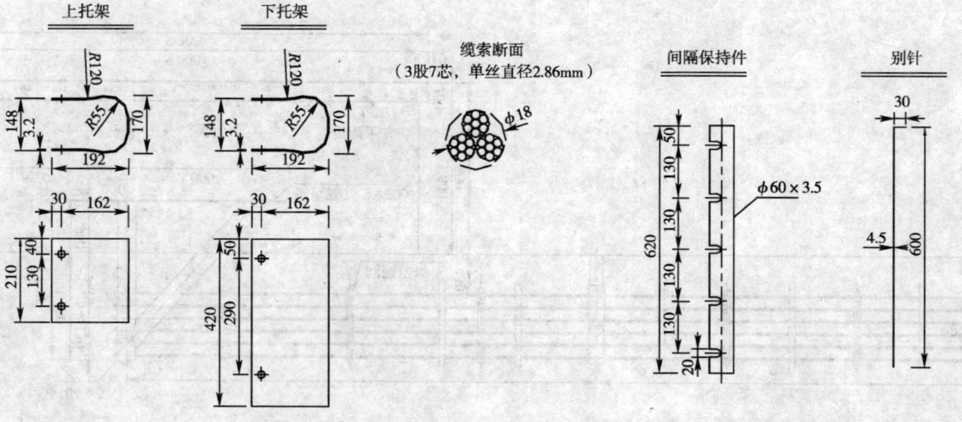

B 级护栏参数和适用范围表

代号	L(mm)	N(个)	适用范围	备　注
Gc—B—7E	7 000	2	路侧土方路段	(1) 建议设置护栏的路段一侧路基加宽 25cm，下同； (2)如路缘石与护栏面不能齐平，则护栏的高度还应增加路缘石的高度，下同
Gc—B—4B1	4 000	1	路侧小桥、通道、明涵路段	基础处理：预埋套筒
Gc—B—4B2	4 000	1	路侧小桥、通道、明涵路段	基础处理：预埋地脚螺栓
Gc—B—7C	7 000	2	路侧石方、挡土墙路段	(1) 挡土墙路段，应根据其不同型式设计不同的基础； (2)h 值根据需要确定

图 B.1　B 级缆索护栏一般构造图(尺寸单位：mm)

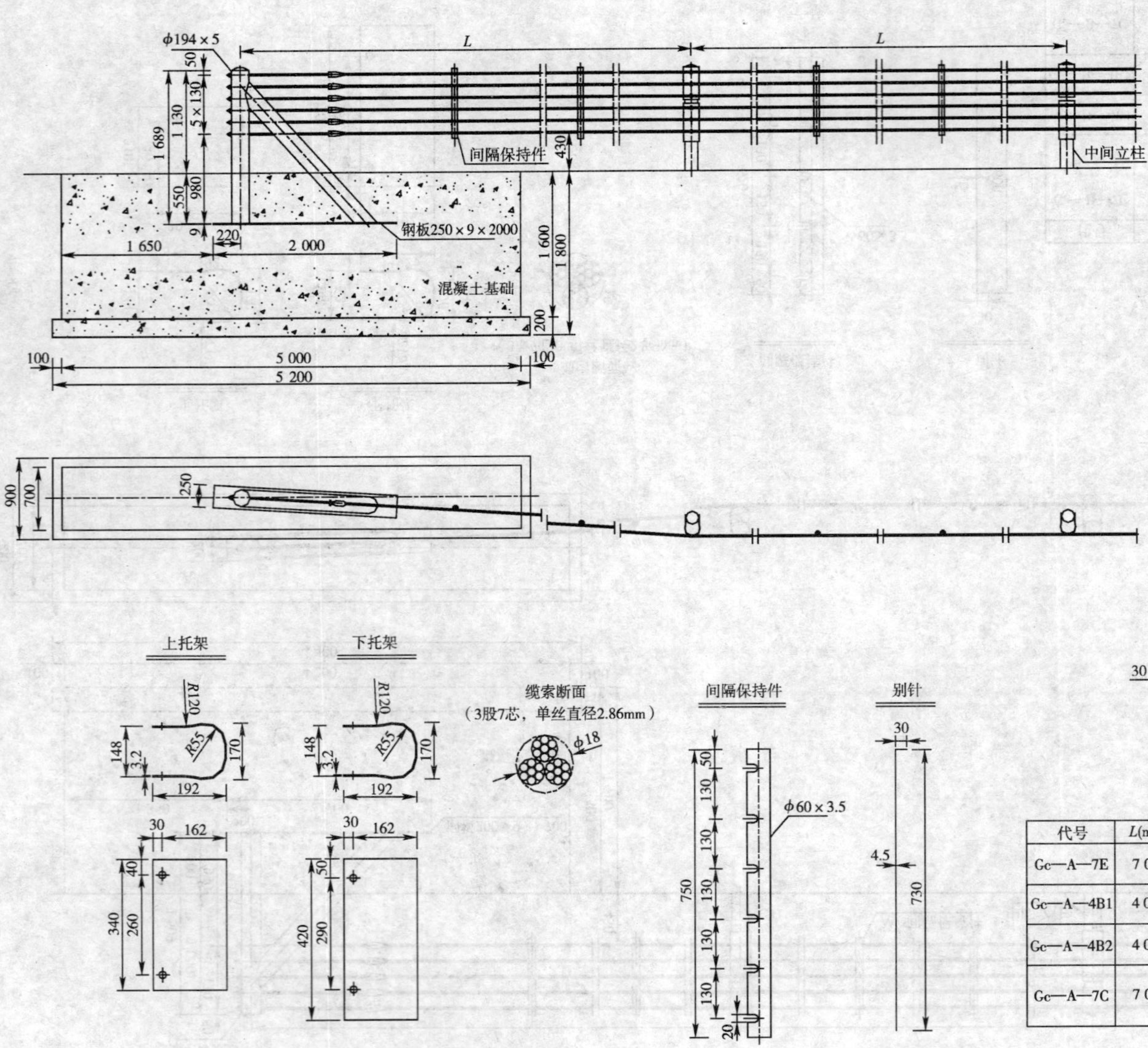

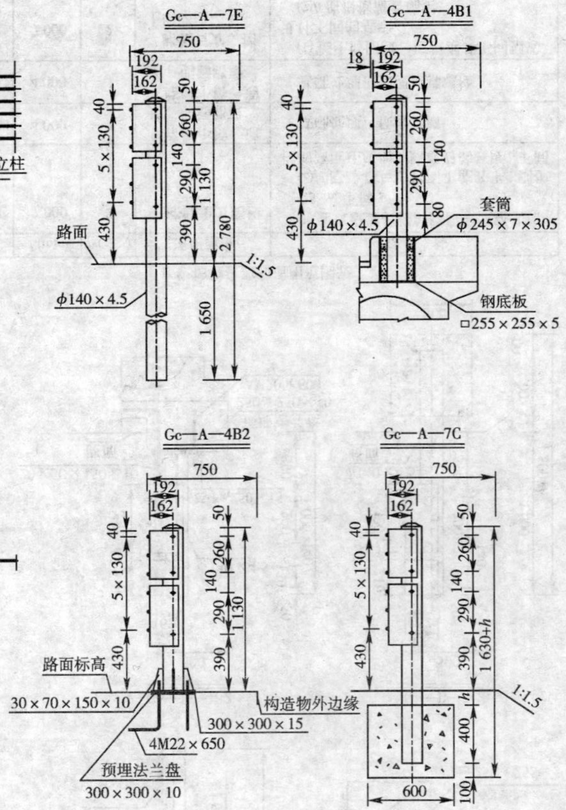

A 级护栏参数和适用范围表

代号	L(mm)	N(个)	适用范围	备注
Gc—A—7E	7 000	2	路侧土方路段	如路缘石与护栏面不能齐平，则护栏的高度还应增加路缘石的高度，下同
Gc—A—4B1	4 000	1	路侧小桥、通道、明涵路段	基础处理：预埋套筒
Gc—A—4B2	4 000	1	路侧小桥、通道、明涵路段	基础处理：预埋地脚螺栓
Gc—A—7C	7 000	2	路侧石方、挡土墙路段	(1) 挡土墙路段，应根据其不同型式设计不同的基础；(2)h 值根据需要确定

图 B.2　A 级缆索护栏一般构造图(尺寸单位:mm)

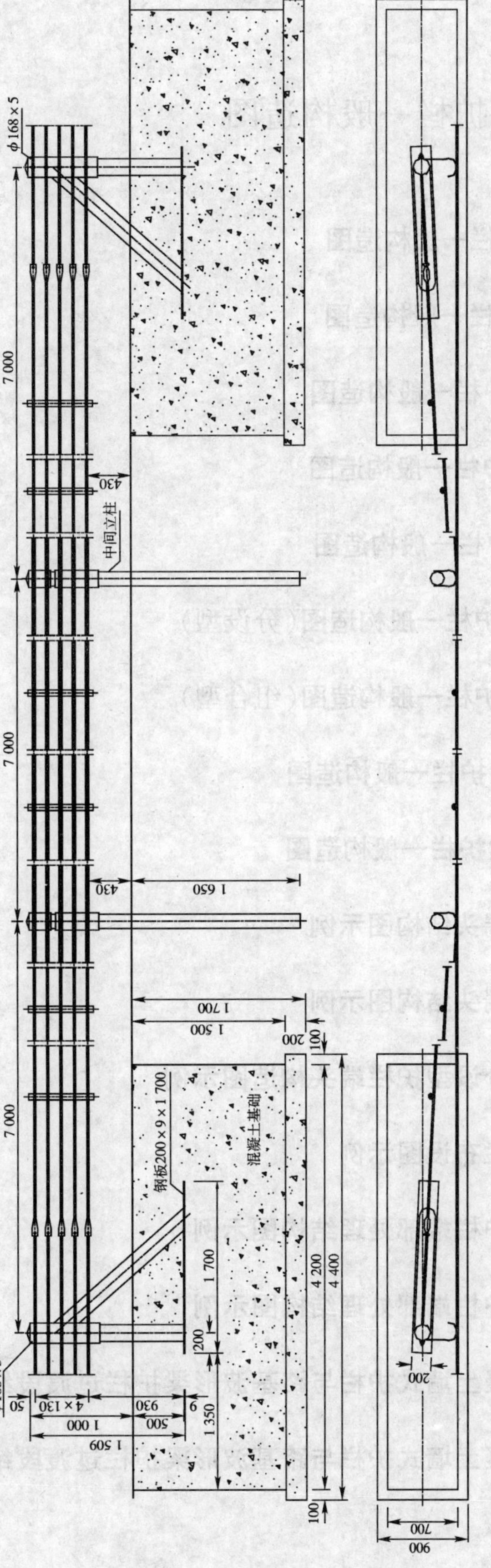

图 B.3　B 级缆索护栏中间端部一般构造图(尺寸单位:mm)

注:如路缘石与护栏面不能齐平,则护栏的高度还应增加路缘石的高度。

附录C　波形梁护栏一般构造图

C.1　B级波形梁护栏一般构造图

C.2　A级波形梁护栏一般构造图

C.3　SB级波形梁护栏一般构造图

C.4　SA级波形梁护栏一般构造图

C.5　SS级波形梁护栏一般构造图

C.6　Am级波形梁护栏一般构造图(分设型)

C.7　Am级波形梁护栏一般构造图(组合型)

C.8　SBm级波形梁护栏一般构造图

C.9　SAm级波形梁护栏一般构造图

C.10　外展地锚式端头结构图示例

C.11　外展圆头式端头结构图示例

C.12　中央分隔带分设型护栏端头构造图示例

C.13　三角地带护栏布设图示例

C.14　紧急电话处护栏端部处理结构图示例

C.15　隧道洞口处护栏端部处理结构图示例

C.16　桥梁钢筋混凝土墙式护栏与路基波形梁护栏过渡段结构(BT-1)

C.17　桥梁钢筋混凝土墙式护栏与路基波形梁护栏过渡段结构(BT-2)

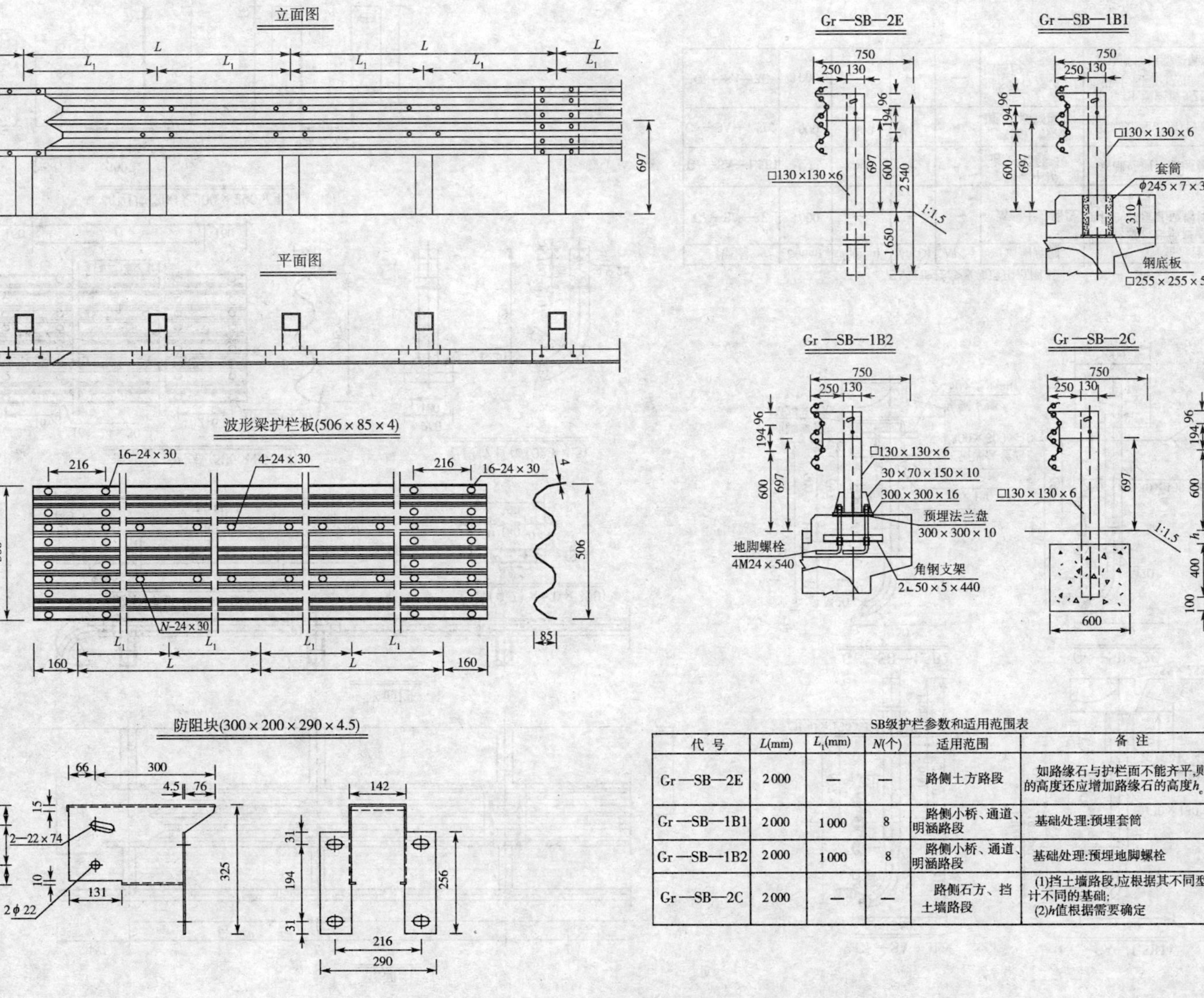

SB级护栏参数和适用范围表

代 号	L(mm)	L_1(mm)	N(个)	适用范围	备 注
Gr—SB—2E	2000	—	—	路侧土方路段	如路缘石与护栏面不能齐平,则护栏的高度还应增加路缘石的高度h_c,下同
Gr—SB—1B1	2000	1000	8	路侧小桥、通道、明涵路段	基础处理:预埋套筒
Gr—SB—1B2	2000	1000	8	路侧小桥、通道、明涵路段	基础处理:预埋地脚螺栓
Gr—SB—2C	2000	—	—	路侧石方、挡土墙路段	(1)挡土墙路段,应根据其不同型式设计不同的基础; (2)h值根据需要确定

图 C.3 SB 级波形梁护栏一般构造图(尺寸单位:mm)

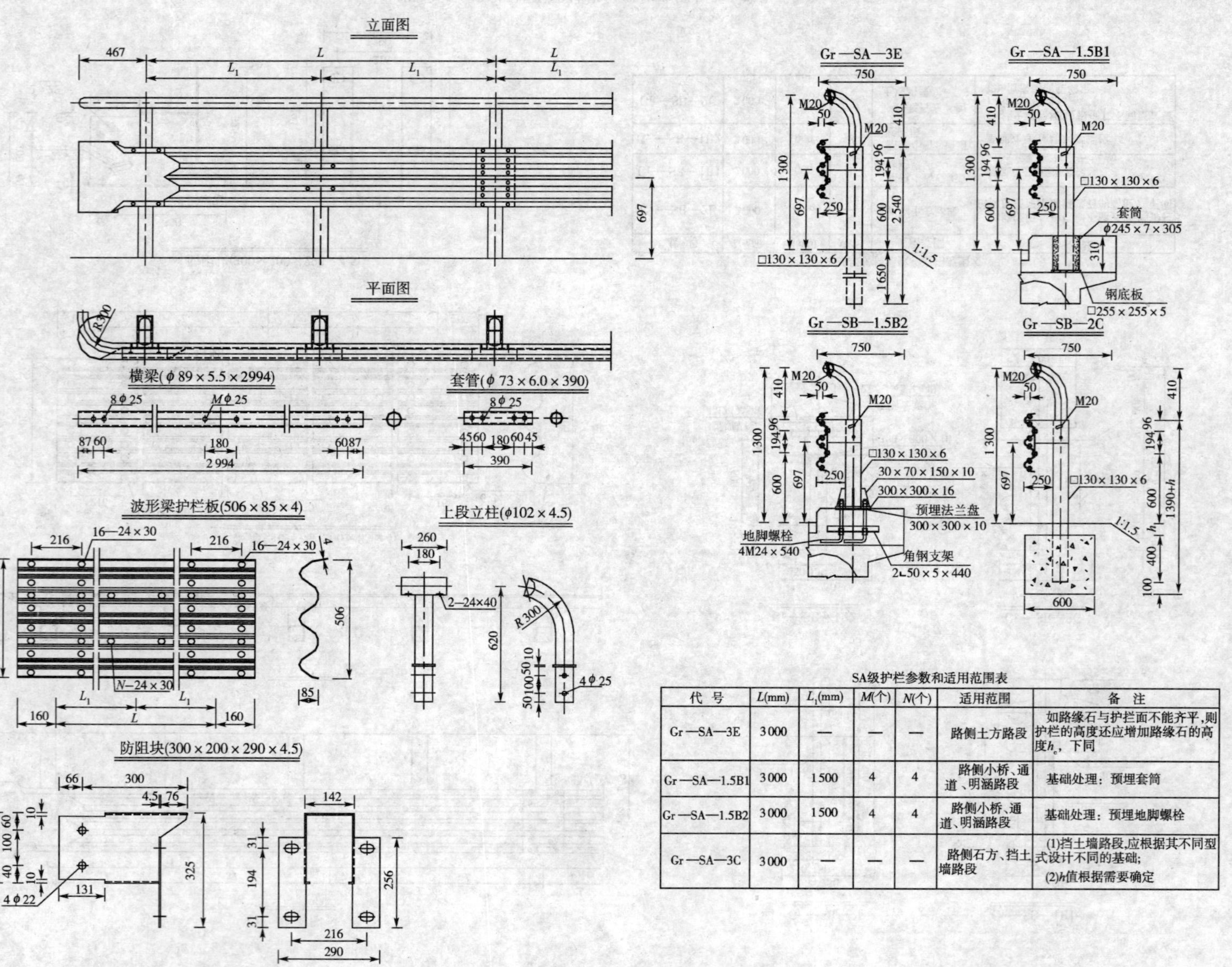

SA级护栏参数和适用范围表

代　号	L(mm)	L_1(mm)	M(个)	N(个)	适用范围	备　注
Gr—SA—3E	3000	—	—	—	路侧土方路段	如路缘石与护栏面不能齐平,则护栏的高度还应增加路缘石的高度h_e，下同
Gr—SA—1.5B1	3000	1500	4	4	路侧小桥、通道、明涵路段	基础处理：预埋套筒
Gr—SA—1.5B2	3000	1500	4	4	路侧小桥、通道、明涵路段	基础处理：预埋地脚螺栓
Gr—SA—3C	3000	—	—	—	路侧石方、挡土墙路段	(1)挡土墙路段,应根据其不同型式设计不同的基础; (2)h值根据需要确定

图 C.4　SA 级波形梁护栏一般构造图(尺寸单位:mm)

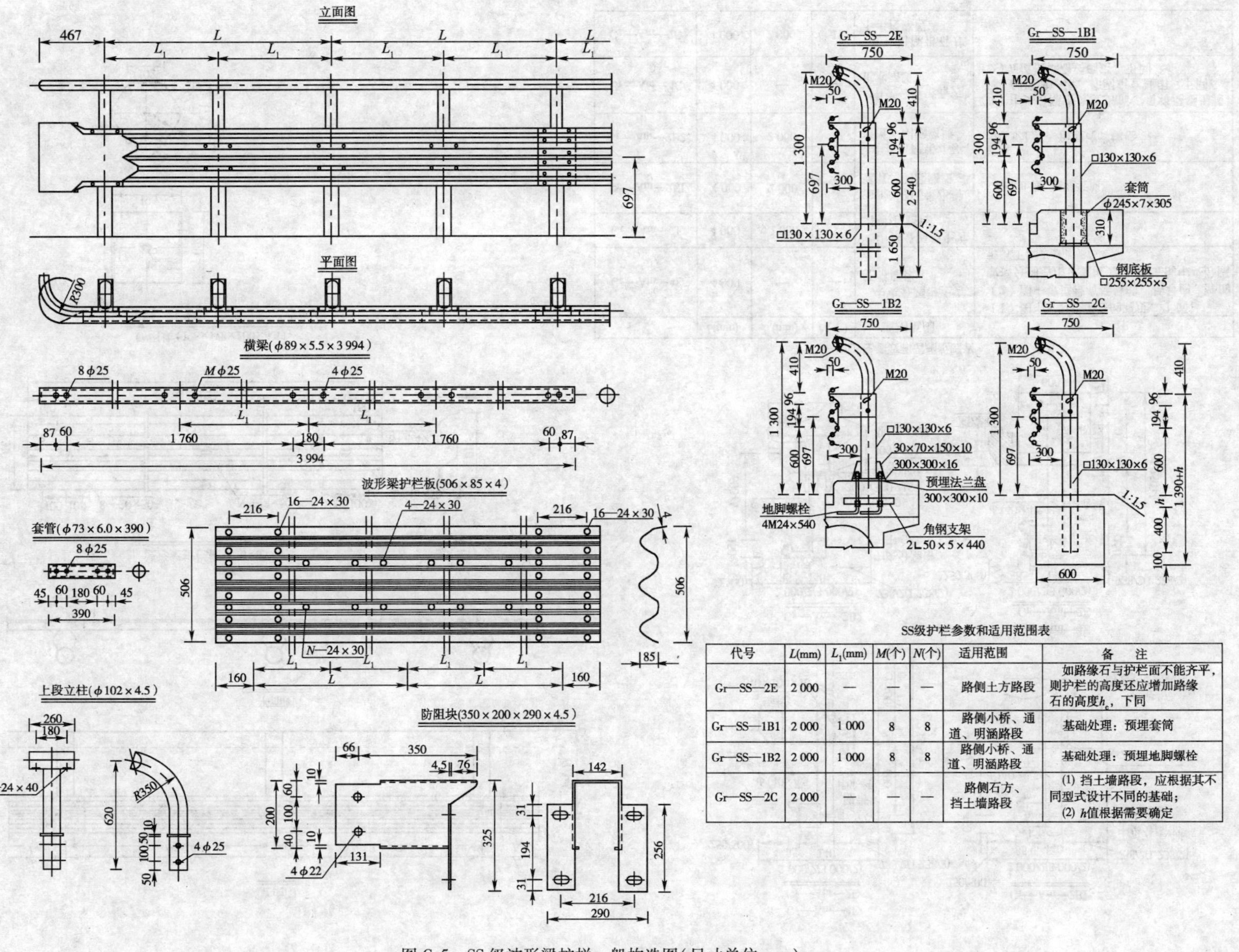

代号	L(mm)	L_1(mm)	M(个)	N(个)	适用范围	备　注
Gr—SS—2E	2 000	—	—	—	路侧土方路段	如路缘石与护栏面不能齐平，则护栏的高度还应增加路缘石的高度h，下同
Gr—SS—1B1	2 000	1 000	8	8	路侧小桥、通道、明涵路段	基础处理：预埋套筒
Gr—SS—1B2	2 000	1 000	8	8	路侧小桥、通道、明涵路段	基础处理：预埋地脚螺栓
Gr—SS—2C	2 000	—	—	—	路侧石方、挡土墙路段	(1) 挡土墙路段，应根据其不同型式设计不同的基础；(2) h值根据需要确定

图 C.5　SS 级波形梁护栏一般构造图(尺寸单位:mm)

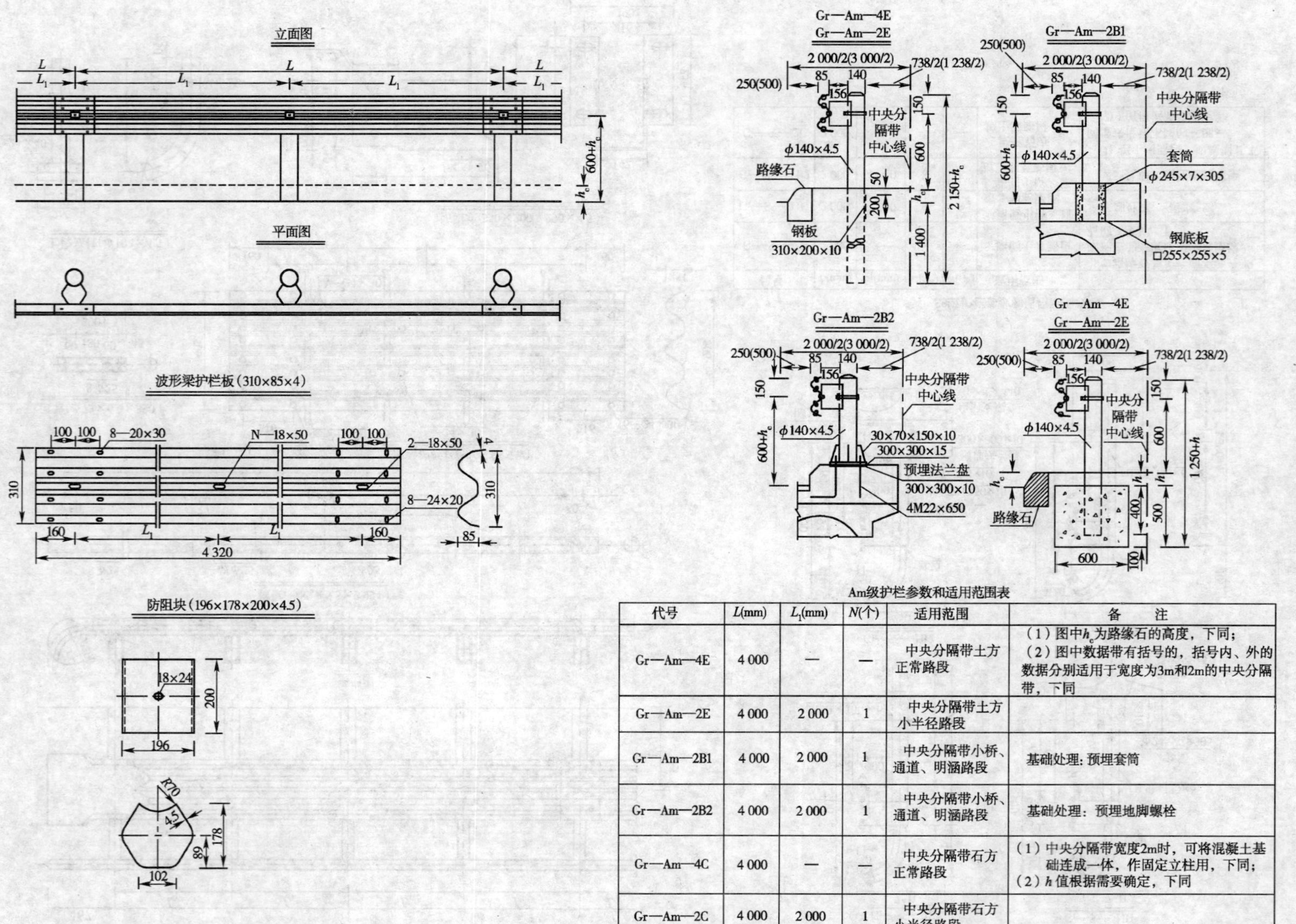

Am级护栏参数和适用范围表

代号	L(mm)	L_1(mm)	N(个)	适用范围	备　注
Gr—Am—4E	4 000	—	—	中央分隔带土方正常路段	（1）图中h_c为路缘石的高度，下同；（2）图中数据带有括号的，括号内、外的数据分别适用于宽度为3m和2m的中央分隔带，下同
Gr—Am—2E	4 000	2 000	1	中央分隔带土方小半径路段	
Gr—Am—2B1	4 000	2 000	1	中央分隔带小桥、通道、明涵路段	基础处理：预埋套筒
Gr—Am—2B2	4 000	2 000	1	中央分隔带小桥、通道、明涵路段	基础处理：预埋地脚螺栓
Gr—Am—4C	4 000	—	—	中央分隔带石方正常路段	（1）中央分隔带宽度2m时，可将混凝土基础连成一体，作固定立柱用，下同；（2）h值根据需要确定，下同
Gr—Am—2C	4 000	2 000	1	中央分隔带石方小半径路段	

图 C.6　Am级波形梁护栏一般构造图（分设型，尺寸单位：mm）

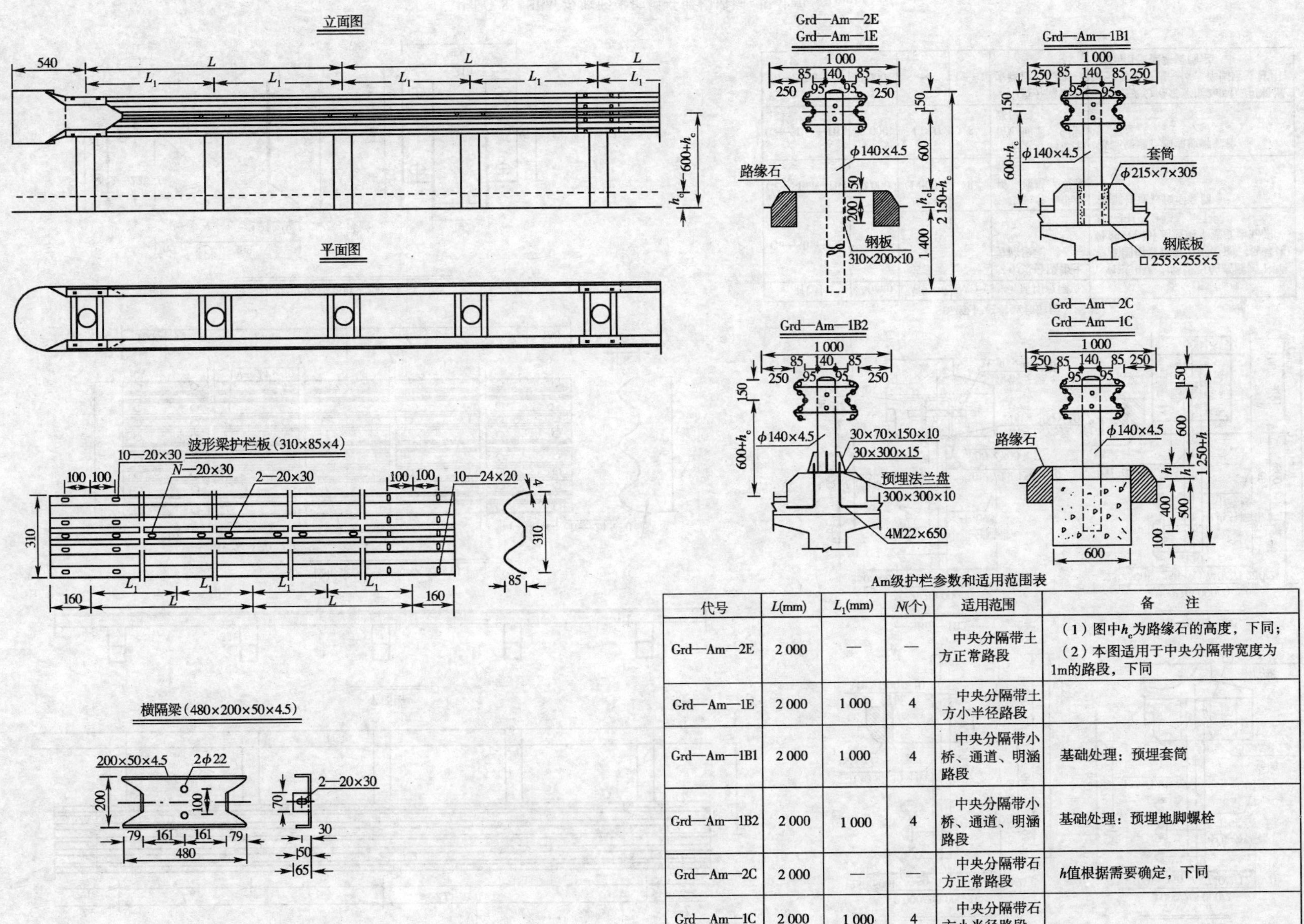

Am级护栏参数和适用范围表

代号	L(mm)	L_1(mm)	N(个)	适用范围	备注
Grd—Am—2E	2 000	—	—	中央分隔带土方正常路段	(1)图中h_c为路缘石的高度，下同； (2)本图适用于中央分隔带宽度为1m的路段，下同
Grd—Am—1E	2 000	1 000	4	中央分隔带土方小半径路段	
Grd—Am—1B1	2 000	1 000	4	中央分隔带小桥、通道、明涵路段	基础处理：预埋套筒
Grd—Am—1B2	2 000	1 000	4	中央分隔带小桥、通道、明涵路段	基础处理：预埋地脚螺栓
Grd—Am—2C	2 000	—	—	中央分隔带石方正常路段	h值根据需要确定，下同
Grd—Am—1C	2 000	1 000	4	中央分隔带石方小半径路段	

图 C.7　Am 级波形梁护栏一般构造图(组合型,尺寸单位:mm)

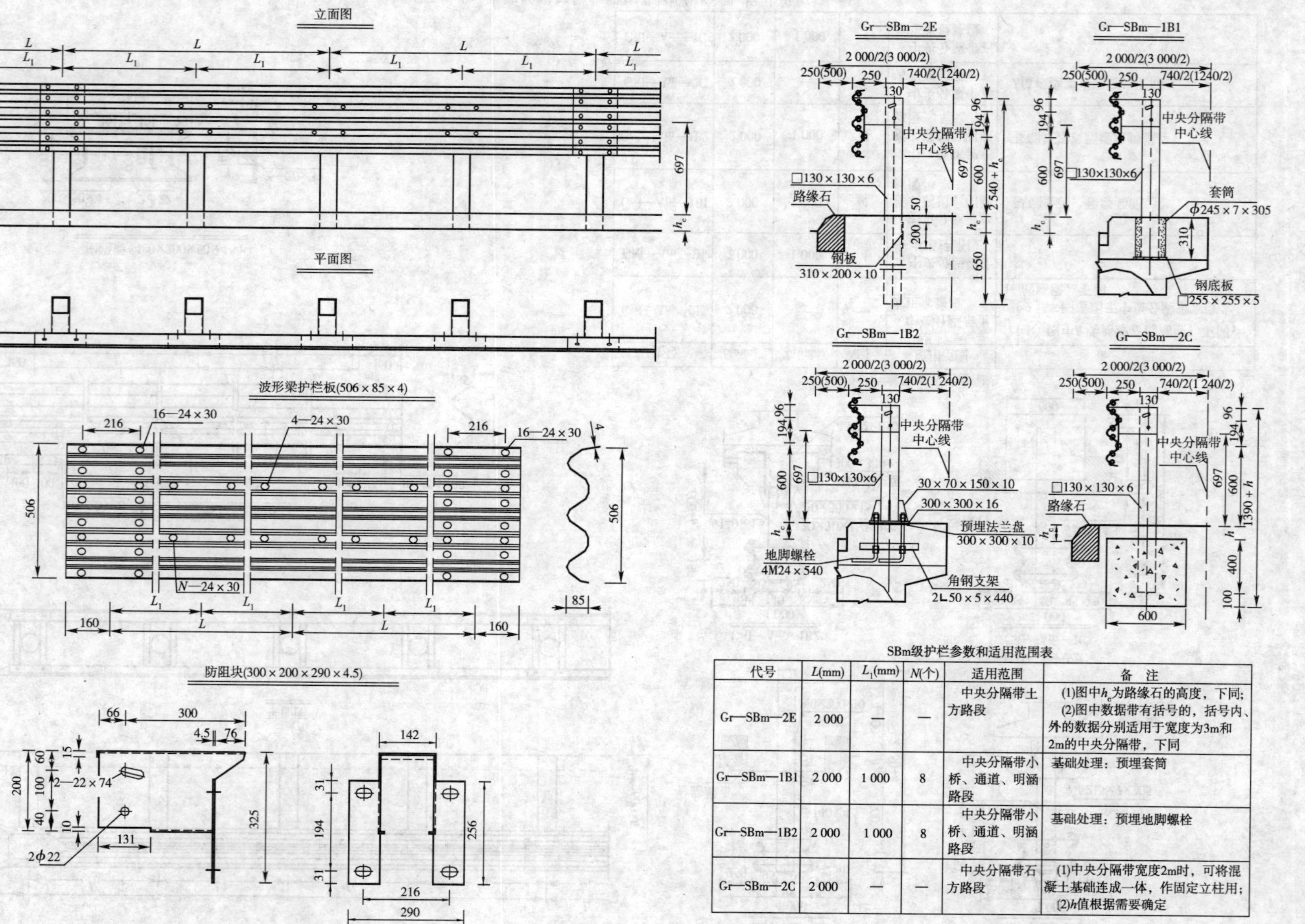

SBm级护栏参数和适用范围表

代号	L(mm)	L_1(mm)	N(个)	适用范围	备 注
Gr—SBm—2E	2 000	—	—	中央分隔带土方路段	(1)图中h_c为路缘石的高度，下同; (2)图中数据带有括号的，括号内、外的数据分别适用于宽度为3m和2m的中央分隔带，下同
Gr—SBm—1B1	2 000	1 000	8	中央分隔带小桥、通道、明涵路段	基础处理：预埋套筒
Gr—SBm—1B2	2 000	1 000	8	中央分隔带小桥、通道、明涵路段	基础处理：预埋地脚螺栓
Gr—SBm—2C	2 000	—	—	中央分隔带石方路段	(1)中央分隔带宽度2m时，可将混凝土基础连成一体，作固定立柱用; (2)h值根据需要确定

图 C.8　SBm 级波形梁护栏一般构造图(尺寸单位:mm)

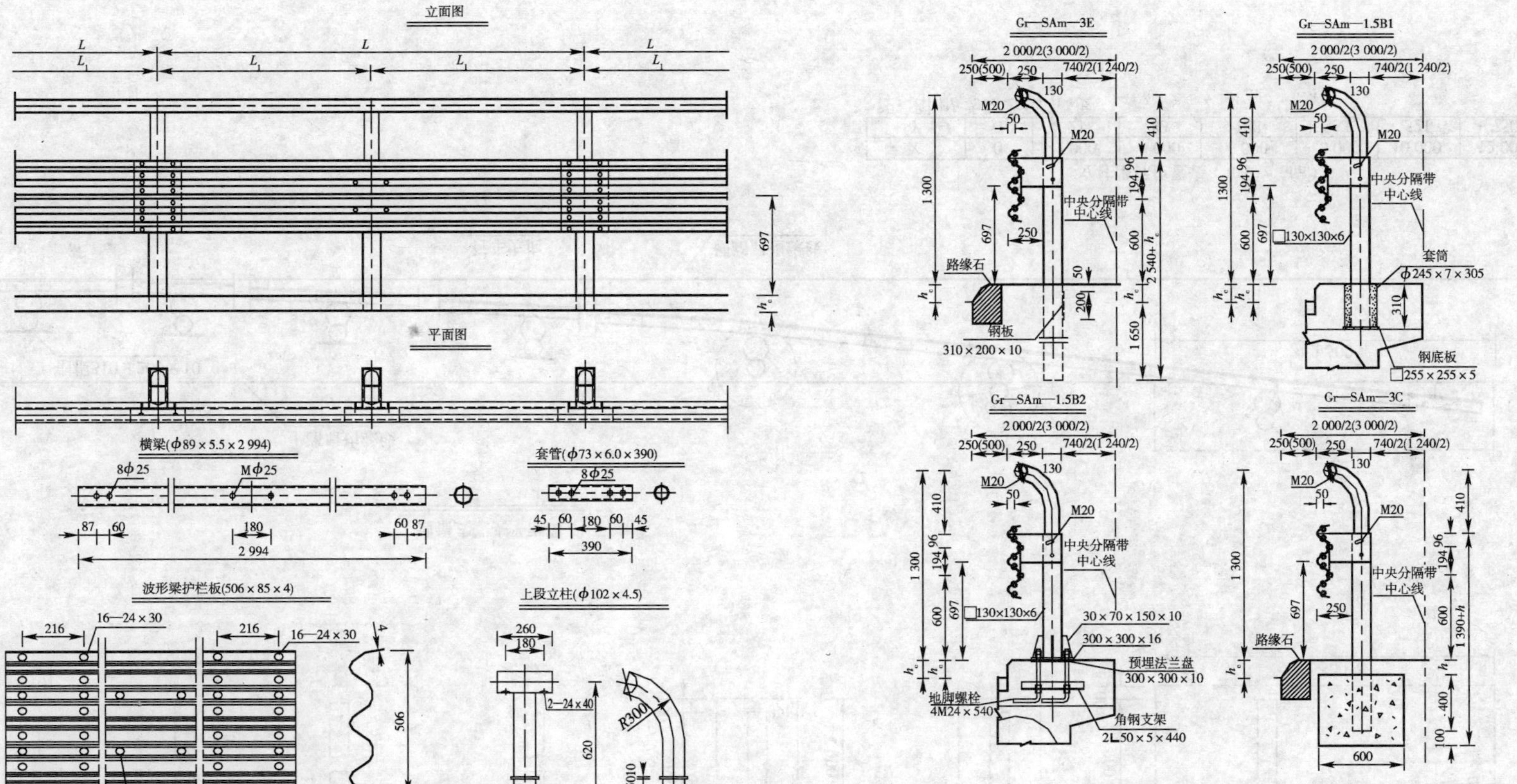

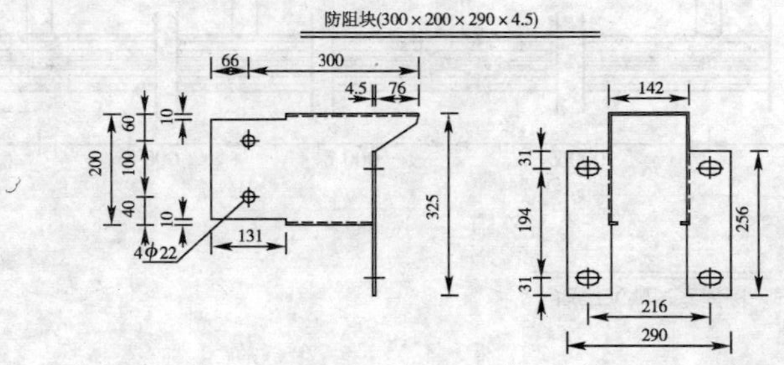

SAm级护栏参数和适用范围表

代　号	L(mm)	L_1(mm)	M(个)	N(个)	适用范围	备　注
Gr—SAm—3E	3 000	—	—	—	中央分隔带土方路段	(1)图中h_c为路缘石的高度，下同; (2)图中数据带有括号的，括号内、外的数据分别适用于宽度为3m和2m的中央分隔带，下同
Gr—SAm—1.5B1	3 000	1 500	4	4	中央分隔带小桥、通道、明涵路段	基础处理：预埋套筒
Gr—SAm—1.5B2	3 000	1 500	4	4	中央分隔带小桥、通道、明涵路段	基础处理：预埋地脚螺栓
Gr—SAm—3C	3 000	—	—	—	中央分隔带石方路段	(1)中央分隔带宽度2m时,可将混凝土基础连成一体，作固定立柱用; (2)h值根据需要确定

图 C.9　SAm 级波形梁护栏一般构造图(尺寸单位:mm)

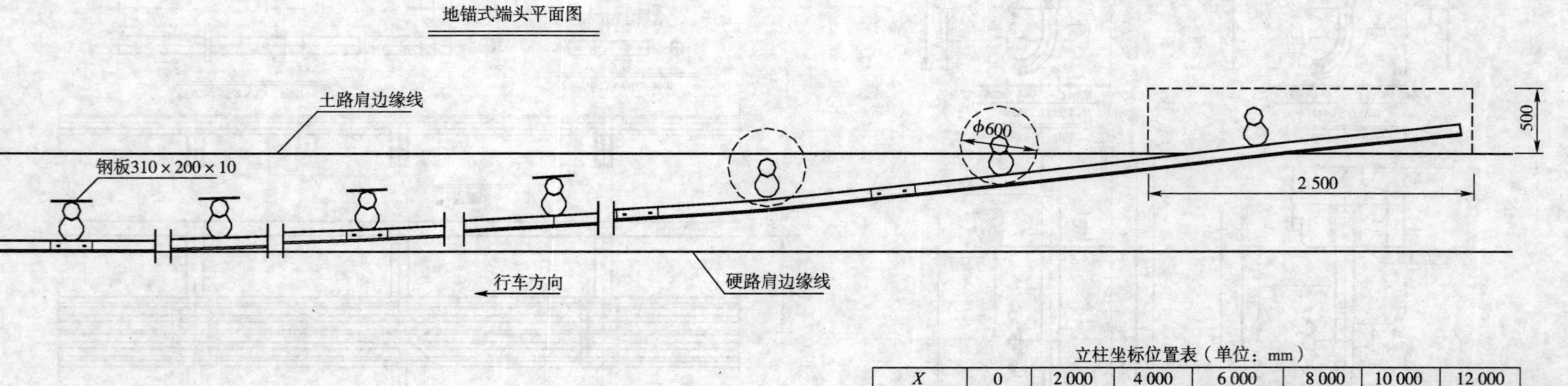

立柱坐标位置表（单位：mm）

X	0	2 000	4 000	6 000	8 000	10 000	12 000
Y	0	21	83	188	333	521	750

注：图中h_c为路缘石的高度。

图 C.10　外展地锚式端头结构图示例(尺寸单位:mm)

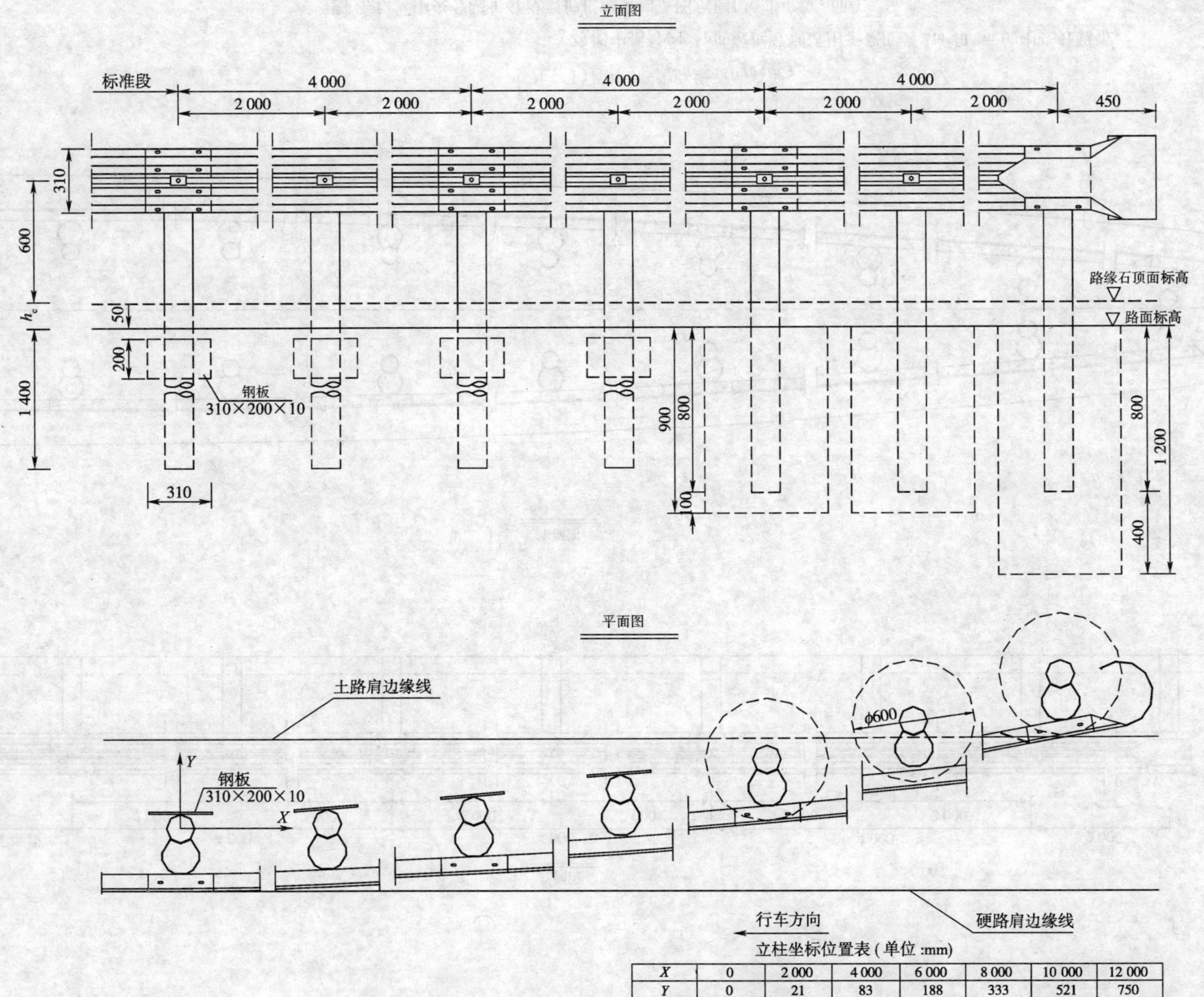

立柱坐标位置表(单位:mm)

X	0	2 000	4 000	6 000	8 000	10 000	12 000
Y	0	21	83	188	333	521	750

注:图中 h_c 为路缘石的高度。

图 C.11 外展圆头式端头结构图示例(尺寸单位:mm)

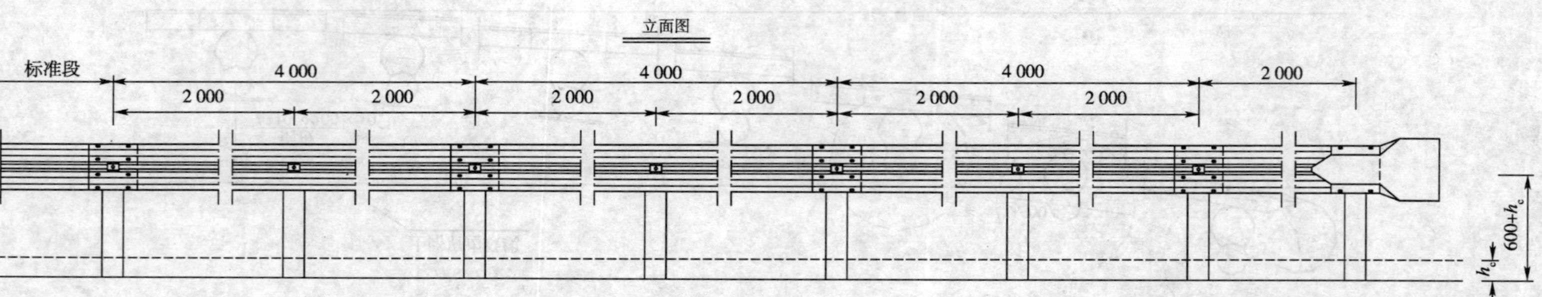

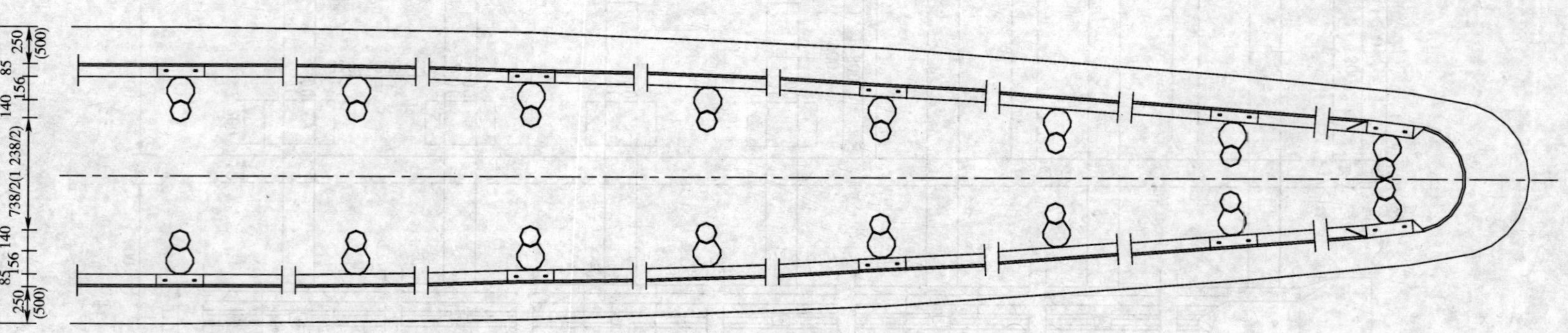

注：(1)图中 h_c 为路缘石的高度；

(2)图中括号内、外的数据分别适用于宽度为 3m 和 2m 的中央分隔带。

图 C.12　中央分隔带分设型护栏端头构造图示例(尺寸单位：mm)

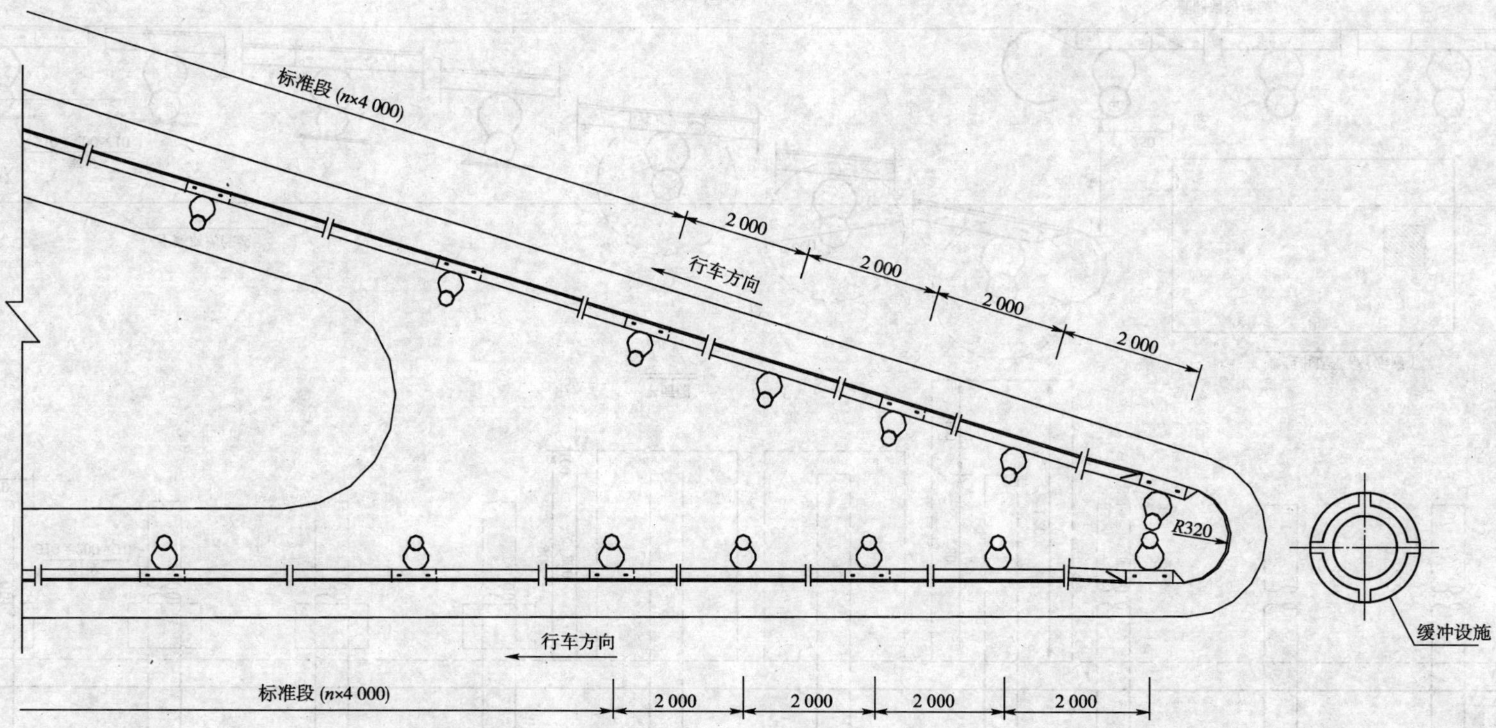

标准段 (n×4 000)

2 000

2 000

2 000

2 000

行车方向

$R320$

缓冲设施

行车方向

标准段 (n×4 000)

2 000

2 000

2 000

2 000

图 C.13　三角地带护栏布设图示例(尺寸单位:mm)

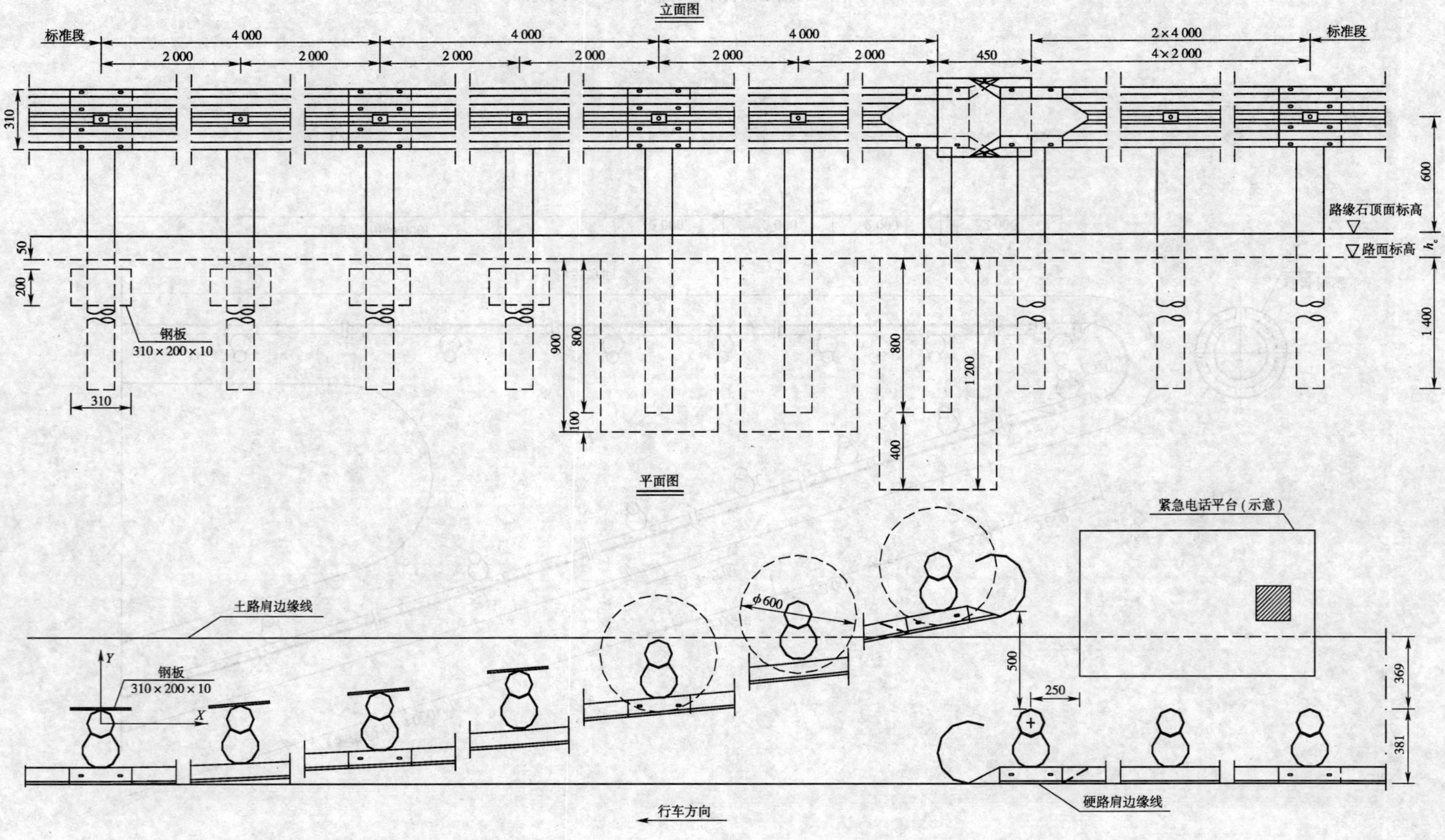

立柱坐标位置表（单位:mm）

Y	0	2 000	4 000	6 000	8 000	10 000	12 000
X	0	22	89	200	356	556	800

注：图中 h_c 为路缘石的高度。

图 C.14　紧急电话处护栏端部处理结构图示例(尺寸单位:mm)

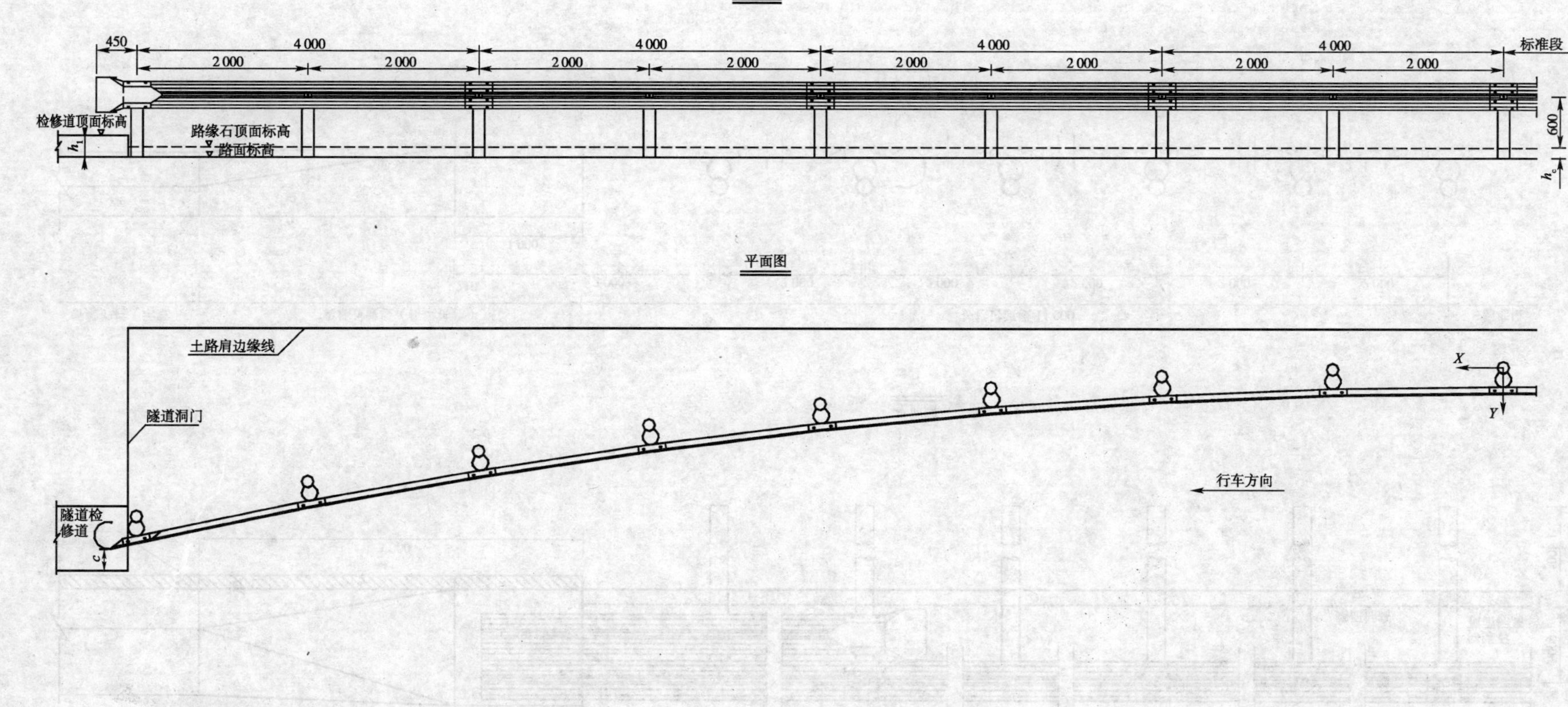

注：（1）本图适用于隧道入口侧护栏的端部处理，出口侧按护栏与隧道壁搭接方式处理；

（2）图中立柱过渡采用抛物线型式；

（3）图中 h_c 为路缘石的高度，h_1 为隧道检修道高度，c 为隧道建筑限界要求的宽度；

（4）应采取措施使位于护栏端部的检修道不构成行车障碍物。

图 C.15　隧道洞口处护栏端部处理结构图示例（尺寸单位：mm）

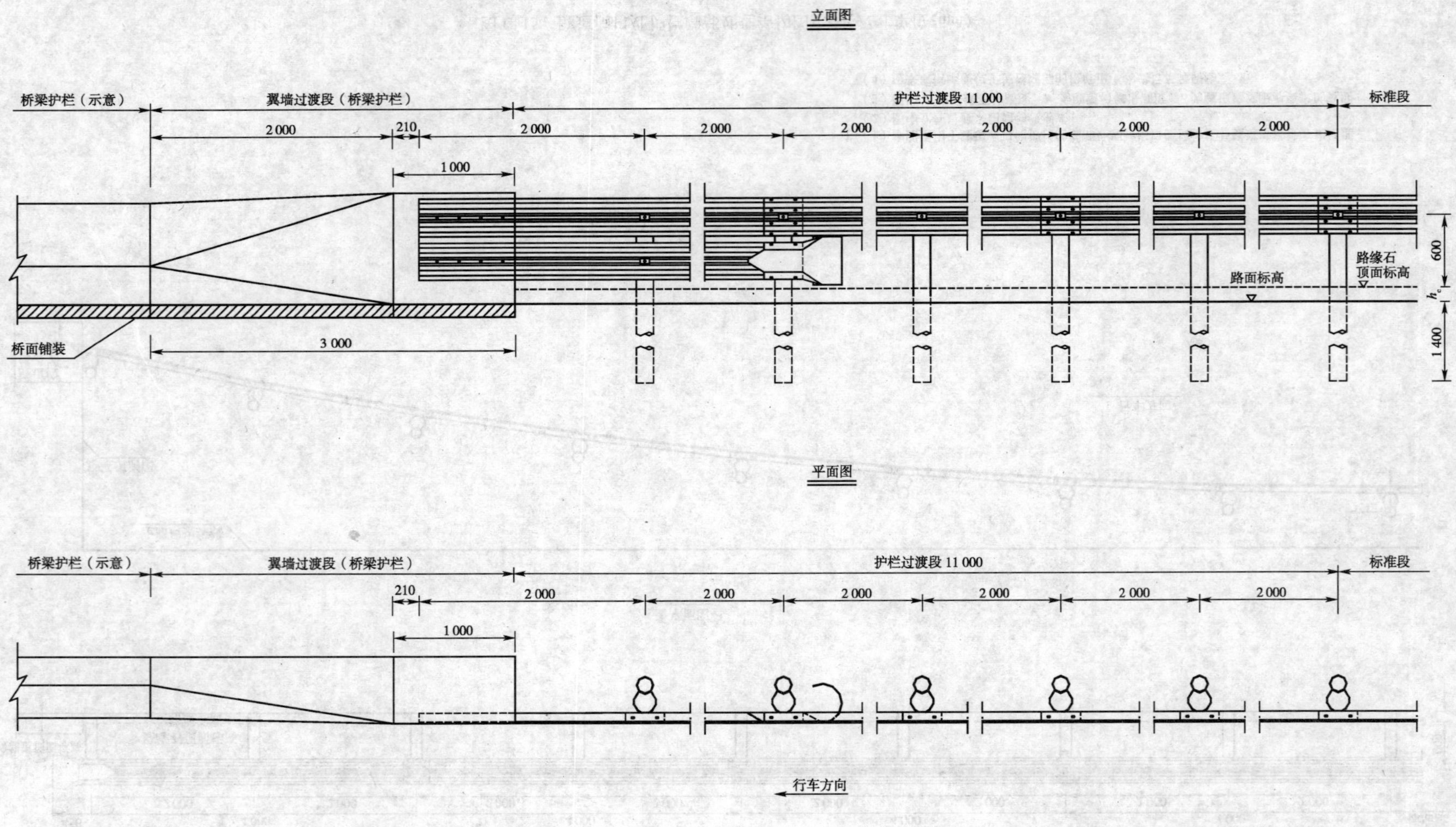

立面图

桥梁护栏（示意） 翼墙过渡段（桥梁护栏） 护栏过渡段 11 000 标准段

2 000 210 2 000 2 000 2 000 2 000 2 000 2 000

1 000

路缘石
顶面标高

路面标高

600

h_c

1 400

桥面铺装

3 000

平面图

桥梁护栏（示意） 翼墙过渡段（桥梁护栏） 护栏过渡段 11 000 标准段

210 2 000 2 000 2 000 2 000 2 000 2 000

1 000

行车方向

注：图中 h_c 为路缘石的高度。

图 C.16 桥梁钢筋混凝土墙式护栏与路基波形梁护栏过渡段结构（BT-1，尺寸单位：mm）

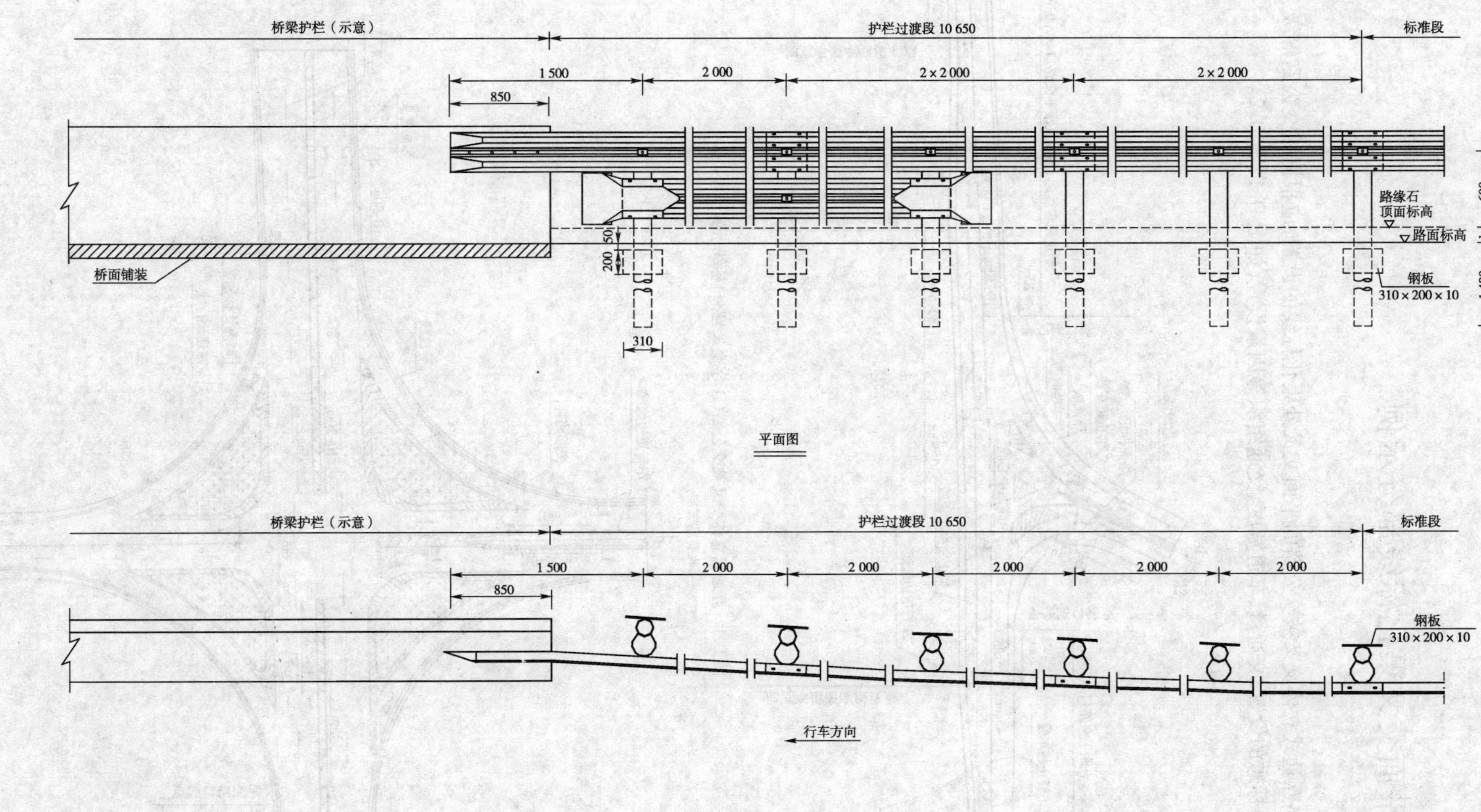

注：图中 h_c 为路缘石的高度。

图 C.17 桥梁钢筋混凝土墙式护栏与路基波形梁护栏过渡段结构（BT-2，尺寸单位：mm）

附录 D　平面交叉渠化标线部分示例

D.1　高速公路互通式立体交叉被交公路的平面交叉处渠化标线的设置，应根据相交公路等级、平面交叉的形状、交通标志的设置、交通量、车道宽度、交通组织等因素设置，如图 D.1、图 D.2。

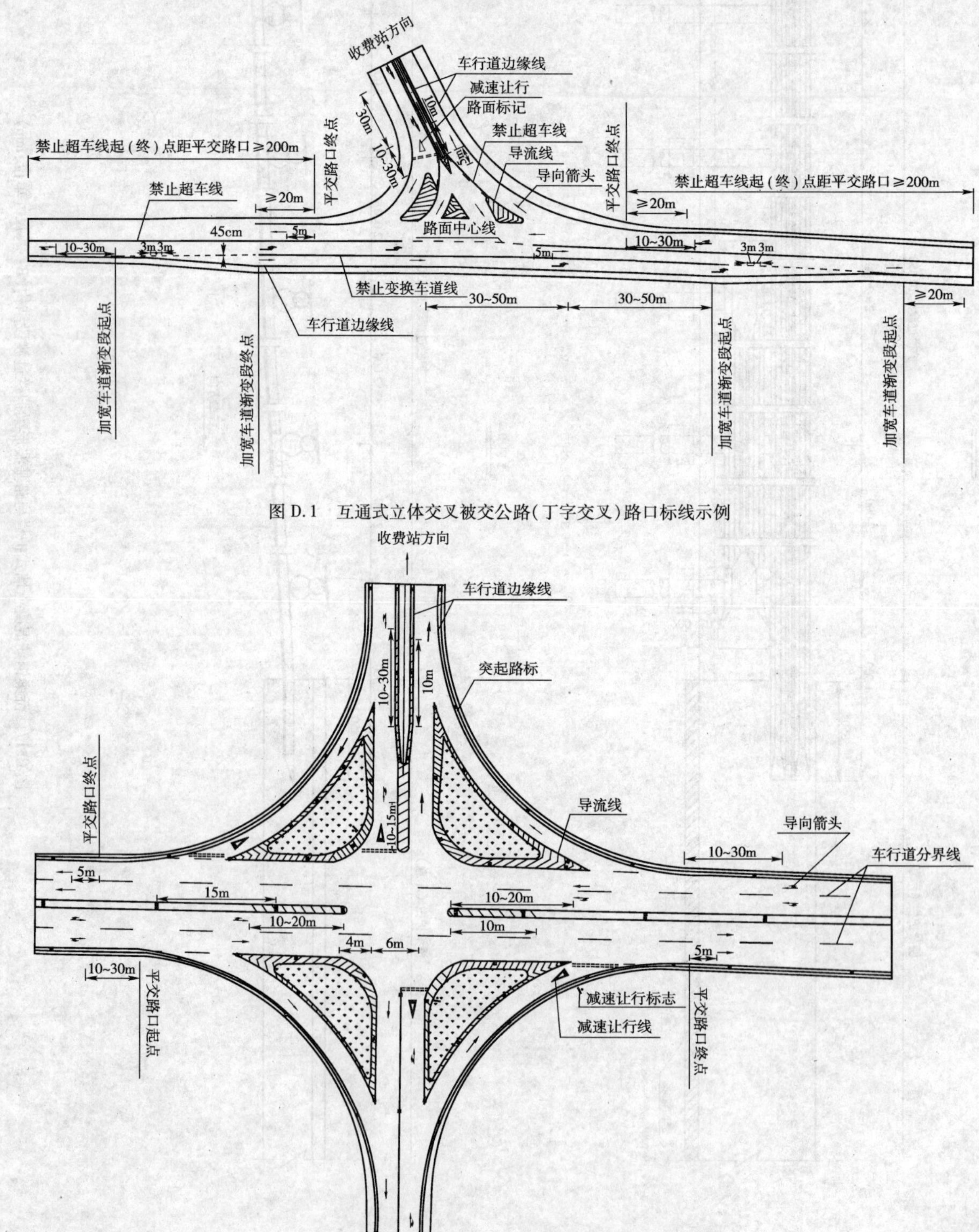

图 D.1　互通式立体交叉被交公路(丁字交叉)路口标线示例

图 D.2　互通式立体交叉被交公路(十字交叉)路口标线示例

D.2 一级公路与其他公路平交交叉渠化路口，应根据被交公路等级、平面交叉的形状、交通流量的大小等因素灵活、合理地设置交通标线，如图 D.3。

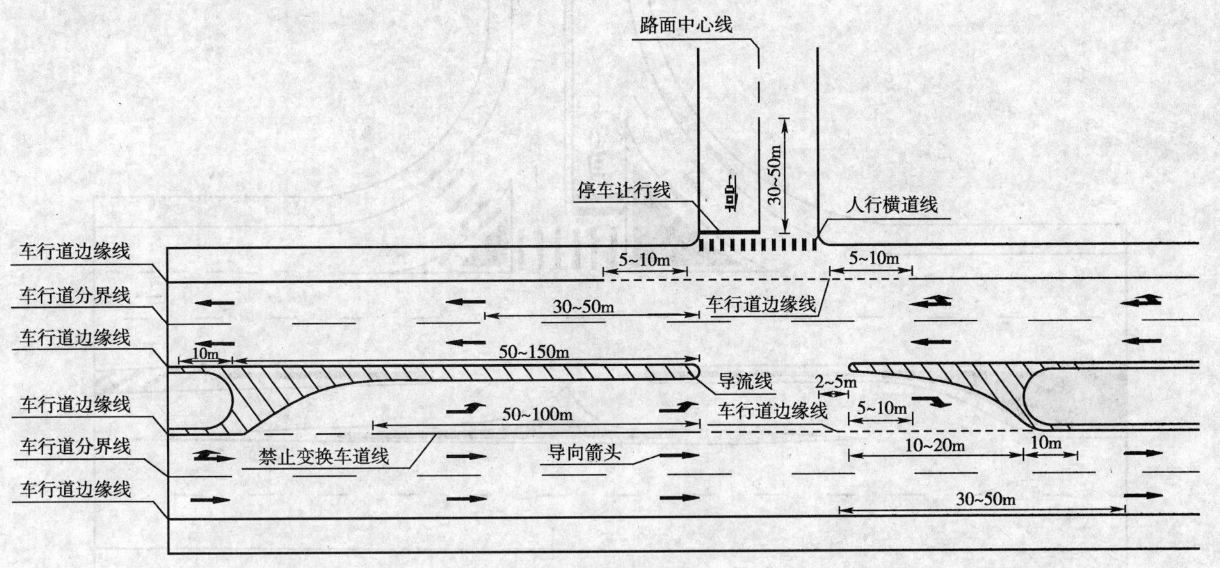

图 D.3 一级公路平面交叉标线示例

D.3 二级公路平面交叉渠化标线的设置

D.3.1 丁字路口有加(减)速车道时，在路口两侧应施划黄色中心双实线，在加(减)速车道范围应施划分隔线、车道边缘线、导向箭头等，如图 D.4。

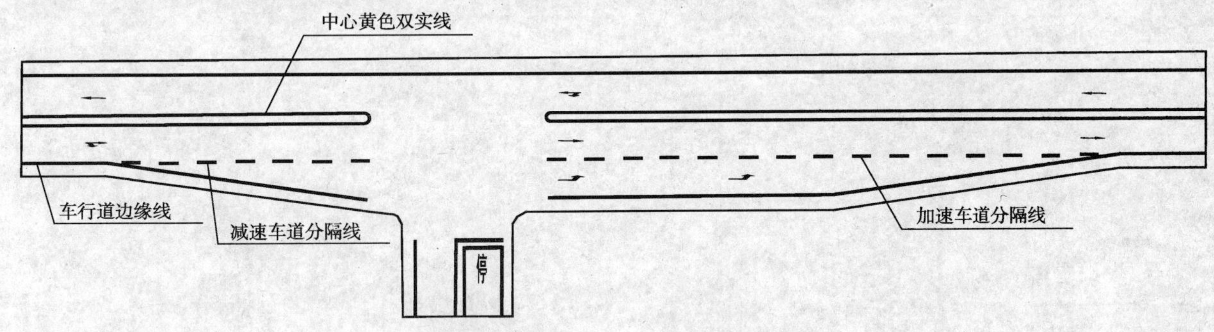

图 D.4 丁字路口有加(减)速车道时的标线示例

D.3.2 有左转弯车道时，应施划黄色中心双实线、导向箭头、车行道边缘线、斑马线、左转弯导向车道线等，如图 D.5。

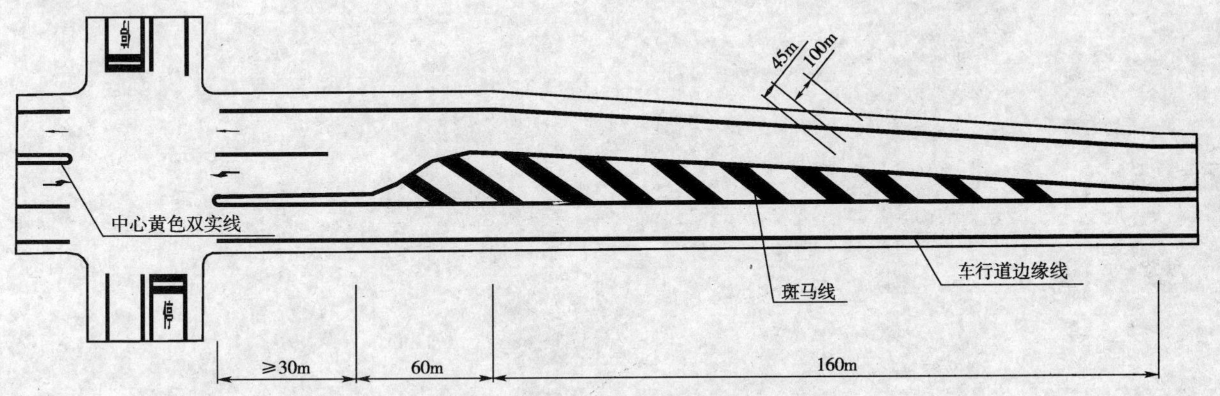

图 D.5 二级公路有左转车道路口的标线示例

D.3.3 公路丁字路口也可以在中央分隔带开辟左转弯专用车道，使左转弯车辆从主车道中分离出去，从支线进来的车辆驶入专用车道后再进入主车道。标线划法如图 D.6。

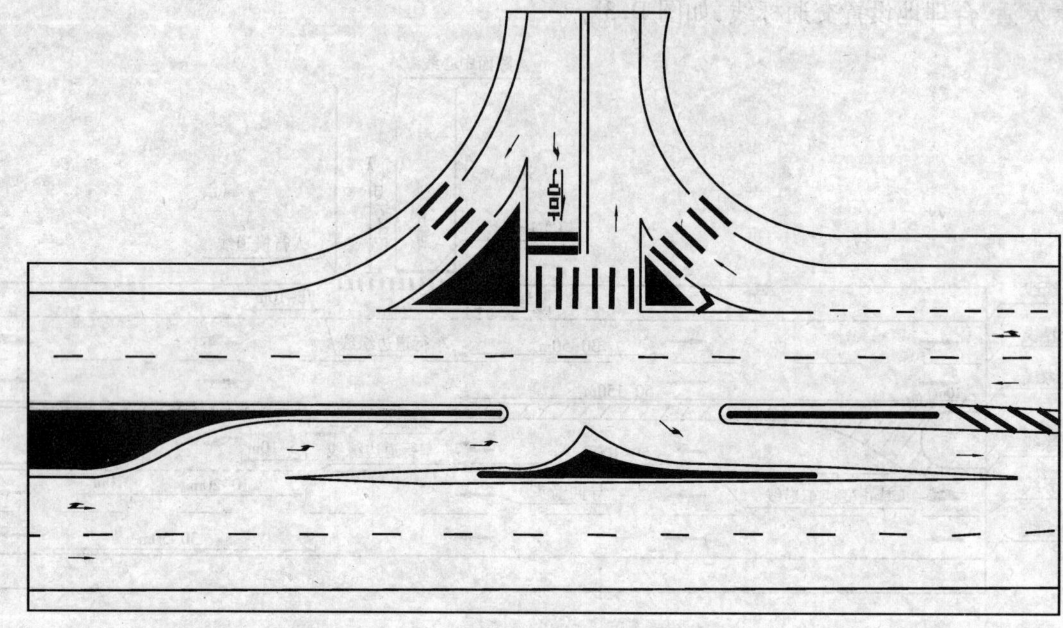

图 D.6 有左转弯车道的公路路口标线示例

附录 E　隔离栅一般构造图

E.1　钢板网隔离栅一般构造示例如图 E.1。

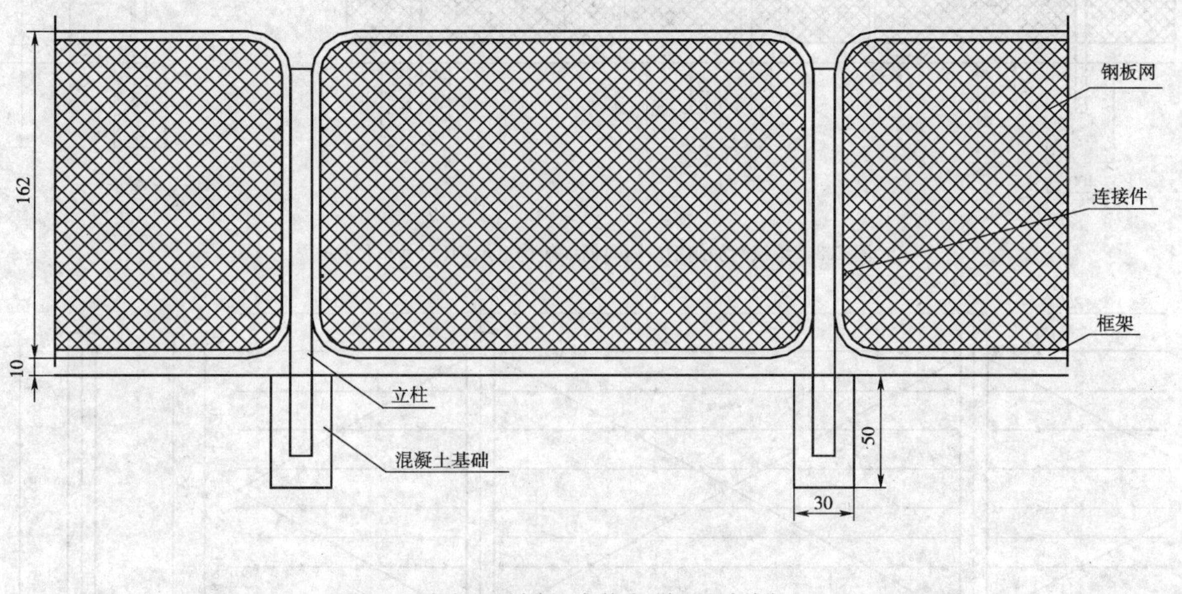

图 E.1　钢板网隔离栅一般构造示例(尺寸单位:cm)

E.2　圈状端头电焊网一般构造示例如图 E.2。

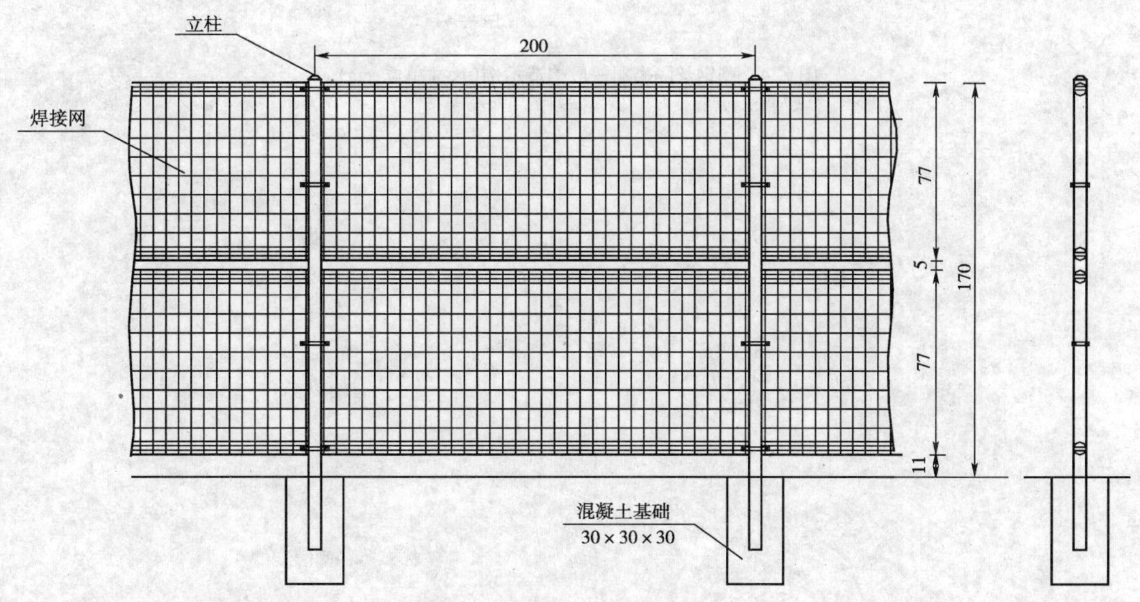

图 E.2　圈状端头电焊网一般构造示例(尺寸单位:cm)

E.3　编织网加刺钢丝隔离栅一般构造示例如图 E.3。

E.4　刺钢丝隔离栅一般构造示例如图 E.4。

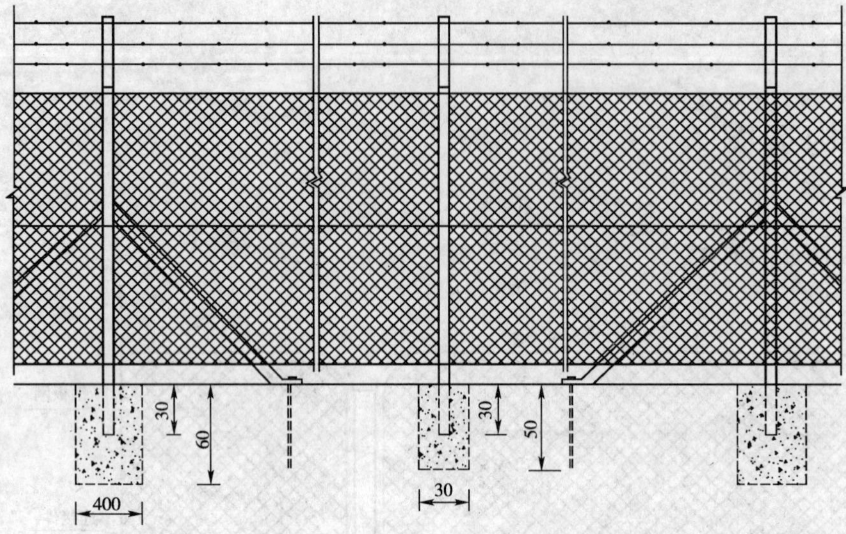

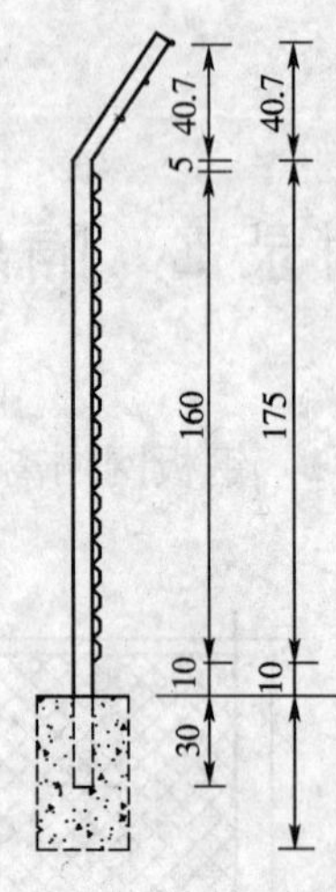

图 E.3　编织网加刺钢丝隔离栅一般构造示例(尺寸单位:cm)

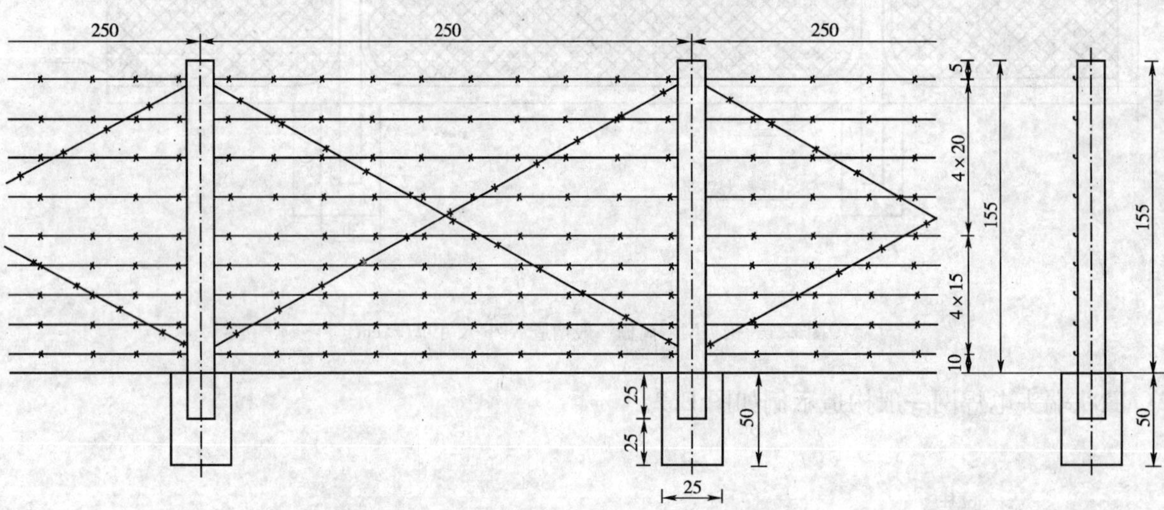

图 E.4　刺钢丝隔离栅一般构造示例(尺寸单位:cm)

本规范用词说明

本细则按执行的严格程度,对各项技术指标的规定,在条文用词上采用了以下写法,请使用者充分考虑工程项目所处自然条件、交通特点和工程特性等具体情况,灵活运用。

规范条文用词:

1　表示很严格,非这样做不可的用词:

正面词采用“必须”;反面词采用“严禁”。

2　表示严格,在正常情况下应这样做的用词:

正面词采用“应”;反面词采用“不应”或“不得”。

3　表示允许有选择,有条件时首先应这样做的用词:

正面词采用“宜”;反面词采用“不宜”。

4　表示允许有选择的用词:

正面词采用“可”。

附件

《公路交通安全设施设计细则》

（JTG/T D81—2006）

条 文 说 明

1 总则

1.0.1 交通行业标准《高速公路交通安全设施设计及施工技术规范》(JTJ 074—94,下简称《94 版规范》)自交通部 1994 年 1 月发布,1994 年 6 月实施以来,至今已达十余年。这十多年来,是我国公路建设飞速发展时期,交通安全设施的建设取得了很大成绩。《94 版规范》对我国高速公路交通安全设施的建设起到了积极的指导和推动作用,深受公路界的好评。但与国外交通安全设施先进水平相比,与广大公路出行者对交通安全、交通服务的期望和需求相比,《94 版规范》还存在着很多不适应之处。

由于《94 版规范》是在 1988 ~ 1992 年期间制定的,属于我国高速公路早期建设的成果体现,限于当时的条件和高速公路建设的有限经验,交通安全设施的建设以经济、实用为原则。近年来我国公路建设有了长足的发展,高速公路、等级公路总里程数由 1994 年底的 500 余公里、86.14 万公里分别增至 2005 年底的 4.1 万公里、159.18 万公里。各地在使用《94 版规范》的过程中,积累了不少设计、施工的宝贵经验和教训,涌现了一批新的研究成果和结构型式,新材料、新工艺得到了广泛的应用,如新型三波波形梁护栏、新型混凝土护栏结构、新型标线材料、新型材料的防眩板、新型突起路标和轮廓标等,这些成果均反映在新修订和制定的《道路交通标志和标线》(GB 5768—1999)、《公路三波形梁钢护栏》(JT/T 457—2001)、《隔离栅技术条件》(JT/T 374—1998)、《公路防眩设施技术条件》(JT/T 333—1997)、《塑料防眩板》(JT/T 598—2004)、《公路用玻璃纤维增强塑料产品 第 4 部分:防眩板》(JT/T 599.4—2004)、《突起路标》(JT/T 390—1999)、《轮廓标技术条件》(JT/T 388—1999)等一批技术标准中,《94 版规范》与上述标准已不匹配,修订《94 版规范》已非常迫切了。

此次修订就是要针对我国公路建设的发展水平,结合我国的经济技术条件,因地制宜、实事求是地作出规定,以使我国公路交通安全设施的设计安全合理、技术先进、确保质量、经济实用,并在国家公路基本设施建设中,起到积极地规范和质量控制的作用。

1.0.2 本细则此次为修订。我国目前公路交通安全设施设计及施工的实施均按《94 版规范》执行,但该规范仅适用于高速公路和汽车专用一级公路,对一般公路的交通安全设施没有规定。考虑到其他等级的公路在我国公路通车里程中占有很大比重,交通安全形势也很严峻,另外现行《公路工程技术标准》(JTG B01—2003)重新划分了公路等级,所以本细则适用范围扩大到新建和改建公路。对于改建公路,因公路条件受限制时,本细则规定的个别条款,经过经济技术比较后,可作合理改动。

1.0.3 公路交通安全设施为满足公路使用者安全行车的需要,应该具有四类使用功能:①主动引导;②被动防护;③全时保障;④隔离封闭。本细则包含的护栏、交通标志、交通标线、隔离栅和桥梁护网、防眩设施、轮廓标和活动护栏可以实现上述功能。根据各类设施的不同特点,本细则分别规定了设计指导思想、设置原则、型式选择、构造要求、材料要求等内容。

1.0.4 公路全路段交通安全设施的设计不但要考虑道路条件、交通条件,而且还要考虑周边路网条件和环境条件,进行总体设计,这样才能从公路使用者的角度出发,更好地为其提供优质服务。同一条公路交通安全设施设计采用的设置原则、方案和风格宜保持一致,以与驾驶人员的期望值相吻合。这里"同一条公路"首先是指同次需要完成的设计项目,对分阶段实施的公路项目来说,在可能条件下宜统一全线的设计标准,分路段参照执行。

交通安全设施之间、交通安全设施与公路主体工程和其他设施之间应相互协调、配合使用。如交通标志与交通标线之间的含义不得相互矛盾,交通标志与监控外场设备之间不应相互影响,不同型式护栏之间应进行过渡处理,公路上设置减速丘设施时应设置相应的交通标志、标线等。

1.0.5 公路交通安全设施设计应坚持"安全、环保、舒适、和谐"的理念,采用合理的、能体现驾驶员及其他公路使用者需要的交通安全设施,对公路出行的安全性、方便性有重要作用,同时也能美化路容,增加出行的愉悦性、舒适性。

1.0.6 公路路面加铺、罩面后，部分交通安全设施，如护栏的高度、交通标志的高度均会受到一定程度的影响。这种情况下，在设计时可考虑采取一定的措施，如适当增加交通标志的高度；混凝土护栏可适当加高并采用单坡型；波形梁或缆索护栏立柱适当加长并预留连接孔，也可采用追紧器抽换式混凝土基础来安装立柱，追紧器可由铸钢材料制作。ϕ140 规格的追紧器抽换式混凝土基础如图 1-1。

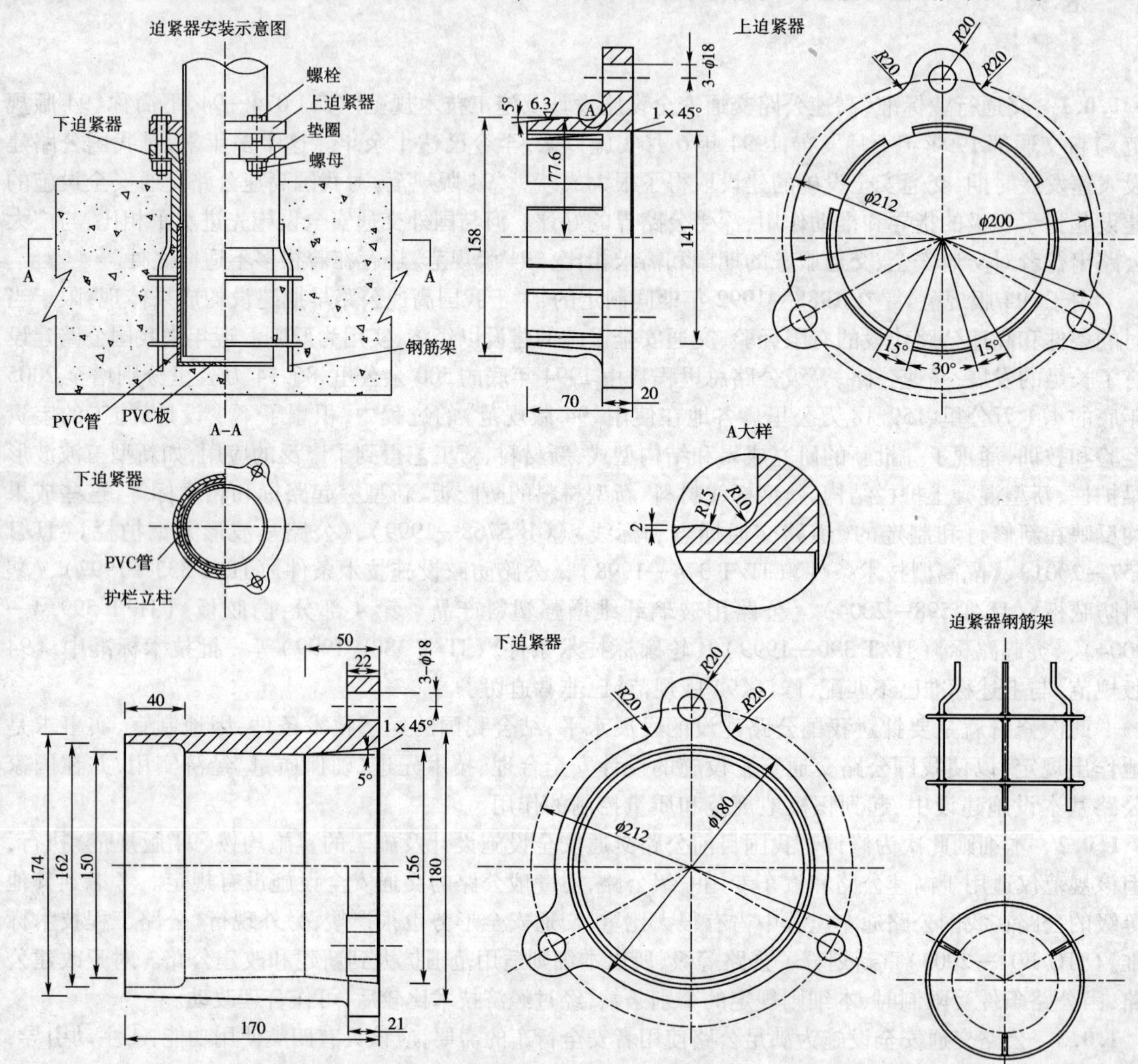

图 1-1 追紧器抽换式混凝土基础示意图（ϕ140 规格）（尺寸单位：mm）

1.0.7 公路的运营环境随着时间的推移会发生一些变化，如交通量、车型构成等的变化，各类交通安全设施应随着交通量的增长、运营需求与技术发展状况等逐步补充、完善。

1.0.8 本条中所指的路侧安全净区是指公路行车方向最右侧车行道以外、相对平坦、无障碍物、可供失控车辆重新返回正常行驶路线的带状区域，如图 1-2。国内外统计数据表明，造成人员伤亡的交通事故中约 30% 左右是由于车辆驶出路外造成的，因此应对路侧安全净区内的障碍物进行必要的处理，以减少类似事故的发生。

欧洲一些国家对路侧安全净区均有明确规定，如表 1-1、表 1-2。

表 1-1 一些国家对路侧安全净区宽度的规定

国　别	路侧安全净区宽度值（m）	国　别	路侧安全净区宽度值（m）
比利时	3.5	波兰	3.5
捷克	4.5	葡萄牙	2.0
丹麦	3.0～9.0	德国	见表 1-2 的规定
法国（高速公路）	10	英国	4.5
匈牙利	2.5	瑞士	10
荷兰	10		

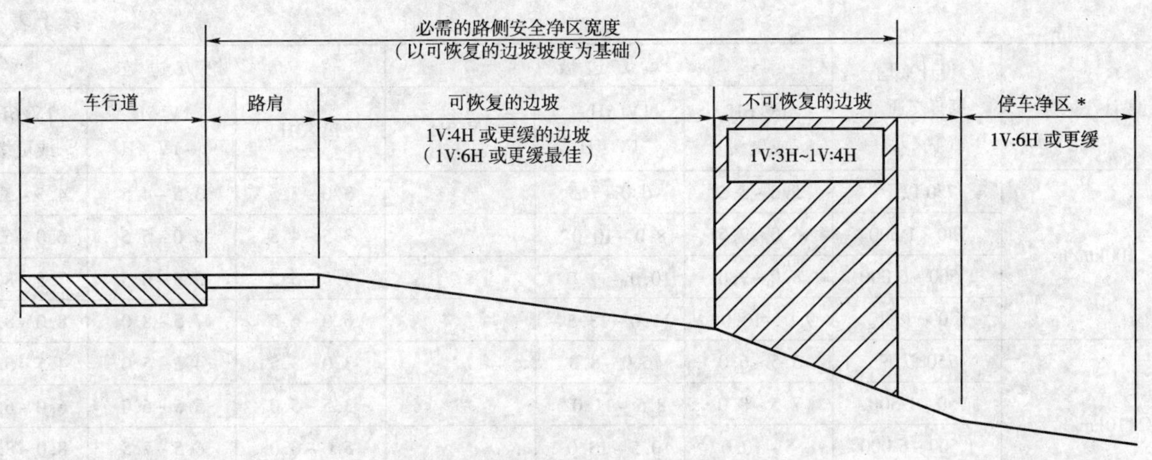

图 1-2　路侧安全净区的概念

注：由于必需的路侧安全净区内有一部分为不可恢复的边坡（图中阴影部分），因此需要附加的停车净区，其宽度等于阴影部分的宽度。

表 1-2　德国高速公路路侧安全净区的规定

路段特征	边坡的坡度	障碍物离行车道边缘的距离（m）	
		A_1	A_2
直线段 $R>1\ 500$m 的曲线外侧 曲线内侧	缓坡 1:∞ ~1:8	10.0	6.0
	中坡 1: 8 ~1:5	12.0	8.0
	陡坡 >1:5	14.0	10.0
$R<1\ 500$m 的曲线外侧	缓坡 1:∞ ~1:8	12.0	10.0
	中坡 1: 8 ~1:5	14.0	12.0
	陡坡 >1:5	16.0	14.0

注：A_1-车辆偏离车行道时对第三方造成危害或造成严重事故后果的间距；

A_2-与障碍物的间距。

美国通过对路侧安全性的长期研究，提出路侧安全净区与现场条件（边坡坡度、填方或挖方高度）、设计速度、公路所在地区（城市还是农村）和实践经验有关，并编制了计算图、表，如表 1-3。对于位于事故多发路段的平曲线路段还提供了调整系数表。

表 1-3　美国路侧安全净区的计算表

设计速度	设计平均每日交通量（辆/天）	填方边坡			挖方边坡		
		1V:6H 或更缓	1V:5H ~ 1V:4H	1V:3H	1V:3H	1V:5H ~1V:4H	1V:6H 或更缓
60km/h 或以下	750 以下	2.0~3.0	2.0~3.0	**	2.0~3.0	2.0~3.0	2.0~3.0
	750~1 500	3.0~3.5	3.5~4.5	**	3.0~3.5	3.0~3.5	3.0~3.5
	1 500~6 000	3.5~4.5	4.5~5.0	**	3.5~4.5	3.5~4.5	3.5~4.5
	6 000 以上	4.5~5.0	5.0~5.5	**	4.5~5.0	4.5~5.0	4.5~5.0
70~80km/h	750 以下	3.0~3.5	3.5~4.5	**	2.5~3.0	2.5~3.0	3.0~3.5
	750~1 500	4.5~5.0	5.0~6.0	**	3.0~3.5	3.5~4.5	4.5~5.0
	1 500~6 000	5.0~5.5	6.0~8.0	**	3.5~4.5	4.5~5.0	5.0~5.5
	6 000 以上	6.0~6.5	7.5~8.5	**	4.5~5.0	5.5~6.0	6.0~6.5
90km/h	750 以下	3.5~4.5	4.5~5.5	**	2.5~3.0	3.0~3.5	3.0~3.5
	750~1 500	5.0~5.5	6.0~7.5	**	3.0~3.5	4.5~5.0	5.0~5.5
	1 500~6 000	6.0~6.5	7.5~9.0	**	4.5~5.0	5.0~5.5	6.0~6.5
	6 000 以上	6.5~7.5	8.0~10.0*	**	5.0~5.5	6.0~6.5	6.5~7.5

续上表

设计速度	设计平均每日交通量（辆/天）	填方边坡			挖方边坡		
		1V:6H或更缓	1V:5H～1V:4H	1V:3H	1V:3H	1V:5H～1V:4H	1V:6H或更缓
100km/h	750以下	5.0～5.5	6.0～7.5	**	3.0～3.5	3.5～4.5	4.5～5.0
	750～1 500	6.0～7.5	8.0～10.0*	**	3.5～4.5	5.0～5.5	6.0～6.5
	1 500～6 000	8.0～9.0	10.0～12.0*	**	4.5～5.5	5.5～6.5	7.5～8.0
	6 000以上	9.0～10.0*	11.0～13.5*	**	6.0～6.5	7.5～8.0	8.0～8.5
110km/h	750以下	5.5～6.0	6.0～8.0	**	3.0～3.5	4.5～5.0	4.5～5.0
	750～1 500	7.5～8.0	8.5～11.0*	**	3.5～5.0	5.5～6.0	6.0～6.5
	1 500～6 000	8.5～10.0*	10.5～13.0*	**	5.0～6.0	6.5～7.5	8.0～8.5
	6 000以上	9.0～10.5*	11.5～14.0*	**	6.5～7.5	8.0～9.0	8.0～9.5

注：* 当调查研究或历史数据表明某些路段连续发生交通事故的频率较高时，设计人员所提供的路侧安全净区宽度可高于本表的规定。从实用的角度出发，路侧安全净区可控制在9m。

** 由于车辆在可穿越的未防护1V:3H的边坡上恢复正常行驶的可能性不大，因此在这种边坡坡底处不应存在固定障碍物。确定边坡坡底处恢复区的宽度应考虑路权、环境、经济、安全及事故的历史数据等因素。此外，车行道边缘与1V:3H边坡开始点之间的距离也会影响坡底处的恢复区宽度。由于受几个因素的制约，图1-2绘出了可用以确定理想的最大恢复区宽度的填方边坡参数。

我国目前正在开展路侧安全净区的定量化研究，上述数据可供设计参考。当公路路侧安全净区内设置有交通标志、可变信息标志、照明灯、摄像机等，又不能采取能使车辆安全穿越的措施（如去除、将障碍物设计成车辆可安全穿越的设施、移位或采用解体消能结构等）时，则应按护栏设置条件设置路侧护栏。

1.0.9 近年来，国内外公路交通安全设施领域的新技术、新材料、新工艺、新产品不断出现，在设计中采用时，应注意以下几个方面的因素：

任何新技术、新材料、新工艺、新产品首先必须要满足安全和使用功能方面的要求，并应通过有关权威机构的试验验证，符合相关标准、规范的要求。如护栏方面的产品可按照《高速公路护栏安全性能评价标准》（JTG/T F83-01）的规定，确定该产品能否达到相应的防撞性能；标线涂料、防眩板能否满足相关规范中规定的功能要求等。

其次还要考虑耐久性、建设成本、养护成本、美观、防盗性等因素。

在必要的条件下，应经过现场试验段的检验。

经上述充分论证后才可以采用公路交通安全设施的新技术、新材料、新工艺和新产品。

1.0.10 改建公路工程完成后，各种道路条件、交通条件、环境条件往往会发生很大变化，应结合改建后的公路（包括公路等级、设计速度等）、交通、环境条件进行交通安全设施的重新设计。

1.0.11 本条中所指标准、规范主要包括：

（1）《公路工程技术标准》（JTG B01）；

（2）《道路交通标志和标线》（GB 5768）；

（3）《公路桥涵设计通用规范》（JTG D60）；

（4）《公路钢筋混凝土及预应力混凝土桥涵设计规范》（JTG D62）；

（5）《高速公路护栏安全性能评价标准》（JTG/T F83-01）。

3　护栏防撞性能

3.0.1　公路上的护栏，应实现以下功能：①阻止车辆越出路外或穿越中央分隔带闯入对向车道；②防止车辆从护栏板下钻出，或将护栏板冲断；③护栏应能使车辆回复到正常行驶方向；④发生碰撞时，对乘客的损伤程度最小；⑤能诱导驾驶员的视线。

要实现上述功能，则需要护栏既要有相当高的力学强度和刚度来抵挡车辆的冲撞力，又要使其刚度不要太大，以免使乘客受到严重的伤害，因此进行护栏设计的要旨就是解决这一矛盾。本次修订首先对《94 版规范》的护栏碰撞条件进行了评价，然后分析研究了欧、美、日等发达国家护栏碰撞条件的发展趋势。在此基础上，提出了确定我国护栏碰撞条件的原则，通过对碰撞条件参数的调查，最终确定了我国公路护栏的碰撞条件。

(1)对《94 版规范》护栏碰撞条件的评价

①《94 版规范》中将路基护栏和桥梁护栏分为两种不同的碰撞条件，如表 3-1 和表3-2。

表 3-1　路基护栏碰撞条件

防撞等级	碰撞速度(km/h)	车辆质量(t)	碰撞角度(°)	碰撞能量(kJ)
A	60	10	15	93
S	80	10	15	165

表 3-2　桥梁护栏碰撞条件

防撞等级	碰撞速度(km/h)	车辆质量(t)	碰撞角度(°)	碰撞能量(kJ)
PL_1	80	2.0	20	57.8
	50	10	15	64.6
PL_2	70	10	15	126.6
PL_3	80	14	15	231.6

②交通部 1996 年专题进行的波形梁护栏实车碰撞试验结果表明：《94 版规范》标准型波形梁护栏能满足 A 级碰撞条件(表 3-1)的要求。

③根据编写组对成雅、成渝、太旧三条高速公路车辆碰撞护栏事故调查统计，1998 年 1 月 ~2000 年 12 月三年间，共发生波形梁护栏板完全变形或被撞断、立柱严重弯曲或倒伏、拔起、基础完全破坏的事故约为 10 起(如表 3-3)，占事故总数的 7%，这些事故造成了严重的人员伤亡和车辆损坏。

表 3-3　护栏受损严重的交通事故

车型	护栏种类	次数
小客车	中央分隔带护栏	2
	抽换式护栏	1
大货车	中央分隔带护栏	2
中货车	路侧波形梁护栏	5

编写组对潍坊—莱阳、济南—青岛、京福山东段、青岛胶州湾、南京—上海、玉溪—元江、楚雄—大理、福州—泉州、广州—汕头等共 752km 高速公路事故统计资料表明：车辆冲撞路侧和中央分隔带的事故约各占一半，其中较严重的冲出路侧、穿越中央分隔带或进入中央分隔带的事故占 1/10 左右。

交通事故造成护栏严重损坏的主要原因是：车辆速度高、汽车质量大、碰撞角度大，以及护栏地基土密实度不够、立柱打入松土中、混凝土基础埋深不足、护栏立柱与土基支撑强度不够。总体而言，《94 版规范》中对护栏的碰撞条件规定偏低，对护栏立柱和地基土施工质量带来的问题规定不够严密，已不能适应目前公路交通条件的需求，护栏整体强度偏弱。

(2)护栏碰撞条件的发展趋势

目前,欧、美、日等国家护栏碰撞条件的发展趋势有如下特征:

①车辆组成向小型化和大型化两极发展,大型车比例提高;

②小客车自身的被动安全措施进一步强化,如配置了安全带、气囊、ABS、防侧撞装置等,使得护栏防止二次事故发生的功能更加受到重视;

③护栏的碰撞能量普遍提高,例如日本的车辆质量从 14t 提高到 25t,欧盟车辆质量更是提高到 30t 和 38t;

④路基护栏和桥梁护栏采用统一的碰撞条件,但碰撞等级有区别。

日本、欧盟和美国护栏的碰撞条件分别如表 3-4、表 3-5、表 3-6。

表 3-4 日本护栏碰撞条件(1998 和 2004 年版)

护栏防撞等级			车辆质量(t)	碰撞速度(km/h)	碰撞角(°)	碰撞能量(冲击度)(kJ)
路侧用	分离带用	步行道界内用				
C	Cm	Cp		26 以上		45 以上
B	Bm	Bp		30 以上		60 以上
A	Am	Ap		45 以上		130 以上
SC	SCm	SCp	25	50 以上	15	160 以上
SB	SBm	SBp		65 以上		280 以上
SA	SAm	—		80 以上		420 以上
SS	SSm	—		100 以上		650 以上

注:A、Am 级以上用于高速公路。

表 3-5 欧盟护栏碰撞条件(EN 1317—1998)

试验等级	碰撞速度(km/h)	碰撞质量(t)	碰撞角度(°)	碰撞能量(kJ)	车 型
TB11	100	0.9	20	40.6	小客车
TB21	80	1.3	8	6.21	小客车
TB22	80	1.3	15	21.5	小客车
TB31	80	1.5	20	43.32	小客车
TB32	110	1.5	20	81.9	小客车
TB41	70	10	8	36.6	重 货
TB42	70	10	15	126.63	重 货
TB51	70	13	20	287.48	公共汽车
TB61	80	16	20	462.13	重 货
TB71	65	30	20	572.0	重 货
TB81	65	38	20	724.57	拖挂车

表 3-6 美国护栏碰撞条件(NCHRP350)

试验等级	车 种	质量(kg)	车速(km/h)	角度(°)	碰撞能量(kJ)
1	820C	775 ±25	50	20	8.7
	700C	895 ±25	50	20	10.1
	2000P	2 000 ±45	50	25	34.5
2	820C	775 ±25	70	20	17.1
	700C	895 ±25	70	20	19.8
	2000P	2 000 ±45	70	25	67.5
3	820C	775 ±25	100	20	40.4
	700C	895 ±25	100	20	35
	2000P	2 000 ±45	100	25	137.8

试验等级	车种	质量(kg)	车速(km/h)	角度(°)	碰撞能量(kJ)
4	820C	775 ±25	100	20	40.4
	700C	895 ±25	100	20	35
	2000P	2 000 ±45	100	25	137.8
	8000S	8 000 ±200	80	15	132.3
5	820C	775 ±25	100	20	40.4
	700C	895 ±25	100	20	35
	2000P	2 000 ±45	100	25	137.8
	36000V	36 000 ±500	80	15	595.4
6	820C	775 ±25	100	20	40.4
	700C	895 ±25	100	20	35
	2000P	2 000 ±45	100	25	137.8
	36000T	36 000 ±500	80	15	595.4

(3)确定我国护栏碰撞条件时遵循的原则

①顺应护栏碰撞条件的发展趋势,满足我国公路交通实际情况的要求,确保85% ~90%以上的失控车辆不会越出、冲断或下穿护栏;

②坚持"以人为本,安全至上"的指导思想,最大限度地降低事故严重度及减少二次事故的发生;

③车辆碰撞护栏是小概率交通事件,在确定护栏碰撞条件时应坚持经济、实用原则,应考虑我国的经济承受能力;

④满足碰撞条件的护栏结构应能通过实车碰撞试验的验证。

(4)碰撞条件参数的调研结果

编写组从2000年4月开始至2001年4月止,先后组织6批人员到16个省市33条高速公路共7 000多公里的公路上进行调研,获取了近千个碰撞事故的有效数据,勘察了400多个碰撞事故现场,拍摄近千幅照片和一部分录像资料。调研结果如下:

①碰撞角度:被调查公路的交通事故碰撞角度特征统计量汇总于表3-7。

表3-7 碰撞角度特征统计量汇总表

公路名称	N(个)	θ_{max}(°)	θ_{min}(°)	$E(\theta)$	P_{15}(%)	P_{20}(%)
福泉厦漳高速	40	30.4	3.1	15.6	55	70
厦门大桥	1	—	—	14.3	—	—
厦门海沧大桥	1	—	—	29	—	—
沪宁高速	13	22.2	4.2	14.4	39	85
京石高速	71	43.8	2.9	13.3	63	86
石太高速	46	33.7	3.4	11.2	83	89
京福高速德州段	23	45.1	2.9	14.5	57	83
济青高速	59	29.4	3.7	12.1	70	89
京福高速天津段	6	26.9	6.7	16.4	—	—
京津塘高速	41	30.4	4.3	12.4	76	88
海南环岛高速	15	21.7	0.8	7.6	87	87
京沈高速	54	41.8	3.6	16.4	56	75
沈大高速	53	34.9	2.8	15.5	53	81
沈铁高速	18	36.4	3.8	18.4	39	61
长吉高速	12	38.9	6.1	14.9	53	93
哈大高速	16	55.4	4.4	14.4	69	88

续上表

公路名称	N(个)	θ_{max}(°)	θ_{min}(°)	$E(\theta)$	P_{15}(%)	P_{20}(%)
柳桂高速	4	10.3	4.6	7.8	—	—
南北高速	4	19.9	5.2	13.1	—	—
楚大高速	18	16.1	2	6.5	94	100
玉元高速	14	28.4	4.6	10.5	86	93
成雅高速	43	60	9	24.8	3	14
成渝高速	29	40	10	26	10	28
太旧高速	17	45	5	21.8	14	28
平均	合计598	33.8	4.2	15.3	56	74

注:N-样本观测值数量;θ_{max}-样本观测最大值;θ_{min}-样本观测最小值;$E(\theta)$-样本观测平均值;P_{15}-观测值不大于15°的样本数占样本总数的比例;P_{20}-观测值不大于20°的样本数占样本总数的比例。

从表3-7中可知,平均碰撞角度为15.3°,有44%样本的碰撞角度大于15°,有26%样本的碰撞角度大于20°。

如果将我国护栏碰撞事故的碰撞角度看作一个总体,则本次调查所得到的碰撞角度数据就可以看作是这个总体的一个样本X。假定样本X符合正态分布$N(\mu,\sigma^2)$,我们可以通过矩阵估计法求得参数μ和σ的估计量,并计算出85%位碰撞角度的计算值为$\theta_{85\%}=21.8°$,如图3-1。

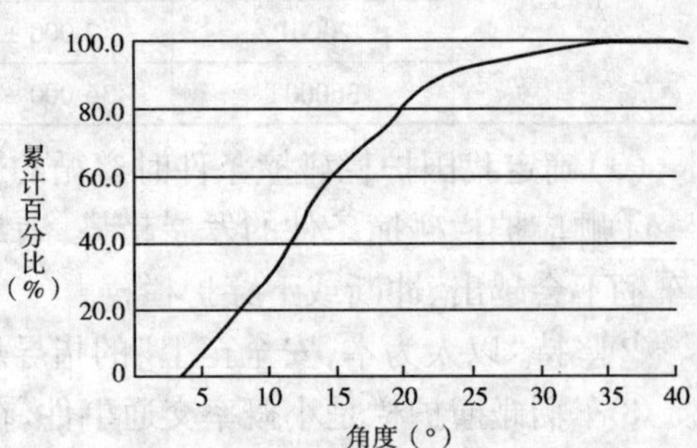

图3-1 全部碰撞角度的累计百分比图

因此,我国护栏的碰撞角度规定为20°。

②碰撞速度:被调查路段的平均车速见表3-8。

表3-8 平均车速汇总表(km/h)

公路名称	小型车			中型车			大型车		
	小轿	吉普	小面	小货	中客	中货	VOLVO	大客	大货
沪宁高速	115	76	83	77	95	67	100	82	65
济青高速	114	108	81	73	92	70	101	84	62
京沪高速淮阴段	127	—	73	78	96	67	95	76	60
京石高速	113	105	78	68	88	61	99	71	60
石太高速	121	105	74	74	91	70	105	86	57
沈长高速	124	103	77	78	95	70	—	91	65
哈大高速	122	119	72	88	87	68	—	94	64
长吉高速	123	111	87	83	95	73	—	103	66
沈大高速	116	101	80	76	94	72	—	92	64
沈四高速	126	99	—	77	98	68	—	88	67
京沈高速	125	110	83	79	94	69	—	90	64
京昌高速	103	91	72	72	83	63	—	77	55
沈丹高速	113	98	75	77	92	68	—	83	65
福泉厦漳高速	107	108	79	84	95	70	—	97	70
长湘高速	104	102	80	77	94	69	—	83	61
柳桂高速	120	113	80	75	94	69	—	94	57
南北高速	119	—	—	71	93	75	—	98	77
京津塘高速	115	101	72	76	92	69	—	90	64
楚大高速	111	102	84	73	86	61	—	95	—
玉元高速	96	105	87	77	77	51	—	99	—
平均值	116	103	79	77	92	67	100	89	63
最大值	127	119	87	88	98	75	105	103	77
最小值	96	76	72	68	77	51	95	71	55

由表 3-8 可以看出：各条高速公路上车速最高的均为小客车；客车的平均车速大于货车的平均车速；小型车的车速高于大型车；客车车速大于同一级别的货车车速；路况好的公路车速较高。

车速统计样本只包括了调查中设计速度为 120km/h 高速公路上的所有车速数据。表 3-9 是小客车、中货车、大客车的主要统计值。碰撞速度的取值还应考虑到我国高速公路最高限速值为 120km/h。

表 3-9　典型车型的车速统计

车　型	$E(v)$（km/h）	$v_{15\%}$（km/h）	$v_{85\%}$（km/h）	v'（km/h）
小客车	116.5	97.6	134.8	100
中货车	68.9	56.5	79.5	60
大客车	90.9	73.8	107.4	80

注：$E(v)$-车速的平均值；$v_{15\%}$-15% 位车速；$v_{85\%}$ －85% 位车速；v'-建议碰撞速度，当 $v_{85\%}$ 小于限制车速时，为 $v_{85\%}$ 的 0.8 倍，当 $v_{85\%}$ 大于限制车速时，为限制车速的 0.8 倍。

日本《护栏设置标准 · 同解说》（1998 和 2004 年版）对碰撞速度取值的解释中说明：车辆的碰撞速度主要取决于运行速度，另外碰撞时司机采取的制动措施、制动距离和路面状况的不同也会影响车辆的碰撞速度，并按运行速度的 0.8 倍取值为碰撞速度。参考此原则，我国公路护栏碰撞速度的取值规定如表 3-10。

表 3-10　设计速度与碰撞速度（km/h）

公路等级	高速公路、一级公路				二～四级公路
设计速度	120	100	80	60	80、60、40、30、20
碰撞速度计算值	96	80	64	48	
碰撞速度规定值	100	80	60		40

③车辆质量：

a. 被调查高速公路各种车辆的占有率如表 3-11。统计结果表明小型车辆（2.5t 以下）占有率为 57.8%，中型（10t 以下）及以下车辆占有率为 88.3%，大型车辆（10t 以上）占有率为 11.7%，其中大型客车（14～18t）占有率为 4.5%。

表 3-11　高速公路不同车型车辆占有率（%）

公路名称	小型车辆		中型车辆		大型车辆		合　计
	小客	小货	中客	中货	大客	大货	
	2t 以下	2.5t 以下	10t 以下	10t 以下	14～18t	10t 以上	
沪宁高速	55.9	7.9	12.9	11.7	8.0	3.6	100
济青高速	47.7	12.5	16.1	8.5	7.9	7.3	100
京沪高速淮阴段	28.5	5.3	5.3	30.4	2.7	27.8	100
京石高速	56.7	8.2	8.2	15.6	4.0	7.3	100
京津塘高速	68.9	6.2	11.2	6.7	2.2	4.8	100
石太高速	45.3	10.7	12.4	24.1	3.4	4.1	100
沈大高速	43.1	12.6	8.9	21.4	4.0	10.0	100
京昌高速	68.6	1.2	16.9	3.7	7.8	1.6	100
沈四高速	41.8	13.0	8.5	24.8	2.5	9.5	100
哈大高速	59.1	12.9	9.0	11.8	2.1	5.1	100
长吉高速	60.7	11.1	6.7	16.0	2.7	2.7	100
沈长高速	32.0	7.9	3.2	37.5	1.1	18.3	100
京沈高速	46.0	7.2	5.0	24.3	0.6	16.9	100
沈丹高速	59.7	14.7	9.4	9.7	3.0	3.5	100
福泉厦漳高速	33.4	14.6	6.3	31.1	6.3	8.4	100
长湘高速	47.6	12.4	8.2	23.0	2.8	6.0	100

续上表

公路名称	小型车辆		中型车辆		大型车辆		合计
	小客	小货	中客	中货	大客	大货	
	2t 以下	2.5t 以下	10t 以下	10t 以下	14～18t	10t 以上	
柳桂高速	50.0	7.4	7.4	23.8	8.9	2.5	100
南北高速	44.0	6.4	18.3	16.5	11.9	2.8	100
楚大高速	45.5	7.1	11.0	29.8	5.9	0.8	100
玉元高速	35.4	7.5	5.4	48.3	2.7	0.7	100
平均值	48.5	9.3	9.9	20.6	4.5	7.2	100

b. 根据《2000 年国家干线公路交通量手册》，被调查干线公路各种车型车辆占有率如表 3-12。统计结果表明小型车辆（2.5t 以下）占有率为 53.5%，中型（10t 以下）及以下车辆占有率为 71.3%，大型货车（10t 以上，14t 以下）占有率为 13.0%，大型车辆（14t 以上）占有率为 15.3%。由于我国高速公路收费标准对大型车辆偏高，并且有些高速公路限制拖挂车行驶，所以在干线公路上大型车辆（14t 以上）占有率高于高速公路。

表 3-12　干线公路不同车型车辆占有率（%）

公路名称	小型车辆		中型车辆	大型车辆		
	小客	小货	中货	大客	大货	拖挂
	2t 以下	2.5t 以下	10t 以下	14～18t	10t 以上	14t 以上
G101	45.7	18.0	15.7	5.3	8.3	6.9
G102	29.7	19.4	23.4	5.5	10.7	11.2
G103	50.9	15.5	8.0	6.1	8.1	11.4
G104	34.7	15.9	20.5	10.0	12.1	6.7
G105	30.4	20.2	18.5	9.5	17.6	4.3
G106	30.6	20.3	16.3	10.0	14.3	8.5
G107	25.6	15.9	23.3	8.9	17.4	8.9
G108	31.9	16.5	19.4	7.4	14.5	10.2
G109	30.3	14.8	21.7	6.8	13.5	12.7
G110	30.1	12.8	19.5	4.7	17.5	15.3
G111	41.5	18.0	15.3	3.9	14.4	6.5
G112	30.8	19.1	16.5	5.9	13.3	14.2
G201	37.6	22.2	18.3	9.9	7.5	4.4
G202	30.2	26.7	18.4	8.7	9.6	6.4
G203	44.2	19.8	12.5	4.4	11.5	7.5
G204	41.3	16.3	17.5	9.7	9.6	5.4
G205	34.3	18.6	17.8	9.3	12.0	7.9
G206	39.5	20.5	13.6	10.5	10.5	5.4
G207	35.2	15.7	19.6	8.8	13.8	6.8
G208	19.7	13.7	15.4	7.1	19.5	24.6
G209	38.3	17.9	17.9	8.2	11.8	5.8
G210	31.8	20.1	18.3	8.7	14.4	6.7
G211	24.0	15.6	20.8	9.4	18.3	11.8
G212	23.2	23.3	24.8	16.1	10.5	2.0
G213	39.8	18.9	19.2	9.7	10.7	1.7
G214	33.7	19.7	23.0	5.9	16.9	0.6

续上表

公路名称	小型车辆		中型车辆	大型车辆		
	小客	小货	中货	大客	大货	拖挂
	2t 以下	2.5t 以下	10t 以下	14~18t	10t 以上	14t 以上
G215	55.0	9.2	12.7	4.3	13.5	5.3
G216	44.0	10.7	17.0	9.7	12.6	5.9
G217	33.9	12.2	19.7	9.8	15.2	8.9
G218	45.4	11.5	13.4	9.2	16.2	3.9
G219	13.4	3.7	37.2	1.8	41.5	1.2
G220	38.1	20.4	9.5	11.5	10.2	10.3
G221	41.3	6.2	34.0	8.6	7.8	1.9
G222	42.4	15.6	14.8	4.0	21.5	1.6
G223	69.3	10.0	7.5	6.1	6.9	0.1
G224	56.4	12.2	10.9	8.7	11.6	0.1
G225	59.8	11.0	11.3	5.5	9.4	3.0
G227	23.7	18.7	21.1	12.7	19.4	4.1
G301	39.5	14.2	21.5	3.5	16.3	4.8
G302	45.8	13.5	13.6	9.4	14.0	3.6
G303	41.2	17.0	16.2	5.6	12.7	7.1
G304	37.8	23.1	18.3	6.0	7.4	7.5
G305	33.8	20.7	17.5	5.4	8.7	13.8
G306	23.8	20.4	21.9	5.4	13.7	10.1
G307	27.5	15.5	16.6	5.4	14.9	20.1
G308	38.3	20.5	10.6	8.3	10.1	12.2
G309	30.3	21.5	15.2	6.3	9.3	17.2
G310	37.4	11.9	17.9	8.0	16.7	8.0
G311	33.5	14.2	15.3	8.5	14.0	14.4
G312	29.1	13.9	20.5	9.9	19.6	6.9
G314	37.5	9.0	14.6	8.4	17.9	12.4
G315	50.2	12.3	10.9	9.8	10.0	6.6
G316	39.5	15.5	21.6	7.2	14.4	1.7
G317	40.7	20.1	17.2	12.1	8.6	1.3
G318	43.1	17.9	19.5	9.7	7.9	1.8
G319	41.8	15.2	17.8	9.7	13.6	1.9
G320	36.7	16.9	21.5	9.5	13.4	2.0
G321	34.2	18.7	19.2	14.4	11.9	1.6
G322	38.9	13.6	21.7	10.9	11.8	3.0
G323	35.8	18.7	20.8	9.6	12.9	2.1
G324	38.4	15.4	19.0	10.5	13.2	3.4
G325	23.7	21.5	19.1	13.2	18.6	3.9
G326	35.0	19.3	26.1	7.6	10.7	1.0
G327	45.8	19.1	11.1	10.9	3.0	10.1
G328	36.0	19.0	13.3	14.0	12.9	4.7
G329	46.4	15.0	20.2	10.7	4.4	3.3
G330	29.6	14.1	25.2	10.4	7.5	13.2
平均值	37.0	16.5	18.0	8.4	13.0	6.9

c. 碰撞车辆质量的确定：

——在车辆碰撞护栏的试验中，小客车主要用于评价发生碰撞时乘员所承受的加速度值，以验证乘员的安全性。从理论上分析，小客车的质量越小，其加速度值越大，对乘员安全性的影响也越大，所以选用1.5t小客车作为评价最大加速度的碰撞车型，是偏安全的。

——从高速公路和国家干线公路交通量统计分析结果可以看出，80%左右的车辆是10t以下的中型车辆（包含小型车），考虑与《94版规范》的延续性，仍选用10t的中型车辆作为碰撞条件之一。

——大型车辆的碰撞条件分别选择14t的大货车（延续《94版规范》标准）和18t大客车，确保特大桥和路侧特别危险路段的护栏能防止大客车越出，减少重大恶性交通事故发生。

——大货（客）车碰撞试验着重验证护栏应有不被冲破的强度。

（5）我国公路护栏的碰撞条件及护栏的防撞性能

综上分析，确定我国公路各等级护栏的碰撞条件如表3-13。

表3-13　公路护栏碰撞条件

防撞等级	碰撞条件				碰撞能量（kJ）	护栏性能评价条件
	碰撞速度（km/h）	车辆质量（t）	碰撞角度（°）	碰撞加速度*（m/s²）		
B	100	1.5	20	≤200	70	乘员安全性
	40	10	20			护栏强度
A、Am	100	1.5	20	≤200	160	乘员安全性
	60	10	20			护栏强度
SB、SBm	100	1.5	20	≤200	280	乘员安全性
	80	10	20			护栏强度
SA、SAm	100	1.5	20	≤200	400	乘员安全性
	80	14	20			护栏强度
SS	100	1.5	20	≤200	520	乘员安全性
	80	18	20			

注：* 指碰撞过程中，车辆重心处所受冲击加速度10ms间隔平均值的最大值，为车体纵向、横向和铅直加速度的合成值。

3.0.2　在综合分析公路线形、设计速度、运行速度、交通量和车辆构成等因素的基础上，需要采用的护栏碰撞能量低于70kJ或高于520kJ时，应进行特殊设计。

（1）需要采用的护栏碰撞能量低于70kJ时，如一些低等级公路或部分农村公路，应进行特殊设计，如设置护柱、石砌护墩、石垛、城墙式混凝土挡块等设施，但应进行适当的基础处理，并根据需要配置必要的钢筋，如图3-2。

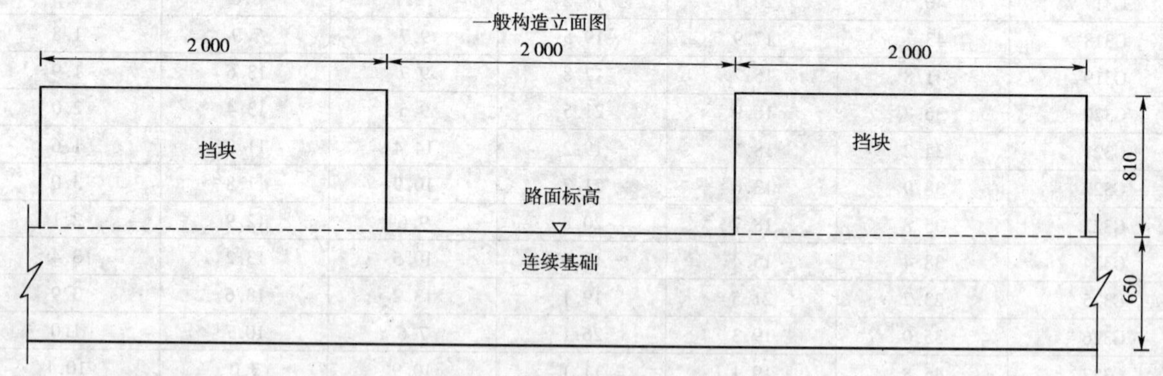

图3-2　经基础处理的城墙式混凝土挡块（尺寸单位：mm）

（2）需要采用的护栏碰撞能量高于520kJ时，如连续长下坡路段或陡坡加小半径曲线路段，车辆的运行速度往往高于设计速度，或者发生交通事故时，车辆的碰撞角度较大，或者车型构成中，大型车辆所占比例很大，在这些路段，经过综合分析，应进行特殊设计，如增加护栏高度和断面尺寸、提高材料强度等。

（3）特殊设计的护栏应经过试验验证或通过主管部门组织的审查后才能使用。

4 路基护栏

4.1 一般规定

4.1.1 设计指导思想

(1)~(2)公路上产生交通事故的原因很多,如①驾驶员疲劳、超速、酒后驾车、躲避事故;②车辆失控或器件失效;③路面结冰、积雪;④雨、雾天气或驾驶员视线受限等。所谓宽容设计理念就是强调驾驶员的过错不应该以生命为代价,通过合理的设计将因上述原因造成的事故影响降至最低,消除那些可能产生致命后果的因素,但这并不是说护栏设置得越多越好、强度越高越好,因护栏本身也是一种障碍物。第1.0.7条的条文说明已经指出,保证一定宽度的路侧安全净区可以使绝大多数失控车辆恢复正常行驶。按照宽容设计理念,对位于路侧安全净区内的各类行车障碍物,应按下列顺序进行处理:

①去除行车净区内的障碍物;

②重新设计障碍物,使车辆能安全穿越;

③将障碍物移至不易受撞击的位置;

④通过采用解体消能设施减少车辆撞击的严重程度;

⑤采用纵向护栏保护障碍物或在障碍物前设置防撞缓冲设施;

⑥如因条件限制不能实施上述方案,则应对障碍物加以视线诱导。

在前4种措施不能实施而失控车辆越出路外产生的事故严重度高于碰撞护栏的严重度时,才考虑设置护栏。

(3)国内调查结果和国外专项研究成果均表明,不同类型的护栏如混凝土护栏、波形梁护栏、缆索护栏等之间的连接过渡,或不同构造型式的路基护栏与桥梁护栏的连接过渡,如处理不当,则对安全和美观都有重大影响。因此,应根据不同刚度、强度护栏的连接要求作特殊设计,这种设计称为护栏的过渡设计。有关过渡段的设计问题,可详见本细则第5章桥梁护栏的有关内容。

4.2 设置原则

4.2.1 路侧护栏

(1)~(4)路侧护栏根据防护对象的不同主要分为路堤护栏和障碍物护栏两大类。

①路堤护栏:

决定是否设置路堤护栏的关键因素是路堤高度和边坡坡度,一般可根据越出路堤事故的严重度指数,画出路堤高度和坡度与设置护栏的关系图。很多国家根据本国条件建立了这种关系图,作为是否设置路堤护栏的依据。当边坡坡度较缓,或者填土高度较低时,即使重心较高的车辆越出路外,翻车的可能性也很小,因为车辆能顺着坡面下滑,一般认为没有必要设置护栏。至于填土高度和边坡坡度与设置护栏的具体规定各国不完全一致,有些国家把1:4或1:3的边坡、路堤高3~5m作为设置护栏的起点,必要性不是很大,因为1:3或1:4的边坡车辆越出路外,如果速度不是很高,不会有什么太大危险。美国2002年版《路侧设计指南》认为1:4或更缓的边坡车辆可以穿越,对行车不构成威胁。大多数国家将1:2的边坡、填土高度4m;1:1.5的边坡、填土高度为3m;1:1的边坡、填土高度为2m作为设置护栏的起点。

编写组在确定边坡坡度、路堤高度与设置护栏的关系时,根据我国公路交通的实际情况和经济承受能力水平,将边坡坡度、路堤高度划分为三个区域,条文中用图4.2.1表示。二级及以上等级的公路:位于图中方格区(Ⅰ区)范围内的路段,必须设置路侧护栏;位于斜线阴影(Ⅱ区)范围内的路段,应设置路侧护栏;位于虚线(Ⅲ区)以上区域内的路段,宜设置路侧护栏。三、四级公路考虑到运行速度、经济条件、交通量等因素做出了不同规定。

②障碍物护栏:

开阔、平坦、无障碍物的路侧条件是设计者所希望的,当公路路侧安全净区范围内不能提供安全行车的条件时,则需要设置护栏来保护障碍物。路侧障碍物可分为:不能穿越的危险物和不能移走的障碍物,这些路侧危险障碍物是造成每年交通事故死亡人数30%的直接原因。如按照宽容设计理念不能对这些危险障碍物进行安全处理时,则要设置护栏加以隔离或保护。

为路侧障碍物设置护栏的主要依据是障碍物的特征和路侧安全净区能否得到满足。当障碍物距车行道边缘的距离小于路侧安全净区的宽度值时,经论证需要设置相应防撞等级的护栏。

③以路堤、障碍物及其他危险条件为基础,根据车辆驶出路外可能造成的事故严重程度,本条将设置护栏的条件分为三类:

a. 除车辆本身外,有可能造成第二方人员伤亡、财产损失的特大事故的严重危险路段。因此类情形很难定量化,故第(1)款中未列举具体路段。铁道部、交通部联合下发的《关于在公路与铁路并行路段设置防护栏的通知》(铁运函[2005]978号)中要求"凡公路与铁路等高或公路高于铁路的并行路段,均应设置防止汽车冲入或坠入铁路的防护设施"可作为参考,与此类似的情形还包括"与高速公路并行,路侧有房屋、输电线塔、危险品储藏仓库等"。应结合间距、公路线形、交通量等因素综合确定。发生交通事故极其严重的,归为本类,次之的归为下一类。

b. 有可能造成车辆本身人员伤亡、财产损失的特大事故和二次重大事故的严重危险路段。

c. 有可能造成一般、重大事故的较严重危险路段。第(4)款第②、③、⑤项还应结合路堤边坡和障碍物的分布来确定,如互通式立体交叉的三角地带处,如已填平或进行了边坡处理,路侧安全净区的宽度又满足要求,则没有必要设置护栏。

这里,对车辆驶出路外可能造成的后果严重程度借鉴了我国公安部目前的分类方法,并据此规定了路基护栏防撞等级的适用条件。公安部对道路交通事故的等级分为四类:轻微事故,是指一次造成轻伤1至2人,或者财产损失机动车事故不足1 000元,非机动车事故不足200元的事故。一般事故,是指一次造成重伤1至2人,或者轻伤3人以上,或者财产损失不足3万元的事故。重大事故,是指一次造成死亡1至2人,或者重伤3人以上10人以下,或者财产损失3万元以上不足6万元的事故。特大事故,是指一次造成死亡3人以上,或者重伤11人以上,或者死亡1人,同时重伤8人以上,或者死亡2人,同时重伤5人以上,或者财产损失6万元以上的事故。

本条主要通过此方法对路侧的危险程度进行分类,以更准确地从公路条件本身确定需要设置护栏的防撞能力,与交通事故实际发生的伤亡人数和财产损失并无必然联系。在具体使用时应注意具体问题具体分析。

(5)条文表4.2.1-1在确定路基护栏防撞等级适用条件时,考虑了公路等级、设计速度和路侧危险程度。设计速度和路侧危险程度相同时,等级高的公路选用的护栏防撞等级有可能高一些,主要是考虑到等级高的公路承担的交通量更大,导致的交通事故有可能更多。在使用该表时,应结合具体条款的说明,当公路线形、运行速度、填土高度、交通量和车辆构成等使产生的交通事故后果更严重时,应在该表的基础上提高护栏的防撞等级。

(6)路侧护栏的最小设置长度,主要考虑护栏的整体作用,只有当护栏作为连续梁能很好发挥整体效果,护栏才是有效的。如果护栏设置长度较短,不但影响美观,而且不能发挥护栏的导向功能,增加碰撞的危险性。碰撞试验、仿真分析以及实地调查结果表明:高速公路、一级公路上设置的波形梁护栏最小设置长度不宜小于70m;二级公路时,其最小设置长度不宜小于48m;三、四级公路时,其最小设置长度不宜小于28m。混凝土护栏自重大,整体性好,在高速公路、一级公路上设置时,其最小长度不宜小于36m;二级公路时,其最小设置长度不宜小于24m;三、四级公路时,其最小设置长度不宜小于12m。缆索护栏设置短了不经济,缆索护栏需要张拉、靠端部结构和中间端部结构来支撑。高速公路、一级公路时,其最小设置长度不宜小于300m;二、三、四级公路时,其最小设置长度不宜小于120m。上文所说的护栏最小设置长度是指护栏的标准段、渐变段和端头所构成的总长度。如果相邻两段路侧护栏的间距小于规定的最小长度时，宜将两段护栏连接起来。

4.2.2 中央分隔带护栏

日本高速公路交通事故统计数据表明，车辆与中央分隔带护栏接触、冲撞、爬上护栏、个别冲断护栏的事故，约占事故总数的22%～25%。也就是说，在高速公路上发生的交通事故，有1/4与中央分隔带有关，因此，在中央分隔带设置护栏是非常必要的。中央分隔带护栏就是为了防止车辆越过中央分隔带闯入对向车道而设置的。因为这种事故一旦发生其后果是非常严重的。各国在规定中央分隔带护栏设置标准时，往往以中央分隔带的宽度、交通量为依据，如表4-1。交通量较低时，车辆横越中央分隔带的概率就低，但是，在交通量较低时，车辆的速度就会相对提高，因此，一旦发生横越中央分隔带的情况，就可能产生严重的后果。因此，对于交通量的规定各国有较大差别，各国都把中央分隔带的宽度看成是否设置中央分隔带护栏的重要依据。比较宽的中央分隔带，车辆横越的概率也相对低。美国的传统做法是中央分隔带宽度超过10m时可以不设置护栏。考虑到一些公路交通量较大、车速高、横越事故多，一些州已提高了这一标准，如佛罗里达州规定宽度19.5m以下、加利福尼亚州规定宽度23m、每日交通量60 000辆以上的中央分隔带应考虑设置护栏。《94版规范》规定"中央分隔带宽度大于10m时，可不设中央分隔带护栏"。参考现行《公路工程技术标准》(JTG B01)的条文说明，并结合国内已通车高速公路的运营状况，本规范规定：当整体式断面中间带宽度小于等于12m时，必须设置中央分隔带护栏；大于12m时，应综合考虑公路线形、运行速度、中央分隔带的宽度、交通量及车型构成等因素，分路段确定是否设置中央分隔带护栏。

表4-1 部分国家设置中央分隔带护栏的标准

<table>
<tr><th>国别</th><th>中央分隔带的宽度(m)</th><th>交通量(辆/日)</th><th>道路等级</th><th>国别</th><th>中央分隔带的宽度(m)</th><th>交通量(辆/日)</th><th>道路等级</th></tr>
<tr><td rowspan="4">比利时</td><td>0</td><td>5 000</td><td></td><td rowspan="3">英国</td><td rowspan="7">2</td><td rowspan="8">10 500</td><td rowspan="9">快速道路、汽车专用公路一律设置中央分隔带护栏</td></tr>
<tr><td>4</td><td>10 000</td><td></td></tr>
<tr><td>6</td><td>15 000</td><td></td></tr>
<tr><td>8</td><td>20 000</td><td></td><td>捷克、芬兰</td></tr>
<tr><td rowspan="3">丹麦</td><td>3</td><td>5 000</td><td></td><td rowspan="3">奥地利、德国、匈牙利、荷兰、日本</td></tr>
<tr><td>6</td><td>10 000</td><td></td></tr>
<tr><td>8</td><td>20 000</td><td></td></tr>
<tr><td rowspan="2">波兰</td><td>4</td><td></td><td></td><td rowspan="2">阿尔及利亚</td><td>4.5</td></tr>
<tr><td>6</td><td>20 000</td><td></td><td>4.5～6</td><td>4 000</td></tr>
<tr><td rowspan="3">葡萄牙</td><td>4</td><td>10 000</td><td></td><td rowspan="2">罗马尼亚</td><td colspan="3" rowspan="2">中央带有障碍物时需设置护栏</td></tr>
<tr><td>5</td><td>20 000</td><td></td></tr>
<tr><td>6</td><td>30 000</td><td></td><td>法国</td><td colspan="3">4.5m或中央分隔带有障碍物时，需设置护栏</td></tr>
<tr><td>瑞典</td><td></td><td>15 000</td><td></td><td></td><td></td><td></td><td></td></tr>
</table>

4.3 型式选择

4.3.1 本条中提到的钢背木护栏外观比较赏心悦目，它通过在实木梁、柱内设置钢板或型钢材料来增加抗拉强度。所有材料均应经过严格的防腐处理。目前国外一些钢背木护栏产品已经通过了护栏碰撞试验。三种类型的护栏相比，刚性护栏几乎不变形，但当车辆与护栏的碰撞角度较大时，对车辆和乘员的伤害较大；半刚性护栏刚柔相兼，具有较强的吸收碰撞能量的能力，对车辆和乘员的伤害相对较小；柔性护栏在受到碰撞后，由于变形较大，因此对车辆和乘员的伤害最小。

4.3.2 在选择护栏型式时，需要综合考虑的因素如表4-2。

表 4-2 选择护栏型式时应考虑的因素

序号	考虑因素		说明
1	防撞等级的选择		护栏在结构上必须能阻挡并使设计车辆转向。 选择防撞等级时,应综合考虑道路条件(平纵线形、中央分隔带宽度、边坡坡度、路侧障碍物等)和交通条件(车型构成、交通量、运行车速等)
2	变形量		护栏的变形量不应超过容许的变形距离:柔性护栏变形最大,刚性护栏变形最小,半刚性护栏变形居中。 如果护栏与被保护物体间距较大,则可选择对车辆和乘员产生冲击力最小的方案。如障碍物正好临近护栏,则只能选择半刚性或刚性护栏。大多数护栏可通过增加立柱或增加板的强度来提高整体强度。 4.5m 以下宽度的中央分隔带不宜设置柔性护栏
3	现场条件		边坡的坡度、与行车道的距离可能会限制某些护栏的使用: 在边坡上设置护栏时,如边坡坡度陡于 1:10,应采用柔性或半刚性护栏;如边坡坡度陡于 1:6,则任何护栏均不应在边坡上设置。 如土路肩较窄,则立柱所受土压力减少,则需要增加埋深、缩短柱距或土中增加钢板
4	通用性		护栏的型式及其端头处理、与其他型式护栏的过渡处理应尽量标准化,中央分隔带护栏型式还应考虑与其他设施(如灯柱、标志立柱和桥墩等)的协调性。 当采用标准护栏不能满足现场要求时,才需要考虑非标准或特殊护栏的设计
5	全寿命周期成本		在最终确定设计方案时,考虑最多的可能是各种方案的初期建设成本和将来的养护成本。一般情况下,护栏的初期建设成本会随着防撞等级的增加而增加,但养护成本会减少。相反,初期建设成本低,则随后的养护成本会大大增加。发生事故后,柔性或半刚性护栏比刚性或高强度护栏需要更多的养护。交通量大、事故频发的路段,事故养护成本将成为必须考虑的因素,刚性护栏是较好的选择方案
6	养护	(1)常规养护	各种护栏均不需要大量的常规养护
		(2)事故养护	一般情况下,事故后柔性或半刚性护栏比刚性或高强度护栏需要更多的养护。 在交通量相当大、事故频率较高处,事故养护成本可能会变为最需要考虑的因素,这种情况通常发生在城市高速公路沿线。在这种位置处,刚性护栏(如混凝土护栏)通常作为选择方案
		(3)材料储备	种类越少,所需要的库存类别和存储需求越少
		(4)方便性	设计越简单,成本越低,且越便于现场人员准确修复
7	美观、环境因素		美观通常不是选择护栏型式的控制因素,但旅游公路或对景观要求高的公路除外。这种情况下,可选择外观自然、能与周边环境融为一体而又具有相应防撞等级的护栏型式。 护栏的选择还要考虑沿线的环境腐蚀程度、气象条件和其对视距的影响等,如积雪地区应考虑除雪的方便性
8	实践经验		应对现有护栏的性能和养护需求进行监测,以确定是否需要通过改变护栏型式来减少或消除已发现的问题

4.3.3 因设置护栏对提升公路景观没有任何作用,因此旅游公路或对景观要求高的公路,应尽量寻找可以替代护栏的措施,如设置浅碟型边沟或挖方路段边沟上设置盖板等。经论证需要设置护栏时,护栏型式应能体现地区特性和景观特点,外观力求简洁、减少装饰并充分考虑通透性,护栏色彩应与构造物及周边环境相协调。采用刚性护栏时,应采取措施尽量降低刚性护栏的存在感。任何情况下,护栏防撞等级不得降低。

4.4 缆索护栏

4.4.1 缆索护栏一般情况下适用于公路路侧，这是本次修订版不同于《94 版规范》之处。主要出于两点考虑：①缆索是承受初拉力和失控车辆冲击力的主要构件，护栏缆索受拉，在弹性范围内工作，可以重复使用、容易修复，但冲击力太大时不易挡住；②缆索护栏的横向动态变形较大，而我国高速公路、一级公路的中央分隔带都较窄，即使碰撞车辆未冲断护栏也有可能影响到对向行车的安全。因此，4.5m 以下宽度的中央分隔带不宜设置缆索护栏。

考虑到车辆碰撞缆索时产生的最大位移应满足规定值(110cm)的要求，B 级采用 5 根缆索，A 级采用 6 根缆索。B 级和 A 级缆索的初拉力采用 20kN，缆索采用具有较高强度和抗腐性能优良的 3×7 镀锌、右拧的构造。

4.4.2 缆索护栏的端部立柱系承受缆索张拉力和失控车辆碰撞力的主要结构，由三角形支架、底板和混凝土基础组成。缆索护栏的装配如图 4-1，端部立柱如图 4-2，各部构造和尺寸如条文表 4.4.2。

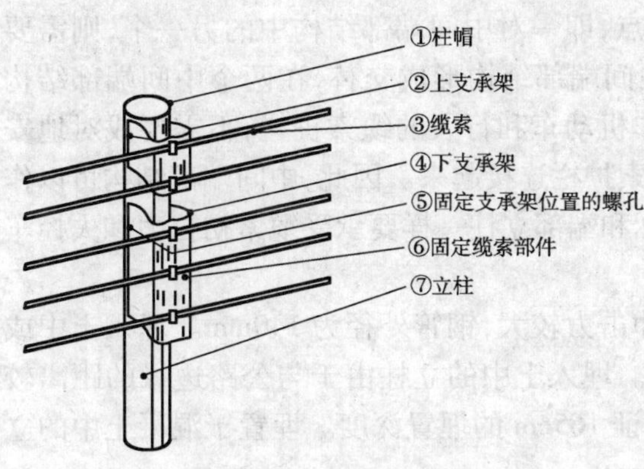

图 4-1 缆索护栏装配图(B 级)

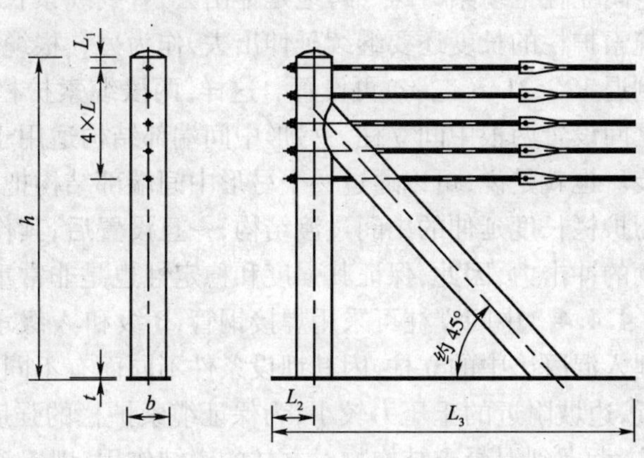

图 4-2 缆索护栏端部结构图(B 级)

注：h、L_3 根据端部结构的地上高度来确定。

缆索和托架离地的高度，主要考虑与碰撞车辆的作用位置。缆索的高度既不致使大型车辆越出路外，又要防止小型车辆钻入缆索的下面，失控车辆在与缆索护栏作用过程中，希望通过护栏的吸能和导向，使碰撞车辆逐步恢复到正常行驶方向。根据日本利用普通客车和 8t 载重汽车进行实车碰撞试验的结果表明，最下端的缆索高度接近 44cm，托架最下端的高度为 30cm，最上端的缆索离路面高度接近 950cm 比较理想。因此，在本细则中采用了与其相近的数值，如表 4-3。

表 4-3 端部结构各部尺寸

种 类	项 目	B 级	A 级
L	孔间隔(mm)	130	130
L_1	离柱顶距离(mm)	50	50
L_2	立柱位置(mm)	200	220
b	宽度(mm)	200	250
t	板厚(mm)	9	9

立柱表面至缆索外表的距离，由托架的宽度来保证。托架的作用，首先在于固定缆索的位置，其次就是能把缆索从立柱面横向悬出一定距离，来防止碰撞车辆在立柱处受绊阻。在细则中立柱至缆索外边的距离定为 110mm，就是考虑了上述因素。

缆索与缆索之间的距离，主要从碰撞力均匀分布入手，根据车型、冲出角度等因素，既要使缆索间隔构成一定的高度，防止车辆越出和钻入，又要使尽可能多的缆索共同承受碰撞力，避免冲击力过分集中在少数几根缆索上，缆索间距定为 130mm 比较合适。

端部结构可以采用埋入式和装配式两类。埋入式端部结构是与混凝土基础连成一体的，端部立柱的埋入深度根据不同的类别从400～500mm不等。三角形支架的斜立桩与地面成45°角，底部焊接一块钢板，一方面可以使三角形支架构成稳定的框架，另一方面，通过底部的钢板可以大大增加与基础混凝土的黏结力，通过钢板也易于控制各部分标高。装配式端部结构通过预埋件与混凝土基础连成一体，端部结构的预埋件因不同的结构、不同的类别而有差别。B级三角形支架采用6根 $\phi28 \times 600$mm预埋地脚螺栓，6根地脚螺栓与钢板、角钢焊接成框架，一方面定位地脚螺栓的位置，另一方面可以大大加强与混凝土的黏结强度。考虑到施工的方便性和实际使用效果，本次修订推荐了埋入式端部结构。

端部结构安装在缆索护栏起终点位置。为了保持缆索的初拉力和简化安装施工时的张拉设备，维持一定的缆索水平度，防止挠度的产生，一般把缆索的安装长度定为300～500m，也就是说每根缆索的长度不宜超过500m，这里也考虑了方便维修养护的因素。

4.4.3 缆索护栏的安装长度受缆索搬运、施工、维修等的限制，机械施工时缆索长度可达500m，人工施工时长度则以300m为限。当护栏的安装长度超过300～500m时，在设计上应采用中间端部结构。

中间端部结构为三角形，需要成对地安装。也就是说，从缆索护栏的起点设置端部结构开始，通过中间立柱把缆索一跨一跨地延伸出去，直到缆索长度(300～500m)的另一端设置中间端部结构。由于缆索护栏的长度还要继续延伸出去，作为另一根缆索的起点，即一对中间端部结构中的另一个，则需要倒退12～21m(三跨)再设置。这样，两段缆索护栏通过中间端部结构形成交替，在两个中间端部结构之间设置两根中间立柱。弓形中间端部结构适用于保护非机动车和行人的缆索护栏，不需要成对地安装。也就是说，可以通过一个弓形中间端部结构把两段缆索护栏连接起来。因此，中间端部结构可以作为护栏长度延伸的中间过渡结构，一旦设置后，其作用实际和端部立柱一样要承受缆索初拉力和失控车辆的冲击力，因此，保证其强度和稳定性也是非常重要的。

4.4.4 中间立柱可采用焊接钢管，B级和A级承受的冲击力较大，钢管外径为140mm。埋入土中或埋入混凝土中的立柱，因其埋设条件不同而有不同的深度。埋入土中的立柱由于与公路边缘的距离较近，边坡附近的土压力较小，为保证缆索护栏的强度，应保证165cm的埋置深度。埋置于混凝土中的立柱，考虑到混凝土结构物对立柱的锁结作用，埋置深度定为40cm。

立柱上安装的托架，通过贯通孔用螺栓定位，最上端的孔位应距柱顶50mm。

立柱间隔与缆索根数、立柱直径、埋入深度有密切的关系。虽然间隔越大越经济，但从使用效果角度考虑，最大值定为7m。不过，若是立柱埋设在混凝土中时，则可与波形梁护栏一样采用4m为最大值。若在曲线部分设置缆索护栏时，为保证缆索在曲线部分的圆滑过渡，确保曲线段护栏发挥正常的功能，应按公路曲线半径和缆索护栏的类别来确定立柱的间隔。

缆索护栏的中间立柱是端部立柱之间或中间端部立柱之间的支承结构，它除了有埋置于土中、埋置于混凝土中的安装方式外，还有一种套管式结构，这种结构拆装方便，适用于寒冷多雪地区，为便于除雪而设计。

4.4.5 缆索护栏的托架根据不同的防撞等级而采用不同的组合。B级采用Ⅰ号和Ⅱ号托架，A级采用Ⅲ号和Ⅱ号托架，以保证规定的缆索间隔和缆索护栏的功能要求。托架为圆筒状，用螺栓固定于立柱上。托架的作用是可以把缆索固定住，同时，把缆索悬置于立柱外，防止失控车辆在立柱处绊阻，以利车辆的导向。

4.4.6 缆索和索端锚具是护栏的重要部件。缆索采用具有一定刚度，且具有优良耐腐蚀性的镀锌钢丝制造，构造为 3×7 右拧。缆索的外径由于强度的需要而采用18mm。缆索的外径指的是横断面的外接圆直径。

索端锚具是缆索与端部立柱(或中间端部立柱)连接的部件，包括锚头、拉杆、紧固件等。首先应把缆索在锚头中固定，采用的方法有铸入合金法和打入楔子法，可根据施工条件选择采用。然后，可用拉杆螺栓固定在立柱上。

4.4.7 缆索护栏沿公路横断面设置的位置

(1)路侧缆索护栏位置的规定原则同第4.5.4条，详见该条说明。

(2)中央分隔带宽度大于4.5m需要设置缆索护栏时，考虑到强度、运营养护的方便性和绿化、地下管线的设置等,护栏以分设型设置为好。考虑到美观的需要,一般应对称布设,缆索的外缘面至中央分隔带边缘的距离应满足公路建筑限界的要求。

4.4.8 详见第4.5.12条的条文说明。

4.5 波形梁护栏

4.5.1 根据波形梁护栏的防撞性能、变形特点、养护成本和美观性等因素,一般情况下,路侧和中央分隔带可以采用波形梁护栏的型式。路侧护栏应设置在公路两侧的土路肩上,当土路肩宽度为50cm而路侧又有必要设置护栏时,建议对土路肩加宽25cm以上,以满足公路建筑限界和护栏安装的需要。按照现行《公路工程技术标准》(JTG B01—2003)的规定,高速公路、一级公路整体式断面必须设置中间带。根据中央分隔带的危险程度,常用的中央分隔带护栏按防撞等级可分为Am、SBm和SAm三级,位于分离式断面内侧的护栏按路侧护栏处理。

如何利用新的护栏碰撞条件,选用适合我国公路特点的波形梁护栏结构型式是本次细则修订的重点。编写组在确定护栏结构型式时,考虑了下列因素:

(1)尽量吸收当代国外成熟的护栏结构型式作为参考标准,课题组收集了日本、美国、德国等发达国家的最新护栏标准设计图;

(2)充分考虑我国的公路条件和车辆条件,依据现行的《公路工程技术标准》(JTG B01—2003)确定公路几何参数;

(3)借鉴最新的科研成果,如针对中央分隔带土质较疏松的特点,护栏立柱的处理方式等;

(4)国内护栏足尺碰撞试验成果;

(5)现有护栏使用情况调研结果,改进原有一些处理不当的设计;

(6)经济条件。

国外发达国家大多根据足尺碰撞试验的结果来确定护栏的结构型式。由于受到经济条件的制约,本次细则以参考公路条件与我国较接近的日本《车辆用护栏标准图 · 同解说》(1999和2004年版)为主,经考虑我国的公路条件、材料规格等因素后,确定了我国波形梁护栏的结构形式。条件允许时,编写组也将进行一系列的足尺碰撞试验,以进一步对护栏的结构型式进行优化和调整。

4.5.2 路侧波形梁护栏的构造

(1)路侧波形梁护栏B级可吸收的碰撞能量为70kJ,其结构来自于《94版规范》中强度最弱的A级无防阻块、立柱为ϕ114mm×4.5mm规格的路侧护栏。本细则规定B级护栏主要适用于二~四级公路,但在进行护栏横断面布置时,由于现行《公路工程技术标准》(JTG B01—2003)规定"二、三、四级公路的侧向宽度为路肩宽度减去0.25m",因此如设置护栏,需要将土路肩宽度增加25cm,才能不侵占原有公路建筑限界。

(2)路侧波形梁护栏A级可吸收的碰撞能量为160kJ,其结构来自于《94版规范》中强度最高的A级有防阻块、立柱为ϕ140mm×4.5mm规格的路侧护栏,并将护栏板的厚度由3mm提高到4mm,防阻块的厚度由3mm提高到4.5mm。我国的A级护栏最大碰撞能量相当于日本《车辆用护栏标准图 · 同解说》(1999和2004年版)中的SC级。日本SC级护栏由三波梁板(500mm×85mm×4mm)、托架(300mm×35mm×6mm)和立柱(ϕ139.8mm×4.5mm)组成,考虑到防阻块的功能,编写组认为两种结构强度大抵相当。A级护栏将是我国高速公路、一级公路中使用最普遍的护栏型式。

(3)路侧波形梁护栏SB级可吸收的碰撞能量为280kJ,与日本的SB级护栏能量相当。日本SB级护栏由三波梁板(500mm×85mm×4mm)、防阻块(300mm×200mm×290mm×4.5mm)和方管立柱(□125mm×125mm×6mm)组成。本细则所采用的SB级护栏结构与日本相比,变化如下:

①三波形梁采用符合我国现行《公路三波形梁钢护栏》(JT/T 457—2001)中的梁板形式,规格为506mm×85mm×4mm;

②立柱采用□130mm×130mm×6mm规格,符合现行《结构用冷弯空心型钢尺寸、外形、重量及允许偏差》(GB/T 6728—2002)的规定(我国GB/T 6728标准中无□125mm×125mm×6mm规格);

③防阻块采用 300mm×200mm×290mm×4.5mm 规格，根据采用的三波形梁护栏、立柱的型式进行了适当的调整。

(4)路侧波形梁护栏 SA 级可吸收的碰撞能量为 400kJ，与日本的 SA 级护栏能量(420kJ)相当。日本 SA 级护栏由三波梁板(500mm×85mm×4mm)、横梁(ϕ89.1mm×5.5mm)、防阻块(300mm×200mm×290mm×4.5mm)和方管立柱(□125mm×125mm×6mm)、圆管立柱(ϕ101.6mm×4.2mm)组成。本细则所采用的 SA 级护栏结构与日本相比，变化如下：

①三波形梁采用符合我国现行《公路三波形梁钢护栏》(JT/T 457—2001)中的梁板形式，规格为 506mm×85mm×4mm；

②横梁、套管采用我国标准中规定的 ϕ89mm×5.5mm 和 ϕ73mm×6.0mm 规格的热轧无缝钢管，上段立柱采用 ϕ102mm×4.5mm 规格的普通碳素结构钢焊接钢管；

③下段立柱采用□130mm×130mm×6mm 规格，符合现行《结构用冷弯空心型钢尺寸、外形、重量及允许偏差》(GB/T 6728—2002)的规定(我国 GB/T 6728 标准中无□125mm×125mm×6mm 规格)；

④防阻块采用 300mm×200mm×290mm×4.5mm 规格，根据采用的三波形梁护栏、立柱的型式进行了适当的调整。

(5)路侧波形梁护栏 SS 级可吸收的碰撞能量为 520kJ，比日本 SS 级护栏碰撞能量(650kJ)低 1/4 左右。日本 SS 级护栏由三波梁板(500mm×85mm×4mm)、横梁(ϕ89.1mm×5.5mm)、防阻块(400mm×200mm×290mm×4.5mm)和方管立柱(□125mm×125mm×6mm)、圆管立柱(ϕ101.6mm×4.2mm)组成。本细则所采用的 SS 级护栏结构与日本相比，变化如下：

①三波形梁采用符合我国现行《公路三波形梁钢护栏》(JT/T 457—2001)中的梁板形式，规格为 506mm×85mm×4mm；

②横梁、套管采用我国标准中规定的 ϕ89mm×5.5mm 和 ϕ73mm×6.0mm 规格的热轧无缝钢管，上段立柱采用 ϕ102mm×4.5mm 规格的普通碳素结构钢焊接钢管；

③下段立柱采用□130mm×130mm×6mm 规格，符合现行《结构用冷弯空心型钢尺寸、外形、重量及允许偏差》(GB/T 6728—2002)的规定(我国 GB/T 6728 标准中无□125mm×125mm×6mm 规格)；

④防阻块采用 350mm×200mm×290mm×4.5mm 规格，长度比日本规格短 50mm，主要考虑到碰撞能量、我国公路土路肩宽度、三波形梁护栏和立柱的型式等因素作了相应调整。

4.5.3 中央分隔带波形梁护栏的构造

(1)中央分隔带波形梁护栏从构造上可分为分设型和组合型两种。中央分隔带宽度大于等于 2m，中央分隔带内构造物较多，或在中央分隔带下埋设有管线的路段，可采用分设型护栏；中央分隔带宽度小于 2m，中央分隔带内构造物不多或埋设管线较少的路段，可采用组合型护栏。

(2)~(5)防撞等级为 Am、SBm 和 SAm 的分设型中央分隔带护栏的构造型式与 A、SB 和 SA 的路侧护栏基本相同。组合型波形梁护栏适用于中央分隔带宽度小于 2m 的路段，通过横隔梁将两个方向的护栏板连接起来。

4.5.4 波形梁护栏沿公路横断面设置的位置

(1)路侧护栏在公路横断面上设置位置的确定主要考虑两个因素：①路侧护栏不应侵入现行《公路工程技术标准》(JTG B01—2003)规定的公路建筑限界以内；②应考虑到护栏立柱在受到撞击后的变形范围，使车辆的外侧车轮能停止在土路肩以内。基于上述原因，本款规定护栏面可与土路肩左侧边缘线或路缘石左侧立面重合，如因公路线形等原因，护栏的横向设置位置可适当外移，但立柱外侧土路肩保护层宽度应大于 25cm。如遇到与桥梁护栏过渡或采用外展式端头时，可通过设置混凝土基础、加深立柱或立柱上焊接钢板等措施加强护栏的整体强度。

(2)中央分隔带波形梁护栏的横断面布设，一般首先根据中央分隔带的宽度和地下管线的布设位置来确定。

现行《公路工程技术标准》(JTG B01—2003)中，对中央分隔带宽度规定的一般值为 3m 和 2m，考虑到强度、运营养护的方便性和绿化、地下管线的设置等，护栏以分设型设置为好。如中央分隔带采用 1m 的最小值时，则应设置组合型护栏或其他型式的护栏，如混凝土护栏等。

中央分隔带护栏在中间带内一般应对称布设,波形梁护栏板的外缘至中央分隔带边缘的距离应满足公路建筑限界的要求。

组合型波形梁护栏,原则上应沿公路中心线布设。当公路中心线位置内有构造物、地下管线时,护栏立柱的中心线可以向一侧偏移,或将组合型改变成分设型,以便绕过中心线位置的构造物。

4.5.5 波形梁护栏横梁中心高度的确定

一旦失控车辆与护栏发生碰撞时,当然希望护栏能作用于车辆的有效部位,既不使车辆越出护栏,也不使车辆钻入护栏横梁的下面。理想的情况是通过护栏的整体作用迫使车辆逐步转向,一直恢复到正常的行驶方向。但目前世界上生产的汽车从大吨位的重型汽车到很小的微型汽车,其质量相差非常悬殊,车辆外形变化很大。现代的小轿车有向微型化发展的趋势,其质量变得越来越轻,为了减少空气阻力,前车盖更符合流线型而变低,这种车辆在与护栏相碰时,很容易钻入护栏的横梁下面而造成严重的后果。另一种情况是车辆的吨位越来越大,也就是车辆日趋大型化和重型化。这种大型车在与护栏碰撞时,可能产生跳跃问题。特别在与 W 型波形梁护栏相撞时,由于车辆的保险杠碰撞波形梁护栏的横梁顶部而可能使其拧扭成为斜面。这种情况尤其在碰撞角度很大、速度很高时危险性更大。一旦出现这种情况,就有可能使保险杠向下往后倾斜,汽车在冲撞力的作用下很容易滑上护栏的斜面,从而发生跃出护栏的事故。上面说的两种情况——车辆钻入护栏横梁下面和车辆从护栏横梁上越出,当然是不希望发生的。这就要求很好地研究确定护栏的合理安装高度。

《94 版规范》中护栏高度的确定主要参考了美国的经验:①根据大量的不同重心高度车辆与护栏的足尺碰撞试验;②投入使用中的护栏碰撞事故调查资料;③现代车辆的几何特性分析。通过这三个方面确定了护栏的安装高度。

护栏安装高度的确定实际上关系到对大部分车辆碰撞点的有效保护,因此护栏的安装高度在没有经过充分试验验证的情况下,不得随意改变。设计时可根据路侧具体情况,将碰撞中心点即连接螺栓孔中心距路面的高度控制为600mm。若路侧或中央分隔带有路缘石、而路缘石与护栏面又不齐平时,碰撞中心点的高度应从路缘石顶面算起。对于三波形梁钢护栏,最下二波的梁板中心高度也控制为600mm,这样可更有效地对大型车辆实施保护。对 SA(SAm)、SS 等级的护栏来说,由于要求的碰撞能量高,因此在三波梁的上部增设了横梁,这样可更有效地防止大型车辆穿越护栏并增加诱导效果。横梁与三波波形梁板板之间的净距为305.5mm,增加了护栏的通透性并提高了护栏的美观程度。

4.5.6 波形梁护栏立柱埋深

波形梁护栏的强度主要决定于立柱的刚度、土的承载力及梁的抗拉强度,特别是立柱的水平承载力与位移的关系是决定立柱强度的重要因素。为此,日本土木研究所等单位对护栏立柱的强度进行了专门的试验研究。试验用护栏立柱为圆钢管,规格为ϕ114.3mm × 4.5mm、ϕ139.8mm × 4.5mm,立柱长度为1 200mm、1 500mm、1 800mm 三种。埋设条件分为:土中,纯混凝土密封,附加地锚,填焦油沥青,沥青铺装。采用两种加载方法:静载——用25t 推土机加载,杠杆式倒链张紧器;动载——用20t 货车,27km/h 速度行进。

(1)常磐公路柏子区静载试验结果

①荷载与位移的关系:埋于土中的立柱,加荷后的弯曲位置与柱径、埋深无关,大约位于地表下40cm 处,该位置正好在上部路基面处。

根据荷载-位移曲线,位移在5cm 左右之前,属地基反力发挥作用的阶段。位移在5 ~50cm,正好是立柱弯曲阶段,曲线平缓,位移增加很快。

②立柱尺寸与强度的关系:立柱的强度明显受立柱直径大小的影响。位移在5 ~50cm 之间时,立柱弯曲不断发展,反应变形增大,立柱截面系数的差别反映在强度上;相反,立柱的埋深不同而没有反映强度的差别。在三种情况下,立柱的最大弯矩都发生在地面下40cm 的地方,而与埋深无关。这说明试验立柱均被埋置在具有足够强度的下部路基中,并已具有足够的立柱埋深。

③加混凝土封层后的立柱强度取决于截面系数。

④加混凝土封层的立柱,其最大力矩发生在地表处。埋入土中的立柱,其最大力矩发生在地面下40cm 处。

(2)土木研究所的试验结果

①静载试验:根据荷载-位移曲线,当立柱埋深为1.8m时,位移在10cm以前,系地基承载力发挥作用阶段;位移在10~80cm之间时,立柱弯曲,其水平承载力取决于钢管的截面系数。当立柱埋深为1.5m时,立柱没有弯曲,系地基屈服所造成,说明立柱的水平承载力与地基的密实度即地基承载力有很大关系。

②动载试验:加载初期,荷载-位移曲线陡急,最大水平承载力也比静载大。另外,动载使钢材产生应变速度加快,增加了钢材的屈服点,降低了钢材的塑性和韧性,使立柱的承载力降低。

美国得克萨斯运输学院和州公路与公共运输部联合进行了一系列立柱静载试验,以确定护栏木柱和工字钢柱在埋深为18、24、30、38in和两种不同类型土壤中的性能。试验结果表明:钢柱比木柱吸收的能量小。当埋置深度为18和24in时,黏性土壤比砂性土壤消耗更多的能量。当埋置深度为30和38in时,砂性土壤吸收更多的能量。

本细则参考了日本、美国等国家的护栏标准图,规定二波波形梁护栏B级立柱埋置深度不应小于125cm,A、Am级立柱埋置深度不应小于140cm,三波波形梁SB、SBm、SA、SAm和SS级立柱埋置深度不应小于165cm;如存在路缘石时,立柱埋深还应考虑路缘石的高度。上述数据的确定充分考虑了我国土路肩较窄、立柱侧向土压力减小、土路肩填土压实度等因素。

当护栏立柱下方遇有地下管线或设置在石方路段及其他特殊情况时,立柱应设置于混凝土基础中。立柱置于混凝土基础中时,其埋深一般不应小于40cm。日本对立柱加混凝土封层和加锚的试验结果表明,埋于混凝土封层中的立柱均在地表面处产生弯曲,也就是说最大弯矩发生在地表处。所谓加混凝土封层就是把立柱埋入土中后,在地表面铺一层混凝土。所谓加锚的埋置方法就是采用混凝土封层再加ϕ13mm×400mm圆钢锚固。当采用混凝土封层和加锚的埋置方法时,试验中立柱发生上拔力阶段,混凝土封层产生了裂纹。但这两组试验的荷载-位移曲线几乎相同。由此可见,加混凝土封层中,立柱的最大弯矩产生在地表面,其立柱强度取决于截面系数,因此细则规定在混凝土中埋深不应小于40cm是完全可以的。在设置混凝土基础的路段,通过基顶与土路肩顶面之间的土层可进行绿化、美化,以改善路容。需要指出的是,由于挡土墙的结构型式、采用的材料种类较多,位于挡土墙路段的护栏基础需进行专门设计。

当护栏立柱设置于桥梁、通道、明涵等无法打入的路段时,可采用两种方法:一种是在混凝土中预埋套筒,再用砂浆或混凝土封填;另一种是在混凝土中预埋地脚螺栓,采用法兰盘连接。

4.5.7 路侧波形梁护栏起、讫点的端头,在本细则中推荐了两种型式:一种叫地锚式;另一种叫圆头式。路侧下游端即护栏设置结束端一般均按圆头端梁处理。路侧上游端即护栏设置起始端可有两种处理方案:一种是采用外展地锚式,通过斜角梁逐渐伸向地面,在端部用混凝土基础锚固。地锚式端头在失控车辆正面碰撞时,车辆会沿斜置波形梁爬上而吸能并避免护栏板穿透车厢。由于采用外展式,因此发生侧面碰撞时,车辆的导向功能较好。另一种是采用外展圆头式,这种方式也适用于填挖交界处护栏起始端的设置,从而可避免车辆从填挖交界空当处冲向路外。

4.5.8 设置于中央分隔带起、终点及开口处的护栏应进行端头处理,否则受到失控车辆撞击时,有可能导致端梁穿刺车体造成重大伤亡事故。

失控车辆正面碰撞时,经过端头处理的防撞护栏不能带刺、产生拱起或使车辆翻滚,车辆在碰撞过程中产生的加速度不能超过要求的限度。当失控车辆在端头和标准段之间发生碰撞时,端头结构应具有与中央分隔带标准段护栏相同的改变车辆方向的性能。

本细则规定的端头形式,是按分设型和组合型护栏来考虑的,基本上是用圆头把两侧的护栏连接起来,而没有采用解体消能立柱或滑动基座,也没有采用吸能、变位等设计。因此端头的吸能效果不会很好,但这种结构制造安装容易,造价较低。

4.5.9 高速公路、一级公路互通式立体交叉匝道进出口及服务区、停车区进出口处的三角地带,符合护栏设置条件的,应进行特殊设计。该处的护栏构造,应与路侧波形梁护栏相一致,在布设时,靠高速公路、一级公路主线一侧的8m范围内,和靠匝道一侧的8m范围内,立柱间距应加密一倍,三角区的顶端用圆形端头把两侧护栏连接起来,这是一种最简易的处理办法。本细则条文中规定:在迎交通流方向的危险三角区范围内应设置缓冲设施,如防撞筒等,这样可有效地吸收碰撞能量,降低正面碰撞车辆速度。侧面碰撞时,能改变车辆碰撞角度,导向正确方向。缓冲设施可广泛用于交通分流的危险三角地带、上跨式桥墩的迎车面、中央分隔带混凝土护栏的起始端部,用来保护三角地带内的构造物,防止失控车辆发生正面碰撞。防撞设施的防撞能力应与相应的护栏防撞等级相当,并应设置较明显的诱导设施。

4.5.10 路侧设有紧急电话处,为方便事故求救者使用紧急电话,尤其对伤重者,护栏必须留有开口。但是开口处应避免直接对着紧急电话,以保护紧急电话及其使用者避免直接受到行驶车辆的碰撞,降低事故严重度,也可减少路产损失。

4.5.11 隧道出入口处,由于隧道内、外路面宽度、亮度等差别较大,往往成为事故多发路段,因此对隧道出入口处的护栏进行适当的端部处理十分必要。

为同时满足行车安全和隧道建筑限界的需要,应将隧道内入口处检修道或人行道作局部处理,以免车辆直接撞击检修道或人行道。

如条件允许,在隧道入口侧还应设置防撞缓冲设施。

4.5.12 目前国内高速公路、一级公路中央分隔带种植土和回填土的存在影响了护栏立柱承载力的充分发挥,路侧有时也存在这种情况,尤其是路侧护栏立柱外展时,往往达不到规定的土路肩保护层厚度,影响了护栏功能的发挥。本细则推荐了两种方法。一种是借鉴了有关单位的研究成果,在立柱距路缘石顶部或路面 50mm 以下的位置处焊接一块 310mm × 200mm × 10mm 的钢板,钢板放置在护栏立柱的背面并与交通车流前进方向成 0° ~ 15°角的平面内。试验表明,这种加固方法能有效地提高护栏立柱的承载能力。另一种是采用混凝土基础。对中央分隔带护栏,宜将同一断面的两个立柱基础联成整体,以增加横向稳定性。

4.6 混凝土护栏

4.6.1 详见本细则第 5.1.2 条的条文说明。

4.6.2 路侧混凝土护栏的构造

(1)美国在 20 世纪 70 年代中和 90 年代末曾对混凝土护栏结构型式进行了大量的实车碰撞试验,比较了 NJ 型和 F 型混凝土护栏的优缺点,并开发出单坡型的混凝土护栏。这些研究成果被欧美和日本等国家广泛采用。研究成果归纳如下:

①美国根据 NCHRP 第 350 号报告评价标准的要求,对 F 型混凝土护栏进行实车碰撞试验。评价结果表明,对碰撞车辆来说,F 型比 NJ 型有更好的车辆稳定性。

②混凝土护栏的高度是确定其防撞等级的重要因素。

③根据对混凝土护栏断面形状的对比试验,从 NJ 型、F 型、单坡型直到直墙型的试验,后几种护栏断面形状对车辆稳定性表现更好,但对乘员的响应即加速度趋向于不利。

④单坡型混凝土护栏从车辆稳定性和乘员伤害两方面的综合评价表明,它优于其他形状的混凝土护栏。

⑤单坡型混凝土护栏已通过美国 NCHRP 第 350 号报告第四级别(8t、82km/h 和 10°)的实车碰撞试验评价,并已纳入美国和日本标准。

国内对混凝土护栏也进行了许多有益的研究和试验,如深华达交通工程技术有限公司曾开展了路侧加强型护栏的研究。本细则确定的几种混凝土护栏构造型式,如 F 型、单坡型、加强型,主要参照了美国、日本和我国的研究成果及日本《车辆用护栏标准图 · 同解说》(1999 和 2004 年版)。

(2) ~ (3) F 型和单坡型混凝土护栏的构造是根据美国计算机模拟和足尺碰撞试验结果,参考日本《车辆用防护栅标准图 · 同解说》(1999 和 2004 年版)并结合我国路肩的宽度确定的。

(4)路侧加强型护栏特别适用于大型车辆占有很大比例的路段,其结构型式以 F 型护栏为基础,吸收借鉴了北京深华达交通工程技术有限公司的研究和试验成果。

(5)设计路侧混凝土护栏的基础时,需通过验算路侧混凝土护栏的抗倾覆稳定性来确定基础混凝土的尺寸。根据路侧混凝土护栏所处的位置及路堤型式、施工工序,路侧混凝土护栏的基础可选用以下两种方式：

①座椅方式：根据交通部2001年度西部交通建设科技项目“公路陡崖峭壁护栏的开发研究”的成果，对于修建在高挡墙、高路堤上的护栏，其安全性主要取决于护栏基础的稳定性。通过理论分析和模型试验结果，经过方案优选，确定了座椅式的基础型式。座椅式基础的腿部伸入到路面基层中，利用路面基层对基础腿部位移产生的抗力来提高护栏的抗倾覆稳定性，受力形式较为合理，如条文图4.6.2-4、图4.6.2-5。地基的承载力应不小于150kN/m^2，基础应配置适量的构造钢筋，基础主筋应与护栏钢筋焊接，基础混凝土强度等级与护栏相同。

②桩基方式：对高填土路堤路段可采用桩基方式。在现浇路侧混凝土护栏前先打入钢管桩，或钻孔插入钢管桩，或开挖埋入钢管桩。地基的承载力应不小于150kN/m^2。钢管桩的规格为ϕ140mm×4.5mm，长90～120cm。钢管桩的纵向间距为100cm。钢管桩必须牢固埋入基座中，并与混凝土护栏连成整体。为提高钢桩的侧向土压力，可参考波形梁护栏立柱补强所采用的方法，在钢管桩下段焊接长方形钢板。

4.6.3 中央分隔带混凝土护栏的构造

(1)中央分隔带混凝土护栏从构造上可分为整体式和分离式两种。中央分隔带宽度较窄或中央分隔带内通信、电力管线较少的路段可采用整体式混凝土护栏；当中央分隔带较宽且需要设置监控、通信、电力管线等设施时，可采用分离式混凝土护栏。

(2)根据美国计算机模拟和足尺碰撞试验结果，并参考日本《车辆用防护栅标准图·同解说》(1999和2004年版)，根据我国中央分隔带的实际情况，确定了F型和单坡型混凝土护栏的构造型式，如条文图4.6.3-1和图4.6.3-2。中央分隔带混凝土护栏的纵向中心线应与中央分隔带中心线保持一致，或适当偏移，但偏移后不应侵占公路建筑限界。

(3)为了解决中央分隔带混凝土护栏中设置监控、通信、电力管线等设施的问题，中央分隔带可采用分离式F型或单坡型混凝土护栏。这种分离式护栏，适于中央分隔带宽度大于2m时使用。因造价偏高、通透性较差，采用时应慎重。另外，设计时，应对其强度和稳定性进行验算。分离宽度可按中央分隔带的宽度计算得到。条文中推荐的护栏顶部间距值，属于最小值，实际设计宽度，可根据具体情况确定。

关于混凝土护栏侧向净空C值的计算，有些国家规定以混凝土护栏变坡点作为限界进行计算。但是，近几年由于单坡型混凝土护栏的大量使用，对侧向净空C值规定以混凝土护栏与路面交界点计。

伸缩缝和假缝位置处应设置素混凝土枕梁，其强度等级宜与混凝土护栏相同。

(4)在中央分隔带内有桥墩、标志立柱、照明灯柱等设施时，混凝土护栏应作特殊处理。护栏迎车行道一侧的断面保持不变，宽度应根据构造物的大小与特点确定，并满足公路建筑限界的要求。为避免车辆碰撞混凝土护栏时，将碰撞力传递到中央分隔带内的构造物，并保证混凝土护栏变形的需要，应避免将混凝土护栏与中央分隔带内的构造物浇筑成整体。为使护栏线形平顺，减少对车辆的冲击，标准段护栏与桥墩、标志立柱、照明灯柱等设施处的护栏之间应设置渐变段，渐变段的角度α宜符合条文图4.6.3-4的要求，条件具备时，应尽可能按下述方法计算(摘自美国俄勒冈州1999年混凝土护栏标准图，编号RD535)：

$$\alpha = \arctan(1.667/v)$$

式中：v——设计速度(km/h)。

(5)中央分隔带混凝土护栏靠自重放置在基层上，在汽车碰撞力的作用下往往会被移位，严重时甚至会危及对向车道车辆的安全。本款引用日本护栏标准的规定和国内研究成果，对于整体式混凝土护栏，基础的承载力必须达到150kN/m^{2}以上，然后将混凝土护栏嵌锁在基础中，即混凝土护栏需要镶嵌在下面的基础中。在混凝土基础的下面，需先做一层厚度不小于20cm的半刚性基层，可按路基施工规范的有关规定控制。在基层的上面是一层厚度为10～20cm的混凝土基层或级配碎石层。施工时可先按规定标高铺筑混凝土基层或级配碎石层，然后吊装或现浇混凝土护栏。对于分离式混凝土护栏，应在混凝土护栏下设置枕梁，护栏之间应设置支撑块。

(6)护栏端头处属于特殊地带，因汽车在端头处碰撞时，几乎是直角正面碰撞，如果设计合理，当汽车与其碰撞时，应有利于碰撞车辆的爬高来吸收碰撞过程中的能量，从而减少车辆的损伤和车上乘员的伤亡。因此，护栏端头属于特殊结构，应作专门设计。条文中提出的两种型式是目前世界上使用较多、效果较好的两种型式，是国外通过大量的研究并在实际应用中不断改进得到的，因此，本细则直接采用。这两种混凝土护栏端头，均适用于中央分隔带混凝土护栏的起、终点和开口处。细则条文中图4.6.3-5的构造为斜坡式，正面碰撞车辆可以爬高吸能；图4.6.3-6的构造为尖头式，正面碰撞不能爬高，但侧撞会有较好的导向效果，可根据设置地点的不同进行选择。

4.6.4 在超高路段，中央分隔带混凝土护栏的设置会使排水受到一定影响，这取决于横坡变化的基准点（旋转轴）所处的位置。如果中央分隔带宽度范围内没有受横坡旋转的影响，则其混凝土护栏可按与直线路段同样的方法处理。如果中央分隔带受横坡变化的影响，则可有两种设置方式，即护栏的竖向中心轴垂直水平面或垂直超高面的两种方式，可根据横向排水、美观等要求选用，但混凝土护栏的功能不能削弱，中心高度和截面形状保持不变。

中央分隔带混凝土护栏应与排水设施一并考虑。当中央分隔带采用纵向排水时，一般排水沟应设置在混凝土护栏的一侧。采用横向排水时，可在护栏侧面下缘设泄水孔。考虑到我国幅员辽阔，各地降雨量差别很大，公路几何条件也有很多不同，因此，条文中没有对护栏泄水孔尺寸、间距作出详细规定。各地可根据公路排水设计的要求，结合降雨量的大小和具体的公路条件确定。

4.6.5 中央分隔带混凝土护栏的高度一般为81～100cm，作为防眩设施高度不够。因此，凡需设置防眩设施的路段，在护栏顶部适当位置宜安装预埋连接件，预埋件的位置、数量应与防眩设施的结构相配合。对停车视距可能有影响的路段，应对停车视距进行验算，如达不到规范要求时，应采取相应措施，如向内移动防眩设施、采取限速措施等。

在混凝土护栏上附设轮廓标时，需根据轮廓标的设置高度、间距、轮廓标类型考虑附着于护栏上的连接方式。

4.6.6 考虑到美观的要求和模具制造的便利等因素，本条规定同一条公路上应采用相同的混凝土护栏构造型式。

4.6.7 混凝土护栏可采用预制和现浇两种方式进行施工。对预制混凝土护栏，每节的长度主要受吊装设备的制约，在曲线路段也受到曲率半径的限制。从增加混凝土护栏整体强度和稳定性的角度考虑，要求预制混凝土护栏的长度尽量长一些，但考虑到浇筑和安装的方便、伸缩缝的要求等，预制块的长度不可能做得太长，条文中规定的4～6m，就是根据我国目前的吊装条件，同时考虑到我国护栏防撞等级有较大的提高，混凝土护栏主要依靠自重来挡阻车辆跨越，预制块长度过短会增加纵向锚固的难度等因素确定的。日本护栏标准中规定预制块最小长度为5m。各地可根据实际条件，在规定范围内选用合适长度，并尽量采用较长的预制块。现浇混凝土护栏的纵向长度是根据横缝要求提出的。横缝设计在现行《公路钢筋混凝土及预应力混凝土桥涵设计规范》（JTG D62—2004）中有明确规定，可参照执行。为减少混凝土的不均匀开裂，每隔3～4m应设置一道假缝。假缝可参考图4-3设置。

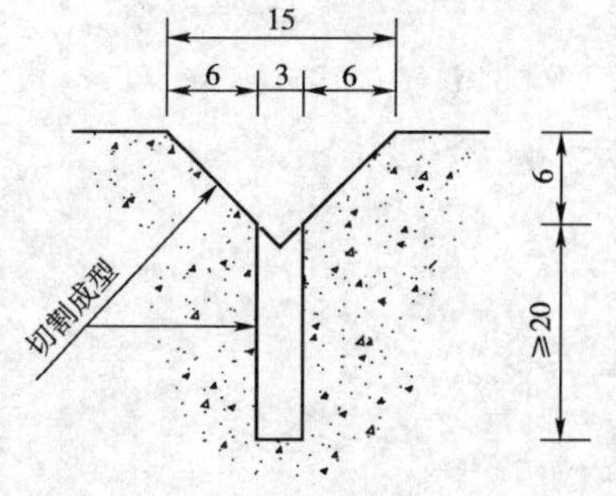

图4-3　假缝规格参考图

（尺寸单位：mm）

4.6.8 混凝土护栏应根据防撞等级、吊装条件、温度应力变形、基础连接方式等要求进行配筋设计。设置在路侧构造物上的混凝土护栏，应按悬臂梁进行配筋设计；设置在中央分隔带的混凝土护栏，不论是预制还是现浇，配制一定数量的结构钢筋都是十分必要的。预制的混凝土护栏块是通过吊装就位的。吊装是施工过程中一个较重要的环节，为了能安全、方便、快速地起吊，必须合理地设计起吊孔位置，起吊孔一般设在预制块两端1/4护栏块长的位置上。当护栏块较长时，应验算吊装应力，以确定起吊孔位置。现浇的混凝土护栏，可根据防撞等级要求配置受力钢筋或构造钢筋。

4.6.9 在我国的一些公路上，混凝土护栏块的端部是平的，每节护栏与相邻护栏之间没有连接，因此护栏的纵向稳定性很差。在汽车碰撞力的作用下，护栏块会脱开、错位，失控车辆不能利用护栏进行顺利的导向，因而，失去了护栏应有的功能。为了克服上述不足，根据防撞等级，预制混凝土护栏有两种纵向连接方法:①纵向企口连接法适用于 A、Am 防撞等级,按条文图 4.6.9-1 做成企槽,以便在安装后相互咬住共同受力,企口槽应从护栏顶开到底。企口连接接触面处需配置一定数量的钢筋,以抵抗碰撞时产生的剪切和扭转。②纵向连接栓方式,适用于防撞等级 A 和 Am 以外的其他防撞等级混凝土护栏,如条文图 4.6.9-2。具体设计时,还可采用其他能保证整体强度、护栏受撞击后不产生过大变形的连接方式。

5　桥梁护栏

5.1　一般规定

5.1.1　一般情况下，车辆越出桥外的事故严重度比越出路基外的事故严重度高，桥梁应选择比路基段高的防撞等级的护栏，有些国家建立了路基护栏和桥梁护栏两套防撞等级体系。但从护栏体系而言，路基护栏和桥梁护栏对某些种类的护栏而言是通用的。

混凝土墙式桥梁护栏作为永久性构造物，一方面受气候变化的影响，另一方面车辆碰撞的摩擦，常使表面剥落，使护栏表面的摩擦系数值增大，降低其改变失控车辆方向的能力，并且影响美观。近几年的工程实践中，特别是有冻融的地区，混凝土护栏表面发生啃边和脱皮的现象较为严重，因此本细则规定，高速公路、一级公路桥梁护栏的混凝土强度等级不应低于C30，其他公路桥梁护栏的混凝土强度等级不应低于C20。

5.1.2　桥梁护栏碰撞荷载的确定：

(0)碰撞力的大小和分布

车辆碰撞护栏是十分复杂的过程，到目前为止尚没有精确计算方法来进行描述。车辆碰撞护栏常用的数学模型见图5-1，该数学模型是建立在基本假设的基础上。

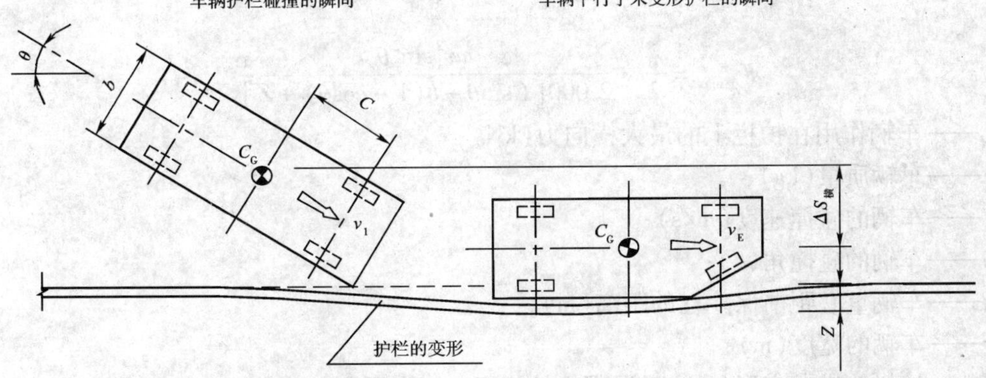

图5-1　车辆与护栏碰撞的数学模型

①基本假设

——从车辆碰撞护栏起到车辆改变方向平行于护栏止，车辆的纵向和横向加速度不变；

——车辆的竖向加速度和转动加速度忽略不计；

——车辆改变方向平行于护栏时车辆的横向速度分量为0；

——车辆在改变方向时不发生绊阻；

——车辆碰撞护栏期间容许车辆发生变形，但车辆的重心位置不变；

——车辆近似为质点运动；

——刚性护栏的变形值 $Z=0$，柔性护栏的变形值 $Z>0$；

——车辆与护栏、车轮与公路的摩擦力忽略不计；

——护栏连续设置。

②公式推导

设车辆的横向位移 $\Delta S_{横}$：

$$\Delta S_{横} = C\sin\theta - b(1-\cos\theta) + Z$$

车辆横向位移 $\Delta S_{横}$ 所需的时间 Δt：

$$\Delta t = \frac{\Delta S_{横}}{横向平均速度}$$

又∵ 横向平均速度 $=1/2\{v_1\sin\theta + 0\}$

∴
$$\Delta t = \frac{C\sin\theta - b(1-\cos\theta) + Z}{v_1\sin\theta/2}$$

又∵ 车辆横向平均加速度 $G_{横}$

$$G_{横} = a_{横} = (\Delta v)_{横}/\Delta t$$

横向速度变化 $(\Delta v) = v_1\sin\theta - 0$

$$G_{横} = v_1\sin\theta/\Delta t$$

∴
$$G_{横} = \frac{v_1^2\sin^2\theta}{2[C\sin\theta - b(1-\cos\theta) + Z]}$$

又据 $F_{横} = ma_{横}$

$$F_{横} = \frac{m(v_1\sin\theta)^2}{2[C\sin\theta - b(1-\cos\theta) + Z]}$$

$F_{横}$ 单位取 kN 时，

$$F_{横} = \frac{m(v_1\sin\theta)^2}{2\,000[C\sin\theta - b(1-\cos\theta) + Z]} \tag{5-1}$$

假设车辆和护栏的刚度可理想化为线性弹簧，则碰撞力与时间的关系曲线是正弦曲线，车辆横向最大加速度 $G_{横max}$ 为：

$$G_{横max} = \frac{\pi}{2} \cdot G_{横}$$

$$F_{横max} = \frac{\pi}{2} \cdot \frac{mv_1^2\sin^2\theta}{2\,000[C\sin\theta - b(1-\cos\theta) + Z]} \tag{5-2}$$

式中：$F_{横max}$——车辆作用在护栏上的最大横向力（kN）；

m——车辆质量（kg）；

v_1——车辆的碰撞速度（m/s）；

θ——车辆的碰撞角（°）；

C——车辆重心距前保险杠的距离（m）；

b——车辆的宽度（m）；

Z——护栏的横向变形（m）：对混凝土护栏 $Z=0$，金属制护栏 $Z=0.3\sim0.6$m。

为验证式（5-1）和式（5-2）预测的精度，美国曾用其预测的横向碰撞力与碰撞试验实测的碰撞力相比较，得出公式的预测精度为 ±20%，如表 5-1 和图 5-2。从表 5-1 可见，对于小汽车，式（5-1）和式（5-2）预测的碰撞力和试验的实测值很相近，英国桥梁护栏标准中护栏的设计荷载就直接采用式（5-2）的计算值，即车辆以平均运行速度碰撞护栏时的设计碰撞力。

表 5-1　刚性护栏横向碰撞力（碰撞速度 96km/h，$\theta=15°$）

车 辆 质 量	平均力（kN）	最大力（kN）		
	式（5-1）计算值	式（5-2）计算值	布卢姆试验值	布什试验值
2 043kg	84.5	129.0	133.4	124.5
9 080kg	155.7	244.6	311.4	373.6
18 160kg	258.0	404.8	667.2	667.2
31 780kg	—	—	1 112.0	—
32 688kg	404.8	636.1	—	—

日本现行车辆用刚性护栏碰撞力如表 5-2。

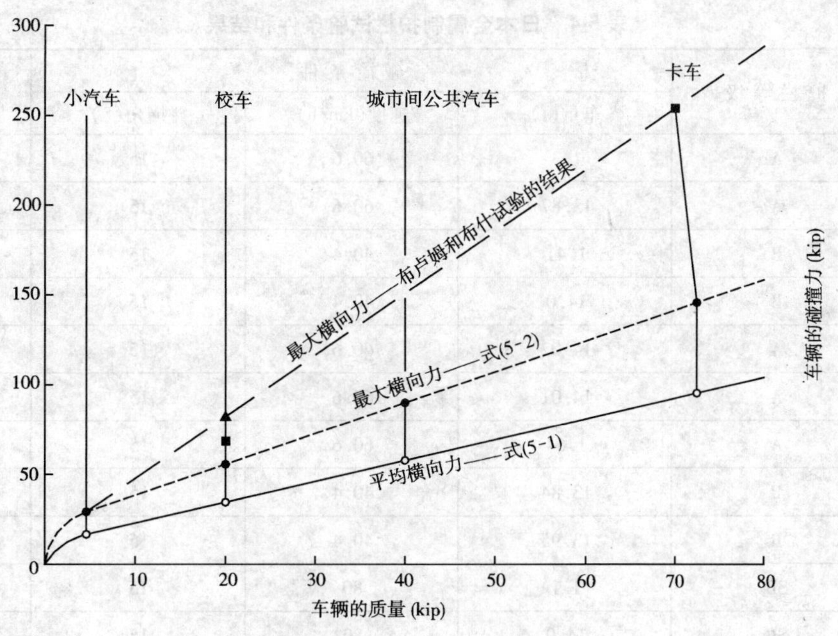

图 5-2 刚性护栏碰撞力($v=60\text{mph},\theta=15°$)

注:1kip = 4.445kN;1mph = 1.609km/h。

表 5-2 日本刚性护栏碰撞力

碰撞条件	碰撞能量(kJ)	碰撞力(kN)		
		单坡型	F 型	直墙型
25t,50km/h,15°	160	34	35	43
25t,65km/h,15°	280	57	58	72
25t,80km/h,15°	420	86	88	109
25t,100km/h,15°	650	135	138	170

我国桥梁护栏试验中理论碰撞力与实测碰撞力的比较结果如表 5-3。

表 5-3 中国刚性护栏碰撞力的比较

试验次序	碰撞条件			计算最大碰撞力(kN)	实测值(kN)
	碰撞角(°)	车重(t)	车速(km/h)		
1	21.6	2	91.5	183.9	192.4
2	21.1	18	81	563.2	589.1
3	20.4	18	84	688.0	719.6
4	19.2	2	95	168.7	176.4
5	20.5	20	64	423.7	443.2
6	21.1	20	86	762.5	797.6

通过不同国家刚性护栏碰撞力的比较可知,中国实测的护栏碰撞力最大,英国和日本最小,美国居中。考虑到碰撞力在护栏上的分布模型仍采用美国桥规的有关规定,所以我国护栏碰撞力采用与美国桥规的规定相近似的数值。

③碰撞力的分布

车辆碰撞护栏时,碰撞力是沿着护栏碰撞面移动的,并随时间而变化。一般假设车辆与护栏碰撞时,其平均力达到最大值时,车辆与护栏的接触长度就是碰撞力的作用范围。对于大型拖挂车,最大碰撞力有可能在失控车辆改变方向后,车辆的尾部与护栏相撞时产生。但由于车辆已改变了行驶方向,车辆越出路外的危险性降低了。所以,设计时,取初始的最大碰撞力。日本金属制桥梁护栏碰撞试验的结果如表 5-4。美国对钢筋混凝土墙式护栏碰撞试验的结果如图 5-3、图 5-4 和表 5-5,美国推荐的设计荷载分布如图 5-5 和表 5-6。

表 5-4　日本金属制护栏试验条件和结果

序　号	护栏等级	碰撞条件			车体接触长度(m)
		车重(t)	速度(km/h)	碰撞角(°)	
1	A	1.3	60.6	15	3.7
2	A	13.87	60.6	15	11.2
3	B	1.41	40.4	15	2.8
4	B	14.0	40.4	15	3.7
5	A	14.02	60.6	15	9.15
6	A	14.01	60.6	15	8.8
7	A	1.64	60.6	15	3.4
8	B	13.84	40.4	15	4.1
9	B	13.95	40.4	15	4.81
10	SB	1.1	80	15	2.90
11	SB	14.0	80	15	13.35

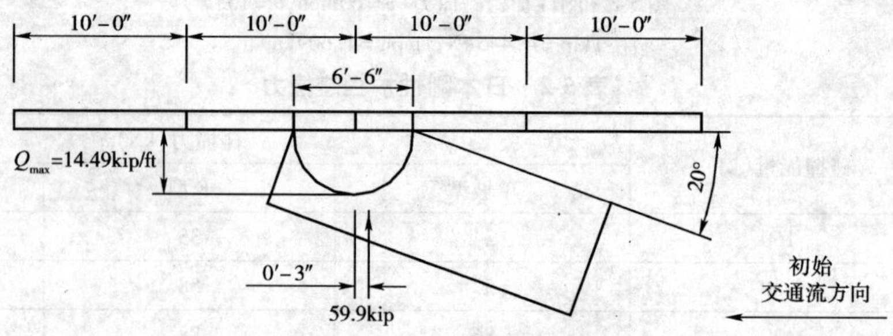

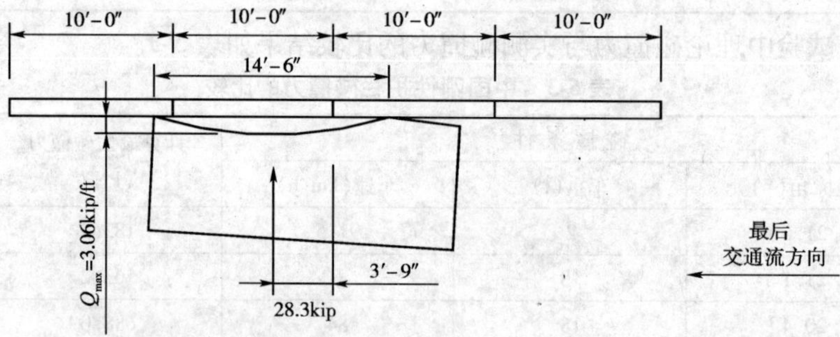

图 5-3　美国混凝土墙式护栏的碰撞过程

（碰撞条件：m = 4 740lb；v = 59.9mph；θ = 24°）

注：1lb = 453.592g；1kip = 4.445kN；1mph = 1.609km/h；1kip/ft = 1.458kN/m；1′ = 0.305m；1″ = 2.45cm。

表 5-5　美国混凝土墙式护栏碰撞试验结果

试验条件			碰撞状态	合　力				最　大　力	
重量(lb)	速度(mph)	角度(°)		高度(in)	大小(kip)	接触高度(ft)	接触长度(ft)	单位面积(kip/ft^2)	单位长度(kip/ft)
2 050	59.0	15.5	始	17.0	18.4	2.33	5.0	3.89	5.76
			终	18.7	8.4	2.58	7.6	1.11	1.82
2 090	58.5	21.0	始	19.0	21.1	2.67	6.0	3.25	5.52
			终	20.7	13.1	3.00	8.0	1.35	2.58
2 800	58.3	15.0	始	18.1	18.5	2.50	5.0	3.85	5.81
			终	15.3	13.9	2.08	10.8	1.82	2.01

续上表

试验条件			碰撞状态	合力				最大力	
重量(lb)	速度(mph)	角度(°)		高度(in)	大小(kip)	接触高度(ft)	接触长度(ft)	单位面积(kip/ft^2)	单位长度(kip/ft)
2 830	56.0	18.5	始	19.3	22.0	2.92	4.8	3.65	7.61
			终	21.3	22.5	3.00	10.2	1.52	3.48
4 680	52.9	15.0	始	21.4	52.5	3.08	7.3	5.73	11.24
			终	24.0	28.3	3.25	10.7	2.01	4.16
4 740	59.9	24.0	始	21.8	59.5	3.17	6.5	7.18	14.49
			终	22.5	28.3	3.25	14.5	1.48	3.06
20 030	57.6	15.0	始	29.0	63.7	2.17	12.3	5.88	21.20
			终	32.7	73.8	1.58	25.5	4.51	4.54
32 020	60.0	15.0	始	26.3	85.0	2.58	6.3	12.90	21.20
			终	28.4	11.0	2.25	15.0	15.40	22.10

表 5-6 美国刚性护栏推荐的极限设计荷载

设计试验条件	最大设计荷载(kN/m)	设计荷载分布长度(m)	有效高度(m)
2 043kg,96km/h,$\theta=15°$	15.2	2.3	0.6
20 43kg,96km/h,$\theta=25°$	19.7	2.0	0.6
9 080kg,96km/h,$\theta=15°$	11.0	3.8	0.85
14 528kg,96km/h,$\theta=15°$	30	4.6	0.75

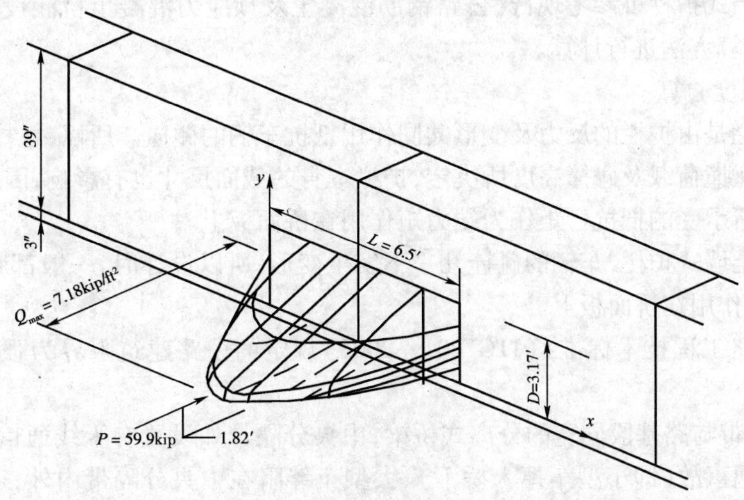

图 5-4 接触应力的分布

注:1kip = 4.445kN;1mph = 1.609km/h;1kip/ft = 1.458kN/m;1′ = 0.305m;1″ = 2.45cm。

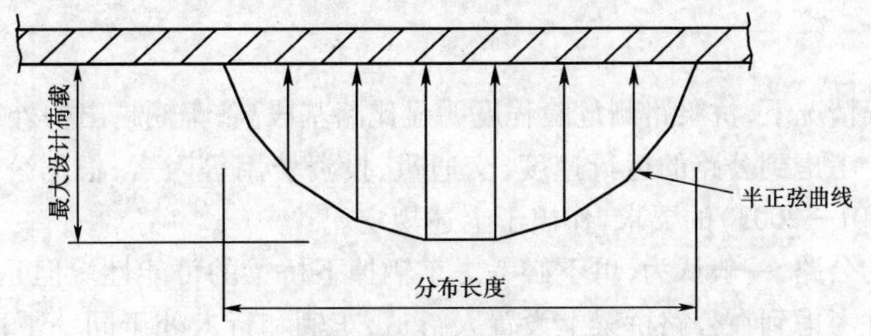

图 5-5 美国刚性护栏推荐的极限设计荷载

为提高护栏的防撞性能,减少乘客伤亡和车辆损坏,应尽量使碰撞车辆与护栏的接触长度长些,从而延长碰撞时间,降低车辆的加速度。对于金属制桥梁护栏,本细则考虑车辆碰撞护栏总的接触长度为

12m。

(1)为了简化计算,本细则根据美国桥规,考虑桥梁护栏的碰撞设计荷载作用在横梁的跨中和立柱上时,横梁的弯矩为 $PL/6$。由于车辆碰撞桥梁护栏横梁后,横梁发生弯曲变形,吸收碰撞能量,所以,立柱承受的设计荷载不等于碰撞荷载。根据欧美和日本等国的试验结果和实际使用经验,立柱的设计荷载一般取护栏承受碰撞力的1/4。

(2)对于钢筋混凝土墙式护栏和组合式护栏,其荷载分布范围根据德国标准 DIN1072 和条文表4.6.1确定;同时,为了计算方便,分布荷载 q 取平均值,即 A、SB 和 Am、SBm 级 $q = P/4.0$(kN/m),SA、SS 和 SAm 级 $q = P/5.0$(kN/m)。

(3)桥梁护栏强度验算

①一般情况下,桥梁护栏的主要受力构件的强度或配筋计算,仅考虑车辆的碰撞荷载,不考虑风载和人群荷载;辅助构件的强度计算则仅考虑风载和人群荷载,而不考虑车辆碰撞荷载的作用。

a. 风载的计算方法可参阅现行《公路桥涵设计通用规范》(JTG D60—2004)的规定。当大面积实体板块如隔音板、标志板安装在护栏上时,而桥梁护栏又位于特别暴露的风口处(如沿海地区)时,则风载对护栏构件的作用可能比车辆的撞击力更大,此时需要验算风载对护栏结构的影响。

b. 栏杆是以防止行人和非机动车掉入桥下为目的而设置的,作用于栏杆顶部的水平设计荷载应考虑行人等将身子探出栏杆、倚靠栏杆或将重物放置在栏杆上。车辆碰撞桥梁护栏时,辅助构件应能与桥梁护栏受力构件同时发生变形,不应产生辅助构件先于桥梁护栏的主要构件破坏的现象。

c. 桥梁护栏的结构重力计算,可参阅现行《公路桥涵设计通用规范》(JTG D60—2004)的规定。

②金属桥梁护栏可结合所用材料的规格、力学性能,参考现行《钢结构设计规范》(GB 50017—2003)的规定进行承载能力极限状态、正常使用极限状态的设计计算。

③钢筋混凝土墙式护栏可参考现行《公路钢筋混凝土及预应力混凝土桥涵设计规范》(JTG D62—2004)中悬臂梁的计算方法进行计算。

(4)桥面板的强度验算

梁柱式桥梁护栏是由护栏的反力及变形共同作用抵抗车辆的碰撞。所以,立柱最下端产生的弯矩,并不完全由车辆的碰撞荷载及碰撞高度所决定,护栏本身的截面尺寸也有影响,因此,为计算方便起见,将立柱最下端断面所承受的抵抗弯矩作为端力矩作用在桥面板上。

对于钢筋混凝土墙式护栏,车辆的碰撞几乎不发生变形,所以设计时,一般都将汽车碰撞荷载换算成护栏底部端力矩,作用在桥面板上。

5.1.3 现行《公路工程技术标准》(JTG B01—2003)规定的公路建筑限界为强制性条文,应严格遵守。

5.1.4 中央分隔带与路基段同宽的分离式桥梁,中央分隔带如设置有干线通信管线,车辆越出桥外除会发生严重的交通事故(即小型车掉入桥下)、大型车绊阻在中央分隔带内外,还将破坏干线通信管线。当中央分隔带宽度大于路基段时,显然按路侧桥梁护栏进行设置最为合理。

5.2 设置原则

5.2.1～5.2.5 一般情况下,桥梁路侧危险程度明显比路基段高,车辆越出桥外往往会造成车毁人亡的重大恶性交通事故。考虑到公路的运行速度、交通量、投资费用等因素,根据公路等级及现行《公路工程技术标准》(JTG B01—2003)的要求,作出了上述规定。

对设置有人行道的公路,一般认为,可不必考虑车辆掉下桥梁的可能性。但是,为预防从桥上掉下的车辆造成二次事故并考虑到在公路桥梁上设置人行道,车辆和行人处于同一平面上,对交通量大、车速高的桥梁段,车辆碰撞行人和非机动车的事故严重度增大,为保护行人和非机动车,同时把机动车和非机动车在平面上分隔开,提高车辆与行人的安全性,按实际需要在人行道与车行道分界处设置汽车、行人分隔护栏是适当的。

5.3 型式选择

5.3.2 选择桥梁护栏型式时,应考虑下列因素:

(1)桥梁护栏的防撞性能:主要从公路等级、桥梁护栏外侧的危险物特征等方面加以考虑。

①公路等级

设置桥梁护栏时,原则上应根据公路等级并结合交通量、运行速度和投资费用等因素选择相应防撞等级的桥梁护栏。但是,对于大型车辆混入率高、桥下净空高等危险性较高的特殊路段,就要求设置防撞等级更高的桥梁护栏。

②路侧危险物特征

桥梁邻近(平行)或跨越公路、铁路,车辆越出有可能发生二次事故时;桥梁邻近或跨越江、河、湖、海、沼泽路段,车辆越出会发生沉没的重大事故时,要求在这些路段设置更高等级的桥梁护栏。

如果单排桥梁护栏不能达到设计要求的防撞等级,可采用增加桥面宽度、设置双排桥梁护栏的方法。双排桥梁护栏的防撞等级选择可参照设置有人行道桥梁护栏的设置原则。

③小桥、通道、明涵由于跨径较短,如根据本细则的要求设置桥梁护栏,一般不能满足桥梁护栏结构上所需的最短长度,并且要在很短的桥梁护栏上进行两次过渡段处理,造成短距离内桥梁护栏强度的不连续,整个护栏也不美观,所以,在不降低桥梁路段安全性的前提下,对小桥、通道、明涵的护栏可按路基段护栏的要求设置。

(2)~(7)桥梁护栏的防撞等级确定后,可主要从容许变形程度、美观、经济性和养护维修等方面确定适当的护栏型式。虽然桥梁护栏的建造成本只占桥梁总建造费用的很小一部分,但是型式的选择对其在安全、美观、耐用性、养护等方面仍具有很大的影响,桥梁护栏应与桥梁型式、桥梁周围的自然景观相协调,起到美化桥梁建筑的作用。条件成熟时,可采用新型结构和轻型材料,以提高桥梁护栏的防撞性能、减少桥梁的自重。

5.4 构造要求

5.4.1 本条主要参考英国和日本桥梁护栏规范以及美国的有关研究成果。

(1)~(3)护栏高度及横梁设置位置

①护轮安全带(缘石)对行车的影响

国外就缘石的防撞性能进行了大量试验研究,美国的 Graham 对设有护栏的缘石进行的碰撞试验结果如表 5-7。

表 5-7 设有护栏的缘石碰撞试验结果

试验编号	撞击试验条件		缘石尺寸(in)		评注
	速度(mph)	角度(°)	*A*	*b*	
10	61	27	10	60	当车通过 5ft 宽的人行道时,没有跳车。10in 高的缘石损坏了驾驶系统
11	51	28	10	20	10in 高的缘石损坏了驾驶系统
16	29	22	10	20	(11 000lb 绞车)前轮登上缘石……
29	45	35	10	18	驾驶系统受到 10in 高缘石的严重损坏……
30	55	25	10	18	
31	60	25	10	20	由于前轮的损坏,当车离开栏杆后,在 31 号试验中车轮转离栏杆,在 32 号试验中车轮朝向栏杆
32	61	25	10	20	
44	31	7	6	6	车辆的损坏是轻微的,所以两个试验(44 和 45)用同一个车,并在第二个试验后,车还是可驾驶的
45	53	7	6	6	
47	40	25	6	6	……使用前已损坏的汽车,然而驾驶部分没有进一步损坏,而且试验后车被开走了

注:1mph = 1.609km/h;1ft = 0.305m;1in = 2.54cm;1lb = 0.453 6kg。

从该试验可得出如下结论：当缘石偏离护栏正面时，25.4cm高的缘石对驾驶员造成相当严重的伤害，并导致"跳车"；但当缘石只有15.2cm高、并靠近护栏的正面，不会发生"跳车"时，此时缘石对车辆与护栏碰撞没有造成值得注意的影响。一般情况下，缘石不要和护栏一起使用，如果由于其他原因必须一起使用，如排水的需要，则应把缘石设在护栏的正面或缘石的正面与护栏正面成一直线，并且缘石的高度尽可能低。这时，在确定护栏横梁距桥面的竖向净空时，应忽略缘石的高度。

英国桥梁护栏标准规定缘石的高度为50~100mm，并且缘石的正面与护栏正面在立面上成一直线（垂直于桥面）。

②桥梁护栏的有效高度

a.桥梁护栏不但要有足够的高度阻挡车辆越过，而且应阻止车辆向护栏方向倾翻或下穿。过去认为护栏的有效高度就是护栏最顶面的高度，但是，在梁柱式护栏系统和组合式护栏系统中，护栏的抗力R通常不是位于护栏的最顶面，而是略低处。桥梁护栏的有效高度定为护栏抵抗力R距桥面的高度。因此，在考虑护栏高度对车辆倾覆的影响时，护栏的有效高度比护栏总高度更为重要。美国从车辆碰撞护栏的事故中发现，很多护栏被车辆突破翻越，不是护栏强度不足，而是护栏的有效高度不够。

桥梁护栏的有效高度与设计车型直接相关。世界各国生产的汽车五花八门，从大吨位的重型汽车到重量很小的微型汽车，其质量相差非常悬殊，车辆外型变化很大，但对某一种具体车型，如小汽车或货车，各国对其外形尺寸都有一定的限制。并且，随着各国市场的对外开放和国际标准化，各国对车型的规定也将大致相近。所以国外对桥梁护栏有效高度的规定我们可以参考。

美国根据车辆与护栏碰撞试验分析和野外统计调查得出护栏的有效高度如表5-8和表5-9。英国规定桥梁护栏的最小高度为100cm，主要纵向有效构件（有效高度）的范围是53.5~68.5cm，次要纵向有效构件的最大高度为38.5cm。日本桥梁护栏标准规定主要横梁的中心高度范围是60~80cm，一般取值均大于70cm，主要横梁下面的次要横梁的高度为25~55cm。日本是以货车为主的国家，欧美国家则小汽车占绝对多数（日本的小汽车保有量占40%，货车占60%，欧美国家小汽车保有量占85%~93%），但从桥梁护栏的高度应同时适合小汽车和货车的碰撞条件出发，各国对桥梁护栏有效高度的规定是相近的。

表5-8 防撞等级与有效高度的关系

防撞等级	B	A	SB、SA	SA、SS
有效高度（m）	<0.68	0.68~0.86	>0.86	>0.86

表5-9 阻止车辆倾翻所要求的护栏有效高度

车型	碰撞条件	最小有效高度（cm）
817~2 043kg小汽车	$v=96km/h,\theta=25°$	61.0
9 080kg轿车	$v=96km/h,\theta=25°$	86.3
14 530kg公共汽车	$v=96km/h,\theta=25°$	76.2

b.桥梁护栏除满足车辆碰撞的强度要求外，还应给公路使用者以心理安全感。根据我国长期以来桥梁护栏的使用经验：当桥面高出地面或水面3m以上时，栏杆扶手顶面应高于人体重心，即身高的2/3~3/5处，如以平均身高170cm计，重心高为110cm左右。所以，一般栏杆高度以不低于110cm为宜。驾驶员坐在驾驶室里，同样有高空恐惧感。

在桥梁护栏兼做人行栏杆，需要增加桥梁护栏的总高度时，可以采用三横梁式护栏系统或在桥梁护栏顶面增加纵向非有效构件的方法。

c.桥梁护栏的高度要适应桥面净空的要求，如天津市部分桥梁护栏的设计是按照"桥宽在10m以下时，栏杆高度在1.0m以下；桥宽在10~30m时，栏杆高度在1.2m左右"的标准进行。

d.设置横梁时，应避免失控车辆的乘员头部直接撞击护栏。

③立柱距横梁正面的距离（即横梁的突出量）和桥梁护栏竖向净空

a.横梁的突出量（立柱的退后距离）

桥梁护栏的横梁正面比立柱还靠近行车道一侧的突出式结构称为阻挡式护栏，如图5-6。为防止车辆与护栏碰撞时车辆翻倒或被护栏绊阻，要求车辆与护栏的接触点（称为力的作用点）向下不能有太大的移动。但在图 5-6 所示的非阻挡式护栏被车辆碰撞时，随着护栏的变形，力的作用点向下方移动，所以认为非阻挡式护栏比阻挡式护栏翻车的可能性更大，车辆更容易被护栏立柱绊阻，其结果是车辆翻倒，并由于翻车诱发损坏立柱，或车辆被立柱绊阻，不能沿护栏面平滑地改变方向，从而降低护栏的防撞性能。由此可见，在预防翻车及车辆与立柱碰撞方面，可以说阻挡式比非阻挡式护栏性能更优良。再者为减小碰撞翻车的可能性，主要横梁宜比下段横梁略微突出，其突出时参照英国和日本的标准规定。有关横梁的突出量（即立柱的退后距离）规定参见桥梁护栏竖向净空的说明。

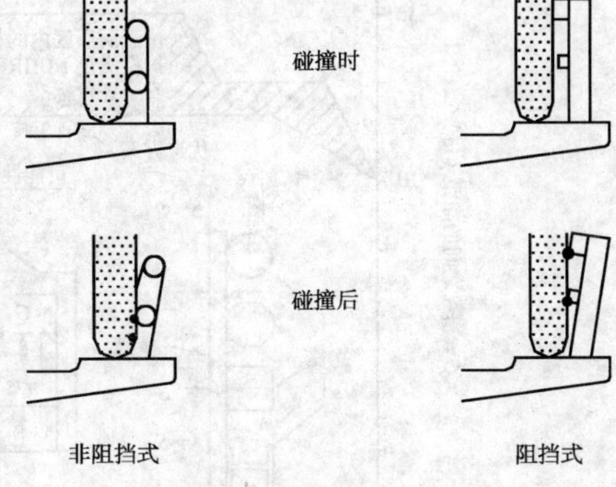

图 5-6　力作用点的变化

b. 桥梁护栏的竖向净空

在梁柱式桥梁护栏系统中，竖向净空设计不合适常引起车辆绊阻。绊阻的类型有前轮绊阻、保险杠绊阻、车前盖绊阻。引起车辆绊阻的护栏构件有立柱和横梁。影响车辆绊阻的因素很多，包括横梁的竖向净空、横梁的突出量（即立柱的退后距离）、横梁的型式、护栏系统的刚度和碰撞条件，如图 5-7。目前还没有从理论上对车辆绊阻进行定量分析的方法，但从大量的试验资料、野外调查和车辆外形尺寸统计分析得出，车辆绊阻桥梁护栏的竖向净空和立柱的退后距离有联系。很明显，立柱的退后距离越大，横梁的竖向净空越小，车辆发生绊阻的可能性越小。美国在 1984 年的试验结果如表 5-10。英国对立柱退后距离的规定是，一般服务水平（防撞等级接近 A 级的 PL_2 级）的桥梁护栏立柱退后距离最小值是 150mm，低服务水平（B 级）的桥梁护栏立柱退后距离的最小值是 100mm，最大竖向净空是 310mm。美国根据以前的试验结果提出桥梁护栏几何尺寸的新标准（2001 年版 AASHTO LRFD 桥梁设计规范图 A. 13. 1. 1-2 ~3），如图 5-8。

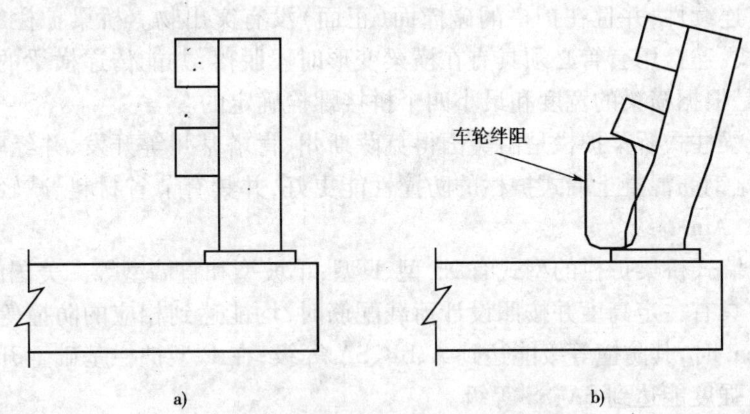

图 5-7　横梁净空过大引起车轮绊阻

a) 桥梁护栏系统；b) 刚性小的立柱可减少立柱退后距离

表 5-10　没有发生绊阻的立柱退后距离

车　型	碰撞角(°)	护 栏 类 型	竖向净空(cm)	立柱退后距离(cm)
Honda	12.5	Indiana5A	39	54
Honda	20	Indiana5A	39	22.9
Vega	19.5	Indiana5A	39	12.7
Honda	19.0	修订的 Indiana5A	33	22.9
Honda	15.0	HPR230	33	12.7
Vega	15.0	7101	38.1	14.0
Honda	15.0	三波纹护栏	35.6	22.9
Honda	18.0	三波纹护栏	35.6	35.6
Honda	20.0	铝三波纹护栏	26.0	5.1

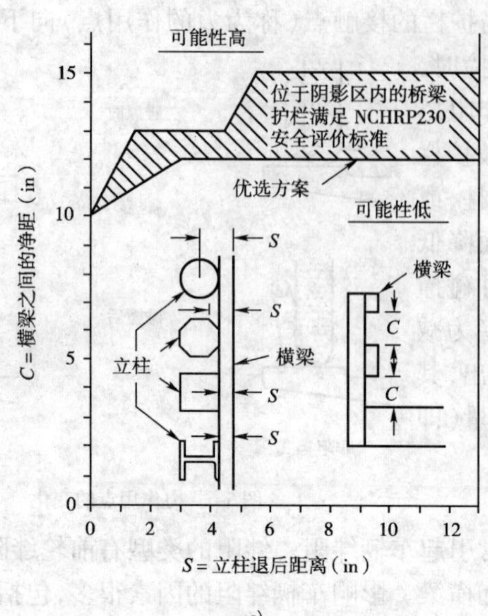

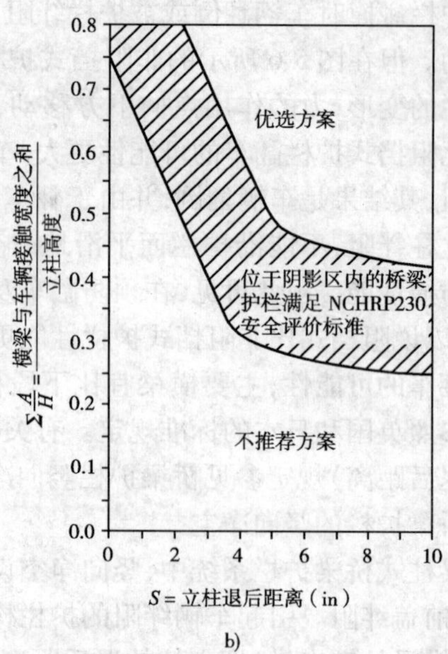

图 5-8　竖向净空设计原则

a）车轮、保险杠或车前盖直接撞击立柱的可能性；b）立柱退后距离标准

（4）本款规定考虑到金属材料的刚度特征，如立柱间距过大容易导致车辆冲出桥外。

（5）规定金属制桥梁护栏构件的最小截面厚度主要从保证桥梁护栏系统具有一定的刚度考虑，使车辆碰撞桥梁护栏时不致发生过大的变形；其次是桥梁护栏的强度储备，如严格按护栏的防撞等级设计，那么 B 级桥梁护栏就不能很好地满足公路上正常行驶车辆的碰撞条件，其安全性偏低。

（6）本条引自日本护栏标准。横梁拼接处必须具有不妨碍由于横梁受温度变化引起的伸缩变形的性能，又能使横梁具有连续性，并且在护栏的碰撞面（正面）没有突出物。桥梁护栏的横梁一般是开口或闭合的空心断面形式，连接用套管必须具有在横梁变形时不脱落，并能传递横梁的弯曲应力的性能。拼接套管的最小长度是根据横梁的宽度和最小四个拼接螺栓确定的。

5.4.2　钢筋混凝土梁柱式桥梁护栏是由美国得克萨斯州、肯塔基州等开发，并经联邦公路局批准在美国使用。该种护栏比钢筋混凝土墙式护栏的防撞性能更好，并具有节省材料、减轻自重、外形美观等优点，但只能用于 B、A、Am 等级。

5.4.3　钢筋混凝土墙式桥梁护栏的型式有 NJ 型、F 型、单坡型和直墙型等。美国的碰撞试验结果表明，这些型式的护栏在具有一定高度并按照设计荷载配筋时，均能达到相应的防撞等级，如护栏高度分别为 81cm、90cm、100cm 时，其防撞等级能达到 A、SB、SA 等级；在 F 型护栏基础上开发的加强型护栏，高度为 100cm、110cm，强度能达到 SA、SS 等级。

根据条文说明 4.6.2 中介绍的混凝土护栏的发展趋势，桥梁混凝土护栏推荐采用 F 型、单坡型和加强型，其迎交通流方向的断面型式应与路侧混凝土护栏相同，未经试验验证，不得随意改变护栏迎撞面的截面形状，但护栏背面可根据所在位置适当调整。

钢筋混凝土护栏靠近交通流的一侧，由于经常受到车辆的碰撞和摩擦作用，使混凝土表层擦伤、破碎或脱落，造成钢筋外露、腐蚀破坏、影响外观，并且增加了碰撞车辆与护栏间的摩擦系数，影响护栏的防撞性能。解决这一问题有两种方法：首先要选择适当的材料，如在波特兰水泥中减小铝酸三钙的含量；其次，钢筋混凝土保护层厚度不宜过小，提高混凝土构件表面的质量。本细则参照美国钢筋混凝土护栏保护层厚度的一般要求，规定其最小值为 4.0cm。

5.4.4　组合式桥梁护栏是由钢筋混凝土墙式护栏和金属制梁柱式护栏组合而成的。目前我国高速公路最常用的桥梁护栏类似组合式 NJ 型的护栏，在美国过去的一些特大桥、大桥也都采用组合式桥梁护栏。本细则中的组合桥梁护栏系引用美国标准。组合式桥梁护栏可做成组合式 NJ 型，也可做成组合式 F 型，建议采用 F 型。钢筋混凝土墙式护栏的背面可根据实际条件改变其形状。但是，靠近交通流面即护栏正面的截面形状不能改变。

5.4.5 本条引自英国桥梁护栏标准。桥梁护栏横梁的伸缩缝设计应与桥梁伸缩缝的位移相一致。在横梁伸缩缝处，一方面要保证桥梁能自由地伸缩变形，另一方面要考虑桥梁护栏的结构连续性。桥梁护栏在伸缩处不连续不可轻易使用。

5.4.6 本条引自英国桥梁护栏标准中有关辅助构件设置的规定。

(1)桥梁护栏的主要功能，一是阻挡车辆、行人、非机动车掉下桥，为公路使用者提供安全保障；二是美化桥梁建筑。为避免桥梁护栏结构型式单调、与周围景观不协调，还应根据美观和保护行人安全的需要设置不承受碰撞荷载的辅助构件。同时，辅助构件的设置不能影响桥梁护栏的防撞性能。

(2)设置辅助构件时，应考虑不影响碰撞车辆的运动。车辆碰撞护栏时辅助构件不能刺入车体内。在水平方向设置的辅助构件，不能超出纵向有效构件的投影范围；在垂直方向设置的辅助构件，不能比立柱更突出于行车道一侧。

5.4.7 桥梁护栏与桥面板的连接

(1)金属梁柱式护栏

①直接埋入式

由于受桥梁建筑限界的限制，埋入式立柱距桥面板外边缘较近，规定其距离在200mm以上，立柱埋入深度在300mm以上，考虑到混凝土支承力和抗剪强度不足，一般要求使用钢筋进行补强。

②地脚螺栓连接

本项直接引用美国标准图。由于梁柱式桥梁护栏的车辆碰撞荷载一般通过立柱由地脚螺栓传递给桥面板，为了使桥面板受力均匀并减小桥面板受车辆碰撞荷载作用产生的大量开裂破坏，美国联邦公路局推荐桥面板内使用锚定板，但计算地脚螺栓与桥面板的连接强度时，不考虑锚定板的作用。

如桥面板较薄(10～15cm)，应验算在碰撞荷载作用下桥面板是否首先受到破坏。

(2)钢筋混凝土墙式护栏

钢筋混凝土墙式护栏可通过预埋钢筋与桥面连成整体，以提高护栏与桥面板的连接强度，可根据需要在桥面板上设置纵向沟槽或进行表面粗糙处理。

预制混凝土墙式护栏主要通过锚固螺栓与桥面连接，并在纵向将预制混凝土墙式护栏块用条文4.6.9介绍的方法形成整体。

5.4.8 根据美国公路交通事故统计资料，车辆碰撞路侧护栏的事故中有50%发生在路基护栏与桥梁护栏的过渡段上，车辆碰撞桥梁护栏的事故中有50%是发生在桥梁护栏端部。碰撞桥梁端部的事故中，死伤事故占29.8%，而车辆碰撞路侧护栏、中央分隔带护栏死伤事故仅占9.5%。因此，欧美等国特别重视桥梁护栏的过渡段设计。本细则按照国、内外的研究和实践成果，规定路基护栏与桥梁护栏防撞等级或刚度不同时，均应进行过渡设计，以避免护栏端部构成行车障碍物。对刚性护栏和半刚性护栏的过渡，细则中推荐了两种处理方法。

6 交通标志

6.2 设置原则

6.2.1 公路交通标志的设置应综合考虑下列因素：

(1)公路网的布局、作为设置对象的公路(简称“对象公路”，下同)在路网中的地位和作用决定了交通标志的设置层次和引导方向。

我国公路按行政等级可分为：国家公路、省公路、县公路和乡公路(简称为国、省、县、乡道)以及专用公路五个等级。一般把国道和省道称为干线，县道和乡道称为支线。

国道是指具有全国性政治、经济意义的主要干线公路，包括重要的国际公路，国防公路，连接首都与各省、自治区、直辖市首府的公路，连接各大经济中心、港站枢纽、商品生产基地和战略要地的公路。省道是指具有全省(自治区、直辖市)政治、经济意义，并由省(自治区、直辖市)公路主管部门负责修建、养护和管理的公路干线。县道是指具有全县(县级市)政治、经济意义，连接县城和县内主要乡(镇)、主要商品生产和集散地的公路，以及不属于国道、省道的县际间公路。乡道是指主要为乡(镇)村经济、文化、行政服务的公路，以及不属于县道以上公路的乡与乡之间及乡与外部联络的公路。专用公路是指专供或主要供厂矿、林区、农场、油田、旅游区、军事要地等与外部联系的公路。

公路的行政等级决定了公路交通标志的设置对象是长途、中途还是短途公路使用者。

公路条件、交通条件和环境条件是对象公路所特有的，交通标志的设置应能充分体现上述特点，以不熟悉周围路网体系的公路使用者为设计对象，为其以正常速度行驶时提供容易识别与理解的信息。同一条公路采用的交通标志的设置原则和标准应保持一致性，以与驾驶人员的期望值相吻合。

(2)公路交通标志是为了维护公路结构、保持公路安全和畅通不可缺少的公路交通管理和安全设施，对公路使用者来说具有指路、警告、禁止或者传达指示情报的功能。在设置交通标志时，应全面考虑各种交通标志的功能，使其能够连续提供行路信息，形成完整的标志体系。

根据功能，交通标志可分为：

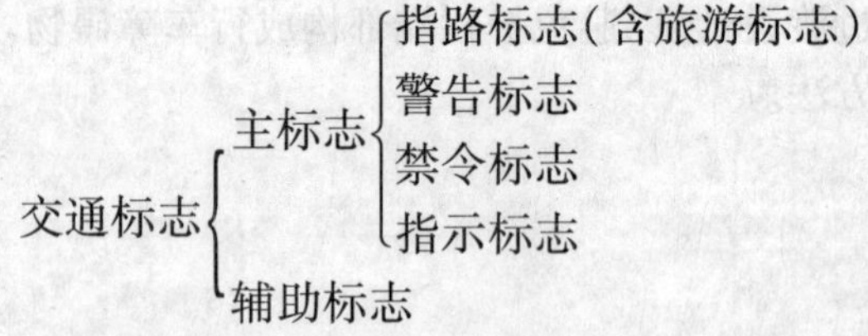

根据公路的各种运营环境分别设置各个交通标志非常重要，但作为一条路线或路网来说，如果没有统一的设置标准，要充分发挥标志的功能并不容易。因此，应根据公路的功能、技术等级、交通流量、车型构成等规定出一定的设置标准和设置的优先次序以达到统一的建设标准非常重要。

(3)交通标志的设置应考虑人的行为特征。人的行为在交通工程和道路安全中的作用主要表现在视觉信息、信息需求、信息处理等三个方面。①视觉信息：据估计，驾驶员在驾驶车辆行驶时所需要的信息中，占90%的为视觉信息。人的视觉特征如视野的深度、宽度，眼睛的移动、色彩的识别、亮度和眩光的影响、速度的判断等，是交通标志设置的基本考虑要素。②信息需求：对公路使用者来说，几乎所有的信息都是通过视觉的传递接收的，因此设置交通标志时，应注意其显著性、易理解性、可信性和定位性。③信息处理：驾驶员的驾驶任务包括获取信息、处理信息、选择行动方案、实施行动方案，并通过重复这一过程来观察决策的结果。由于人的行为的局限性和驾驶员、车辆和公路环境之间的关系使得上述过程非常复杂。设置交通标志时，还应考虑驾驶员的预期值、反应时间和短期记忆等特征。只有充分考虑公路使用者的行为特征，交通标志的设置才具有有效性。

本条所指的"不熟悉周围路网体系的公路使用者"并不是说公路使用者对周围环境一无所知，而是指通过地图或其他查询手段，对前往的目的地和途经路线有所了解，然后借助交通标志的指引能够顺利抵达目的地。

6.2.2 根据我国现行《公路工程技术标准》(JTG B01—2003)，公路根据功能和适应的交通量可分为高速公路、一级公路、二级公路、三级公路和四级公路五个等级。二级及以上等级的公路由于技术标准高或较高，交通量较大，公路使用者对指路标志的需求较大；其他等级的国、省道由于承担了大量的中远途运输的任务，因此对指路标志的需求也比较高。上述两种情况应优先设置指路标志。指路标志设置后，具有相似含义的警告标志可以不必设置，但对等级较低的一些公路，由于线形、路面、气象等原因，与驾驶员的预期值出入较大，需要提醒驾驶员采取减速等措施的路段经工程论证后可设置有关的警告标志。根据法律、法规设置的禁令标志应设置在其发生作用的位置或附近，并应容易被驾驶人员所识别和理解。

我国2004年5月1日开始实施的《道路交通安全法》及《道路交通安全法实施条例》对高速公路及各等级道路的限速值进行了规定，并要求"机动车上道路行驶，不得超过限速标志标明的最高时速"，"(高速公路)道路限速标志标明的车速与上述车道行驶车速的规定不一致的，按照道路限速标志标明的车速行驶"。《道路交通安全法实施条例》中还规定"在道路同方向划有2条以上机动车道的，左侧为快速车道，右侧为慢速车道。在快速车道行驶的机动车应当按照快速车道规定的速度行驶，未达到快速车道规定的行驶速度的，应当在慢速车道行驶。……"。因此，在设置限速标志时，应综合考虑公路的通行能力、车型构成比例、道路条件及路侧环境条件，根据不同路段的具体情况，分别采用设计速度或运行速度值，分段进行灵活设置。

6.2.3 作为指路标志目的地的交通标志，引导方法可分为地名指示方式和路线名称或编号指示两大类，也可将其组合使用。

目前使用较多的是地名指示方式。其优点是能适应公路网的变化。交通标志中出现的地名应尽量采用公路交通地图中的地名(如有些地名没有但又很重要，则在地图修订时应加以完善)。当路网密度很大、到达同一地点可有多种选择时，采用地名指示的方式缺点是不容易确定哪条路线更快捷。

相对地名指示方式而言，美国、德国等国家采用以公路编号为主的路径指引系统。公路编号是远程公路固定的导向特征，它定义了每条公路的地理走向，通过编号的特殊导向作用可限制交通标志上目的地指示的字数。我国高速公路以下的国、省、县道目前均已编号，高速公路的编号目前正在进行中，在选择指路信息时，应充分利用这些资源。

对于交通量较大的干线公路网，选择交通标志的版面信息时，可综合考虑一般方向和控制方向。公路编号可作为一般方向，公路沿线作为基准地区的重要城市可作为控制方向。

公路网中的地名应互相匹配并作统一考虑。互通式立交、平面交叉之间的公路主线路段与互通、平交附近的交通标志中所用的地名应互相协调。在公路使用者出行过程中地名发生变化时，不应出现指示突然中断的情况。

6.2.4 现行《道路交通标志和标线》(GB 5768—1999)对交通标志的纵、横向设置位置进行了较明确的规定，一般情况下应遵照执行。由于土地短缺等原因，我国公路的交通标志大多数将位于路侧安全净区内，考虑到建设费用的因素，本条对不同等级的公路提出了不同的处置方案，高速公路、一级公路路侧安全净区内的交通标志应根据标志结构规格采用解体消能结构或设置护栏加以防护，位于其他公路路侧安全净区内的交通标志宜进行必要的诱导，以保证行车安全。

6.2.5 公路交通标志设置净空的要求

(1)各类交通标志的横向位置任何部分均不应侵入公路建筑限界以内，其中柱式标志板的内边缘、悬臂式标志和门架式标志的立柱内边缘距土路肩边缘线的距离不应小于25cm。设置于高速公路、一级公路中央分隔带上的交通标志板或立柱与中央分隔带边缘线的间距每侧均应大于现行《公路工程技术标准》(JTG B01)中C值的规定。设置于桥梁上的交通标志如受空间条件的限制，其立柱可以落在混凝土护栏上，但应进行必要的防护。

(2)建议各类交通标志板下缘距路面的高度如表6-1所示。

表6-1 标志板下缘距路面的高度(cm)

标志分类		路侧柱式、附着式	悬臂式、门架式、高架附着式
主标志	警告标志	160~250①	应符合公路建筑限界的要求: 高速公路、一、二级公路不小于500;三、四级公路不小于450
	禁令标志	160~250①	
	指示标志	160~250①	
	指路标志	100~250①	
辅助标志②		应符合公路建筑限界的要求	

注:①选择高度值时,应根据标志是否妨碍行人活动或版面信息是否被遮挡而定。无行人活动的路侧标志可取下限,临时性标志不受此限。

②主标志的安装高度应考虑辅助标志也能满足公路建筑限界的要求。

(3)悬臂或门架安装的标志,其设置高度应满足公路建筑限界的规定。考虑到标志构件施工误差、标志门架、横梁变形下垂、路面加厚面层等因素,标志净空高度需留20~50cm的余量。

(4)在积雪地区,标志净空高度应考虑历年积雪深度及除雪方法,一般情况下,净空高度应留有压实雪层厚度的余量。

6.2.6 交通标志的安装角度

(1)路侧安装时,为避免标志面眩光对驾驶员的影响,标志板面的法线应与公路中心线平行或成一定角度,禁令标志和指示标志为0°~45°,如图6-1;指路标志和警告标志为0°~10°,如图6-2。

图6-1 指路标志和警告标志的安装角度　　图6-2 禁令标志和指示标志的安装角度

(2)采用悬臂、门架或附着式支撑结构时,标志的安装角度应与公路中心线垂直。在积雪地区,门架安装时标志板可前倾0°~10°。

6.3 版面设计

6.3.1 设计原则

交通标志版面由下列要素组成:①颜色;②文字(中文、英文或少数民族文字等);③公路编号、出口编号;④里程数字;⑤箭头符号;⑥图形符号;⑦边框等。

版面美观得体、简洁大方是交通标志获得良好的可辨性和易读性的前提。通过交通标志版面各要素的合理布置,可以保证:简单的易读性;按照公路等级提供信息;明确的交通导向关系。

6.3.2 从工程心理学的角度来看,交通标志应满足下面几个要求才能发挥作用:①醒目度——交通标志能在要求的认读距离以外吸引驾驶人员的注意,能在标志所处的背景中清晰地显示出来;②易读性——能在瞬间理解其含义;③公认性——容易被不同文化和语言背景的人们所理解。根据研究成果,交通标志的颜色、形状和图形符号应符合下列规定:

(1)颜色:交通标志版面上的颜色目前规定有七种,应根据不同的功能选择恰当的颜色,如表6-2所示。

(2)形状:交通标志版面的形状应符合表6-3的要求。

(3)图案:警告、禁令、指示标志和带有图案的指路标志(如:国、省、县道编号,行驶方向,地点识别,告示牌等)均应符合现行《道路交通标志和标线》(GB 5768)的规定,个别方向性图案可视实际需要进行调整。

表 6-2　交通标志颜色使用原则

颜色	含　义	主要适用范围	其他适用范围
红色	停止或禁止	用于禁令标志红圈、红杠，及部分标志的底色	铁道路口警告标志、注意信号灯警告标志、会车先行指示标志、国道编号指路标志、急救站识别指路标志、绕行标志、此路不通标志、高速公路终点及终点预告标志、警告性线形诱导标志、一些施工标志
黄色	警告	用于警告标志底色、警告性质告示牌底色	省道编号指路标志、高速公路终点提示指路标志、车距确认标志、施工安全标志
绿色	允许行驶、方向指导	用于高速公路、一级公路（全封闭）的指路标志	注意信号灯警告标志
蓝色	为公路使用者提供服务指引、行驶信息	用于指示标志，一级及以下等级公路的指路标志	“禁止车辆临时或长时停放”、“禁止车辆长时停放”禁令标志，道路施工安全标志
黑色	交通控制	用于警告标志、禁令标志、辅助标志的图案或文字	人行横道指示标志，省道、县道编号指路标志，行驶方向指路标志，停车场标志，绕行标志，高速公路终点提示标志，紧急电话、加油站、紧急停车带标志，车距确认标志
白色	交通控制	用于禁令标志、指示标志、指路标志、旅游区标志、施工安全标志、辅助标志底色、图案或文字	事故易发路段警告标志
棕色	为休养区或文化旅游区提供指引	用于旅游区标志	

表 6-3　交通标志版面的形状

形　状	适 用 范 围
正等边三角形	警告标志
圆形	禁令标志（减速让行除外）、指示标志（大部分）
倒等边三角形	减速让行标志
菱形	分、合流诱导标志
八角形	停车让行标志
矩形（含正方形）	指路标志、旅游区标志、辅助标志、部分指示标志和施工标志

6.3.3　标志箭头表示前方公路行驶路线或车道的方向。水平方向的箭头应用于正交的交叉口。门架式标志或跨线桥上附着式标志的版面，如内容为指示车道的用途或行驶目的地时，则箭头应向下，并指向该车道的中心线；如在出口附近，车辆驶离直达车道，则箭头应倾斜向上，倾斜角度应能反映出口车道的线形。路侧安装的指路标志，表示直达方向的箭头应指向上方，表示转向方向的箭头应与转向车道的线形保持一致，如出现向左、向右和向上的三个箭头，则指向右侧的箭头应放置在最右侧，指向上、左的箭头应放置在最左侧。

箭头可以放置在主要标志文字的下方，或文字一侧的适当部位。

6.3.4　指路标志是否采用中、英文或中文、少数民族文字对照，应考虑下列因素：

（1）公路的服务对象：如果公路使用者（包括驾驶人员和乘客等）85%以上均为中国人，则指路标志应以中文为主，否则可考虑中英文对照。但国家级公路上的指路标志建议采用中、英文两种文字以解决越来越多的来华旅游、商贸洽谈的国外人员的标志认读问题，与我国相邻的日本、韩国等干线公路也大都采用当地文字与英文对照的方式。

(2)公路的使用功能:为使旅游观光地区的指路标志或其他公路上的旅游标志体现国际化与多样化,营造友好的旅游环境,可采用中英文对照的方式。

(3)公路所在的位置:少数民族自治区的交通标志,为突出民族特色,可采用中文与少数民族文字相对照的方式。如所在公路符合前两个条件,为减小版面规格、降低造价,宜采用中英文对照的方式。

(4)全线规划:公路是否采用中文与英文或少数民族文字相对应的方式,还应结合所在路线的设置标准,以体现标志设置的标准化、系统化。

(5)主管部门批准:公路是否采用中、英文或少数民族文字,由设计单位与建设单位协商确定,但应报请省级主管部门批准后实施。

6.3.5 本条来源于现行《道路交通标志和标线》(GB 5768)的规定。在具体使用时,应综合考虑车道宽度、车道数、标志的设置位置等因素。

6.3.6 地点、距离和地点、方向标志按一定顺序排列符合驾驶人员的预期值需要,方便驾驶人员的判读与理解。

6.3.7 运行速度是指当交通处于自由流状态,且天气良好时,在路段特征点上测定的第85个百分位上的车速。当同一路段的设计速度与运行速度之差值大于20km/h时,宜按运行速度对交通标志的版面规格及视认性加以检验。对新建公路,可按现行《公路项目安全性评价指南》(JTG/T B05—2004)的规定对运行速度加以预测。

6.4 支撑方式

6.4.2 合理选择交通标志的支撑结构是保持交通标志视认性、有效性的基础。将交通标志设置在车行道一侧、车行道上方,应视所在位置的道路、交通条件等而定。一般情况下,可将交通标志设置在路侧,采用单柱、双柱或多柱式支撑方式,既简单又经济。还可通过改善路侧安装条件(如修剪路侧种植物、清除或移开路侧障碍物等)、将交通标志安装在路侧较高位置处等方法,尽量采用柱式结构;但当符合条文第(2)款的条件时,经过工程研究可以采用悬臂式或门架式等悬空支撑方式,其中悬臂式相对经济一些,版面内容少时宜尽量使用。

如公路沿线设置有上跨天桥等构造物,路侧设置有高挡土墙、照明灯杆等,则交通标志在满足建筑限界要求的前提下,可以采用附着式支撑方式。

6.5 材料要求

6.5.1 反光材料

根据有关单位的试验结果,门架、悬臂式悬空标志如采用与路侧同样等级的反光膜材料,则其反光效果只能达到路侧的14%~17%(图6-3)。如提高反光膜等级仍达不到反光效果,则可根据现行《道路交通标志和标线》(GB 5768)的规定采用外部照明或内部照明的方式。

如果采用发光二极管作为字符或图案,则其颜色应与标志字符、边框或背景相一致;如果需要闪烁,则所有单元应同时以每分钟大于50次小于60次的频率闪烁。采用照明或发光二极管的方式应保持标志设计的均匀性,不得降低其昼夜的能见性、易读性,要便于驾驶员的理解。

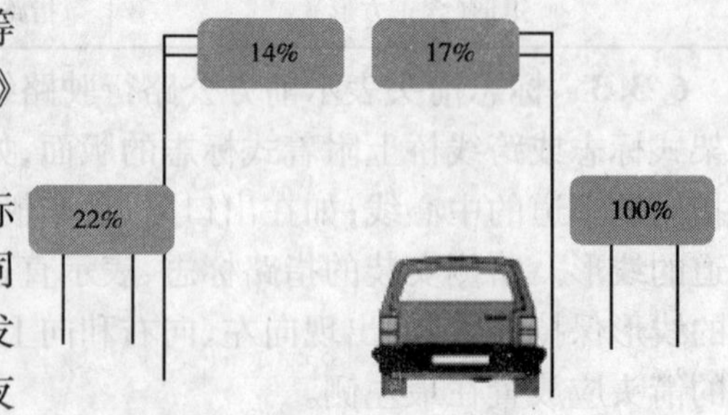

图6-3 各种支撑结构标志反光膜的反光效果

6.5.2 标志板

选用交通标志板材料时,应根据公路等级、所在位置的气象条件、腐蚀程度、经济条件等因素综合确定。有些地区为减少二次被盗,采用了铝塑板材料。铝塑板与铝合金板相比,强度要低很多,而且必须对芯材外露部分采取有效处理措施。对面积在$15m^2$以上的大型标志的板面结构,为便于运输、安装及养护，宜采用挤压成型的铝合金板拼接而成，其断面如图 6-4。

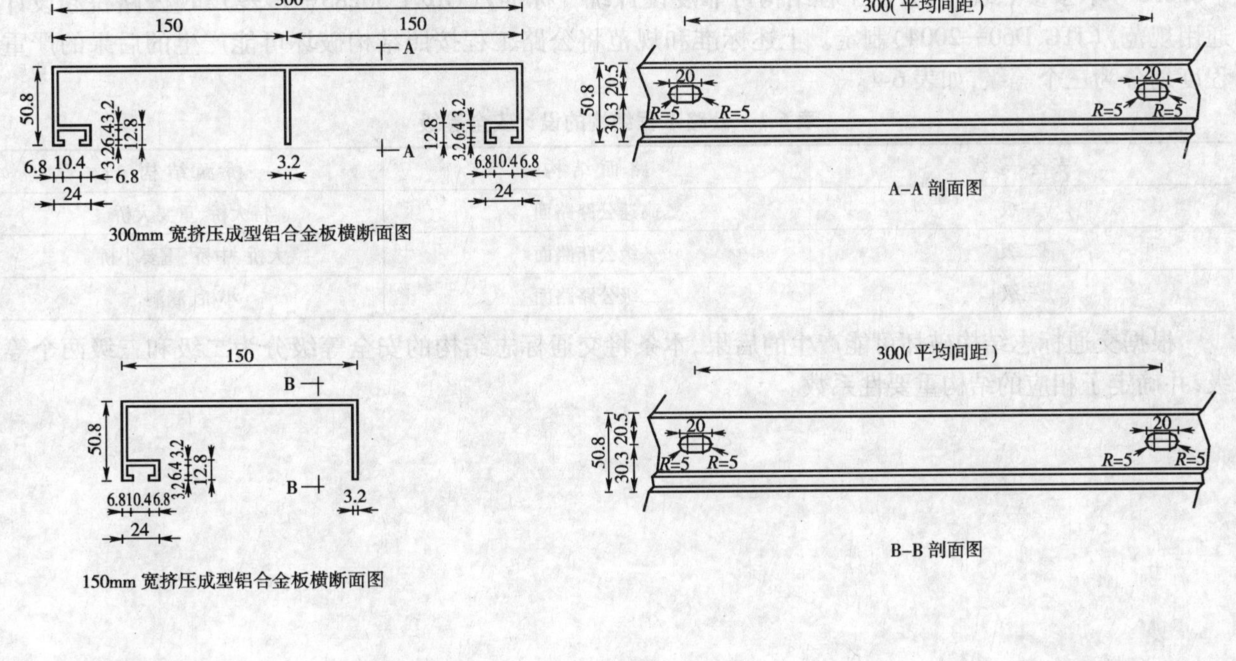

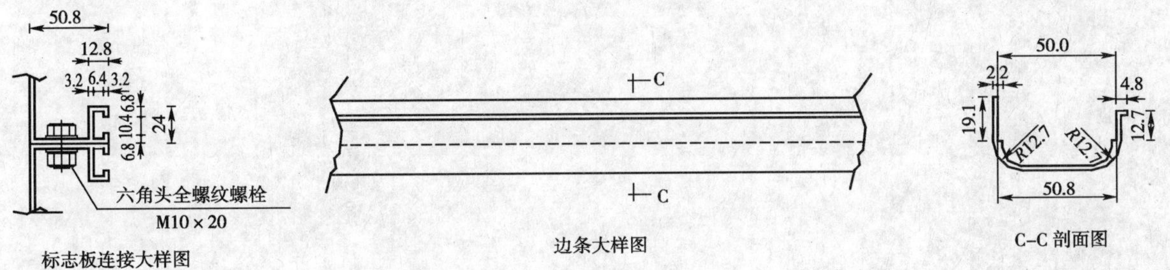

图 6-4　挤压成型标志底板断面图(尺寸单位:mm)

6.5.3　支撑结构

钢管、H 型钢、槽钢等型钢作为标志的立柱、横梁，具有强度高、加工性能好的优点，但易腐蚀，应进行防腐处理。钢管混凝土兼具钢管和混凝土的优点，强度高、变形小，在标志立柱高度大于 10m 以上时具有较大优势。

交通标志一般采用钢筋混凝土扩大基础，位于软基路段的落地式交通标志可采用桩基础，位于桥梁段的单柱式交通标志可采用钢支撑结构作为基础，附着在桥梁上。

钢构件必须经防腐处理才能使用，可采用热浸镀锌的工艺，立柱、横梁、法兰盘的镀锌量为 $550g/m^2$，紧固件为 $350g/m^2$。

6.6　结构设计

6.6.1　本条依据现行《公路工程结构可靠度设计统一标准》(GB/T 50283—1999)和《公路桥涵设计通用规范》(JTG D60—2004)制定。与现行《道路交通标志和标线》(GB 5768—1999)相比，设计基本风速的重现期由 30 年一遇改为 50 年一遇。当无风速记录时，可通过查阅《公路桥涵设计通用规范》(JTG D60—2004)得到全国各地的基本风速值。从安全和美观的角度考虑，设计基本风速不得小于 22m/s。

6.6.2　交通标志结构设计理论

(1)承载能力极限状态：对应于交通标志结构或其构件达到最大承载能力或出现不适于继续承载的变形或变位的状态，计算时采用荷载设计值。

(2)正常使用极限状态：对应于交通标志结构或其构件达到正常使用或耐久性的某项限值的状态，

验算时采用相应的荷载标准值。

6.6.3 本条参照现行《公路工程结构可靠度设计统一标准》(GB/T 50283—1999)和《公路桥涵设计通用规范》(JTG D60—2004)制定。上述标准和规范将公路工程按照结构破坏可能产生的后果的严重程度划分为三个等级，如表6-4。

表6-4 公路工程结构的设计安全等级

安全等级	路面结构	桥涵结构
一级	高速公路路面	特大桥、重要大桥
二级	一级公路路面	大桥、中桥、重要小桥
三级	二级公路路面	小桥、涵洞

根据交通标志结构破坏可能产生的后果，本条将交通标志结构的安全等级分为二级和三级两个等级，并确定了相应的结构重要性系数。

7 交通标线

7.1 一般规定

公路上设置的交通标线,在为公路使用者提供出行诱导和信息服务方面具有很重要的作用。在一些情况下,交通标线可用来作为交通标志、交通信号的补充。交通标线还可单独使用,来提供其他设施所无法表达的禁令、警告和指路信息。

当然交通标线也有局限性。它的可视性会受到雪、碎屑、路面积水等的限制。交通标线的耐久性受到材料特性、交通量、气象和所在位置的影响。因此在进行交通标线的设计时,应综合考虑公路条件、交通流特性、交通管理的需要和材料特点等因素,进行科学、合理的设置。

交通标线设计时,需要收集的基础资料主要包括:公路等级、设计速度、平纵曲线半径;降雨量;路基段、桥梁段和隧道段及路基宽度变化段的横断面;互通式立体交叉、平面交叉及服务区、停车区处的总体设计图及路面高程数据图;跨线构造物的立面设计图等。

路面标线尽管厚度较薄,但仍有一定的阻水作用,尤其是南方雨水较多的地区,处理不当容易导致交通事故,因此应按设计图纸的要求留出排水孔道。位于禁止超车线上的突起路标,在施划禁止超车线时,应采取措施预留突起路标的位置。

7.2 设置原则

7.2.1 一般路段的交通标线

现行《道路交通标志和标线》(GB 5768)对车行道边缘线、车行道分界线、路面中心线线宽的规定有一定范围。本细则将其与设计速度联系起来,在条文表 7.2.1 中作了规定。

图 7-1 为设计速度为 100km/h 的高速公路一般路段标线设计示例。

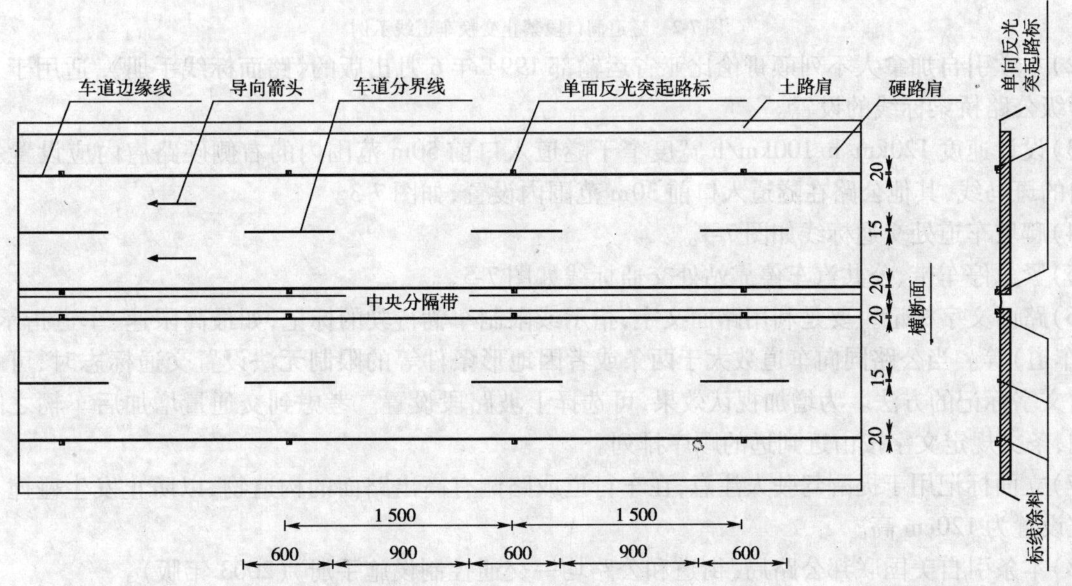

图 7-1 设计速度 100km/h 的高速公路一般路段标线设计示例(尺寸单位:cm)

7.2.2 特殊路段的交通标线

(1)禁止变换车道线的设置。禁止变换车道线实质上就是禁止超车线,用于禁止车辆变换车道和借道超车。对于经常出现强侧向风的特大桥梁路段、宽度窄于路基的隧道路段、急弯陡坡路段、车行道宽度渐变路段,应设置与车行道分界线同宽的禁止变换车道线。一般情况下,禁止变换车道线宜与禁止超车标志同时设置。隧道洞口段禁止变换车道线示例如图7-2。

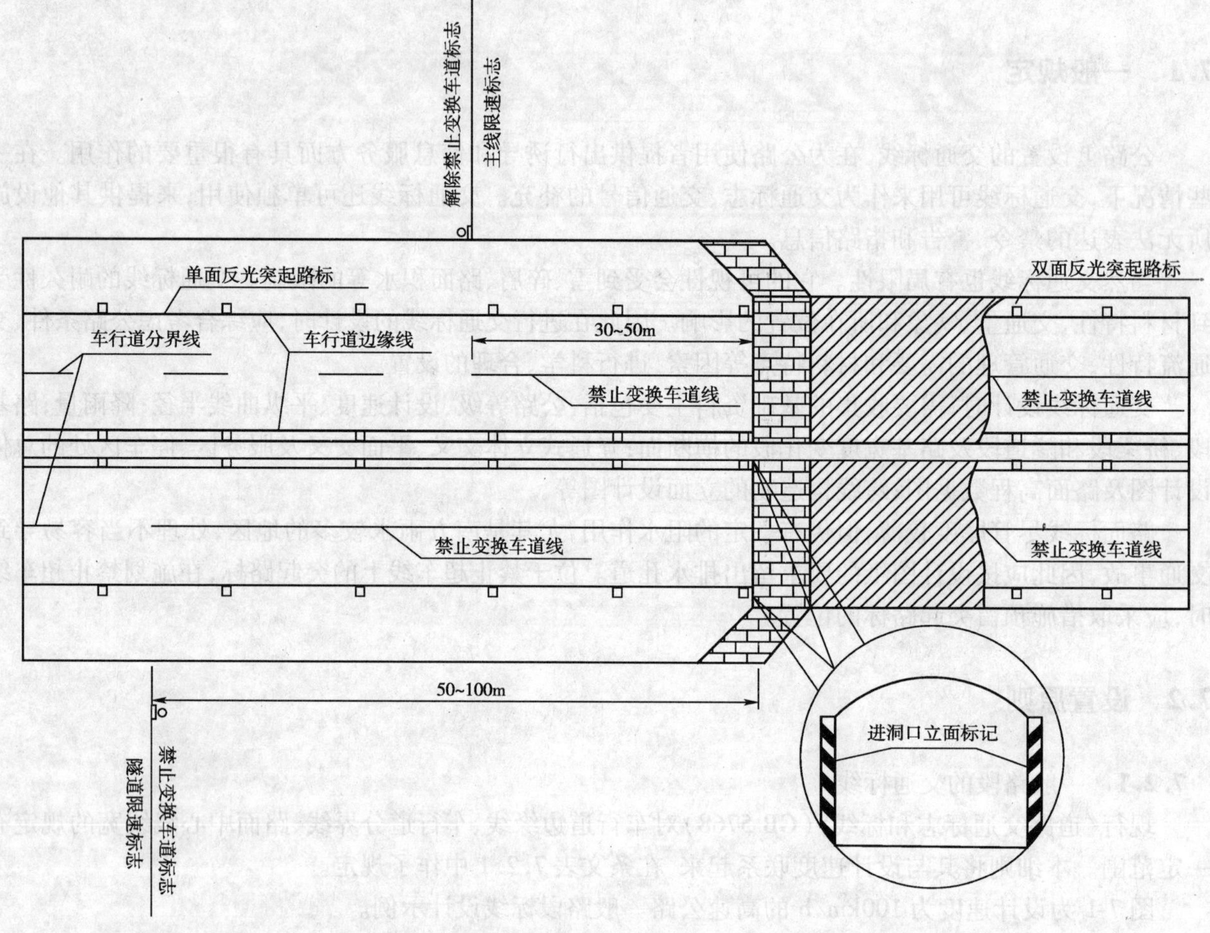

图7-2 隧道洞口段禁止变换车道线示例

(2)本款引自加拿大不列颠哥伦比亚省运输部1994年6月出版的《路面标线手册》,适用于二级及以下等级公路桥梁标线的设置。

(3)设计速度120km/h、100km/h宽度窄于隧道入口前50m范围内的右侧硬路肩内应设置斜向行车方向的斑马线,其他公路在隧道入口前30m范围内设置,如图7-3。

(4)爬坡车道处交通标线如图7-4。

(5)紧急停车带、公共汽车停靠站处交通标线如图7-5。

(6)路面文字标记主要是利用路面文字,指示或限制车辆行驶的标记,如最高限速、车道指示(快车道、慢车道)等。当公路同向车道数大于两条或者因地形条件等的限制无法设置交通标志时,可采用设置路面文字标记的方法。为增加视认效果,可选择上坡路段设置。考虑到交通量增加后车辆之间的互相影响,条文规定文字按由近到远的顺序排列。

(7)立面标记用于提醒驾驶人注意,在车行道或路侧有高出路面的构造物,以防止发生碰撞。立面标记宜设置为120cm高。

(8)本条引自美国联邦公路局《街道和公路均一交通控制设施手册》(2003年版)。

(9)很多交通事故是由于驾驶员超速引起的,尽管驾驶员需要承担主要责任,但对于一些需要引起驾驶员注意的路段如急弯陡坡或长直线路段等,作为公路管理部门有必要采取一定的限速或提醒设施。

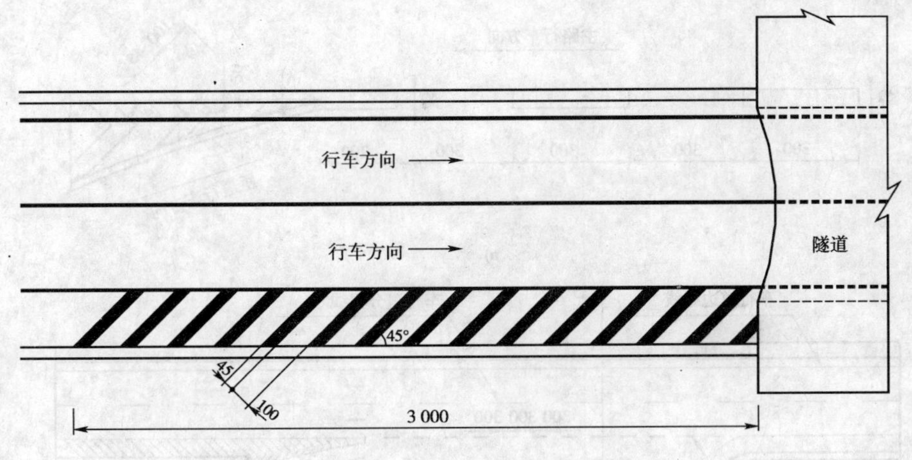

图 7-3　隧道洞口斑马线设计示例（尺寸单位：cm）

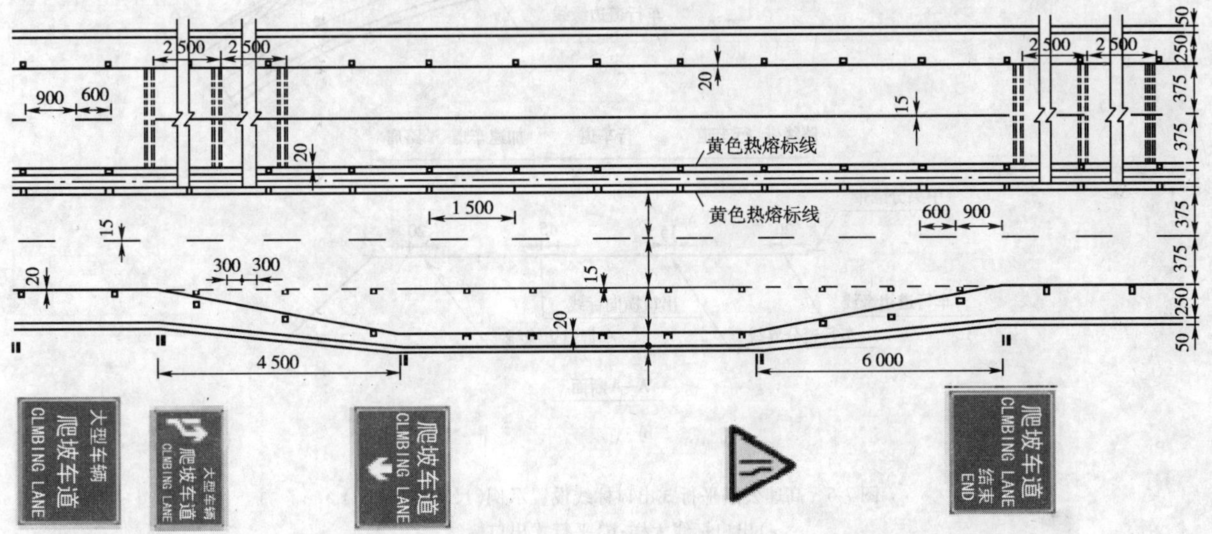

图 7-4　爬坡车道处交通标线设置示例（尺寸单位：cm）

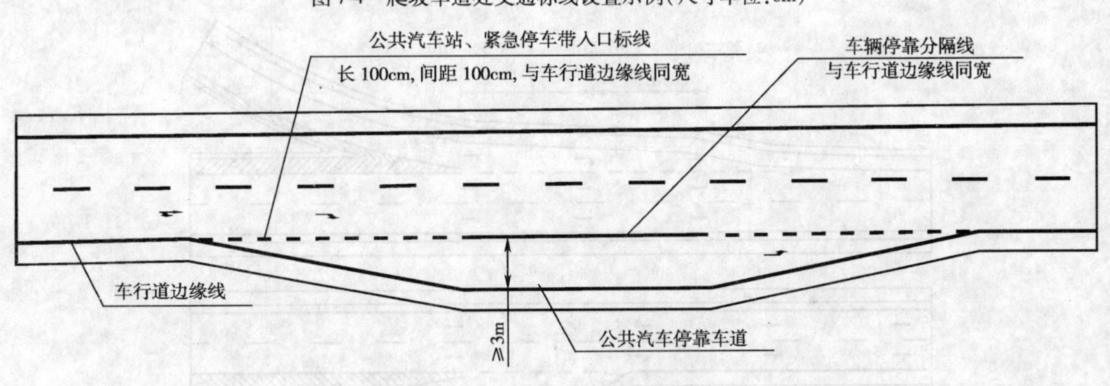

图 7-5　公共汽车停靠站标线示例

减速标线就是设计中经常用到的一种方法，具体设置原理可参见第 7.2.5 条的条文说明。

（10）上述条款中未涉及的标线应符合现行《道路交通标志和标线》（GB 5768）的有关规定。

7.2.3　互通式立体交叉、服务设施出入口交通标线

（1）出入口交通标线应根据互通式立体交叉、服务设施的线形按直接式、平行式两种情况设置。平行式出口交通标线如图 7-6。

（2）导向箭头表示车辆的行驶方向，互通式立体交叉入口、出口处导向箭头的设置如图 7-7。

7.2.4　平面交叉渠化标线

（1）对于较宽、不规则或行驶条件比较复杂的交叉路口，二级及以上等级的公路平面交叉应设置渠

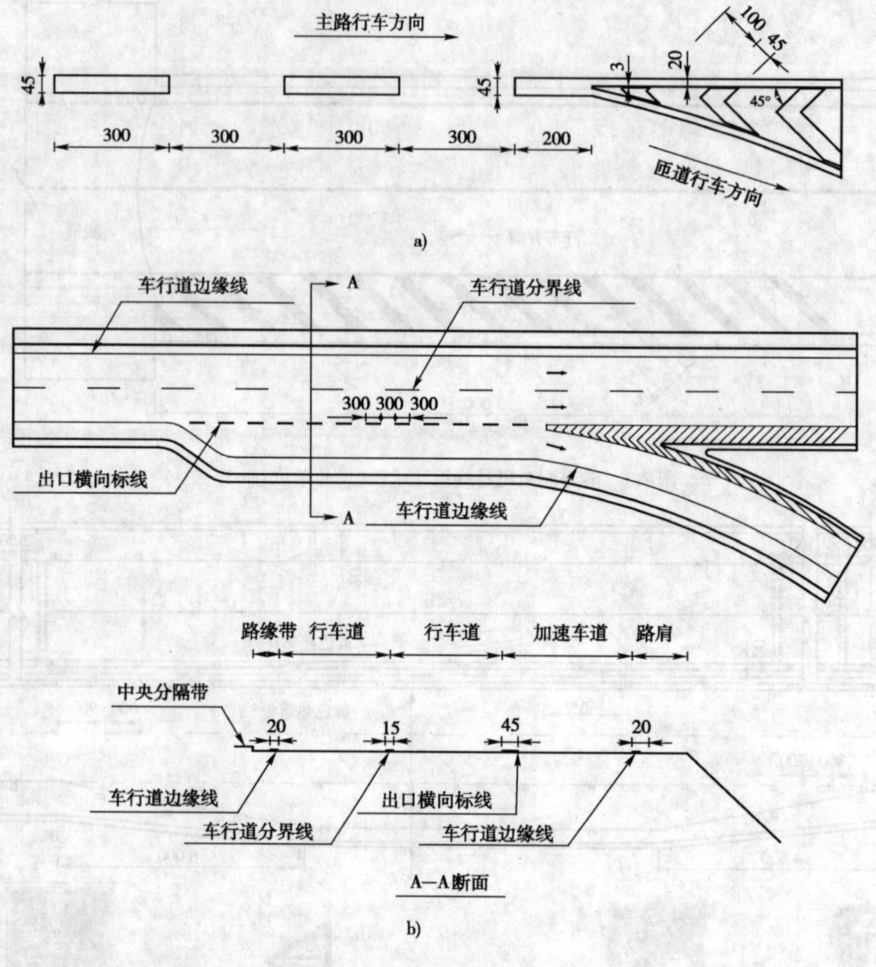

图7-6　高速公路平行式出口标线设置示例(尺寸单位:cm)

a)出口标线大样;b)平行式出口标线

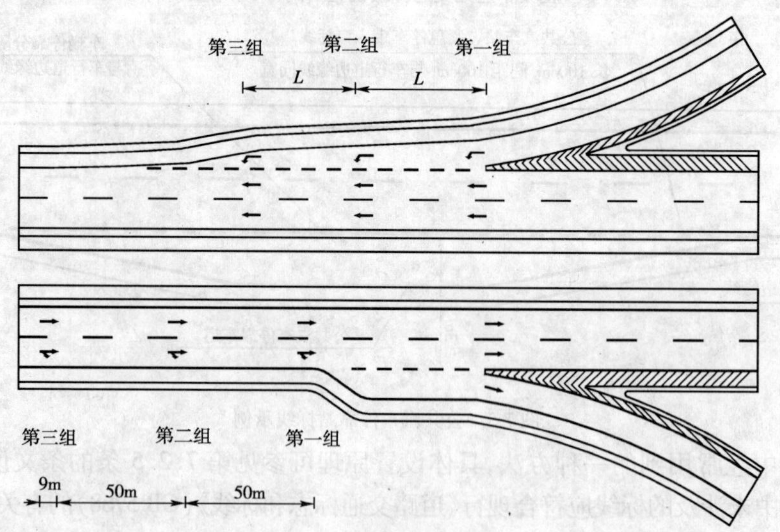

图7-7　导向箭头设置示例

注:图中L根据加速车道长度确定。

化标线,其他公路的平面交叉宜设置渠化标线,以使车辆能按规定的路线行驶。因车辆交织较多,导向箭头的重复设置次数可参考条文表7.2.3根据实际需要确定。

(2)平面交叉应根据其型式、交叉公路的优先通行权、车道宽度、各种交通流量的分析来设置渠化标线,如附录 D。

7.2.5 收费广场交通标线

收费广场减速标线应根据驶入速度、广场长度利用牛顿第二定律进行计算(末速度可取为期望值),控制指标为车辆经过各条减速标线的时间相同,由于间距越来越密,使驾驶员误以为速度越来越快,从而主动减速。图 7-8 为某高速公路混合式收费广场交通标线设置示例。

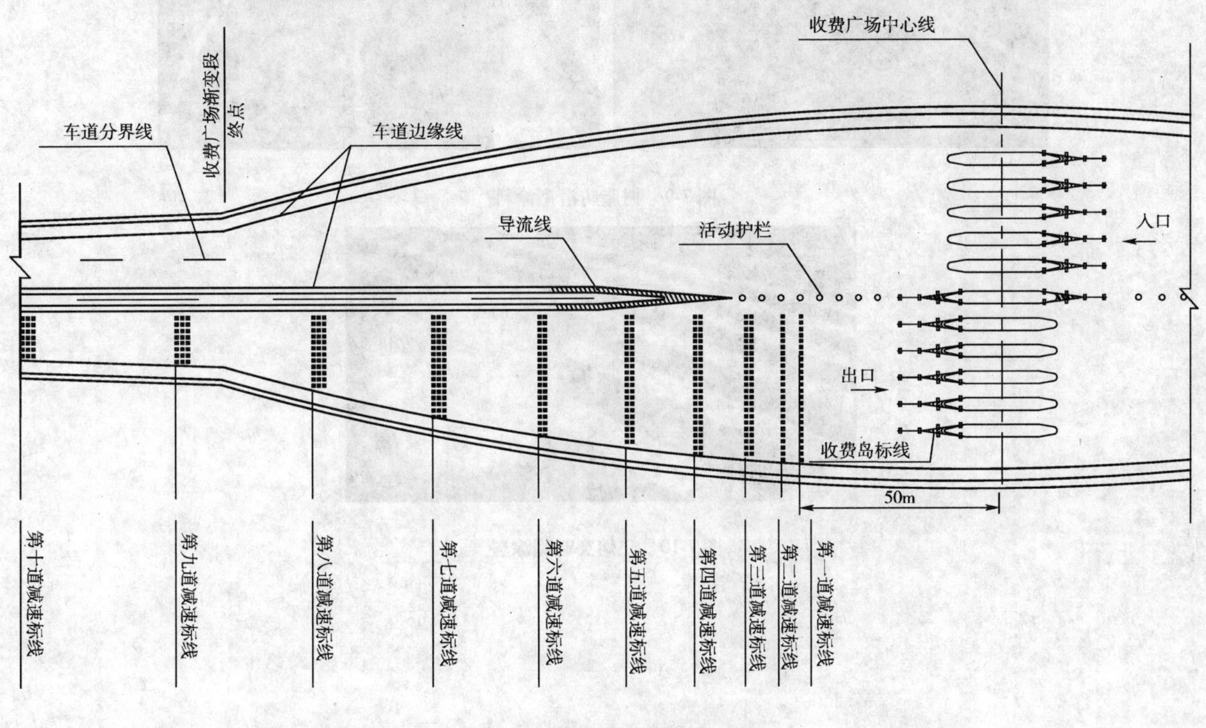

图 7-8 收费广场交通标线示例

7.2.6 突起路标的设置

突起路标是安装于路面上用于标示车道分界、边缘、分合流、弯道、危险路段、路宽变化、路面障碍物位置的反光和不反光体。当车辆偏离车行道时,突起路标可给车辆驾驶人员以振动提示,以避免交通事故的发生。反光突起路标在夜间能起到视线诱导的作用。条文中根据不同的公路条件,提出了突起路标的设置原则,如高速公路、一级公路由于车速较高,驾驶员疲劳时易发生驶出路外的事故,故建议高速公路车行道边缘线及一级公路互通式立体交叉等处的车行道边缘线上应予以设置。

7.3 材料选择

7.3.1 ~ 7.3.4 选取标线材料时,可考虑下列因素:

(1)高速公路的车行道边缘线、斑马线等处可采用热溶喷涂型(涂层厚度 0.7 ~ 1.0mm),能满足反光要求,且性价比最高。

(2)高速公路的车行道分界线可采用耐久性标线涂料,如热熔刮涂型(涂层厚度1.5 ~ 2.5mm)。

(3)普通公路建议采用反光标线,以预防交通事故的发生。

(4)公路事故多发路段可采用树脂防滑型涂料(图 7-9)和热熔突起型涂料(图 7-10)。

(5)水泥路面可采用热熔喷涂型涂料,以提高性价比。

(6)德国联邦公路研究所(BAST)的标线使用性能模拟试验表明,采用双组分涂料施划的标线使用性能满意率最高。这种标线反光性能优良,使用寿命最长,缺点是价格偏高、施工要求严格。

(7)对环保要求高的公路,水性涂料将是最佳选择,同时该种标线性能价格比好、反光性能优良。

7.3.5 考虑到在发生交通事故、火灾等紧急事件时,隧道内有可能将变成逆向行车,故应选用双面反光型。

图 7-9　树脂防滑型涂料

图 7-10　热熔突起型涂料

8 隔离栅和桥梁护网

8.1 一般规定

(1)隔离栅能阻止人、畜进入公路或其他禁入区域,防止非法侵占公路用地。它可有效地排除横向干扰,避免由此产生的交通延误或交通事故,保障公路的通行安全和效益的发挥。

公路上跨桥和人行天桥上有人向下抛扔物品,或桥上杂物被风吹落到公路上,或桥上行驶车辆装载的物品散落到公路上时,非常容易引发交通事故,因而在上述构造物的两侧设置桥梁护网是必要的。

(2)隔离栅的高度是结构设计的重要指标,该指标的取值高低直接影响着工程的材料费用和性能价格比。所以,隔离设施高度的确定必须结合实际的地域地形、沿线村镇人口的稠密程度,以及人们生产、生活流动路线等诸多因素而定。综合上述诸多方面的影响因素,可以看出,沿封闭公路两侧影响隔离设施高度的因素是个变量,是随地形和人口分布密度变化的函数。为了保证隔离栅的整体美观效果和设计施工的便利性,高度的变化只是根据特殊的地形和其他特殊因素而产生间断式的变化。一般情况下,隔离设施的高度宜尽可能统一,高度变化不宜太频繁。

隔离栅的高度主要以成人高度为参考标准,一般在1.5~1.8m之间。在城市及郊区人口密度较大的路段,特别是青少年较为集中的地方,如学校、运动场、体育馆、影(剧)院等处,隔离设施的设计高度宜取上限,并且根据实际需要可在此基础上进一步加高到使人无法攀越的程度。而在人迹稀少的山村或郊外,由于人流较小,攀登隔离设施穿越公路的可能性远远低于城市地区,其设计高度可取下限值。其实,任何设施并不能真正阻挡人们强行攀越、钻入公路界的行为。要使人们自觉地遵守交通规则,爱护公路设施,取决于社会文明程度和法制观念的提高,取决于宣传教育。

桥梁护网的设置高度宜为1.8~2.1m,在交通量大、行人密度高、临近城镇厂矿等地点可取上限,反之则取下限。桥梁护网宜与桥梁横断面比例协调,避免给人压抑感。如桥梁两侧设置混凝土护栏时,网面可从护栏顶部开始设置;如设置桥梁栏杆,则桥梁护网网面应从桥面开始设置。

(3)隔离栅和桥梁护网的结构直接关系到使用效果和寿命,在设计中应以考虑风载的影响为主,对人、畜造成的破坏作用可通过结构手段如防盗措施等加以解决。具体计算方法,可参考交通标志结构设计的有关规定。需要指出的是,交通标志结构迎风面基本以实体结构受力为主,而隔离栅和桥梁护网的迎风面为网孔结构,网孔结构的折减系数需要考虑网面孔隙率的大小。对隔离栅而言,一般有野外攀藤植物依附,维护清除又有困难,使网片的透风性降低,计算风载时,应根据所在地区攀援植物不同取不同的孔隙率值。

8.2 隔离栅

8.2.1 设置原则

(1)除条文第(2)款所述条件外,高速公路、需要控制出入的一级公路沿线两侧必须实行封闭,以防止行人、非机动车、牲畜等闯入公路及非法侵占公路用地。这是确保行车安全、排除横向干扰、充分发挥公路功能的重要措施。

(2)对于公路两侧的一些天然屏障、不必担心有人进入公路和非法侵占公路用地的路段,可以不设置隔离栅。

(3)公路两侧的封闭,一般在桥梁、通道等处为薄弱环节,人、畜等往往会从桥头锥坡处钻入。因此,在这些地点,需采取措施进行围封。在小桥桥头,隔离栅可以沿锥坡爬上,在桥头处围封,也可沿端墙围封。通道的进出口,由于过往人、畜较多,需特别注意人为破坏的可能性,应选择强度高,人、畜无法爬入的结构进行围封。

(4)对一些尺寸较小、流量不大的涵洞,隔离设施可直接跨过。但在跨越处,需作一定的围封处理,以防人、畜钻入公路内。跨越涵洞时,立柱可适当加强、加深。

(5)隔离栅的中心线,一般沿公路用地范围界线以内0.2~0.5m处设置。这主要考虑立柱的基础能落在公路界以内,避免因侵占界外用地发生纠纷。

8.2.2 型式选择

选择适当的隔离栅型式,应根据隔离封闭的功能要求,对其性能、造价、美观、与公路周围景观的协调、施工条件及养护维修等因素进行综合比较。

(1)造价比较:按单位造价由高到低依次排列顺序为:钢板网、电焊片网、电焊卷网、编织片网、编织卷网、刺钢丝网。

(2)后期养护维修的比较:钢板网、电焊网、刺钢丝网在网面及局部破坏后,易修补,维修费用低;编织网在局部破坏后,将影响整张网,不易修补,维修费用高。

(3)适应地形的性能比较:钢板网、片网(电焊网、编织网)爬坡性能差,一般用于平坦路段。在起伏较大的路段,如用钢板网、片网(电焊网、编织网),需将其设计成阶梯状,或将网片设计成平行四边形顺坡设置,施工较困难。卷网(电焊网、编织网)爬坡性能较好。编织网网面的柔性、电焊卷网的波纹构造均可适应起伏地形,但其施工需要专门的机械设备。刺钢丝网适应地形能力强,爬坡性能优,在地势起伏较大的地形条件下,无需特殊的施工机具,施工方便。

(4)外观比较:钢板网、电焊网、编织网结构合理、美观大方,是城镇沿线、互通区、服务区、风景旅游区等处首选的隔离栅型式。刺钢丝隔离栅单独使用美观性能较差,但在南方地区,气候温暖、湿润,树木四季常青,用刺钢丝配绿篱,可增加其美观性,在广东若干高速公路的应用效果甚佳。

(5)隔离墙隔离效果最好、坚固耐用,但造价高,影响路容、路貌,经论证可在横向干扰大、事故多的路段采用。

8.2.3 构造要求

(1)在实际应用中,综合考虑不利于人为攀越、结构整体的配合要求、网面的强度(绷紧程度)三个因素,金属网格的网孔尺寸一般不宜大于150mm×150mm;刺钢丝上下两道刺钢丝的间距不宜大于250mm,一般以150~200mm为宜。网孔在保证封闭功能的要求下,在保证隔离网自身强度和刚度的条件下,网孔应尽量选大值,以减少工程费用,提高隔离栅的性能价格比。

电焊网可选用无边框的结构,在网面设置折弯结构可增加刚度,减小钢丝直径。这种网面可降低电焊网的造价。

(2)公路两侧的地形变化很大,有些地点(如陡坎、湖泊、河流、深沟等)隔离设施的设置前后不能连续,需要做好隔离栅的端部处理。

(3)编织网(卷网)、电焊网(卷网)、刺钢丝网对起伏地形适应性较强(图8-1)。而钢板网、电焊网(片网)、编织网(卷网)较差,在起伏地形使用,需设置成阶梯状或将网片特制成平行四边形顺坡设置;如地形起伏过大,可考虑对地形进行一定的整修,尽可能使隔离栅起伏自然,避免局部地段的突然变化(图8-2)。

在地势起伏较大的地区,应尽量避免采用钢板网、电焊网(片网)、编织网(片网)。这三种型式的隔离栅爬坡性能较差,且施工困难。

(4)为保证隔离栅的有效性,在每段隔离设施的起点和终点,以及因地形条件需要断开的地段,都应针对不同的情况作专门的端头围封设计,使公路外的行人或牲畜不能在隔离栅断开处进入公路。

在隔离栅需要改变方向的地点,应作专门的拐角设计。设计时应力求结构稳定、施工方便,保持立柱和隔离网规格的统一性。

(5)为便于公路的维修和养护,方便公路管理人员和养护人员以及机修设备的进出,需要在适当的位置设置隔离栅开口。开口处均需设立活动门,以利于养护工作完成后,隔离设施的继续封闭。

隔离栅活动门的规格大小,可根据进出大门的设备、人员情况进行设计,型式应力求简易、实用。大

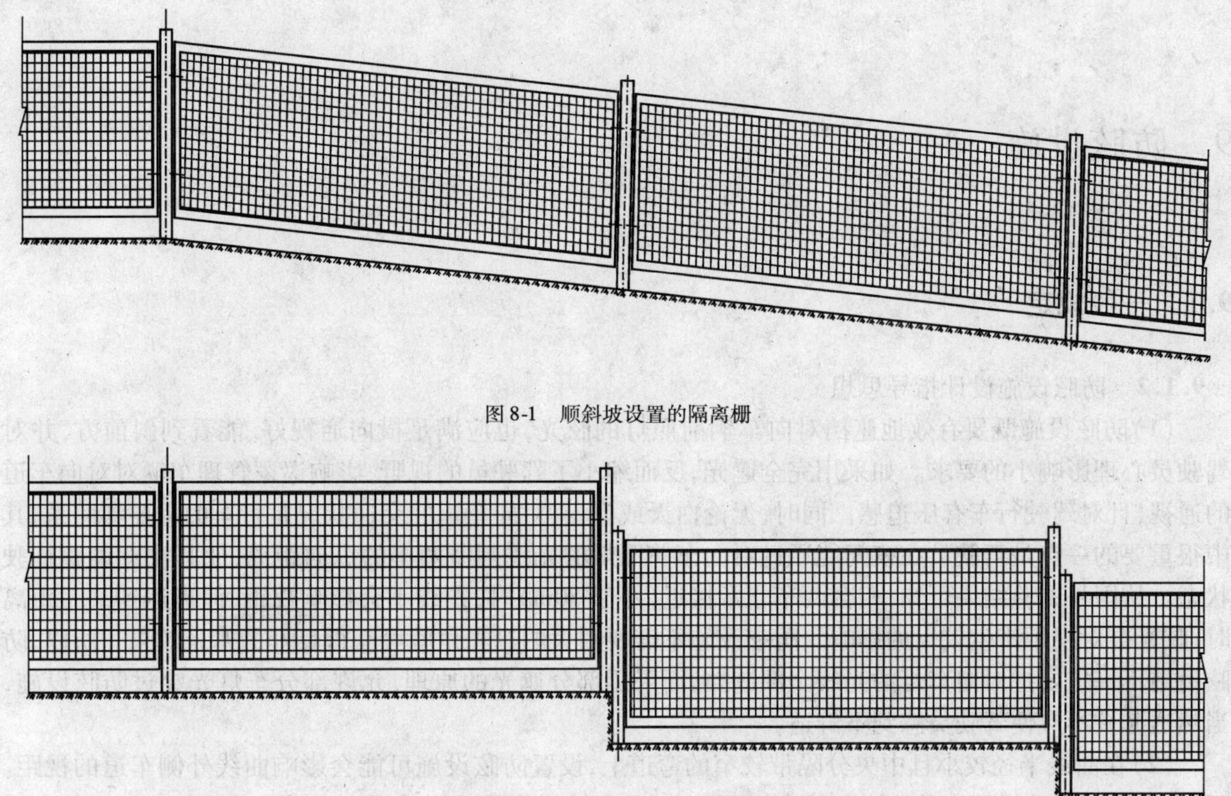

图 8-1　顺斜坡设置的隔离栅

图 8-2　阶梯状设置的隔离栅

门的型式一般可分为单开门和双开门两种。单开门用于人员的出入；双开门主要为机修设备及车辆的进出而设置。单开门门宽设计尺寸不应大于 1.5m，双开门总宽不应超过 3.2m。因为，门框的设计强度是根据门的尺寸大小决定的，跨度大的门，对门架稳定性要求也高，这会增加不必要的工程费用。

8.3　桥梁护网

除基础设置方式和方法不同外，桥梁护网的结构型式与隔离栅大体相同，但由于在空旷的原野上，上跨立交桥往往是周围地物中的最高点，在桥上设置金属防护网后，则其遭雷击的危险性大大增加，因而桥梁护网应作防雷接地处理。对交通量大、临近城镇厂矿的桥梁更应引起设计者的注意。防雷接地的阻抗应小于 10Ω。

9 防眩设施

9.1 一般规定

9.1.2 防眩设施设计指导思想

(1)防眩设施既要有效地遮挡对向车辆前照灯的眩光,也应满足横向通视好、能看到斜前方,并对驾驶员心理影响小的要求。如采用完全遮光,反而缩小了驾驶员的视野,影响巡逻管理车辆对对向车道的通视,且对驾驶行车有压迫感。同时,无论白天或黑夜,对向车道的交通状况是行车的重要参照系,其中很重要的一点是驾驶员在夜间能通过对向车前照灯的光线判断两车的纵向距离,使其注意调整行驶状态。从国外试验结果可知,相会两车非常接近(小于50m)时,光线不会影响视距,但当达到某一距离时,眩光会对视距产生较大的影响。防眩设施不需要很大的遮光角就可获得良好的遮光效果。所以,防眩设施不一定要把对向车灯的光线全部遮挡,而采用部分遮光的原理,允许部分车灯光穿过防眩设施,当然透光量不应使驾驶员感到不舒适。

(2)在曲线半径较小且中央分隔带较窄的弯道上,设置防眩设施可能会影响曲线外侧车道的视距。因此,在设置防眩设施之前应进行停车视距的分析,保证设置防眩设施后不会减小停车视距。对停车视距的影响是随中央分隔带宽度和曲线半径的减小而趋于严重,故对在弯道上设置防眩设施可能引起的视距问题应予以足够的重视。

弯道上设置的防眩设施如果经检验影响了视距,则可考虑降低防眩设施的高度。降低高度后的防眩设施可阻挡对向车前照灯的大部分眩光,且驾驶员能看见本车道前方车流中最后一辆车的顶部,这个高度值一般在1.2m左右。另外也可考虑将防眩设施的设置位置偏向曲线内侧,但此方法对于较小半径的弯道来说,效果并不明显,景观效果也不好,因而主要在较大半径的曲线路段采用。

如采取上述方法仍不能得到较好的防眩效果和景观效果,则不宜在中央分隔带上设置防眩设施。如确需设置,则可采取加宽中央分隔带的方法,使车道边缘至防眩设施之间有足够的余宽,以保证停车视距。日本东名高速公路就采取了加宽中央分隔带的方法,取得了明显的成效,使东名高速公路成为绿茵连续的优美舒适公路,这是日本东名与名神高速公路的区别之一。

(4)防眩设施在满足构造要求的前提下,一般能抵抗风载的破坏,可不进行力学计算。但在经常遭受台风袭击的沿海地区和常年风力较大、会刮倒树木或破坏道路设施的地区,在设计上应对防眩板及其连接部件或基础进行力学验算,具体计算方法可参考交通标志的内容。

9.3 设置原则

9.3.1 高速公路、一级公路设置防眩设施的条件。

(1)在公路上两车相会时,驾驶员受眩光影响的程度与两车的横向距离有很大的关系。英国道路交通研究所(TRRL)《相对两车前照灯对视距的影响》研究表明:当两车横距较大($S=15$m)时,两车纵距愈小,视距愈大,特别是两车很接近时,视距显著增加。当横距$S=40$m时,视距几乎与纵距无关。

交通部公路科学研究院进行的防眩试验也表明,当相会两车横向距离达14m以上时,相会两车灯光不会使驾驶员眩目。这一结果和英国试验结果一致。

国内外的研究者普遍认为:提供足够的横向距离以消除对向车前照灯眩目是理想的防眩设计。国外6车道的高速公路,除满足日间的交通量需求外,夜间左侧车道(靠近中央分隔带的车道)上几乎没有或很少有车辆行驶,甚至中间车道的车辆也不多。这样,两车相会时有足够的横向距离,消除了对向车道前照灯的眩目影响。英国高速公路车辆行驶规则规定：不是为了超车或边车道无空时，不得使用右侧车道(英国正常行车规则为左行，右侧超车)。这样，对向车流间有足够的横向距离，因而无眩目影响，或影响甚微，可不设防眩设施。

我国2004年5月1日施行的《中华人民共和国道路交通安全法实施条例》规定：在道路同方向划有2条以上机动车道的，左侧为快速车道，右侧为慢速车道。当中央分隔带宽度为7m时，加上两条左侧路缘带宽$2\times0.75=1.5$m，中间带宽度为8.5m。如相会两车都在快速车道上行驶，其横向间距值为12.25m($S=8.5+2\times3.75/2=12.25$m)，故当中央分隔带宽度大于9m时，一般都能有效地降低眩光对驾驶员行车的影响，或说眩光对驾驶行为的影响可以不考虑。因而细则规定在中央分隔带宽度大于等于9m时，就不必设置防眩设施了。

(2)~(7)防眩设施的设置取决于很多条件，除第(1)款外，符合本条第(2)款~第(7)款条件之一者也应设置防眩设施。夜间交通量大、大型车混入率较高的路段，是设置防眩设施的主要条件。其他如平曲线路段、竖曲线路段、车辆交织运行路段、连拱隧道进出口附近等，可根据其对驾驶员眩目影响的程度确定是否设置防眩设施。当公路路基的横断面为分离式断面，上下车行道不在同一水平面时，理论计算和实践经验均表明，若上下车行道的高差小于等于2m，会车时眩光对驾驶员的影响较大，需要设置防眩设施；在高差大于2m时，眩光影响较小，并且在这种情况下，一般都应在较高的车行道旁设置路侧护栏，而护栏(除缆索护栏外)也能起到部分遮光的作用，因而此时也就不必设置专门的防眩设施了。

设计防眩设施时，应根据本规范的有关规定，结合公路交通的具体情况，通过进行必要的投资效益比分析，对防眩设施的设置路段、型式作出选择。

9.3.2 在无封闭设施的路段上设置防眩设施，如有人翻越防眩设施或从中跳出，往往使驾驶员猝不及防。尤其在夜间，以一定间距栽植的树木在灯光的照射下就像人站立在路旁一样，使驾驶员感到紧张，而更加谨慎地行车。即使道路条件好，驾驶员也不敢将车速提高，而且本能地使车辆轨迹偏离车道，即离中央分隔带远些。许多统计资料都表明，在无封闭设施的路段设置防眩设施后，反而使该路段的事故率增加，尤其是恶性事故率上升，这与侧向通视不好致使驾驶员对前方的突发事件反应不及有关。因此，在无封闭设施的路段是否设置防眩设施、选择什么类型的防眩设施应予慎重考虑。如确需设置，则应选择好防眩设施的型式和高度，既尽量不给人、畜随意横穿的可能，又要有利于驾驶员横向通视。非控制出入的一级公路平面交叉和中央分隔带开口处有行人及车辆穿越，若连续设置防眩设施，驾驶人员在突发情况下往往反应不及，防眩设施应在路口一定范围内断开或逐渐降低防眩设施高度加以提醒。根据停车视距的要求，设计速度大于或等于80km/h时，靠近中央分隔带车行道行驶的车辆发现行人到完全停止的防眩设施开口长度要求为100m左右，设计速度为60km/h时，防眩设施开口长度要求为60m左右，故建议一级公路平面交叉、中央分隔带开口两侧一定范围内不宜设置防眩设施。考虑到车辆驾驶人员遇到平面交叉、中央分隔带开口的减速心理及外侧车道行驶等其他因素，平交路口的防眩设施断开长度可适当缩小。

9.3.3 在有连续照明设施的路段，车辆夜间一般都以近光灯行驶，会车时眩目影响甚微，显然在这种情况下可以不考虑设置防眩设施。

9.3.4 防眩设施连续设置的规定

(1)防眩设施的设置应考虑连续性，避免在两段防眩设施之间留有短距离的间隙，因为这种情况会给毫无思想准备的驾驶员造成很大的潜在眩目危险，易诱发交通事故，而且从人的视觉感受和景观上来说效果也不好。

(2)防眩板应以一定长度的独立结构段为制造和安装单元，这种结构段的长度一般小于12m，视采用材料、工艺情况而定。防眩板设置在道路上，免不了要遭受失控车辆的冲撞而损坏。为减轻损坏的严重程度，方便更换维修，设计时应每隔一定距离使前后相互分离，使各段互不相连。这样做既有利于加工制作和运输安装，而且从防止温度应力破坏的角度来说也是必须的。防眩板每一独立段的长度可与护栏的设置间距相协调，选择4、6、8、12m或稍长一些都是可以的。

(3)防眩设施的设置高度原则上应全线统一。不同防眩结构的连接应注意高度的平滑过渡，不要出现突然的高低变化。设置在凹形竖曲线路段的防眩设施，其设置高度应根据竖曲线半径及纵坡情况由计算确定,并在一定长度范围(渐变段)内逐步过渡,以符合人的视觉特性。该渐变段的长度与人的视觉特性、结构尺寸和变化幅度和车辆的行驶速度(公路等级)等有关,该渐变段的长度一般宜大于50m。但在设计中,应根据具体情况确定合适的渐变段长度。另外,防眩板板条宽度的变化幅度一般都不大,故其渐变段的长度还可小一些。

9.4 型式选择

9.4.1 除植树灌木外,在公路上设置的防眩设施有很多型式,总的来说有网格状的防眩网、栅栏式的防眩网、扇面式的防眩扇板及本细则中推荐使用的板条式防眩板等型式,制造材料方面,有金属的,也有塑料等合成材料的。经过几十年的发展和淘汰,目前在世界各国使用最广泛的主要是防眩板及防眩网两种形式。

就防眩板和防眩网而言,交通部公路科研所在"七五"国家科技攻关中就防眩设施的型式选择,通过大量的资料分析和调查研究,从下述八个方面对防眩设施的性能进行了综合比较:

(1)有效地减少对向车前照灯的眩目;

(2)对驾驶员的心理影响小(行车质量的影响、单调感);

(3)经济性;

(4)良好的景观(美观);

(5)施工简单、养护方便;

(6)对风阻力小,积雪少;

(7)有效地阻止人为破坏和车辆损坏;

(8)通视效果好。

研究结果表明(如表9-1):防眩板是一种经济、美观、对风阻挡小、积雪少、对驾驶员心理影响小的防眩设施,尤其是适当板宽的防眩板与混凝土护栏配合使用效果更佳,从而确定防眩板是最佳的结构型式。故在本细则中主要推荐防眩板和植树两种型式作为我国公路上防眩设施的基本型式。

表9-1 不同防眩设施的综合性比较

<table>
<tr><th rowspan="2">特点</th><th colspan="2">植树(灌木)</th><th rowspan="2">防眩板</th><th rowspan="2">防眩网</th></tr>
<tr><th>密集型</th><th>间距型</th></tr>
<tr><td>美观</td><td colspan="2">好</td><td>好</td><td>较差</td></tr>
<tr><td>对驾驶员心理影响</td><td>小</td><td>大</td><td>小</td><td>较小</td></tr>
<tr><td>对风阻力</td><td colspan="2">大</td><td>小</td><td>大</td></tr>
<tr><td>积雪</td><td colspan="2">严重</td><td>好</td><td>严重</td></tr>
<tr><td>自然景观配合</td><td colspan="2">好</td><td>好</td><td>不好</td></tr>
<tr><td>防眩效果</td><td colspan="2">较好</td><td>好</td><td>较差</td></tr>
<tr><td>经济性</td><td>差</td><td>好</td><td>好</td><td>较差</td></tr>
<tr><td>施工难易</td><td colspan="2">较难</td><td>易</td><td>难</td></tr>
<tr><td>养护工作量</td><td colspan="2">大</td><td>小</td><td>小</td></tr>
<tr><td>横向通视</td><td>差</td><td>较好</td><td>好</td><td>好</td></tr>
<tr><td>阻止行人穿越</td><td>较好</td><td>差</td><td>较好</td><td>好</td></tr>
<tr><td>景观效果</td><td colspan="2">好</td><td>好</td><td>差</td></tr>
</table>

9.4.2 就防眩板和植树(灌木)两种型式的具体设置而言,当中央分隔带宽度较小时,应以防眩板为主进行防眩;而在中央分隔带较宽、地形变化较大、需要保护自然景观并且气候条件也较适宜植树时,可采用植树(灌木)防眩。从经济、景观、养护和克服单调性等方面而言,防眩板和植树相结合是比较理想的型式。设置缆索护栏时,因缆索护栏与防眩板结合设置,会给人以"头重脚轻"之感,景观效果不好,再加之缆索护栏是柔性结构,不能很好地对防眩板起保护作用。车辆侧撞或侧擦对缆索护栏可能没有

什么损伤，而防眩板却可能遭受破坏，或产生变形，修复较困难。如植树与缆索护栏结合设置，既能起到防眩的作用，也弥补了缆索护栏诱导效果不理想的缺点，景观效果极佳，故在设置缆索护栏的路段，最好采用植树防眩。需强调的是，这些规定都不是绝对的，在什么条件下需设置防眩板或植树，应从第9.4.1条的条文说明所列出的八个方面进行比较后，结合具体的情况而定。

9.4.3 植树防眩应根据中央分隔带的宽度合理选择树种，若植树需侵占道路净空时，应改为人工防眩设施防眩。

9.5 构造要求

9.5.1 防眩板的结构设计要素有：遮光角、防眩高度、板宽、板的间距等。其中遮光角和防眩高度最重要。由于防眩板的宽度，部分阻挡了对向车前照灯的眩光，也就是说，在中央分隔带连续设置一定间距、一定宽度的防眩板后，当与前照灯主光轴成一定水平夹角（遮光角）的光线照射到防眩板上，它刚好被相邻两块板条所阻挡。因此遮光角是设计的重要参数。

防眩板条的间距规定为50～100cm，主要是为了与护栏的设置间距相吻合，同时也有利于加工制作。另外还在于按此间距计算出的板宽能很好地与护栏顶部宽度尺寸相配合。

9.5.2 防眩设施的高度与驾驶员的视线高度和前照灯的高度有直接关系。在公路线形设计中，我国采用的驾驶员视线高度标准值是1.20m，而在实际行驶的车辆群体中，由于车辆结构和驾驶员个体等因素的差别，驾驶员的视线高度变化很大。根据调查，我国汽车驾驶员视线高度建议值为小型车1.30m，大客车2.20m，货车2.00m。汽车前照灯高度建议值为小型车0.8m，大型车为1.0m。

在凸形竖曲线路段，驾驶员可在一定范围从较低的角度看到对向车前照灯的眩光，随着两车驶近，视线上移，眩光才被防眩设施遮挡。故在凸形竖曲线路段，防眩设施的下缘应接近或接触路面或在中央分隔带上种植密集矮灌木，以消除这种眩光的影响。其设置的范围至少为凸形竖曲线顶部两侧各120m，因平直路段感觉不到眩光的两车最小纵距即为120m左右，汽车远射灯光的照距一般也在120m左右。

在凹形竖曲线路段，驾驶员显然可从较高的角度看到对向车前照灯的眩光，因而宜根据凹形竖曲线的半径和前后纵坡度的大小，适当增加凹形竖曲线路段防眩设施的高度。一般可通过计算或计算机绘图求出凹形竖曲线内各典型路段相应的防眩设施高度值，最后取一平均值作为整个凹形竖曲线的设置高度。显然，在凹形竖曲线路段种植足够高度的树木防眩是比较理想的型式，它可为驾驶员提供优美的视觉环境。

为使防眩设施的高度能与道路的横断面比例协调，不使防眩设施受冲撞后倒伏到行车道上，及减少行驶的压迫感，防眩设施的高度一般不宜超过2m。

9.5.3 从我国防眩设施和中央分隔带护栏的设置原则可看出，两者设置条件考虑的基本因素多数是一致的。一般在需设置防眩设施的路段，基本上也需设置中央分隔带护栏，因而防眩设施宜与护栏配合设置。而且，防眩设施与护栏配合设置具有一定的优越性：首先，可大大降低防眩设施的投资，防眩设施与护栏配合设置就可利用护栏作为支撑结构，护栏本身可作为防眩的一个组成部分，从而节省投资降低造价；其次，护栏对防眩设施可起到保护的作用，由于防眩设施本身并不具备防撞功能，因而与护栏配合使用时，护栏就起了保护的作用，使防眩设施受冲撞破坏的几率降低，从而可节省大量的维修养护费用。实践表明：防眩设施与护栏可以互为补充，能起到增强道路景观的作用。

防眩板与中央分隔带护栏配合设置，在结构处理上可以有两种办法：

(1)防眩板与混凝土护栏相结合，这主要依赖于混凝土护栏顶上的预埋件来实现，一般采用预埋地脚螺栓连接。

(2)防眩板与波形梁护栏相结合，可在分设型护栏立柱上设置型钢横梁（如槽钢），防眩板固定在槽钢上，也可在组合型护栏立柱上固定防眩板。

9.5.4 本细则未对植树防眩作过多要求，主要是考虑到各地气候条件不同，代表性树种差异较大，防眩设置高度及间距也不同，故建议根据当地气候条件，选择易成活、根系发达且对埋土深度要求较浅、枝叶茂密、落叶少、养护工作量少、有成功应用经验的树种。植树防眩的高度及树丛间距应根据树冠高度及有效直径大小灵活选用。

10　轮廓标

10.1　一般规定

轮廓标是一种指示设施而不是警告设施。轮廓标的反射体与汽车前照灯及驾驶员视线的几何关系如图 10-1。驾驶员从反射器正面驶来，由远至近逐渐接近并从侧面通过。

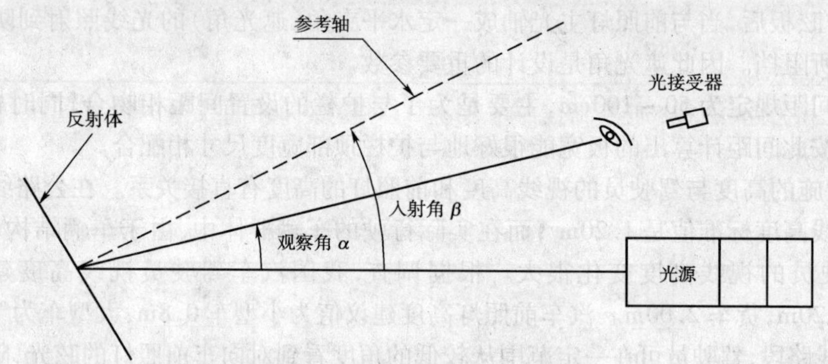

图 10-1　反射体与灯光、驾驶员视线的关系

在这个过程中，反射体的入射角由于线形的关系，有可能在很大范围内变化。相反，观察角的变化却很小。入射角的变化可以影响反射器的亮度。因此，在公路上使用的反射体必须保持均匀、恒定的亮度，不允许闪耀，也不允许当入射角在某一范围时突然变亮或变暗。保持足够的反射亮度是轮廓标反射器必须具有的光学性能。

一般在静止条件下，用行驶光束（远光灯）照射轮廓标反射体时，驾驶员能在 500m 处发现，在 300m 处能清晰地看见；用交会光束（近光灯）照射时，驾驶员可在 200m 处发现，在 100m 处能清晰地看见。

10.2　设置原则

10.2.1　高速公路、一级公路上车辆运行速度很高，为提高行车的安全性和舒适性，指示公路前方线形非常重要。连续设置轮廓标就是诱导驾驶员视线，标明公路几何线形的有效办法。驾驶员能明了前方公路线形，从而能快速、舒适地行驶，增加行车安全水平，有效地避免交通事故。在高速公路、一级公路互通式立体交叉枢纽范围内，及服务设施、停车场等进出口匝道连接线上，特别在小半径曲线上，应在公路两侧连续设置轮廓标。

高速公路、一级公路上车辆运行速度高，如只在右侧设置轮廓标，在多车道情况下，对行驶于快车道的车辆，视线诱导效果就很差。因此，左侧也设置连续的轮廓标是必要的。

轮廓标的设置间隔应根据公路线形而定，高速公路、一级公路的直线段，其设置最大间隔不应超过 50m。视线诱导标连续等间距设置时，由于受到前灯照射角度的影响，在小半径曲线路段内，轮廓标的连续可视性要比直线路段差，不能保证具有圆滑曲线的诱导效果。因此，日本在曲线上设置轮廓标，其间距按式(10-1)的计算结果确定。

$$S = 1.1(R-15)^{1/2} \tag{10-1}$$

式中：S——轮廓标设置间距（m）；

R——曲线半径（m）。

日本轮廓标设置标准中，对轮廓标设置间距规定如表 10-1。

表 10-1　日本轮廓标设置间距

曲线半径(m)	0 ~ 50	51 ~ 80	81 ~ 125	126 ~ 180	181 ~ 245	246 ~ 320	321 ~ 405	406 ~ 500	501 ~ 650	651 ~ 900	901 ~ 1 200	1 201 ~ 1 550	1 551 ~ 1 950	1 951 ~
设置间距(m)	5	7.5	10	12.5	15	17.5	20	22.5	25	30	35	40	45	50

加拿大的《街道和公路均一交通控制设施手册》中，对轮廓标在曲线上的设置间距按式(10-2)计算，设置间距规定如表 10-2。

$$S = 2 \times (0.3R)^{1/2} \tag{10-2}$$

表 10-2　加拿大轮廓标设置间距

曲线半径(m)	43	58	70	97	116	145	194	249	349	582	1 747
设置间距(m)	5	7.5	10	12.5	15	17.5	20	22.5	25	30	35

美国的《街道和公路均一交通控制设施手册》中，对轮廓标在曲线上的设置间距按式(10-3)计算，设置间距规定如表 10-3。

$$S = 1.7(R - 15)^{1/2} \tag{10-3}$$

表 10-3　美国轮廓标设置间距

曲线半径(m)	15	35	55	75	95	125	155	185	215	245	275	305
设置间距(m)	6	8	11	13	15	18	20	22	24	26	27	29

我国对轮廓标设置间距的规定，是在充分考虑了发达国家的相关规定，并结合我国运营高速公路、一级公路的实际情况制定的。

在轮廓标布设设计时，应特别注意从直线段过渡到曲线段的路段，或由曲线段过渡到直线段的区段，要处理好轮廓标视线诱导的连续性，使其能平顺圆滑地过渡。

高速公路、一级公路的竖曲线与平曲线相比，对轮廓标设置间距的影响要小得多。德国对轮廓标在竖曲线上的设置间距也有明确的规定，如表 10-4。编写组在细则条文中没有对此作出具体规定，但允许在设计中根据竖曲线的不同半径，在保持轮廓标诱导连续性的前提下，对设置间距作适当调整。

表 10-4　轮廓标在竖曲线上的设置间距

竖曲线半径(m)	设置间距(m)	竖曲线半径(m)	设置间距(m)
800 以下	5 ~ 16	3 000 ~ 4 000	47 ~ 50
800 ~ 1 500	16 ~ 21	4 000 以上	50
1 500 ~ 3 000	21 ~ 31		

10.2.2　汽车驾驶员在白天一般以路面标线及护栏作为行车指导，快速顺利地行驶。但到了晚上，上述设施的视线诱导功能显著下降，路面标线只能在汽车前灯照射的有限范围内才能看清，护栏由于设置在道路两侧，夜间的可视距离更小。随着汽车行驶速度的增加，驾驶员极迫切需要了解公路前方的路线走向。据日本运输省对道路运输车辆的安全标准规定，汽车前灯同时打开能确认前方 100m 的障碍物。如使用近光灯，则应能确认道路前方 40m 处的障碍物。在行驶速度为 40km/h 的情况下，其制动距离为 40m，刚好能满足近光灯照射下确认前方 40m 处的障碍物。如果速度超过 40km/h 时，需要的制动距离已超过了近光灯可能看清的范围，这时，恐怕就难以弄清前方道路的状况，也就很难保证行驶的安全。因此，在日本的视线诱导标设置标准中明确规定，设计车速在 50km/h 以上的路段必须设置视线诱导设施。

车道数及车道宽度或路肩宽度发生变化，是造成交通流不稳定的重要原因，在夜间往往会引起交通安全方面的问题。在该路段设置的轮廓标能使驾驶员了解车道数或车道宽度的变化，这对顺利通过瓶颈路段防止事故发生将会十分有效。

汽车从直线段过渡到曲线段，尤其向小半径曲线行驶时，驾驶员的视线很难随公路线形急剧变化。在夜间，驾驶员更难以看清公路的线形。如果在急弯陡坡及与急弯连接的路段连续设置轮廓标，可以使驾驶员了解公路线形的急剧变化，非常清晰地显示出公路轮廓，从而能有效地预防交通事故的发生，确保交通安全。

10.2.3 轮廓标反射体表面法线与公路中心线成25°角主要适用于柱式轮廓标。

10.2.4 波形梁护栏横梁中心线距路面的高度为60cm左右。以此为基准，规定轮廓标反射体中心线距路面60～70cm。路面积雪非常厚的路段，可适当加高。其他路段有特殊需要时，也可采用其他高度。

10.3 型式选择

柱式轮廓标及各类附着式轮廓标分别如图10-2～图10-6。

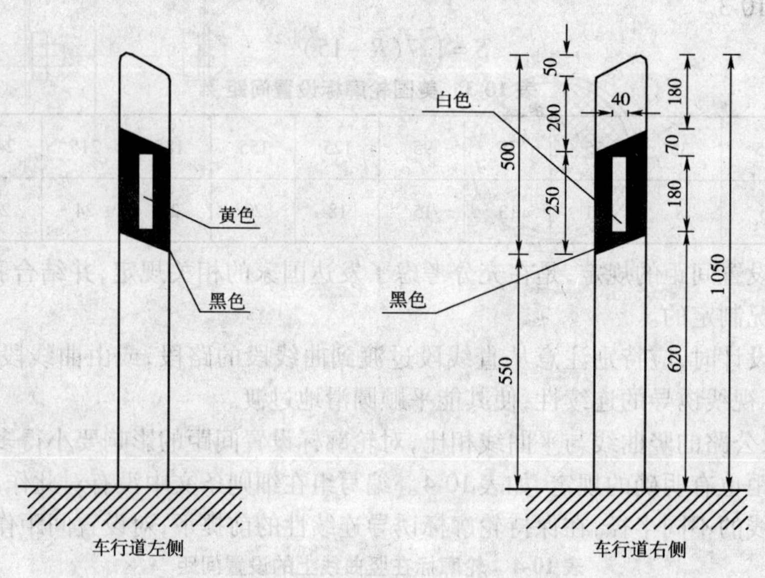

图10-2 柱式轮廓标的构造（尺寸单位：mm）

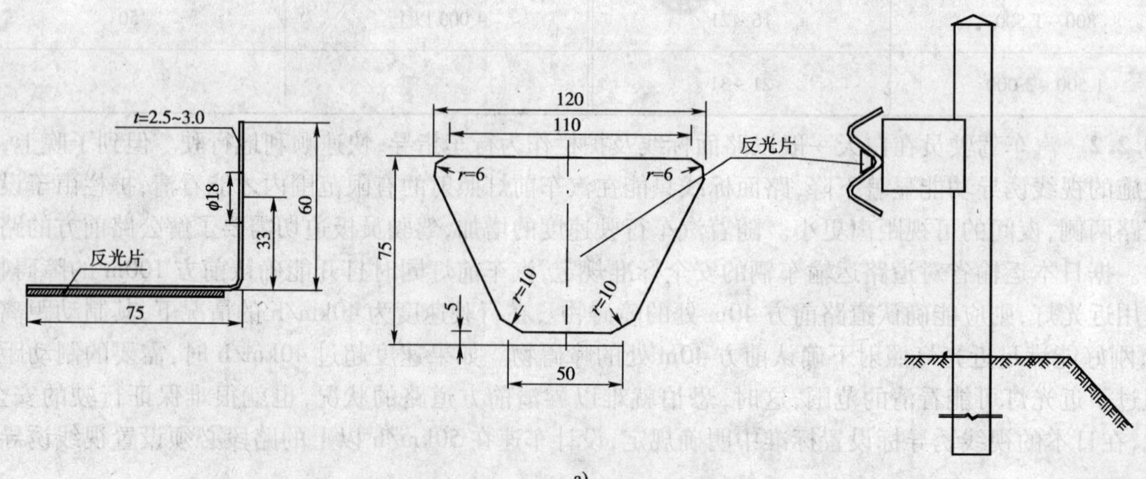

图 10-3

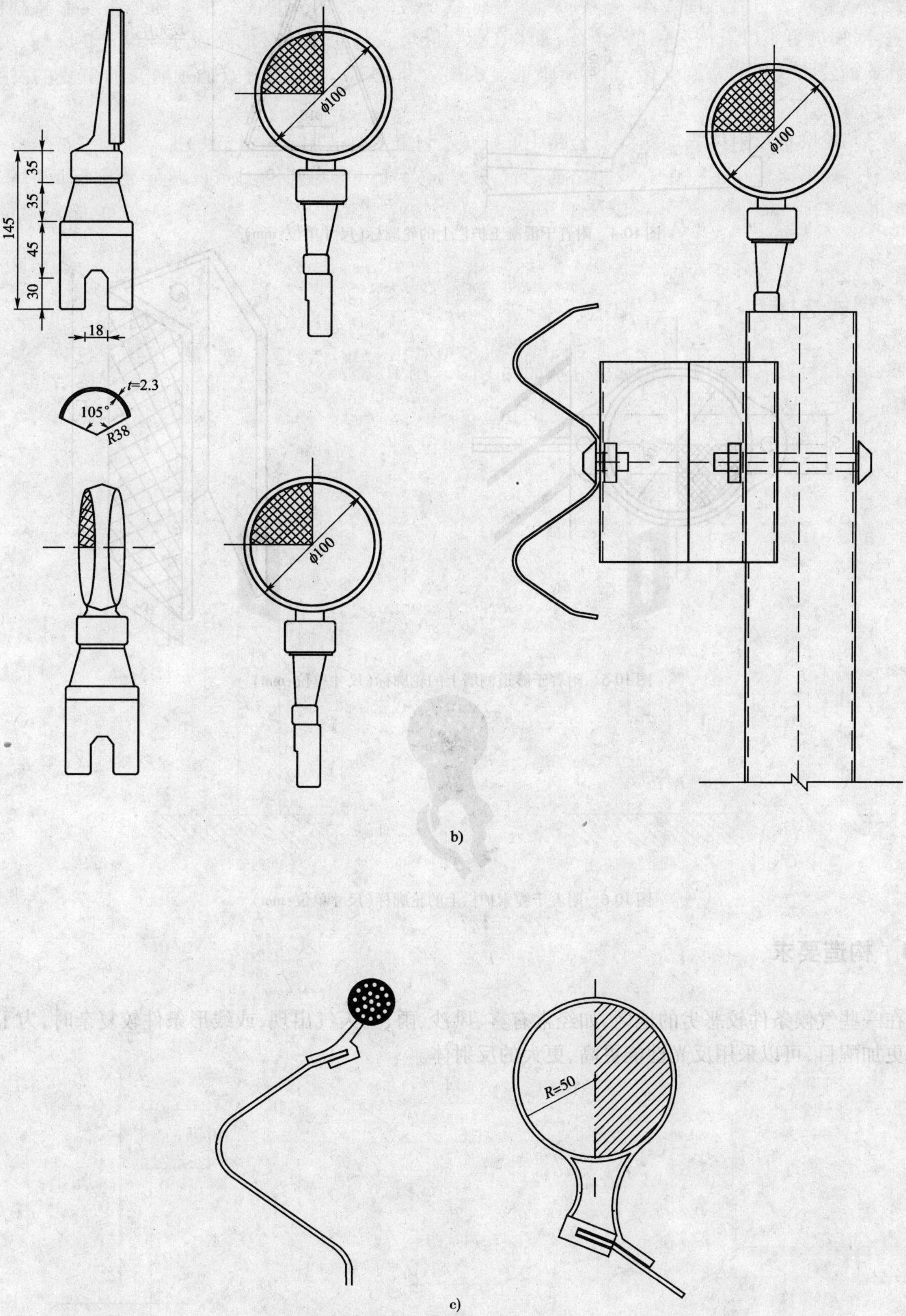

b)

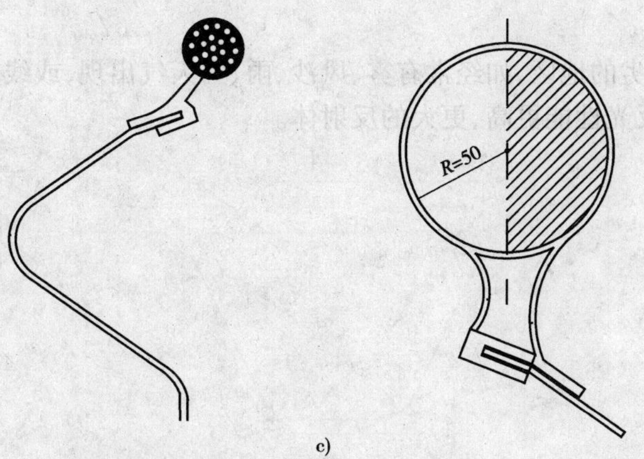

c)

图 10-3　附着于波形梁护栏上的轮廓标（尺寸单位：mm）

a）附着于波形梁护栏凹槽中的轮廓标；b）附着于波形梁护栏立柱上的轮廓标；c）附着于波形梁护栏板上的轮廓标

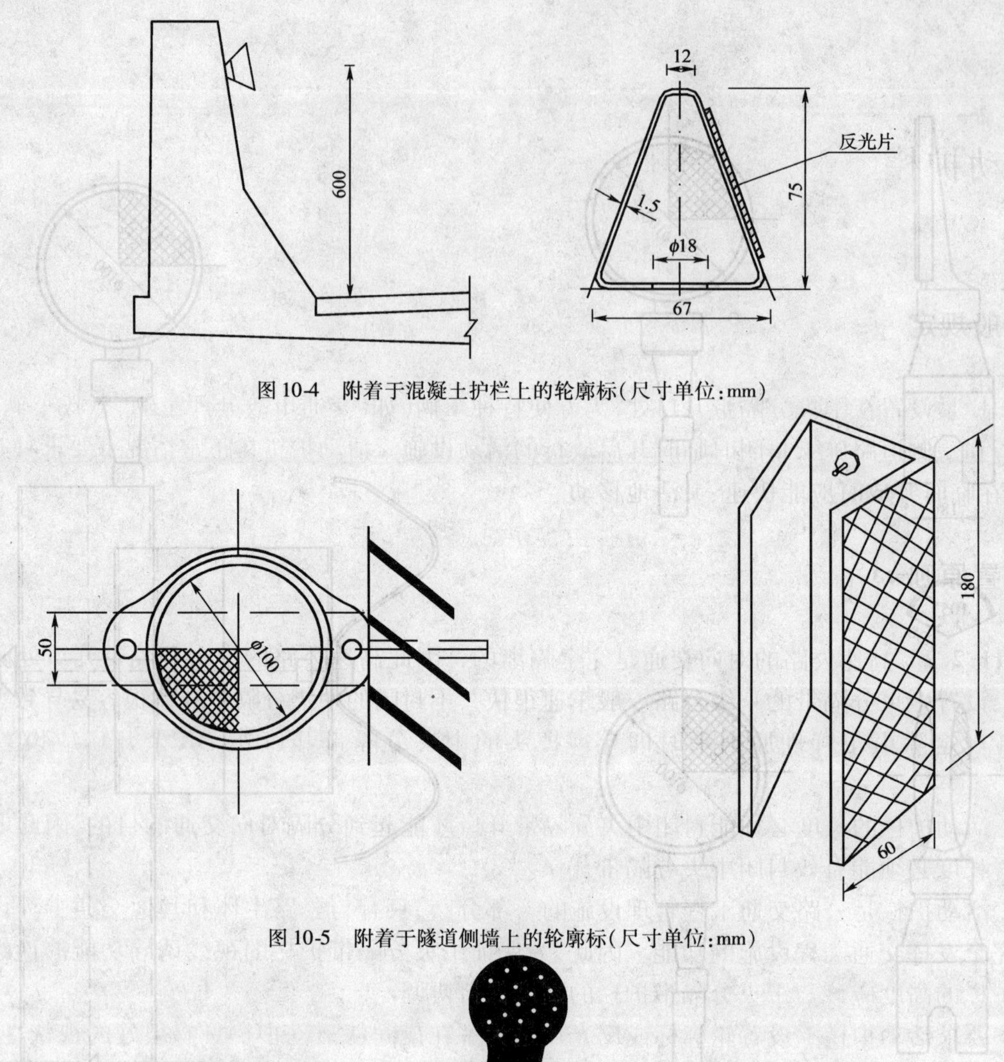

图 10-4　附着于混凝土护栏上的轮廓标(尺寸单位:mm)

图 10-5　附着于隧道侧墙上的轮廓标(尺寸单位:mm)

图 10-6　附着于缆索护栏上的轮廓标(尺寸单位:mm)

10.4　构造要求

在一些气候条件较恶劣的地区,如经常有雾、风沙、雨、雪天气出现,或线形条件较复杂时,为了使轮廓标更加醒目,可以采用反光性能更高、更大的反射体。

11 活动护栏

11.1 一般规定

活动护栏是设置在中央分隔带开口处，为方便特种车辆（如：交通事故处理车辆、急救车辆）在紧急情况下通行和一侧道路施工封闭时临时开启放行的活动设施。活动护栏在正常情况下要求具有一定的隔离性能，在临时开放时应能快速、灵活地移动。

11.2 设置原则

11.2.1、11.2.2 高速公路的对向交通是完全隔离的，因此高速公路的中央分隔带开口处必须设置活动护栏。设置中央分隔带的一级公路一般车速很快，不封闭的中央分隔带开口很容易导致恶性交通事故，因此规定除由于管理原因平时即允许掉头的中央分隔带开口外，其余开口应设置活动护栏。

11.2.3 活动护栏的长度必须能封闭中央分隔带开口才能起到分隔对向交通的目的，因此要求活动护栏的设置长度必须能有效封闭中央分隔带开口。

11.2.4 活动护栏是公路交通工程管理设施的一部分，它只有与公路主体和其他交通工程设施互相协调才能完全发挥交通工程设施的功能。因此，为保证中央分隔带护栏的视线诱导功能的连续、顺畅，要求活动护栏的高度应该与中央分隔带护栏的高度保持协调。

11.2.5 要求活动护栏上设置轮廓标或反光片是为了在夜间使活动护栏具有很好的视认性，同时使中央分隔带一侧的轮廓标不至于中断而造成驾驶员的视觉错误。条文中规定的反射体规格4cm×18cm与柱式轮廓标一致，符合此规格的反光材料才能在高速行驶的条件下被驾驶员正确辨认；同时为与中央分隔带轮廓标相协调，要求设置的反射体在颜色和设置高度上与轮廓标保持一致。

11.2.6 当中央分隔带开口所处的路段有防眩要求时，宜在活动护栏上设置防眩设施。防眩设施的型式选择、设置间距、设置高度、遮光角等技术条件应符合本细则防眩设施相关条文的规定。

11.3 型式选择

国外对于活动护栏的设计有很多，不同的设计适用于不同的场所。国内目前主要采用的活动护栏形式分为三类：插拔式活动护栏、伸缩式活动护栏和充填式活动护栏。其中插拔式活动护栏在我国已经有很长的使用历史，有丰富的应用经验。伸缩式活动护栏具有使用方便、灵活的优点。但是，在实际使用中发现伸缩式活动护栏在车辆碰撞下极易破碎，且产生大量飞溅的杀伤性破片，对司乘人员不利，而且容易引发二次事故。因此本细则不推荐使用伸缩式活动护栏。充填式活动护栏是近几年出现的活动护栏新形式。这种活动护栏具有合理的截面形式，在充水或细砂后具有较大的自重（对于冬季气温低于0℃的地区，可以采用注入细砂的方法），具有较好的防撞能力；而在放水或砂后即可轻松地移动。从功能上比较，插拔式活动护栏在使用的便捷性、适用地域和造价上优于充填式活动护栏，而充填式活动护栏在安全性能上有优势。设计时可根据景观、安全、经济和建设单位的具体要求进行选择。

11.4 构造要求

活动护栏的移动应迅速、快捷,同时又要具有一定的强度,因此插拔式活动护栏每片护栏的尺寸应设置合理。根据国内多年的使用经验,插拔式活动护栏的每片护栏长度以2~2.5m为宜。充填式活动护栏为保证整体性和一定的防撞能力,要求每个预制充填式护栏块具有一定自重,因此要求预制充填式护栏块长度不应小于2m。

JTG

中华人民共和国行业标准　　JTG F71—2006

公路交通安全设施施工技术规范

Technical Specification for Construction of Highway Safety Facilities

3

2006-07-07 发布　　2006-09-01 实施

中华人民共和国交通部发布

中华人民共和国交通部公告

2006 年第 16 号

关于发布《公路交通安全设施设计规范》(JTG D81—2006)和《公路交通安全设施施工技术规范》(JTG F71—2006)的公告

3

现发布《公路交通安全设施设计规范》(JTG D81—2006)和《公路交通安全设施施工技术规范》(JTG F71—2006),自 2006 年 9 月 1 日起施行,原《高速公路交通安全设施设计及施工技术规范》(JTJ 074—94)同时废止。

《公路交通安全设施设计规范》(JTG D81—2006)中第 4.2.1 条第(1)、(2)款;第 4.2.2条第(1)款;第 5.2.1 条;第 5.2.2 条;第 8.2.1 条第(1)款为强制性条文,必须严格执行。《工程建设标准强制性条文》(公路工程部分)2002 版中关于《高速公路交通安全设施设计及施工技术规范》(JTJ 074—94)的强制性条文同时废止。

该两本规范的管理权和解释权归交通部,日常解释及管理工作由编制单位交通部公路科学研究院负责。请各有关单位在实践中注意总结经验,若有修改意见请函告交通部公路科学研究院,以便修订时研用。

特此公告。

中华人民共和国交通部

二〇〇六年七月七日

前　言

为更好地适应公路建设的需要，交通部交公路发【1999】739 号文决定对 1994 年 6 月 1 日实施的《高速公路交通安全设施设计及施工技术规范》(JTJ 074—94)进行修订，并委托交通部公路科学研究院负责。

修订工作坚持“安全、环保、舒适、和谐”的公路建设理念；在全面总结 1994 年以来我国公路交通安全设施的使用经验，借鉴和吸收国外的相关标准和先进技术的基础上进行；充分体现了“以人为本、安全至上”的指导思想。修订后的规范分为《公路交通安全设施设计规范》、《公路交通安全设施施工技术规范》和《公路交通安全设施设计细则》三册。

本《公路交通安全设施施工技术规范》修订后分为十章，分别是：1 总则、2 施工准备、3 路基护栏、4 桥梁护栏、5 交通标志、6 交通标线、7 隔离栅和桥梁护网、8 防眩设施、9 轮廓标、10 活动护栏。与原规范相比，《公路交通安全设施施工技术规范》扩大了适用范围，由高速公路、一级公路扩大到新建和改建的各等级公路；对《公路交通安全设施设计规范》中各防撞等级护栏的施工方法进行了规定；新增加了交通标志、交通标线和活动护栏的内容；吸收、借鉴了近年来交通标志、交通标线、隔离栅、防眩设施、轮廓标、活动护栏等领域涌现出来的成熟的新材料、新工艺，并在许多规定上与国家及行业现行的最新标准相衔接，使本规范具有一定的先进性；新增加了验收规定。

各有关单位在使用过程中，若有意见和建议，请函告交通部公路科学研究院北京交科公路勘察设计研究院(地址：北京市海淀区西土城路 8 号，邮政编码：100088，电话：010-62062052，E-mail：hx.liu@rioh.cn)，以便下次修订时研用。

主 编 单 位：交通部公路科学研究院

参 编 单 位：北京交科公路勘察设计研究院
广东省交通集团有限公司
北京中路安交通科技有限公司

主要起草人：刘会学　李爱民　杨久龄　唐琤琤　黄　晨　贾日学
钟纪楷　汤文杰　程　宁　徐学敏　葛书芳　杨　峰
张　治　张巍汉　吴京梅

目　　次

1 总则

1.0.1 为提高公路交通安全设施的使用效果,确保公路交通安全设施的施工质量,制定本规范。

1.0.2 本规范适用于新建和改建公路。

1.0.3 新建公路交通安全设施的施工应与公路主体工程的施工相协调。

1.0.4 施工单位的工程质量负责人对工程应进行自检,在工程完工后应配合监理工程师检查验收。

1.0.5 公路交通安全设施的施工必须做好施工前的准备工作和施工中的技术交底、施工组织、施工管理工作,并应符合本规范及有关技术操作规程的规定。

1.0.6 公路交通安全设施的施工应积极推广使用成熟的并经主管部门批准的新技术、新工艺、新材料、新设备。

1.0.7 公路交通安全设施的施工应采取措施降低或减少环境污染,保护环境。

1.0.8 公路交通安全设施必须文明施工,安全生产,严格遵守安全操作规程,加强安全生产教育,建立和健全安全生产管理制度。

1.0.9 公路交通安全设施的施工除应符合本规范外,尚应符合国家现行的有关标准、规范的规定。

2 施工准备

2.0.1 应根据招、投标文件和施工合同、设计文件及有关规范编报施工组织设计。

2.0.2 应做好施工现场准备，安装调试施工机具及标定试验机具，进行现场踏勘、施工测量。

2.0.3 所有进场材料应具有产品合格证书，并应进行抽样检查。

2.0.4 所有材料应妥善储存和堆放。

2.0.5 施工组织设计宜包括以下内容：编制说明、施工组织机构、施工平面布置图、施工方法、资源计划、总进度计划和进度图、质量管理、安全生产、环境保护。

2.0.6 施工单位必须建立健全质量保证体系。

3 路基护栏

3.1 一般规定

3.1.1 缆索护栏、波形梁护栏的路基土压实度和混凝土护栏的地基承载力应符合设计文件的规定。

3.1.2 所有钢构件均应进行防腐处理。除本规范和设计文件另行规定外，防腐处理均应满足现行《高速公路交通工程钢构件防腐技术条件》(GB/T 18226)的规定。螺栓、螺母等紧固件和连接件在防腐处理后，必须清理螺纹或进行离心分离处理。

3.2 缆索护栏

3.2.1 材料

(1)除设计文件另行规定外，路侧用缆索护栏的各种材料应符合以下规定：

①缆索用钢丝绳应符合现行《镀锌钢绞线》(YB/T 5004)的要求，其性能和构造应符合表3.2.1的规定。

表3.2.1 缆索的性能和构造

钢丝绳直径(mm)	单丝直径(mm)	构　造	钢丝绳公称抗拉强度(MPa)	断面积(mm^2)	捻制方法	单位重量(kg/m)
18	3.86	φ18 3股7芯	≥1 270	134	右同向捻	1.09

②端部立柱、中间端部立柱、中间立柱、间隔保持件、螺栓、螺母、垫圈等构件应符合现行《碳素结构钢》(GB/T 700)中Q235钢的要求。

③托架所用钢板应符合现行《碳素结构钢和低合金结构钢热轧薄钢板及钢带》(GB/T 912)的规定。

④索端锚具的拉杆螺栓和锚具以及固定缆索用别针应符合现行《优质碳素结构钢》(GB/T 699)中45号优质碳素结构钢的规定。

(2)缆索用钢丝绳采用热浸镀锌防腐处理时，应采用单丝进行热浸镀锌的办法，并应符合现行《镀锌钢绞线》(YB/T 5004)中有关镀锌层质量为250g/m^2的规定。用于镀层的锌应满足现行《锌锭》(GB/T 470)中特一号或一号锌的规定。

3.2.2 施工

(1)放样

①应根据现场桥梁、涵洞、通道、路线交叉、隧道等的分布确定控制立柱的位置，并测定控制立柱之间的间距，据此调整端部立柱、中间端部立柱、中间立柱的设置位置。

②应调查立柱下是否存在地下管线、构造物等设施，并进行适当处理。

(2) 端部立柱和中间端部立柱的设置

①应根据设计文件的要求，将立柱、斜撑及底板焊接成牢固的三角形支架。

②应根据最终确定的立柱位置开挖基坑、浇筑混凝土基础，到达规定标高时，应对三角形支架进行准确定位。基坑开挖、地基检验、地基处理及混凝土的浇筑应符合现行《公路桥涵施工技术规范》(JTJ 041)的规定。

③位于桥梁、涵洞、通道、挡土墙等构造物处的端部立柱和中间端部立柱,应根据设计文件的要求进行基础预埋。

(3)中间立柱的设置

①中间立柱应定位准确,纵向和横向位置与公路线形一致。

②位于土基中的中间立柱,可采用挖埋法、钻孔法或打入法施工。立柱标高应符合设计要求,并不得损坏立柱端部。

③位于混凝土基础中的中间立柱,可设置在预埋的套筒内,通过灌注砂浆或混凝土固定,或通过地脚螺栓与桥梁护轮带基础相连。

(4)托架安装

中间立柱或中间端部立柱上的托架,应按设计文件规定的托架编号和组合正确安装。

(5)架设缆索

①缆索应在端部立柱和中间端部立柱的混凝土基础达到设计强度的80%以上时架设。

②缆索应支放在立柱的内侧,通过中间支架向另一端滚放。严禁在路面上长距离拖拽缆索。

③可用楔子固定或注入合金的方法将一端的缆索锚固在索端锚具上,如图3.2.2-1。

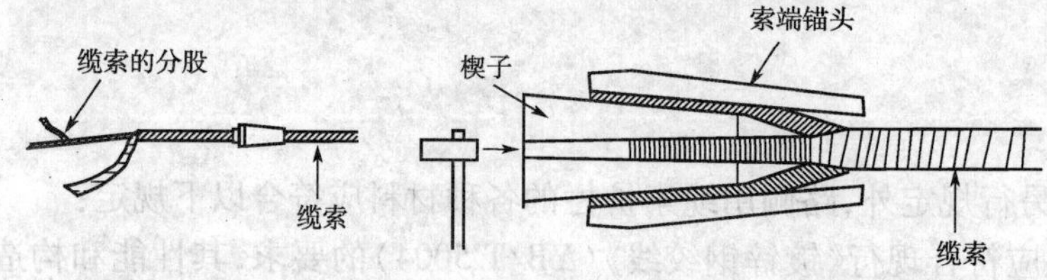

图3.2.2-1 缆索的分股和楔子锚固

④应在另一端部立柱或中间端部立柱上设置倒链滑车或杠杆式倒链张紧器将缆索临时拉紧,如图3.2.2-2。B级和A级缆索护栏的初拉力应为20kN,其他等级的缆索护栏初拉力应符合设计文件的规定。

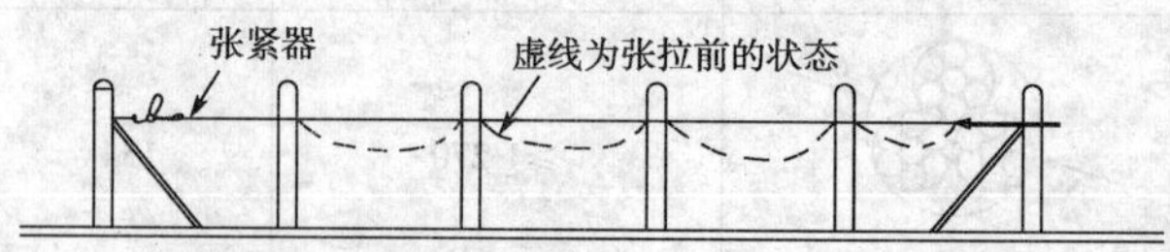

图3.2.2-2 临时张拉缆索

⑤应根据索端锚具的规格,切断多余的缆索,如图3.2.2-3。缆索切断面应垂直整齐,不得松散,可按本款第③项规定的方法锚固在索端锚头上。

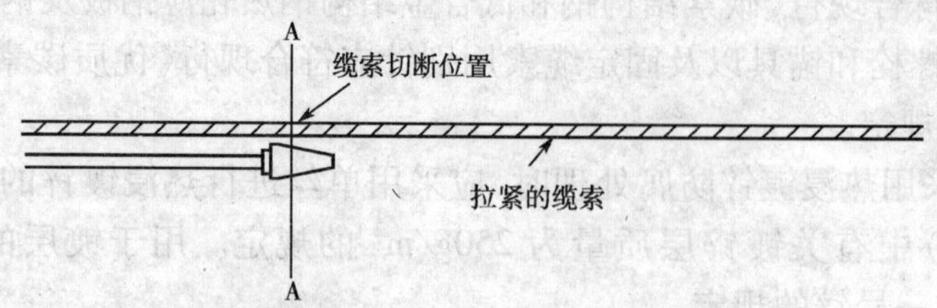

图3.2.2-3 缆索切断的位置

⑥索端锚具安装到端部立柱或中间端部立柱后,可卸除临时张拉力。

⑦缆索应按从上向下的顺序架设。

⑧缆索调整完毕后,应拧紧各中间立柱、中间端部立柱托架上的索夹螺栓。

3.2.3 验收

(1)立柱埋深不得小于设计值。采用挖埋法施工时,回填土应分层夯实,并达到规定的压实度。立柱埋入混凝土基础中时,基础的几何尺寸、强度等级应符合设计要求。

(2)立柱顶部不应出现明显的变形、倾斜、扭曲或卷边等现象。

(3)索端锚具、托架、索夹螺栓应安装到位、固定牢固。托架组合应与缆索护栏的类别相适应。

(4)钢构件表面不得有气泡、剥落、漏镀及划痕等表面缺陷。

(5)直线段护栏应线形平顺,曲线段护栏应线形圆滑顺畅。

(6)立柱中距、立柱垂直度、缆索的高度应满足设计要求。

3.3 波形梁护栏

3.3.1 材料

除设计文件另行规定外,路侧及中央分隔带波形梁护栏所用的各种材料的规格、材质均应符合现行《高速公路波形梁钢护栏》(JT/T 281)、《公路三波形梁钢护栏》(JT/T 457)及《结构用冷弯空心型钢尺寸、外形、重量及允许偏差》(GB/T 6728)等标准、规范的要求。

3.3.2 施工

(1)立柱放样

①应根据设计文件进行立柱放样,并以桥梁、通道、涵洞、隧道、中央分隔带开口、紧急电话开口、路线交叉等控制立柱的位置,进行测距定位。

②立柱放样时可利用调节板调节间距,并利用分配方法处理间距零头数。

③应调查立柱所在处是否存在地下管线、排水管等设施,或构造物顶部埋土深度不足的情况。

(2)立柱安装

①立柱安装应与设计文件相符,并与公路线形相协调。

②位于土基中的立柱,可采用打入法、挖埋法或钻孔法施工。立柱标高应符合设计要求,并不得损坏立柱端部。

a.采用打入法打入过深时,不得将立柱部分拔出加以矫正,必须将其全部拔出,将基础压实后再重新打入。立柱无法打入到要求深度时,严禁将立柱的地面以上部分焊割、钻孔,不得使用锯短的立柱。

b.采用挖埋法施工时,回填土应采用良好的材料并分层夯实,回填土的压实度不应小于设计规定值。填石路基中的柱坑,应用粒料回填并夯实。

c.采用钻孔法施工时,立柱定位后应用与路基相同的材料回填,并分层夯填密实。

③在铺有路面的路段设置立柱时,柱坑从路基至面层以下5cm处应采用与路基相同的材料回填并分层夯实,余下部分应采用与路面相同的材料回填并压实。

④位于石方区的立柱,应根据设计文件的要求设置混凝土基础。

⑤位于小桥、通道、明涵等混凝土基础中的立柱,可设置在预埋的套筒内,通过灌注砂浆或混凝土固定,或通过地脚螺栓与桥梁护轮带基础相连。

⑥立柱安装就位后,其水平方向和竖直方向应形成平顺的线形。

⑦护栏渐变段及端部的立柱,应按设计规定的坐标进行安装。

(3)防阻块、托架、横隔梁安装

①防阻块、托架应通过连接螺栓固定于护栏板和立柱之间,在拧紧连接螺栓前应调整防阻块、托架使其准确就位。防撞等级为SA、SAm和SS的波形梁护栏在安装防阻块时,应同时安装上层立柱,线形应与下层立柱相同。

②设有横隔梁的中央分隔带护栏,应在立柱准确定位后安装横隔梁。在护栏板安装前,横隔梁与立柱间的连接螺栓不应过早拧紧。

(4)横梁安装

①护栏板应通过拼接螺栓相互连接成纵向横梁,并由连接螺栓固定于防阻块、托架或横隔梁上。护栏板拼接方向应与行车方向一致,如图3.3.2。拼接螺栓必须采用高强螺栓。

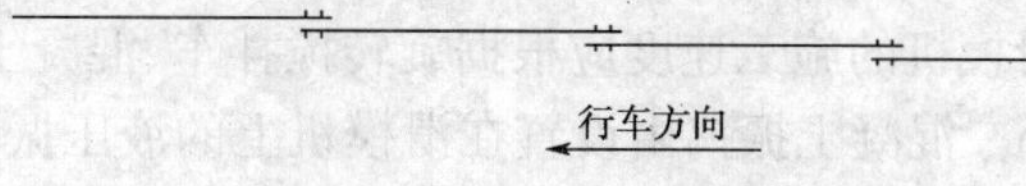

图3.3.2 护栏板拼接方向示意图

②防撞等级为SA、SAm和SS的波形梁护栏通过螺栓将上层横梁与上层立柱加以连接。

③立柱间距不规则时，可利用调节板、梁进行调节，不得采用现场切割护栏板的方法。

④所有的连接螺栓及拼接螺栓应在护栏的线形达到规定要求时才能拧紧。终拧扭矩应符合表3.3.2的规定。

表 3.3.2 波形梁护栏板连接螺栓及拼接螺栓的终拧扭矩规定值

螺栓类型	螺栓直径(mm)	扭矩值(N·m)
普通螺栓	M16	60~68
	M20	95~102
	M22	163~170
高强螺栓		315~430

(5)端头安装

各类护栏端头应通过拼接螺栓与护栏板牢固连接，拼接螺栓必须采用高强螺栓。防撞等级为SA、SAm和SS的波形梁护栏上横梁必须按设计文件的规定进行端部处理。

3.3.3 验收

(1)护栏立柱的埋深、基础规格、土基压实度、端部和过渡段处理应符合设计规范和设计文件的规定。

(2)立柱位置、立柱中距、垂直度、横梁中心高度应符合设计要求。

(3)所有构件不应因运输、施工造成防腐层的损伤。

(4)直线段护栏不得有明显的凹凸、起伏现象；曲线段护栏应圆滑顺畅，与线形协调一致；中央分隔带开口端头护栏的线形应与设计文件相符。

(5)波形梁板搭接方向应正确，搭接平顺，垫圈齐备，螺栓紧固。

(6)防阻块、托架、横隔梁、端头的安装应与设计文件相符，安装到位，不得有明显变形、扭转、倾斜。

(7)波形梁板和立柱不得现场焊割和钻孔。

(8)立柱及柱帽安装牢固，其顶部应无明显塌边、变形、开裂等缺陷。

3.4 混凝土护栏

3.4.1 材料

(1)配制混凝土所用的水泥、细集料、粗集料、拌和用水、外加剂以及钢筋等材料，应符合现行《公路桥涵施工技术规范》(JTJ 041)的规定。

(2)除设计文件另行规定外，钢管桩应符合现行《碳素结构钢》(GB/T 700)标准中Q235钢的性能要求。

3.4.2 施工

混凝土护栏的施工除应符合现行《公路桥涵施工技术规范》(JTJ 041)的规定外，还应满足下列要求：

(1)应根据现场条件确定并核对混凝土护栏的设置位置，确定控制点，检测基础承载力是否达到设计规范或设计文件的要求。

(2)现场浇筑混凝土护栏

①采用固定模板法施工时，模板宜采用钢模板，钢模板的厚度不应小于4mm。

②浇筑混凝土前，应按设计文件的要求绑扎钢筋及预埋件。钢模板涂脱模剂后，可浇筑混凝土。

③混凝土浇筑前的温度应维持在10℃~32℃之间。

④采用滑动模板法施工时，滑模机的施工速度应根据旋转搅拌车、混凝土卸载速度以及成型断面的大小决定，可采用0.5~0.7m/min。混凝土振捣由设置在滑模机上的液压振动器完成，振动器应能根据混凝土的坍落度无级调速，一边振动一边前进。振动器的数量可根据混凝土护栏断面形状，配置5根左右。

⑤两处伸缩缝之间的混凝土护栏必须一次浇筑完成，伸缩缝应与水平面垂直，宽度应符合设计文件

的规定，伸缩缝内不得连浆。

⑥混凝土初凝后，严禁振动模板，预埋钢筋不得承受外力。

⑦应根据气温和混凝土强度确定拆模时间，一般可在混凝土终凝后3～5天拆除混凝土护栏侧模。拆模时不应损坏混凝土护栏的边角，并应保持模板的完好状况。

⑧假缝可在混凝土护栏拆除模板后，按设计文件要求的间距和规格采用切割机切开，并应保证断面光滑、平整。

(3)预制混凝土护栏

①预制混凝土护栏的施工场地应平整、坚实、排水良好、交通方便。

②应采用钢模板，模板长度应根据吊装和运输条件确定，宜采用固定的规格。

③每块预制混凝土护栏必须一次浇筑完成。

④拆模时间应根据气温和混凝土达到的强度而定，拆模时混凝土强度不应低于设计强度的70%。拆模时不得损坏混凝土护栏的边角，并应保持模板完好。

⑤在起吊、运输和堆放过程中，不得损坏混凝土护栏构件的边角，否则在安装就位后，应采用高于混凝土护栏强度的材料及时修补。

⑥混凝土护栏的安装应从一端逐步向前推进，护栏的线形应与公路的平、纵线形相协调。

⑦中央分隔带混凝土护栏在超高路段，应按设计文件要求处理好排水问题。

3.4.3 验收

(1)混凝土护栏的线形应与公路线形相一致，直线段不得出现明显的凸凹，曲线段应圆滑顺畅。

(2)混凝土护栏外观、色泽应均匀一致，不应出现漏石、蜂窝、麻面、裂缝、脱皮、啃边、掉角以及印痕等现象。

(3)混凝土护栏的强度等级、基础处理、地基承载力、端部处理及纵向连接等均应达到设计规范或设计文件的规定值。

(4)混凝土护栏施工时，不得损坏已完工的超高路段纵向排水沟、集水井、盲沟及管线等设施。

4 桥梁护栏

4.1 一般规定

4.1.1 桥梁护栏应在桥梁车行道板、人行道板施工完毕，跨中支架及脚手架拆除后桥跨处于独立支撑的状态时才能施工。

4.1.2 对于焊接的金属护栏，在进行防腐处理前应对所有外露焊缝做好磨光或补满的清面工作。

4.1.3 桥梁护栏施工前应对所有预埋件的设置位置、强度、腐蚀程度进行检查，不符合要求的必须整改。

4.2 材料

4.2.1 除设计文件另行规定外，桥梁护栏用各种材料应符合下列规定：

(1)钢材应符合现行《碳素结构钢》(GB/T 700)的规定。

(2)铝合金材料应符合现行《工业用铝及铝合金热挤压型材》(GB/T 6892)、《铝及铝合金拉(轧)制无缝管》(GB/T 6893)、《铝及铝合金轧制板材》(GB/T 3880)等的规定。

(3)配制混凝土所用的水泥、细集料、粗集料、拌和用水、外加剂以及钢筋等材料，应符合现行《公路桥涵施工技术规范》(JTJ 041)的规定。

(4)拼接螺栓应采用高强螺栓，并符合现行《钢结构用高强度大六角头螺栓》(GB/T 1228)、《钢结构用高强度大六角头螺母》(GB/T 1229)和《钢结构用高强度垫圈》(GB/T 1230)的有关规定。连接螺栓宜选用普通螺栓，并符合现行《六角头螺栓》(GB/T 5782)、《1 型六角螺母》(GB/T 6170)和《平垫圈—A 级》(GB/T 97.1)等的规定。

4.2.2 桥梁护栏的防腐处理应符合下列规定：

(1)所有钢构件均应进行防腐处理。除设计文件另行规定外，防腐处理均应满足现行《高速公路交通工程钢构件防腐技术条件》(GB/T 18226)的规定。螺栓、螺母等紧固件和连接件在防腐处理后，必须清理螺纹或进行离心分离处理。

(2)铝合金构件可不考虑防腐处理，但在经常使用盐水除冰和靠近海岸的路段，以及由于长期使用表面变色而影响美观的路段，可采用阳极氧化涂装复合涂料或热固性丙烯树脂涂料进行防腐处理，其涂膜厚度一般为 20～30μm。与水泥混凝土或灰浆直接接触的铝合金构件表面至少需热镀沥青两次，并应在热镀之前清除其表面油脂。

(3)不同材质的金属构件互相接触时应使用非金属套、垫或保护层使二者隔离。

(4)地脚螺栓在基础表面以下 5cm 范围内应采取适当的防锈措施。

4.3 金属桥梁护栏的施工

4.3.1 立柱放样与预埋件设置

(1)应以桥梁伸缩缝附近的端部立柱作为控制立柱，并在控制立柱之间测距定位。

(2)立柱间距出现零数时，可用分配的办法使其符合横梁规定的尺寸，立柱宜等距设置。

(3)在车行道板或人行道板上应准确地设置套筒或地脚螺栓等预埋件，并采取适当措施，使预埋件在桥梁施工期间免遭损坏。

4.3.2 护栏安装

(1)横梁和立柱的安装位置应准确。连接螺栓和拼接螺栓开始时不宜过早拧紧,以便在安装过程中充分利用横梁和立柱法兰盘的长圆孔进行调整,使其线形顺适,不应出现局部的凹凸现象。调整完毕后,必须拧紧螺栓。

(2)横梁、立柱等构件在安装过程中应避免损坏防腐层。安装完成后,应对被损坏的防腐层按规定的方法进行修复。

4.4 钢筋混凝土墙式和梁柱式桥梁护栏的施工

4.4.1 宜采用现场浇筑的方法进行施工,当采用预制件时,护栏与车行道板或人行道板间应按照设计文件的要求进行可靠连接。

4.4.2 护栏的施工应符合本规范第3.4节的规定。

4.4.3 护栏伸缩缝内清理干净后,应填满橡胶或沥青胶泥等弹性、不透水的材料。

4.4.4 端部翼墙应根据设计文件的要求加工模板,设置在桥梁上或路基段的端部翼墙应采用现场浇筑施工方法,并设置预埋件。

4.5 组合式桥梁护栏的施工

4.5.1 金属结构部分应符合本规范第4.3节的规定。

4.5.2 钢筋混凝土部分应符合本规范第4.4节的规定。

4.6 验收

4.6.1 桥梁护栏的型式、设置位置、构件规格及基础连接应与设计文件相一致,线形应与桥梁相协调。

4.6.2 护栏伸缩缝的宽度应与桥梁主体结构相一致。

4.6.3 钢构件应连接牢固,符合设计规范和设计文件的要求。防腐处理表面应光洁,焊缝处不应有毛刺、滴瘤和多余结块,防腐层应均匀。

4.6.4 钢筋混凝土护栏表面不应出现裂缝、蜂窝、剥落、露筋等缺陷。

4.6.5 桥梁护栏与路基护栏连接应设置符合设计文件要求的护栏过渡段。

5 交通标志

5.1 一般规定

5.1.1 交通标志的加工、制作应符合现行《道路交通标志和标线》(GB 5768)和《公路交通标志板》(JT/T 279)的规定。

5.1.2 交通标志的设置应符合现行《道路交通标志和标线》(GB 5768)和设计文件的规定。

5.1.3 施工前应进行现场踏勘,发现与设计文件不一致处,应在施工前解决。

5.2 材料

5.2.1 除设计文件另行规定外,交通标志所用的材料应符合下列规定:

(1)标志板用材料应符合现行《公路交通标志板》(JT/T 279)的规定。

(2)标志立柱、横梁用钢管、H 型钢、角钢及槽钢等钢构件,应符合现行《碳素结构钢》(GB/T 700)、《结构用无缝钢管》(GB/T 8162)、《直缝电焊钢管》(GB/T 13793)、《热轧钢板和钢带的尺寸、外形、重量及允许偏差》(GB/T 709)、《热轧 H 型钢和剖分 T 型钢》(GB/T 11263)等的规定。

(3)标志基础、里程碑、百米桩、公路界碑等所用的钢筋、水泥、细集料、粗集料、拌和用水、外加剂等材料,应符合现行《公路桥涵施工技术规范》(JTJ 041)的要求。

(4)法兰盘、加劲肋、连接螺栓、地脚螺栓等所用材料应符合设计文件的要求。

5.2.2 防腐要求

(1)所有钢构件均应进行防腐处理。除设计文件另行规定外,防腐处理均应满足现行《高速公路交通工程钢构件防腐技术条件》(GB/T 18226)的规定。螺栓、螺母等紧固件和连接件在防腐处理后,必须清理螺纹或进行离心分离处理。

(2)铝合金构件可不考虑防腐处理。

(3)不同材质的金属构件互相接触时,应使用非金属套、垫或保护层使两者隔离。

5.3 施工

5.3.1 加工标志底板

(1)标志底板应根据设计尺寸在工厂进行加工成型,并根据设计文件的要求进行加固、拼接、冲孔、卷边。挤压成型的铝合金型材应根据标志尺寸拼装,板面应保持平整。

(2)加工完成后,标志板应进行脱脂、清洗、干燥等工序。

5.3.2 制作标志面

(1)标志面采用反光膜材料时,应符合下列规定:

①标志反光膜应在干净、无尘土、温度不低于18℃、相对湿度在20% ~50%的车间内进行粘贴。

②版面的形状、颜色、文字、箭头、编号、图形及边框应严格按照现行《道路交通标志和标线》(GB 5768)和设计文件的规定执行。

③标志反光膜的逆反射性能应符合设计要求。

④反光文字符号应采用电脑刻绘机来完成。标志底膜应在专用的真空热敏压贴机或连续电动滚压贴膜机上完成贴膜。文字符号一般采用转移膜法粘贴。

⑤反光膜应尽量减少拼接。当不能避免接缝时，应使用反光膜产品的最大宽度进行拼接，接缝以搭接为主。当需要滚筒粘贴或丝网印刷时，可以平接，其间隙不应超过1mm。在距标志板边缘50mm范围内，不得拼接。

(2)当批量生产版面和规格相同的标志时,可采用丝网印刷的方法。

(3)包装、贮存及运输标志面时,应符合下列规定：

①采用丝网印刷的标志面应在油墨干透后才可以包装。

②贴上反光膜的标志板应用保护纸进行分隔,并应存放在室内干燥的地方。标志可以分层贮存,但应用发泡胶把两块标志分隔。标志也可以竖立贮存以减少压力,一些小标志可以悬挂贮存。

③标志面应有软衬垫材料加以保护,以免搬运中受到刻划或其他损伤。

(4)采用其他标志面材料时,应符合设计文件的规定。

5.3.3 钢构件的加工

(1)所有钢构件的钻孔、冲孔、焊接均应按现行《公路桥涵施工技术规范》(JTJ 041)和设计文件的要求在防腐处理之前完成。

(2)所有钢构件在运输过程中不应损伤防腐层。

5.3.4 标志定位与基础设置

(1)所有交通标志均应按设计文件的要求确定设置位置。

(2)标志基础的地基承载力应满足设计文件的规定。设计文件中未规定时,地基承载力不得小于150kPa。基础的施工应符合现行《公路桥涵施工技术规范》(JTJ 041)的规定,浇筑混凝土时,应注意准确设置地脚螺栓和底座法兰盘。

5.3.5 标志安装

(1)立柱必须在基础混凝土强度达到设计强度的80%以上时才能安装。

(2)路侧柱式标志板可通过抱箍固定在立柱上。

(3)悬臂、门架式标志吊装横梁时,应使预拱度达到设计文件的要求。

(4)标志板安装到位后,应进行板面平整度和安装角度的调整。

5.3.6 里程碑、百米桩、公路界碑的施工

(1)里程碑、百米桩、公路界碑应按实际里程准确定位和设置。

(2)里程碑、百米桩、公路界碑等混凝土预制件的施工及强度应符合现行《公路桥涵施工技术规范》(JTJ 041)和设计文件的规定。

(3)除设计文件另有规定外,里程碑、百米桩、公路界碑应根据现行《道路交通标志和标线》(GB 5768)的规定制作和刷漆。

5.4 验收

5.4.1 标志的设置位置及安装角度应符合设计文件的要求。

5.4.2 标志面应平整完好,无起皱、开裂、缺损或凹凸变形。

5.4.3 标志面在夜间车灯照射下,底色和字符应清晰明亮、颜色均匀,不应出现明暗不均和影响认读的现象。

5.4.4 标志板外形尺寸、底板厚度、文字高度、标志面的逆反射性能等应符合设计文件的规定。

5.4.5 标志板下缘至路面的净空高度及标志板内缘距公路边缘线的距离应满足设计文件的要求。

5.4.6 所有钢构件防腐层应均匀、颜色一致,不得有流挂、滴瘤或多余结块,镀件表面应无漏镀等缺陷。

5.4.7 标志基础的地基承载力和规格、强度应符合设计要求。

6 交通标线

6.1 一般规定

6.1.1 新铺沥青混凝土路面的交通标线施工,可在路面施工完成一周后开始;新建水泥混凝土路面的交通标线施工,应在混凝土养护膜老化起皮并清除后开始。

6.1.2 雨、雪、沙尘暴、强风、气温低于规定温度的天气,应暂停施工。

6.1.3 突起路标宜在路面标线施工完成后安装,且不得影响标线质量。

6.1.4 路面标线、突起路标施工过程中,应加强安全管理,维护标线涂料和突起路标的正常养护周期。

6.2 材料

6.2.1 除设计文件另行规定外,路面标线涂料的性能、质量应符合现行《路面标线涂料》(JT/T 280)、《道路交通标线质量要求和检测方法》(GB/T 16311)的规定。

6.2.2 除设计文件另行规定外,突起路标的性能应符合现行《突起路标》(JT/T 390)的规定,底胶可采用耐候性专用沥青胶或环氧树脂。

6.3 施工

6.3.1 路面标线的施工

(1)路面应清洁干燥,不得存在松散颗粒、灰尘、沥青渣、油污或其他有害材料。

(2)应根据公路横断面的具体尺寸和设计文件的要求确定标线位置和标线宽度、长度,在路面上划出标线位置。

(3)正式施划前应进行试划,以检验划线车的行驶速度、线宽、标线厚度、玻璃珠撒布量等能否满足要求。调试合格后才能开始正式施工。

(4)施工时,应按设计文件的要求留出排水孔,位于禁止超车线处的突起路标应空出其位置。

(5)对施工中存在的缺陷,应及时修整。

(6)成型标线带和防滑彩色路面标线的施工应符合产品使用说明书的规定。

6.3.2 突起路标的施工

(1)根据设计文件的要求确定突起路标的设置位置,反射体应面向行车方向。

(2)路面和突起路标底部应清洁干燥并涂加黏结剂。突起路标就位后,应在其顶部施加压力,排除空气,调整就位。

6.4 验收

6.4.1 路面标线的颜色、形状和标线划法应符合现行《道路交通标志和标线》(GB 5768)和设计文件的规定。

6.4.2 路面标线、突起路标的设置位置和规格应符合设计文件的规定。

6.4.3 标线线形应流畅,与公路线形相协调,曲线圆滑,不得出现折线。

6.4.4 反光标线玻璃珠应撒布均匀，附着牢固，反光均匀。

6.4.5 标线涂料表面不应出现网状裂缝、断裂裂缝、起泡、变色、剥落、纵向有长的起筋或拉槽等现象。

6.4.6 突起路标的抗压荷载应大于 160kN，不得有任何破损开裂。

7 隔离栅和桥梁护网

7.1 一般规定

7.1.1 隔离栅所在位置应进行场地清理,软基应进行处理。

7.1.2 桥梁护网施工前应对所有预埋件的设置位置、强度、腐蚀程度进行检查,不符合要求的应整改。

7.2 材料

7.2.1 除设计文件另行规定外,隔离栅和桥梁护网所用的金属材料应符合现行《隔离栅技术条件》(JT/T 374)的规定,混凝土立柱和基础所用的钢筋、水泥、细集料、粗集料、拌和用水、外加剂等材料应符合现行《公路桥涵施工技术规范》(JTJ 041)的规定。

7.2.2 所有钢构件均应进行防腐处理。除设计文件另行规定外,防腐处理均应满足现行《高速公路交通工程钢构件防腐技术条件》(GB/T 18226)的规定。螺栓、螺母等紧固件和连接件在防腐处理后,必须清理螺纹或进行离心分离处理。

7.3 施工

7.3.1 隔离栅的施工

(1)应根据设计文件中规定的隔离栅设置位置和实际地形、地物条件确定控制立柱的位置和立柱中心线,在控制立柱之间按设计文件规定的柱距定出柱位。

(2)每个柱位均应按设计文件的要求确定高程,并应按实际地形进行调整。

(3)应根据设计文件的规定开挖基坑。

(4)立柱应根据设计文件的规定设置在现浇混凝土基础或预制混凝土基础内。立柱的埋设应分段进行。可先埋设两端的立柱,然后拉线埋设中间立柱,控制立柱与中间立柱的平面投影应在一条直线上,柱顶应平顺。预制混凝土立柱和基础在运输及装卸时应避免折断或损坏边角。

(5)混凝土基础强度达到设计强度的70%以上时,可按下列规定安装隔离栅网片:

①安装无框架卷网时,应从端头立柱开始,沿纵向展开,边铺设边拉紧,挂钩时网片不得变形。

②安装有框架的片网时,网面应平整,框架应整体平顺、美观,框架与立柱应连接牢固。

③安装刺钢丝网时,应从端头立柱开始。刺钢丝之间应平行、平直,绷紧后应与立柱上的铁钩牢固绑扎,横向与斜向刺钢丝相交处也应绑扎牢固。

(6)隔离栅网片安装完毕后,应对基础周围进行夯实处理。

7.3.2 桥梁护网的施工

(1)应以上跨桥梁与公路、铁路等设施的交叉点为控制点,向两侧对称进行桥梁护网的施工。桥梁护网的设置长度应符合设计文件的规定。

(2)应根据桥梁护网立柱预埋基础的位置安装立柱。未设置预埋件时,应采取后固定的施工工艺固定立柱。

(3)桥梁防护网网片应牢固地安装在立柱上,网片应平整、绷紧。

(4)应根据设计文件的规定对桥梁护网做防雷接地处理。

7.4 验收

7.4.1 隔离栅和桥梁护网的封闭应严密、牢固,不应出现缺口。

7.4.2 隔离栅应与公路线形走向一致,顺直、流畅,纵坡起伏自然、美观。

7.4.3 混凝土基础尺寸和埋深、立柱的垂直度和柱间距、网面高度以及混凝土立柱和基础的强度等级应符合设计文件的规定。

7.4.4 安装完成的金属网片不得有明显变形,电焊网不得脱焊、虚焊。

7.4.5 镀锌层表面应均匀完整、颜色一致,不得有气泡、裂纹、疤痕、折叠等缺陷。

7.4.6 混凝土立柱应密实平整,不得有裂缝、翘曲、蜂窝、麻面等缺陷。

7.4.7 桥梁护网的防雷接地处理应符合设计文件的规定。

8 防眩设施

8.1 一般规定

8.1.1 桥梁段或混凝土护栏上设置防眩板、防眩网时,应对预埋件的设置位置、强度和腐蚀程度进行检查,不符合要求的应整改。

8.1.2 植树防眩应符合设计文件和有关规范的规定。

8.2 材料

8.2.1 除设计文件另行规定外,防眩板、防眩网所用材料应符合现行《公路防眩设施技术条件》(JT/T 333)、《塑料防眩板》(JT/T 598)、《公路用玻璃纤维增强塑料产品 第4部分:防眩板》(JT/T 599.4)的规定。独立设置的混凝土基础所用的钢筋、水泥、细集料、粗集料、拌和用水、外加剂等材料,应符合现行《公路桥涵施工技术规范》(JTJ 041)的规定。

8.2.2 所有钢构件均应进行防腐处理。除设计文件另行规定外,防腐处理均应满足现行《高速公路交通工程钢构件防腐技术条件》(GB/T 18226)的规定。螺栓、螺母等紧固件和连接件在防腐处理后,必须清理螺纹或进行离心分离处理。

8.3 施工

8.3.1 设置于混凝土护栏上的防眩板或防眩网的安装

(1)防眩板或防眩网可通过混凝土护栏顶部的预埋件及连接件安装在混凝土护栏上。未设置预埋件时,可采取后固定的施工工艺安装。

(2)混凝土护栏强度低于设计强度的70%时,不得安装防眩板或防眩网。

(3)防眩板或防眩网下缘与混凝土护栏顶部的间距应符合设计文件的规定。

(4)防眩板或防眩网安装后,不得削弱混凝土护栏的原有功能。

8.3.2 设置于波形梁护栏上的防眩板或防眩网的安装

(1)防眩板或防眩网可通过连接件安装在波形梁护栏上。

(2)防眩板或防眩网安装在波形梁护栏上时,不得削弱波形梁护栏的原有功能。

(3)防眩板或防眩网下缘与波形梁护栏顶面的间距应符合设计文件的规定。

(4)施工过程中不应损伤波形梁护栏的防腐层,否则应在24h之内予以修补。

8.3.3 独立设置立柱的防眩板或防眩网的安装

(1)施工前,应清理场地、协调与其他设施的关系。

(2)防眩板或防眩网单独设置立柱时,可根据所在位置将立柱埋入土中、设置混凝土基础或固定于桥梁、通道、明涵等构造物上。设置混凝土基础,其强度达到设计强度的70%以上时,才能在立柱上安装防眩板或防眩网。

(3)立柱施工时,不得破坏地下管线和排水设施。

8.4 验收

8.4.1 防眩板或防眩网安装完成后,其设置路段、防眩高度、遮光角应满足设计要求。

8.4.2 防眩板或防眩网整体应与公路线形协调一致,不得有明显的扭曲或凹凸不平。

8.4.3 防眩板或防眩网外观不应有划痕、颜色不均等缺陷。防腐层不得有气泡、裂纹、疤痕、端面分层、毛刺等缺陷。

8.4.4 防眩板或防眩网应牢固安装。

9 轮廓标

9.1 一般规定

9.1.1 轮廓标应在具备安装条件时施工。

9.1.2 在施工安装前，应对轮廓标的埋设条件、位置、数量进行核对。

9.2 材料

9.2.1 除设计文件另行规定外，轮廓标所用材料应符合现行《轮廓标技术条件》(JT/T 388)的规定。混凝土基础所用的钢筋、水泥、细集料、粗集料、拌和用水、外加剂等材料，应符合现行《公路桥涵施工技术规范》(JTJ 041)的规定。

9.2.2 所有钢构件均应进行防腐处理。除设计文件另行规定外，防腐处理均应满足现行《高速公路交通工程钢构件防腐技术条件》(GB/T 18226)的规定。螺栓、螺母等紧固件和连接件在防腐处理后，必须清理螺纹或进行离心分离处理。

9.3 施工

9.3.1 柱式轮廓标的施工

(1)柱式轮廓标应按设计文件的规定量距定位。

(2)混凝土基础可采用现浇或预制的方法施工，并应符合现行《公路桥涵施工技术规范》(JTJ 041)的规定，预制时应按设计文件的规定预埋连接件。

(3)柱式轮廓标安装时，柱体应垂直于水平面，三角形柱体的顶角平分线应垂直于公路中心线，柱体与混凝土基础之间可用螺栓连接。

9.3.2 附着式轮廓标的施工

(1)附着于梁柱式护栏上的轮廓标可按立柱间距定位，附着于混凝土护栏和隧道侧墙上的轮廓标应量距定位。

(2)附着式轮廓标应按照放样确定的位置进行安装。反射器的安装角度应符合设计文件的规定。安装高度宜尽量统一，并应连接牢固。

9.4 验收

9.4.1 轮廓标安装完成后应与公路线形协调一致。夜间应反光明亮、线条流畅。安装高度宜保持一致。

9.4.2 轮廓标的外形尺寸应符合设计文件的规定。

9.4.3 柱式轮廓标应安装牢固，柱体表面不应有明显的划痕、气泡、裂纹及颜色不均等缺陷。

9.4.4 附着式轮廓标应安装牢固、角度准确、高度一致。

9.4.5 钢构件表面防腐处理应满足设计文件的规定。

10 活动护栏

10.1 一般规定

10.1.1 插拔式活动护栏的预埋基础应在面层施工前完成，其余部分应在路面施工后安装。插拔式活动护栏应在工厂加工制作。

10.1.2 充填式活动护栏应在路面施工后安装。

10.2 材料

10.2.1 除设计文件另行规定外，活动护栏所用的材料应符合下列规定：

(1)插拔式活动护栏所采用钢构件应符合现行《碳素结构钢》(GB/T 700)的规定。混凝土基础所用的钢筋、水泥、细集料、粗集料、拌和用水、外加剂等材料，应符合现行《公路桥涵施工技术规范》(JTJ 041)的规定。

(2)充填式活动护栏所采用的玻璃钢材料应符合现行《公路用玻璃纤维增强塑料产品》(JT/T 599)的规定。

10.2.2 插拔式活动护栏所用的钢构件均应进行防腐处理。除设计文件另行规定外，防腐处理应符合现行《高速公路交通工程钢构件防腐技术条件》(GB/T 18226)的规定。

10.3 施工

10.3.1 插拔式活动护栏的施工

(1)插拔式活动护栏基础应根据设计文件放样，并与中央分隔带护栏端头相协调。应调查基础与地下管线是否冲突，经论证可对基础的埋设位置或标高进行适当调整。

(2)混凝土基础可采用现浇法施工，并应符合现行《公路桥涵施工技术规范》(JTJ 041)的规定，混凝土浇筑时应按设计文件的规定预埋连接件。基础施工完成后应采取措施，防止杂物落入预埋套管内。

(3)基础混凝土强度达设计强度的70%以上后，可将焊接成整体的插拔式活动护栏片插入预埋套管内。

(4)对有防眩和视线诱导要求的路段，应按设计文件要求安装防眩设施和轮廓标。

10.3.2 充填式活动护栏的施工

(1)充填式活动护栏应按设计文件的规定放样定位和拼装。

(2)线形调整平顺后，应将符合设计文件要求的材料按规定数量充填活动护栏。

10.4 验收

10.4.1 活动护栏的型式、规格、钢构件的防腐处理应符合设计文件的要求。

10.4.2 插拔式活动护栏的预埋套管应定位精确。

10.4.3 活动护栏宜与两端护栏齐平，线形与公路保持一致。

10.4.4 充填式护栏的充填材料和数量应符合设计文件的规定。

10.4.5 有防眩和视线诱导要求的路段应安装相应的防眩设施和轮廓标。

本规范用词说明

本规范按执行的严格程度，对各项技术指标的规定，在条文用词上采用了以下写法，请使用者充分考虑工程项目所处自然条件、交通特点和工程特性等具体情况，灵活运用。

规范条文用词：

1　表示很严格，非这样做不可的用词：

正面词采用“必须”；反面词采用“严禁”。

2　表示严格，在正常情况下应这样做的用词：

正面词采用“应”；反面词采用“不应”或“不得”。

3　表示允许有选择，有条件时首先应这样做的用词：

正面词采用“宜”；反面词采用“不宜”。

4　表示允许有选择的用词：

正面词采用“可”。

附件

《公路交通安全设施施工技术规范》

(JTG F71—2006)

条 文 说 明

1 总则

1.0.1 交通行业标准《高速公路交通安全设施设计及施工技术规范》(JTJ 074—94,以下简称《94 版规范》)自交通部 1994 年 1 月发布,1994 年 6 月实施以来,至今已超过十年。这十多年来,是我国公路建设飞速发展时期,交通安全设施的建设取得了很大成绩。《94 版规范》对我国高速公路交通安全设施的建设起到了积极的指导和推动作用,深受公路界的好评。但与国外交通安全设施先进水平相比,与广大公路出行者对交通安全、交通服务的期望和需求相比,《94 版规范》还存在着很多不适应之处。

由于《94 版规范》是在 1988 ~ 1992 年期间制定的,属于我国高速公路早期建设的成果体现,限于当时的经济条件和高速公路建设的有限经验,交通安全设施的建设以经济、实用为原则。近几年来我国公路建设有了迅猛的发展,高速公路、等级公路总里程由 1994 年底的 500 余公里、86.14 万公里分别增至 2005 年底的 4.1 万公里、159.18 万公里。各地在使用《94 版规范》的过程中,积累了不少设计、施工的宝贵经验和教训,涌现了一批新的研究成果和结构型式,新材料、新工艺得到了广泛的应用,如新型三波波形梁护栏、新型混凝土护栏结构、新型标线材料、新材料的防眩板、新型突起路标和轮廓标等。这些成果均反映在新修订和制定的《道路交通标志和标线》(GB 5768—1999)、《公路三波形梁钢护栏》(JT/T 457—2001)、《隔离栅技术条件》(JT/T 374—1998)、《公路防眩设施技术条件》(JT/T 333—1997)、《塑料防眩板》(JT/T 598—2004)、《公路用玻璃纤维增强塑料产品 第 4 部分:防眩板》(JT/T 599.4—2004)、《突起路标》(JT/T 390—1999)、《轮廓标技术条件》(JT/T 388—1999)等一批技术标准中。《94 版规范》与上述标准已不匹配,修订本规范已非常迫切了。

此次修订后的规范,分为《公路交通安全设施施工技术规范》、《公路交通安全设施设计规范》和《公路交通安全设施设计细则》三册。《公路交通安全设施施工技术规范》针对我国公路建设的发展水平,结合我国的经济技术条件,因地制宜、实事求是地对材料的选用、施工中的关键工序、验收标准作出规定,以提高公路交通安全设施的使用效果,确保公路交通安全设施的施工质量。

1.0.2 本规范此次为修订。我国目前公路交通安全设施设计及施工的实施均按《94 版规范》执行,但该规范仅适用于高速公路和汽车专用一级公路,对一般公路的交通安全设施没有规定。考虑到其他等级的公路在我国公路通车里程中占有很大比重,交通安全形势也很严峻,另外现行《公路工程技术标准》(JTG B01—2003)重新划分了公路等级,所以本规范适用范围扩大到新建和改建的各等级公路。

1.0.3 交通安全设施的安装施工,应纳入到整个公路工程的施工环节中。一般情况下,在桥梁、通道、明涵、隧道、挡土墙等构造物的施工过程中,应根据工序和交通安全设施设计文件的要求,准确预留交通标志、护栏、桥梁护网、防眩设施的基础或预埋件。这样不但可为后续施工提供方便,而且还能提高上述设施与基础的连接强度,避免影响工期和增加不必要的费用。在路基路面、桥梁等构造物的施工后期,可以陆续开展交通安全设施各专业的施工。

1.0.4 交通安全设施的施工必须按交通部的有关规定及规范办理。关于施工过程中建设单位、设计单位、施工单位、监理单位的关系问题和施工中需要修改设计的问题,应按照交通部颁布的有关规定办理。

1.0.5 交通安全设施的施工准备和技术交底、施工组织、施工管理工作是完成施工任务和工程质量的保证条件,故本条予以强调。有关技术操作规程,包括交通部标准,如水泥混凝土、石料、金属等材料的试验规程,以及各省(区)、市等自行编制的施工工艺规程等。

1.0.6 为加快施工进度、提高使用效果、增加效益投资比,在施工时推广新技术、新工艺、新材料、新设备是非常必要的。但在推广使用上述"四新"时,必须采取积极稳妥的方针,一般应先做试验并经主管部门批准,以防止发生质量、安全事故。

1.0.7 环境保护是我国的一项基本国策,国家对此极为重视,除宪法中有专门的条文规定外,还颁发有《中华人民共和国环境保护法》、《中华人民共和国水污染防治法》、《征收排污费暂行办法》、《水土保持工作条例》、《工业"三废"排放试行标准》(GBJ 4—73)等法规。根据上述法规,在交通安全设施施工时,应严格控制金属防腐处理的污水排放,基础开挖后废弃的土、石、砂料应妥善处理,施工时应尽量选用环保、对人体和环境无害的材料。

1.0.8 文明施工要求施工单位严格遵守设计要求和施工技术规范,严密组织施工,并做到施工场地清洁、井然有序,没有随地乱扔的废旧材料、工具。工人的调度、安排,应随着工程需要而定,没有因窝工而闲逛或长时间闲谈的情况。施工中的废水、废渣不能随地乱排、乱放。能否做到文明施工是施工单位施工管理水平的体现。

安全生产是保护职工的安全和健康、促进社会生产力发展的基本保证。应当制止只顾施工进度而不顾职工安全的倾向。较为详细的安全操作要求可参见交通部发布的《公路工程施工安全技术规程》(JTJ 076—95)或其他部门的安全生产有关规定。

1.0.9 公路交通安全设施的施工除应符合本规范外,尚应符合国家现行的有关标准、规范的规定,其中质量检验评定方面应符合现行《公路工程质量检验评定标准》(JTG F80/1)的规定。

2 施工准备

2.0.1 施工单位在编制施工组织设计前,应组织有关人员对设计文件、资料进行研究和现场核对,必要时进行补充调查。研究设计文件、资料时,应首先查明是否齐全、清楚,设计文件本身及相互之间有无矛盾和错误,如发现设计文件和资料欠缺、错误、矛盾等情况,应向建设单位提出,予以补全、更正。大、中型项目,可要求建设单位进行设计交底,施工单位可提出修改意见供建设单位考虑。

2.0.5 参考《公路桥涵施工技术规范》(JTJ 041—2000)制定。

2.0.6 关于质量保证体系,建议包括:质量方针、质量目标、质量保证机构、质量保证程序、质量保证措施。

3 路基护栏

3.1 一般规定

3.1.1 缆索护栏、波形梁护栏的立柱,不但埋深应符合设计深度,而且护栏立柱必须牢固地埋入到密实的土层中。在高速公路护栏事故调查中发现,很多碰撞事故是因为立柱打入松土中,或由于立柱基础混凝土抗倾覆力不足,立柱不能起到应有的支撑作用,使车辆冲出路外。因此,路基土的压实度小于规定值时,应按规定对土基进行夯实后才能打入立柱或按设计文件要求采取其他加强措施。

混凝土护栏制作或安装后,如果地基没有夯实,混凝土护栏将发生不均匀沉降,影响护栏的美观和受力性能。地基土应按规定程序施工,分层夯实,地基的承载力应符合设计文件的规定。中央分隔带混凝土护栏宜嵌锁在面层中,以防发生横向位移。

3.1.2 现行《高速公路交通工程钢构件防腐技术条件》(GB/T 18226—2000)中对钢构件防腐的几种形式:热浸镀锌、热浸镀铝、涂塑、热浸镀锌(铝)后涂塑等的防腐技术条件都作了规定。目前国内最常用、工艺比较成熟、成本较低、使用效果也较好的是热浸镀锌,可优先采用。涂塑和热浸镀锌(铝)后涂塑的工艺可有效增加钢构件的美观程度,目前耐久性稍差,主要用于隔离栅和桥梁护网的防腐处理。随着工艺的不断改进,其防腐效果有切实保证后,可推广用于钢护栏的防腐。

为使螺栓、螺母能很好地工作,一般应把经过防腐处理的螺栓、螺母进行螺纹清理或做离心分离处理。

3.2 缆索护栏

3.2.1 材料

(1)路侧用缆索护栏的材料应符合正文中的规定。

①缆索的直径指的是横切断面的外接圆直径。3×7 表示每根缆索有 3 股,每股又由 7 根单丝组成。缆索用钢丝绳应符合现行《镀锌钢绞线》(YB/T 5004)的规定,具体性能和构造应符合正文表3.2.1的规定。护栏用缆索主要参照日本有关标准编写。这种缆索的构造系根据缆索护栏的特殊应用要求决定的,在同类直径的缆索中该种构造的单丝直径比较粗,这样可以增加耐腐性能。表 3.2.1 中提出的钢丝绳公称抗拉强度符合现行《镀锌钢绞线》(YB/T 5004)的规定。

②缆索护栏的立柱(端部立柱、中间端部立柱、中间立柱)和所有螺栓、螺母和垫圈、间隔保持件等,均采用普通碳素结构钢制作,并符合现行《碳素结构钢》(GB/T 700)中 Q235 钢的机械性能和冷弯试验指标。立柱可采用电焊钢管,端部结构和中间端部结构的弓形和半弓形立柱可采用铸钢来制造。

③各类缆索护栏(B、A 级)用的托架应采用普通碳素结构钢板制造,并应符合现行《碳素结构钢和低合金结构钢热轧薄钢板及钢带》(GB/T 912)的规定。

④索端锚具(包括锚固缆索的锚具和与立柱连接的调节拉杆螺栓)和固定缆索用别针应采用优质碳素结构钢制造,缆索的锚固方法可采用套管中注入合金的方法,也可采用打入楔子的方法。不管采用哪一种方法,锚固强度均不能小于缆索的断裂强度而产生缆索被拔出或被损坏的后果。

(2)缆索用钢丝绳采用热浸镀锌防腐处理时,为保护缆索免遭腐蚀,应采用单丝热浸镀锌的办法。单丝进行热浸镀锌处理,应按现行《镀锌钢绞线》(YB/T 5004)的规定,采用$250g/m^2$ 的锌层重量。经热浸镀锌处理的钢丝表面应有一层均匀的锌层,不应出现裂纹、斑疤和露铁现象。用于镀层的锌应满足现行《锌锭》(GB/T 470)中特一号或一号锌的要求。钢丝经热浸镀锌后,一般对缆索不再进行防腐处理。

但在一些特殊路段，例如，在大气中含有可使缆索严重腐蚀的离子时，或对公路的美观和视线诱导有较高要求时，可考虑在缆索镀锌层外再涂塑。涂塑层可选用日照下不易老化，具有良好耐候性的油漆、塑料包裹，这样可以增加防腐的年限，增加视线诱导的效果，使缆索护栏更加美观。

3.2.2 施工

(1)放样

①在放样前先确定好控制点(即控制立柱的位置)是非常重要的。缆索护栏是沿公路设置的连续性结构，它们与公路上的各种构造物应该很好地协调配合。在大中桥的桥头，缆索护栏与桥梁护栏有过渡的问题；在互通式立体交叉的进、出口匝道的分、合流处，缆索护栏有端头处理问题；在小桥、通道、明涵处，缆索护栏有如何跨越的问题等等。选择控制点的目的就是使护栏的布设更趋合理、施工更加方便。在控制点的位置大致确定以后，可根据设计文件的要求，对端部立柱、中间端部立柱、中间立柱的位置进行最后调整、定位。

②对地下管线、构造物等隐蔽工程的了解应周详仔细并进行适当处理，这样可减少在护栏安装过程中的损失。

(2)端部立柱和中间端部立柱的设置

①端部立柱和中间端部立柱均由立柱、斜撑和底板构成三角形支架。在安装之前，应按设计文件的要求，对各部件进行加工、钻孔，并进行焊接、防腐处理。

②基础埋设于土基中时，应根据混凝土基础的位置放样，根据放样线开挖基坑，并严格控制基坑尺寸。达规定标高后，经工程监理人员检查合格后，可开始铺砌基底的片石混凝土，经夯实后，架立符合设计规格的模板，安装稳固后即可浇筑混凝土。混凝土达到规定标高时，安放三角形支架并准确定位。为使端部立柱或中间端部立柱的位置和标高在混凝土振捣过程中不改变，应采用适当的临时支架。基础混凝土浇筑完成后，应注意对基础混凝土进行养生，直到混凝土强度能保证其表面及棱角不因拆除模板而受损坏时方可拆除模板。拆模后如发现混凝土质量有问题时，应立即报告监理工程师，商讨补救措施。处理合格后，才能进行基础回填土，分层夯实，直到规定的标高。详细过程可详见现行《公路桥涵施工技术规范》(JTJ 041)的规定。

③端部立柱或中间端部立柱的基础应尽量避免与各种构造物连在一起，如因各种原因端部立柱的基础落在人工构造物中时，则应在构造物的水泥混凝土浇筑前，按设计文件的要求设置预埋件，混凝土达到规定强度时再安装端部立柱或中间端部立柱。

(3)中间立柱的设置

①为达到强度的要求和美观的效果，由中间立柱构成的线形应与公路线形相一致。

②中间立柱埋设于土基中时，因路基土质的不同而有不同的施工方法，常用的有以下几种：

a. 挖埋法：在设置中间立柱的位置开挖直径不小于20cm的孔穴，达规定深度后，放入中间立柱。定位后，用砂土分层回填夯实，并达到规定的压实度。挖埋法适合于采用打入法有一定困难的路段。挖埋法可用人工挖孔，主要工具是钢钎和掏勺，柱孔直径在30cm以上。柱孔挖好以后，要检查孔径、深度、垂直度，合格后方准进行立柱的埋设与安装。

b. 钻孔法：在设置中间立柱的位置处用螺旋钻孔机等机械钻孔，达埋置深度的一半左右时，再将立柱打入到规定深度。钻孔法适合于挖埋、打入均有困难的路段，可用螺旋钻机或冲击钻等钻具进行定位钻孔，柱孔直径在30cm左右。柱孔钻好以后，要检查孔径、深度、垂直度，合格后方准进行立柱的埋设与安装。

c. 打入法：在设置中间立柱的位置直接用打桩机(如气动打桩机、振动打桩机等)把立柱打入土中。打入过程中，立柱不应产生明显的变形、倾斜或扭曲。打入法适合于路基土中含石料很少的路段。采用打桩机打入立柱，可以精确控制立柱的位置和打入的深度。

埋设中间立柱时，为保证立柱纵、横向位置和垂直度的正确，可采取搭设支架的办法进行临时性固定。然后进行逐根立柱的调整，包括立柱埋深(标高控制)、垂直度、纵向线形、横断位置等的调整，检查合格后，即可将立柱固定在临时支架上，再次进行纵、横、高的检查，确认无误后，才允许用路基土分层回填夯实。在用路基土分层夯实有困难时，允许用最低水泥用量不小于255kg/m^{3}的素混凝土浇筑。混凝土应按设计强度等级严格掌握配合比。浇筑混凝土时，应边填料边用钢钎捣实，一直浇筑到与地面齐平，抹平后，应注意养生。

③设置于桥梁、通道、明涵、挡土墙等路段的中间立柱,应首先对预埋件的设置进行检查,确认没有问题时,可根据不同的基础处理方式安装中间立柱。

(4)托架安装

安装中间立柱或中间端部立柱上的托架,应首先确认缆索护栏的类别及相应的托架编号和组合,在核对无误后即可开始安装托架。

缆索护栏的托架应朝向车行道,上托架和下托架在安装前应分清楚。

托架应按设计文件的要求用螺栓固定在立柱上。

(5)架设缆索

①架设缆索以前，应先检查端部立柱、中间端部立柱和中间立柱的位置是否正确,立柱与基础连接的牢固程度,以及立柱的垂直度、标高等是否满足设计要求。在基础混凝土强度达设计强度80%以上时，才能架设缆索。

②把缆索支放在立柱的内侧(即车行道一侧),可以用专门的滚盘或人工放缆索。在滚放缆索的过程中,应避免把整盘钢丝绳弄乱,不应使钢丝绳打结、扭曲受伤,应避免在路面上长距离拖拽。直到把缆索从端部立柱的一端滚放到另一端的端部立柱或中间端部立柱为止。

③在安装缆索以前，应先把缆索固定在索端锚具上。固定的方法有楔子固定法和灌注合金法。

a. 楔子固定法:先把缆索插入索端锚头中，然后把缆索按股解开，解开的长度按索端锚头的尺寸来确定,然后用小锤子把铝制楔子紧紧地打入插座中，缆索就被楔子锚住了。

b. 灌注合金法:先把缆索插入索端锚头中，然后把缆索先按股解开，接着把每股钢丝绳按单丝分开，并把每根钢丝绳都调直，经除油处理后，即可往索端锚头中灌注合金，冷却后缆索就锚住了。

可根据施工条件选用其中一种。把缆索固定在锚具上以后，装上拉杆调节螺栓，并把索端锚具安装到端部立柱上。

④把索端锚具装到端部立柱上后，把拉杆螺栓调节好，就可顺着中间立柱把缆索临时夹持在托架的规定孔槽中，一直把缆索连接到另一端部立柱或中间端部立柱上，这时的缆索完全处于松弛状态。此时应利用缆索张紧设备临时拉紧。张紧设备可采用倒链滑车、杠杆式倒链张紧器或其他张紧设备。将钢丝绳与张紧器通过钢丝绳夹固定，逐渐把钢丝绳拉紧。根据规定，B级和A级缆索护栏的初拉力为20kN。在临时张拉的过程中要不断检查托架上的索夹是否保持放松状态，并在各中间立柱之间不断向上挑动缆索。缆索拉至规定初拉力后，持荷3min。

⑤在临时张紧状态下，即可根据索端锚具的尺寸确定切断缆索的正确位置。切断缆索的断面要垂直整齐，为防止钢丝松散，可在切断处两端用铁丝绑扎。缆索的切割可用高速无齿锯，以避免引起钢缆端部退火。

缆索切断后可按本款第③项规定的方法将其锚固在索端锚头上。

⑥缆索与索端锚具固定后，即可与拉杆螺丝连接,并安装到端部立柱上,这时可以卸除临时张拉力,缆索就被紧紧地架设在护栏立柱上了。

⑦护栏的缆索应从上至下依次一根一根地安装，每根缆索的安装次序都按上述的步骤进行。

⑧缆索护栏的缆索最大长度,当采用人工架设时为300m,采用机械架设时,长度可达500m。每段护栏的所有缆索应自上而下连续完成。每段护栏的缆索架设完毕后，应全面检查缆索的张紧程度。检查合格后，可逐个拧紧托架上的索夹，把缆索的位置固定。同时，拧紧拉杆螺丝上的调整螺母，把缆索固定好。

3.2.3 验收

如果缆索护栏工程在验收前提交的技术资料齐备,端部基础施工作为隐蔽工程已做过中间验收,则可在工程验收时重点进行外观抽查。如缆索护栏施工完成后提交的技术资料不全,在施工过程中也没有组织中间检查,则在缆索护栏工程验收时,针对资料短缺的部分应进行逐项抽查。缆索护栏工程验收的外观抽查,重点是缆索护栏的整体性能。缆索护栏应具有美观的外形,特别需要与公路纵、横向线形和公路景观相协调。

(1)立柱埋深不得小于设计值。采用挖埋法施工,立柱埋入土中时,回填土应分层夯实,并达到规定的压实度;立柱埋入混凝土中时,基础混凝土的几何尺寸、强度等应符合设计要求。

(2)采用打入法施工时,立柱顶部不应出现明显变形、倾斜、扭曲或卷边等现象。

(3)索端锚具、托架、索夹螺栓应安装到位、固定牢固。托架编号和组合应与缆索护栏的类别相适应,上、下托架位置正确。

(4)金属构件表面不得有气泡、剥落、漏镀及划痕等表面缺陷。

(5)直线段护栏没有明显的凹凸现象,曲线段护栏圆滑顺畅。

(6)立柱中距、立柱垂直度、缆索的高度应满足设计要求。

3.3 波形梁护栏

3.3.1 材料

现行《高速公路波形梁钢护栏》(JT/T 281)、《公路三波形梁钢护栏》(JT/T 457)及《结构用冷弯空心型钢尺寸、外形、重量及允许偏差》(GB/T 6728)等标准、规范对波形梁护栏所用的各种材料的规格和材质均有详细的规定,除设计文件另行规定外,原则上应选择符合上述标准的产品。

3.3.2 施工

(1)立柱放样

立柱放样应以公路固定设施如桥梁、通道、涵洞、隧道、中央分隔带开口、紧急电话开口、路线交叉等为主要控制点(即控制立柱的位置)。应在两控制点之间量距,如出现零头数,可通过合适的调整段调整。立柱间距可能有不大于25cm的间距零头数,可通过分配法将其调整至多根立柱间距中。

为准确放样和保证护栏的线形,在条件允许时可使用全站仪、经纬仪、水准仪等测量仪器。

放样后,应确认立柱施工将不会造成对地下设施的损坏,否则应调整立柱的位置。在涵洞顶部填土高度不足时,应改用混凝土基础,或调整该立柱的位置。

(2)立柱安装

①护栏与公路线形相一致,不但美观,而且能增加护栏的整体强度。

②如路肩和中央分隔带路基情况允许,一般采用打入法设置立柱,但立柱定位应准确无误。立柱打入土中应至设计深度,当打入过深时,不得只将立柱部分拔出加以矫正,而需将其全部拔出,待基础压实后重新打入。

打入困难时,可采用钻孔法或挖埋法施工。采用这两种方法时,回填土应分层夯实,使其具有不低于相邻原状土的密实度。

③沥青路面段设置立柱时,柱坑从路基至面层以下5cm处采用与路基相同的材料回填并分层夯实,余下部分采用与路面相同材料回填并夯实。立柱位置、标高在安装时需严格控制。

④石方区的护栏应根据设计文件的要求设置混凝土基础。

⑤护栏立柱设置于构造物中时,应在构造物施工时做好混凝土基础。采用预留孔基础时,应先清除孔内杂物,排出孔内积水。将液态沥青在孔底刷涂一遍,然后放入立柱,控制好标高,即可在立柱周围灌注砂浆或混凝土。在灌注时一定要保持立柱的正确位置和垂直度。灌注完毕并捣实后,可用沥青封口,以防止雨水漏入孔内。采用法兰盘基础时,应把定位法兰盘和地脚螺栓、螺母清理干净,安装立柱时应控制立柱的方向和标高,调整其位置,经检查合格后方可拧紧法兰盘地脚螺栓。如采用可抽换式基础时,承座器应先固定在构造物中,安装时把立柱插入其中,调整好高度,即可把迫紧器与承座器的连接螺栓拧紧,立柱即被锁固。

⑥考虑到护栏结构对景观及对驾驶员视线诱导的影响,立柱就位后其线形和高度需顺畅。

⑦渐变段及端部为护栏施工中需重点注意的部位,施工中应严格控制其立柱位置,注意线形。

(3)防阻块、托架、横隔梁安装

①防阻块能防止立柱阻绊车轮,避免护栏局部受力、减小碰撞时车辆的加速度。托架适用于路肩

较窄或护栏设置防阻块受限的情况。在安装时，应保证使其准确就位。在调整好立柱后，即可安装防阻块，最后安装波形梁板并进行统一调整。防撞等级为 SA、SAm 和 SS 的波形梁护栏在安装防阻块时，应根据设计文件要求，同时安装上层立柱。

②设有横隔梁的护栏，把梁与横隔梁连为一体成为组合型护栏。横隔梁应平行于路面（即垂直于立柱）安装。在安装波形梁板之前不应拧紧横隔梁与立柱的连接螺栓，否则不易进行总体调节。

(4)横梁安装

①波形梁护栏板的搭接方向是安装的关键，搭接方向应与行车方向一致。如搭接方向与正文图3.3.2所示方向相反，即使是轻微的擦碰，也会造成较大的损失。为保证护栏板通过拼接形成牢固的纵向整体横梁，拼接螺栓必须采用高强螺栓。

②防撞等级为 SA、SAm 和 SS 的波形梁护栏通过倾斜方向的螺栓将上层横梁与上层立柱加以连接。

③如经调节后出现不规则的立柱间距时，可利用设计文件中的调节板加以调节，考虑到强度和防腐的因素，不得采用现场切割护栏板的方法。

④波形梁护栏板在安装过程中需不断进行调整，因此，不应过早拧紧其连接螺栓和拼接螺栓，否则将无法发挥板上长圆孔的调节作用。待调节完成后，需按规定扭矩拧紧拼接螺栓。

(5)端头安装

中央分隔带护栏的端头梁与两侧梁相连，端头附近的立柱应按设计文件的要求进行加强处理。路侧护栏的端部结构由端柱、端头梁、混凝土基础等组成。在端部基础混凝土达到设计强度70%后，方可安装端部结构。如因土基压实度不足等原因需要对端部结构进一步加强时，经论证，可根据设计文件的要求在端头梁附近设置钢丝绳锚固件。

3.3.3 验收

(1)从编写组的调研结果和目前施工中发现的问题来看，一些护栏的设置存在着立柱埋深不足或周围土路肩压实度不足、石方路段和挡土墙上的护栏立柱没有做好生根处理、护栏端部处理和过渡段处理不理想等缺陷。这些缺陷都妨碍了护栏整体功能的发挥，因此验收时应注意这些问题是否得到了解决。

(2)立柱的位置、中距、垂直度和横梁中心高度均应符合设计要求，这是护栏发挥功能的基本保证。横梁中心高度是指从路面到波形梁横梁中心点的垂直距离。

(3)护栏各种构件的防腐处理应符合设计要求，对运输、施工中造成的防腐层的损伤应及时采取补救措施。

(4)波形梁护栏是一种半刚性结构，验收时应注意护栏安装与公路线形的整体协调性：直线段护栏不得有明显的凹凸、起伏现象；曲线段护栏应圆滑顺畅，与线形协调一致；中央分隔带开口端头护栏的线形应与设计文件相符。安装于平曲线半径小于 70m 路段上的护栏，建议波形梁板在工厂内弯曲成型；曲线半径大于 70m 时，可以根据设计文件用 2m 的波形梁板直接安装，但必须采取适当措施进行调整。

(5)~(8)这四款对护栏发挥整体防撞功能、减小事故严重程度、增加美观效果非常重要，在验收时应予以重视。

3.4 混凝土护栏

3.4.1 材料

(1)现行《公路桥涵施工技术规范》(JTJ 041)对公路桥梁中所采用的混凝土材料的配置均作了具体规定，施工时应根据设计文件中提供的混凝土强度等级遵照执行。

(2)钢管桩可采用与护栏立柱相同的材料制作。

3.4.2 施工

现行《公路桥涵施工技术规范》(JTJ 041)对现浇和预制混凝土的拌制、运输、浇筑、抗冻、抗渗及防腐蚀、养护及修饰和模板的制作等作了全面的规定，本条主要针对混凝土护栏的特点作出了一些特殊规定。

(1)混凝土护栏的起讫位置应由公路构造物,如大、中桥梁、中央分隔带开口、隧道等作为控制点,定好长度并应精确测量。施工放样时,应根据现场条件确定混凝土护栏的中心位置及设计标高。浇筑混凝土护栏基础前,应检测基础承载力是否达到150kPa或设计规定值。

(2)浇筑混凝土护栏一定要保证其光滑、平整,这主要是基于以下原因:

①由于车辆与护栏碰撞时做连续滑移运动并最终脱离护栏,所以要求护栏与车辆的接触面要光滑,没有明显的突出物,以降低车辆与护栏接触面的摩擦系数,从而延长车辆与护栏的接触时间,减小车辆的加速度,达到保护乘客安全的目的。美国AASHTO《桥梁护栏指导规范》(1988)把护栏与车辆间的摩擦系数μ作为评价护栏能否顺滑地改变失控车辆方向的重要指标,如表3-1。μ可由式3-1计算。

表3-1 护栏与车辆间的摩擦系数μ评价

μ	评　价
0~0.25	优
0.26~0.35	好
>0.35	刚合格

$$\mu = \frac{\cos\theta - v_p/v_i}{\sin\theta} \tag{3-1}$$

式中:θ——碰撞角(°);

v_i——碰撞速度(m/s);

v_p——车辆平行于护栏时的速度(m/s)。

②对混凝土护栏表面如采用一般水泥砂浆抹面的方法修整,虽然一定时间内也能起到降低摩擦系数和增加美观的效果,但由于护栏表面要不断承受车辆的碰撞与摩擦,以及气候变化引起的冻融破坏,会造成护栏表面脱皮、剥落,结果是护栏外观不但不美观,而且使护栏表面摩擦系数增大,影响了护栏的防撞性能。

因此,混凝土护栏的模板制作应符合本规范及现行《公路桥涵施工技术规范》(JTJ 041)的规定。混凝土护栏的模板和脱模剂类别应统一,模板应光洁,无变形、无漏浆,这样才能保证混凝土护栏表面的光滑、平整,使混凝土护栏充分发挥功能。

3.4.3 验收

(1)无论现浇或预制成型的中央分隔带或路侧混凝土护栏,均应与公路线形相一致,不得出现明显的凸凹、折线线形,以保障护栏功能的发挥并增加美观效果。

(2)护栏外观应光滑、平整,不应有漏石、蜂窝、麻面、裂缝、脱皮、啃边、掉角以及印痕等现象。

(3)混凝土护栏是要承受失控车辆冲击并经受车辆与护栏面间巨大摩擦的设施,混凝土强度等级应达到设计规范或设计文件的规定值。此外,混凝土护栏的基础、地基承载力、端部处理及纵向连接是护栏功能发挥的重要基础,也应符合有关规定。

(4)超高路段中央分隔带护栏施工时,如不加处理,将造成积水、排水不畅。因此,中央分隔带混凝土护栏路段必须重视排水问题,且不得损坏已完工的超高路段纵向排水沟、集水井、盲沟管线等设施。

4 桥梁护栏

4.2 材料

4.2.1 桥梁护栏所用的各种材料应符合设计文件和相关标准的规定。

4.2.2 钢构件的防腐处理方法及防腐要求可详见第 3.1.2 条的条文说明。钢构件的防腐质量是保证钢构件使用耐久性的重要条件之一,关于防腐层的使用寿命可参考下列资料。

防腐层的寿命主要取决于腐蚀环境和镀(涂)层的耐久性。镀锌层在城市大气中的腐蚀速率为 14.3 ~50g/(m^2·年),而在工业大气中的腐蚀速率为 28.6 ~142.8g/(m^2·年),这是由于工业大气中二氧化硫的浓度较大,使腐蚀更加严重所致。镀锌层在海洋大气中的腐蚀程度与在城市大气中的腐蚀接近,其腐蚀速率为 7.1 ~50g/(m^2·年)。

根据美国材料试验协会(ASTM)1952 年、1954 年、1958 年的研究报告,22 块镀锌钢板(660mm × 762mm)在 1926 年 ~1958 年 32 年间的试验结果如表 4-1。

表 4-1 镀锌板的耐腐蚀年限(单位:年)

镀锌 / 耐用年限 / 试验地	381g/m^2(单面)			191g/m^2(单面)			非镀锌钢板
	第一次腐蚀	完全腐蚀	有第一个腐蚀穿孔	第一次腐蚀	完全腐蚀	有第一个腐蚀穿孔	有第一个腐蚀穿孔
A 类重工业地带	5.9(平均)	14.4	19.5	3.2(平均)	6.1(平均)	15.5	2.0
B 类重工业地带	4.6(平均)	11.2(平均)	17.5	2.4(平均)	4.3(平均)	13.5	4.3
一般市区	20.5	经过 32 年未见腐蚀	经过 32 年未见腐蚀	14.6(平均)	29.0	经过 32 年未见腐蚀	2.4
大西洋海岸	13.1(平均)	23.0	经过 25 年未见腐蚀	6.8(平均)	15.2(平均)	经过 25 年未见腐蚀	4.9
海岸城市街道	19.8	—	21.3	10.6	—	14.8	3.6

根据表 4-1 的结果,可以计算出在不同环境条件下,不同镀锌量钢板的耐腐蚀年限。美国的钢护栏镀锌量,就是参照上述试验结果规定的。

4.3 金属桥梁护栏的施工

4.3.1 立柱放样与预埋件设置

(1)放样前,应选择桥梁伸缩缝附近的端部立柱等作为控制立柱,并在控制立柱之间测距定位。

(2)立柱放样，当间距出现零数时，可用分配的办法使之符合横梁规定的尺寸。立柱宜等距设置。

(3)立柱定位后,在桥面板或人行道板上准确地设置预埋件,如地脚螺栓或套筒等,并采取适当措施,保护预埋件在桥梁施工期间免遭损坏。

4.3.2 护栏安装

(1)护栏安装前应对立柱基础预埋件的位置进行复测,符合设计要求后方能安装立柱和横梁。安装前应做好施工场地的各项准备工作,安装过程中应特别注意控制螺栓扭矩、焊缝间距、桥梁伸缩缝的设置间距。横梁和立柱的位置应准确。连接螺栓和拼接螺栓初始不宜过早拧紧,以便在安装过程中充分利用横梁和立柱法兰盘的长圆孔进行调整,使其线形顺适,不应出现局部的凹凸现象,最后必须拧紧螺栓。

(2)横梁、立柱等构件在安装过程中应尽量避免损坏防腐层。安装完成后,应对被损坏的防腐层按规定的方法进行修复。

4.4 钢筋混凝土墙式和梁柱式护栏的施工

4.4.1 为便于混凝土护栏与桥梁的车行道板或人行道板之间以及混凝土护栏的纵向牢固连接,钢筋混凝土墙式和梁柱式护栏宜采用就地浇筑的方法进行施工。如果采用预制件时,护栏与车行道板或人行道板间需进行特殊的连接设计,以保证护栏与桥面钢筋的可靠连接。

4.4.2 钢筋混凝土墙式和梁柱式护栏作为永久性构造物,一方面受气候变化的影响,另一方面受车辆碰撞的摩擦,常使表面剥落,使护栏表面摩擦系数增大,降低失控车辆改变方向的能力,并影响美观。近几年的工程实践中,特别是在冻融地区,混凝土护栏表面发生啃边和脱皮的现象较为严重。为保证施工质量,钢筋混凝土墙式和梁柱式护栏应严格按本规范第3.4节的规定进行施工。

4.4.3 伸缩缝应填满橡胶或沥青胶泥等弹性、不透水的材料,伸缩缝内不应有松散的砂浆和活动时有可能剥落的砂浆薄皮。

4.4.4 桥梁护栏与路基护栏采用翼墙过渡时,翼墙可设置在桥梁端部,也可设置在桥侧的路基上。从施工的方便性、效果及造价等方面考虑,在桥梁端部设置翼墙比较理想。如需设置路基翼墙,则其与桥梁护栏的间距应能保证桥台处的伸缩缝能自由伸缩变形,并应与两侧护栏的有效高度相协调。翼墙应采用现场浇筑混凝土的方法施工,并根据设计文件的要求设置预留连接件。

4.6 验收

4.6.1 桥梁护栏基础应满足设计要求,并与防撞等级、桥面结构强度相适应。桥梁护栏的线形应与桥梁保持一致,以达到美观效果。

4.6.2 护栏伸缩缝位置应与桥梁伸缩缝相一致,护栏伸缩缝的功能应满足设计要求。

4.6.3 经防腐处理后的钢构件表面应光洁,在连接处不允许有毛刺、滴瘤和多余结块,热浸镀锌后的钢构件不得有过酸洗或露铁等缺陷,镀锌层应均匀。

4.6.4 钢筋混凝土护栏的表面不应有裂缝、蜂窝、剥落、露筋或其他缺陷,以免影响其功能。

4.6.5 桥梁护栏与路基护栏的连接,有一个护栏刚度过渡的问题。如两种护栏刚度不同时,应检查护栏过渡段的施工是否符合设计文件的要求。

5 交通标志

5.1 一般规定

5.1.1 交通标志的加工、制作包括底板加工、清洗、贴膜、包装贮存,立柱、横梁、连接件的加工,基础的施工等,涉及标志版面规格、形状、颜色、反光膜亮度等级、质量等。交通标志的制作应符合现行《道路交通标志和标线》(GB 5768)和《公路交通标志板技术条件》(JT/T 279)的规定。

5.1.2 交通标志设置的合理性、统一性、连贯性,已受到各方的关注。标志设置要尽量做到以人为本、安全至上,使公路出行者更便捷、更舒适、更方便。标志设置应做到长途指引与短途分流相结合,过境交通与本地诱导服务兼顾,静态标志与动态显示互补,不同标志支撑结构错落有致,与周围环境融合协调。交通标志的设置应符合现行《道路交通标志和标线》(GB 5768)和设计文件的规定。

5.1.3 对现场踏勘中发现的与设计文件不一致之处,应及时向建设单位反映,在正式施工前予以解决。

5.2 材料

5.2.1 除设计文件另行规定外,交通标志所用材料应符合正文中的规定:

(1)标志板所用材料应符合现行《公路交通标志板技术条件》(JT/T 279)的规定。标志板要求具有一定的强度和耐久性并且便于维修管理。该标准较详细地规定了标志板的材质、平整度、外观等方面的要求。标志板用材料主要为铝合金板。除大型指路标志外,标志板应由单块铝合金板加工制成。大型指路标志可分割拼装,一般根据板面大小、运输远近来决定。最多可以分割成四块。标志板拼接应采用对接,对接后应做到板面平整,结构牢固。大型标志板所用铝合金板最小厚度应不小于设计规定。

(2)交通标志的立柱、横梁一般均采用钢管、H 型钢等钢构件或由各种型钢焊接而成的箱梁、桁架结构。上述材料的技术指标和尺寸、外形、质量均应符合相关标准、规范的规定和要求。采用无缝钢管还是焊接钢管,应符合设计规定,其中无缝钢管应符合现行《结构用无缝钢管》(GB/T 8162)的规定,焊接钢管应符合现行《直缝电焊钢管》(GB/T 13793)的规定。

(3)现行《公路桥涵施工技术规范》(JTJ 041)对公路桥梁中所采用的混凝土材料的配置均作了具体规定,交通标志基础、里程碑、百米桩、公路界碑等施工时应根据设计文件中提供的混凝土强度遵照执行。

5.2.2 防腐要求

(2)铝合金构件一般不考虑防锈处理。但在经常使用盐水除冰、雪的路段,靠近海岸线的路段,和经常有酸雨的路段,可考虑对铝合金构件采取适当措施加以保护,如用阳极氧化涂装复合涂料,或热固性丙烯树脂涂料等加以保护。

(3)标志板与不同金属连接件相互接触时,为防止电化腐蚀的发生,不同材质之间应使用非金属套、垫或使用保护层来隔离。

5.3 施工

5.3.1 加工标志底板

(1)标志底板的制作是一项专业性很强的工作,应在金工车间进行。铝合金板的加工应根据板面设计尺寸的要求进行剪裁、切割、焊接、铆接等。板面要求平整，不能有刻痕，并按设计要求对标志板进行拼接和加固，进行冲孔、卷边及其他的加工工序。挤压成型的铝合金型材应根据标志尺寸拼装，使搭接紧密、板面平整。

(2)标志底板按要求制作完成以后，应进行彻底的清洗、除污、干燥。清洗完毕后，应检查铝合金板表面是否残留有污迹，不干净的铝板须重洗。清洗处理完成后直到贴反光膜前，不得用手直接触摸该铝合金板，亦不应再与油脂或其他污物接触。

5.3.2 制作标志面

(1)标志面采用反光膜时的规定

①标志板加工过程中，贴反光膜是最关键的工序。反光膜与标志底板通过化学胶来粘贴。为保证粘贴效果，标志底板一定要干净。标志反光膜应在干净、无尘土，温度不低于18℃、相对湿度在20%~50%的车间内进行粘贴。温度过低，对胶的粘贴性能有不利影响。

②交通标志的形状、图案和颜色等应严格执行现行《道路交通标志和标线》(GB 5768)的规定。驾驶员对指路标志中汉字的辨认取决于很多因素，最主要的是汉字的大小和字体。驾驶员对指路标志的认读是在快速行驶中进行的，标志应确保驾驶人员有足够时间去发现、判断、认读、理解和采取行动。最佳的指路标志尺寸应该满足在规定速度下对信息获取的要求。根据交通部公路科学研究院的研究成果，采用的汉字、汉语拼音字母、英文字、阿拉伯数字应严格按照现行《道路交通标志和标线》(GB 5768)及设计文件的规定执行，不得采用其他字体，这样才能获得最佳效果。

③标志反光膜应能为车辆驾驶人员在黎明、黄昏及夜晚提供有效的认读距离，以便及早发现前方路况、采取行动，避免交通事故的发生。反光膜的反光亮度性能由于反光膜的结构和性能的不同而存在很大差异，应符合设计文件的要求。

④由于标志版面内容主要由文字和图案构成，而且文字和图案都有规定的字体和尺寸，手工操作已不能胜任。反光文字符号应采用电脑刻绘机来完成。指路标志面积大，底膜的粘贴应在贴膜机上进行。标志底膜一般根据胶的性质选择在专用的真空热敏(热敏胶)压贴机或连续电动滚压(压敏胶)贴膜机上完成贴膜。文字符号一般采用(手工贴膜)转移膜法粘贴。

⑤反光膜应粘贴于整个标志面，且超出边缘至少2cm。凡标志板的宽度或高度在1.2m以下者，贴用的反光膜不得有接缝。粘贴反光膜应采用叠压接缝，上层反光膜压叠下层反光膜之重叠部分不得小于5cm，并以水平叠接为原则。反光膜应尽可能减少拼接。当粘贴反光膜不可避免出现接缝时，应使用反光膜产品的最大宽度进行拼接，接缝以搭接为主。当需要滚筒粘贴或丝网印刷时，可以平接，其间隙不应超过1mm。在距标志板边缘50mm范围内，不得拼接。标志板在制作过程中，均应按照有关规定进行，不得出现任何形式的污损、气泡等缺陷，以免影响标志功能的正常发挥。

(2)丝网印刷就是在贴好反光膜的标志板上印刷图案。曝光正确且保养良好的丝网可用3万次以上。当批量生产版面和规格相同的标志时，采用丝网印刷的方法最经济。

丝网印刷的工序为：拉网、网版制作(把感光剂涂布于丝网上，丝网在黄灯下风干，把底稿放在感光面上，用曝光灯感光并显影、烘干)、丝网印刷。把反光膜置于丝网下，开启真空泵，然后用清洁的布分别把丝网和反光膜表面的灰尘除去。把油墨倒在丝网上靠近铰链的位置。油墨不要倒太多，否则会造成气泡。用胶刮把油墨均匀地涂布在网上，然后用力把油墨向铰链方向推上。丝印速度不宜太快，否则会形成气泡。关闭真空泵，把印刷完毕的反光标志安放在干燥架上，用风扇吹干。

限于丝网印刷设备的制约，目前可采用丝网印刷技术的交通标志版面仅限于较小规格的。

(3)包装、贮存及运输标志面的规定

①丝网印刷的标志一般采用先风干、然后再烘干的方法。包装前反光膜上丝印的油墨一定要干透。

②标志应存放在室内干燥的地方。贴上反光膜的标志板需用保护纸保护分隔。标志可以分层贮存，但需用发泡胶把两块标志分隔。把标志竖起来贮存可以减少压力，一些小标志可以挂起来贮存。

③标志面应有软衬垫材料加以保护，以免搬运中受到刻划或其他损伤。

5.3.3 钢构件的加工，应按现行《公路桥涵施工技术规范》(JTJ 041)和设计文件的规定执行。

5.3.4 标志定位与基础设置

(1)标志应按设计桩号定位。设置标志的目的是维护公路交通安全和畅通,为公路使用者提供明确的交通信息服务,所以标志桩号不能随便更改。如果在规定位置设置有困难时,在不影响标志视认性的情况下,位置可以作适当调整。

(2)标志应按设计文件的规格在指定桩号开挖基础,基础的地基承载力应符合设计文件或本规范的要求。浇筑混凝土时,应注意正确设置地脚螺栓和底座法兰盘。

5.3.5 安装标志时,应采用设计文件提供的连接方法。对悬臂、门架式标志应注意控制好预拱度。为增强视认效果,标志板面的平整度和安装角度应根据有关标准、规范和设计文件的规定进行适当调整。考虑到风力的影响,地脚螺栓等连接件应根据设计文件的要求设置双螺母。

5.3.6 里程碑、百米桩、公路界碑的施工

(1)里程碑、百米桩、公路界碑应按实际里程准确定位和设置。

(2)里程碑、百米桩、公路界碑等混凝土构件的预制及强度应符合《公路桥涵施工技术规范》(JTJ 041)和设计文件的规定。

(3)里程碑、百米桩、公路界碑应根据《道路交通标志和标线》(GB 5768)或设计文件的规定制作。除设计文件另有规定外,各预制件应按《道路交通标志和标线》(GB 5768)的要求进行油漆,油漆应符合设计的要求。

5.4 验收

5.4.1 设计文件对标志的设置位置及安装角度是通过对多种因素加以分析的结果,所以施工时应符合其要求。

5.4.2~5.4.3 标志的平整度是标志安装的关键。标志安装后应板面平整。夜间在车灯照射下,标志板底色和字符应清晰明亮,颜色均匀,不应出现明暗不均的现象,不能影响标志的认读。

5.4.4 标志板外形尺寸、底板厚度、文字高度直接影响到标志功能的发挥,应符合设计规定。为确保标志夜间的可见性,应选用合适的逆反射材料。入射角是入射光线与标志面法线之间的夹角。当车灯从正面照射标志时,这时的入射角很小;但是当在弯路或多路交叉口时,在特定条件下,其入射角就较大。如果入射角从小到大发生变化,而逆反射系数值没有相应大的改变,则这种反光膜就具有较好的广角性。标志反光膜等级及逆反射系数应不低于设计规定。

5.4.5 标志板下缘至路面净空高度及标志板内缘距公路边缘线的距离涉及到公路建筑限界的规定。标志安装后,结构物在重力作用下,会有挠度、变形,路面可能翻修加厚,冬季路面可能积雪,所以,标志安装后,净空高度应留有余地。

5.4.6 标志结构钢构件是指立柱、横梁等钢铁件,它们是受力构件,防腐处理可以提高其使用寿命,同时也能对交通标志构件加以美化,使交通标志变得庄重、美观。镀层应均匀、颜色一致,不允许有流挂、滴瘤或多余结块。镀件表面应无漏镀、露铁等缺陷。

5.4.7 大型标志的地基承载力应符合设计要求。基础周围回填土应分层夯实,标高正确,混凝土强度达到设计要求。

6　交通标线

6.1　一般规定

6.1.1　标线的涂敷一般直接使用涂料原液进行，但是，也可以根据喷涂机械的种类和性能选择溶剂稀释，溶剂的添加量一般为5%～10%。新铺沥青混凝土路面的交通标线施工，可选用非渗水性涂料。新建沥青混凝土路面因沥青材料中含有未挥发的化学成分，易造成对标线的污染并有可能影响标线与路面的牢固粘结，故应使其挥发一段时间，可在路面施工完成一星期后开始并划标线。新建水泥混凝土路面在混凝土养护成型后会在混凝土表面残留灰浆皮及混凝土养护膜，易造成标线剥离，应在混凝土养护膜老化起皮并清除后再施划标线。

6.1.2　雨、雪等恶劣天气会影响路面与涂料之间的黏结，沙尘暴、强风会影响标线施工的作业。对热熔标线，气温低于10℃时，对常温及加热型标线，气温低于0℃时，会严重影响涂料的黏度，应暂停施工。对其他材料的标线涂料，施工时的气温也应符合相应的规定。在夜间很难看清标明标线放样的记号，因而施工精度较低，也容易发生交通事故，因此以白天施工为好。

6.1.3　在大多数情况下，突起路标作为交通标线的补充，与涂料标线同时使用。标线大多采用机械施工，行进速度较快，而突起路标要逐个粘贴，速度慢。因此，突起路标施工时不得影响标线施工，最好在标线施工完成后再粘贴突起路标。这样可免除标线施工对突起路标的污染，标线施工完成后，突起路标的施工放样才可顺利进行。涂料或突起路标与路面结合牢固的重要条件是保持与路面接触面的干净、干燥。路面上的灰尘、泥沙、水分是妨碍涂料或突起路标粘结的主要因素，可根据不同情况采用扫帚、板刷和燃气燃烧器等工具彻底清除。

6.1.4　标线施工和突起路标施工具有流动性，且标线施工完成后需要一定的养护期，为确保标线施工顺利进行，应实施交通安全管理，使公路使用者认清前方公路正在标线施工，以引起足够注意，引导车辆安全行驶，防止交通事故的发生，确保施工作业安全。标线施工时，应根据公路的宽度、交通量、地形、气候及施工现场情况，合理组织施工，注意交通安全，设置适当的交通警告标志，阻止车辆及行人在作业区内通行，防止将涂料带出或形成车辙或将突起路标压偏，直至标线充分干燥或突起路标完全固定为止。

6.2　材料

6.2.1　交通标线施划于公路面层，经受日晒雨淋，风雪冰冻，遭受车辆冲击磨耗，因此对标线涂料有很高的要求。车辆行驶时，无论是白天还是黑夜都应能由于光泽和色彩的反衬而清晰地识别和认清标线。无论是在沥青路面还是水泥混凝土路面，涂料必须保持与路面之间的紧密结合，一定时期内不会因为车辆和行人来往通行而剥落。标线涂料应具有优良的耐久性，能经受车轮长久的磨损，不会产生明显的裂缝。标线涂料应具有很好的防滑性能，车辆驶过标线时产生较小的噪声和振动。标线涂料的原料应容易获得，价格便宜，涂敷作业要安全、无毒、无污染。反光标线涂料应确保较好的反光性能，并在相当长的使用期间不会显著下降。路面标线颜色应保持均匀一致，一定时期内不会因气候、路面材料等作用而变色。现行《路面标线涂料》(JT/T 280)、《道路交通标线质量要求和检测方法》(GB/T 16311)对标线涂料的技术要求、性能有明确的规定，除设计文件另行规定外，应予以执行。

6.2.2　突起路标一般俗称路钮，正常情况下与标线配合使用，也可以单独使用。突起路标的技术特点主要是反光亮度高，视线诱导效果显著，施工容易，耐久性好。现在突起路标底胶主要有环氧树脂和专用沥青胶两种,其中专用沥青胶适用于沥青路面。施工时底胶应满足供应商提及的要求,并保证底胶饱满、均匀。现行《突起路标》(JT/T 390)对突起路标的技术要求、性能有明确规定,除设计文件另行规定外,应遵照执行。

6.3 施工

6.3.1 路面标线的施工

(1)清扫路面是一道非常重要的工序。施划标线的路面不能有灰尘、松散颗粒、沥青渣、油污、砂土、积水等有害材料,否则会影响涂料与路面的黏结。旧路面重划标线时,一定要把旧标线清除干净。

(2)应根据公路横断面尺寸和设计文件的要求确定标线位置、标线宽度、实线段长度,在路面上划出线形、文字、图案,如高速公路进出口标线、导流标线、减速标线、路面文字、和箭头的线形等。标线应与线形一致,流畅美观。

(3)由于材料的不同,各种标线的施划方法也存在很大差异。

①常温溶剂型标线的施工:标线涂敷可以用气动喷涂机或高压无气喷涂机等设备来完成。正式划线前应在铁板上试划,以确定划线车的行驶速度、线宽、标线厚度、玻璃珠撒布量等能否满足要求。调试好后,开始正式划线。气动喷涂机械使用压缩空气将涂料微粒化,并把涂料喷涂于路面上。通常使用空气压缩机的压力罐或柱塞泵将涂料送至喷枪,由于雾化涂料而形成很大的喷涂直径,其中混入了大量的空气,这对加快涂膜干燥是有利的,但在控制喷涂直径上却需要较高技能。气动喷涂施工时需要加入较多的稀释剂才能达到流动性要求,漆膜厚度相对较薄,溶剂用量较多,因此,传统的气动喷涂已开始向高压无气喷涂转变。高压无气喷涂技术将涂料施加高压,能将黏度大的涂料送到喷枪,通过小口径喷嘴喷射出去,继而形成大喷射直径的雾锥。这样可减少溶剂的浪费,获得了较厚的和均匀的涂层,使标线标准、美观。

常温型涂料的主要成分是合成树脂,次要成分是体质材和添加剂,再加着色材料、溶剂,进行充分搅拌,使其混合均匀。常温型涂料的干燥时间为 5~10min,因此,需注意保护标线不让车辆碾压。标线干燥后,即可开放交通。

②加热溶剂型标线的施工:使用加热型涂料进行路面标线施工,与常温型相比,因形成涂膜的要素多,溶剂含量较低,所以它具有更好的速干性。由于涂膜较厚,对玻璃珠的固着性也比常温型涂料好。对于高黏度涂料,由于不能原封不动地用于喷涂,因此,必须通过加热器将其加温至 50℃~80℃,使涂料黏度降低才可以喷涂。为此,加热型涂料施工机具需要附加加温的装置。加热型施工系统由涂料容器、加热器、热交换器、保温装置、泵喷涂装置等组成。现在车载加热型划线车的普及使用,确立了划中心线、边缘线等公路纵向标线的合理施工方法。加热型涂料采用大型机械化施工,溶剂少,涂膜厚,干燥时间短,耐久性好。如在喷涂的同时撒玻璃珠,则能与涂膜很好固着,具有良好反光效果。正式划线前应在铁板上试划,以确定划线车的行走速度,调试线宽、标线厚度、玻璃珠撒布量。调试好后,开始正式划线。

加热型涂料的主要成分是合成树脂,次要成分是体质材和添加剂、着色材料。溶剂含量约占20%~30%。溶剂的作用是稀释涂料,使涂料具有一定的流动性,改善涂料的操作性能。加热型涂料约 10min 后不黏附轮胎,可以开放交通。

③热熔型标线的施工:为了提高路面与涂膜的黏结力,需要在路面上先涂抹底漆(下涂剂)。底漆由合成树脂、可塑剂、芳香族溶剂构成。底漆应根据不同的路面材料选用不同的类型。底漆的涂抹量过多或不足都会降低路面与涂膜间的黏结力。根据路面情况和底漆特性,一般每平方米涂抹 60~230g 底漆为好。涂抹时使用刷子、滚筒式喷洒机等,将底漆调至浓淡均匀后涂洒。底漆涂洒宽度应比标线放样宽度稍宽一些。底漆涂洒后要养护。当底漆不粘车轮胎,也不黏附灰尘、砂石时,才可以进行标线涂布作业。养护时间与大气温度、路面温度、湿度、风强度、底漆组成、涂抹量、涂抹方法、路面吸水率等因素有关。底漆涂抹时,要仔细,防止遗漏,特别是路面凹凸明显的地方,可在凹陷的地方适当涂厚一点。

热熔型涂料施工实际上是一种熔结作业,因此,材料性能及施工方法和技术都直接影响着涂膜性能。施工条件和路面状态是多种多样的，影响路面标线性能的因素也千变万化，因此，每次施工应尽量控制各种因素，争取好的施工质量。热熔型涂料是由颜料、体质材、反光材料与具有热可塑性的树脂混合而成。热熔型涂料与常温型、加热型不同，它不含溶剂或稀释剂，呈粉末状供应。将热熔型涂料加热到180℃～220℃（根据热熔型涂料采用的树脂类型和配方选择合适的温度），涂料即可成为融熔的流动状态，用划线机涂敷于路面，并紧接着撒布玻璃珠，在常温下固化。当涂敷于沥青路面时，涂料与路面熔合；当涂敷于水泥混凝土路面时，涂料与路面是物理黏结，是机械啮合。正式划线前应在铁板上试划，以确定划线车的行驶速度，调试线宽、标线厚度、玻璃珠撒布量。调试好后，开始正式划线。将粉末状的涂料在熔解釜内熔化，达规定温度后将熔化好的涂料装入涂敷机，到需要划标线的路段将其涂敷于路面上。涂敷作业是标线施工最关键的一步，应按规定操作规程严把质量关。为防止划线车的贮料罐和流出口等处涂料黏度变大，可装保温装置，按涂敷量和气候等因素妥善地控制温度。为保证夜间的标线识别性，在标线涂敷的同时要撒布玻璃珠。经验表明，玻璃珠直径有一半埋入涂膜中时，反光效果最好。但要做到这一点不太容易。涂料温度高，玻璃珠撒布快，珠子易沉入涂层中；涂料温度低，玻璃珠撒布慢，涂层已接近固化，玻璃珠不能在涂层上很好固着，容易脱落，反光效果差。因此，玻璃珠撒布受到涂料温度、涂层厚度、气候条件等的影响，施工时要严格控制撒布时间。

涂膜干燥时间因室外气温的变化而不同。对于热熔型涂料，涂膜干燥时间约为3min，涂料不会黏结在车辆轮胎上，即可以开放交通。

④双组分型标线和水性标线也应采用专用设备施工。

（4）路面标线尽管厚度较薄，但仍有一定的阻水作用，尤其是在南方雨水较多的地区，处理不当容易导致交通事故，因此应按设计文件的要求留出排水孔。位于禁止超车线上的突起路标，在施划禁止超车线时，应采取措施预留突起路标的位置，以免影响后期突起路标的施工。

（5）修整标线局部缺陷。对于标线被污染、变色、玻璃珠撒布有堆积、涂料的喷射形状不好、飞溅及其他缺陷，应及时进行修整。

（6）成型标线带和防滑彩色路面标线的施工应符合产品使用说明书的规定。

6.3.2 突起路标的施工

（1）突起路标的施工放样工作，一般应沿着标线来定位，反射体应面向行车方向。

（2）由于突起路标种类较多，材料各异，施工方法有所不同。突起路标位置确定后，最常用的方法是把突起路标用胶直接粘在路面上。在黏结前，应用扫帚、刷子、高压喷嘴吹风等办法清理路面。用刮刀把黏合剂涂抹在路面上和突起路标底部，突起路标就位，在突起路标顶部施加压力，排除空气，再一次调整就位。若采用强化玻璃突起路标，则应在路面上钻孔，取出岩芯，清理孔穴后涂胶，突起路标就位，在突起路标顶部施加压力，排除空气，再一次调整就位。若采用带脚的突起路标，则应在路面上钻小孔，把突起路标的脚伸入到孔内（深度应足够，钻孔不能太大），清理孔穴后涂胶，突起路标就位，在突起路标顶部施加压力，排除空气，再一次调整就位。待胶凝固后即可开放交通。

突起路标在黏合剂固化以前不能受力，因此在突起路标施工过程中，一定要做好养护管理和交通诱导工作，在黏合剂固化以前一定要避免车辆冲压突起路标，待黏合剂固化以后，才可开放交通。

6.4 验收

6.4.1 路面标线的颜色、形状和标线划法应符合《道路交通标志和标线》（GB 5768）和设计文件的规定。一些强制性的规定必须严格遵守。

6.4.3 无论是纵向标线、横向标线，还是立面标线，所划线条规范、美观，尺寸正确，是最重要的。只有线形流畅，与公路线形相协调，曲线圆滑，才会给公路使用者以美感，才会使驾驶员依靠标线的指引安全行车。在曲线路段，不允许标线出现折线；在竖曲线路段，标线衔接应顺畅。

6.4.4 反光标线是一种用于夜间增加反光效果的标线。因为部分玻璃珠撒布在涂料中，撒布均匀、附着牢固时，反光效果就会非常显著。衡量反光效果的重要指标是反光标线逆反射系数，无论白色标线，还是黄色标线，均应满足设计文件的规定。

6.4.5 标线涂料施工完成后,有时会出现一些意外缺陷。这些缺陷影响标线的美观,影响标线的质量,影响标线的耐久性。这些缺陷有的是因为涂料原材料质量造成的,有的是因为施工机具故障或划线操作不当造成的,有的是因为公路路面质量和气候因素造成的,因此,标线涂料施工质量问题需从多方面加以解决。涂料表面不应出现网状裂缝、断裂裂缝、起泡、变色、剥落,以及涂料纵向有长的起筋或拉槽等现象。有的缺陷应在施工完成后尽快进行修整,有的缺陷需要不断总结经验,在今后施工中加以解决。

6.4.6 本条摘自《突起路标》(JT/T 390—1999)。

7　隔离栅和桥梁护网

7.1　一般规定

7.1.1　隔离栅是纵向设置的连续构造物,是沿地物平缓过渡、不宜有大起大落的隔离建筑。因此,沿隔离栅的安装位置应进行场地清理,特别是对一些小土丘、坑洞进行挖掘、填平补齐的处理,使隔离栅能沿地形起伏前进。这样连接比较容易,看起来也比较美观。

7.2　材料

7.2.1　隔离栅和桥梁护网所用的各种材料,为了便于采购和加工,其型号、规格、尺寸应尽可能选用标准化产品,材料的技术要求应符合正文中所提标准和规范。考虑到工程造价和经济成本,除设计文件提出的特殊要求外,一般不选用非标产品。

7.2.2　隔离栅和桥梁护网的所有钢构件都应进行表面防腐处理,其目的是增强材料的抗腐蚀能力,延长使用寿命,此外还能增添隔离栅和桥梁护网的美观、艺术效果。第3.1.2条的条文说明介绍了几种防腐工艺的特点。随着经济及防腐技术的发展、人们对隔离栅和桥梁护网美观要求的提高,镀锌(铝)后涂(浸)塑、涂(浸)塑的防腐技术近几年已经成熟并逐渐推广起来,在高速公路的隔离栅和桥梁护网中镀锌(铝)后涂(浸)塑的产品已广为应用。镀锌(铝)后涂(浸)塑、涂塑由于增加了抗酸腐蚀的性能,更适合于沿海地区应用,但涂层使用寿命受老化的影响较大。

7.3　施工

7.3.1　隔离栅的施工

(1)放样精度是隔离栅施工质量的保证。根据设计文件中确定的隔离栅横断面位置及实际地形、地物条件确定出控制立柱的位置后,应进行必要的清场、定出立柱中心线。然后测量立柱的准确位置,做出标记。

(2)每个柱位均应按设计文件的要求确定高程,但允许按实际地形进行调整。隔离栅在地形起伏的路段设置时,可将地面整修成一定的纵坡,也可顺坡设置。测量高程的目的在于控制各立柱基础标高,保证安装后隔离栅顶面的平顺和美观。

(3)在放样和定位工作完成的基础上,根据设计文件的要求开挖基坑或钻孔,挖钻深度应符合设计要求。在特殊的环境条件下,如坚硬的岩石等,在保证不改变地界的法律地位和设施布设整体美观的情况下,允许对基坑位置作适当的调整。基坑开挖到设计要求深度后,应将基底清理干净,经检验合格后,方准进行下道工序。

(4)立柱基础混凝土施工包括现场浇筑和预制两种。现场浇筑要求立柱放入基坑内,正确就位,用临时支撑固定立柱,用靠尺量其垂直度,用卷尺量其高度,在确认符合设计要求后,进行混凝土的浇筑。预制混凝土基础现场埋设是指通过模具预先把混凝土基础制作完毕,也可将立柱与混凝土基础制作成整体结构,现场直接安装到位。不管选用何种施工安装方式,在施工过程中都应严格检查立柱就位后的垂直度和立柱高程,以保证网片安装的质量和隔离栅安装完毕后的整体美观效果。

基坑底可垫混凝土,放入立柱后,检查柱顶标高,并用临时支撑固定立柱,检查其垂直度。立柱的埋设应分段进行:先埋两端的立柱,然后拉线埋设中间立柱。控制立柱与中间立柱的平面投影在一条直线上，不得出现参差不齐的现象。柱顶应平顺，不得出现忽高忽低的情况。

对预制的混凝土立柱和基础，在运输及装卸时应避免立柱折断或摔坏边角。装车时，堆放不宜超过五层。

(5)基础混凝土强度达到设计强度的70%以后，可安装隔离栅网片。

①无框架卷网安装时，应从端头立柱开始，先将金属网在立柱挂钩上扣牢，然后沿纵向展开，边铺设边拉紧。展网要求自如，挂钩时保证网不变形。整网铺设可在地势较平坦的路段施工，对立柱间距要求不严，需要承受一定的张拉力，端柱需加斜撑加固。

②带框架的片网一般要求在工厂集中制作完成，因为工厂机械设备较为齐全、生产效率高、成本低、工艺完善，批量流水生产能保证加工制作的质量。有框架的片网安装后要求网面平整、无明显的凹凸现象，立柱间距正确，框架与立柱连接牢固，框架整体平顺、美观。

③刺钢丝安装时应从端头立柱开始，刺钢丝之间要求平行、平直，绷紧后可用12号钢丝与混凝土立柱或钢立柱上的钢钩绑扎固定，横向与斜向刺钢丝相交处用12号钢丝绑扎牢固。

(6)隔离栅网片安装完毕后，立柱基础周围均应进行最后压实处理。

7.3.2 桥梁护网的施工

(1)桥梁护网应以跨线桥与公路、铁路等设施的交叉点为控制点，向两侧对称进行施工。当上跨桥梁为斜交时，桥梁护网长度应根据设计文件的要求作相应调整。

(2)桥梁护网的立柱一般采用预埋基础，应按设计要求制作预埋件，安装立柱时要控制柱距，注意连接部件的牢固性。立柱与基础连接应符合设计要求，牢固、垂直、高度一致。未设置预埋件时，应采取后固定的施工工艺固定立柱。

(3)桥梁护网是桥梁建筑的附属安全措施，对桥梁景观有很大的影响。除应牢固地安装在立柱或支撑上外，金属网片应平整、绷紧，舒展自然、美观。

(4)为防止雷电伤人，施工时，需在合适位置安装接地避雷线。接地避雷线安装要符合设计文件的要求。

7.4 验收

7.4.1 隔离栅是一种防止人畜进入公路、侵占公路用地的封闭措施，防钻、防翻越是主要考虑的因素。隔离设施和桥梁护网的封闭应严密、牢固，特别是在过涵洞水沟、通道、下穿桥梁时的围封，要根据具体情况进行处理，涵洞的跨越可根据水量、沟的深度而定，不应让人、畜穿越。

7.4.2 隔离栅应与公路线形走向一致，顺直、流畅，纵坡起伏自然、美观，这是对隔离栅美观效果的要求。

7.4.3 隔离栅的强度和美观在很大程度上取决于立柱的施工质量。立柱基础尺寸、埋深、立柱的垂直度、柱间距都是重要的控制因素。立柱基础无论是预制还是现浇，混凝土强度、尺寸必须满足设计规定。立柱的埋深、基础回填土的夯实程度，以及立柱间距的控制精度，对有框架片网的安装影响相当大。混凝土立柱和基础混凝土的强度等级应达到设计文件的要求。

7.4.4 卷网铺设要求有一定的张拉设施，一般采用上下两根钢筋与网穿插张拉。卷网安装张拉完成后，金属网不得有明显变形，网孔长轴方向变形量、网孔夹角变形量不得超过规定范围。电焊网不得脱焊、虚焊，否则达不到规定的强度和平整度。

7.4.5 隔离栅和桥梁护网表面均应进行防腐处理，表面不得有气泡、裂纹、疤痕、折叠和端面分层等缺陷。

7.4.6 混凝土立柱的施工质量对隔离栅的强度和美观有很大影响，因此混凝土立柱应密实平整，不得有裂缝、翘曲、蜂窝、麻面等缺陷。

7.4.7 桥梁护网应作防雷接地处理，接地电阻应符合设计文件的规定。

8 防眩设施

8.1 一般规定

8.1.1 施工前,对防眩板、防眩网的预埋件应进行检查,发现问题及时与建设单位联系并在施工前加以解决。

8.2 材料

8.2.1 防眩板可以用金属材料和合成材料制成,防眩网可以用金属材料制成。金属材料指金属板材、金属网和连接件;合成材料包括工程塑料、玻璃纤维增强塑料制品等。上述材料应满足耐腐蚀性及耐候性的要求。现行《公路防眩设施技术条件》(JT/T 333)、《塑料防眩板》(JT/T 598)、《公路用玻璃纤维增强塑料产品 第4部分:防眩板》(JT/T 599.4)中对各类防眩设施的构件材料有详尽的要求,除设计文件另行规定外,应遵照执行。

8.2.2 钢构件防腐处理可采用热浸镀锌、热浸镀铝、表面涂塑和涂刷油漆等方式,除设计文件另行规定外,应符合现行《高速公路交通工程钢构件防腐技术条件》(GB/T 18226)和设计文件的规定。对于合成类材料,如设置在受海边盐雾腐蚀、酸雨或除雪剂影响较大的环境中时,可选用不易老化、不易褪色和不易变形的高分子合成材料。

8.3 施工

8.3.1 设置于混凝土护栏上的防眩板或防眩网的安装

(1)预埋件的设置位置、结构尺寸等不符合设计要求,或未按要求设置预埋件时,应与建设单位联系,不得随意处理,以免破坏混凝土护栏的使用功能。

(2)混凝土护栏是支撑防眩板、防眩网的结构物,防眩板、防眩网安装完成后,各连接件就要受力,混凝土强度达到设计强度的70%以上时,方可在混凝土护栏顶部安装防眩设施。

(3)防眩板、防眩网安装后,其下缘与混凝土护栏顶部的间距应符合设计文件的规定。安装过程中,不得随意抬高防眩板、防眩网以调整高度及垂直度,以免下缘漏光过量影响防眩效果。

(4)防眩板、防眩网安装后,与混凝土护栏成为整体结构,一般不会削弱混凝土护栏的原有功能,但应注意检查。

8.3.2 设置于波形梁护栏上的防眩板或防眩网的安装

(1)防眩板或防眩网可通过连接件安装在波形梁护栏上。

(2)为了简化防眩板或防眩网结构,有时把防眩板或防眩网安装在单侧波形梁护栏上。一般情况下,这种做法不会削弱波形梁护栏原有的功能,但一旦发生碰撞事故,护栏和防眩设施均会遭受破坏,应经常注意检查。

(3)防眩板或防眩网下缘与波形梁护栏顶面之间的间距应符合设计文件的规定,以免漏光过量影响防眩效果。

(4)防眩板或防眩网通过连接件与波形梁护栏连接,施工过程中不应损伤波形梁护栏的金属涂层。任何形式涂层的损伤,均应在24小时之内给予修补。

8.3.3 独立设置立柱的防眩板或防眩网的安装

(1)防眩板或防眩网单独设置时，立柱一般直接落地埋在中央分隔带内，因此，施工前，应注意清理中央分隔带内的杂物、坑洞，了解管线埋深及位置，处理好与其他中央分隔带内构造物的关系。立柱埋设在其他位置时，也应进行场地清理。

(2)防眩板或防眩网单独设置时，可根据所在位置选择将立柱埋入土中、设置混凝土基础或固定于构造物上等方式加以处理。

(3)防眩板或防眩网立柱的施工，采用开挖法埋设混凝土基础时，不得破坏地下的通信管线或电缆管线。混凝土基础开挖达到规定深度后，应夯实基底，调整好垂直度和高程，夯实回填土。施工中不得损害中央分隔带地下排水系统。

8.4 验收

8.4.1 防眩高度、遮光角是防眩设施的重要指标。防眩设施安装完成后，其防眩高度、遮光角应满足设计文件的要求。防眩设施安装完成后，往往在桥梁与路基连接处，在中央分隔带开口处，防眩设施有不连续的地方，在两段防眩设施中间留有短距离间隙，会产生严重的漏光现象，应加以避免。

从纵断面来看，防眩漏光发生在线形起伏变化较大的路段。在这些路段从防眩板或防眩网上漏光是很难避免的，需要做到的一点是首先要满足设计要求，尽量使这种情况加以避免或减少。

8.4.2 防眩板或防眩网安装完成后，成为公路的附属结构物，成为保障安全的一种设施，同时也是一种公路的景观设施。防眩设施应与公路线形协调一致，不得有明显的扭曲或凹凸不平等现象。

8.4.3 防眩板或防眩网是一种产品，其外观质量应符合设计规定。防眩板或防眩网表面不应有划痕、变色及颜色不均等外观上的缺陷。防腐层不得有气泡、裂纹、疤痕、端面分层、毛刺等缺陷。

8.4.4 防眩板或防眩网必须安装牢固，以免影响正常使用。

9 轮廓标

9.1 一般规定

9.1.1 轮廓标属于视线诱导设施。附着于护栏或其他构造物上的轮廓标,一般是在整个工程的最后阶段安装。安装太早,特别是在公路还没有全封闭、没有正式移交给管理部门以前,这种设施很容易遭到破坏。

9.1.2 轮廓标安装前,应对柱式轮廓标或附着式轮廓标的埋设条件、位置、数量进行核对,并做出详细的施工组织设计,以便对施工进度、作业程序、材料供应、人员安排等进行合理组织。

9.2 材料

9.2.1 轮廓标立柱一般采用强度高、耐候性和耐腐蚀性好的材料,并且要求加工方便、价格便宜,考虑到维修、养护工作的方便,一般采用金属或合成树脂等材料制作。轮廓标用反射器应选取高透光率的材料,如聚甲基丙烯酸甲酯、聚碳酸酯等树脂。除设计文件另行规定外,轮廓标应采用符合现行《轮廓标技术条件》(JT/T 388)要求的产品。柱式安装的轮廓标,其混凝土基础所用的材料应符合现行《公路桥涵施工技术规范》(JTJ 041)的规定。

9.2.2 钢构件均应进行防腐处理。除设计文件另行规定外,防腐处理应符合现行《高速公路交通工程钢构件防腐技术条件》(GB/T 18226)的规定。

9.3 施工

9.3.1 柱式轮廓标施工时,应设置混凝土基础。基础开挖达到规定的尺寸和深度后,先浇筑一层片石混凝土,厚度不应小于20cm。接着在片石混凝土上支模板,测定模板顶部的标高。当立柱与混凝土基础浇在一起时,则可将立柱放入模板中,固定就位后,即可浇筑混凝土。混凝土浇筑完成后应采取正常的养护措施,直到混凝土达规定的强度;当轮廓标柱体或立柱为装配式结构时,则应预留柱体插入的空穴,或采用法兰盘连接。柱式轮廓标,可在混凝土基础的预留空穴中安装。安装时轮廓标柱体垂直于地平面,三角形柱体的顶角平分线应垂直于公路中心线,柱体与混凝土基础之间用螺栓连接。

9.3.2 附着于各类构造物上的轮廓标应按照放样确定的位置进行安装。附着于护栏槽内的轮廓标,反射器为梯形,把反射器后底板固定在护栏与立柱的连接螺栓上。附着于缆索护栏上的轮廓标,通过夹具把轮廓标固定在缆索上。附着于隧道壁、挡墙、桥墩、桥台侧墙、混凝土护栏等处的轮廓标,通过预埋件或用胶固定在侧墙上。反射器的安装角度应符合设计文件的规定。安装高度宜尽量统一,并应连接牢固。

9.4 验收

9.4.1 轮廓标是公路沿线的重要安全设施。夜间,它可以使公路轮廓亮起来,大大增加了驾驶员行驶的安全性,也美化了公路。轮廓标安装完成后,应与公路线形协调一致,夜间反光效果明显、线条流畅。安装高度宜保持一致,设置间隔应均匀。

9.4.2 轮廓标的外形尺寸,首先要确保反光片有足够的尺寸,材质、高度应符合设计文件的规定。

9.4.3 柱式轮廓标应安装牢固、外形美观，颜色黑白分明。柱体为白色，与中间的黑色标记形成对比。黑色标记的中间镶嵌反射器或反光膜，白天晚上均应清晰。柱体表面不应有明显的划痕、气泡、裂纹及颜色不均等缺陷。

9.4.4 附着于波形梁护栏上的轮廓标，由于与波形梁连接螺栓串在一起，而连接螺栓与护栏立柱连在一起，一般均采用防盗螺栓，因此，最好与护栏安装一起进行。安装应牢固、角度应准确。附着于混凝土墙壁或隧道壁上的轮廓标，一般通过预埋件连接，或用胶黏结，也应安装牢固，高度应保持一致，其支撑结构和紧固件应与设计文件相符。

9.4.5 钢构件表面防腐处理应满足规范和设计文件的要求。不同材质的金属构件互相接触时，为防止电化腐蚀，在相互接触的部位应使用非金属套、垫或保护层，使两者隔离。

10 活动护栏

10.1 一般规定

10.1.1 插拔式活动护栏的预埋基础施工应在面层施工前完成,其余部分在路面施工完成后进行。插拔式活动护栏应在工厂制作,以保证施工精度。

10.1.2 充填式活动护栏的拼装应在路面施工完成后进行。

10.2 材料

10.2.1 活动护栏所用的材料应符合正文的规定。

(1)插拔式活动护栏采用的钢管用材一般为普通碳素结构钢,牌号 Q235,其技术条件应符合现行《碳素结构钢》(GB/T 700)的规定,其混凝土基础所用的材料应符合现行《公路桥涵施工技术规范》(JTJ 041)的规定。

(2)充填式活动护栏一般采用玻璃钢高分子合成材料制作。与金属材料相比,它重量轻、耐腐蚀、电绝缘、耐瞬时超高压、传热慢、隔音防水、易着色、能透过电磁波、具有一定强度,是一种兼有功能和结构特性的新型材料。基体材料为不饱和聚酯树脂和环氧树脂,增强材料为无碱玻璃丝纤维或碳纤维,应符合现行《公路用玻璃纤维增强塑料产品》(JT/T 599)的规定。

10.2.2 插拔式活动护栏的钢管及预埋件应进行表面防腐处理,并应符合现行《高速公路交通工程钢构件防腐技术条件》(GB/T 18226)的规定。活动护栏是由钢管弯曲、焊接而成,加工完成后要进行除锈、除油清理,应按规定进行表面防腐处理。套管等预埋件也应按规定进行表面防腐处理。

10.3 施工

10.3.1 插拔式活动护栏的施工

(1)插拔式护栏基础在路面基层完成后,才开始放样定位。活动护栏的基础应根据设计文件的要求确定位置,并与中央分隔带护栏端头位置相协调。应调查基础与中央分隔带内的地下管线是否冲突,必要时应对基础的埋设位置或标高进行调整。

(2)混凝土基础施工完成后应采取保护措施,如在套管上加木塞子等,以防止杂物落入预埋套管内。

(3)插拔式活动护栏的基础混凝土强度达设计强度 70% 以上时,可以安装插拔式活动护栏。

(4)对有防眩和视线诱导要求的路段,应按设计文件要求安装防眩和视线诱导设施。

10.3.2 充填式活动护栏的施工

把活动护栏各结构段按设计文件的要求进行拼装,如图 10-1 和图 10-2。线形调整平顺后,应将符合设计文件要求的材料按规定数量充填活动护栏。

10.4 验收

10.4.1 中央分隔带开口处的活动护栏具有在紧急情况下为公路交通事故处理、公路养护作业提供紧急通道的功能。活动护栏应开启灵活、造型美观,条件许可时可具有一定的防撞能力。插拔式活动护栏结构简单,充填式活动护栏具有一定的防撞能力。施工时应满足设计规范和设计文件的要求。

图 10-1 活动护栏连接处

图 10-2 充填式活动护栏

10.4.2 插拔式活动护栏可分为护栏片和预埋件两部分。护栏片一般在工厂加工,钢管弯曲成型的尺寸、材料规格、加工质量均应符合设计要求。基础混凝土的尺寸、埋深,混凝土的质量应符合设计要求。预埋套管应定位精确,以保证活动护栏的安装质量。

10.4.3 中央分隔带开口处的活动护栏应与两端护栏齐平,安装顺直,符合设计文件的要求。充填式活动护栏应安装严密、平顺、外形美观。

10.4.4 充填式护栏的充填材料和数量应符合设计文件的规定,以达到其功能要求。

10.4.5 有防眩和视线诱导要求的路段应安装相应的防眩设施和轮廓标,以避免因防眩设施和视线诱导不连续而诱发交通事故。

JTG

中华人民共和国行业推荐性标准　　JTG/T F83-01—2004

高速公路护栏安全性能评价标准

The Evaluation Specification for Highway Safety Barriers

4

2004-12-14 发布　　2004-12-31 实施

中华人民共和国交通部发布

中华人民共和国交通部公告

第32号

关于发布《高速公路护栏安全性能评价标准》(JTG/T F83-01—2004)的公告

现发布《高速公路护栏安全性能评价标准》(JTG/T F83-01—2004),自2004年12月31日起施行,作为公路工程行业推荐性标准,在公路行业内自愿采用。

《高速公路护栏安全性能评价标准》(JTG/T F83-01—2004)由交通部公路科学研究所负责编制,日常解释和管理工作由交通部公路科学研究所负责。

请各有关单位在实践中注意积累资料,总结经验,及时将发现的问题和修改意见函告交通部公路科学研究所(地址:北京市西土城路8号,邮政编码:100088),以便修订时参考。

特此公告。

中华人民共和国交通部

二○○四年十二月十四日

4

前　言

在我国现行的标准和规范中，有关高速公路护栏的相关内容只有在《高速公路交通安全设施设计及施工技术规范》(JTJ 074—94)中有部分规定，但该内容是作为设计条件提出的，评价方法和评价标准均未规定。对于安装在高速公路上的护栏的实际防护能力、安全性能以及新的结构形式的护栏，应该通过何种试验进行检验均没有相应的执行标准。特别是在我国公路交通行业飞速发展，道路状况、车辆状况不断发生变化，新的交通安全理念不断更新的情况下，制定《高速公路护栏安全性能评价标准》显得尤为重要

根据交公路发[2000]722 号，关于制定《高速公路护栏安全性能评价标准》的通知，课题组根据我国现在的公路状况、车辆行驶状况，以及将来的发展趋势，并向相关的国际标准靠拢，制定出符合我国国情的标准。

本标准的制定原则是以我国高速公路运行实际情况的调研资料为基础，以实车碰撞试验数据为依据；体现以人为本的原则，既能保证大部分车辆的行车安全，同时考虑我国的技术、经济实力；既考虑目前的现状，同时考虑今后的发展趋势；既符合我国的实际情况，同时尽可能地和国际上相关的标准体系接轨。

本标准在制定过程中，课题组进行了大量调研工作，并将其他具有相关内容课题组的调研资料与本课题组的调研资料进行汇总，调研的高速公路路段覆盖东北、华北、华东、华中、西北、西南等全国的大部分地区，基本上代表了目前中国高速公路实际运行情况，并通过各方多次讨论、召开专家论证会而最终确定了碰撞条件。评价要素和指标是通过十几次各种类型的实车碰撞试验，对乘员的各项指标、车辆的各项指标、车辆运行状态及碰撞全过程等进行全面统计、分析，并结合以前进行的几十次相关的护栏实车碰撞试验所得出的结果。

本标准界定了与护栏安全性能评价相关的名词术语，规定了高速公路护栏实车碰撞试验条件、试验指标控制精度、实车碰撞试验方法及评价标准。本标准不涉及护栏设置的相关内容。

本标准系首次制定，为使本标准更能符合我国公路建设的实际情况，请各有关单位在执行过程中，将发现的问题和意见函告交通部公路科学研究所(地址：北京市西土城路 8 号，邮政编码：100088)，以便下次修订时参考。

起 草 单 位：交通部公路科学研究所

主要起草人：乔希永、唐琤琤、于树平、赵玉坤、朴松爱、李娟、贾日学

4

目　次

1 总则

1.0.1 为提高高速公路的行车安全性,使高速公路的护栏设置更加安全合理、经济适用,特制定本标准。

1.0.2 本标准适用于新建和改建高速公路及高速公路桥梁的各种结构形式护栏标准段的安全性能评价,其他公路的护栏及安全设施可参照本标准。

1.0.3 高速公路上设置的每一种结构形式的护栏均应采用实车足尺护栏碰撞试验进行安全性能评价。

每一种结构形式的护栏在进行实车足尺护栏碰撞试验时应分别采用小型车辆和大型车辆同时进行试验。小型车辆试验时主要评价车内乘员的安全性和碰撞后的车辆运行轨迹;大型车辆试验时主要评价护栏防撞性能和碰撞后护栏的最大动态变形量。

试验过程中无论是小型车辆还是大型车辆,只要有一项指标不符合标准的规定,均视为不合格护栏,不能在相应路段上使用。

对于同一种结构形式的护栏进行多次试验时,每一次试验应尽可能选用同一种车型进行试验。

1.0.4 试验护栏的安装按照《高速公路交通安全设施设计及施工技术规范》(JTJ 074)的相关条款执行。

试验仪器及二次仪表的技术要求应按照《道路车辆-碰撞试验测量技术-测试仪表》(ISO 6487)及(SAE J211)的相关规定执行。

车辆重心高度测量按照《两轴道路车辆　重心位置的测定》(GB/T 12538)的要求执行,或按照汽车生产厂商提供的测试数据记录。

车内乘员保护参照《实车正面碰撞乘员保护设计规则》(CMVDR294)的相关条款执行。

2 名词术语

2.0.1 护栏的安全性能

车辆与护栏发生碰撞事故时,为防止车内乘员受到伤害,护栏所具有的缓冲、防撞、导向等方面的综合性能。

2.0.2 护栏的防撞性能

保证车辆不冲出路外、不翻出路外,护栏所能承受的最大碰撞能量。

2.0.3 护栏的导向性能

碰撞后能够将车辆正确导向,在一定距离之内碰撞车辆尽可能不驶入相邻车道。

2.0.4 碰撞速度 Impact velocity

实际碰撞点前6m以内所测定的试验车辆实际行驶速度。

2.0.5 碰撞角度 Impact angle

实际碰撞点位置车辆中心线与护栏的夹角。

2.0.6 理论碰撞点

车辆沿行驶方向的中心线与护栏的交点。

2.0.7 实际碰撞点

车辆与护栏发生碰撞时最先瞬间接触点。

2.0.8 驶出角度 Exit angle

碰撞后车辆驶离护栏时,车辆中心线与护栏的夹角。

2.0.9 试验假人 Dummy

能够准确测量和记录头部性能指标、胸部性能指标、腿部性能指标及其他部位所需的测试数据的人体模型。

2.0.10 车体纵向加速度 X

碰撞过程中沿车辆行驶方向,车体所受冲击加速度10ms间隔平均值的最大值。

2.0.11 车体横向加速度 Y

碰撞过程中水平面上沿车辆行驶方向的垂直方向,车体所受冲击加速度10ms间隔平均值的最大值。

2.0.12 车体铅直加速度 Z

碰撞过程中沿铅直方向,车体所受冲击加速度10ms间隔平均值的最大值。

2.0.13 假人头部性能指标 HPC (head performance criterion)

$$\mathrm{HPC} = (t_2 - t_1)\left(\frac{1}{t_2 - t_1}\int_{t_1}^{t_2} a\mathrm{d}t\right)^{2.5}$$

式中:t——加速度持续时间($t_2 - t_1 \leqslant 36\mathrm{ms}$);

a——合成加速度。

2.0.14 假人胸部性能指标 THPC (thorax performance criterion)

用假人胸部位移传感器测量的胸部压缩位移量指标。

2.0.15 假人腿部性能指标 FPC (femur performance criterion)

用假人腿部力传感器测量的腿部受力指标。

2.0.16 最大动态变形量

车辆与护栏碰撞过程中沿护栏的垂直方向护栏所产生的最大动态变形量。

3　护栏实车碰撞试验条件

3.0.1　车辆吨位等级分类

试验车辆分为小型客车和大型车辆(包括大客车和大货车)。小型客车的碰撞试验主要测试车内乘员的安全保护和碰撞后的运行轨迹,车辆吨位为1.5t;大型车辆的碰撞试验主要测试不同等级护栏的防撞性能,车辆吨位分别为10t、14t、18t。

3.0.2　碰撞速度

碰撞速度根据车型选择分为小型客车100km/h、大型货车60km/h、大型客车80km/h。

3.0.3　碰撞角度

所有实车碰撞试验的碰撞角度全部选择20°。

3.0.4　护栏防撞试验分类

根据道路路侧的危险程度和防护对象不同,将高速公路护栏按照防撞性能分别按下列试验条件试验。护栏等级划分的具体内容按照《高速公路交通安全设施设计及施工技术规范》(JTJ 074)的相关条款执行。护栏实车碰撞试验条件见表3.0.4。

表3.0.4　实车碰撞试验条件

序　号	车辆质量(t)	碰撞车速(km/h)	碰撞角度(°)	碰撞能量(kJ)
1	1.5	100	20	—
2	10	60	20	160以上
3	10	80	20	280以上
4	14	80	20	400以上
5	18	80	20	520以上
6	特殊设计护栏:需要特殊设计的公路,如集装箱占有率相当高、跨越非常重要建筑区(通航等级高、繁忙的河道,干线高速铁路)等,各项指标可根据公路设计的实际情况具体确定			

3.0.5　试验指标允许偏差(如表3.0.5)

表3.0.5　试验指标控制精度

车辆质量(t)	质量偏差(kg)	试验车速(km/h)	速度偏差(km/h)	试验角度(°)	角度偏差(°)
1.5	±75	100	±4.0	20	±1.5
10	±300	60	±3.0	20	±1.5
10	±300	80	±3.0	20	±1.5
14	±400	80	±3.0	20	±2.0
18	±500	80	±3.0	20	±2.0

4 护栏碰撞试验一般规定

4.1 试验场地

4.1.1 试验场地应宽阔平坦,加速跑道应使试验车辆加速后达到标准要求的车速并满足速度精度要求,碰撞广场不能有水、冰、雪(模拟特殊气候状况的试验除外)等。碰撞广场的长度从碰撞点起不应小于50m。

4.1.2 在护栏碰撞点附近的内侧路面上及护栏的外侧应能设置可供进行图像采集的标准线和标准点。

4.1.3 实车足尺护栏碰撞试验不得在专用实车碰撞试验场以外的场所进行。

4.2 护栏试验段

4.2.1 准备试验的护栏应和设计图样一致,包括材料、截面尺寸、基础及设置等。对于刚性护栏试验段的安装长度不应小于40m,护栏的碰撞点后方的护栏长度不得小于10m;对于半刚性护栏和柔性护栏试验段的安装长度不应小于70m,护栏的碰撞点后方的护栏长度不得小于20m,同时护栏起始点应采取双道钢丝绳固定,钢丝绳的直径应大于16mm,半刚性护栏端头固定钢丝绳预紧力为不小于100kg,柔性护栏端头固定钢丝绳预紧力根据设计情况具体设定。钢丝绳的另一端的固定可承受5t以上的力不会松动。护栏的安装示意图见图4.2.1。

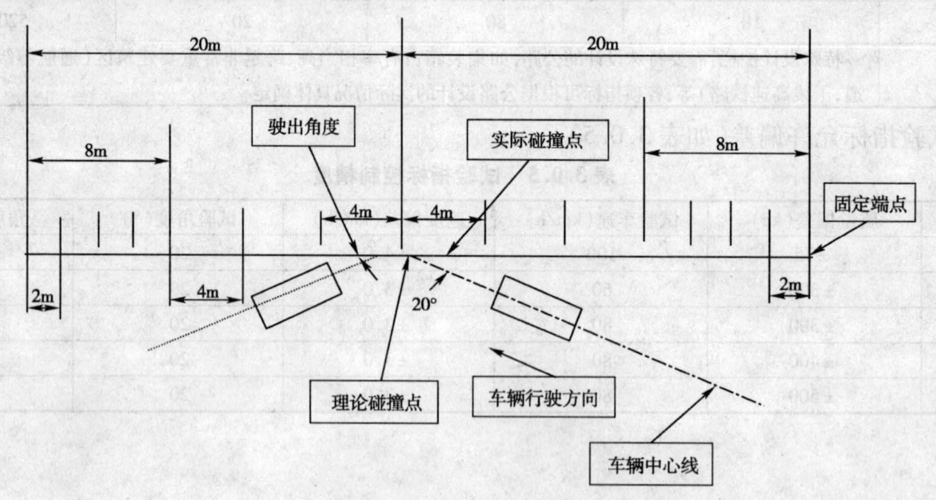

图4.2.1 护栏的安装示意图

4.2.2 护栏在试验前应根据图纸对其几何参数、技术要求等对试样进行详细的检查,并登记在记录表中(见附录A)。

检查登记项目包括:护栏的形式、截面积、高度、立柱间距、立柱埋置方式,立柱及混凝土挡墙的横截面积、各种几何参数、基础情况等。

4.2.3 厂家应提供护栏的图样及技术要求、应用范围等。如果已经进行相关的材料特性试验、静态试验等,应提供相关的试验数据。

4.2.4 护栏试验段的现场安装按照《高速公路交通安全设施设计及施工技术规范》(JTJ 074)的相关条款执行。

4.3 试验车辆

4.3.1 试验车辆应保证车辆的总成完整,行驶系统、转向系统、制动系统等性能应完好、可靠,轮胎的气压符合厂家的技术要求,试验车辆应整洁。

4.3.2 试验所选择的车辆应按照评价等级相应的总质量进行配载,配载时荷载应均匀分布,保持车辆的行驶稳定性,同时不得超出厂家技术要求的满载质量。并应对荷载进行有效地固定。燃料箱的燃料用水来代替,其质量应为制造厂商规定的燃料箱注满时的90%。

4.3.3 试验车辆应在顶部及侧面贴有用于摄像分析的标志点及标尺。

4.3.4 小型客车如安装试验假人,应保证安全带的完好和有效。

4.3.5 车辆重心高度测量按照《两轴道路车辆 重心位置的测定》(GB/T 12538—2003)测定,或按照汽车生产厂商提供的测试数据记录。

4.3.6 试验车辆的主要技术参数如:车长、宽、高、重心高度、自重、总重量等必须记录在记录表上。

4.4 车辆加速

4.4.1 用适当的方法使试验车达到标准规定的试验车速,并应有10m以上的速度稳定距离。

4.4.2 试验车辆在加速和运行过程中转向器应处于自由状态,不得进行锁制,并且保证在试验的全过程中不受到任何外力干涉造成车辆意外偏离方向。

4.4.3 试验过程中车辆的制动器踏板应处于自由状态,并保证在试验过程中不会受到外力干涉,保证车辆不受除碰撞以外的任何外力。

4.4.4 在牵引加速过程中,不得使试验车辆损坏。

4.4.5 在与护栏碰撞前,试验车辆应与牵引装置分离,自驱动车辆应熄火,使车辆在碰撞过程中完全处于自由状态。

4.5 试验仪器

4.5.1 试验用假人应采混合III型或具有相同功能的试验假人。

4.5.2 试验用测试仪器及二次仪表的各项参数指标,应按照《道路车辆-碰撞试验测量技术-测试仪表》(ISO 6487—1980)的要求执行。

4.6 试验时的安全防护

4.6.1 实车足尺护栏碰撞试验场应明确规定非安全区域,试验时应有专职人员进行安全巡视。试验过程中任何无关人员不得进入试验现场。

4.6.2 试验仪器设备应设置在安全区域,并应进行遮挡,防止被车辆碰撞碎片击中。所有试验车辆可能发生的运行轨迹范围内,绝对禁止设置任何仪器设备和人员停留。

4.6.3 试验过程中所有试验人员必须戴安全帽。

5 实车碰撞试验数据测试及数据分析

5.1 试验数据测试项目

5.1.1 碰撞速度。

5.1.2 碰撞角度。

5.1.3 驶出角度。

5.1.4 假人头部性能指标(推荐测试项目)。

5.1.5 假人胸部性能指标(推荐测试项目)。

5.1.6 假人腿部性能指标(推荐测试项目)。

5.1.7 试验车辆的车体三方向加速度。

5.1.8 碰撞后车辆的运行轨迹。

5.1.9 护栏最大动态变形量的测量。

5.2 图像采集

5.2.1 应在护栏碰撞点附近的内侧路面上及护栏的外侧设置可供采集数据的标准线或标准点。

5.2.2 试验过程中应在护栏的上方、正面、侧面三个方向同时设置摄像机,记录车辆与护栏碰撞的全过程,摄像机的拍摄速度最低不得低于200幅/秒。

5.2.3 用护栏上方的摄像机记录车辆的碰撞角度、驶出角度、车辆运行轨迹;用护栏变形平行方向的摄像机记录护栏的最大动态变形量。

5.2.4 摄像机的设置应确保人员和设备的安全。

5.3 数据采集

5.3.1 碰撞速度的测量

1 车辆的碰撞速度测量装置的视值误差不得低于±1%。

2 所测得的实际碰撞速度的速度误差应符合本标准表3.0.5中的规定。

5.3.2 碰撞角度的测量

1 确定车辆的对称中轴线并在车辆顶部标识,使其通过高速摄像能够拍摄清楚。

2 碰撞角度:记录碰撞开始瞬时的一幅画面,画面上车辆的对称中轴线与护栏形成的夹角即为实际碰撞角度。

3 所测得的实际碰撞角度的角度误差应符合本标准表3.0.5中的规定。

5.3.3 驶出角度测量

记录碰撞后车辆驶离护栏瞬时的一幅画面,画面上车辆的对称中轴线与护栏形成的夹角即为驶出角度。

5.3.4 假人各部位性能指标的测量

1 此项测试只针对小型客车,大型车辆可不进行此项测试。

2 假人放置于驾驶员席。

3 可将座椅调整到中间位置。

4　假人安装好后系好安全带。

5.3.5　车体所受加速度的测量

测量车体加速度的传感器，应安装在车辆的中心线上，安装要牢固，碰撞过程中不会发生松动和抖动，并且不会受到其他物体的冲撞。

5.3.6　护栏最大动态变形量的测量

由于护栏的动态变形量是一个变化的量，为确保采集到准确、有效的试验数据，试验后应将护栏最大动态变形位置区域的图像全部打印出来，根据标准点的比例计算每一幅图像的护栏动态变形量，最终得出护栏最大动态变形量。同时可采用在护栏最大动态变形位置区域设置固定标准间距标志杆，根据碰撞过程中护栏与标志杆的实际接触点测定护栏最大动态变形量，作为护栏最大动态变形量测量的辅助测量，避免由于各种原因造成的试验数据丢失。试验后还应记录护栏的最大残留变形量。

5.4　数据及图像分析

5.4.1　车内乘员的安全性分析

为保证车内乘员的安全，根据汽车正面碰撞法规要求，各项指标分别为：假人头部性能指标 HPC≤1000；假人胸部性能指标 THPC≤75mm；假人腿部性能指标 FPC≤10kN。

当假人的头部性能指标、胸部性能指标、腿部性能指标，均小于或等于标准值时，不会对乘员造成严重伤害，哪一部位的指标超出标准值，乘员的那一部分就会造成伤害，当假人的头部性能指标、胸部性能指标超出标准值时，有可能威胁车内乘员的生命。

5.4.2　车体加速度分析

试验时如果不具备安装假人等测试设备的条件，可以用车体加速度作为车内乘员安全性的代用指标，经过多次试验及假人的各项指标与车体加速度数据对比分析，当车体三个方向加速度数值均小于或等于 20g 时，不会对车内乘员造成严重伤害。

5.4.3　车辆运行状态分析

当车辆出现钻入、骑跨、翻车等现象时，车内乘员的安全无法保障。因此诸如此类现象是不允许发生的。

5.4.4　车辆运行轨迹分析

碰撞后车辆的驶出角度过大，失控车辆可能会侵入其他车道，与其他车道正常行驶的车辆发生二次事故，造成更严重的事故。车辆碰撞后的驶出角度小于碰撞角度的60%时，无论是失控车辆内的驾驶员，还是其他车道正常行驶车辆的驾驶员，均有时间反应和控制车辆，避免二次事故。同时也可以通过观测车辆的运行轨迹即以碰撞点为基准点，20m 的距离之内不驶入相邻车道作为评判原则。

5.4.5　护栏最大动态变形量分析

对于不同形式、不同材料的护栏，护栏最大动态变形量有很大的差异，在同一种能量等级的碰撞车辆碰撞时，刚性护栏最大动态变形量很小，半刚性护栏根据其材料和几何尺寸各有不同。对于路侧护栏规定护栏最大动态变形量，目的是避免车辆翻出路外。根据试验结果的研究表明，只要车辆的中心位置不越过护栏的原始安装位置，车辆就不会翻出路外。而大型车辆的车宽基本在 2.4m 以上，因此 1.2m 是护栏最大动态变形量的极限位置。对于没有明沟的中央隔离带护栏与路侧护栏相比，护栏最大动态变形量的限制可以适当放宽。

6 护栏防撞性能评价标准

6.0.1 每一种等级的各种形式护栏均应根据应用路段，按照评价等级相应的车辆总质量，选择小型客车、大型车辆两种车型进行实车碰撞试验。小型客车主要进行车内乘员头部性能指标、胸部性能指标、腿部性能指标、车体三方向加速度、车辆运行轨迹等项目的测试；大型车主要进行护栏的防撞能力、最大动态变形量和车辆运行轨迹等项目的测试。

6.0.2 车辆与护栏发生碰撞时应能保证车内乘员的生命安全，不受到严重伤害。

6.0.3 护栏应能够有效地阻挡车辆并对车辆进行导向，禁止车辆任何形式的穿越、翻越、骑跨、下穿护栏。

6.0.4 护栏应有良好的导向性能，车辆碰撞后的驶出角度应小于碰撞角度的60%。

6.0.5 碰撞后试验车辆应保持正常行驶姿态，不发生横转、掉头等现象。

6.0.6 在碰撞过程中，脱离组件、碰撞碎片（护栏的碎片）、或其他护栏上的碰撞物不能侵入驾驶室内及阻挡驾驶员的视线。

6.0.7 护栏最大动态变形量。

刚性护栏最大动态变形量小于或等于10cm；

无论是哪一种形式的护栏，如果用于桥梁护栏，其护栏最大动态变形量应小于或等于50cm；

半刚性三波梁护栏最大动态变形量小于或等于75cm；

半刚性双波梁护栏最大动态变形量小于或等于100cm；

柔性护栏可根据其安装位置参照半刚性护栏最大动态变形量的指标。

6.0.8 以上评价要素的每一条款应满足标准要求，其中任何一条不符合本标准的规定，均应视为该种护栏不符合要求，不宜在需要设置该等级护栏的路段上使用。

附录A 试验记录格式

车辆	车辆名称		车辆长度 L(m)	
	车辆自重(t)		车辆宽度 B(m)	
	车辆总重(t)		车辆重心高度	
	牵引方式			
护栏	护栏形式		几何尺寸(mm)	
	立柱形式		几何尺寸(mm)	
	防阻块或托架		几何尺寸(mm)	
	立柱埋置深度(m)		立柱间距(m)	
	立柱埋设方式		(立柱埋于土中)	(立柱埋于混凝土中)
检测项目	设定碰撞速度(km/h)		实测碰撞速度(km/h)	
	设定碰撞角度(°)		实测碰撞角度(°)	
	假人头部($\times 9.8\text{m/s}^2$)(X、Y、Z)			
	假人胸部压缩位移量(mm)			
	车体加速度($\times 9.8\text{m/s}^2$)(X、Y、Z)			
	车辆驶出角度(°) 车辆运行轨迹描述			
	护栏最大动态变形量(m)			
	碰撞后车辆状况描述			
	碰撞后护栏状况描述			
综合评价	按照本标准中规定的6项条款逐一评价			
主检		试验日期		试验地点

注:表中(护栏一栏)列举的护栏形式为半刚性护栏,如为刚性护栏或其他形式的护栏,其几何参数、设置方式、基础形式等相关内容应做详细记录。

附录 B　本标准用词说明

一、对标准条文执行严格程度的用词，说明如下：

1. 表示很严格，非这样做不可：

正面词采用“必须”；反面词采用“严禁”。

2. 表示严格，在正常情况下均应这样做的：

正面词采用“应”；反面词采用“不应”或“不得”。

3. 表示允许稍有选择，在条件允许时，首先应这样做的：

正面词采用“宜”或“可”；反面词采用“不宜”。

二、本条文中应按指定的其他有关标准、规范的规定执行，其写法“应按……执行”或“应符合……要求或规定”。如非必须按所指的标准、规范或其他规定执行，其写法为“可参照……”。

附件

《高速公路护栏安全性能评价标准》

(JTG/T F83-01—2004)

条 文 说 明

1 总则

1.0.1 随着高速公路在我国的不断发展,对于高速公路上的交通安全设施——护栏,提出了更高的技术要求。制定本标准就是要从我国的具体国情出发,针对道路交通的发展水平,结合我国的经济技术条件,实事求是地作出规定,使高速公路护栏的设置经济合理,安全适用。

1.0.2 鉴于我国目前公路交通的实际水平和经济技术条件,本标准规定的评价方法及评价要素,适用于高速公路和高速公路桥梁护栏。其他公路的护栏及安全设施可根据实际情况参照本标准。

1.0.3 随着交通安全理念的不断增强,充分体现以人为本的原则,避免高速公路上重大交通安全事故的发生,通过实车碰撞试验对护栏的安全性能进行评价,以便提高高速公路的行车安全性,此项任务已经越来越迫切。

由于在发生碰撞事故时,小型客车与大型车辆所产生的结果完全不同,对于护栏的安全性能、防撞性能要求也是不同的,因此评价项目也应有所区别,同时进行评价就是要求护栏兼顾安全性能和防撞性能。

安全性能和防撞性能无论哪一项达不到要求,都不能保证车内乘员的安全,无法体现以人为本的原则。

对于同一种结构形式的护栏进行多次试验时,每一次试验应尽可能选用同一种车型进行试验。可以使试验具有可比性,保证试验的准确性和公正性。

1.0.4 本标准中采用了一些国际标准、国家标准和行业标准的内容,这些标准中对于相关内容有具体规定,本标准中不作另行规定。

2 名词术语

2.0.1 护栏的安全性能是发生碰撞事故时，通过护栏的整体防护及使车辆正确导向，保证碰撞车辆车内乘员安全的一种综合性能。

2.0.2 护栏的防撞性能是大型车辆与护栏发生碰撞时，避免车辆冲出或翻出路外或桥下，造成重大恶性事故所应具备的基本性能，它是护栏的安全性能的另一种表现形式。

2.0.3 护栏的导向性能同样是护栏的安全性能的另一种表现形式。

2.0.4 由于实际碰撞点的车辆实际行驶速度无法精确测量，因此以实际碰撞点前 6m 以内所测定的车辆实际行驶速度为碰撞速度。国际相关的标准中要求均为区域速度，并且车辆的行驶速度在此区域内变化很小。它是计算碰撞能量和确定试验是否按规定的要求完成的重要指标。

2.0.5 碰撞角度是计算碰撞能量、确定护栏的实际防护能力的重要指标，同时也是确定试验是否按标准规定的要求完成的重要指标。

2.0.6 理论碰撞点是进行护栏试验段安装的依据。

2.0.7 实际碰撞点是计算碰撞角度和驶出角度的依据。

2.0.8 护栏的主要功能是阻挡车辆冲出路外，并对车辆进行导向。如果导向功能不良，反弹过大会造成碰撞车辆与其他正常行驶的车辆发生二次碰撞事故，造成更为严重的损失。因此碰撞后的车辆运行轨迹是非常重要的，国际上通常采用碰撞后车辆的驶出角度来评价车辆运行轨迹。

2.0.9 目前国际、国内用于各种试验的假人各式各样，而混合 III 型（Hybrid III）是国际上专门用于实车碰撞试验的试验假人。

2.0.10～2.0.12 国际相关标准中对于车内乘员的安全性判定方法各有不同，鉴于目前国内的试验条件，使用混合 III 型假人测试作为推荐测试项目，而引入车体的三方向加速度也是判定车内乘员安全性的一种方法。

2.0.13～2.0.15 这三项是国际、国内正面碰撞试验法规评价车内乘员的安全性的主要指标。虽然试验方法不同但评价效果是基本一致的。

2.0.16 最大动态变形量是车辆与护栏碰撞过程中，护栏沿车辆行驶方向水平面的垂直方向护栏所产生的最大挠度。此项指标可以确认护栏外侧重要设施的安全度和车辆是否会翻越护栏的可能性。

3　护栏实车碰撞试验条件

3.0.1　车辆吨位等级分类

1　调研资料

为了更加科学、合理地确定标准中的试验车型、碰撞速度、碰撞角度，因此对我国高速公路上发生的各种车辆与护栏直接碰撞的交通事故进行调查。调查的主要内容如下：

(1)高速公路通行车辆构成情况；

(2)高速公路上各种车型的车速及其分布；

(3)高速公路上护栏的设置及使用情况，包括路侧护栏、中央分隔带、护栏形式、立柱等；

(4)护栏碰撞事故调查，包括碰撞事故类型(路侧、中央分隔带、桥梁护栏)、碰撞车型、碰撞速度、碰撞角度、事故原因、护栏与车辆的损坏情况、人员伤亡情况等；

(5)资料来源：主要通过路政管理部门记录的交通事故数据资料进行归纳分析和总结。

课题组对京福路(山东段、江苏段)、济青路、沪宁路、成雅路、成渝路、成绵路、石太路等进行了实地调查，积累了大量数据资料。另外也对其他课题组的调查资料进行了汇编整理，现将调查的资料汇总如表3-1、表3-2。

表3-1　车 型 分 类 表

车型	小客	小货	中客	中货	大客	大货	超大客	超大货
划分标准	载客9人及以下	载货2.5t及以下	10~19人	2.5~7t	20~49人	7~14t	50人以上包括卧铺车	14t以上包括拖挂车

表3-2　车流量比例统计表

路别	小客		小货		中客		中货		大客		大货		超大客		超大货	
	流量	比例(%)	流量	比例(%)	流量	比例(%)	流量	比例(%)	流量	比例(%)	流量	比例(%)	流量	比例(%)	流量	比例(%)
成渝路	837	61	158	11	90	6	72	5	169	13	59	4	1	0	1	0
成乐路	303	52	78	14	32	6	62	11	45	8	51	9	0	0	1	0
成绵路	673	66	140	14	65	6	37	4	63	6	43	4	0	0	0	0
成雅路	482	66	62	8	47	6	42	6	33	4	72	10	0	0	0	0
石太路	656	36	193	11	132	7	264	15	39	2	403	22	27	2	83	5
京福路山东段	158	37	78	18	69	16	81	19	18	4	21	6	0	0	0	0
京沪路江苏段	217	41	58	11	88	17	57	11	63	12	38	7	0	0	1	0
济青路	839	50	218	13	128	7.5	314	19	98	6	71	4	5	0.3	3	0.2
沪宁路	989	51	317	16	278	14	168	9	118	6	63	3	7	0.6	5	0.4
均值	5154	51	1302	13	929	9.2	1097	10.8	646	6.4	821	8	40	0.6	94	1

注：交通流量调查采用正常工作日、正常工作时间，分车型统计，每条高速公路统计两小时，观察地点选择主线上，远离交叉和出入

口,上、下行方向各一小时。

2　统计分析结果

根据统计分析得出,我国高速公路上行驶的小型车辆约占64%(包括小客、小货),中型车辆约占20%左右(包括中客、中货),大型车辆约占17%(包括大客、大货),拖挂车及其他超大型车辆不到2%,因此可以确定,我国高速公路上占主流的运行车辆是中型以下的客货车,其载客人数为19人以下,载重吨位为7t以下。另外根据国家机械工业局和中国汽车工业协会统计的资料及《2000年汽车工业年鉴》,收集整理出的各种车辆的拥有量、额定吨位、额定客位数、型号等数据,建立主流车型拥有量统计表。考虑到大型客车的载客人数较多,从以人为本的目的出发,将大型客车重点考虑。综合以上各方面的资料将试验车辆的吨位等级定为1.5t小轿车、10t大型货车或客车、14t大型货车或客车、18t大客车。

3.0.2　碰撞速度

1　调研资料

从表3-3可以看出各条高速公路上车速最高的均为小客车,客车的平均车速高于货车的平均车速,小型车的平均车速高于大型车的平均车速。

表3-3　各种车型车速统计表　(单位:km/h)

路别 / 车型	京津塘		京沈		京石		京昌		昆曲	
	车道	限速	车道	限速	车道	限速	车道	限速	车道	限速
	4	110	6	120	4	110	6	110	4	100
小客车	99.6		120.6		88.4		95.5		75.1	
小货车	71.8		77.6		63.9		71.4			
中客车	92.4		98		73.3		81.1		50.2	
中货车	69		70.2		60.4		62.4			
大客车	89.8		96.9		80.4		77.2		36	
大货车	65.7		66.8		66.6		55			

注:车速调查采用雷达测速仪,精确到1km/h,观察地点选择在主线上,远离交叉和出入口,随机抽取车辆进行测速,上、下行方向各一小时。

2　小客车的超速问题

从表3-4中可以看出,小轿车的超速现象十分严重,其主要原因是路面状况好,车辆少,随着高速公路车流量的逐渐增加这种现象会逐渐减少。

表3-4　小客车超速统计表

路别 / 车型		京津塘		京沈		京石		京昌	
		车道	限速	车道	限速	车道	限速	车道	限速
		4	110	6	120	4	110	6	110
小轿车	平均值	114.5		128.7		98.3		103.0	
	超速车比重	65.3%		73.8%		16.4%		25.6%	
吉普车	平均值	100.8		112.7		90.2		91	
	超速车比重	19.2%		13.3%		9.4%		13.6%	
面包车	平均值	74.1		79		66.9		71.7	
	超速车比重	0		0		0		0	

3　高速公路车辆行驶速度调查统计结果见表3-5。

表3-5　典型车辆车速统计表

车型	V_E (km/h)	$V_{15\%}$ (km/h)	$V_{85\%}$ (km/h)
小轿车	111	91	132
中货车	65.5	53	78
大客车	86.1	68	99

注:(1) V_E 为车速平均值;$V_{15\%}$ 为15%位车速;$V_{85\%}$ 为85%位车速。

（2）我国高速公路一般限速为110km/h或100km/h。

4　碰撞速度指标制定

当某一种车型的平均车速高于高速公路最高限速时，以高速公路最高限速的0.8倍考虑；当某一种车型的平均车速低于高速公路的最高限速时，以平均车速的0.8倍考虑。基于以上原则我们确定以下几种车型的试验速度：

小轿车：100km/h；

大客车：80km/h；

大货车：60km/h。

3.0.3　碰撞角度

根据本课题组的调研数据及其他相关课题组的调研情况进行综合汇总（见表3-6），最终确定碰撞角度为20°。

表3-6　碰撞角度调查统计表

路　段	统计数量	θ_{max}(°)	θ_{min}(°)	θ_E(°)	P15	P20
福泉厦漳高速	40	30.4	3.1	15.6	55%	70%
厦门大桥	1			14.3		
厦门海沧大桥	1			29		
沪宁高速	9	21.1	4.2	12.7		
京石高速	71	43.8	2.9	13.3	63%	86%
石太高速	46	33.7	3.4	11.2	83%	89%
京福高速（山东段）	23	45.1	2.9	14.5	57%	83%
济青高速	56	29.4	3.7	12.2	70%	89%
京福高速（天津段）	6	26.9	6.7	16.4		
京津塘高速	41	30.4	4.3	12.4	76%	88%
海南环岛高速	15	21.7	0.8	7.6		
昆玉高速	4	17.3	1.7	9.7		
京沈高速	44	41.8	5.7	17.1	50%	73%
沈大高速	53	34.9	2.8	15.5	53%	81%
沈哈高速	5	27.4	3.8	17.1		
合计	410	34.9	2.3	13.7	64%	83%

注：表中θ_{max}(°)为采样的最大值；θ_{min}(°)为采样的最小值；θ_E(°)为采样的平均值；P15采样数值为15°（包括15°）以下样本数占总样本数的比例；P20采样数值为20°（包括20°）以下样本数占总样本数的比例。总样本量中剔除了大于40°及小于2°的样本量。

3.0.4

1　不同防撞等级护栏分类表

课题组根据大量的调研数据、国际相关标准体系、并经过认真分析研究最终确定了高速公路护栏的实车碰撞试验条件。

2　国内、国际关于护栏防撞等级分类

我国现行高速公路护栏的设计条件(该设计条件目前正在修订)见表3-7、表3-8。

表3-7　护栏适用的公路等级及设计条件

设置地点	防撞等级	适用范围	设计条件					
			车辆碰撞速度(km/h)	车辆质量(t)	碰撞角度(°)	车辆加速度(g)	最大冲入距离(m)	
							立柱埋于土中	立柱埋于混凝土中
路侧护栏	A	高速公路、汽车专用一级公路	60	10	15	小于4g	小于1.2	小于0.3
	S	路侧特别危险需要加强保护的路段	80					
中央分隔带护栏	A_m	高速公路、汽车专用一级公路	60	10	15	小于4g	小于1.2	小于0.3
	S_m	中间带内有重要构造物,需加强保护的路段	80	10	15	小于4g	小于1.2	小于0.3

表3-8　桥梁护栏防撞等级及设计条件

设置地点	防撞等级	适用范围	设计条件				
			车辆碰撞速度(km/h)	车辆质量(t)	碰撞角度(°)	碰撞力(kN)	
						$Z=0$	$Z=0.3\sim0.6$m
路侧、中央分隔带	PL_1	一般公路跨越高速公路、汽车专用一级公路	80	2.0	20	120	80~70
			50	10.0	15		
	PL_1	高速公路、汽车专用一级公路	70	10.0	15	200	160~125
	PL_3	桥外特别危险需要重点保护的特大桥	80	14.0	15	360	280~230

欧盟《高速公路护栏安全性能评价标准》(BS EN 1317—1998)规定的护栏的评定等级分类见表3-9。

表3-9　欧盟护栏等级分类

试验等级		试验种类	试验车型	车辆质量(kg)	碰撞速度(km/h)	碰撞角度(。)
低约束	T1	TB21	轿车	1300	80	8
	T2	TB22	轿车	1300	80	15
	T3	TB41	载重汽车	10000	70	8
		TB21	轿车	1300	80	8
正常约束	N1	TB31	轿车	1500	80	20
	N2	TB32	轿车	1500	110	20
		TB11	轿车	900	100	20
高约束	H1	TB42	载重汽车	10000	70	15
		TB11	轿车	900	100	20
	H2	TB51	大型客车	13000	70	20
		TB11	轿车	900	100	20
	H3	TB61	载重汽车	16000	80	20
		TB11	轿车	900	100	20
特高约束	H4a	TB71	载重汽车	30000	62	20
		TB11	轿车	900	100	20
	H4b	TB81	载重汽车	38000	65	20
		TB11	轿车	900	100	20

英国《高速公路护栏安全性能评价标准》(BS 6779—1998)中规定的护栏等级分类见表3-10。

表3-10 英国的护栏等级分类

约束标准	车辆			碰撞角度(°)	碰撞车速(km/h)
	车辆质量(kg)	车型	重心高度(mm)		
低约束:用于市区的低速地带	1500	轿车	480~580	20	80
正常约束:用于一般情况	1500	轿车	480~580	20	113
高约束:用于危险性高地带	30000	四轴载重汽车	1650	20	60

美国《高速公路安全设施安全性能评价推荐程序》(NCHRP Report 350)中规定的六种护栏防撞等级见表3-11。

表3-11 美国护栏等级分类

试验水平	护栏类型	试验种类	碰撞条件			碰撞点	评估标准
			车辆	名义速度(km/h)	名义角度θ(°)		
1	长护栏	1-10	820C	50	20	(b)	A,D,F,H,I,(J),K,M
		S1-10	700C	50	20	(b)	A,D,F,H,I,(J),K,M
		1-11	2000P	50	25	(b)	A,D,F,K,L,M
	过渡段	1-20	820C	50	20	(b)	A,D,F,H,I,(J),K,M
		S1-20	700C	50	20	(b)	A,D,F,H,I,(J),K,M
		1-21	2000P	50	25	(b)	A,D,F,K,L,M
2	长护栏	2-10	820C	70	20	(b)	A,D,F,H,I,(J),K,M
		S2-10	700C	70	20	(b)	A,D,F,H,I,(J),K,M
		2-11	2000P	70	25	(b)	A,D,F,K,L,M
	过渡段	2-20	820C	70	20	(b)	A,D,F,H,I,(J),K,M
		S2-20	700C	70	20	(b)	A,D,F,H,I,(J),K,M
		2-21	2000P	70	25	(b)	A,D,F,K,L,M
3	长护栏	3-10	820C	100	20	(b)	A,D,F,H,I,(J),K,M
		S3-10	700C	100	20	(b)	A,D,F,H,I,(J),K,M
		3-11	2000P	100	25	(b)	A,D,F,K,L,M
	过渡段	3-20	820C	100	20	(b)	A,D,F,H,I,(J),K,M
		S3-20	700C	100	20	(b)	A,D,F,H,I,(J),K,M
		3-21	2000P	100	25	(b)	A,D,F,K,L,M
4	长护栏	4-10	820C	100	20	(b)	A,D,F,H,I,(J),K,M
		S4-10	700C	100	20	(b)	A,D,F,H,I,(J),K,M
		4-11	2000P	100	25	(b)	A,D,F,K,L,M
		4-12	8000S	80	15	(b)	A,D,G,K,M
	过渡段	4-20	820C	100	20	(b)	A,D,F,H,I,(J),K,M
		S4-20	700C	100	20	(b)	A,D,F,H,I,(J),K,M
		4-21	2000P	100	25	(b)	A,D,F,K,L,M
		4-22	8000S	80	15	(b)	A,D,G,K,M

试验水平	护栏类型	试验种类	碰撞条件			碰撞点	评估标准
			车辆	名义速度(km/h)	名义角度θ(°)		
5	长护栏	5-10	820C	100	20	(b)	A,D,F,H,I,(J),K,M
		S5-10	700C	100	20	(b)	A,D,F,H,I,(J),K,M
		5-11	2000P	100	25	(b)	A,D,F,K,L,M
		5-12	36000V	80	15	(b)	A,D,G,K,M
	过渡段	5-20	820C	100	20	(b)	A,D,F,H,I,(J),K,M
		S5-20	700C	100	20	(b)	A,D,F,H,I,(J),K,M
		5-21	2000P	100	25	(b)	A,D,F,K,L,M
		5-22	36000V	80	15	(b)	A,D,G,K,M
6	长护栏	6-10	820C	100	20	(b)	A,D,F,H,I,(J),K,M
		S6-10	700C	100	20	(b)	A,D,F,H,I,(J),K,M
		6-11	2000P	100	25	(b)	A,D,F,K,L,M
		6-12	36000T	80	15	(b)	A,D,G,K,M
	过渡段	6-20	820C	100	20	(b)	A,D,F,H,I,(J),K,M
		S6-20	700C	100	20	(b)	A,D,F,H,I,(J),K,M
		6-21	2000P	100	25	(b)	A,D,F,K,L,M
		6-22	36000T	80	15	(b)	A,D,G,K,M

3.0.5 试验指标控制精度

1 美国《高速公路安全设施安全性能评价推荐程序》(NCHRP Report 350)中规定的试验指标控制精度见表3-12。

表3-12 美国推荐程序中规定的试验指标控制精度

车辆质量(t)	质量偏差(kg)	试验车速(km/h)	速度偏差(km/h)	试验角度(°)	角度偏差(°)
0.7	±25	100	±4.0	20	±1.5
0.82	±25	100	±4.0	20	±1.5
2	±45	100	±4.0	20	±1.5
8	±200	80	±5.0	20	±2.0
36	±500	80	±5.0	20	±2.0

2 欧盟标准规定的试验指标精度见表3-13。

表3-13 欧盟标准规定的试验指标精度

车辆质量(t)	质量偏差(kg)	试验车速(km/h)	速度偏差(km/h)	试验角度(°)	角度偏差(°)
0.90	±40	100	0~+7	20	-1~+1.5
1.30	±65	80	0~+5.6	8	-1~+1.5
1.50	±75	80	0~+5.6	20	-1~+1.5
10	±300	70	0~+4.9	15	-1~+1.5
13	±400	70	0~+4.9	20	-1~+1.5
16	±500	80	0~+5.6	20	-1~+1.5
30	±900	62	0~+4.3	20	-1~+1.5
38	±1100	65	0~+4.5	20	-1~+1.5

3 本标准中规定的试验指标控制精度见表3-14。

表3-14 本标准中规定的试验指标控制精度

车辆质量(t)	质量偏差(kg)	试验车速(km/h)	速度偏差(km/h)	试验角度(°)	角度偏差(°)
1.5	±75	100	±4.0	20	±1.5
10	±300	60	±3.0	20	±1.5
10	±300	80	±3.0	20	±1.5
14	±400	80	±3.0	20	±2.0
18	±500	60	±3.0	20	±2.0

4 护栏碰撞试验一般规定

4.1 试验场地

4.1.1 进行护栏实车碰撞试验不可能与道路上发生的碰撞事故完全一致,但应尽可能地与道路的实际情况相吻合,避免造成试验的严重失真。因此要求场地应水平、平坦。碰撞广场的长度应能保证观测车辆碰撞后的行驶轨迹和车辆姿态,不因为场地原因使得车辆碰撞后的正常行驶轨迹和车辆姿态而改变。

4.1.2 在进行图像采集和数据采集时,需要在护栏碰撞区设置可供采集的标准线和标准点,以便进行分析和处理。

4.1.3 实车足尺护栏碰撞试验是一项特殊的工作,试验时车速高、吨位大,碰撞过程有很大的不可预见性,任何情况都有可能发生,因此要在专用的试验场地内进行。

4.2 护栏的试验段

4.2.1 护栏试验段应能保证护栏充分发挥防护能力,根据多次试验所取得的经验,对于刚性护栏试验段的安装长度不应小于40m,护栏的碰撞点后方的护栏长度不得小于10m;对于半刚性护栏和柔性护栏试验段的安装长度不应小于70m,因为半刚性护栏和柔性护栏张力传递很强,护栏的碰撞点后方的护栏长度不得小于20m,同时护栏起始点应采取双道钢丝绳固定,钢丝绳的直径应大于16mm,半刚性护栏预紧力为不小于10kN,柔性护栏预紧力根据设计情况具体设定。钢丝绳另一端的固定可承受500kN以上的力不会松动。

4.2.2 由于护栏种类和形式很多,各种几何参数也不同,因此应详细记录。

4.2.3 护栏的材料特性数据、静态试验数据,可以为动态试验的试验数据分析提供帮助。

4.2.4 护栏试验段的现场安装,特别是基础和立柱的设置深度直接关系到护栏的防护性能,按施工规范执行可以保证试验的准确性和真实性。

4.3 试验车辆

4.3.1 试验车辆的行驶系统、转向系统、轮胎气压直接关系到试验的成功与否,其中任何一部分出现问题都会造成车辆的行驶方向偏离,试验失败。

4.3.2 试验车辆的载荷是按一般情况规定的,严令禁止超载车辆。载荷在碰撞过程中移动易造成车辆重心偏离而翻车。

4.3.3 试验车辆应在顶部及侧面贴有用于摄像分析的标志点及标尺,这是进行图像分析和数据分析的依据。

4.3.4 在试验车辆的质量、碰撞速度、碰撞角度都相同的情况下,重心高度不同的车辆,由于碰撞力的作用方向不同,对护栏的破坏程度是截然不同的。

4.3.5 试验车辆的主要技术参数如:车长、宽、高、自重、总重量等必须记录,这些参数是计算碰撞能量、评价护栏的防护能力的重要指标。

4.4 车辆加速

4.4.1 保证车辆以平稳的速度进行碰撞,不具有任何附加的冲击。

4.4.2 保证试验的真实性和有效性。

4.4.3 保证车辆以平稳的速度进行碰撞,不具有任何附加外力。

4.5 试验仪器

4.5.2 由于实车碰撞试验中冲击加速度的固有特性,对试验仪器通道的幅值等级、特征频率、频率等级、灵敏度系数等都有具体要求,否则会使测试数据严重失真。

4.6 试验时的安全防护

由于实车足尺护栏碰撞试验有很高的不可预见性,因此除要在专用试验场地内进行试验外,还应规定安全区域,对安全区域进行必要的安全防护。并对工作人员进行安全知识培训,进行试验时对工作人员配备相应的安全装备,确保人员和设备的安全。

5 实车碰撞试验数据测试及数据分析

5.1 试验数据测试项目

本标准中规定的测试项目是根据试验所应控制的准确性和护栏所应能达到的安全防护性能制定的。其中碰撞速度、碰撞角度是试验的精度指标；假人头部性能指标、假人胸部性能指标、假人腿部性能指标、试验车辆的车体三方向加速度是评价车内乘员的安全性指标；驶出角度、碰撞后车辆的运行轨迹是评价护栏的导向性能指标；护栏最大动态变形量的测量是评价护栏的防撞性能指标。

5.2 图像采集

5.2.1 标准线或标准点通过拍摄的图像应能清楚地读取，这是进行图像分析的依据。

5.2.2 由于碰撞试验过程复杂，试验成本高，重复性差，因此应尽可能多地进行图像采集。

5.2.3 根据拍摄角度的不同，不同角度拍摄的图像只能准确记录部分的数据。

5.2.4 确保试验人员和仪器的安全。

5.3 数据采集

5.3.1 碰撞速度的测量

控制碰撞速度偏差使其在标准规定的范围之内，使得碰撞试验能够真实地反映护栏的防护性能和安全性能。

5.3.2 碰撞角度的测量

本标准中规定的碰撞角度测量方法只是其中一种，也可以采用理论计算。由于实车碰撞试验的不可预见性，应尽可能地考虑多种方法，避免只采用一种方法，由于各种原因无法采集到数据，而造成整个试验的失败。

5.3.3 驶出角度测量

驶出角度的测量也可以采用理论计算与高速摄像拍摄同时进行的方法。

5.3.4 假人各部位性能指标的测量

小型客车由于车辆质量轻、碰撞速度高，碰撞过程持续时间短，因此其各项指标要远远大于大型车辆的指标。实际的测试数据也充分证明了这一点。同时由于大型车辆没有安装安全带，即使进行测试也不能反映真实状况。因此本标准规定，在评价护栏对车内乘员的安全保护指标时只用小型客车测试，大型车辆可以不进行此项测试。

假人各部位性能指标与假人的安装位置、座椅位置、安全带的作用效果有直接的关系。

5.3.5 车体所受加速度的测量

测量车体所受加速度的传感器应避免受到其他物体的碰撞，任何微小的碰撞都会造成数据的严重失真，影响测试数据的准确性。

5.3.6 护栏最大动态变形量的测量

由于护栏最大动态变形量的测量是在车辆运动过程中，找出车辆冲入护栏的最大位移，因此测试的难度较大，标准中规定的测试方法，是通过多次试验总结的经验。

5.4 数据及图像分析

5.4.1 车内乘员的安全性分析

国际相关标准中,对于车内乘员的安全性判定方法各不相同,本标准中推荐的判定方法是根据汽车正面碰撞法规要求的各项指标来判定。虽然两种试验方法不同,但是由于正面碰撞试验车内乘员各部位的性能指标,是国际上多家研究机构根据人体的运动伤害学,经过多年的试验研究得出的结果,是国际通用的性能指标。在实车足尺护栏碰撞试验中引入此种方法,可以充分、准确地评价车内乘员的安全性。

5.4.2 车体加速度分析

车体所受冲击加速度能够间接地反映车内乘员的安全性。在实车足尺护栏碰撞试验过程中,在测试假人各部位性能指标的同时,对车体的三方向冲击加速度也进行了测试,通过多次实车碰撞试验的测试结果表明,当车体的三方向冲击加速度均不超过 $20g$ 时,假人各部位性能指标均不超标,也就是说车内乘员不会受到严重伤害。

5.4.3 车辆运行状态分析

当车辆出现钻入、骑跨、翻车等现象时,由于高速运行的车辆在很短的时间内使车辆停止,造成冲击加速度数倍增加,此时车内乘员的安全将无法保障。因此诸如以上的各种现象是不允许发生的。

5.4.4 车辆运行轨迹分析

碰撞后的车辆要保证绝对不驶入相邻车道是不现实的(特别是小型客车),我们要做的是提高护栏的导向性能和缓冲性能,尽可能地延长碰撞车辆碰撞后驶入相邻车道的时间,使得事故车辆和相邻车道的车辆驾驶员有反应的时间来控制车辆,这样就能够尽可能地避免二次事故。车辆碰撞后的驶出角度小于碰撞角度的60%,及以碰撞点为基准点,20m 的距离之内不驶入相邻车道这两种方法是国际上很多国家的通用测试方法。

5.4.5 护栏最大动态变形量分析

由于护栏的外侧情况各不相同,有大江大河、悬崖峭壁等危险程度很高的路段,车辆如果掉下车内乘员可能会无一生还。而有些路段问题并没有这样严重,路侧情况与中央分隔带的情况也完全不同。因此根据不同路段、不同形式、不同材料的护栏,规定不同的护栏最大动态变形量是很有必要的,可以在保证安全的前提下有效地降低成本。本标准中规定的护栏最大动态变形量,是结合我国的实际情况,通过多次实车碰撞试验及国际上相关的试验标准的数据资料综合考虑得出的数据。

6　护栏防撞性能评价标准

本标准在确定评价指标的过程中进行了多次实车碰撞试验，试验的护栏结构形式包括双波梁圆形柱Ω托架、三波梁圆形柱Ω托架、三波梁H形柱Ω托架、三波梁H形柱H形防阻块；力柱置于混凝土中、力柱置于土中；车辆包括小客车、大客车、大货车。测试项目包括车内乘员安全指标、车辆的运行轨迹、车体加速度、护栏的最大变形量等。

6.0.1　由于护栏的防护应考虑大部分车辆的安全性能，碰撞过程中小型客车主要侧重于避免冲击加速度对车内乘员的伤害和反弹距离过大造成和其他车道正常行驶的车辆发生二次碰撞事故；大型车辆避免车辆冲出路外造成重大伤亡事故。因此应选用两种车型，其测试的侧重点也不同。

6.0.2　护栏应能有效地阻挡车辆并对车辆进行导向，禁止车辆穿越、骑跨、下穿护栏，发挥护栏最基本的防护性能，否则乘员的安全无法保障。

6.0.3　此项指标美国《高速公路安全设施安全性能评价推荐程序》(NCHRP Report 350)中规定车辆的驶出角度不大于驶入角度的60%；欧盟《高速公路护栏安全性能评价标准》(BS EN 1317—1998)规定了车辆碰撞后的运行区域，即车辆的任何部位在有效距离之内不超越限制宽度。这两种方法虽然方法不同但效果是一致的。并且根据驶出角度计算出的有效距离与欧盟《高速公路护栏安全性能评价标准》(BS EN 1317—1998)中的规定基本一致，因此本标准中规定两种方法均为有效测试方法。

6.0.4　碰撞后试验车辆应保持正常行驶姿态，不发生横转、掉头等现象。如果出现此种现象，说明护栏的缓冲性能和导向性能不良、有阻绊，可能会对乘员造成伤害或发生二次事故。

6.0.5　避免碎片(护栏的碎片)在碰撞过程中，进入驾驶室内伤及车内乘员，或阻挡驾驶员视线造成车辆完全失控，避免造成其他连带事故。

6.0.6　本标准中所规定的护栏最大动态变形量，是试验结果所对应的相关数据，指标在规定的范围之内能够保障人员的安全。柔性护栏由于应用较少没有进行相关试验，根据相关国际资料，护栏最大动态变形量在规定的指标之内是可以保证安全的。其中需要说明的是，在制订本标准的过程中，采集了一定样本量的护栏最大动态变形量数据，但样本量仍然是有限的，因此在实际应用过程中，对于一些特殊路段的设计时进行相关的试验是必要的。

6.0.7　6.0.1～6.0.6中的每一条款都是与车内乘员的安全密切相关，缺一不可，是对护栏的基本要求，只有这样才能发挥护栏的安全防护性能，达到设置护栏的目的。

表6-1是根据我国《实车正面碰撞乘员保护设计规则》(CMVDR294)的测试项目进行试验的测试数据。试验数据结果表明，在所有进行假人安全指标测试的六次试验中，无论是驾驶员席还是乘员席，各项指标均在规定的数值之内，就是说在此种情况下的碰撞没有对乘员造成很大的伤害，可以保证乘员的生命安全。表6-2是测试的车辆运行轨迹，表6-3是护栏的最大动态变形量试验结果。

表6-4～表6-6是国际相关标准的评价要素。

表6-1　乘员的安全指标测试数据

序号 项目	1	2	3	4	5	6	平均值
车型	小客车	小客车	小客车	小客车	小客车	小客车	—
碰撞速度(km/h)	99.40	98.90	99.90	82.00	97.50	78.6	—
碰撞角度(°)	39	20.50	19.70	19.40	20.00	19.6	—
头部HPC值(驾驶员席)	332.00	15.00	236.00	2.40	28.00	3.60	122.68

续上表

项目 \ 序号	1	2	3	4	5	6	平均值
胸部位移量(mm)(驾驶员席)	33.88	23.01	32.78	21.51	21.08	8.88	26.45
左腿力(kN)(驾驶员席)	6.60	0.64	1.28	0.72	0.580	0.28	1.96
右腿力(kN)(驾驶员席)	2.10	0.50	0.20	0.35	0.47	0.12	0.72
头部 HPC 值(乘员席)	231.00	37.00	168.00	18.84	47.00	8.00	100.37
胸部位移量(mm)(乘员席)	4.40	12.08	20.02	7.04	11.80	8.95	11.07
左腿力(kN)(乘员席)	2.07	0.47	0.46	1.31	0.74	0.31	1.01
右腿力(kN)(乘员席)	33.00	0.99	0.81	1.22	0.88	1.58	7.38
车体纵向加速度最大值(g)	18.70	7.19	21.11	12.87	8.28	2.80	13.63
车体横向加速度最大值(g)	9.39	5.60	23.68	7.48	5.80	3.70	10.39

注:表中平均值不包含大客车数据。

表 6-2 碰撞后车辆的运行轨迹

序号	车型	碰撞速度(km/h)	碰撞角度(°)	护栏形式	驶出角度(°)
1	小客车	99.40	39.00	双波 4mm、ϕ140 圆柱、Ω 托架	0
2	小客车	97.50	20.00	双波 4mm、ϕ140 圆柱、Ω 托架	7
3	小客车	98.90	20.50	三波 4mm、ϕ140 圆柱、Ω 托架	9
4	小客车	99.90	19.70	三波 4mm、H 形柱、H 形缺口防阻块	11
5	小客车	82.00	19.40	三波 4mm、H 形柱、Ω 托架	10
6	大货车	60.40	19.00	三波 4mm、ϕ140 圆柱、Ω 托架	5
7	大客车	60.00	19.80	三波 4mm、H 形柱、Ω 托架	2
8	大客车	62.00	19.30	三波 4mm、H 形柱、Ω 托架	2
9	大客车	82.00	19.40	三波 4mm、H 形柱、H 形缺口防阻块	冲出护栏
10	大客车	78.60	19.60	双波 4mm、ϕ140 圆柱、Ω 托架	2

表 6-3 护栏的最大动态变形量试验结果

序 号	车 型	碰撞速度(km/h)	碰撞角度(°)	护栏形式	最大动态变形量(m)
1	小客车	99.40	39.00	双波、4mm、立柱置于土中	0.90
2	小客车	97.50	20.00	双波、4mm、立柱置于土中	0.47
3	小客车	98.90	20.50	三波、4mm、立柱置于土中	0.38
4	小客车	99.90	19.70	三波、4mm、立柱置于混凝土中	0.08
5	小客车	82.00	19.40	三波、4mm、立柱置于混凝土中	0.12
6	大货车	60.40	19.00	双波、4mm、立柱置于土中	0.96
7	大客车	60.00	19.80	三波、4mm、立柱置于混凝土中	0.75
8	大客车	62.00	19.30	三波、4mm、立柱置于混凝土中	0.76
9	大客车	82.00	19.40	三波、4mm、立柱置于混凝土中	翻越护栏
10	大客车	78.60	19.60	三波、4mm、立柱置于土中	0.88

表 6-4 欧盟标准规定的护栏试验的评判准则

评判项目	评判准则
护栏状况	1. 护栏能阻挡车辆并导向，而护栏板不能被冲断。 2. 护栏的主要部件不能脱落，护栏的部件不能穿入乘员舱及脱落伤人。 3. 护栏立柱应符合安全护栏的设计准则
试验车辆状况	1. 试验车辆的重心不能越过变形护栏的中心线。 2. 试验车辆在碰撞过程中及碰撞后，应保持正常的行驶状态。 3. 试验车辆的运行轨迹在碰撞距离 B 内不能越过与护栏距离为(A + 车宽 + 车长 ×0.16)的平行线。值如下：轿车：A = 2.2m，B = 10m；其他试验车辆：A = 4.4m，B = 20m
车体乘员舱的状况	车体乘员舱在碰撞前和碰撞后进行记录车体的变形指数 VCDI(Vehicle Cockpit Deformation Index)。其计算方法详见相应的标准 BS EN 1317-1—1998
护栏的变形状况	必须记录护栏的最大变形 D 及响应宽度 W。响应宽度 W 是车体或护栏在碰撞过程中最内缘到最外缘的最大动态距离。W 根据变形大小分为 8 个等级，详见相应的标准 BS EN 1317 1—1998
碰撞的剧烈程度	A ASI≤1.0；THIV≤33km/h；PHD≤20g B ASI≤1.4；THIV≤33km/h；PHD≤20g ASI(Acceleration Severity Index)；THIV(Theoretical Head Velocity)；PHD(Post - impact Heat Deceleration)这三项的计算方法详见相应的标准 BS EN 1317-1—1998

表 6-5 英国标准中规定的各种试验方法的评价要素

项 目	约束情况	护栏伤害程度	护栏立柱安装点	车辆碰撞后的运动	车辆损伤
正常约束	①车辆不能穿过护栏； ②车辆在碰撞过程中最大动态变形小于 500mm	①护栏任何部分不能松散； ②系统的主要部分不能完全失效，即失效部分不能大于此部件横断面周长的 80%； ③所有连接柱、板的螺栓在原来位置	①护栏立柱安装点不能失效； ②连接系统不能损坏	①车辆在碰撞后从碰撞点开始以后 10m 以内，车辆的任何部位均不能越过与护栏距离为(2.2m + 车宽 +0.16 × 车长)的平行线； ②车辆不能翻越、越过护栏	车上各个主要部件不能脱落
低约束	同上	同上	同上	同上	同上
高约束	同上	同上	同上	平行线与护栏的距离计算公式为(4.4m + 车宽 + 0.16 × 车长)，其他内容同上	车内载有货物散落量应小于总载重量的 5%

表 6-6　美国试验规程中规定的评价标准

评价要素	评　价　标　准
适宜的护栏结构	A. 被测护栏必须始终阻挡试验车辆并改变其行驶方向；试验车辆不得穿透、骑跨或者越过护栏，但允许护栏在规定范围内的横向变形弯曲
	B. 被测护栏必须在一种可预期的方式下脱离、断裂和弯曲变形
	C. 合格的护栏性能可以是： 1. 改变试验车辆行驶方向； 2. 使试验车辆在控制范围内穿透； 3. 使试验车辆在控制范围内停止
	D. 脱离组件、碰撞碎片或其他护栏上的碰撞残移物都不得穿透乘员车厢或具有穿透乘员车厢的趋势，也不得威胁到过往车辆、行人和在工作区内工作的人员的安全。造成乘员严重伤害的车厢内向变形、侵入是不允许的
	E. 脱离组件、碰撞碎片、其他护栏上的碰撞残移物以及车辆碰撞残移物都不得阻挡驾驶员的视线或使驾驶员失去对车辆的控制
	F. 试验车辆在碰撞过程中和碰撞之后都必须保持正立状态，但允许适当的摇晃、倾斜和偏移方向
	G. 尽管不是非常重要，但试验车辆最好在碰撞过程中和碰撞之后都保持正立状态
乘员保护	H. 乘员碰撞速度应满足： 乘员碰撞速度极限（m/s） 项目　推荐值　最大值 纵向和横向　9　12 纵向　3　5 计算方法如下：$V_{x,y}=\int_0^{t^*}a_{x,y}\,dt$ 式中：$V_{x,y}$——乘员-汽车内部碰撞时 X,Y 方向上的速度； $a_{x,y}$——试验车辆在 X,Y 方向上的加速度； t^*——车内乘员因碰撞横向位移 0.3m 或纵向位移 0.6m 所经历的时间中较小的一个。 t^* 的确定方法如下： $X,Y=\int_0^{t^*}\int_0^{t^*}a_{X,Y}\,dt^2$ 式中：X——乘员纵向位移量，$X=0.6$m； Y——乘员横向位移量，$Y=0.3$m。 由上面两个积分式可分别求出对应于 $X=0.6$m 的积分时间 t_{x*} 及对应于 $Y=0.3$m 的积分时间 t_{y*}，t^* 为 t_{x*} 和 t_{y*} 中较小的一个
乘员保护	I. 乘员撞击加速度应满足： 乘员撞击加速度极限（G'_S） 项　目　推荐值　最大值 纵向和横向　15　20
乘员保护	J.（选项）Hybrid III 型假人。评价标准应与 Part 571.208 名为 CFR 第 49 项，第 V 章所述评价标准相符
试验车辆碰撞轨迹	K. 在碰撞之后，碰撞车辆运行轨迹最好不侵入到其他临近的行车道上
	L. 乘员碰撞速度最大不得超过 12m/s，同时乘员纵向冲击加速度不得超过 20G's
	M. 试验车辆的出射角度最好小于碰撞角度的 60%，出射角度的测量点应在试验车辆刚好脱离开被测护栏的时刻
	N. 允许试验车辆的运行轨迹超出护栏长度

JTG

中华人民共和国行业推荐性标准　　JTG/T D71—2004

公路隧道交通工程设计规范

Design Specification for Traffic Engineering of Highway Tunnel

2004-12-14 发布　　2004-12-31 实施

中华人民共和国交通部发布

5

中华人民共和国交通部公告

第33号

关于发布《公路隧道交通工程设计规范》(JTG/T D71—2004)的公告

现发布《公路隧道交通工程设计规范》(JTG/T D71—2004),自2004年12月31日起施行,作为公路工程行业推荐性标准,在公路行业内自愿采用。

《公路隧道交通工程设计规范》(JTG/T D71—2004)由重庆交通科研设计院负责编制,该规范的管理权和解释权归交通部,日常解释和管理工作由重庆交通科研设计院负责。

请各有关单位在实践中注意积累资料,总结经验,及时将发现的问题和修改意见函告重庆交通科研设计院(地址:重庆市南岸五公里,邮政编码:400067),以便修订时参考。

特此公告。

5

中华人民共和国交通部

二〇〇四年十二月十四日

前　言

公路作为国民经济发展的重要基础设施,自改革开放以来在我国得到了迅速的发展,公路里程逐年增加,道路等级逐步提高。随着我国公路建设的发展,公路隧道建设规模及其技术需求越来越大,公路隧道交通工程也越来越受到人们的关注。公路隧道作为道路中的特殊路段,需要制定专门的交通工程设计规范。为此,交通部以交公路发〔1999〕739号文下达了编制《公路隧道交通工程设计规范》的通知。根据该文通知,由重庆交通科研设计院为主编单位,并邀请有关单位技术人员,组成《公路隧道交通工程设计规范》编写组。

在编制过程中,编写组对全国已建和在建的公路隧道交通工程进行了较广泛的调查研究,搜集并分析了大量设计文件、工程报告、营运管理报告以及有关应用科研成果等技术资料。考虑到我国公路隧道交通工程技术起步较晚,其经验和基础资料不足,因此在总结我国经验的基础上又采用或借鉴了国外公路隧道交通工程的成功经验和先进技术。

本规范既采纳了新技术、新方法,又兼顾到较传统技术的存在。本规范中的各条文规定,均以可靠的技术依据和较成熟的经验为基础,对于一些目前我国没有实践经验或不够成熟的技术内容,本规范没有纳入或仅作出原则性的规定。

本规范由总则、术语代号、标志标线、交通监控系统、通风及照明控制系统、紧急呼叫系统、火灾报警及防灾系统、供配电系统、中央控制管理系统等部分组成。

本规范由重庆交通科研设计院负责解释。为使本规范更能符合我国公路建设的实际情况,请各有关单位在执行过程中,将发现的问题和意见及时函告重庆交通科研设计院。

主编单位:重庆交通科研设计院
参编单位:浙江省交通设计研究院
长安大学
福建省交通规划设计院
重庆市华驰交通科技有限公司
编写人员:姬为宇　蔡晓峰　吴德兴　许宏科
卓　明　雷荣富　林襄英　喻小红

目　次

1 总则

1.0.1 为规范公路隧道交通工程设计,统一公路隧道交通工程设计要求,确保公路隧道行车安全,保证其运营畅通和服务水平,使公路隧道交通工程设计达到设计合理、技术先进、经济适用、质量确保的目的,特制定本规范。

1.0.2 本规范适用于高速公路、一、二级公路的新建隧道和改建隧道,三、四级公路的新建隧道和改建隧道可参考使用。

1.0.3 公路隧道交通工程设计内容主要包括标志、标线、交通监控、通风与照明控制、紧急呼叫、火灾报警、防灾与避难、供配电和中央控制管理等。

1.0.4 公路隧道交通工程设计应收集相关的设计资料,并应与公路隧道其他工程和路线相关工程内容相协调,使确定的设计方案安全、经济、适用。

1.0.5 隧道内任何设施的设置不得侵入隧道建筑限界。

1.0.6 隧道交通工程应一次规划、设计,但可根据具体情况分期实施。

1.0.7 隧道交通工程设计应贯彻国家的技术经济政策,并应根据隧道交通工程设计满足安全实用、质量可靠、经济合理、技术先进的原则,积极而慎重地采用新理论、新技术、新设备、新工艺。

1.0.8 隧道交通工程设计除应遵守本规范外,尚应符合国家现行的有关标准、规范。

2 术语、代号

2.1 术语

2.1.1 电光标志

一种在光线较暗时能够清楚辨认的带有一定图形、符号的发光标志。

2.1.2 区域控制单元

设置在道路或隧道现场，对一定范围内的外场设备进行集中控制和管理的设备。

2.1.3 车辆检测器

检测车辆通过或存在、测量交通量以及车辆速度等参数的设备。

2.1.4 车道指示器

指示车道的开启、关闭和行驶方向的设备。

2.1.5 占有率

空间占有率和时间占有率的总称。空间占有率是指在单位观测路段内某一时刻行驶的车辆总长度占该路段全部长度的百分比。时间占有率是指单位观测时间内，所有车辆通过某一断面的总累计时间占单位观测时间的百分比。

2.1.6 亮度

是指发光体(反光体)表面发光(反光)强弱的物理量。人眼从一个方向观察光源，在这个方向上的光强与人眼所"见到"的光源面积之比，定义为该光源单位面积的亮度，亮度的单位是坎德拉/平方米(cd/m^2)。

2.1.7 照度

被照物体单位面积得到的光通量，照度的单位是勒克司(lx)。

2.1.8 基本照明

指隧道内在没有外界自然光条件下满足隧道内安全通车所要求的最低照明条件。

2.1.9 加强照明

指为了调节隧道口内附近区间的照明亮度使人眼能够适应隧道内外环境光线变化、消除视盲效应而设置的照明条件。

2.1.10 应急照明

指隧道内通过辅助电源系统提供能源的照明条件，用于在正常电源突然中断的特殊情况下维持隧道内必要的照明。

2.1.11 火灾探测器

是用以确切反映火灾发生及其地点的检测设备。

2.1.12 水成膜泡沫

用于扑灭油类火灾的灭火剂，又称"轻水"泡沫。

2.1.13 固定式水成膜泡沫灭火装置

由压力水、泡沫液容器、比例混合器、软管、泡沫枪及箱体等组成的灭火设备。

2.1.14 集中控制

一种控制系统结构方式，指隧道内的各设施直接与中央控制室相连，隧道内的检测设备将检测信息直接传至中央控制室，由中央控制室直接向隧道内各控制设施发布控制命令。

2.1.15 多级控制

一种控制系统结构方式,用于监控设备较多、传输量较大的长大隧道。将隧道分成若干区域,各区域的检测设备将检测信息传至各区域控制器,区域控制器将信息分析处理后上传中央控制室,中央控制室根据隧道的营运情况通过区域控制器向各控制设备发布控制命令。

2.2 代号

ACU: 区域控制单元
AFFF: 水成膜泡沫
CA: 摄像机
CCTV: 闭路电视
CMS: 可变信息标志
CO: 一氧化碳检测器
CSL: 可变限速标志
Dyn11: 变压器的接线相识
ET: 紧急电话
K: 烟雾设计浓度值
k: 入口段亮度折减系数
K_s: 全隧道各通风分段的VI检测器测得的浓度值实时最大值
k_s: 根据亮度检测器实测的亮度值求出的入口段亮度折减系数实时值
L_{20}: 实测隧道洞口亮度值
La: 洞外亮度检测器
LI: 车道指示器
Lt: 洞内亮度检测器
L_{th}: 实测引入段亮度值
Lu: 亮度检测器
TN-S: 接地系统形式
TW: 风速检测器
UPS: 不间断电源
V: 排烟风速值
VI: 能见度检测器
V_s: 全隧道各通风分段的WS测得的洞内风速实时值
WS: 风速风向检测器
δ: CO设计浓度值
ΔK: 烟雾浓度控制阀值
Δk: 根据实际工程确定的控制阀值
Δs: 全隧道各通风分段的CO检测器测得的浓度值实时最大值
ΔV: 排烟风速控制阀值
$\Delta\delta_{CO}$: CO浓度控制阀值

3 公路隧道交通工程分级与设施配置

3.1 公路隧道交通工程分级

3.1.1 公路隧道交通工程分级根据隧道长度和隧道交通量两个因素划分为A、B、C、D四级。

3.1.2 根据公路隧道长度 L 及设计年度隧道单洞平均日交通量 q，在图3.1.2中确定隧道相应分级。

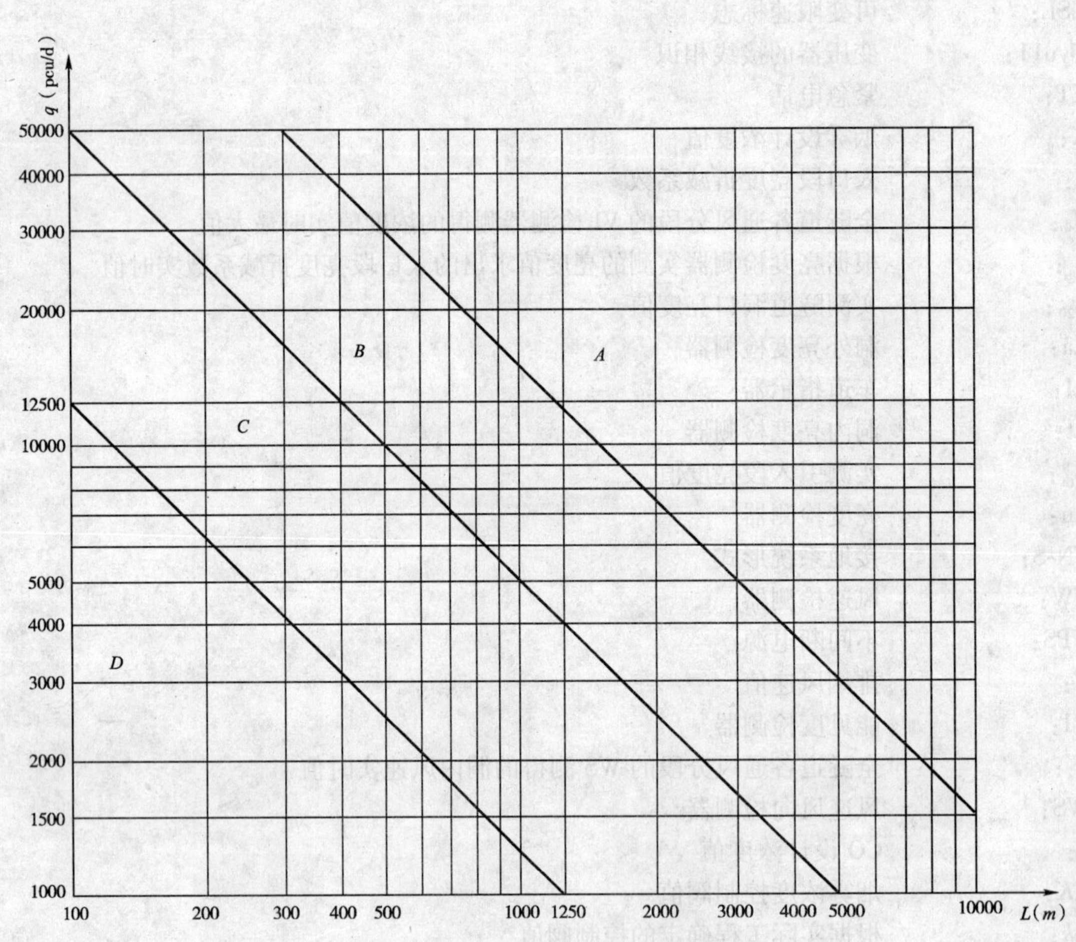

图3.1.2 隧道交通工程分级示意图

3.2 隧道交通工程设施配置标准

3.2.1 隧道交通工程设施配置应遵循下列原则：

1 根据隧道交通工程分级，设施配置采用前期配置、后期完善的方法；

2 长度1km以上的公路隧道各类设施的配置规模应根据预测交通量进行总体规划设计，并据此一次性征用土地和实施基础工程、地下管线及预留预埋工程等；

3 各设施（系统）应视技术发展和交通量增长情况等逐步补充完善。

3.2.2 隧道交通工程设施配置标准见表3.2.2-1、表3.2.2-2、表3.2.2-3。

表 3.2.2-1　高速公路隧道交通工程设施配置表

设施名称		隧道交通工程分级			
		A	B	C	D
标志标线	标志	●	●	●	●
	标线	●	●	●	●
交通监控设施	车辆检测器	●	■	▲	—
	摄像机	●	●	▲	—
	可变限速标志	●	■	▲	—
	可变信息标志	●	■	▲	—
	交通信号灯	●	■	▲	—
	车道指示器	●	■	▲	—
通风与照明控制设施	VI 检测器	●	■	▲	—
	CO 检测器	●	■	▲	—
	风速风向检测器	●	■	▲	—
	亮度检测器	●	■	▲	—
紧急呼叫设施	紧急电话	●	●	▲	—
	有线广播	●	■	▲	—
火灾报警、消防与避难设施	火灾探测器	●	■	▲	—
	手动报警按钮	●	●	▲	—
	灭火器	●	●	●	●
	消火栓	●	●	▲	—
	固定式水成膜泡沫灭火装置	●	■	▲	—
中央控制管理设施	计算机设备	●	■	▲	—
	显示设备	●	■	▲	—
	控制台	●	■	▲	—

注:“●”:必选设施;“■”:应选设施;“▲”:可选设施;“—”:不作要求。

表 3.2.2-2　一级公路隧道交通工程设施配置表

设施名称		隧道交通工程分级			
		A	B	C	D
标志标线	标志	●	●	●	●
	标线	●	●	●	●
交通监控设施	车辆检测器	●	▲	—	—
	摄像机	●	■	—	—
	可变限速标志	■	▲	—	—
	可变信息标志	■	▲	—	—
	交通信号灯	■	▲	▲	—
	车道指示器	■	▲	—	—
通风与照明控制设施	VI 检测器	■	▲	—	—
	CO 检测器	■	▲	—	—
	风速风向检测器	■	▲	—	—
	亮度检测器	■	▲	—	—
紧急呼叫设施	紧急电话	■	▲	—	—
	有线广播	■	▲	—	—

续上表

设 施 名 称		隧道交通工程分级			
		A	B	C	D
火灾报警、消防与避难设施	火灾探测器	■	▲	—	—
	手动报警按钮	●	■	—	—
	灭火器	●	●	●	●
	消火栓	■	▲	—	—
	固定式水成膜泡沫灭火装置	■	▲	—	—
中央控制管理设施	计算机设备	■	▲	—	—
	显示设备	■	▲	—	—
	控制台	■	▲	—	—

注:"●":必选设施;"■":应选设施;"▲":可选设施;"—":不作要求。

表3.2.2-3 二级及二级以下公路隧道交通工程设施配置表

设 施 名 称		隧道交通工程分级			
		A	B	C	D
标志标线	标志	●	●	●	●
	标线	●	●	●	●
交通监控设施	车辆检测器	▲	—	—	—
	摄像机	■	▲	—	—
	可变限速标志	▲	—	—	—
	可变信息标志	▲	—	—	—
	交通信号灯	▲	▲	—	—
	车道指示器	▲	—	—	—
通风与照明控制设施	VI检测器	▲	—	—	—
	CO检测器	▲	—	—	—
	风速风向检测器	—	—	—	—
	亮度检测器	—	—	—	—
紧急呼叫设施	紧急电话	■	▲	—	—
	有线广播	▲	—	—	—
火灾报警、消防与避难设施	火灾探测器	▲	—	—	—
	手动报警按钮	▲	—	—	—
	灭火器	●	■	▲	—
	消火栓	▲	—	—	—
	固定式水成膜泡沫灭火装置	■	—	—	—
中央控制管理设施	计算机设备	▲	—	—	—
	显示设备	▲	—	—	—
	控制台	▲	—	—	—

注:"●":必选设施;"■":应选设施;"▲":可选设施;"—":不作要求。

4 标志、标线

4.1 一般规定

4.1.1 标志、标线设计指导思想:

1 体现公路隧道的特点,加强驾驶员在公路隧道内安全行车的意识;

2 标志、标线设计应满足简洁明了、可视性好的要求。

4.1.2 标志、标线设计可按下列顺序实施:

1 收集交通、气象、环境、地质、地形、地物等基础资料;

2 根据隧道交通工程分级以及沿线标志、标线设计状况,确定标志、标线的规模;

3 从安全、技术、经济等方面进行方案比较,选择最佳方案。

4.2 标志

4.2.1 隧道标志

1 隧道标志用于指示隧道名称和长度。

2 隧道标志宜设置在隧道入口前方 50 ~250m 处。

4.2.2 限高标志

1 限高标志用于限制车辆装载高度。

2 限高标志宜设置在隧道洞口联络道前 50 ~150m 处,无联络道时,宜设置在隧道入口前 50m 左右。

4.2.3 紧急电话指示标志

1 紧急电话指示标志用于指示隧道内紧急电话位置。

2 洞内紧急电话标志宜采用电光标志,照明方式宜为内部照明,双面显示。

3 紧急电话指示标志应设置于紧急电话上部,安装高度净空应不小于 2.5m。

4.2.4 消防设备指示标志

1 消防设备指示标志用于指示隧道内消防设备位置。

2 消防设备指示标志宜采用电光标志,照明方式宜为内部照明。

3 消防设备指示标志应设置于消火栓上方,安装高度净空应不大于 2.5m。

4.2.5 行人横洞指示标志

1 行人横洞指示标志用于指示隧道行人横洞位置,在隧道发生紧急状况时指示隧道内人员逃生路线。

2 行人横洞指示标志宜采用电光标志,照明方式宜为内部照明,双面显示。

3 行人横洞指示标志应设置于行人横洞顶部,安装高度净空应不小于 2.5m。

4.2.6 行车横洞指示标志

1 行车横洞指示标志用于指示隧道行车横洞位置,在隧道发生紧急状况时指示车辆改行行车横洞。

2 行车横洞指示标志宜采用电光标志,照明方式宜为内部照明,双面显示。

3 行车横洞指示标志应设置于行车方向左侧行车横洞处,安装高度净空应不小于 2.5m。

4.2.7 紧急停车带标志

1 紧急停车带标志用于指示隧道内紧急停车带位置。

2 紧急停车带标志宜采用电光标志，照明方式宜为内部照明，双面显示。

3 紧急停车带标志应设置于紧急停车带前5m左右，安装高度净空应不小于2.5m。

4.2.8 疏散指示标志

1 疏散指示标志用于指示该点与洞口、行人横洞、行车横洞的距离与方向，在隧道发生紧急情况时，指示行人、车辆迅速离开。

2 疏散指示标志宜采用电光标志，照明方式宜为内部照明，单面显示。

3 疏散指示标志应设置于隧道侧墙上，安装高度净空应不大于1.3m，间距应不大于50m。

4.3 标线

4.3.1 隧道内标线主要包括道路标线、轮廓标、诱导标以及突起路标等。

4.3.2 道路标线

1 道路标线设计应按照《道路交通标志和标线》(GB 5768)执行。

2 隧道内标线为纵向指示类标线。

3 洞口交叉道应进行渠化。

4 标线涂料宜采用热熔型反光涂料。

4.3.3 突起路标

1 突起路标用于加强路面标线的视觉效果。

2 隧道内宜设置突起路标。

3 突起路标的设置应按照《道路交通标志和标线》(GB 5768)执行。

4.3.4 轮廓标

1 轮廓标用以指示道路的方向、行车道的边界。

2 隧道内应设置轮廓标。

3 轮廓标宜安装在隧道壁上60cm高度位置，反射器颜色左侧宜采用黄色，右侧宜采用白色，布设间距宜为20～50m。

5 交通监控设施

5.1 一般规定

5.1.1 交通监控设施主要包括交通监测、交通控制及诱导设施等。

5.1.2 交通监控设施设计指导思想：

1 应以交通安全为原则，有效地管理交通，尽可能地避免二次事故的发生；

2 注重计算机、通信及电子技术的发展，合理采用相关设备与技术。

5.1.3 交通监控设施设计可按下列顺序实施：

1 收集设计相关的基础资料；

2 根据隧道交通工程分级以及沿线监控设施的规模，确定交通监测、控制及诱导设施的配置标准；

3 根据安全、技术、经济等方面的要求，进行方案论证，结合道路监控设施的设计，选择最佳方案；

4 从实用性、可靠性、可维护性等方面进行系统设计。

5.2 交通监测设施

5.2.1 交通监测设施主要包括车辆检测器、摄像机、视频监视控制设备等。

5.2.2 交通监测设施主要用于检测隧道内交通信息，监视隧道运营状况。

5.2.3 车辆检测器

1 车辆检测器主要用于自动检测隧道内的交通参数，为制定交通控制方案提供依据。

2 车辆检测器的设置按下列原则设置：

1)车辆检测器宜设置在车流平稳的区域；

2)车辆检测器的设置间距宜在500～700m。

3 车辆检测器应具有下列功能：

1)应能检测每一车道的交通量和速度等基本交通参数；

2)应能适应该车道改变行车方向的要求，能检测出行车方向；

3)应能检测出二轮摩托以上的所有类型的机动车，拖挂车应能作为一辆车检测。

4 车辆检测器应符合下列技术要求：

1)交通量检测精度不小于95%；

2)测速范围0～180km/h，误差小于5%；

3)车辆检测器具有故障自诊断功能；

4)车辆检测器防护等级不低于IP65。

5.2.4 摄像机

1 摄像机主要用于监视隧道的交通运行状况，并对交通事故及火灾报警等信息给予确认，为中央控制室值班人员处理交通事故等提供最直接、最直观的依据。

2 摄像机按下列原则设置：

1)隧道内和隧道入、出口处应设置摄像机；

2)隧道外摄像机应设在距隧道入、出口外100～400m处，能清楚地监视洞口全貌和交通状况；

3)隧道内摄像机设置应能全程监视，直线段设置间距应不大于150m；曲线段设置间距可根据实际情况适当减小；

4）隧道内特殊位置如紧急停车带、行车横洞等处可增设摄像机。

3 摄像机应具有下列功能：

1）隧道外摄像机可全方位监视洞口交通运行状况；

2）隧道内摄像机可连续监视隧道内车辆运行情况和报警救援位置。

4 摄像机应符合下列技术要求：

1）隧道外摄像机应配置具有光圈自动调节、变焦镜头、云台、全天候防护罩和解码器的低照度摄像机；

2）隧道内摄像机宜配置具有自动光圈、定焦距和防护罩的低照度摄像机；

3）摄像机防护等级应不低于 IP65。

5.2.5 视频监视控制设备

1 视频监视控制设备主要包括监视器、录像设备、视频切换矩阵和视频分配器等。视频监视控制设备主要用于显示、存储、控制隧道现场视频信息，便于值班人员管理、指挥隧道交通。

2 视频监视控制设备应设置在中央控制室内，其数量和类型应根据具体情况确定。

3 视频监视控制设备应具有下列功能：

1）应能对现场视频信息进行一对一或一对多方式显示；

2）应能对多路视频信号进行选择显示；

3）应具有视频信号进行多路分配的功能，可向相关监控系统或其他部门提供隧道内、外图像信息。

4 视频监视控制设备应符合下列技术要求：

1）监视器分辨率应高于摄像机，且不低于 450 线；

2）录像设备应具有手动或自动控制功能，可进行长延时录像；

3）视频监视控制设备应具有计算机接口，并能受中央管理计算机的控制；

4）应能够接收或监测隧道内外紧急电话、火灾报警和交通异常信号等，并可根据这些异常信号对显示方式进行切换。

5.3 交通控制及诱导设施

5.3.1 交通控制及诱导设施主要包括交通信号灯、车道指示器、可变信息标志、可变限速标志以及交通区域控制单元等外场设备。

5.3.2 交通控制及诱导设施主要用于收集和处理交通信息，并传送给中央控制室计算机，同时接收中央控制室计算机传来的有关信息或命令，按照预定的方案或控制指令，实现对隧道内交通流量和交通状态的有效控制。

5.3.3 交通信号灯

1 交通信号灯用于表示隧道交通的运行状况。

2 交通信号灯应设置在隧道入口汽车联络道前 20 ~ 50m。

3 交通信号灯应符合下列技术要求：

1）交通信号灯应由红、黄、绿三色灯和左转向箭头灯组成；

2）交通信号灯应显示清晰，视距应不小于 200m；

3）交通信号灯防护等级不低于 IP65。

5.3.4 车道指示器

1 车道指示器用于表示隧道内各车道交通的运行状况。

2 车道指示器按下列原则设置：

1）车道指示器应设置在隧道内各车道中心线的上方；

2）宜在隧道入、出口以及行车横洞处各设一组车道指示器；

3）隧道内直线段设置间距应不大于 500m，曲线段根据具体情况可缩短设置间距。

3 车道指示器应符合下列技术要求：

1)车道指示器应由红、绿两色灯组成；

2)车道指示器应显示清晰，视距应不小于200m；

3)方型车道指示器有效显示尺寸应不小于350mm×350mm，圆形车道指示器有效显示直径应不小于300mm；

4)车道指示器防护等级应不低于IP65。

5.3.5 可变信息标志

1 可变信息标志用于显示公路隧道交通和管理信息。

2 可变信息标志按下列原则设置：

1)可变信息标志应设置在隧道入口汽车联络道前或隧道内行车横洞前；

2)可变信息标志显示内容应简洁明了。

3 可变信息标志应符合下列技术要求：

1)隧道内板面亮度应不小于3500cd/m²，隧道外板面亮度应不小于8000cd/m²；

2)板面亮度可根据外界照度自动调节，无眩光现象，视距应不小于200m；

3)可变信息标志应具有故障自检功能；

4)可变信息标志防护等级不低于IP65。

5.3.6 可变限速标志

1 可变限速标志用于控制隧道内车辆的行驶速度，使隧道交通流达到合理状态。

2 可变限速标志按下列原则设置：

1)可变限速标志宜设置在隧道入口汽车联络道前附近；

2)隧道内可根据实际情况设置可变限速标志。

3 可变限速标志应符合下列技术要求：

1)隧道内板面亮度应不小于3500cd/m²，隧道外板面亮度应不小于8000cd/m²；

2)板面亮度可能根据外界照度自动调节，无眩光现象，视距应不小于200m；

3)可变限速标志应具有故障自检功能；

4)可变限速标志防护等级不低于IP65。

5.3.7 交通区域控制单元

1 交通区域控制单元可根据隧道内信息量和隧道监控模式合理设计。

2 交通区域控制单元应具有下列功能：

1)收集区段内各设备的检测信息，对检测信息进行分析处理和存储，并将信息上传至中央控制室计算机系统；

2)接收中央控制室计算机系统的控制指令，对下端执行设备进行控制；

3)在中央控制室计算机或通讯线路发生故障的情况下，由交通区域控制单元对现场设备按预设程序实施控制。

3 交通区域控制单元应符合下列技术要求：

1)交通区域控制单元应选用模块化结构，具有良好的扩展性；

2)交通区域控制单元应具有模拟量和数字量输入/输出接口；

3)交通区域控制单元应具有现场设备控制程序；

4)交通区域控制单元应具有故障自诊断功能；

5)交通区域控制单元防护等级不低于IP65。

6 通风与照明控制设施

6.1 一般规定

6.1.1 通风与照明控制设施主要包括环境检测及通风控制设施、亮度检测及照明控制设施。

6.1.2 通风与照明控制设施设计指导思想:

1 应以交通安全为原则,合理节约能源;

2 注重计算机、通信及电子技术的发展,合理采用相关设备与技术。

6.1.3 通风与照明控制设施设计可按下列顺序实施:

1 通风与照明控制设施应根据通风设计提出的通风方式、工况要求,结合隧道交通工程分级和现场条件合理确定通风控制方案。

2 照明控制设施应根据照明设计提出的照明方式、工况要求,结合隧道交通工程分级和现场条件合理确定照明控制方案。

6.2 通风控制设施

6.2.1 通风控制设施应具备正常工况条件和火灾工况条件下的通风控制功能。

1 正常工况包括正常交通流工况、交通阻塞工况。在正常工况条件下,应根据隧道营运过程中的交通状况适当调整通风量,在保证交通安全的前提下,以最经济的方式为隧道提供满足营运条件的通风量。

2 在火灾工况条件下,应有排烟控制功能。

6.2.2 通风控制应设置通风环境检测设施,以便对隧道内废气浓度和通风气流风速等隧道环境数据进行实时监测。

6.2.3 通风环境检测设施设置的数量不宜低于表6.2.3要求。

表6.2.3 通风环境检测设施配置数量表(每一个通风分段)

检测器设施 通风方式	一氧化碳检测器(CO) (套)	能见度检测器(VI) (套)	风速风向检测器(WS) (套)
纵向通风	2	2	1
全横向通风	1	1	1
半横向通风	2	2	1

注:1. 通风分段指主线隧道通风中最小的通风工作单元。

根据通风方式不同,通风分段长度一般是指:

1)纵向通风方式

全射流纵向通风:隧道全长为一个分段。

洞口集中送风:隧道全长为一个分段。

洞口集中排风:排风口两端相应的分段。

2) 全横向或半横向通风:相应的送风或排风分段在隧道中的长度。

2. 当需要检测洞口外自然风速风向时,可在洞口外增设风速仪。

6.2.4 通风环境检测设施的设置位置宜按下列原则进行:

1　VI、CO 检测器宜设置在隧道侧壁壁面或隧道顶部，检测值应能有效地反映每个通风分段的废气分布情况；

2　采用全射流方式时，通风环境检测设施应避免设置在射流风机附近，而宜设置在隧道轴线两组风机的中间部位；

3　WS 检测器的设置位置离洞口隧道轴线方向的距离应不小于隧道断面当量直径（Dr）的 10 倍，且应避免受汽车行驶气流的影响。

6.2.5　通风环境检测设施应能满足洞内外长期工作的需要。测量范围和精度不应低于下列技术要求：

1　VI 测量范围：$K = 0 \sim 25 \times 10^3\ \mathrm{m}^{-1}$、精度 $\pm 0.1 \times 10^3\ \mathrm{m}^{-1}$；

2　CO 测量范围：$0 \sim 250 \times 10^{-6}$、精度 $\pm 1 \times 10^{-6}$；

3　WS 测量范围：0 ~ 30m/s、精度 ±0.1m/s；

4　通风环境检测设施的防护等级不低于 IP65。

6.2.6　采用机械通风的隧道均应有手动控制方式，A 级和 B 级的公路隧道宜采用自动控制为主、手动控制为辅的控制方式。

6.2.7　自动控制可采用下列三种控制方法，各隧道应根据具体情况选择一种或多种控制方法。

1　控制法-1：检测隧道内的能见度、一氧化碳浓度和风速风向，经计算处理后，控制风机运转。

2　控制法-2：根据检测的交通量数据，实时了解隧道内交通量、行车速度、车辆构成等，通过交通流状况分析并计算出车辆烟雾和一氧化碳的排放量，控制风机运转。

3　控制法-3：按时间区间预先编制程序控制风机运转。

6.2.8　自动控制方法的适用条件

1　当隧道内设置有通风环境检测设施时，通风控制宜采用控制法-1。

2　当隧道内只设置有交通量检测设施时，通风控制宜采用控制法-2。

3　当隧道通风是以稀释洞内异味为目的时，宜采用控制法-3。

4　当每日交通量分布较为固定且柴油车混入率较小时，宜采用控制法-3。

6.2.9　当火灾工况时，应采用手动控制法控制通风排烟。

6.2.10　通风控制应遵循下列原则：

1　电机的启闭次数不应过频，防止风机出现喘振现象；

2　应在隧道营运过程中不断完善控制方案。

6.2.11　风量级档的划分不宜过细，应充分考虑动力消耗与风机运行时间。当隧道通风设施中有送风机、排风机与射流风机时，应针对各种风机确定合理的组合风量级档。

6.2.12　通风区域控制单元应具有环境数据检测处理、控制风机运转和运转状态的数据反馈功能及记录功能。

6.2.13　通风区域控制单元应符合下列技术要求：

1　通风区域控制单元应选用模块化结构，具有良好的扩展性；

2　通风区域控制单元应具有模拟量和数字量输入/输出接口；

3　通风区域控制单元应具有现场设备控制程序；

4　通风区域控制单元应具有故障自诊断功能；

5　通风区域控制单元的防护等级不低于 IP65。

6.2.14　轴流风机的通风区域控制单元宜设在轴流风机机房；射流风机的控制单元宜设置在隧道内或配电所。

6.3　照明控制设施

6.3.1　照明控制设施应具备在正常照明工况条件下和应急照明工况条件下的照明控制功能。

6.3.2　照明控制均有手动控制方式，A 级和 B 级隧道的照明控制宜采用自动控制为主、手动控制为辅的控制方式。

6.3.3 自动控制可采用下列两种控制方法,各隧道应根据具体情况选定。

1 控制法-1:检测洞口内外亮度值,经计算处理后,控制隧道内的照明工况。

2 控制法-2:按时间区段预先编制程序控制照明工况。

6.3.4 高速公路、一级公路隧道的A级、B级隧道宜采用控制法-1,其他隧道可采用控制法-2。

6.3.5 采用控制法-1对照明实行实时自动控制的隧道,每座隧道应在隧道入口端洞口外设亮度检测器。采用控制法-2对照明实行定时分级自动控制的隧道可不设亮度检测器。

6.3.6 亮度检测器的设置

1 洞外亮度检测器(La)宜设置在离洞口一个停车视距位置处,高度以一个洞门高度为宜,检测器探头方向应指向洞口中心。

2 洞内亮度检测器(Lt)宜设置在洞内离洞门一倍隧道净高的侧壁上,检测器探头方向应指向行车前进方向且离检测器一个停车视距位置路面中心处,检测器安装高度应不小于1.5m。

6.3.7 亮度检测器应能满足洞内外长期工作条件,且技术要求不应低于下列规定:

1 亮度检测器探头镜头立体视角20°;

2 亮度检测器测量范围　洞外型:1~7000cd/m^2、精度±1cd/m^2;
洞内型:1~500cd/m^2、精度±0.1cd/m^2;

3 亮度检测器的防护等级不低于IP65;

4 洞外型检测器宜配备带雨刷的防护罩。

6.3.8 照明区域控制单元应具备照明控制的数据的反馈功能及记录功能。当设置了亮度检测器时,照明控制设施还应具备亮度数据采集处理的功能。

6.3.9 照明区域控制单元应符合下列技术要求:

1 照明区域控制单元应选用模块化结构,具有良好的扩展性;

2 照明区域控制单元应具有现场照明工况手动控制和编程控制功能;

3 照明区域控制单元应具有故障自诊断功能;

4 照明区域控制单元的防护等级不低于IP65。

6.3.10 照明区域控制单元宜设置在变电所内。

7　紧急呼叫设施

7.1　一般规定

7.1.1　紧急呼叫设施主要包括紧急电话和有线广播设施。

7.1.2　紧急呼叫设施设计指导思想：

1　应以交通安全为原则，为隧道管理提供快捷的紧急呼叫功能；

2　应注重计算机、通信及电子技术的发展，合理采用相关设备与技术。

7.1.3　紧急呼叫设施设计可按下列顺序实施：

1　根据隧道交通工程分级，确定紧急呼叫设施的规模；

2　从安全、技术、经济等方面进行设备比选；

3　根据实际情况，进行紧急呼叫设施设计。

7.2　紧急电话设施

7.2.1　紧急电话设施主要包括紧急电话主控设备、紧急电话分机以及传输介质等。

7.2.2　当隧道内发生交通异常或行车事故时，司乘人员可通过紧急电话设施迅速通知隧道管理人员，快速救援、快速排障，达到提高隧道服务水平的目的。

7.2.3　紧急电话设施宜按下列原则设置：

1　紧急电话主控设备宜设置在中央控制室；

2　隧道内紧急电话分机设置间距宜不大于200m；

3　紧急电话分机宜在隧道入、出口处各设一台；

4　紧急电话分机宜在隧道内紧急停车带、行人横洞处设置。

7.2.4　隧道内紧急电话分机宜设置在可容人的预留洞室，预留洞应配隔音门；紧急停车带的紧急电话分机宜设置在电话亭内。

7.2.5　紧急电话设施应具有下列功能：

1　紧急电话主控设备主要用于汇接传输线路，控制紧急电话分机的呼叫业务和系统诊断。

2　紧急电话主控设备应提供接警信息输出接口，以便于协调相关的处理措施。

7.2.6　紧急电话设施应符合下列技术要求：

1　全双工，可大于两路同时排队报警；

2　具有自动测试和远程控制功能；

3　紧急电话设施的防护等级不低于IP65。

7.3　有线广播设施

7.3.1　有线广播设施包括有线广播控制器、扬声器以及传输介质。

7.3.2　在隧道内出现异常情况时，中央控制室管理人员通过有线广播设施，向隧道内人员发布信息，对车辆及人员进行疏导。

7.3.3　有线广播设施宜按下列原则设置：

1　有线广播控制器宜设置在中央控制室，与中央控制室计算机和显示设备相连接；

2 根据需要在隧道内可每隔 50m 设置一台扬声器；

3 应在隧道入、出口及行人横洞、行车横洞处各设置一台扬声器。

7.3.4 有线广播设施应符合下列技术要求：

1 有线广播设施具备全呼、分组群呼和单呼功能；

2 有线广播设施的声学特性指标应不低于二级语言扩声系统的指标；

3 有线广播设施应满足隧道内环境使用要求；

4 有线广播设施防护等级应不低于 IP65。

8　火灾报警、消防与避难设施

8.1　一般规定

8.1.1　火灾报警、消防与避难设施设计指导思想：

1　火灾报警设施设计注重火灾检测的准确性、实时性；

2　消防与避难设施设计以逃生为主、灭火为辅；以自救为主、外部救援为辅。

8.1.2　火灾报警、消防与避难设施可按下列顺序实施：

1　收集交通、气象、环境、地质、地形、地物等基础资料；

2　根据隧道交通工程分级，确定火灾报警、消防与避难设施的规模；

3　从安全、技术、经济等方面进行方案比较，选择最佳方案；

4　根据具体情况，进行火灾报警、消防与避难设施的设计和设置。

8.2　火灾报警设施

8.2.1　火灾报警设施包括火灾探测器、手动报警按钮以及火灾报警控制器等。

8.2.2　火灾报警设施用于火灾检测、报警，以便快速救援。

8.2.3　火灾报警设施应符合下列技术要求：

1　火灾报警设备必须选用通过国家消防电子产品检验的产品；

2　隧道内火灾探测器防护等级应达到 IP65，否则应采取措施提高设备的防护等级；

3　设备选择宜考虑其可维护性。

8.2.4　火灾探测器

1　火灾探测器用于检测隧道内和中央控制室、变配电所设备间的火灾。

2　火灾探测器的探测范围必须覆盖整个隧道。

3　中央控制室、变配电所等设备间的火灾探测器按照《火灾自动报警系统设计规范》(GB 50116)设置。

8.2.5　手动报警按钮

1　手动报警按钮主要用于隧道内发生火灾时，现场人员向中央控制室报警。

2　手动报警按钮设置间距应不大于 50m，宜与消防设备配合设置。

3　手动报警按钮设置在隧道行车方向右侧，设置高度应为 1.3～1.5m。

4　手动报警按钮防护等级应不低于 IP65，否则应置于防护箱内。

8.2.6　火灾报警控制器

1　火灾报警控制器应在隧道中央控制室内管理人员容易看见和操作的地方。

2　火灾报警控制器安装在墙上时，其底边距地面高度宜为 1.3～1.5m，其靠近门轴的侧面距墙不应小于 50cm，正面操作距离不应小于 1.2m。

3　火灾报警控制器的容量、每一总线回路所连接的火灾探测器和控制模块或信号模块的地址编码总数，宜留有一定余量。

4　火灾报警控制器应提供报警信息输出接口，以便于协调相关的处理措施。

5　当控制室环境噪声大于 60dB 时，警报器的声压级应高于环境噪声 15dB。

8.2.7　火灾报警系统电源应为独立回路，并采用不间断电源供电。

8.3 消防设施

8.3.1 消防设施主要包括灭火器、消火栓、固定式水成膜泡沫灭火装置、隧道消防给水及管道等。

8.3.2 消防设施用于当隧道内发生火灾时进行灭火,减少火灾造成的损失,保护人身和财产安全。

8.3.3 灭火器

1 灭火器应为手提式,每只灭火器充装量不宜超过8.0kg。灭火器应成组设置在灭火器箱内,每组设2~3只灭火器。

2 灭火器选用必须考虑其灭火性能、适用范围等。

3 灭火器箱可装在隧道侧墙内,纵向间距不应大于50m。

8.3.4 消火栓

1 消火栓应成组安装在箱内,并固定在隧道一侧墙内。

2 消火栓的间距应由计算确定,但不应大于50m。

3 消火栓应采用统一型号规格。消火栓栓口直径应为65mm,水枪喷嘴口径不小于19mm,每根水带长度不应超过30m。

4 消火栓的水枪充实水柱长度应由计算确定,但不应小于10m。

5 消火栓栓口的出水动压超过50m水柱时,消火栓处应设减压装置。

6 设有管道加压系统的每个消火栓处,应设置直接启动消防水泵的按钮。

8.3.5 固定式水成膜泡沫灭火装置

1 固定式水成膜泡沫灭火系统泡沫液浓度宜为3%,喷射距离应大于6m,喷射时间不应小于22min。

2 固定式水成膜泡沫灭火装置的布设及其间距可与消火栓一致。

3 固定式水成膜泡沫灭火装置喷射软管长度可与消火栓一致。

4 固定式水成膜泡沫灭火装置的阀门应有明显启闭标志。

5 固定式水成膜泡沫灭火装置应注明泡沫液的有效使用期。

8.3.6 隧道消防给水

1 水源

隧道消防用水在没有市政自来水可利用时,可采用地下水或天然水源。当利用天然水源时,应确保枯水期最低水位时的消防用水,且应设可靠的取水设施。

2 用水量

隧道消防用水量根据同一时间内的火灾次数和一次灭火用水量确定。除特殊情况外,用水量宜按同一时间内发生火灾次数为一次计算,并且,隧道消防用水量应不小于表8.3.6的规定。

表8.3.6 隧道消防用水量

隧道长度 L(m)	隧道内消火栓一次灭火用水量 (L/s)	同时使用水枪数量 (支)	火灾延续时间 (h)
$500 \leq L < 1000$	15	3	2
$1000 \leq L < 3000$	20	4	4
$L \geq 3000$	20	4	6

注:每支水枪最小流量为5L/s。

3 隧道消防给水方式

1)隧道消防给水宜设置高位消防水池,利用重力流供水;当无条件设置高位水池时,应采用自动加压供水;

2)供给隧道消防用水的加压水泵宜采用自灌式引水;

3)消防水池的补水时间不宜超过48h。

8.3.7 消防给水管道

1 隧道内的消防给水管道宜采用内外壁热镀锌钢管或无缝钢管。

2 隧道内的消防给水管道宜采用沟槽式连接件（卡箍）或丝扣、法兰连接。

3 相邻双洞隧道的消防给水管道应布置成环状。

4 隧道内消防给水管道应设检修阀，当管径≥100mm时，宜采用软密封闸阀。

5 设有固定水成膜泡沫灭火装置的隧道，在给水管道引入隧道前宜设置管道过滤装置。

6 隧道内消防给水管道可根据需要设置管道伸缩器。

7 消防给水管道穿越路面时应有保护措施。

8 寒冷地区的消防给水管道必须有防冻保温措施。

8.3.8 其他设施

1 高位水池应设水位遥测装置。

2 设有消防给水的隧道在洞口附近应设置室外消火栓和消防水泵接合器，其数量应根据隧道消防用水量计算确定。每个室外消火栓、水泵接合器流量均按10～15L/s计算。

3 设有通风竖井的隧道，在联络风道口处可设置对火灾时产生的热空气进行降温的设施。

4 在隧道管理用房内应设有消防器材储藏间，存放备用的灭火器材等。

8.4 避难设施

8.4.1 避难设施包括行人横洞和行车横洞。

8.4.2 双洞上下分离的公路隧道之间应设置避难设施，并符合表8.4.2规定。

表8.4.2 避难设施设置标准

序号	名称	净空尺寸(m)	基本间距(m)	特殊情况
1	行人横洞	宽:2.0 高:2.5	250 （最大不超过400）	隧道长度500m以下不设； 隧道在500～800m之间宜设一处
2	行车横洞	见图8.4.2	750 （最大不超过1000）	隧道长度1000m以下，不设行车横洞； 长度在1000～1500m之间宜设一处

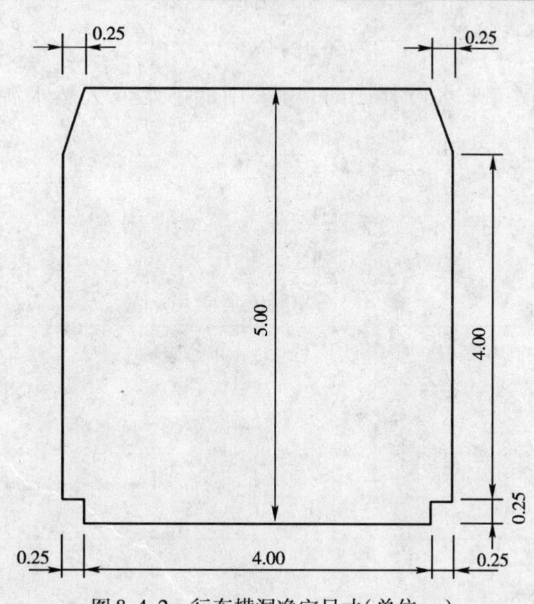

图8.4.2 行车横洞净空尺寸（单位：m）

8.4.3 行人横洞

1 行人横洞应有良好的防排水措施，路面应具有防滑功能。

2 行人横洞纵坡大于15%时，宜设置踏步台阶，边墙两侧宜设扶手，扶手高度为0.9m。

3 行人横洞内应设置具有自动感应开闭功能照明装置，其路面亮度不小于2cd/m^2。

4 行人横洞的两端应设甲级防火门，防火门应具有向内推开和自动关闭功能。

5 行人横洞内部应设疏散指示标志，间距应不大于20m。

6 行人横洞与行车横洞兼用时，路缘石边应设栏杆，栏杆高1.05m；行人横洞门与行车横洞门应独立设置。

8.4.4 行车横洞

1 行车横洞的纵坡应不大于5%。

2 行车横洞的洞口应设自动门，自动门宜具备现场和远程控制开闭功能。

3 行车横洞应设置具有与门联动开闭功能的照明装置，其路面亮度不小于7cd/m²。

8.4.5 在隧道中部设置地下通风房、变电站及其他管理用房等建筑时，厂房与隧道之间应有至少两个进出口通道，以便于疏散。其进出通道净空尺寸的设置标准不应低于第8.4.2条规定。如通道需运送机电设备时，应满足设备运送的要求。

8.4.6 当地下通风房、变电站及其他管理用房等需人员长期值班时，其地下建筑应符合能满足长期工作的环境标准，其地下建筑的设计可参照《地铁设计规范》（GB 50157）关于地下车站管理用房的有关规定执行。

9 供配电设施

9.1 一般规定

9.1.1 供配电设施包括供电和配电两部分。

9.1.2 供配电设施设计指导思想：

1 供配电设施设计应注重安全性、可靠性，合理利用能源；

2 从全局出发，统筹兼顾，合理划分隧道电力的负荷等级。

9.1.3 供配电设施设计可按下列顺序实施：

1 收集有关的隧道土建、通风、照明、监控、通讯设计文件及交通、气象、环境、地质、地形、地物等基础资料；

2 根据隧道交通工程级别，确定供配电系统的规模；

3 认真执行国家技术经济政策，从安全、技术、经济、维护等方面进行方案比选。

9.2 供电

9.2.1 隧道电力负荷分级

隧道电力负荷应根据供电可靠性和中断供电在社会、经济上所造成的损失或影响程度确定负荷等级。公路隧道重要电力负荷的分级应符合表 9.2.1。

表 9.2.1 隧道重要电力负荷分级

序号	电力负荷名称	负荷级别
1	应急照明 电光标志 交通监控设施 通风及照明控制设施 紧急呼叫设施 火灾检测、报警、控制设施 中央控制设施	一级①
2	消防水泵 基本照明 排烟风机	一级
3	通风机②	二级
4	其余隧道电力负荷	三级

注：①该一级负荷为特别重要负荷。

②此处系指除作为一级负荷以外的其他通风机。

9.2.2 隧道供电要求

1 隧道一级负荷应由两个电源供电，当一个电源发生故障时，另一个电源应不致同时受到损坏。一级负荷容量不大时应优先采用从邻近的电力系统取得第二低压电源，亦可采用应急发电机组作为备用电源。

2 对于隧道一级负荷中特别重要负荷，除上述两个电源外，还必须设置不间断电源装置（UPS）作为应急电源，并严禁将其他负荷接入应急供电系统。

3 隧道二级负荷的供电系统宜由两回线路供电。

9.2.3 隧道供电电源及变配电所

1 变配电所宜设置在空气流通的环境中。

2 长度不大于1.3km及以下的隧道可在入口或出口处设置一座变配电所为隧道供电。

3 长度为1.3～3km的隧道宜在入口与出口处各设一座变配电所。两个变配电所宜优先考虑由上一级不同变电站的供电回路供电。

4 长度大于3km的隧道宜根据隧道的长度、负荷等级、负荷分布情况在洞中合理设置变配电所。

5 两回线路供电的隧道，应采用同级电压供电，当一回路中断供电时，另一回路应能满足全部一级及二级负荷用电需要。

9.2.4 隧道电压选择和电能质量

1 隧道的高压配电电压宜采用10kV；当6kV用电设备的总容量较大，宜采用6kV。低压配电电压应采用220/380V。

2 为了减少电压偏差，隧道供配电系统的设计应符合下列要求：

1）正确选择变压器的变压比和电压分接头；

2）合理减少系统阻抗；

3）合理补偿无功功率；

4）尽量使三相负荷平衡；

5）隧道通风机宜设置减压启动装置。

9.3 配电

9.3.1 隧道内配电箱、柜的防护等级应达到IP55。

9.3.2 隧道配电回路

1 隧道各类电力负荷应根据性质、功能的不同各自设置单独的配电回路。

2 隧道应设置供维修和养护作业用的配电回路，该回路末端应设置漏电保护装置。

3 正常运行情况下公路隧道内用电设备端子处电压偏差允许值（以额定电压的百分数表示）宜按±5%验算。少数距隧道变配电所较远的电动机（含通风机），如电动机端电压低于额定值的95%时仍能保证电动机温升符合有关规定，且堵转转矩、最小及最大转矩均能满足传动要求，则电动机的端电压可低于95%，但不得低于90%。

9.3.3 配电线路

1 变配电所低压配电屏至隧道内配电箱的低压配电干线回路宜采用电缆。

2 隧道内配电线路布设应符合下列要求：

1）隧道内配电线路采用金属管布线时，宜采用水、煤气钢管；

2）三根以上绝缘导线穿于同一根金属管时，其总截面积（含外护层）不应超过管内截面积的40%；

3）穿金属管的交流线路，应将同一回路的所有相线和中性线穿于同一根管内；

4）不同回路的线路不宜穿于同一根金属管内，但符合下列情况之一时可穿于同一管内，但管内绝缘导线的总数不应多于8根：①标称电压为50V以下的回路，②同一设备的电力回路和无防干扰要求的控制回路，③同类照明的几个回路；

5）隧道内配电线路采用电缆桥架布线时，应根据腐蚀介质的特点对电缆桥架采取相应的防护措施，并宜选用塑料护套电缆；

6）在电缆桥架上可以无间距敷设电缆，电力电缆在桥架内横断面的填充率不应大于40%；

7）下列不同电压、不同用途的电缆，不宜敷设在同一层桥架上：①1kV以上和1kV以下的电缆，②同一路径向一级负荷供电的双路电源电缆，③应急照明和其他照明的电缆，④强电和弱电电缆，如受条件限制需安装在同一层桥架上时，应用隔板隔开。

9.3.4 配电变压器选择

1 隧道的动力和照明采用共用变压器严重影响照明质量及灯泡寿命时，宜设照明专用变压器。

2 隧道宜选用 Dyn11 接线组别的三相配电变压器。

9.3.5 不间断电源系统的技术要求

1 隧道特别重要负荷应采用在线式不间断电源，其电池维持供电时间应不小于 30min。

2 不间断电源应设有手动、自动旁路装置。

3 不间断电源应配置密封式免维护铅酸蓄电池组，并且具有对电池组进行测量及显示的功能。

4 不间断电源输出端的中性线（N 极）必须与由接地装置直接引来的接地干线相连接，做重复接地。

9.3.6 隧道供配电宜设置电力监测装置。

10　中央控制管理系统

10.1　一般规定

10.1.1　中央控制管理系统主要包括系统功能与控制方式、中央控制室设施以及管理体制等。

10.1.2　中央控制管理系统设计指导思想：

1　中央控制管理系统设计应注重提高公路隧道的管理水平，以提供优质服务为目的；

2　注重计算机、通信及电子技术的发展，合理采用相关技术与设备。

10.1.3　中央控制管理系统的设计可按下列顺序实施：

1　收集设计相关的基础资料；

2　根据隧道交通工程分级，确定中央控制管理系统的功能与控制方式以及设施的配置；

3　从安全、技术、经济等方面的要求，进行方案论证，选择最佳方案；

4　从实用性、可靠性、可维护性等方面进行系统设计。

10.2　系统功能与控制方式

10.2.1　中央控制管理系统应具有下列功能：

1　能够接受各类设施送来的各种信息，包括数据信息、视频信息及语音信息；

2　能够对各类设施送来的各种信息进行综合处理，并能协调各类设施的控制；

3　能够以自动或手动方式执行预置在计算机内的控制方案；

4　能够灵活地以数据、图形、图像等方式显示隧道内外的交通情况及设备的运行情况；

5　能够自动地完成数据备份、文档存储；

6　能够方便地进行查询、统计和形成报表；

7　能够定时检测各设备的工作状态；

8　中央控制室计算机网络应具有接口，以便与所属公路其他管理系统进行信息交换。

10.2.2　隧道控制方式

1　多级控制方式

1）多级控制方式适用于监控设备较多、信息量较大的隧道。

2）可将隧道分成若干个区域，每个区域设置一台区域控制单元，区域控制单元通过网络与中央控制室计算机相连。

3）隧道内的检测信息经过区域控制单元预处理后，通过区域控制单元传至中央控制室计算机。

4）中央控制室计算机对区域控制单元上传的信息分析处理后，向区域控制单元发出控制命令，区域控制单元控制各类外场设备。

2　集中控制方式

1）集中控制方式适用于监控设备较少、传输信息量不大的隧道。

2）隧道内的检测和控制设备直接与中央控制室有关设备相连，并将检测信息直接传给中央控制室计算机。

3）中央控制室计算机经分析处理上传数据后，直接向隧道内的各类外场设备发布控制命令。

10.3　中央控制室设施

10.3.1　中央控制室设施包括计算机及其外设、信息显示和网络设备。

10.3.2 中央控制室计算机设备包括交通控制及监视计算机、通风及照明控制计算机、紧急呼叫计算机、火灾报警及消防控制计算机、服务器及管理计算机等,这些计算机之间可以合并、互相备份和切换。

1 交通控制及监视计算机应具有下列功能:

1)应能采集和处理交通基本信息,包括交通量、车速、占有率等;

2)能够采集交通监控设施的状态信息;

3)应能向可变信息标志、可变限速标志、中央控制室显示设备提供显示信息;

4)应能向交通控制设施提供控制信息,包括交通控制方案、交通信号灯、车道指示器、可变信息标志、可变限速标志、区域控制单元等的控制信号和信息。

2 通风及照明控制计算机应具有下列功能:

1)应能采集和处理隧道内外环境信息,包括一氧化碳浓度、能见度、风速风向、光亮度等;

2)应能够采集通风及照明控制设施的状态信息;

3)应能向中央控制室显示设备提供显示信息;

4)应能向通风及照明区域控制单元提供控制信息,包括风机控制信号、照明控制信号。

3 紧急呼叫计算机应具有下列功能:

1)应能采集紧急电话和有线广播设施的状态信息;

2)应能通过有线广播设施发布语音信息;

3)应能向中央控制室显示设备提供设施状态和报警地址、时间信息,用于设施状态指示和自动切换视频图像。

4 火灾报警及消防控制计算机应具有下列功能:

1)应能采集和处理火灾报警设施提供的数据信息;

2)应能采集火灾报警及消防设施的状态信息并提供控制信号;

3)应能向中央控制室显示设备提供设施状态和报警地址、时间信息,用于设施状态指示和自动切换视频图像。

5 服务器宜采用专用服务器,主要完成计算机网络管理、数据信息存储等。

6 管理计算机应具有下列功能:

1)应能完成计算机网络管理功能;

2)应能进行系统的日常维护管理工作;

3)其他计算机有故障时,应能代替工作。

10.3.3 信息显示设备应具有下列功能:

1 应具有接收数字信号、模拟信号功能,包括数据信息、视频信息和音频信息等;

2 应能显示隧道各系统总体布局、报警信息、设备状态等。

10.3.4 中央控制室计算机、计算机外设及网络设备应符合下列技术要求:

1 计算机设备的 CPU、主频、内存、硬盘技术指标应能满足系统技术要求;

2 计算机外设可根据系统和用户需求合理配置;

3 计算机网络设备可根据系统要求合理配置。

10.3.5 中央控制室设施应根据其用途合理布设。

10.4 中央控制室软件

10.4.1 中央控制室软件包括系统软件和应用软件。

10.4.2 系统软件主要包括操作系统、网络管理软件、通讯软件、数据库以及开发平台等。

10.4.3 系统软件应按下列原则选择:

1 应以其功能、性能、可靠性、安全性、系统管理能力、成功应用案例、经验、维护、服务和价格为参考标准;

2 具有较好的可扩展性;

3 系统软件的选型应与所采用的硬件平台相适应。

10.4.4 应用软件主要包括信息采集模块、数据模块、控制方案执行模块、信息显示模块、统计查询和报表生成模块、数据档案存储模块、设备监测模块等。

10.4.5 应用软件应符合下列要求:

1 应用软件设计、开发应符合国家有关规范、标准的规定;

2 应用软件与管理体制相适应;

3 应用软件应易于掌握且操作方便;

4 应用软件设计宜采用模块化结构,便于扩充、扩展;

5 应用软件应有容错功能、分级保密功能和安全措施。

10.5 管理体制

10.5.1 管理体制设计内容包括管理机构、人员以及设备的配置。

10.5.2 根据隧道交通工程分级,设置与之相适应的管理体制,A、B 级隧道宜设独立隧道管理机构,C、D 级隧道可并入附近的公路管理机构。

10.5.3 根据实际情况,综合考虑管理人员配置,其中专业人员应满足全部设施的日常运行和维护、养护需要,应至少包括交通工程、自动控制、计算机、电气等技术人员;行政人员可根据工程所在地行政机关具体要求进行设置。

10.5.4 根据隧道管理的需要,配备与管理和维护相适应的工具、设备等。

11　其他

11.1　线缆及敷设

11.1.1　隧道内桥架上敷设的消防设施、监控设施、应急疏散照明、标志灯回路所用的电缆应选用耐火电缆,桥架上敷设的其他线缆宜选用阻燃电缆。

11.1.2　公路通信干线宜敷设在隧道电缆沟内。

11.1.3　隧道内侧壁上以及预留设备洞室内敷设线缆宜采用钢管或塑料管预埋暗敷。

11.1.4　隧道内电缆沟应配置电缆托架,强电侧托臂间距宜为80~100cm,弱电侧托臂间距宜为50~80cm。

11.1.5　当隧道内电缆管道采用混凝土包封管道时,混凝土宜采用C15或C20,管材可采用PVC或PE管。

11.1.6　在确定隧道内外电缆敷设路由时,应遵循弱电电缆与强电电缆分离的原则,合理布置电缆交叉位置并满足强弱电电缆间隔距离的要求。

11.1.7　隧道内电缆桥架以及其他金属安装部件宜采用热镀锌防腐措施。

11.2　预留洞室

11.2.1　隧道内侧壁上的预留设备安装洞室应根据设备外形尺寸确定大小。

11.2.2　设备安装洞室宜配备密封门。

11.3　防雷与接地

11.3.1　电缆桥架连接处宜采用编织铜带跨接。

11.3.2　隧道内的设备宜采用综合接地,综合接地的接地电阻应不大于1Ω。

11.3.3　隧道洞口外没有接入综合接地系统的设备应设置独立的接地点,防雷接地电阻应不大于10Ω,保护接地应不大于4Ω。

11.3.4　隧道洞口外重要设备在没有其他避雷保护设施时应设置独立的避雷接闪器。

11.3.5　隧道供配电宜采用TN-S接地系统。

11.3.6　隧道内动力、照明及监控装置的外露可导电部分均应接地。

11.3.7　隧道不同用途、不同电压等级的用电设备采用一个总的共用接地装置,接地电阻应符合其中最小值的要求。

附录　隧道标志

1　反光标志

隧道洞外标志应采用反光标志，包括隧道标志、禁止超车标志、限高标志等，用于隧道外的部分反光标志，其技术要求参照《道路交通标志和标线》（GB 5768）。标志板技术要求参照《公路交通标志板技术条件》（JT/T 279）。

2　电光标志

电光标志用于隧道内，主要包括紧急电话指示标志、消火栓指示标志、行人横洞指示标志、行车横洞指示标志、紧急停车带标志、疏散指示标志等。

电光标志按照明方式分内部照明方式和外部照明方式；按显示板面分单面显示和双面显示。隧道内电光标志宜采用内部照明方式。

3　紧急电话指示标志

1）标志板面一般为25cm×40cm，可根据隧道设计净空调整。

2）标志板面示意图见附图3-1。

4　消防设备指示标志

1）标志板面一般为25cm×40cm，可根据隧道设计净空调整。

2）标志板面示意图见附图4-1。

附图3-1　紧急电话指示标志

附图4-1　消防设备指示标志

5　行人横洞指示标志

1）行人横洞标志板面一般为50cm×80cm，可根据隧道设计净空调整。

2）标志板面示意图见附图5-1。

6　行车横洞指示标志

1）标志板面一般为50cm×80cm，可根据隧道设计净空调整。

2）标志板面示意图见附图6-1。

附图 5-1　行人横洞指示标志

附图 6-1　行车横洞指示标志

7　紧急停车带标志

1）标志板面一般为 50cm×80cm，可根据隧道设计净空调整。

2）标志板面示意图见附图 7-1。

8　疏散指示标志

1）标志板面一般为 25cm×40cm，可根据隧道设计净空调整。

2）标志板面示意图见附图 8-1。

附图 7-1　紧急停车带指示标志

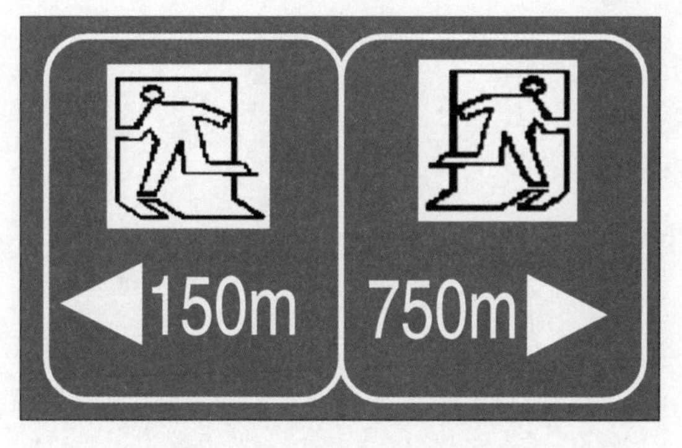

附图 8-1　疏散指示标志

9　说明

1）电光标志板面受限于隧道净空，因此，板面设计时以图形为主。

2）照明可采用长寿命白炽灯或荧光灯，推荐采用荧光灯。电光标志亮度大于 15～300cd/m^2。

3）箱体应采用耐腐蚀的材料，如镀锌钢板、铝合金材料等，防护等级不小于 IP65。

《公路隧道交通工程设计规范》

（JTG/T D71—2004）

条 文 说 明

1 总则

1.0.1 随着公路建设的发展,公路隧道里程越来越长,人们对隧道交通工程也越来越重视。本规范的编制,对规范公路隧道交通工程设计、统一公路隧道交通工程设计标准、使工程设计达到设计合理、技术先进、经济适用、确保质量具有重要的意义。

在对公路隧道交通工程进行规划、设计、安装和营运时,应充分理解本规范的主要宗旨,综合考虑,并以本规范为依据做出适当的判断。

1.0.4 公路隧道交通工程设计应收集包括交通、气象、环境、地质、地形、地物等相关设计所需资料文件。

1.0.8 本条目中所指的有关标准、规范主要有:

1 《公路工程技术标准》(JTG B01)

2 《公路隧道设计规范》(JTG D70)

3 《公路隧道施工技术规范》(JTJ 042)

4 《公路工程质量检验评定标准》(第一册)土建工程(JTG F80/1)

5 《公路工程质量检验评定标准》(第二册)机电工程(JTG F80/2)

6 《供配电系统设计规范》(GB 50052)

7 《低压配电设计规范》(GB 50054)

8 《民用建筑照明设计标准》(GBJ 133)

9 《建筑物防雷设计规范》(GB 50057)

10 《公路交通标志板技术条件》(JT/T 279)

11 《计算机软件产品开发文件编制指南》(GB/T 8567)

12 《计算机软件需求说明编制指南》(GB/T 9385)

13 《计算机软件测试文件编制规范》(GB/T 9386)

14 《计算机软件质量保证计划规范》(GB/T 12504)

15 《计算机软件配置管理计划规范》(GB/T 12505)

16 《工业控制用软件评定准则》(GB/T 13423)

17 《道路交通标志和标线》(GB 5768)

18 《高速公路隧道监控系统模式》(GB 18567)

19 《火灾自动报警系统设计规范》(GB 50116)

3 公路隧道交通工程分级与设施配置

3.1 公路隧道交通工程分级

3.1.1 根据我国《公路隧道设计规范》(JTG D70),公路隧道按长度划分为短隧道、中隧道、长隧道和特长隧道四类。隧道交通工程是隧道安全营运保障的重要部分,国际上对隧道分级的划分除考虑长度因素外,主要还考虑到交通量因素。少数国家的标准规范将其分为五级,大部分国家则分为四级。因此本规范根据隧道长度和交通量将隧道划分为A、B、C、D四级。

3.1.2 隧道交通工程主要是为了隧道交通安全,特别是在隧道内发生交通事故或火灾等紧急事件时提高救助效率,因此隧道交通工程分级的划分准则是隧道内的年事故概率。概率越大,分级越高;概率越小,分级越低。

事故概率的计算方式反映了隧道长度和交通量两个因素。计算法和图解法对隧道进行分级的准则中暗含了两个参数的标定。

事故概率的计算方法如下:

$$P = 365 \times 10^{-9} \times \alpha \times L \times q$$

式中:P——隧道内年事故概率估计值(当P的计算值>1时,取值1);

L——隧道长度(m);

q——隧道单洞年平均日交通量(pcu/d);

α——事故率(事故数/百万车公里)。

隧道百万车公里事故率α的取值:资料表明日本隧道事故率取值为百万车公里0.045,而欧美国家多以火灾事故率为主,取值0.01,0.02,0.05,0.09,0.014,0.059不等。我国部分高速公路近期统计的百万车公里事故率为3.5,2.1,3.85,2.47,2.58,2.89,1.85,2.21,2.97,2.17,4.64等;火灾事故率0.04。参考国外标准和我国的国情,本规范中α取值0.1。

事故概率对应隧道分级的划分范围:

根据对日本标准的分析,日本的隧道分为5级,其中:

概率≥66%为最高级,即AA级;

20%≤概率<66%　　为A级;

7%≤概率<20%　　为B级;

3%≤概率<7%　　为C级;

概率<3%　　为D级。

本规范则规定为:

概率>55%　　为A级;

18%≤概率≤55%　　为B级;

5%<概率<18%　　为C级;

概率≤5%　　为D级。

其中,"≤"号的位置与我国《公路隧道设计规范》(JTG D70)中隧道类型划分时的"≤"号相对应。

规范中图3.1.2隧道交通工程设施配置标准是以上概率计算的图形表示。

考虑到长度小于100m的隧道和日交通量小于1000辆的隧道实际上已没有必要进行交通工程的特殊设计,因此图中不再对长度和交通量属于这一区域的隧道进行分级。

3.2 隧道交通工程设施配置标准

3.2.1 隧道交通工程设施配置原则说明：

1 由于公路隧道前期交通量较小，交通工程分级采用的交通量是设计年度隧道单洞年平均日交通量，为节约前期工程投资和考虑机电设备的使用寿命，许多设施需分期实施，分期实施应按照前期配置、后期完善的方法。通常，隧道交通工程设施设计是以单洞隧道为对象。表中只列出一般情况下与隧道交通工程分级相应的最低响应设备，对于预计事故发生率较高的特殊隧道，如平面曲率半径500m以下，纵坡超过3%的长下坡隧道，可在公路隧道交通工程设施配置表中的基础上上靠一级；对一些长大隧道，例如长度超过5km的公路隧道，应特殊考虑。此外，对于隧道群，如果洞口间距短，考虑到烟雾的影响，应视为与单洞隧道一样危险，要综合各种因素后再确定隧道分级。

2 根据我国目前公路隧道交通工程设施的建设状况和使用情况，长度在1km以下的隧道一般不设置交通监控、通风与照明控制、火灾报警和中央控制管理等设施，长度1km以上的公路隧道随着交通量的增长，需设置交通监控、通风与照明控制、火灾报警和中央控制管理等设施，并据此一次性征用土地和实施基础工程、地下管线及预留预埋工程等。

3 公路隧道交通工程设施大多为电子技术产品，随着计算机和通信技术发展，设施配置应具有可扩展性和可替换性。

3.2.2 隧道交通工程设施配置标准说明：

1 "设施名称"一栏列出公路隧道交通工程设计所涉及的内容以及相关的目前技术成熟的安装设施。与公路隧道交通工程并非直接相关的、或目前尚在开发的、未来可能出现的、或非安装性的设施并未列出。

2 "隧道分级"一栏列出了与公路隧道交通工程对应的必选、应选和可选设施。其中"必选设施"指按隧道交通工程分级必须配置设施；"应选设备"指在一般情况下，按隧道交通工程分级配置的设施；"可选设备"是根据其他条件，如建设资金情况等，酌情安装的设备。

4 标志、标线

4.2 标志

4.2.1 隧道标志

隧道内行驶与在路段行驶从条件上有些变化,主要是照明、通风、视野等的变化,有的隧道还有横断面的变化。所有这些可能会对行驶安全产生影响。提前提醒前方有隧道,驾驶员就会从心理和驾驶行为上做好准备。

隧道标志板面采用绿底白字、白图案。左边为隧道图案,右边为隧道名称。字高根据行车速度取定。隧道图案采用《道路交通标志和标线》(GB 5768)第5.5.19条中的图案,高度为两倍汉字高度。

隧道标志距洞口的距离设置根据公路计算行车速度确定,可参考下表:

行车速度(km/h)	100~120	71~99	≤70
设置距离(m)	100~250	50~120	30~80

4.2.2 限高标志

限高标志表示限制车辆装载高度超过所示数值的车辆通行,限高标志设置可参考隧道标志,一般与禁止超车标志一并设置。

4.2.3、4.2.4、4.2.5、4.2.6、4.2.7、4.2.8 紧急电话指示标志、消防设备指示标志、行人横洞指示标志、行车横洞指示标志、紧急停车带标志和疏散指示标志图形见附录。

4.3 标线

4.3.1 驾驶员在道路上安全高速地行驶,有赖于道路线向的轮廓分明,在路面标线和视线诱导设施的指引下,建立了行进方向的参照物,司机对其视野范围更远的道路走向有了直观感知。因此,路面标线是引导司机视线、诱导司机驾车行为的重要手段,它可以确保车流分道行驶,导流交通行驶方向,指引车辆在汇合或分流前进入合适的车道,加强车辆行驶纪律和秩序,促使更好地组织交通。正确设置交通标线能合理地利用道路有效面积,改善车流行驶条件,增加道路通行能力,减少交通事故。

4.3.2 隧道内道路标线主要为纵向指示类标线,包括双向车道路面中心线、行车道分界线和行车道边缘线等。

4.3.3 考虑到隧道内可能的双向通车条件,隧道内的突起路标宜为双面反光型。

4.3.4 隧道内须设置轮廓标,以便使行车人员更清楚地识别公路隧道的线形及轮廓。随着技术经济的发展,有源轮廓标产品也已出现。设计人员可根据产品具体要求,结合公路隧道实际情况进行设计。

5 交通监控设施

5.1 一般规定

5.1.1 公路隧道是公路上易于诱发交通意外的特殊路段,同时,隧道内的事故处理起来比较困难,对交通运行影响严重。因此,交通监控系统是公路隧道交通工程设计的重点。

5.1.3 为保证交通监控设施设计更加合理,在设计时应注意设计顺序。

5.2 交通监测设施

5.2.2 交通监测设施收集的信息包括交通量、车速、占有率等参数以及通过闭路电视对交通流状况的直观判断。

5.2.3 车辆检测器

1 车辆检测器按工作原理可分为通过型车辆检测器和存在型车辆检测器。隧道内宜采用存在型车辆检测器。交通流异常的分析判断工作一般在控制室内的交通控制计算机上进行。

2 参考国内外交通监控经验以及实际工程经验,在隧道中车辆检测器布设间距应该在500~700m范围内(表5-1)。这样,中央控制室计算机依据交通量、行车速度和占有率数据判断交通阻塞和事故,并保证合理的系统响应时间。

表5-1 事故自动检测车辆检测器布设间距建议表(中国台湾)

状 况	检测器配置形态	布设间距(m)
主线三车道	局部	300~750
主线四车道	局部	300~750
交织路段300m	视检测模式而定	300
交织路段600m	局部	300~750
交织路段900m	局部	750
车道数增加	局部	300
车道数减少	局部	150~300
坡度3%	局部	300
坡度6%	局部	300~750
道路弯曲	局部	300~750

当隧道内单车道小时交通量小于1000辆时,可只在隧道出、入口设车辆检测器,只统计通过隧道的交通参数。

3 大多数隧道采用环形线圈式车辆检测器,除满足条文规定的技术要求外,还应具有如下技术条件:

1)当同一车辆作用在相邻车道上的两个线圈上时,应能进行分析处理,并产生相应信号,保证只检测出一个车道的信息;

2)检测器印刷电路板单元应能防止电磁干扰及互相干扰;

3)检测器应能进行温度自动补偿;

4)应配备防雷电、防浪涌电压的装置;

5）检测器应在复电（或复位）30s 后达到正常状态；

6）检测器应具有预处理功能，能按 1min、5min、15min、30min、1h 进行车辆数、车辆速度、车辆占有率的累计；

7）检测器应具有存储功能，应能存储 30 天的检测数据；

8）检测器面板应有表示整机工作是否正常的显示，应有关键部位异常反应的显示；

9）线圈应能进行手动和自动调谐；

10）在调谐范围内可自动连续补偿；

11）平均无故障时间 >15000h；

12）寿命 >10 年。

4 视频车辆检测器是结合视频图像处理和计算机图形识别技术于近年开发出来的新产品，它可以进行高效的广域视频监视并实时采集各种交通参数，有取代环形线圈的趋势。

5.2.4 摄像机

1 摄像机平时用以掌握交通状况，以利于交通控制；紧急时用以确认通信设备上传的信息，及监视消防活动、疏散行动等状况。

2 摄像机的设置原则

1）在隧道出入口各设一台室外具有光圈自动调节、变焦镜头的低照度摄像机，配有云台、全天候防护罩和解码器，用于监视隧道口交通信号灯、车道指示器、可变信息标志、可变限速标志以及出入隧道口的车流，紧急状态下可监视车辆疏散情况。

2）隧道洞内可配置带有防护罩的低照度定焦距摄像机，配有自动光圈以适应光线的变化，达到连续监视全隧道各种设备及运行状况的目的。

3）闭路电视系统在中央控制室由控制台、微处理器构成的闭路电视控制器、视频切换矩阵、视频分配器字符/日期时间发生器、录像设备、监视器、光端机、电缆等组成。

3 摄像机功能

通过摄像机可以对隧道出、入口及隧道内的交通流量、车流密度及道路使用状况进行监视，可及时地、直观地得到关于交通阻塞的现场情况和原因的画面，辨认事故及其严重程度、事故类型；也可对隧道控制信号（如车道指示器、交通信号灯、可变限速标志、可变信息标志等）进行直观确认，作为除中心计算机外自动收集设备运行状况反馈信号之又一确认手段。

摄像机还可用于监视隧道内各种防灾设备，尤其是对隧道内火灾报警予以确认。当从中心计算机接受来自隧道内各通报设备发出的报警信息后，进行摄像机的选择控制，自动显示报警区段及相邻区段的图像，并自动录像，自动将时间、摄像机号码记录在存储媒体中，为值班人员提供处理事故的直接依据并供事故后分析用。若有几种外场设备同时报警，设计应将火灾报警区定为优先显示。

4 摄像机及辅助设备技术要求

在交通电视监视系统中，主要观察目标是相对于道路发生变化的车辆运行，应选择具有清晰度高、对外界光线适应范围大、可靠性高、维修容易、对外界温度和湿度要求范围较宽的摄像机。因此，在交通电视监视系统中，建议采用 CCD 电视摄像机。此外，摄像机辅助设备，如镜头、云台、防护罩等的选配也是必不可少的，这些设备决定了摄像机最佳摄像效果。

1）隧道外摄像机

一般选用 CCD 彩色摄像机，信噪比 >46dB，最低照度 0.3lx，扫描制式为 CCIR 625 行，50 帧/s，中心分辨率 >420TVL（最低不得低于 380TVL）。摄像机镜头可选变焦镜头或定焦镜头，镜头接口配合选用的摄像机，一般为“C”型或“CS”型。

为了能适应隧道的特殊环境，一般采用自动光圈镜头，使摄像机适应全天候的照明变化。在夜间观察交通状况时，对突然出现的汽车大灯灯光的照射，可采用手动光圈控制，使观察者得到较满意的图像。

2）云台

隧道外摄像机应配用灵活方便的电动云台，云台可带动摄像机做左右、上下动作，扩大摄像机的观察视域。一般要求其旋转角度水平为 0°~340°（或 350°），垂直为向上 15°，向下 60°。负载要大于摄像机、镜头、防护罩(包括加热器、遮阳罩、风扇、雨刮器、清洗器等)总重量的130%。

3)防护罩

摄像机要在各种气候及恶劣条件下正常工作,这仅靠摄像机本身的性能是不可能达到的,只有通过外加防护罩予以解决温度、湿度、日照等问题,防护罩外还配有雨刮器、清洗器。摄像机装在防护罩内,防护罩应附有自动回位的电动雨刮器,停止后臂杆停止位置应不影响摄像机观察视线。

罩内温度应能自动调节,夏季为防止高温造成元器件参数变化致使转机性能改变,在防护罩内应有排风散热装置,当罩内温度高于设定值时,自动开启排风散热装置,当温度降至约设定值时,自动关机。为防止在冬季使用摄像机时因低温造成元器件参数变化及观察窗玻璃上结霜,在防护罩内应有电热装置。当罩内温度低于设定值时,自动接通加热器,当温度高于设定值时,自动切断电源并应装有除霜玻璃电动除霜,当除霜玻璃的表面温度达到一定值时(一般为30℃左右)自动切断电源。

4)遮阳罩

可防止阳光直接照射到外壳上而产生热量。其额定负荷以当地历史最高风速作为设计依据。遮阳罩应满足镜头、摄像机安装空间的要求。

5)解码器

安装在摄像机立柱杆上或杆下。提供摄像机电源,接收来自控制室的组合编码信号,提供摄像机的工作电压及开关机信号,对云台左右和上下俯仰动作进行控制,对镜头变焦、聚焦、光圈大小进行控制,开启雨刮器、清洗器,防护罩清洗剂的喷射,报警信号的传输等功能。

6)隧道内摄像机

隧道内摄像机一般选用CCD黑白摄像机,具有背景光抑制功能。固定焦距镜头,自动光圈。洞内摄像机因隧道内污染较严重,一般需配备室内防护罩。若环境条件特殊,则需增加散热功能,或根据投资情况可配备带电动云台的变焦摄像机,平时云台不动,出现事故时可转动云台并调整焦距到所需的区域。

5.2.5 视频监视控制设备

中央控制室控制台桌面的布局设计应便于摄像机设备、监视器和录像设备等的操作和无误差控制。设计时应注意监视器不受外来强光线直射,当有不可避免的强入射光时,应加遮光罩遮挡。

1 监视器

中央控制室电视控制台或电视墙上应配置高质量监视器。监视器和摄像机要配套使用。如果监视点不多,监视器和摄像机可一对一使用,如果监视点很多,监视器可少于摄像机,采用顺序切换轮流监视或画面分割的方法,使一台监视器可显示多个图像。控制台上因值班操作员较近,可选用14~17in监视器即可。电视墙上镶嵌的监视器因距值班员较远,视经济条件选择17~21in为宜。9~21in监视器的最佳监视距离如下表5-2所示。

表5-2 9~21in监视器的最佳监视距离

显像管尺寸 (in)	距监视器的最小距离 (m)	距监视器的最大距离 (m)
9	0.7	2.3
12	0.9	3.0
15	1.0	3.3
19	1.2	4.3
21	1.3	4.6

监视器的清晰度为主要指标,选用时要和摄像机清晰度配套,一般根据使用的摄像机的分辨率情况,选用高一档清晰度的监视器。

2 录像设备

出现交通事故时有必要把事故的发生、发展过程记录下来,进行事后分析。因此控制台应设有可手动和自动控制的多通道可慢录录像设备,当有报警事件发生时,录像设备应能以正常速度进行记录。

3　视频分配器

视频分配器是一种能将一路视频信号无衰减地扩展为多路相同视频信号的设备,可以使视频传输系统的输入、输出阻抗匹配,实现高效率地传输,防止重影,并可使多路输出之间互不影响。

4　视频切换矩阵

在显示终端有限的情况下,可对提供的多路视频信号进行人为有选择的控制显示。配备标准的视频切换矩阵板,将输入的各摄像机信号中的任一路送到控制台或电视墙上的电视监视器上,为便于值班操作员的监视和记录,可进行自动时序切换。并可保持时延,还可进行手动切换。

用计算机控制视频切换矩阵,配有相应的控制键盘,可完成如下功能:

1)可进行对云台的遥摄和俯仰摄的遥控;

2)可对镜头进行变焦、聚焦光圈的控制;

3)可对雨刷进行开启、停止的控制;

4)可对防护罩清洗器进行开启、停止的控制;

5)具有汉字叠加功能,能在每幅图像中叠加上摄像机号码、地点等固定文字符号,以及实时变化的年、月、日、时、分、秒;

6)具有报警信号接口,在收到报警信号后,在控制台的监视器上自动切换出报警地点的画面,并控制录像设备自动录像,当火灾检测、紧急电话或其他报警设施同时报警时,控制台显示器应优先显示火灾报警区;

7)计算机控制闭路电视控制器在结构上应采用积木式结构,以便于系统的扩展。

5.3　交通控制及诱导设施

5.3.2　为保证车辆安全行驶,提高通行能力,在公路隧道设置交通检测控制与诱导设施。交通控制与诱导设施由交通信号灯、车道指示器、可变限速标志、可变信息标志、交通区域控制器及中央控制室控制台完成。交通控制设施根据车辆检测器数据,分析、判断交通拥挤、交通阻塞等异常状况及其发生地点和时间,做出相应的报警处理。

通过隧道内各车道的车辆检测器对过往车辆的不断检测,与车辆检测器相连的区域控制单元将得到实时的车流量信息,控制单元将数据通过通讯线路传送给中央控制室计算机系统,同时根据采集数据,并结合其他交通控制设施传来的有关信息或指示,按照选定的方案或控制指令,对车道指示器、交通信号灯和可变信息标志进行控制,如改变可变信息标志的内容、控制交通信号灯、车道指示器的显示状态等,以实现对隧道内交通流量和交通状态的有效控制。

当控制计算机系统或通讯线路故障时,则由各区域控制器根据检测数据按预设的故障方案自动进行处理,以防止隧道内交通出现失控现象。中央控制室计算机的手动控制的优先级为第一级,自动控制的优先级为第二级。

交通诱导方案可分为正常交通诱导方案和事故交通诱导方案。正常交通诱导方案对于采用双洞四车道的隧道来说有很多种,一般可暂按下面几种稳定状态考虑,分别为:

1)左右洞正常开放;

2)右洞各道正常,左洞单道(行车道开放、超车道关闭);

3)右洞各道正常,左洞单道(行车道关闭、超车道开放);

4)左洞各道正常,右洞单道(行车道开放、超车道关闭);

5)左洞各道正常,右洞单道(行车道关闭、超车道开放);

6)右洞关闭,左洞单洞双向行车(行车道正向,超车道反向);

7)左洞关闭,右洞单洞双向行车(行车道正向,超车道反向);

8)左洞单道运行(开放行车道),右洞单道运行(开放行车道);

9)左洞单道运行(开放超车道),右洞单道运行(开放超车道);

10)左洞单道运行(开放行车道),右洞单道运行(开放超车道);

11)左洞单道运行(开放超车道),右洞单道运行(开放行车道);

12)双洞关闭。

事故交通诱导方案在满足交通诱导条件时(交通事故、交通堵塞、火灾事故、洞内环境指数超标、隧道内突然断电等)将进入准备实施状态,操作画面可提供参考方案,但在实施时须先经人工确认后,方可切入诱导程序。在诱导程序实施过程中,操作人员随时可人工干预。

事故交通诱导方案的主要流程是:关闭事故隧道,开启行人及行车横洞,同时另一隧道进入单洞双向交通状态,通过车道指示器,诱导事故隧道内行人和车辆进入另一隧道,待事故隧道恢复正常后,再切回原事故发生前的双洞交通稳定状态。

5.3.3 交通信号灯

隧道交通信号灯安装在隧道入口附近,由红、绿、黄三色和绿箭头组成。红色为禁止信号,禁止车辆前进;绿色为通行信号,表示隧道运行正常;黄色或黄闪状态为注意行驶过渡信号,红色与加绿箭头状态为绕行指示信号。

根据由隧道内采集到的各种信息如堵塞或其他异常情况,由计算机发出交通控制指令,控制信号灯改变颜色,以达到交通控制的目的。

隧道入口信号灯通过区域控制单元与中心计算机和控制台连接,根据隧道运行状况,能自动或手动进行灯色显示,以控制疏导交通。

隧道入口交通信号灯应造型美观,密封性能良好,显示清晰,色片度范围符合国际 CIE 标准。

信号灯由灯壳、前盖、光学系统、变压器、遮沿、背板和安装注塑成型。支臂等安装件可用钢材亦可用铝合金制造。

5.3.4 车道指示器

车道指示器安装在车道上方,是只对本车道行驶车辆起指挥作用的交通信号。

车道指示器一般在隧道入口进深 3 ~ 10m 处设置第一组。进入隧道后,依隧道纵剖面之曲线、高度及标志大小与可见性,约隔 500m 设置一组。在长隧道内,标志的间距以能看到一个接一个为准。在隧道曲线处,应在弯道前设置一组标志。

车道指示器与区域控制单元连接,通过区域控制单元接受来自中心计算机的控制命令,并传回状态表示。

车道指示器由绿色箭头灯和红色叉形灯组成。绿色箭头灯亮时,本车道准许车辆通行;红色叉形灯亮时,本车道不准车辆通行,其目的在于提前提示驾驶员前方车道能否通行,及时避开交通障碍部位。

车道指示器应造型美观,密封性能良好,显示清晰,显色范围符合国际 CIE 标准。

5.3.5 可变信息标志

可变信息标志指能根据实际交通状况的变化而改变显示内容的标志,它对维持隧道内外正常交通非常重要。

可变信息标志能根据隧道运行状况,自动或手动选择监控计算机已储存的情报显示信息内容显示,也能根据临时情况,显示监控计算机即时编辑的显示内容。可变信息标志可以图形、文字、符号等方式为驾驶员提供各种信息情报:(1)气象及路面状况情报,包括雨、雪、雾、冰以及路面维护等;(2)交通运行情报,包括交通拥挤、阻塞、交通事故及其发生地点;(3)为驾驶员提供诱导信息。

可变信息标志设置位置与洞口之间的关系如图 5-1 所示。因各隧道洞口附近设计车速不同,刹车距离亦不同,故不能一概而论。高速公路(一般设计速度为 100km/h),以洞口前 220m 的位置为准;对于山区路段(一般设计速度为 80km/h 时),以 160m 的位置为准,并选定右侧路旁或车道上方,显示板的设置原则如表 5-3 所示。

5.3.6 可变限速标志

可变限速标志指根据隧道内实际交通运行状况和周围环境改变洞内车道上车辆运行速度限制值的动态标志。可变限速标志多用于隧道入口或内部,在发生拥挤、事故等情况下,可根据中央控制室指令改变内容,以确保行车安全。

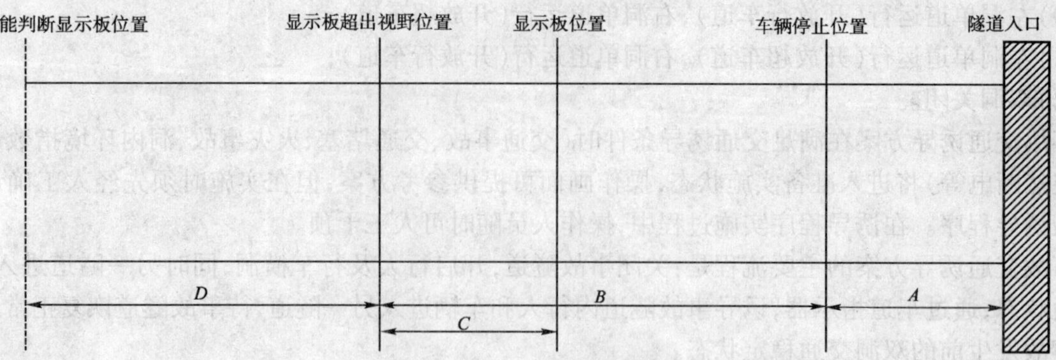

图 5-1　可变信息标志设置位置与洞口关系示意图

表 5-3　可变信息标志设置标准建议表

设计距离	高速公路	
	80km/h	100km/h
A:停止缓冲距离	50m	50m
B:车辆制动距离 （反应距离+踩刹车至停止距离）	140m	200m
C:显示板超出驾驶人员视野外距离	30~40m	30~40m
A+B−C:隧道洞口与标示板距离	150~160m	210~220m
D:判读所需距离	50m	50m
C+D:最低限度之辨视距离	97~107m	113~123m

设计时应根据道路最高限制速度来选用两位或三位数字的显示设备。

可变限速标志与区域控制单元连接，通过区域控制单元接受来自中心计算机的控制命令，并传回状态表示，能与隧道内行驶车辆平均速度及车道占有率相适应，以便使隧道交通流通畅，避免或缓解隧道内拥挤、阻塞。当操作人员手动控制时，能按操作员的意图灵活转换可变限速标志的显示。手动控制优先于自动控制。

5.3.7　区域控制单元

区域控制单元一般由处理器单元、存储单元、通信单元构成，设置在区域控制器箱内，下端设备的数据，送到区域控制单元经过处理编排，上传到中央控制室计算机。中央控制室计算机的命令、数据等送到区域控制单元，由区域控制单元下发到各个下端设备，由下端设备执行。

6 通风与照明控制设施

6.1 一般规定

6.1.3 通风与照明控制设施设计的顺序

隧道营运通风和照明是保障隧道安全舒适及应有的通行能力的基本设施之一，对设置通风照明的隧道应设置必要的控制设施进行有效控制，其原因是除安全方面外还要考虑提高管理及经济效益。通风照明费用是隧道营运管理设施中最大的日常开支之一，根据工程的实践，大量的隧道为中短隧道，且几乎所有的隧道均设置电光照明。照明涉及隧道视觉环境的改善，以使司乘人员安全地接近、通过隧道，消除“明—暗—明”的不利变化过程。隧道照明电能消耗与设计速度有关，且主要集中在洞口，就1000m长度以下的隧道而言，对于60～80km/h照明设计速度，洞口加强级的照明功率占总照明功率的50%以上。在照明的控制主要是洞口段的有效控制。通风也如此，也是涉及隧道工作环境（包括视觉环境）的改善；而且在应急事故中，特别是火灾事故中，通过控制设施可达到必要的排烟方式。

通风控制方案确定，与通风设计提出的通风方式与工艺要求、隧道交通工程分级和现场条件有关。通风方式与工艺要求是形成通风控制方式的主要因素。隧道交通工程分级确定了隧道总体规模和标准，选择的通风控制方案应与之相适应。现场条件包括工程条件和当地的管理经验及沿线已投入营运的工程状况等综合条件，对选择控制方案也有影响，需综合经济合理地考虑。

照明控制方案确定，也与照明设计提出的方式与工艺要求、隧道交通工程分级和现场条件有关，也需综合经济合理地考虑。

6.2 通风控制设施

6.2.1 隧道通风根据运营特点有正常工况下的通风和出现火灾状况下的通风两种工况。正常工况状况下的通风是在正常交通流或短期交通阻塞状况时的交通流条件下，因汽车排放废气使洞内环境要满足洞内污染空气稀释标准进行的通风，这是满足正常营运的主要功能之一。而隧道是特殊的管状构造，汽车在隧道中行驶，存在着发生火灾的潜在危险。《公路隧道通风照明设计规范》对火灾时的通风设计作了明确的规定。故应规定具有在正常工况条件和火灾工况条件下的通风控制功能。

正常工况条件下，应在满足污染空气稀释标准的条件下，通过控制功能使通风最经济；在火灾工况条件下，根据通风设计的工艺要求提出的排烟气流组织方式及流量流速确定控制功能。

6.2.2 隧道中的废气浓度、风速、交通量是通风控制的主要参数，对这些参数进行实时监测是有效实施通风控制的主要手段。通风环境检测设施主要包括能见度检测器（VI）、一氧化碳检测器（CO）、风速风向检测器（WS）等。VI用于洞内烟雾浓度检测，CO用于洞内废气（CO）浓度的检测，WS用于洞内外风速、风向的检测。

对上述通风控制参数的检测设施主要有能见度检测器（VI）、一氧化碳检测器（CO）、风速风向检测器（WS）及交通量数据检测设备。“PIARC 95通风准则”中还提出对氮氧化物（NO_X）提出检测和控制。鉴于现行《公路隧道通风照明设计规范》未对此作规定，故暂未列入检测与控制参数。但近年国外的检测器多为CO、VI、NO_X一体化，故也可根据工程实际情况考虑NO_X的控制。

6.2.3 通风环境采集设施配置数量、位置，宜根据隧道长度、通风方式以及隧道交通工程分级和现场条件综合确定。这些仪器多为精密仪器，设备成本和维护成本高。故以最能代表隧道通风区域的工作环境的检测为原则，确定最基本的数量和位置。

对于纵向通风方式:洞内废气分布是从气流起点到终点基本呈线性分布,浓度以末端最高;横向通风方式:气流方向,各点废气分布理论上应为恒定分布;半横向通风方式:气流部分沿纵向流动,废气在通风段内呈非线性分布,以气压中性点最高。

风速、风向、交通量亦为通风控制的基本参数,故应设采集点。对交通流量而言,如不必了解洞内各通风段交通情况(如阻塞时)及其因素,亦可不设,仅在隧道进口和出口附近设置。

风速、风向也是火灾工况条件下对排烟系统控制的主要数据,故亦是重要的采集参数。

条文中CO、VI、WS检测器以"套"为单位是指通过一个和一组检测单元组成的独立检测器相应地来检测一个断面的CO、VI、WS数据。一套CO检测器可检测一个检测点位置的CO浓度,这个检测位置能代表(或可通过该检测点分析并代表)一个隧道断面的CO浓度;同样,一套VI检测器可检测一个检测点位置的VI浓度,这个检测位置能代表(或可通过该检测点分析并代表)一个隧道断面的VI浓度;一套WS检测器可检测一个检测点位置的WS值,这个检测位置能代表(或可通过该检测点分析并代表)一个隧道断面的WS值。条文中"套"为单位可以是逻辑和物理两个方面,可根据工程设计中检测器选型确定。如CO、VI为独立仪器时,"套"同时为逻辑和物理单位;如CO、VI为一体化仪器时,条文中的"套"指逻辑单位。

6.2.4 关于检测器的设置位置的规定,主要考虑:

1 因通风气流横向分布是不均匀的,CO、VI、WS仪的采集点位置应能代表采集断面的平均值,减少气流及浓度在局部分布的变异给采集带来的不利影响。

2 对于纵向射流通风,应避免在射流风机风口处附近断面设置采集点,以减少检测误差。而在两组风机中间部位气流较均匀,采集数据较稳定。

3 风速数据受气流分布影响最大。在洞口附近设置风速仪应尽量减少这种影响。其位置离洞口轴线距离10倍隧道断面当量直径量是从流体力学的角度提出的要求。

6.2.5 近年来,隧道大都采用CO和VI一体化检测器。按其安装方式,基本分两大类,一类是采集及分析单元均安装在隧道内壁上的现场分析型产品,如国内广泛使用德国某公司的产品;另一类是采集和分析单元不安装在洞内壁上,而是将一根抽气管安装在洞内壁上,通过气泵抽入废气送入安装在其他地方的采集和分析单元进行分析的非遥测型产品,分析单元离洞内可达200m。后者仪器可安装在室内环境清洁之处,故寿命较长,如瑞士某公司的产品。因产品类型不同,技术性能亦不同。故仅规定测量范围、精度及基本工作条件。对WS仪亦仅规定测量范围、精度等要求。

6.2.6 控制方式大致可分为自动控制和手动控制两类。每座隧道应根据其隧道的实际情况选择合适的控制方式。

自动控制方式根据设置于隧道内的VI检测器、CO检测器、WS检测器所测得的信息,通过控制网络进行风量控制。

手动控制方式是靠人工操纵仪器控制风量,它分为联动控制与单独控制。

联动控制——预先确定风量档次,通过单手操纵风量各档按钮,使其相关仪器和机械产生联动,由此控制风量。当自动控制系统出现故障或检修时可使用联动控制;对于高速公路的特长隧道,亦可与自动控制结合使用。

单独控制——可由人工对各仪器和机械单独控制,亦可对几个相关联的附属机械实施局部联动控制。当自动控制或联动控制出现故障或检修时可使用单独控制;对于低等级公路中的中、短隧道,可使用单独控制。

手动控制功能还有一种含义就是对每一个终端设备均有手动控制装置,以便维护检修。

6.2.7 自动控制方法

1 控制法-1

可通过分布在隧道内各点的VI检测器和CO检测器,直接检测行驶车辆排放出的烟雾浓度VI和CO浓度值,经计算处理后,给出控制信号,控制运转风机,供给必要的新鲜风量,稀释烟雾浓度VI和CO浓度,以达到设计要求的洞内卫生与安全标准。

控制法-1的主要设备包括控制中心计算机系统、区域控制器、VI检测器、CO检测器、WS检测器、风机控制柜及风机等。

基于 VI、CO 浓度、WS 信息的直接控制法较为简单、直接，我国隧道目前较普遍采用这种方式。直接控制法的控制流程如图 6-1 所示。采用控制法-1 时，可按如下模式进行通风控制：

1）当由 CO 浓度控制时

$$\Delta\delta_{CO}=|\delta_s-\delta| \tag{6-1}$$

CO 浓度控制阀上限 $\Delta\delta_{CO}{}^{+}\leqslant\Delta\delta_{CO}$

CO 浓度控制阀下限 $\Delta\delta_{CO}{}^{-}\leqslant\Delta\delta_{CO}$ (6-2)

式中：δ——《公路隧道通风照明设计规范》第 3.3.2 条规定 CO 设计浓度值；

δ_s——全隧道各通风分段的 CO 检测器测得的浓度值实时最大值；

$\Delta\delta_{CO}$——CO 浓度控制阀值。

2）当由烟雾浓度控制时

$$\Delta K_s=|K_s-K| \tag{6-3}$$

烟雾浓度控制阀上限 $\Delta K_s{}^{+}\leqslant\Delta K$

烟雾浓度控制阀下限 $\Delta K_s{}^{-}\leqslant\Delta K$ (6-4)

式中：K——《公路隧道通风照明设计规范》第 3.3.3 条规定烟雾设计浓度值；

K_s——全隧道各通风分段的 VI 检测器测得的浓度值实时最大值；

ΔK——烟雾浓度控制阀值。

3）当由风速控制时

$$\Delta V=|V_s-V| \tag{6-5}$$

排烟风速控制阀上限 $\Delta V_s{}^{+}\leqslant\Delta V$

排烟风速控制阀下限 $\Delta V_s{}^{-}\leqslant\Delta V$ (6-6)

式中：V——《公路隧道通风照明设计规范》第 3.9.2 条规定排烟风速值；

V_s——全隧道各通风分段的 WS 检测器测得的洞内风速实时值；

ΔV——排烟风速控制阀值。

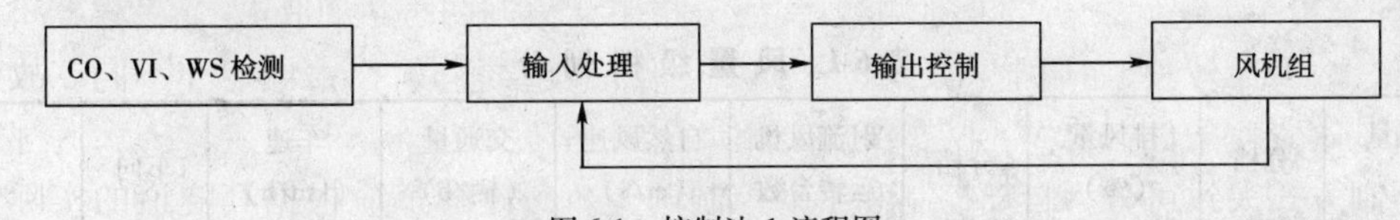

图 6-1 控制法-1 流程图

2 控制法-2

可根据进入隧道前区段的交通量信息及埋在洞内路面下的车辆检测器，实时了解隧道内交通量、行车速度、车辆构成等，通过检测交通流状况分析并计算出车辆烟雾和一氧化碳的排放量，实施风量控制。

控制法-2 的主要设备包括控制中心计算机系统、区域控制器、车辆检测器、风机控制柜及风机等。

控制法-2 的核心是通过车辆分类检测装置，在检测交通量和车速的基础上，同时把各种车辆按类型检测出来。目的在于减少 VI 和 CO 等的计算误差，提高通风控制可靠性。该方法的控制流程比直接法复杂，其检测技术与设备要求较高，在我国的实际应用受到限制，但国外一些发达国家如日本等常采用这种方法，效果良好。控制法-2 的控制流程如图 6-2 所示。

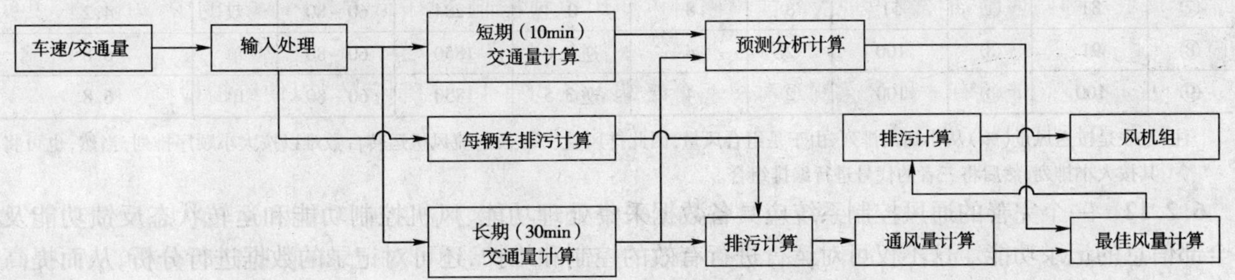

图 6-2 控制法-2 流程图

3　控制法-3

该方法不考虑 VI、CO 浓度及交通量的变化情况，而是按时间区间（如白昼与夜晚，节假日与平时）预先编成程序来控制风机运转。

以上示出的控制图仅作参考，每座隧道应根据自身具体情况制订适宜的控制方式并编制相应的控制程序。

同一座隧道存在多种控制方法，故宜规定上述控制方法的一种或多种进行控制。

6.2.8　自动控制方法的适用条件

1　对设置 VI、CO 浓度值和 WS 检测器时，控制法-1 是通风控制宜采用的一种主要方法。

2　当只有设置交通量数据检测时，以控制法-2 进行控制。对于同时设置 VI、CO 浓度检测和交通量检测时宜同时采用控制法-1 和控制法-2，以便在营运控制中进行切换和检修。

3　控制法-3 主要用在交通量较小的、二级以下的公路隧道中。对于以换气次数确定通风量的隧道（《公路隧道通风照明设计规范》中规定），因工况单一，采用控制法-3 较简易且投资省。

4　当交通量及组成、分布较稳定时，如城郊公路隧道，亦宜采用控制法-3。

6.2.9　在《公路隧道通风照明设计规范》（JTJ 026.1）中规定，隧道中火灾时排烟风速为2～3m/s。理论上可采用以风速检测的数据按控制法-3 进行控制，但鉴于火灾发生在山岭隧道洞内时还受自然风等影响，用风速控制技术上难度大，故宜采用人工手动控制为主。

6.2.10　本条文规定了采用控制法-1、控制法-2 时的控制要求。其关键是控制阀值的取值。取阀值过大时，实时控制反应迟缓，不能有效准确地自动控制；如过小，即实时控制反应过灵敏，使风机运行变换过快，影响风机寿命。故控制阀值取值要通过工程调试完善。

6.2.11　风量级档的设定应考虑交通量或 VI、CO 浓度，行车速度及自然风速的历时变化，还应考虑分期修建情况下由单洞变双洞的交通状态的变化。

一般来说，风机（含排风机、送风机、射流风机）的叶片转速可以无级改变其吐出风量。但如果按无级控制或级档分得过细，对隧道而言，其风量感应迟缓，控制效率低下，另一方面会导致控制系统复杂化，设备消耗大，费用增加。因此本条文提出风量级档的划分不宜过细。表 6-1 所示为风量级档设定实例，仅做参考。

表 6-1　风量级档划分

分档	送风量（%）	分档	排风量（%）	分档	射流风机运转台数	自然风速（m/s）	交通量（辆/h）	车速（km/h）	车向	平均设计风速（m/s）
①	20	③	100	②	4	顺 1.0	1850	6～80	单	6.8
②	30	③	100	③	4	0	1850	60～80	单	6.8
③	46	③	100	②	4	逆 1.5	1850	60～80	单	6.8
④	(54)51	①	51	②	4	0	874	60～80	双	3.4
④	54	①	50	①	0	逆 3.5	1330	40	单	4.0
⑤	(68)60	③	100	②	4	逆 2.0	1850	60～80	单	6.8
⑤	68	②	75	①	0	0	740	40	单	4.2
⑥	74	③	100	②	4	逆 2.5	1850	60～80	单	6.8
⑦	81	①	51	③	8	0	1284	60～80	双	4.2
⑧	91	③	100	②	4	逆 3.0	1850	60～80	单	6.8
⑨	100	③	100	②	4	逆 3.5	1850	60～80	单	6.8

注：上表是按送风量（%）从小到大排列，由于是组合风量，因此排风量（%）及射流风机运转台数难以按大小顺序排列，当然，也可将其按大小排列，然后将三者的代号进行编排组合。

6.2.12　一个完善的通风控制系统应具备数据采集处理功能、风机控制功能和运转状态反馈功能及全部信息的记录功能。这不仅可对运行进行有效的控制和维护，还可对记录的数据进行分析，从而提高运行管理水平。

6.2.13　这是对通风控制单元检测的基本要求。对同一项工程而言，控制单元形式不宜过多，要基本统一,便于接口、运行及维护和管理。

6.2.14 对于设置轴流风机的通风隧道,通常设通风机房。而轴流风机功率大,控制设备集中,为方便合理,控制单元宜设置在通风机房内。射流风机安装在隧道断面内,风机功率较小,如分布在隧道洞内距离较远时,控制单元宜设在风机控制柜内,如在洞口时,可以集中在配电所内。

6.3 照明控制设施

6.3.1 隧道照明分正常工况和应急工况。正常工况是保障正常运行条件的隧道照明,应急照明是因停电时所考虑的安全照明和出现火灾事故的疏散诱导照明。这里所指的是安全照明。

6.3.2 手动控制功能是在隧道设备安装调试、营运、维护等过程中不可缺少的最基本的功能,而自动控制功能是通过效率、质量和管理水平的主要手段。

6.3.3、6.3.4 高速公路、一级公路隧道的A级、B级隧道一般有较完善的隧道机电设施。故照明控制宜采用以控制法-1进行的实时控制方式。而其他等级公路隧道一般机电设施较简单,故可采用控制法-2的时序控制方式。采用时序控制方式还可与根据不同天气(阳光、阴雨)进行的人工干预方式结合。

对隧道照明进行实时自动控制,主要是对洞口加强段的照明,根据洞外亮度变化进行的实时控制,目的是节能及安全。因此对照明设计速度高的高速、一级公路隧道通过实测数据进行控制尤为重要。对于一般双向行车公路隧道照明亮度不高,入口照明电能消耗影响相对较小,其安全重要性亦较低,故可采用控制法-2进行自动控制。

6.3.5 采用控制法-1时,需设置实时检测用的光亮度检测器。检测器是精密仪器,成本较高,故规定设置器的基本要求。

采用控制法-1有两种方式,第一种是利用入口/出口段的洞外、洞内的光度检测器(La、Lt)实时检测洞外及入口段的亮度值$L_{20}(S)$和$L_{th}(S)$值,并进行对比计算后,对洞口加强段的照明回路进行控制。如浙江大溪岭—湖雾岭隧道(2×4116m)等以此方法控制,见图6-3。第二种为仅对洞口亮度$L_{20}(S)$值实时检测,根据$L_{20}(S)$值直接控制洞口加强段照明回路,如浙江猫狸岭隧道(2×3600m)、重庆中梁山隧道(2×3300m)等以此方法控制,见图6-4。两种方法以前者较准确,后者控制简便。

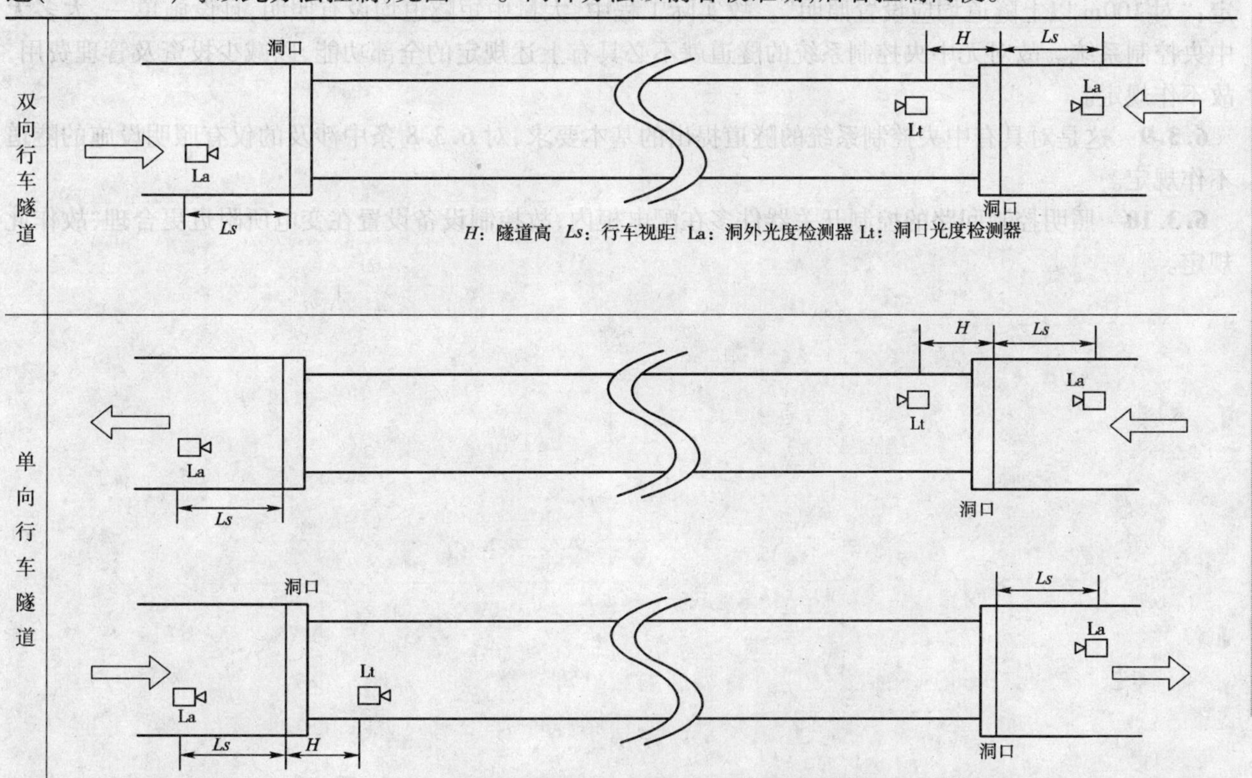

图6-3 控制法-1之光亮度检测器设置方式一

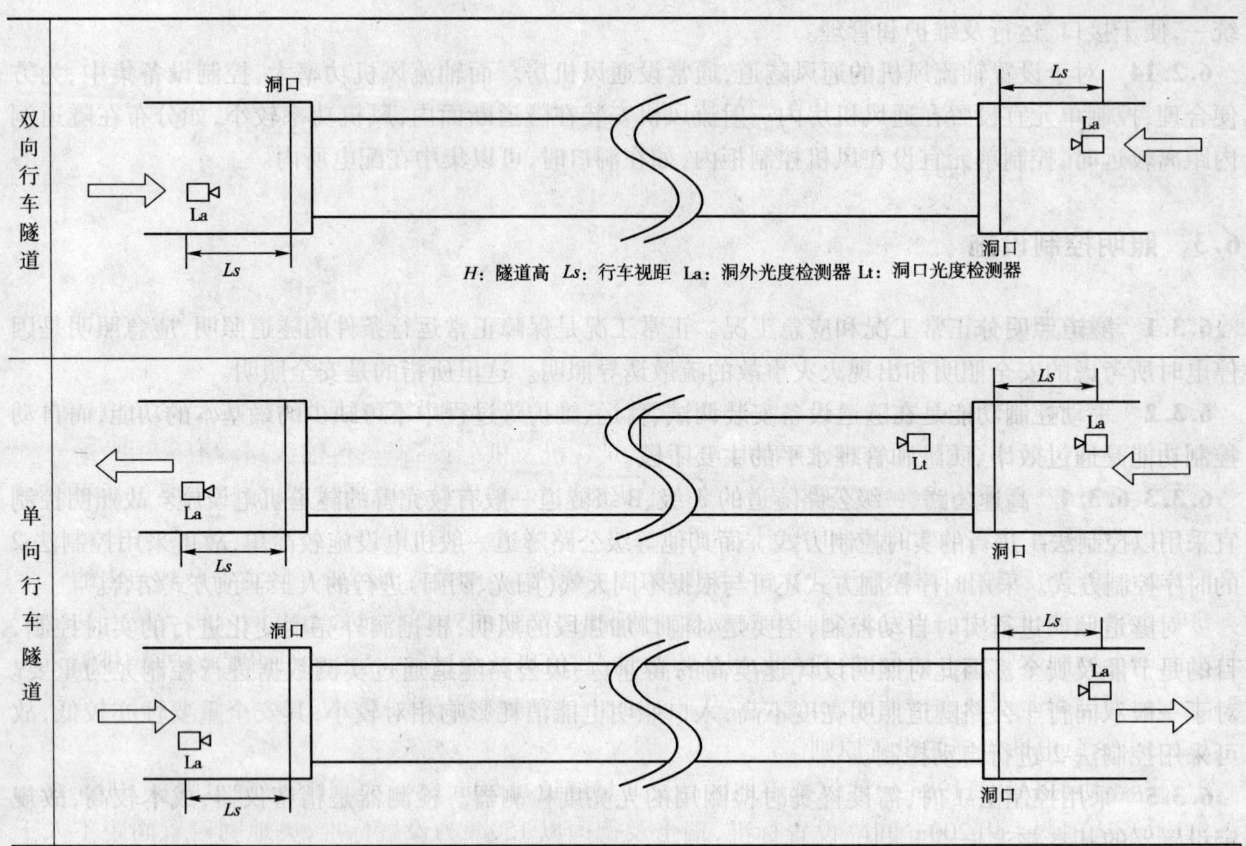

图 6-4 控制法-1 之光亮度检测器设置方式二

6.3.6 本条文是对检测器安装的基本要求，目的是获取较稳定准确的检测参数。

6.3.7 仅对工作条件及对光度的检测量范围和精度的基本要求作出规定。

6.3.8 对有中央控制系统的隧道，作此规定。这不仅能有效的控制，还可以对记录的历史数据进行分析而改善运行管理水平。但因照明与隧道通风不同，《公路隧道通风照明设计规范》(JTJ 026.1)中规定："对 100m 以上隧道均应设置照明"。故实际工程中，大量中短隧道均设有照明，且设施单一，大多无中央控制系统。故对无中央控制系统的隧道就不必具有上述规定的全部功能，以减少投资及管理费用，故不作规定。

6.3.9 这是对具有中央控制系统的隧道提出的基本要求，对 6.3.8 条中涉及的仅有照明设施的隧道不作规定。

6.3.10 照明控制回路的控制开关器件多在配电柜内，故控制设备设置在变电所附近更合理，故作此规定。

7 紧急呼叫设施

7.2 紧急电话设施

7.2.1 紧急电话设施由紧急电话控制器及外围设备、传输线路和紧急电话分机组成。紧急电话控制器及外围设备包括计算机、显示器、打印机、电话机、录音机及供电设备等；传输线路一般采用长途对称电缆或市话电缆，若采用光纤电缆具有较强的抗干扰能力，但需增设光电连接器；分机主要包括平衡网络、信号收发电路、语音收发电路和送受话器件。

7.2.2 紧急电话设施是隧道营运管理系统中的主要组成部分，主要为行驶在隧道口及隧道内的司乘人员提供紧急呼叫之用。当发生交通事故或意外情况时，驾驶员只要拿起紧急电话分机或按通话键便可以向中央控制室紧急电话台进行呼叫，报告事故情况，值班员经过确认后，组织调度救护车、排障车和事故有关人员前往现场进行救援，迅速排除故障，疏通道路，减少事故损失。

7.2.3 紧急电话设施的设置原则

国际路协（PIARC）1983 年建议都市地区高交通量隧道每 50m 设一台，山区长隧道则每 300m 设一台，日本及法国均采用 200m 间隔设置标准，瑞士及德国以 150m 为设置标准，奥地利设置间距不大于 250m。我国目前采用 200 ~ 300m 间隔。在总长不足 200m 的隧道中不设紧急电话。因洞口外设有紧急电话，且入洞口 200m 之内是驾驶员适应亮度变化的路段，不宜设紧急电活，以免打电话停车给交通带来不便。

紧急电话设置于隧道侧壁，若单向隧道则置于车道右侧，双向隧道则置于两侧，紧急停车带以及行人横洞处应增设紧急电话分机。当隧道发生事故时，预料当事人首先会跑出洞口，因此在洞口外 10m 处可设一台紧急电话。

7.2.4 洞内紧急电话应有隔音洞室，以防止隧道内噪声。室内应有照明，为使报警者易于操作，电话高度以距车道面 1.2 ~ 1.5m 为宜。

7.2.5 紧急电话设施应自成体系，为专用呼救系统，仅紧急电话分机与紧急电话控制器之间通话，分机与分机之间，本系统与外系统之间均不做转接。紧急电话分机呼叫时，紧急电话控制器应具有声、光显示，并自动显示呼叫分机位置，当中心台与一分机通话时，如另有分机呼叫，应有声或光显示，并通知呼叫分机等待。

紧急电话控制器具有自动检测功能，可检测系统的正常和故障信号，可自动录音、记录和打印。中央控制室计算机可将紧急电话呼叫信号传至上级部门，再通过闭路电视控制器控制呼叫地区摄像机工作并录像，中心计算机同时将信号送至地图板或大屏幕等显示设备，显示呼叫分机位置。

紧急电话设施采用双工通话方式或双音频信号方式。因系统属专用设备，话务量小，采用多机复接共线方式，复接分机量视交通量和设备本身的能力而定。

系统应配置不间断电源保证供电，以保证不间断地工作。

7.3 有线广播设施

7.3.2 车辆在隧道内的行驶速度为 80 ~ 100km/h，即 22 ~ 27m/s，则隧道内行驶的车辆从第一个扬声器到第二个扬声器的时间大约在 1.85 ~ 2.27s 之间，因此车辆在 1.19 ~ 1.46s 之内（约 70% 的时间）处于理想的听音区域内，在 0.66 ~ 0.81s（约 30% 的时间）处于非理想的听音范围之内。

通过经典声学传输公式 $L_p = L_0 + 10 \times 1gPL - 20 \times 1gr$ 计算可知：

距扬声器1m处的直达声的声压为：

$$L_p = L_0 + 10 \times 1gPL - 20 \times 1gr = 106 + 10 \times 1g10 - 20 \times 1g1 = 116dB$$

距扬声器2m处的直达声的声压为：

$$L_p = L_0 + 10 \times 1gPL - 20 \times 1gr = 106 + 10 \times 1g10 - 20 \times 1g2 = 110dB$$

距扬声器4m处的直达声的声压为：

$$L_p = L_0 + 10 \times 1gPL - 20 \times 1gr = 106 + 10 \times 1g10 - 20 \times 1g4 = 104dB$$

距扬声器8m处的直达声的声压为：

$$L_p = L_0 + 10 \times 1gPL - 20 \times 1gr = 106 + 10 \times 1g10 - 20 \times 1g8 = 98dB$$

距扬声器16m处的直达声的声压为：

$$L_p = L_0 + 10 \times 1gPL - 20 \times 1gr = 106 + 10 \times 1g10 - 20 \times 1g16 = 92dB$$

距扬声器32m处的直达声的声压为：

$$L_p = L_0 + 10 \times 1g\ PL - 20 \times 1gr = 106 + 10 \times 1g10 - 20 \times 1g32 = 82dB$$

距扬声器50m处的直达声的声压为：

$$L_p = L_0 + 10 \times 1g\ PL - 20 \times 1gr = 106 + 10 \times 1g10 - 20 \times 1g50 = 73dB$$

在距该扬声器50m处，直达声压降至73dB，即隧道平均噪声的水平不会同下一扬声器的声音发生混响。

洞内扬声器分音区布置、有线广播控制器具有延时功能，使每音区扬声器有一半延时播放，以克服洞内混响，保持声音的清晰，扩音机的功率机视隧道长短和配备扬声器的多少而定，如广播控制器可切换各音区的扬声器，则扩音机功率可按一个音区内扬声器总功率增加20%的余量来配置，有线广播控制器具有自动故障检测功能和表示系统各设备工作状态的指示灯。

扬声器的设置一般以隧道内紧急停车带为核心分成几个音区。各扬声器间距一般不得超过100m，隧道进出口各设一个扬声器，若扩音机负载有限可只在隧道进口设置扬声器。

隧道内扬声器固定在灯具下方行车方向右侧隧道侧壁上，一般面向行车方向，也可垂直和水平调节扬声器的朝向。扬声器和固定部分的几何尺寸不应超过隧道净空限界。

应该说明的是通过隧道时驾驶员往往关上所有的车窗，且在噪声比隧道外大得多的环境里，车上的人往往听不清扬声器的声音。在做消声处理（吸音板）的隧道里效果虽较好，但也不可能完全避免由声波反射和干扰引起的困难。目前，提高这个系统性能的研究尚在进行中。

7.3.3 有线广播主要在隧道内阻塞、交通事故、火灾等情况下使用。当隧道内由于火灾或交通事故而发生交通阻塞，中央控制室必须立即组织灭火或指挥疏导车辆、治理混乱、抢救受伤人员。值班操作员可通过广播向隧道内车辆进行喊话，传递信息、避难导向。平时也可利用此系统灵活地传递公路养护施工状况或交通信息。

在隧道内噪声不大于80dB的情况下，汽车在隧道入口处附近或隧道内低速行驶或停车时，车内人员应均能听清广播内容。

7.3.4 语音扩声系统声学特征指标见表7-1。

表7-1 扩音系统声学特征指标（摘自GYJ 25—86）

扩音系统及分级		最大声压级	传输频率特征	传声增益	声场不均匀度	总噪声级
音乐扩音系统	一级	100～6300Hz 平均≥103dB	100～6300Hz ≤±4dB	100～6300Hz ≥-4dB（戏曲） ≥-8dB（音乐）	100Hz≤10dB 1000～6300Hz ≤8dB	≤NR25
	二级	125～4000Hz 平均≥98dB	125～4000Hz ≤±4dB	125～4000Hz 平均≥-8dB	1000～4000Hz ≤8dB	≤NR30

续上表

扩音系统及分级		最大声压级	传输频率特征	传声增益	声场不均匀度	总噪声级
语言音乐兼容系统	一级	125～4000Hz 平均≥98dB	125～4000Hz ≤±4dB	150～4000Hz 平均≥-8dB	1000～4000Hz ≤8dB	≤NR30
	二级	250～4000Hz 平均≥93dB	250～4000Hz +4dB，-6dB	250～4000Hz 平均≥-12dB	1000～4000Hz ≤10dB	≤NR30
语言扩音系统	一级	250～4000Hz 平均≥90dB	250～4000Hz +4dB，-6dB	250～4000Hz 平均≥-12B	1000～4000Hz ≤8dB	≤NR30
	二级	250～4000Hz 平均≥85dB	250～4000Hz +4dB，-6dB	250～4000Hz 平均≥-14dB	1000～4000Hz ≤10dB	≤NR35

8 火灾报警、消防与避难设施

8.1 一般规定

8.1.2 地形、地质水文资料主要用于水消防系统水源确定及消防系统方案。在设计过程中，应考虑与各系统的协调配合，如供配电、交通监控、中央控制系统等。

8.2 火灾报警设施

8.2.2 火灾报警设施主要提供报警位置及设备状态信息。在系统设计时，应考虑为中央控制系统提供足够的接口。火灾报警系统与水消防系统及其他系统的联动可在中央控制系统中统一考虑。

8.2.4 火灾探测器

火灾形成与发展的阶段分为前期、早期、中期及晚期四个阶段。各阶段特征不一，前期表现有一定的烟雾；早期烟量增加并出现火光；中期表现为火灾形成，火势上升很快；后期表现为火势扩散。

由于隧道环境较为恶劣，同时又具有通风装置，烟雾度不便控制。因此，隧道内火灾检测着重点从早期开始。因此，考虑到隧道的实际情况，火灾探测器保护范围宽度一般大于11m。

8.2.5 手动报警按钮

根据《火灾自动报警系统设计规范》(GB 50116)，从一个防火分区内的任何位置到最邻近的一个手动火灾报警按钮的距离，不应大于30m。

手动报警按钮防护等级应达到IP65，否则应采取其他措施提高其防护等级。

8.2.6 火灾报警控制器

根据《火灾自动报警系统设计规范》(GB 50116)，区域报警系统宜用于二级保护对象；集中报警系统宜用于一级和二级保护对象。隧道可根据需要设置区域控制器。由于隧道内环境恶劣，不可能在每个区域控制器处设人值守，因此，应在中央控制室设集中报警控制器。

由于技术发展，为便于与中央控制系统接口和数据共享与管理，可在中控室设置一台火灾报警控制计算机。

8.2.7 火灾报警系统电源

B级以上隧道一般均为双电源，即在中央控制室均设有UPS电源。中央控制室的设备可在UPS接电。隧道内的设备供电可采用单独供电回路，变电所UPS满足要求时，可从变电所接电，否则从中央控制室供电。

8.3 消防设施

8.3.1 消防设施主要用于隧道内发生火灾时，提供给行车人员、隧道管理及消防人员的初起火灾灭火设施。

8.3.2 隧道的消防设施分为灭火设施及辅助设施。灭火设施包括灭火器、消火栓和固定式水成膜泡沫灭火装置；辅助设施包括消防给水水源、加压提升系统、消防水池及管道等。

8.3.3 灭火器

1 灭火器充装量各国规定不一，美国规定不大于9.0kg，日本为6.0kg，考虑到我国成年人的身材及隧道火灾的特点，规范规定最大为8.0kg(实际总重达到12.0kg以上)。因为太重手提搬运不便，但太轻充装量少，喷射时间短，会影响灭火效果，一般可选择 5.0～8.0kg，以 6.0kg 为宜。

2 灭火器是初起火灾灭火的重要器具，因其操作简单，对小规模火灾能起到一定的灭火作用。

隧道内的灭火器选用与建筑灭火器选用不同，建筑灭火器配置是在已知建筑物内可能产生火灾种类的情况下选用的，而隧道由于来往车辆使用的燃料及运载货物的不同，可能产生各种类型的火灾，因此，选用灭火器须考虑其灭火性能及适用范围。灭火器一般可按下列条件选用：

1）要针对隧道火灾的特殊性，尤其对 B 类火灾的灭火能力要大，并能适应其他类型火灾；

2）搬运、操作容易；

3）不产生有害气体；

4）灭火剂不能因温、湿度而变质，且存放期长。

从国内外使用情况来看，多数选用干粉灭火器，而以磷酸铵盐干粉灭火器为首选，它能够适用于 A、B、C 类火灾及电气火灾。

3 灭火器的设置间距关系到灭火人员能否及时地取用灭火器，考虑到隧道与地面建筑物内有所不同，隧道内取用灭火器可以直线到达，参考日本规定，取间距最大为 50m。

4 灭火器箱门上应注明“灭火器”字样。

5 灭火器的其他配置要求应按现行国家标准《建筑灭火器配置设计规范》的规定执行。

8.3.4 消火栓

1 消火栓间距计算可参照现行国家标准《建筑设计防火规范》的方法，但不应大于 50m。

2 由于消防队通常所用的水带为 65mm，故隧道内所配置的消火栓栓口应为 65mm。

3 为扑救大火的需要，应采用较大口径的水枪，所以规定水枪喷嘴口径不小于 19mm。

4 国内规定水带每根长度不应超过 25m，是考虑在火场使用不便，而隧道与地面建筑不同，故取 30m 为限。

5 隧道拱顶高一般在 7m 左右，由于消防人员在狭窄的空间内灭火需一定的安全距离，为有效地扑灭火灾，规定充实水柱不小于 10m。

水枪的充实水柱长度可按下式计算：

$$S_k = \frac{H_1 - H_2}{\sin\alpha}$$

式中：S_k——水枪的充实水柱长度（m）；

H_1——隧道高度（m）；

H_2——消火栓安装高度（m）；

α——水枪喷射角，一般取 45°。

例如：某隧道拱顶高为 7m，试求水枪充实水柱的长度。

解：水枪喷射角为 45°，如图 8-1。

$$S_k = \frac{7 - 1.1}{\sin45°} = \frac{5.9}{0.707} = 8.3\text{m}$$

经计算水枪充实水柱需要 8.3m，而规范要求不应小于 10m 水柱，故应采用 10m 水柱。

6 当消火栓栓口出水压力大于 50m 水柱时，由于水枪的反作用力，难以一人操作，为此应设减压装置。减压装置可采用减压消火栓等，减压后消火栓处压力仍应满足水枪充实水柱的要求。

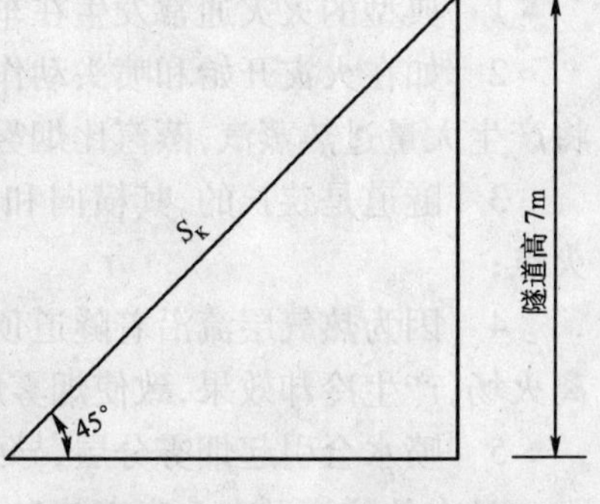

图 8-1 水枪充实水柱高度求解图

7 消火栓箱门上应注明“消火栓”字样。

8.3.5 固定式水成膜泡沫灭火系统

1 水成膜泡沫浓度 3% 为欧洲各国常用浓度，喷射时间不应小于 22min，主要考虑在消防队到场之前群众的灭火时间。

2 固定式水成膜泡沫灭火装置箱内设有给水检修阀门及泡沫液开关阀门等。泡沫液的阀门平时是关闭的，由于火灾时操作者的心理原因，如不及时打开，会导致延误灭火的最佳时间，所以阀门应有明显的启闭标志。

3 寒冷地区使用水成膜泡沫液，必须考虑其适用范围，可选用抗寒型泡沫。

4 固定式水成膜泡沫灭火箱门上应注明“泡沫灭火栓”字样。

隧道火灾，国外经济发达国家在近二三十年来都投入了相当力量进行研究和实地模拟试验，我国在这方面研究有些滞后。近年来随着公路建设的迅速发展，国内已涌现出大量的隧道工程，截止到2000年底，已达1680多座。特别是长大隧道及特长隧道的不断出现，对隧道的营运安全构成威胁。据国外统计，隧道内火灾频率达10～17次/(亿车·公里)。由于隧道是属于封闭式的地下建筑，一旦发生火灾，往往会造成不同程度的人员伤亡、车辆烧毁、结构及各种设施的损坏。

隧道火灾主要是以汽车火灾为代表的，也就是油类火灾。在20世纪60年代初美国3M公司生产出水成膜泡沫灭火剂(Aqueous Film Forming Foam)，是专门为油类火灾而研制的一种高效灭火剂。它是以氟碳表面活性剂、碳氢表面活性剂、泡沫添加剂和适量的有机溶剂制成的发泡剂，是一种无毒、无味不易腐败的高效灭火剂，存放期可达10年以上。其灭火机理是依靠泡沫和水膜的双重作用以达到灭火目的，国内已有生产环保型“AFFF”灭火剂，有取代美国3M公司技术之势。

固定式水成膜泡沫灭火装置在欧美公路隧道中已被广泛采用，效果很好。如1978年8月荷兰凡尔逊隧道发生火灾，消防人员4min后赶到洞口，此时隧道内已浓烟滚滚，炸声不断。由于浓烟恶化视线，消防车无法行驶，只得由消防人员带着压缩空气罐在车前摸索前进，诱导消防车到达距火区150m处，消防人员用两股水成膜泡沫灭火，20min内火势得到控制。

国内近年来已开始将水成膜泡沫灭火装置用于隧道上，该系统使用方便，火灾时由使用者首先拉出喷枪(在拉出喷枪的同时，引起导向架摆动，自动打开供水阀)，再将软管拉至需要的长度，对准火源即可灭火，是一种高效泡沫固定灭火装置。目前国内生产有20L与30L两种规格，喷射时间分别为22min和30min，软管长度有25m、30m和50m。

对于隧道泡沫喷淋灭火问题，本规范未列入，其原因有二：

其一，国内此项技术尚未成熟。隧道泡沫喷淋与地面建筑物泡沫喷淋工况不同，建筑物内喷淋无风流动的影响，而隧道内要考虑自然风和机械通风的影响；

其二，泡沫喷淋系统投入较大，造价高。

但是有条件的，特别在特长隧道可考虑设置，这样才能确保隧道的营运安全。

对于隧道的自动喷水灭火系统问题，考虑也是多方面的，主要是对自动喷水在隧道中的使用效果各国持有争议。美国NFPA 502(1998版)消防法规中提出宜考虑AFFF(水成膜泡沫)喷淋系统，不提倡使用自动喷水系统。

美国法规认为，喷水不仅无效，而且还有助于火灾的传播或加重火灾的危害，将其有利条件转化为不利条件，主要理由有：

1 典型的火灾通常发生在车辆下部或车厢内部，顶部喷水没有灭火效果；

2 如在火灾开始和喷头动作之间发生延误，在巨热火焰上喷一层薄水雾，实质上压不住火焰，反而将产生大量过热蒸汽，蒸汽比烟雾更具有危害性；

3 隧道是狭长的，其横向和纵向有坡度，且是强制通风，又无防火分隔，因此热量不会局限于着火点；

4 因为热气层流沿着隧道顶部运动，喷头动作可能不会固定在火焰上，如此大量的动作喷头将远离火场，产生冷却效果，致使烟雾层下降，影响逃生及消防人员视线；

5 喷水会引起烟雾分层，导致紊流，将空气和烟雾混合，威胁隧道中人员的安全。

日本的隧道已有5座安装自动喷水灭火系统，根据1960年至1980年近20年的统计，共发生火灾6起，自动喷水系统使用仅有日本坂隧道1次，起火后1min系统自动投入运行，喷水25min后火灾继续扩大，现场接连发生爆炸，喷水失败。该隧道火灾共烧毁汽车174辆，死伤多人，150m天花板崩落。

日本坂隧道火灾后，为了研究隧道内使用自动喷水灭火的效果及对火灾的影响，1982年日本建设省土木所在一座隧道之内进行火灾试验，用2m^{2}火盆装入144L汽油点燃，结果表明：无自动喷水系统条件下路面附近透光率为31.5%，当设有适当照明及诱导灯时，避难条件可改善；但若使用自动喷水系统则热的烟气温度下降，向路面附近压下，恶化避难环境。结论是“喷水汽油火盆不能起到灭火作用，只能降低周围温度”。

尽管自动喷水灭火在隧道使用中有许多问题，不过日本的《隧道设计要领》(1997)中还规定了对防火特别重要长大隧道和长度大于3000m、交通量大于4000辆/d的双向行驶隧道中使用，他们认为还有下列4个优点：

1 抑制火源；

2 防止火源附近的延烧；

3 保护隧道主体结构；

4 保护隧道内设施。

而美国近年在3座隧道中也设置了自动喷水灭火系统，它们是：北部地区中央大道、波士顿第一隧道、西雅图Mercer岛和Baker岛之间的隧道，其设置目的是因为这些隧道中允许装运危险品车辆在无人护送的情况下通过。

因为自动喷水灭火系统在隧道内使用国外均持“不推荐”态度，我国在目前的情况下暂不考虑。

8.3.6 隧道消防给水

1 水源

公路隧道一般都远离城市，水源可采用溪水、河水、隧道涌水及地下水等。当取用地下水时可设管井取水，设备、管理较简单，造价也不高。采用管井取水应按现行国家标准《供水管井设计、施工及验收》规范执行。

福建飞鸾岭隧道长三千多米，原设计在进口处山涧里设滚水坝蓄水，当隧道贯通后，原先山涧丰富的水源不见了，在枯水季节甚至出现断流。后改取用隧道涌水，在隧道出口处设200t集水池，将集水池的水抽至高位水池备用，解决了水源问题。

2 隧道同一时间内发生火灾次数的确定，为了节省投资，规范中定为一次。隧道内消火栓同时使用水枪数量，500～1000m隧道规定为3支，是参考日本做法，大于1000m的隧道为4支，是为了安全起见。

3 隧道火灾延续时间较难确定，从世界各国发生火灾来看，一场大中型火灾延续时间在几小时至几十小时不等，火灾的规模与延续时间无一定规律可循，一般与隧道的管理、设施完善程度及驾乘人员的素质有关。表8.3.6中规定的火灾延续时间是为确定隧道消防总用水量提供依据，各设计单位在确定总用水量时还应根据当地具体情况，若隧道附近缺水，应适当增加储水量，以避免消防车从远处运水而影响灭火。

对于消火栓同时出水支数与火灾延续时间，缺乏较充分依据，有待于使用中总结完善。

4 隧道消防供水方式

1)当有地形可利用时，一般情况下将消防水池设于高处，利用重力流供水，对消防供水较为安全，也可减少用泵加压造成运行费用增加及维护工作量。当无地形可利用时可考虑采用自动加压供水方式。

2)消防水池内的水一经动用，应尽快补充，以供在短时间内可能发生的第二次火灾使用。

8.3.7 消防给水管道

1 镀锌钢管连接，首选为沟槽式连接件(卡箍)，这种连接在国外使用较为普遍，特别用在消防管道上，不易漏水，承压大，安装方便，是消防管道连接的理想接头。

2 相邻双孔隧道的消防管道布置成环状管网可增加管网供水的安全性。

3 隧道内管道阀门(包括洞外的阀门)选用必须考虑长期使用开关自如，避免出现开关不灵、漏水现象。国内软密封闸阀生产技术已经成熟，可选用。

4 隧道内的消防管道敷设国内各单位做法不一，有设在检修道下方沟内的，也有在检修道上方靠侧墙明设的。设在沟内往往会与其他管线(如通信电缆)争夺空间，要相互协调，合理布置；而对于明设管道，则应考虑火灾时管接头密封材料的适用温度。

5 设置过滤器目的是排除水中杂质，避免堵塞水成膜泡沫灭火系统的比例混合器等配件。

6　隧道内消防给水管道如为刚性连接须设置管道伸缩器，伸缩器选用应根据温差计算。

7　消防管道穿越路面必须设套管等其他保护措施，以防车辆压坏，影响正常供水。

8　寒冷地区的消防给水设施设防冻措施，目的是火灾时能够正常工作。

8.3.8　其他设施

1　高位水池设水位遥测装置的目的，是使值班人员能随时直接观察到水池水位情况，避免由于管道、水池漏水，自动抽水失灵，造成水池无水的现象。可采用远距离水位显示仪等。

2　通风竖井的联络风道口设火灾时热空气降温措施，可采用安装水喷淋头等方法，以保证通风机的正常运转。

3　当隧道远离城市，且超过5000m的特长隧道，宜考虑配备专用消防车，专用消防车可选用干粉泡沫联用车。

8.4　避难设施

8.4.1、8.4.2　本条文是对双洞上下行分离式隧道横洞设置规模标准的规定。包括行人横洞和行车横洞。

公路隧道是地下管状构造物，在运营过程存在着火灾危险，尤其是汽车因各种交通事故引起的火灾或汽车发动机自燃产生的火灾。在国外隧道已有多起重大火灾引起伤亡事故；国内某隧道（2×3.6km）在2001年初左洞发生卡车火灾，过火面积达40m^2，卡车被毁，隧道拱部混凝土衬砌高温剥落，机电设施毁坏，受损长度近120m，幸得及时组织扑救，火灾得以有效控制，未引起蔓延，也未造成人员的伤亡。公路隧道火灾的特点是：①烟雾在火灾点开始迅速沿纵向蔓延，②高温与缺氧。因此如何疏散与避难是防灾中的一个重要环节。

对于双洞分离式隧道，从各国情况看均以两洞之间开凿横洞来疏散避难。表8-1是国内一些重要山岭公路隧道的行人横洞、行车横洞的设置情况。

表8-1　一些隧道横洞设置情况表

序号	隧道名称	地区	隧道长度	行人横洞		行车横洞	
				间距（m）	净宽×净高（m）	间距（m）	净宽×净高（m）
1	大溪岭—湖雾岭隧道	浙江	2×4116m	411	2×2.2	823	4×5
2	猫狸岭隧道	浙江	2×3610m	361	2×2.2	722	4×5
3	中梁山隧道	重庆	2×3300m	500	2×2.2	1000	4×5
4	飞弯岭隧道	福建	2×3100m	500	2×2.2	1000	4×5
5	八达岭隧道	北京	2×1260m	400	2×2.2	800	4×5
6	九顿坡隧道	云南	2×3260m	450	2×2.2	800	4×5
7	华蓥山隧道	四川	2×4700m	400	2×2.2	1000	4×5

1　关于行人横洞设置

行人横洞的间距国内外大多按250～400m，故规定基本间距250m，但特殊情况允许最大间距400m。关于行人横洞净宽按《公路隧道设计规范》（JTG D70）取2.0m；关于净高按《公路隧道设计规范》（JTG D70）取2.5m，另外对于500～800m的隧道，行人横洞宜设一处。

2　关于行车横洞设置

行车横洞在日本无专门规定，在欧洲发达国家的公路隧道实例中亦少有设置。我国《公路隧道设计规范》（JTG D70）规定为间距500m，我国双洞分离式山岭隧道自JTJ 026—90颁布实施以来，均按规定进行设置。但从调查表8-1来看间距一般在500～1000m。并且许多隧道均为行车横洞兼做行人通道。国外，横洞主要用于人员逃生之用，一般不考虑行车。根据国内工程实例，行车横洞在救援及防灾方面还是有作用的，故宜设置，但设置间距作适当调整。取基本间距为750m，特殊情况可放宽至1000m。关于行车通道净空按行车通道、行人横洞建筑限界规定。

8.4.3 本条是针对行人横洞在事故中的疏散功能所做的规定。

1 行人横洞应具很好的环境，路面要干燥，并且有防滑功能。如路面存在有积水，路面很光滑，在逃生中易出现滑倒事故，影响人员的疏散。

2 双洞隧道设计不应使左右洞之间路面高程相差太大以免造成行人横洞纵坡过大，一般以平坡或低坡为宜。但因条件限制，不得已出现大的纵坡时，为便于疏散，在纵坡大于15%时宜设置成踏步台阶，边墙两侧应设扶手，设置扶手后行人通道净宽要符合表8.4.2规定。

3 行人横洞应设置照明，规定亮度不小于2cd/m^{2}是引用《公路隧道通风照明设计规范》(JTJ 026.1—99)之规定。照明灯源应采用瞬时启动的，如白炽灯等光源，保证推门时灯具瞬时照亮，便于疏散。

4 对防火门的规定参照《地铁设计规范》(GB 50157—2003)规定。

5 当行人横洞长度超过40m，为便于疏散，规定每20m设一个指示标志灯。

6 当行人与行车横洞兼用时，考虑到疏散安全，应在行人横洞上设栏杆。栏杆高参照《民用建筑设计通则》(JGJ 37—87)第4.2条规定，"高度不小于1.05m"。行人横洞与行车横洞洞门独立设置是因为功能不一致，分开便于疏散。

8.4.4 本条规定是对行车横洞的规定。

1 行车横洞因通道口与主隧道行车通道存在交叉，存在平曲线段及直线段。过大纵坡不利于使用，最大纵坡不超过5%是参照《城市公共交通站、场、厂设计规范》(GJJ 15—87)关于公共汽车库"曲线形坡道纵坡宜小于5%"的规定而制定。

2 行车横洞洞口应设置隔离门，主要是考虑正常情况下防止汽车从横洞驶入另一分离隧道而造成事故，同时用于防烟。隔离门具有现场控制功能是便于现场开启，当然也宜具备远程控制功能。

3 行车横洞照明高亮度不小于7cd/m^2，参照《公路隧道通风照明设计规范》(JTJ 026.1—99)关于紧急停车带的规定而制定。

8.4.5 对于长、特长隧道从技术经济方面考虑一些通风房、变电所等设置在隧道内地下中，并通过隧道与之相通。这种地下建筑大多具有配电或通风机械，有人员值班。故对工作环境及防灾问题要作规定。

关于必须通过隧道出入的地下建筑，其相应通道不应小于2个的规定是参照《建筑设计防火规范》(GBJ 16)第5.3.1条制定的。通道净空尺寸主要考虑地下建筑避难功能确定，如汽车运送设备时要考虑行车及装卸要求。

8.4.6 当地下通风房、变电站及其他管理用房等需人员长期值班时，其地下建筑应符合能满足长期工作的环境标准，包括通风、照明、给排水、卫生等。

目前国内公路隧道中需人员长期值班的地下建筑如地下通风房、变电站及其他管理用房等工程经验不多。但随着特长隧道的出现及环保要求的提高，设置地下附属建筑也多起来，故需作规定，因地下铁道建筑与之相近，地下建筑设计可参照《地铁设计规范》(GB 50157)关于地下车站管理用房的有关规定执行。

9　供配电设施

9.1　一般规定

9.1.1　隧道供配电系统的设计中,供电系统主要包括确定隧道电力负荷的级别及其对电能质量的要求;确定供电电源的供电方式、电压等级、变配电所的选址、设置等。配电系统主要包括确定高、低压配电系统的配电方案;选择配电变压器及配电装置;确定配电回路的保护方式,导线的型号、规格及敷设方式;确定高、低压配电系统的防雷、接地及安全保护措施等。

9.1.3　隧道供配电设计与土建、通风、照明、监控、通讯设计是相互关联的,各工种需密切配合。例如:供配电设施确定后需把相关的预留预埋尺寸、要求等反馈给土建部门,由土建部门对此进行结构方面相关的设计及调整。

9.2　供电

9.2.1　隧道电力负荷分级

根据隧道电力负荷因事故中断供电在政治或经济上造成影响或损失的程度,区分其对供电可靠性的要求,进行负荷分级。在政治或经济上造成损失或影响的程度越大,对供电可靠性的要求越高,反之亦然。根据负荷等级,选择适当的供电方式,可以提高投资的经济效益与社会效益。

隧道是公路交通的要道,隧道的应急照明中断供电,隧道内突然漆黑一片,容易出现车辆追尾、碰撞等重大交通事故,造成人员伤亡和交通阻塞。隧道的交通监控设施、电光标志、通风及照明控制设施、紧急呼叫设施、火灾的检测、报警、控制设施及中央控制设施中断供电,监控中心无法了解隧道的运行状况,对经过隧道的车辆难以及时进行引导、指示、控制,将造成交通阻塞。若此时隧道内发生火灾、交通事故等,监控中心将无法确定隧道内事故发生的具体位置,难以合理地调度人力、物力进行施救,将扩大事故的发生面,造成更严重的政治影响和经济损失。所以,上述隧道电力负荷列为一级负荷中特别重要的负荷。其中,交通监控设施包括车辆检测器、摄像机、区域控制单元、可变限速标志、车道指示器。

隧道的消防水泵中断供电,在隧道发生火灾时,消防泵无法正常供水,火势难以得到控制,将造成更多的生命、财产损失,因此消防水泵列为一级负荷。

本条文中的基本照明是指隧道照明系统中除入口段、过渡段、出口段加强照明以外,整座隧道按中间段亮度要求布设的照明灯组成的照明系统。基本照明是维护隧道正常运行的主要设施。当隧道长时间在低于基本照明的亮度条件下运行时,将影响行车安全,因此基本照明列为一级负荷。

满足排烟需要的隧道风机,可以将大量滞留在洞内的烟雾及时排出洞外,保证行车安全,并且在火灾时可起到控制火势及烟雾漫延的作用,对争取救灾时间及保证人员安全撤离意义重大。所以该部分风机列为一级负荷。

除作为一级负荷以外的其他射流风机在隧道正常营运时可以减少甚至消除隧道内的烟雾,保证行车安全。所以该部分射流风机列为二级负荷。

9.2.2　隧道供电要求

1　本条款规定了隧道一级负荷应由两个电源供电,而且两个电源不能同时损坏。因为只有满足这个基本条件,才可能维持其中一个电源继续供电,这是必须满足的要求。隧道供电系统中,两个电源可一用一备,还可同时工作,各供一部分负荷。

2　本条款对隧道一级负荷中特别重要负荷的供电要求作了规定。近年来供电系统的运行实践经验证明，从电力网引接两回路电源进线加备用自投（BZT）的供电方式，不能满足一级负荷中特别重要负荷对供电可靠性及连续性的要求，有的发生全部停电事故是由内部故障引起，有的是由电力网故障引起，因地区大电力网在主网电压上部是并网的，所以用电部门无论从电网取几回电源进线，也无法得到严格意义上的两个独立电源。因此，电力网的各种故障，可能引起全部电源进线同时失去电源，造成停电事故。当有自备发电站时，虽可利用低周解列措施，提高供电的可靠性，但运行经验证明，仍不能完全避免全部停电的事故发生。由于内部故障或继电保护的误动作交织在一起，造成自备电站电源和电网均不能向负荷供电，低周解列装置无法完全解决这个问题。因此，正常与电网并列运行的自备电站，一般不宜作为应急电源使用，对一级负荷中特别重要的负荷要由与电网不并列的、独立的应急电源供电。

为了保证对一级负荷中特别重要负荷的供电可靠性，应尽量减少应急电源的容量，所以严禁将其他负荷接入应急电源系统。

隧道中特别重要负荷要求采用交流电源供电，允许停电时间为毫秒级。该负荷容量不大，可采用静态交流不间断电源装置作为应急电源。另外，具有应急电源蓄电池组的静态交流不间断电源装置，其正常电源是经整流环节变为直流才与蓄电池组并列运行的，在对蓄电池组进行浮充储能的同时经逆变环节提供交流电源，当正常电源系统故障时，利用蓄电池组直流储能放电而自动经逆变环节不间断地提供交流电源，但由于整流环节的存在因而蓄电池组不会向正常电源进线侧反馈，也就保证了应急电源的专用性。

3　对于隧道中的二级负荷，因其停电影响还是比较大的，故有条件时宜由两回路线路供电。

9.2.3　隧道供电电源及变配电所

1　变配电所宜设置在良好的空气流通环境中，这是由于变配电所若设在隧道行车出口处或两座间距较近且空气流通状况不良的连续隧道间隔路段旁时，汽车尾气形成的大量的烟雾将笼罩在变配电所周围，直接危害变配电所值班人员的身体健康并使所内变配电设备受到腐蚀，使用寿命短缩，并可能产生误动作。

2　隧道内机电设备供电电缆的截面选择与其供电距离有密切关系，供电距离越远，电缆的线路压降就越大。为了保证机电设备端电压处在允许偏差值以内，则需加大供电电缆截面，以减少线路压降，通常隧道内机电设备的供电回路不是以计算电流大小，而是以控制线路的压降来确定供电电缆的截面。

大多试验经验表明，单端供电的隧道其长度超过 1.3km、两端供电的隧道其长度超过 3km 时，洞内小负荷需大电缆供电的情况便相当突出。这不符合国家相关的技术经济政策。此时，需在隧道口或洞内再增设变配电所，以缓解上述矛盾。

经过对东南沿海某座双洞均长 1298m 的高速公路隧道进行洞内供电回路的计算、分析得出该隧道单端设变配电所时，洞内用电设备供电电缆造价要比两端设变配电所的高出 86.9 万元。这笔费用与在隧道另一端再设一个相应规模变配电所的费用相当。

我国目前隧道供配电设计中普遍做法是 1.3km 及以下的隧道单端设一座变配电所，1.3～3km 的隧道两端各设一座变配电所，3km 以上的长隧道视具体情况在洞中再增设若干个变配电所。

两回电源线路采用同级电压可以互相备用，提高设备利用率。一级和二级负荷突然停电将造成不同程度的严重损失，因此在做供配电系统设计时，当确定在事故情况下线路通过容量时，应能满足本规范第 9.2.1 条及 9.2.3 条的要求。

9.2.4　隧道电压选择和电能质量

1　目前我国公用电力系统逐步由 10kV 取代 6kV 电压，采用 10kV 配电电压可以节约有色金属，减少电能损耗和电压损失等，故隧道的高压配电电压宜采用 10kV。长大隧道采用轴流风机通风时，轴流风机的供电电压一般为 6kV，当隧道的供电电压为 35kV 及以上时，如采用 10kV 高压配电，则轴流风机一般经 10/6kV 中间变压器供电。由于轴流风机容量较大，10kV 配电方案中所需的中间变压器容量及其损耗就较大，开关设备和投资也增多，采用 10kV 配电电压反而不经济，而采用 6kV 是合理的。在工程实际中，设计人员可根据轴流风机在隧道用电负荷中所占比重，经过技术经济比较，确定高压配电的电压是采用 10kV 还是 6kV。

2　在隧道供配电系统设计中，正确选择供电元件和系统结构，就可以在一定程度上减少电压偏差。

1)由于电网各点的电压水平高低不一,合理选择变压器的变压比和电压分接头,即可将供配电系统的电压调整在合理的水平上。但这只能改变电压水平而不能缩小偏差范围。

2)供电元件的电压损失与其阻抗成正比,在技术经济合理时,减少变压级数,增加导线截面,采用电缆供电,可以减少电压损失,从而缩小电压偏差范围。

3)产生电压偏差的主要因素是系统滞后的无功负荷所引起的系统电压损失。因此,当负荷变化时,相应调整电容器的接入容量就可以改变系统的电压损失,另外,隧道照明中通常采用的高压钠灯与荧光灯功率因数都较低,且灯的数量众多,需在单灯中采用接入无功补偿电容器或采取其他可靠措施提高功率因数,以降低隧道照明回路的计算电流,减少照明供电线路的电压降,从而缩小电压偏差范围。

4)隧道的低压配电一般采用三相四线制,系统中如三相负荷分布不均,(相线对中性线)将产生零序电压,使零点移位,一相电压降低,另一相电压升高,增大了电压偏差,因此设计中应尽量使三相负荷分布均匀。

同相线间负荷不平衡,则引起线间电压不平衡,增大了电压偏差。

5)目前隧道通风所采用的通风机的单机容量均较大,且通风机在使用(特别在火灾发生)时,需在相当短的时间内全部起动,才能及时把废气等其他有毒气体排出洞外。而通风机正常启动时的起动电流一般为其额定电流的7~8倍。隧道通风机在短时间内全部起动对隧道供配电系统的冲击是相当大的,将使系统电压大幅波动,影响其他设施的正常运作及运行寿命。故隧道通风机应采用减压起动装置,以减小通风机起动电流对隧道供配电系统的冲击。

9.3 配电

9.3.1 隧道是个拥有烟雾、粉尘、腐蚀性气体,阴暗、潮湿环境较恶劣的场所。隧道内配电设施的选择除应满足常规要求外,还应注意其是否具有必要的防水、防尘、防腐蚀性能。设计中只有采用防护等级符合隧道要求的配电设施,才能保证用电设备的正常运行。

9.3.2 隧道配电回路

1 隧道各类电力负荷根据性质、功能的不同各自设置单独的配电回路,有利于各类负荷的正常供电及日后的维护、管理。

2 隧道照明中通常使用高压钠灯等气体放电灯。气体放电灯线路由于电流波形畸变产生高次谐波。即使三相平衡中性线中也会流过谐波电流,有可能达到相电流的数值。故本条款作此规定。

3 隧道营运后需经常维护和养护,故隧道内应设置维护和养护设备的供电回路及相应的配电装置。由于这些设备往往由人工操作使用,而隧道又是个充满粉尘、油污且潮湿的场所,若设备在使用过程中出现漏电,将直接危害养护人员的人身安全。故隧道内供维修和养护作业用的配电回路应在洞内配电箱中设置漏电开关。

4 为使用电设备正常运行和有合理的使用寿命,设计供配电系统时应验算用电设备对电压偏差的要求。隧道的主要用电负荷为照明及通风机。条文中规定的电压偏差值,对隧道照明系根据《工业企业照明设计标准》中有关的规定,灯的端电压一般不宜高于其额定电压的105%,亦不宜低于其额定电压的95%(一般工作场所)。另外,由于隧道照明的光源目前国内主要采用高压钠灯与荧光灯,这两种灯均属于气体放电灯,电压偏差大于±5%时,对其光效及使用寿命影响均较大,故要求隧道照明允许偏差值为±5%。

条文中规定的电压偏差值,对隧道通风机系根据国标《电机基本技术要求》中的规定:“电动机当电源电压(如为交流电源时频率为额定)与额定值的偏差不超过±5%时,输出功率仍能维持额定值。”

对于少数距离隧道变配电所较远的电动机(含通风机),如电动机端电压低于额定值的95%时仍能保证电动机温升符合有关规定,且堵转转矩、最小及最大转矩均能满足传动要求时,则电动机端电压可低于95%,但不得低于90%。

对隧道其他用电设备,其允许电压偏差的要求应符合用电设备制造标准的规定,当无特殊规定时,根据一般运行经验及考虑与隧道照明、通风机对允许电压偏差值基本一致,故条文规定为±5%。

9.3.3 配电线路的技术要求

1 隧道低压配电干线回路宜采用电缆布线，是由于电缆规格齐全，适应于多种敷设方式。既可在洞外采用直埋，穿保护管埋地敷设及在地下情况复杂、不宜埋地敷设时采用架空敷设，也可在洞内采用沿电缆沟、电缆桥架敷设或明敷等。另外，隧道低压配电干线回路线路普遍较长，采用电缆供电，可以减少电压损失。

2 隧道内配电线路的布设要求

1）由于隧道内潮湿、油污及腐蚀性气体多，金属管明敷或暗埋敷设时，都会受到不同程度的锈蚀，为保证线路安全，宜采用管壁较厚的水、煤气钢管。

2）采用金属管布线时，导线在管内的填充率除应满足导线在通电以后的散热要求外，还要满足线路在施工或维修更换导线时不致损伤导线及其绝缘等要求，管内导线在三根及以上时，一般情况下，填充率按不超过40%考虑，当线路很短、无弯曲、穿线容易时可提高到60%。

3）条文中的“金属管”系指建筑电气工程中使用的钢管等铁钢性管材。此种管材会因管内线路存在不平衡交流电流产生的涡流效应，使管材温度升高，管内绝缘导线绝缘迅速老化甚至脱落，发生漏电甚至短路、着火等故障。为了避免涡流效应，应将同一回路的各相导线及工作零线穿同一根金属管内。

4）不同回路的导线能否共管敷设是根据发生故障的危险性和相互之间在运行和维护时的影响而决定的，一般不同回路导线不能穿入同一管内。同类照明的几个回路可以共管敷设，是由于这样做危险性不大和相互之间影响较小。

5）电缆桥架的防腐蚀处理目前国内主要有镀锌、粉末静电喷涂、镀锌钝化、镀锌镍合金的形式。

6）条文中选用塑料护套电缆是由于其有良好绝缘性与防腐性。因一般电缆桥架无防火性能，火灾时为了使隧道内一级负荷不至于受大火影响立刻中断供电，其供电电缆应选择耐火型。

7）条文中填充率为桥架内所有电力电缆的总截面（包括对其外护层）与桥架的有效截面之比。

9.3.4 配电变压器的选择

1 隧道主要的电力负荷为照明及通风机，当隧道够长，通风机台数较多、容量接近或超过照明负荷容量时，为了避免通风机起动时对照明系统的冲击，保证照明系统供电电压的稳定，延长灯泡使用寿命，可设照明专用变压器。隧道内通风机宜装设减压启动装置，以缓解其启动时对供配电系统的冲击，同时也有利于通风机的正常使用及控制。

2 Dyn11 接线组别，其三次及以上高次谐波激磁电流可在原边环流，限制了三次及以上高次谐波，降低了零序阻抗。有利于单向短路故障的切除，方便了变压器低压侧总开关的选择、整定，提高了供电可靠性。另外，当接用单相不平衡负荷时，Y. Yno 接线变压器要求中性线电流不超过低压绕阻额定电流的25%，严重地限制了接用单相负荷的容量，势必影响变压器设备能力的充分利用。因而在 TN 及 TT 系统接地形式的低压电网中，宜采用 Dyn11 接线组别的三相配电变压器。

9.3.5 不间断电源（UPS）系统的技术要求

1 不间断电源输出端设隔离变压器可使输入和输出完全隔离，保证系统运行安全可靠。

2 当不间断电源超载或检修时，电源经旁路开关向负荷供电。

3 不间断电源输出端的中性线（N 极）通过接地装置引入干线做重复接地，有利于遏制中性点漂移，使三相电压均衡度提高。同时，当引向不间断电源供电侧的中性线意外断开时，可确保不间断电源输出端不会引起电压升高而损坏由其供电的重要用电设备，以保证隧道的安全使用。

9.3.6 为了道路监控中心能及时了解隧道供配电系统的运作状况，需在隧道高压配电系统中装设电压、缺相监测装置；在低压配电系统中装设电压、总电流、总功率、功率因素监测装置。

10 中央控制管理系统

10.1 一般规定

10.1.1 公路隧道的运营管理应实行集中控制管理。中央控制管理设施接收隧道内及洞口检测设施采集的信息，综合分析处理后，向隧道外场设备下达控制命令。发生交通事故时，应及时向交警、火警、医疗等有关部门联系，尽快完成救援和事故处理工作。

10.1.3 本条目为中央控制管理设施设计实施顺序，相关的基础资料包括交通参数、气象、环境、地质、地形、地物等基础资料。

10.2 系统功能与控制方式

10.2.2 本条目说明隧道控制的两种方式。隧道监控系统由隧道内设施(外场设备)与中央控制室构成。各外场设备经通信系统与控制室相连，隧道的控制方式主要有两种。

1 多级控制方式

这种控制方式一般适用于长隧道，监控设备较多，传输信息量较大的情况。将隧道分成若干个区域，每个区域在设备布设较集中的地方配一台区域控制单元，每个区域控制单元均挂在和控制中心相连的总线上，区域内的外场设备监测到的信息先传送给区域控制单元，区域控制单元将各种检测器信号预处理后再传送到中央控制室，中央控制室计算机将收集到的经过预处理的数据进行进一步分析处理，形成所需信息，然后向区域控制单元发出各种控制命令，来驱动各控制设备。此种方式的优点是提高了通信传输效率，节省了通信费用；对中央控制室计算机及通信系统的可靠性要求不是很高，在中央控制室计算机或通信系统故障时，区域控制单元可继续工作，各区域内的设备可在区域控制单元的控制和管理下继续工作，保证小系统范围内正常发挥作用。

2 集中控制方式

这种方式通过外场终端设备实时、直接地向控制室传送数据，由中央控制室计算机集中分析、处理收集到的数据，然后由计算机直接向隧道内的控制设备发送命令。这种控制方式的优点是中央控制室的工作人员能随时了解现场的实时情况，缺点是对中央控制室计算机的功能要求较高，对通信系统的可靠性要求也很高，中央控制室计算机或通信控制器、通信线路故障时会造成整个系统的瘫痪，可靠性较差，另外中心控制计算机处理的信息量也较大。此种控制方式一般适用于短隧道，短隧道所需控制设备少，传输信息量不大，将每个控制设备直接和控制室设备相连，费用也不是很大。

公路隧道监控的控制方式选择要根据具体的隧道及外场终端设备的位置、数量多少、交通量大小、需传输的信息量等诸因素综合考虑。对于距离长、隧道群等的隧道的控制方式，一般推荐“区域集中、预先处理、中心决策”的多级控制方式。

10.3 中央控制室设施

10.3.1 中央控制室硬件设备主要是计算机、控制、显示及通信设备，包括计算机及其外设、通信控制器、综合控制台、电视监视器、地图板或大屏幕投影。

中央控制设备的数量及费用随所要实现的功能种类而变化，因此在设计中央控制设备之前，详细地定义系统所要完成的功能及系统的总体规模是很重要的。

10.3.2 计算机设备

中央控制室的计算机可以是一种带有一整套外围设备和显示设备的大型数据处理系统,也可以是由若干计算机、网络设备组成的计算机网络。计算机网络是最常用的一种。作为计算机网络的核心,网络服务器应具有以下基本功能:(1)计算机局域网管理功能,维持整个局域网的正常运行,管理网络资源、网络操作和网络通信,实现系统资源共享,提供网络测试和故障报警功能等;(2)数据库生成、编辑和管理功能,为整个控制系统的交通数据信息、环境检测信息、图像信息、实时的和历史的控制数据和状态数据信息、计算机系统的运行和管理信息等提供生成、存储、处理和管理功能,建立相应的各种专用数据库;(3)日常数据管理,对采集到的原始数据和计算得出的参数,进行分类存储并完成相应统计的工作;自动做出各日报表、周报表、月报表、季报表和年报表等;并能按照管理的要求,做出不同形式的用于不同要求的统计报表;(4)网络安全功能,应具有分级保密功能,不同级别的管理人员掌握不同的口令,依此口令进入不同的系统,应具有完全措施,决不能因系统本身故障而使公路隧道交通运转异常,提供全面的抗病毒模块,把因病毒可能造成的影响降至最低。

交通控制及监视计算机、通风及照明控制计算机、紧急呼叫控制计算机、火灾报警及消防控制计算机、管理计算机,可根据系统规模进行配置。中央控制室专用计算机的输入/输出信息,应根据隧道内外配置设备规模的不同而设计。

1 交通控制及监视计算机

1)交通控制及监视计算机的输入信息包括:①交通参数(车辆数、车速),应包括隧道口及隧道内的参数;②交通控制及诱导设施的反馈信号;③交通检测、交通控制及诱导设施工作状态(正常、故障)。

2)交通控制及监视计算机的输出信息包括:①交通控制及诱导设施的显示控制信号,包括交通信号灯、车道指示器、可变信息标志和可变限速标志显示控制信号灯状态;②向显示设施输出的信息,包括交通参数和交通控制及诱导设施的状态信息。

2 通风及照明控制计算机

1)通风及照明控制计算机的输入信息包括:①隧道内环境参数,包括一氧化碳浓度、能见度、风速、风向、光亮度等级(包括隧道口及隧道口内);②各种检测设施的状态信息等。

2)通风及照明控制计算机的输出信息包括:①通风及照明控制设施的控制信息,包括风机的启停信号、照明控制信号;②向显示设施输出的信息,包括一氧化碳浓度,能见度、风速、风向以及亮度等级。

若采用多级控制则与隧道内各设施信息通过隧道区域控制单元进行传递。

3 紧急呼叫控制计算机的输入信息包括:①紧急电话呼叫时间、地点和次数等;②紧急电话的状态信息(正常、故障);紧急呼叫控制计算机向显示输出设施输出紧急电话的状态信息,包括呼叫时间、地点和次数等。

4 火灾报警及消防控制计算机输入信息包括火灾报警信号和火灾报警及消防设施的状态信息;火灾报警及消防控制计算机输出信息包括:①向电视监视设施控制器输出信息,使闭路电视控制器自动对事故、火灾地点摄像机画面进行录像;②向显示输出设施输出火灾报警信息,包括报警时间和地点等。

5 管理计算机除完成网络管理和系统的日常维护工作外,还应记录隧道运营管理中的特殊事件,如交通事故、火灾事故原因及处理意见等。

根据历史和现时的交通参数和交通流等级,并结合CO/VI检测,采用经实践证明的算法,提出控制方案,对交通进行控制、引导决策,如情报板显示等,供管理人员参考和选择。

为确保数据安全,防止对数据的非法访问,要求设立分级数据安全体制,采用数据加密、访问口令、对不同的管理人员开放不同的数据范围和操作许可的方法,保证数据的安全可靠。

负责对各接口设备的工作状态监测、测试和管理,定时或在人工命令下启动接口设备自检,并将测试结果报告管理人员,在异常状态时发出报警。

10.3.3 信息显示设备一般包括监视器、地图板或大屏幕投影等。

1 监视器的功能及技术参数见第5章。

2 地图板由显示面板和驱动器两部分组成。

1)显示板

显示板一般按隧道情况由马赛克镶嵌拼制成长方形或弧形，位于中央控制室一面墙前，高度一般约1.5～2.5m，底边距地面约60cm左右，显示板和墙间距应留有一定距离（约1m左右），以便维修。板面应比例适当、协调、美观，整体色彩配置应使视觉不易疲劳。

各种设备以图形方式标示在隧道内安装位置上。图形和字符应清晰，其大小应能保证操作员在2.5～3.5m处清楚辨认；日期、时间、天气情报可采用数码管、机械翻转等简单的方式显示，置于显示板面某一角上；电视监视器分别置于地图板的上下方或左右方相应位置分别显示两个单向行驶的隧道，对双向行驶的隧道可只设一组。

地图板显示内容分为静态显示和动态显示两部分。静态显示整个隧道的图形（包括紧急停车带、人和车避难通道，洞口交叉道路等）及各种设备的位置；动态显示的具体做法是根据需要在地图板的背面安装有小灯泡和二极管，可以按指令在静态图形中的一些地点显示出某些彩色光亮，形成动态图形，同时还可以配以文字。它能显示隧道内交通状况、监控状况及设备工作状态。动态显示内容及状态包括：

a）交通状况显示：在交通量较大的隧道可用绿、黄、红三种色带表示交通正常、拥挤、阻塞状况。

b）火灾报警信号显示：红闪。

c）一氧化碳浓度显示：以三位数字显示某一检测点的一氧化碳浓度值，单位为10^{-6}。

d）能见度值显示：以两位数字显示检测点的能见度值，单位为m。

e）风速、风向值显示：用两位数字表示风速值，单位为m/s。

f）光强检测显示：以两位数字显示照明亮度，单位为cd/m^2。

g）交通参数显示

□　交通量：以三位数字显示每一隧道内每车道车辆数，每采样周期更新一次，单位：辆/min。

□　车速：以三位数字显示每车道车辆的平均速度，单位：km/h。

□　占有率：以两位数字显示隧道内每一车道的占有率（%）。

□　车流方向：用箭头显示车辆是正向还是逆向行驶。

h）紧急电话显示：灯亮表示此处紧急电话正处于通话状态。

i）交通信号显示

□　交通信号灯：闪灯表示提醒驾驶员即将进入隧道、绿灯表示通行，红灯表示全隧道关闭。

□　车道指示器：用×（红）、↑（绿）表示。

j）隧道口限速标志：采用两位数字表示其限速值。

k）设备工作状态显示：不需特殊显示方式的设备，工作时发固定光或不发光，设备故障时灯光闪烁。

2）驱动器：地图板驱动器应以微处理器为核心，有输入接口，与交通监控及监视计算机、通风及照明控制计算机、紧急呼叫控制计算机、火灾报警及消防控制计算机、管理计算机相连接。

地图板显示直观，但存在显示信息有限、不易增加新的需要、工作界面太多等缺点。

3　大屏幕投影系统

大屏幕投影系统为动态信息综合显示装置，由投影控制计算机、高分辨率投影机、投影屏幕等组成。投影控制计算机接收数据、图像、语音和信息输入，配备专用软件，编辑显示屏上所有的动态图文和大型投影屏幕的全部图文。要求计算机具有高性能、高运算速度的CPU、大容量内存和高速缓存，有大显示内存和同步图形系统，有的系统还配有CAD工作站和视频打印机等。

大屏幕投影系统的特点是动态性强，可以灵活地动态显示大量的图形、数据、文字、表格、运行的状况，直至任何一个放大的局部。

大型屏幕由小屏幕拼装而成，表面光滑平整，屏幕安装在金属架上。投影系统分前投式和后投式两种，前投式投影器安装在屏幕的上前方，以一定的俯角投射；后投式安装在屏幕的正后方。投影方式有两种：多台投影器同时投射，组成一幅大画面，投射角小，画面中心和边缘的清晰度、亮度相差不大，视感好；另一种是一台投射机投射一幅大屏幕，画面中心和边缘清晰度、亮度相差较大。若需显示较大的板面（边长超过3～4m）就应增加投影机，在软件上还要采用拼接技术。

投影器有阴极射线和液晶两种型号,选型时应提出明确的技术指标:

1)分辨率:不低于 1280 * 1024 线;

2)镜头:中心光学分辨率为 2000 线,周边为 1600 线;

3)亮度:962 lx 输出(10% 白峰值)和 650 lx 输出(20% 白峰值),可增选对比度调节器;

4)显示:三镜头,如对色彩的协调有要求,可增加色温自动调节系统;

5)回扫时间:垂直小于 300ms,水平小于 2.5ms;

6)控制方式: 键盘、鼠标和遥控器均可控制。

10.3.4 本条目为中央控制室计算机、计算机外设及网络设备设计时应考虑的要求。

计算机是中央控制与显示设备的核心,它除了能接收或发送外场检测和控制设备的数据和命令外,在控制中心还要控制地图板,进行数据处理、协调总体各设备的运行、负责计算机之间的通信,因而计算机的选型是十分重要的,在选择计算机时至少应考虑下列因素:

1)中央处理器(CPU)的速度;

2)操作系统的类型;

3)I/O 处理能力;

4)存储容量的大小;

5)可靠性、易操作性、易维护性、经济性及可扩充性及性能价格比。

10.4 中央控制室软件

10.4.1 中央控制室设备将要完成的功能都是由中央系统来确定的,所有的监控系统软件可以分为系统软件和应用软件两大类。

10.4.2 系统软件是支持计算机正常运行的通用软件,由计算机制造商或软件制造商提供,如操作系统、数据库软件等。用来完成程序开发、错误检测、外部设备控制以及文件管理所必须的程序,称为应用程序,用它提供帮助程序员开发、测试和运行程序所需功能。

1 操作系统

选用经过认证、标准成熟、功能完善的实时多任务平台操作系统,例如:OS/2,UNIX,OPEN VMS 以及 Windows NT 等,根据各个不同管理职能的功能和操作要求选择相应的底层软件。

所有被选择的操作系统都应易于管理和移植,其软件核心可以不被汉化,但所有人机交互界面需全部汉化并附加图标注解,要求美观、简洁、易操作,颜色配比及背景可调,避免监控各级操作人员产生眩目和疲劳感。

Microsoft 公司推出的 Windows 系列操作系统是具有图形界面的多任务、多进程的操作系统系列平台。目前 PC 机上使用的 Windows 操作系统已经历了从 16 位到 32 位的转变,即从 Windows 3.x 到 Windows 95、Windows 98 及 Windows NT。随着网络技术的发展,Microsoft 公司在力推其 Windows NT Server 服务器操作系统,作为网络的支持平台。

MS Windows NT Server 是创建在一个完全的 32 位微机基础上的、真正多线程、多任务的图形界面操作系统,它不仅提供了高性能的文件与打印服务功能,还提供了支持 Client/Server 应用的强大的基础结构。实践证明,MS Windows 系列操作系统在公路隧道管理与控制中的开发建设中是相当成功的。

2 网络管理软件

系统整体网络管理软件要求:

1)支持多种操作系统或其他的开放性网络平台;

2)向系统每个部分提供定时或在线备份及存取;

3)支持桌面微机和服务器硬件设备;

4)支持不间断电源;

5)监控网络运行及文档信息处理情况;

6)友好的中文人机交互图形界面,易于操作和理解;

7)网络各类工具齐全,便于对整体网络系统的协调和管理。

3　通信软件

通信软件要求:

1)运行于常用的、成熟的网络和计算机硬件;

2)允许用户使用其他常用桌面软件;

3)支持远程用户;

4)易于修改其应用模块以满足不同的要求;

5)对用户无编程经验要求;

6)在常用操作系统上保持同一汉化图形界面;

7)内设安全检查功能,防止数据被盗用、篡改。

4　数据库管理系统

系统分析员根据系统的网络结构、功能要求、数据处理规模等选择适当的数据库管理系统。数据库管理系统可选用 SQL Server、SysBase、Oracle 等。目前流行的操作系统平台均有自己的 DBMS,如 Windows NT 的 SQL Server、UNIX 的 Oracle、Novell 的 NLM 等。但从前面对操作系统的分析来看,在 Windows NT 平台下,SQL Server 可作为隧道控制系统的 DBMS。当然,也可根据实际情况在 Windows NT 平台上选用其他的 DBMS,而利用 Windows NT 强大的兼容性和可集成性弥补 DBMS 与操作系统的不一致。

5　开发平台

Windows NT 操作系统支持的软件开发工具很多,广泛使用的有:C、C + + 、MS Visual C + + 、Power Builder、Visual Basic、Delphi、Java 等。我们可以根据隧道监控与管理系统运行的具体环境选择适当的开发工具。

在 Windows NT Serve 平台下,为了保证一致性和可靠性,建议采用全套的微软系统软件。由于系统各级的功能、规模、设备配置不同,如果仅选用一种工具,那么仅有 MS Visual C + + 能全部实现对工控系统、数据库系统、网络管理系统的开发,而其他工具都因用途单一,无法控制底层而难于使用。但用 MS Visual C + + 编写程序工作量大,开发周期长,难于维护,对业主需求变化的适应性较差,所以从工程软件要求的开发周期短可靠性高、容易维护的角度考虑,充分利用现有软件开发工具的优点是必要的,也是软件界一贯的做法。

10.4.4　应用软件是专为隧道监控系统研制的专用软件,一般是由研制隧道监控软件的单位提供,借助于该软件可以完成特定的监控功能,如交通数据采集及处理等。中央控制室应用软件的各主要功能模块如下:

1　信息采集模块

系统应能接收隧道检测设施送来的数据(交通量、速度、一氧化碳浓度值、能见度值、光强值等)以及电视监视系统、彩色图形显示器、火灾报警装置、紧急电话系统等传来的信息,通过用户接口将事故情报输入计算机。事故输入可分为如下几类:

1)重大灾害性事件:如火灾、塌方、人员伤亡的交通事故;

2)一般事件:一般交通事故、交通阻滞等;

3)日常事件:道路维修、设备维护等。

2　数据处理模块

系统的数据处理软件应具有下列功能:

1)执行火灾报警信号的数据处理(信息由中央控制室火灾报警计算机输入);

2)执行一氧化碳、能见度、风速检测数据的处理,并进行检测数据的越限报警;

3)执行光强检测数据的处理;

4)执行车辆检测器检测信号的处理;

5)执行超高报警信号的数据处理。

在交通量较大的隧道(每车道最大小时交通量达 1500 ~ 1800 辆,或在 800 ~ 1000 辆时,接近饱和易发生阻塞或事故),应采用密布车辆检测器的方法,通过软件自动判别交通异常。系统判为事故时,系统可通过用户接口通知值班操作人员确认后加以处理。在模块设计时应满足报出率、误报率和平均测算时间等指标要求。

3 控制方案执行模块

系统应有自动控制和人工干预控制两种方式。正常情况下,系统处于自动控制状态。在紧急情况下,中央控制室计算机可一方面向值班操作人员报警,一方面迅速中断正常程序,进入紧急处理程序,准备好相应的控制指令,待值班操作人员综合电视监视信息、紧急电话信息、巡逻车等报警信息确认后执行,从而完成实时控制。在多级控制系统中,中央控制室计算机首先向区域控制器发布命令,使其执行预先储存在机内的有关控制方案,来完成有关控制。在此要特别指出,控制方案应是综合方案。每一个控制方案不应是单一的一个子系统的动作,应全面考虑隧道内交通、火警、环境监测值等各种情况后形成的几个子系统的联合协调动作。即通信、照明、交通信号灯等几个子系统同时根据现场情况一起做出反应动作,以保证最佳效果。

4 信息显示模块

设在中心控制室的地图板、电视监视器、投影仪和彩色图形显示器应能显示隧道内外交通运行情况、交通事故、火灾现场等各种监控信息、图表及设备的工作状态,进行图像监视。

5 统计查询和报表生成模块

系统应能进行统计、查询,并能打印出所需各类报表和资料,报表应以中文制成。制成的报表应包括:

1)交通流信息报表应能打印15min、1h交通量、车速、占有率、车行方向及其日期;

2)通风控制方案及操作方式报表,一氧化碳、能见度、风速曲线等;

3)各种事故、事件、火灾信息报表;

4)操作命令;

5)设备工作状态。

6 数据档案储存模块

中央控制室计算机软件应能完成系统每日的备份及重要文件的存档(使用硬盘、光盘或数据流带),并带有时间记录,以便在需要时可以复制每日的数据或调出历史数据进行各种分析工作。

每一事故事件的详细情况,如时间、地点、气象条件、事故类型、持续时间、值班人员姓名均应记录在案,所采取的措施、处理方法也应同时输入计算机。

7 设备监测模块

中心管理系统应能不间断地定时检测系统内各设备的工作状态(包括中心设备以及外场各终端设备),发现非正常运行时,设备监测程序就能通过用户接口向操作员发出信息。常见故障和异常有:非正常数据(所传数据大大偏离正常值)、执行单元不显示、无确认信号、通信故障(三次发布命令不通)等等。

8 联网运行

隧道中央控制室计算机可根据需要增加联网功能以加强和路段其他管理系统的数据交换,共享资源。

10.4.5 本条目为应用软件开发应符合的要求。

1 应用软件应符合下列标准的规定:

1)《计算机软件产品开发文件编制指南》(GB/T 8567);

2)《计算机软件需求说明编制指南》(GB/T 9385);

3)《计算机软件测试文件编制规范》(GB/T 9386);

4)《计算机软件质量保证计划规范》(GB/T 12504);

5)《计算机软件配置管理计划规范》(GB/T 12505);

6)《工业控制用软件评定准则》(GB/T 13423)。

2 提交的应用软件除程序源代码和可执行程序外,还应包括下列14种文件:

1）可行性研究报告

2）项目开发计划

3）软件需求说明书

4）数据要求说明书

5）概要设计说明书

6）详细设计说明书

7）数据库设计说明书

8）用户手册

9）操作手册

10）模块开发卷宗

11）测试计划

12）测试分析报告

13）开发进度报告

14）项目开发总结报告

应用软件开发时应根据隧道的具体情况，将部分文件合并编写，并在确保软件质量的基础上，减少管理手续，允许软件开发存在一定的灵活性和创造性。

10.5 管理体制

10.5.2 隧道运营一般由隧道中央控制室集中管理。中央控制室接受隧道内及洞口监控设备采集的信息，综合分析处理后由中央控制室下达控制命令。发生事故时，中央控制室还应负责与隧道管理所、交警、火警、医疗等有关部门联系，尽快完成救援和事故处理工作。日本隧道公团在公路隧道防灾设施设计中，还特别指出当隧道内发生火灾或其他事故时，应尽快向隧道中心控制室报警，不应进行随机应变处理，以免发生双重灾害或连锁反应。A、B 级隧道宜设独立隧道管理机构，C、D 级隧道可并入附近的管理机构。对单条隧道，监控中心的位置设在隧道附近；对几条相距很近的隧道群，监控中心应设在居中地点。监控中心一般和隧道管理所建在一起，以节省开支。

10.5.3 隧道管理与控制是一个综合性的学科，不仅需要配备行政管理人员，还须配备专业技术人员。

10.5.4 可根据隧道具体管理的需要，在隧道管理机构配备与管理和维护相适应的工具、设备，包括交通工具、维修工具、应急设备等，以备交通事故、火灾发生时疏导交通、抢灾、救灾。

11 其他

11.1 线缆及敷设

11.1.1 本条仅示出了隧道内安装环境对电缆选用的特殊要求。隧道电缆沟内、隧道外电缆沟或电缆管道内以及各建筑物内的其他未述及的线缆根据用途、使用场合要求按照常规选用。

11.1.2 由于桥架上敷设的电缆易受到火灾威胁，为避免火灾对通信干线造成损坏并保证火灾时通信线路的畅通，公路通信干线宜敷设在相对安全的隧道电缆沟或电缆管道内。道路管理用的其他通信线路和经由隧道敷设的其他社会用线路亦照此条处理。

11.1.3 本条主要出于隧道内视觉美观和线缆安全方面考虑。

11.1.4 本条主要考虑到弱电电缆一般较细，过宽的托臂间距会导致意外的电缆自然下垂。

11.1.6 根据电缆敷设规范要求，弱电电缆与强电电缆交叉时电缆间距一般应大于25cm。

11.1.7 本条主要考虑到隧道内环境恶劣。当要求电缆桥架与隧道衬砌和拱顶的颜色协调时，可在镀锌层外加涂具有防火性能的相应颜色的涂料。

11.2 预留洞室

11.2.1 当不能确定所安装的设备尺寸，是指工程以招标方式实施，在设计中不能确定工程实施时所具体采用的设备。

11.2.2 紧急电话洞室门按照7.2.4条执行。为美观和安全起见，较大尺寸的配电洞室和设备洞室宜配备洞室门。防护等级已达到IP65的设备可不配置洞室门。

11.3 防雷与接地

11.3.1 电缆桥架采用编织铜带跨接是为了保证在经过较长时间以后电缆桥架的接地性能不至于变差。若桥架上敷设有通长的镀锌扁钢并以焊接方式连接，此时可不再使用编织铜带跨接。

11.3.2 由于隧道内部一般不能够敷设性能良好的接地极，因此在隧道洞口外两端设置接地极，以贯穿隧道的等电位接地体连接，隧道内的设备、缆线可在等电位接地体上多点重复接地。

11.3.4 洞口外重要设备指设于隧道口的可变信息标志、可变限速标志、云台摄像机等机电设备。当设备较集中，避雷接闪器的可保护范围可以覆盖多个设备时，应综合考虑避雷器的设置。避雷接闪器、过电压保护器、浪涌保护器以及建筑物防雷的设计参照相关规范执行。

11.3.5 根据隧道用电负荷分布的特点，用电负荷一般直接从变配电房以放射式配电，因此隧道低压配电系统采用TN-S的接地型式比较适宜。

JTG

中华人民共和国行业标准　　JTG F80/2—2004

公路工程质量检验评定标准

第二册　机电工程

Quality Inspection and Evaluation Standards for Highway Engineering
Section 2　Electrical and Mechanical Engineering

6

2004-09-04 发布　　2005-01-01 实施

中华人民共和国交通部发布

中华人民共和国交通部公告

第25号

关于发布《公路工程质量检验评定标准》的公告

现发布《公路工程质量检验评定标准》(土建工程)(JTG F80/1—2004)与《公路工程质量检验评定标准》(机电工程)(JTG F80/2—2004),自2005年1月1日起实行,原《公路工程质量检验评定标准》(JTJ 071—98)同时废止。

《公路工程质量检验评定标准》(土建工程)(JTG F80/1—2004)与《公路工程质量检验评定标准》(机电工程)(JTG F80/2—2004)由交通部公路科学研究所主编,标准的管理权和解释权归交通部,日常的具体解释和管理工作由交通部公路科学研究所负责。

请各有关单位在实践中注意积累资料,总结经验,及时将发现的问题和修改意见函告交通部公路科学研究所(北京海淀区西土城路8号,邮政编码:100088),以便修订时参考。

特此公告。

中华人民共和国交通部

二〇〇四年九月四日

6

前　言

本标准依据交通部交公路发[2000]722号文《关于下达2000年度公路工程标准制修订计划的通知》要求进行编制。本册为《公路工程质量检验评定标准》(JTG F80—2004)之第二册——机电工程分册,是对公路工程中机电项目进行检验评定的依据。

本册共分七章,主要内容包括:一般规定、监控设施、通信设施、收费设施、低压配电设施、照明设施、隧道机电设施等。工程项目划分、质量评定方法及相关附表等内容附后。

本标准是适应我国公路及交通工程建设迅速发展的需要制定的,对于指导全国公路机电工程质量检评工作、提高技术水平和确保工程质量具有重要意义。

在执行本标准过程中,希望各有关单位结合工程实践,总结经验,积累资料。如发现修改和补充之处,请及时将意见和有关资料函告交通部公路科学研究所(地址:北京海淀区西土城路8号;邮政编码:100088),以便下次修订时参考。

本册主编单位:交通部公路科学研究所

本册参编单位:交通部基本建设质量监督总站

广东省交通集团

本册主要起草人:韩文元、唐琤琤、李爱民、黄　晨、包左军、彭思义、陈光武

何　勇、智国昌、王　蕊、张　璇、李洪琴、刘玉新

目　录

1　一般规定

1.0.1　《公路工程质量检验评定标准》(第一册　土建工程)(JTG F80/1—2004)1、2、3 章除本章规定外适用于本册。

1.0.2　本册适用于高速公路新建和改扩建交通工程机电项目,其他公路机电工程项目可参照执行。

1.0.3　机电工程分项工程检查频率:施工单位为 100%;工程监理单位不低于 30%,当项目测点数少于 3 个时,全部检查。

1.0.4　机电工程分项工程各项实测检查项目的权值均为 1。

1.0.5　按本标准进行质量评定的机电项目,质量保证资料应真实并基本齐全,其所用设备、原材料、半成品和制成品,均应符合有关产品标准、规范或合同的要求,并有符合国家认可标准要求的质检机构出具的检验合格证和出厂合格证。

2 监控设施

2.1 车辆检测器

2.1.1 基本要求

1)车辆检测器及其配件的数量、型号规格符合要求。

2)车辆检测器安装位置正确,机箱外部完整,门锁开闭灵活。

3)线圈(探头)安装尺寸符合设计要求,线槽顺直、均匀,封填后平整,引线过缘石处理得当。

4)电源、通信线路按规范要求连接到位,检测器处于正常工作状态。

5)隐蔽工程验收记录、分项工程自检和设备调试记录、有效的设备检验合格报告或证书等资料齐全。

2.1.2 实测项目

见表2.1.2(表中标注Δ项目为关键项目,全书同)。

表2.1.2 车辆检测器实测项目

项 次	检查项目	技术要求	检查方法
1	Δ交通量计数精度	允许误差:±2%	人工计数与交通数据采集仪结果比较
2	平均车速精度	允许误差:±5%(km/h)	雷达测速仪实测值与交通数据采集仪结果比较
3	Δ传输性能	24h观察时间内失步现象不大于1次或BER≤10^{-8}	查日志和用数据传输测试仪
4	Δ绝缘电阻	强电端子对机壳≥50MΩ	500V兆欧表测量
5	Δ安全接地电阻	≤4Ω	接地电阻测量仪
6	Δ自检功能	自动检测线圈(探头)的开路、短路和损坏情况	模拟故障状态实测
7	逻辑识别线路功能	一辆车作用于两个车道的两个线圈,处理器逻辑正常,输出的检测信息正确	模拟状态实测
8	Δ复原功能	加电后硬件恢复和重新设置时,原存储数据保持不变	实际操作
9	本地操作与维护功能	能够接便携机进行维护和测试	实际操作
10	控制功能	具有设计文件要求的控制功能	实际操作
11	基础尺寸	符合设计要求	长、宽用量具测量,埋深查隐蔽工程验收记录或实测
12	机箱和地脚防腐涂层质量	符合设计要求	用量具或涂层测厚仪测量

2.1.3 外观鉴定

1)机箱安装牢固、端正。

2)机箱表面光泽一致、无划伤、无刻痕、无剥落、无锈蚀。

3)基础混凝土表面应刮平,无损边、无掉角;联结地脚及螺栓规格符合设计要求,防腐措施得当,裸露金属基体无锈蚀;金属机箱与接地极连接可靠,接地极引出线无锈蚀。

4)机箱的出线管与箱体连接密封良好,箱体内无积水、尘土、霉变。

5)机箱内电力线、信号线、元器件等布线平直、整齐、固定可靠,标识正确、清楚,插头牢固。

以上任一项不符合要求时,该项减0.1～1.5分。

2.2 气象检测器

2.2.1 基本要求

1)气象检测器及其配件的数量、型号规格符合要求。

2)气象检测器安装位置正确,机箱外部完整,门锁开闭灵活。

3)探头安装方位、尺寸符合设计要求。

4)电源、通信线路按规范要求连接到位,气象检测器处于正常工作状态。

5)隐蔽工程验收记录、分项工程自检和设备调试记录、有效的设备检验合格报告或证书等资料齐全。

2.2.2 实测项目

见表2.2.2。

表2.2.2 气象检测器实测项目

项次	检查项目	技术要求	检查方法
1	立柱竖直度	≤5mm/m	铅锤、直尺或全站仪
2	立柱、法兰和地脚几何尺寸	符合设计要求	超声波测厚仪测量立柱壁厚,用量具测量其他尺寸
3	基础尺寸	符合设计要求	长、宽用量具测量,埋深查隐蔽工程验收记录或实测
4	机箱、立柱、法兰和地脚的防腐涂层厚度	符合设计要求	用量具或涂层测厚仪测量
5	Δ绝缘电阻	强电端子对机壳≥50MΩ	500V兆欧表测量
6	Δ安全接地电阻	≤4Ω	接地电阻测量仪
7	Δ防雷接地电阻	≤10Ω	接地电阻测量仪
8	Δ温度误差	±1.0℃	温度计实地测量比对
9	湿度误差	±5%R.H	湿度计实地测量比对
10	Δ能见度误差	±10%或符合合同要求	模拟、目测或标准能见度仪实地测量比对
11	风速误差	±5%或符合合同要求	风速仪实地测量比对
12	Δ数据传输性能	24h观察时间内失步现象不大于1次或BER≤10^{-8}	查日志或用数据传输测试仪
13	功能验证	能检测到降水天气	模拟降雨实测

2.2.3 外观鉴定

1)立柱、机箱及各探头传感器安装牢固、端正。

2)各部件表面光泽一致、无划伤、无刻痕、无剥落、无锈蚀。

3)基础混凝土表面应刮平,无损边、无掉角;机箱、立柱、法兰及地脚螺栓规格符合设计要求,防腐措施得当,裸露金属基体无锈蚀。

4)防雷接地和安全接地应分开设置,接地焊接牢固,焊缝饱满并做防腐处理;金属机箱与安全保护地连接可靠,接地极引出线无锈蚀。

5)机箱的出线管与箱体连接密封良好,箱体内无积水、尘土、霉变。

6)机箱内电力线、信号线、元器件等布线平直、整齐、固定可靠,标识正确、清楚,插头牢固。

以上任一项不符合要求时,该项减0.1～1分。

2.3 闭路电视监视系统

2.3.1 基本要求

1）闭路电视监视系统的设备及配件数量、型号规格符合要求，部件完整。

2）外场摄像机基础安装位置正确，立柱安装竖直、牢固。

3）防雷部件安装到位、连接措施符合规范要求。

4）摄像机（云台）安装方位、高度符合设计要求。

5）控制机箱外部完整，门锁开闭灵活。

6）电源、控制线路以及视频传输线路按规范要求连接到位，闭路电视系统的所有设备处于正常工作状态。

7）隐蔽工程验收记录、分项工程自检和设备调试记录、有效的设备检验合格报告或证书等资料齐全。

2.3.2 实测项目

见表2.3.2。

表2.3.2 闭路电视监视系统实测项目

项次		检查项目	技术要求	检查方法
1		立柱竖直度	≤5mm/m	铅锤、直尺或全站仪
2		Δ立柱、避雷针（接闪器）、法兰和地脚几何尺寸	符合设计要求	超声波测厚仪测量立柱壁厚，用全站仪测量立柱和避雷针高度，用量具测量其他尺寸
3		基础尺寸	符合设计要求	长、宽用量具测量，埋深查隐蔽工程验收记录或实测
4		Δ机箱、立柱、法兰和地脚的防腐涂层厚度	符合设计要求	用量具或涂层测厚仪测量
5		Δ强电端子对机壳绝缘电阻	≥50MΩ	500V兆欧表测量
6		Δ安全接地电阻	≤4Ω	接地电阻测量仪
7		Δ防雷接地电阻	≤10Ω	接地电阻测量仪
8	传输通道指标	Δ8.1视频电平	700 mV ± 30 mV	电视信号发生器发送75%彩条信号，用视频测试仪检测
		Δ8.2同步脉冲幅度	300 mV ± 20 mV	电视信号发生器发送75%彩条信号，用视频测试仪检测
		Δ8.3回波E	<7%kF	电视信号发生器发送2T信号，用视频测试仪检测
		8.4亮度非线性	≤5%	同上
		8.5色度/亮度增益差	±5%	同上
		8.6色度/亮度时延差	≤100 ns	同上
		8.7微分增益	≤10%	电视信号发生器发送调制的五阶梯测试信号，用视频测试仪检测
		8.8微分相位	≤10°	电视信号发生器发送调制的五阶梯测试信号，用视频测试仪检测
		Δ8.9幅频特性	5.8MHz带宽内 ±2dB	电视信号发生器发送 $\sin x/x$ 信号，用视频测试仪检测
		Δ8.10视频信杂比	≥56 dB（加权）	电视信号发生器发送多波群信号，用视频测试仪检测
9	监视器画面指标	Δ随机信噪比（雪花干扰）	黑白：≥37 dB，彩色：≥36 dB	仪器测量，也可人工（5人以上）主观评分，不小于4分为合格
		Δ单频干扰（网纹）	黑白：≥40 dB，彩色：≥37 dB	
		Δ电源干扰（黑白滚道）	黑白：≥40 dB，彩色：≥37 dB	
		Δ脉冲干扰（跳动）	黑白：≥37 dB，彩色：≥31 dB	

续上表

项　次	检查项目	技术要求	检查方法
10	Δ云台水平转动角	水平：≥350°	实际操作
11	Δ云台垂直转动角	上仰：≥15°，下俯：≥90°	实际操作
12	Δ监视范围	符合设计要求	实际操作
13	Δ外场摄像机安装稳定性	受大风影响或接受变焦、转动等控制时，动作平滑、无抖动	实际操作
14	自动光圈调节	自动调节	实际操作
15	调焦功能	快速自动聚焦	实际操作
16	变倍功能	可变倍	实际操作
17	雨刷功能	工作正常	实际操作
18	Δ切换功能	监控中心可切换任意摄像机	实际操作
19	录像功能	可录像，且录像回放清晰	实际操作
20	硬拷贝功能	拷贝图像清楚	实际操作
21	报警功能	监控中心可检测外场摄像机的工作状态并在故障时报警	模拟

注：主观评分可采用五级损伤制评定：

(1)图像上不觉察有损伤或干扰存在：5分；

(2)图像上稍有可觉察的损伤或干扰存在：4分；

(3)图像上有明显的损伤或干扰存在：3分；

(4)图像上损伤或干扰较严重：2分；

(5)图像上损伤或干扰极严重：1分。

2.3.3 外观鉴定

1)立柱、机箱及摄像机(云台)安装牢固、端正。

2)各部件表面光泽一致、无划伤、无刻痕、无剥落、无锈蚀。

3)基础混凝土表面应刮平，无损边、无掉角；机箱、立柱、法兰及地脚螺栓规格符合设计要求，防腐措施得当，裸露金属基体无锈蚀。

4)防雷接地和安全接地应分开设置；接地焊接牢固，焊缝饱满并做防腐处理；防雷引下线及接地体所用材料规格、防腐与连接措施、安装位置符合设计要求；金属机箱与安全保护地连接可靠，接地极引出线无锈蚀。

5)云台防护罩和机箱的出线管与箱体连接密封良好，箱体内无积水、尘土、霉变。

6)机箱内电力线、信号线、元器件等布线平直、整齐、固定可靠，标识正确、清楚，插头牢固。

以上任一项不符合要求时，该项减0.1～1分。

2.4 可变标志

2.4.1 基本要求

1)可变标志设备及配件数量、型号规格符合要求，部件完整。

2)基础安装位置正确，立柱安装竖直、牢固。

3)防雷部件安装到位，连接措施符合规范要求。

4)可变标志板面安装方位、角度、高度符合设计要求。

5)控制机箱外部完整，门锁开闭灵活。

6)电源、控制线路以及通信线路按规范要求连接到位，设备处于正常工作状态。

7)显示屏发光单元处于受控状态，失效率符合产品标准要求。

8)隐蔽工程验收记录、分项工程自检和设备调试记录、有效的设备检验合格报告或证书等资料齐全。

2.4.2 实测项目

见表2.4.2。

表2.4.2 可变标志实测项目

项次	检查项目	技术要求	检查方法
1	立柱竖直度	≤5mm/m	铅锤、直尺或全站仪
2	Δ立柱、避雷针(接闪器)、法兰和地脚几何尺寸	符合设计要求	超声波测厚仪测量立柱壁厚,用全站仪测量立柱和避雷针高度,用量具测量其他尺寸
3	Δ基础尺寸	符合设计要求	长、宽用量具测量,埋深查隐蔽工程验收记录或实测
4	Δ机箱、立柱、法兰和地脚的防腐涂层厚度	符合设计要求	用量具或涂层测厚仪测量
5	Δ强电端子对机壳绝缘电阻	≥50MΩ	500V兆欧表测量
6	安全接地电阻	≤4Ω	接地电阻测量仪
7	防雷接地电阻	≤10Ω	接地电阻测量仪
8	Δ视认距离	120km/h,≥250m	按JT/T 431
9	发光单元色度坐标(x,y)	a. 可变信息标志按JT/T 431测量红、绿、蓝、白四种颜色; b. 可变限速标志按JT 432测量红、黄两种颜色; c. 其他标志按GB 14887测量红、绿两种颜色	按JT/T 431、JT 432、GB 14887
10	显示屏平均亮度	最大亮度和最小亮度符合设计要求。无规定时,应不小于8000cd/m^2	用亮度计实测
11	Δ数据传输性能	24h观察时间内失步现象不大于1次或BER小于10^{-8}	查日志和用数据传输测试仪
12	自检功能	能够向中心计算机提供显示内容的确认信息及本机工作状态自检信息	实际操作
13	Δ显示内容	及时、正确地显示中心计算机发送的内容	实际操作
14	亮度调节功能	能自动根据环境照度自动调节显示屏的亮度	实际操作

2.4.3 外观鉴定

1)立柱、控制机箱及显示屏安装牢固、端正。

2)各部件表面光泽一致、无划伤、无刻痕、无剥落、无锈蚀。

3)基础混凝土表面应刮平,无损边、无掉角;控制机箱、立柱、法兰及地脚螺栓规格符合设计要求,防腐措施得当,裸露金属基体无锈蚀。

4)防雷接地和安全接地应分开设置,接地焊接牢固,焊缝饱满并做防腐处理;防雷引下线及接地体所用材料规格、防腐与连接措施、安装位置符合设计要求;金属机箱与接地极连接可靠,接地极引出线无锈蚀。

5)显示屏、控制机箱的出线管与箱体连接密封良好,箱体内无积水、尘土、霉变。

6)显示屏、控制机箱内电力线、信号线、元器件等布线平直、整齐、固定可靠,标识正确、清楚,插头牢固。

以上任一项不符合要求时,该项减0.1~1分。

注:本标准中可变标志包括:可变限速标志、可变信息标志,匝道、隧道、收费站的车道控制标志,交通信号灯等交通信息提供装置。

2.5 光、电缆线路

2.5.1 基本要求

1）监控系统各种光、电缆规格及使用的保护管道符合设计要求。

2）人（手）孔及管道设置安装齐全、合格，防水措施良好。

3）塑料通信管道敷设与安装符合规范要求。

4）光、电缆接续及占用管道孔正确，密封防水措施符合规范要求。

5）光、电缆成端及进室的措施得当，符合规范要求。

6）直埋电缆符合相关施工规范要求。

7）隐蔽工程验收记录、分项工程自检和通电调试记录、有效的光电缆及接续附件的检验合格报告或证书等资料齐全。

2.5.2 实测项目

见表2.5.2。

表2.5.2 光、电缆线路实测项目

项次	检查项目	技术要求	检查方法
1	光纤护层绝缘电阻	≥1000MΩ·km	1000V兆欧表测量（仅对直埋光纤）
2	Δ单模光纤接头损耗平均值	≤0.1dB	光万用表或光时域反射计测量
3	Δ多模光纤接头损耗平均值	≤0.2dB	光万用表或光时域反射计测量
4	Δ低速误码率	BER≤10^{-8}	将线对一端短接，另一端接数据传输测试仪以64kb速率测量
5	同轴电缆衰耗	符合设计要求	衰耗测试仪
6	同轴电缆内外导体绝缘电阻	≥500MΩ	用兆欧表500V档，在连接器的芯线和外导体之间测量
7	Δ电力电缆绝缘电阻	≥2MΩ	用1000V兆欧表在配电箱和用电设备两点间测量
8	光电缆埋深	符合设计要求	查隐蔽工程记录，必要时挖开实测

2.5.3 外观鉴定

1）在配电箱和用电设备控制箱内光、电缆排列整齐、有序，绑扎牢固，标识清楚；电力电缆尾端连接与接续应使用专用连接器并用热塑套管封合与标记。

2）同轴电缆成端应使用焊接方式，端头处理时预留长度一致，各层的开剥尺寸与电缆插头相应部分配合良好；芯线焊接端正、牢固，焊锡适量，焊点光滑、不带尖、不成瘤；组装成的同轴电缆插头配件齐全、位置正确、装配牢固。

3）监控中心（局内）光电缆排列整齐有序，进入墙壁要有保护套管，预留长度满足使用要求。

4）人（手）孔位置准确，预埋件安装牢固，防水措施良好，人（手）孔内无积水，高程符合设计要求。

5）光电缆在人（手）孔内余留长度符合规定；光缆接续箱安装牢固，密封良好。

6）直埋电缆两端铠装层接地处理措施得当，电缆标石埋设符合设计要求。

以上任一项不符合要求时，该项减0.1～1分。

2.6 监控中心设备安装及系统调测

2.6.1 基本要求

1 硬件

1)监控中心机房应整洁,通风、照明良好。

2)监控系统所有设备的配置、设备数量、型号规格符合设计要求,部件完整。

3)监控中心的防雷、水暖、供电、空调通风、照明等辅助设施安装调试完毕并通过相关专业的验收。

4)监控中心的所有设备应安装调试完毕,系统处于正常运转工作状态。

5)隐蔽工程验收记录、分项工程自检和设备及系统联调记录、有效的设备检验合格报告或证书等资料齐全。

2 软件

1)能准确及时采集交通流、交通环境和主要交通设施运行状态的各种信息。

2)能监测恶劣气候。

3)能对交通事故作出快速响应,迅速准确地提供事故信息。

4)根据已掌握的信息,迅速作出有针对性的处理和优化控制方案,并立即执行。

5)有多种信息发布渠道,为用户提供信息服务,通过驾驶员调整行驶行为,达到交通流动态平衡。

6)可以建立道路交通数据库,用以支持道路运行状况评价,为改善道路经营和交通管理的决策提供数据分析。

7)按国家相关标准要求进行了软件的稳定性、可靠性测试并提供了报告;编制并提供了符合规范的软件手册及相关文档。

2.6.2 实测项目

见表 2.6.2。

表 2.6.2 监控中心设备安装及系统调测实测项目

项 次	检查项目	技术要求	检查方法
1	监控室内温度	18~28℃	用温湿度计测 10 个测点
2	监控室内相对湿度	30%~70%	用温湿度计测 10 个测点
3	监控室内新风系统功能	要求有通风换气装置且工作正常	感官目测、查验新风装置工作状态
4	监控室内防尘措施	B 级(一周内,设备上应无明显尘土)	目测
5	监控室内噪声	<70 dB(A)	用声级计实测
6	监控室内操作照度	5~200 lx 可调	用照度计实测
7	Δ电源导线对机壳接地绝缘电阻	≥50 MΩ	查验随工验收记录或用 500V 兆欧表抽测 3 台设备
8	Δ监控中心联合接地电阻	≤1Ω	接地电阻测量仪测量
9	工作接地电阻	≤4Ω	接地电阻测量仪测量
10	安全接地电阻	≤4Ω	接地电阻测量仪测量
11	防雷接地电阻	≤10Ω	接地电阻测量仪测量
12	与外场设备的通信轮询周期	30~60s 可调	实测 10min
13	Δ与下端设备交换数据的实时性和可靠性	按设定的系统轮询周期,及时准确地与车辆检测器、气象检测器、可变标志等交换数据	对于检测器,在外场进行人工测试统计,然后与上端系统按时间段逐一对比,时间不少于 30min。对于可变标志用通信设备在外场与上端比对信息的正确性和实时性
14	Δ图像监视功能	能够监视全程或重点路段的运行状况	实际操作
15	与收费系统交换数据功能	正确接收收费数据、收费系统抓拍图像	实际操作
16	Δ系统工作状况监视功能	系统外场设备的工作状态在计算机和投影仪上正确显示	实际操作
17	事故阻塞告警	符合设计要求	模拟阻塞测试
18	恶劣气候告警	天气异常时,自动报警	模拟低能见度测试

续上表

项 次	检查项目	技术要求	检查方法
19	紧急情况告警	能识别交警、消防、急救等特殊电话并在地图板、大屏幕上提示	实际操作
20	Δ信息提供功能	指令信息通过系统正确地传送到可变标志、交通信号灯、车道控制器以及消防、救援部门	实际操作
21	统计、查询、打印报表功能	迅速、正确地统计、查询、打印命令指示、设备状况、系统故障、交通参数等数据	实际操作,查询历史数据报表
22	数据备份、存档功能	每日数据备份,并带时间记录	实际操作,查询历史数据报表
23	加电自诊断功能	可循环检测所有监控中心内、外场设备运行状况,正确及时显示故障位置、类型	目测

2.6.3 外观鉴定

1)控制台上设备布局合理,安装稳固、横竖端正,符合设计和人机工学的要求,接线端子和接、插座标识清楚。

2)CCTV 监视器布局合理,屏幕拼接完整,无明显歪斜,安装稳固、横竖端正,符合设计和人机工学的要求,接线端子和接、插座标识清楚。

3)控制台、CCTV 电视墙内以及各设备之间布线整齐、美观,编号标识清楚;信号线和动力线及其接头插座应明确区分,预留长度适当。

4)电力配电柜、信号配线架内布线整齐、美观;绑扎牢固、成端符合规范要求;编号标识清楚;预留长度适当。

以上任一项不符合要求时,该项减 0.1~2 分。

2.7 大屏幕投影系统

2.7.1 基本要求

1)投影仪、屏幕及配件的数量、型号符合要求,部件完整。

2)投影仪、屏幕安装方位、角度、高度符合设计要求。

3)电源、控制线路以及通信线路按规范要求连接到位,设备处于正常工作状态。

4)分项工程自检和设备调试记录、有效的设备检验合格报告或证书等资料齐全。

2.7.2 实测项目

见表 2.7.2。

表 2.7.2 大屏幕投影系统实测项目

项 次	检查项目	技术要求	检查方法
1	拼接缝	不大于 2mm 或合同要求的尺寸	长度尺实测
2	Δ亮度	达到白色平衡时的亮度不小于 $150cd/m^2$	亮度计实测
3	亮度不均匀度	不大于 10%	亮度计实测
4	图像显示	正确显示监控中心 CCTV 监视器的切换图像及图形计算机输出信息	实际操作
5	Δ窗口缩放	可对所选择的窗口随意缩放控制	实际操作
6	Δ多视窗显示	同时显示多个监视断面的窗口	实际操作

2.7.3 外观鉴定

1)投影仪外观完整无损伤、镜头洁净,屏幕平整整洁、白度均匀。

2)图像清晰、稳定、无抖动。

3)图像明亮、色泽鲜艳可调。

以上任一项不符合要求时,该项减 0.1~2 分。

2.8 地图板

2.8.1 基本要求

1)地图板、控制器及其他配件的数量、型号规格符合设计要求,部件完整。

2)安装方位、角度、高度符合设计要求。

3)电源、控制线路以及通信线路按规范要求连接到位,设备处于正常工作状态。

4)显示屏发光单元处于受控状态。

5)分项工程自检和设备调试记录、有效的设备检验合格报告或证书等资料齐全。

2.8.2 实测项目

见表2.8.2。

表2.8.2 地图板实测项目

项次	检查项目	技术要求	检查方法
1	整板尺寸	允许偏差:1%	卷尺
2	垂直度	≤2mm/m	铅锤、直尺
3	平整度	任意相邻两块不平度≤1.0mm	游标卡尺或靠尺、塞尺
4	Δ电源导线对机壳绝缘电阻	≥50 MΩ	查验随工验收记录或用500V兆欧表测量
5	静态显示	显示的内容符合设计要求	目测
6	动态交通状态显示	绿、黄、红表示交通正常、拥挤、阻塞状态	模拟
7	Δ设备工作状态显示	绿、红表示外场设备的正常、故障状态	目测
8	Δ可变标志内容显示	符合设计	实际操作
9	Δ紧急电话呼入显示	亮灯表示ET通话状态	模拟
10	Δ交通量、气象参数、时间、日期等显示	显示正确	目测

2.8.3 外观鉴定

1)地图板各显示区域布局合理,符合设计要求。

2)屏幕模块拼接完整,无明显歪斜,安装稳固、横竖端正。

3)屏幕基底色泽一致,无明显差异。

4)各显示区域有信息显示时清晰明亮、稳定。

5)地图板后箱内各设备之间布线整齐、美观,编号标识清楚;信号线和动力线及其接插头座应明确区分,预留长度适当。

以上任一项不符合要求时,该项减0.1~1.5分。

2.9 监控系统计算机网络

2.9.1 基本要求

1)网线、插座、连接头、网卡、集线器、交换机、路由器、调制解调器、服务器等网络设备的数量、型号规格符合设计要求。

2)插座、双绞线接头的压接形式(线对分配)符合EIA/TIA 586A或586B的要求,且在一个系统中只能选用一种压接形式,不得混用。

3)网络设备安装调试完毕,系统处于正常运转工作状态。

4)隐蔽工程验收记录、分项工程自检和设备及系统联调记录、有效的设备检验合格报告或证书等资料齐全。

2.9.2 实测项目

见表2.9.2。

表 2.9.2 监控系统计算机网络实测项目

项 次	检查项目	技术要求	检查方法	备 注
1	Δ网线接线图	EIA/TIA 568	通信行业标准:YD/T 1013—1999	双绞线缆
2	布线长度	符合设计要求	通信行业标准:YD/T 1013—1999	双绞线缆
3	Δ衰减	EIA/TIA 568	通信行业标准:YD/T 1013—1999	双绞线缆
4	Δ近端串扰	EIA/TIA 568	通信行业标准:YD/T 1013—1999	双绞线缆
5	环路阻抗	EIA/TIA 568	通信行业标准:YD/T 1013—1999	双绞线缆
6	远方近端串扰衰耗	EIA/TIA 568	通信行业标准:YD/T 1013—1999	5e,6类双绞线缆
7	相邻线对综合串扰	EIA/TIA 568	通信行业标准:YD/T 1013—1999	5e,6类双绞线缆
8	远端串扰与衰减比	EIA/TIA 568	通信行业标准:YD/T 1013—1999	5e,6类双绞线缆
9	近端串扰与衰减比	EIA/TIA 568	通信行业标准:YD/T 1013—1999	5e,6类双绞线缆
10	综合远端串扰比	EIA/TIA 568	通信行业标准:YD/T 1013—1999	5e,6类双绞线缆
11	Δ回波衰耗	EIA/TIA 568	通信行业标准:YD/T 1013—1999	5e,6类双绞线缆
12	传输时延	EIA/TIA 568	通信行业标准:YD/T 1013—1999	5e,6类双绞线缆
13	线对间传输时延差	EIA/TIA 568	通信行业标准:YD/T 1013—1999	5e,6类双绞线缆
14	Δ同轴电缆特性阻抗	50Ω或75Ω	通信行业标准:YD/T 1013—1999	同轴缆
15	光纤接头衰耗	0.2dB	光时域反射计	光缆
16	光纤接头回损	按设计文件	光时域反射计	光缆
17	光纤衰耗	按设计文件	光时域反射计	光缆
18	Δ网络维护性测试	符合设计要求	网络测试仪	网络
19	网络健康测试	符合设计要求	网络测试仪	网络

2.9.3 外观鉴定

1)网络设备、网线线槽、信息插座布放整齐美观,安装牢固、标识清楚。

2)线缆布放路由正确、绑扎牢固、端头连接规范、标识清楚,弯曲半径和预留长度符合设计或GB/T 50312—2000规范要求。

以上任一项每处不符合要求时,该处减0.1~1分。

3 通信设施

3.1 通信管道与光、电缆线路

3.1.1 基本要求

1)通信光电缆、塑料管道、人(手)孔圈等器材的数量、规格程式符合设计要求。

2)塑料通信管道敷设与安装符合规范要求。

3)管道基础及包封用原材料、型号、规格及数量应符合相关的国家和行业标准的规定。

4)光、电缆横穿路基时应加钢管保护,钢管的型号规格和防腐措施符合设计要求。

5)光、电缆在过桥梁或其他构造物时采用的管箱、引上和引下工程采用的保护管符合设计要求,光、电缆及保护管与接驳的保护管过渡圆滑、密封良好。光、电缆的弯曲半径应符合要求。

6)光、电缆的敷设、接续、预留及成端等符合规范要求。

7)直埋电缆符合相关施工规范要求。

8)出厂时及施工前光、电缆单盘测试记录,施工后所有线对的连通性测试记录,管道及电缆接续等隐蔽工程验收记录,分项工程自检和通电调试记录,有效的光电缆、保护管(箱)及接续附件的检验合格报告或证书等资料齐全。

3.1.2 实测项目

见表 3.1.2。

表 3.1.2 通信管道与光、电缆线路实测项目

项 次	检 查 项 目	技 术 要 求	检 查 方 法
1	管道地基	符合设计要求	查隐蔽工程验收记录,必要时剖开复测
2	管道铺设	符合设计要求	查隐蔽工程验收记录,必要时剖开复测
3	回土夯实	符合设计要求	查隐蔽工程验收记录,必要时剖开复测
4	人(手)孔、管道掩埋	符合设计要求	查隐蔽工程验收记录,必要时剖开复测
5	人(手)孔的位置	符合设计要求	用量具实测
6	分歧形式及内部尺寸	符合设计要求	用量具实测
7	通信管道的横向位置	符合设计要求	用量具实测
8	Δ主管道管孔试通试验	畅通	查随工验收记录或按本册附录 A 实测
9	Δ硅芯塑料管孔试通试验	畅通	查随工验收记录或气吹法实测
10	人手孔接地电阻	符合设计要求	接地电阻测量仪实测
11	光纤护层绝缘电阻	≥1000 MΩ · km	查随工验收记录或用高阻兆欧表测量(仅对直埋光纤)
12	Δ单模光纤接头损耗平均值	≤0.1dB	光万用表或光时域反射计在中继段两端测量
13	多模光纤接头损耗平均值	≤0.2dB	光万用表或光时域反射计在传输段两端测量
14	Δ中继段单模光纤总衰耗	符合设计要求	光万用表或光源、光功率计在中继段两端测量
15	Δ中继段多模光纤总衰耗	符合设计要求	光万用表或光源、光功率计在传输段两端测量
16	同轴电缆衰耗	符合设计要求	衰耗测试仪
17	同轴电缆内外导体绝缘电阻	≥500 MΩ	用兆欧表 500V 档,在连接器的芯线和外导体之间测量
18	Δ音频电缆绝缘电阻	≥1000 MΩ · km	用高阻兆欧表在线对之间测量

项 次	检 查 项 目	技 术 要 求	检 查 方 法
19	音频电缆直流环阻	符合设计要求	用电桥或电缆分析仪测量
20	音频电缆串音衰减	符合设计要求	用电缆分析仪或串扰分析仪测量
21	Δ信号电缆绝缘电阻	≥500MΩ · km	用1000V兆欧表在线对之间测量
22	信号电缆直流电阻	≤23.5Ω/km	用电桥或电缆分析仪测量
23	Δ音频电缆传输误码率	$BER \leq 10^{-8}$	将线对一端短接,另一端接数据传输测试仪以64kb速率测量

3.1.3 外观鉴定

1)光、电缆配线箱(架)安装端正、稳固,配件齐全。

2)在配线箱(架)或设备控制箱内光、电缆排列整齐、有序,绑扎牢固,标识正确、清楚。

3)通信中心(局内)光电缆的进线与成端符合规范要求,进入墙壁要有保护套管,预留长度满足使用要求并且统一规整。

4)人(手)孔位置准确、预埋件安装牢固、防水措施良好。人(手)孔内无积水,其高程符合设计要求。

5)光电缆在人(手)孔内占用管道孔正确、排列整齐、余留长度符合规定,标志清楚、牢固;光缆接续箱安装牢固,密封良好。

6)光、电缆在过桥梁或其他构造物时采用的保护管安装牢固、排列整齐有序;光电缆及保护管与接驳的保护管过渡圆滑、密封良好。

7)直埋电缆两端铠装层、屏蔽层接地处理措施得当,电缆标石埋设符合设计要求。

以上任一项不符合要求时,该项减0.1~1分。

3.2 光纤数字传输系统

3.2.1 基本要求

1)光纤数字传输系统通信机房应整洁,通风、照明良好。

2)光纤数字传输系统所有设备(包括机架、槽道、列柜及成端用光电缆)的配置、数量、型号规格符合设计要求,部件完整。

3)通信机房的防雷、水暖、供电、通信电源、空调通风、照明等辅助设施安装调试完毕并通过相关专业的验收。

4)光纤数字传输系统所有设备安装调试完毕,系统处于正常运转工作状态。

5)隐蔽工程验收记录、分项工程自检和设备及系统联调记录、有效的设备检验合格报告或证书等资料齐全。

3.2.2 实测项目

见表3.2.2。

表3.2.2 光纤数字传输系统实测项目

项 次	检 查 项 目	技 术 要 求	检 查 方 法
1	Δ系统设备安装连接的可靠性	系统设备安装连接应可靠,经振动试验后系统无告警、无误码	橡皮锤轻轻敲击设备基架和网管计算机主机的配线背板15min
2	接地连接的可靠性	工作地、安全地、防雷地按规范要求分别连接到汇流排上	用万用表测量,目测检查
3	Δ系统接收光功率	$P_1 \geq P_R + M_c + M_e{}^*$	用光功率计,每站1个光口
4	Δ平均发送光功率	符合设计要求和出厂检验的要求	光功率计,每站每个传送级别各1个光口(STM1、STM4、STM16)

续上表

项 次	检查项目	技术要求	检查方法
5	Δ光接收灵敏度	符合设计要求和出厂检验的要求	光功率计和误码仪，每站每个传送级别各1个光口（STM1、STM4、STM16）
6	Δ误码指标（2M电口）	BER = 1×10^{-11} ESR = 1.1×10^{-5} SESR = 5.5×10^{-7} BBER = 5.5×10^{-8}	用误码仪，每块2M电路板抽测3条2M支路。1个支路测试时间24h，其他支路15min。允许将多条支路串接起来测试
7	电接口允许比特容差	YD/T 5095—2000	PDH/SDH通信性能分析仪
8	输入抖动容限	YD/T 5095—2000	PDH/SDH通信性能分析仪
9	输出抖动	YD/T 5095—2000	PDH/SDH通信性能分析仪
10	2M支路口漂移指标	a. MTIE≤18μs（24h） b. 40h滑动不应大于1次	在传输链路最长或定时链路经过网元最多、通过不同步边界的2M链路上测试
11	音频电路和低速数据电路测试	通路电平、衰减频率失真、增益变化、信道噪声、总失真、路基串话等指标符合设计要求	用PCM话路特性仪测试
12	Δ安全管理功能	未经授权不能进入网管系统，并对试图接入的申请进行监控	实际操作
13	Δ自动保护倒换功能	工作环路故障或大误码时，自动倒换到备用线路	实际操作，测一个环路
14	Δ远端接入功能	能通过网管将远端模块添加或删除	实际操作
15	配置功能	能对网元部件进行增加或删除配置，并以图形方式显示当前配置	实际操作
16	公务电话功能	系统应配置公务电话，声音清楚	实际操作
17	网络性能监视功能	能实时采集分析网络误码等性能参数	实际操作
18	Δ激光器自动关断功能	无光输入信号时应能自动关断	测试备用板的发光口
19	故障定位功能	模拟系统故障	实际操作
20	Δ信号丢失告警	产生告警	实际操作
21	Δ电源中断告警	产生告警	实际操作
22	Δ帧失步告警	产生告警	实际操作
23	ΔAIS告警	产生告警	实际操作
24	64kb/s输入信号消失告警	产生告警	实际操作
25	参考时钟丢失告警	产生告警	实际操作
26	指针丢失告警	产生告警	实际操作
27	远端接收失效FERF告警	产生告警	实际操作
28	远端接收误码FEBE	产生告警	实际操作
29	电接口复帧丢失（LOM）	产生告警	实际操作
30	信号劣化（BER > 1×10^{-6}）	产生告警	实际操作
31	信号大误码（BER > 1×10^{-3}）	产生告警	实际操作
32	环境检测告警	产生告警	实际操作
33	机盘失效告警	能自动倒换，产生告警	实际操作

注：P_1——接收端实测系统接收光功率；

P_R——接收器的接收灵敏度；

M_c——光缆富余度；

M_e——设备富余度。

3.2.3 外观鉴定

1)槽道、机架(包括子架、DDF、ODF)及设备布局合理、安装稳固;机架横竖端正、排列整齐;拼装螺丝紧固、余留长度一致。

2)设备安装后表面光泽一致、无划伤、无刻痕、无剥落、无锈蚀;部件标识正确、清楚。

3)电缆及光纤连接线路由和位置正确、布放整齐符合施工工艺要求。

4)光纤连接线在槽道内保护措施得当;分线正确、编扎排列整洁、工艺符合要求;在光配线架上路由走向正确、标识清楚、布放工艺符合要求。

5)数字配线架上跳线的规格程式符合要求、路由走向正确、标识清楚、布放工艺符合规范要求。

6)同轴电缆的成端余留长度统一、芯线焊接及端头处理得当、符合工艺要求。

7)数字配线架、光配线架内布线整齐、美观;绑扎牢固、成端符合规范要求;编号标识清楚,余留长度适当。

8)设备连接用连接线、跳线(纤)符合设计要求,长度规整统一、标识清楚。

以上任一项不符合要求时,该项减0.1~1分。

3.3 数字程控交换系统

3.3.1 基本要求

1)数字程控交换系统通信机房应整洁,通风、照明、环境温湿度条件良好。

2)交换设备、辅助设备、控制台及各种电路板的数量、型号及安装位置符合要求。

3)设备及其辅助设备安装牢固、标志齐全。

4)设备的各种开关置于指定位置。

5)设备的各级熔丝规格符合要求。

6)列架、机架及各种配线架接地良好。

7)设备内部的电源布线无接地现象。

8)所有设备安装连接到位并经过严格的系统检查,稳定性达到要求。

9)隐蔽工程验收记录、分项工程自检和设备及系统联调记录、有效的设备检验合格报告或证书等资料齐全。

3.3.2 实测项目

见表3.3.2。

表3.3.2 数字程控交换系统实测项目

项次	检查项目	技术要求	检查方法
1	Δ工作电压	−57~−40V	用万用表实测
2	系统再启动功能	系统紧急关机后启动或作系统倒换后,系统应能恢复正常运行	实际操作
3	Δ修改用户号码功能	用软件修改后不影响原话机的连接通信功能	实际操作
4	Δ修改单个用户的号码属性	用软件修改后不影响原话机的连接通信功能	实际操作
5	修改用户数限	主要对用户的长途呼叫进行限制	实际操作
6	计费功能	能修改费率,并打印显示费额和通话记录	实际操作
7	话务管理	自动记录话务信息	实际操作
8	Δ故障诊断、告警	故障告警	模拟故障
9	系统交换功能	本局呼叫、出入局呼叫、新业务等功能	实际操作
10	Δ指令电话功能	使用数字程控交换机特殊功能,建立一点对多点的快速通话功能	实际操作
11	局内障碍率	$\leqslant 3.4\times10^{-4}$	模拟呼叫器
12	接通率	>99.96%	模拟呼叫器
13	处理能力(BHCA)	系统达到BHCA值时,对人机命令的响应90%均应在3s以内	模拟呼叫器

3.3.3 外观鉴定

1)槽道、机架及设备布局合理、安装稳固;机架横竖端正、排列整齐,符合设计要求;拼装螺丝紧固、余留长度一致。

2)设备安装后表面光泽一致、无划伤、无刻痕、无剥落、无锈蚀;部件标识正确、清楚。

3)电缆及光纤连接线路由和位置正确、布放整齐符合施工工艺要求。

4)电缆在槽道内保护措施得当;分线正确、编扎排列整洁、工艺符合要求;在配线架上路由走向正确、标识清楚、布放工艺符合要求。

5)配线架上跳线的规格程式符合要求、路由走向正确、标识清楚、布放工艺符合规范要求。

6)同轴电缆的成端余留长度统一、芯线焊接及端头处理得当、符合工艺要求。

7)配线架内布线整齐、美观;绑扎牢固、成端符合规范要求;编号标识清楚,余留长度适当。

8)设备连接用连接线、跳线(纤)符合设计要求,长度规整统一、标识清楚。

以上任一项不符合要求时,该项减0.1~1分。

3.4 紧急电话系统

3.4.1 基本要求

1)紧急电话分机、主机的数量、型号符合要求。

2)紧急电话分机安装位置正确,机箱外部完整、门锁开闭灵活。

3)紧急电话分机上的标志应符合 GB 5768 的要求,反光膜应使用高强级反光材料。

4)安装方位符合路线走向要求,并按要求安装必要的防护措施。

5)电源、通信线路按规范要求连接到位,主、分机连通并处于正常工作状态。

6)隐蔽工程验收记录、分项工程自检和设备调试记录、有效的设备检验合格报告或证书等资料齐全。

3.4.2 实测项目

见表3.4.2。

表3.4.2 紧急电话系统实测项目

项次	检查项目	技术要求	检查方法
1	Δ音量	>90 dB(A)	在扬声器正前方400mm处,用声级计
2	分机安装竖直度	≤10 mm/m	铅锤、直尺
3	Δ防雷接地电阻	≤10Ω	接地电阻测量仪
4	MIC距基础平台的高度	1450 mm ±20 mm	卷尺
5	喇叭高度	1600 mm ±20 mm	卷尺
6	Δ控制台绝缘电阻	>50 MΩ	500V兆欧表
7	Δ话音传输衰耗	≤30dB,3000Hz	话音传输分析仪
8	Δ话音质量	话音要求清晰,音量适中,无噪音,无断字等缺陷	感官
9	Δ呼叫功能	响应灵敏	实际操作
10	按键提示	按键提示简明易懂	目测
11	噪声抑制	话机在通话过程及静态时,要求无嗡嗡声、沙沙声及自激、哨声等杂音	感官
12	Δ通话呼叫功能	按下按钮,可呼叫监控中心控制台	实际操作
13	呼叫排队功能	同时呼叫或通话时的呼叫,可按优先级处理	实际操作
14	Δ地址码显示功能	控制台显示呼叫位置	实际操作
15	Δ振铃响应	呼叫在控制台有振铃响应	实际操作
16	语音提示功能	呼叫后,话机有等待信号或提示音	实际操作

项　次	检查项目	技术要求	检查方法
17	录音功能	控制台有自动录音功能	实际操作
18	故障报告功能	中心可自动立即显示故障信息	实际操作
19	取消呼叫功能	控制台可取消呼叫	实际操作
20	打印报告功能	值班记录、事件、故障等文件可打印	实际操作
21	Δ定时自检功能	能检测到线路连接、电池、传输故障等情况	故障模拟
22	手动自检功能	能检测到线路连接、电池、传输故障等情况	实际操作
23	加电自恢复功能	加电后,控制台应自动恢复到工作状态	实际操作,测一次

3.4.3　外观鉴定

1)防雷接地要求与接地极焊接,焊缝要饱满,焊后清渣并作防腐处理。

2)基础混凝土表面应刮平,无损边、无掉角;法兰及地脚螺栓规格符合设计要求,应用热浸镀锌作防腐层,裸露金属基体无锈蚀。

3)分机机身与基础联结牢固、端正,安装后外露螺纹长度一致。

4)分机表面光泽一致、无划伤、无刻痕、无剥落,金属机箱或部件无锈蚀。

5)机箱内电力线、信号线、元器件等布线平直、整齐、固定可靠,标识正确、清楚。

6)机箱的出线管与箱体连接密封良好,箱体关键部位无积水、尘土、霉变。

7)太阳能供电的分机,太阳能电池板自身密封以及与分机的密封状况良好,无积水、无渗透。

以上任一项不符合要求时,该项减0.1～1分。

3.5　无线移动通信系统

3.5.1　基本要求

1)无线移动通信系统所用设备(包括基地台、中转台、便携台、车载台、有无线转接设备、天线、铁塔、馈线、电源等)的数量、型号符合设计要求,部件完整。

2)铁塔基础设置位置正确、按规范要求施工、铁塔安装牢固达到设计要求,并通过验收。

3)天线铁塔安装的防雷系统符合设计要求。

4)天线、馈线、收发控制设备、电源设备等安装到位,系统经过了联调并经过了严格测试,处于正常工作状态。

5)隐蔽工程验收记录、分项工程自检和设备调试记录、安装和非安装设备及附(备)件清单、有效的设备检验合格报告或证书等资料齐全。

3.5.2　实测项目

见表3.5.2。

表3.5.2　无线移动通信系统实测项目

项次	检查项目	技术要求	检查方法
1	铁塔基础尺寸	符合设计要求	实测和随工记录结合
2	铁塔所用材料规格	符合设计要求	用量具测量必要时取样检测
3	铁塔和地脚防腐层质量	符合 GB/T 18226 要求	涂层测厚仪实测
4	地脚规格尺寸	符合设计要求	用量具测量必要时取样检测
5	防雷接地系统用材料规格	符合设计要求	用量具测量和核查隐蔽工程记录相结合
6	防雷接地电阻	≤10Ω	接地电阻测量仪测量
7	基地台发射功率	符合设计要求	按 YD/T 1009
8	中转台发射功率	符合设计要求	按 YD/T 1009
9	车载台发射功率	符合设计要求	按 YD/T 1009

续上表

项次	检查项目	技术要求	检查方法
10	手持台发射功率	符合设计要求	按 YD/T 1009
11	基地台接收灵敏度	符合设计要求	按 YD/T 1009
12	中转台接收灵敏度	符合设计要求	按 YD/T 1009
13	车载台接收灵敏度	符合设计要求	按 YD/T 1009
14	手持台接收灵敏度	符合设计要求	按 YD/T 1009
15	Δ电波覆盖范围	≥90%	基站监测,实地测量
16	Δ基地台与车载台通话功能	建立、释放响应灵敏、通话清楚	实际操作
17	Δ基地台与手持台通话功能	建立、释放响应灵敏、通话清楚	实际操作
18	Δ手持台与手持台通话功能	建立、释放响应灵敏、通话清楚	实际操作
19	Δ手持台与车载台通话功能	建立、释放响应灵敏、通话清楚	实际操作
20	手持台与业务电话通话功能	建立、释放响应灵敏、通话清楚	实际操作
21	车载台与业务电话通话功能	建立、释放响应灵敏、通话清楚	实际操作
22	用户之间群呼、组呼、选呼功能	建立、释放响应灵敏、通话清楚	实际操作

3.5.3 外观鉴定

1)无线移动通信系统所用设备安装稳固端正、排列位置符合设计要求。

2)设备之间的连接线端部连接头处理措施符合规范要求,连接稳固、标识清楚,排列绑扎规整。

3)安装设备和手持台表面光泽一致、无划伤、无刻痕、无剥落、无锈蚀;可动部件动作灵活、标识正确、清楚。

4)天线铁塔基础混凝土表面应刮平,无损边、无掉角;法兰及地脚螺栓规格符合设计要求,应用热浸镀锌作防腐层,裸露金属基体无锈蚀。

5)铁塔塔靴与基础地脚用双螺母固定。螺母拧紧后,螺栓外露丝扣不少于2扣。

6)天线铁塔制作工艺符合规范要求,装配部件齐全、规整,外形美观。

7)天线及馈线安装牢固;馈线两端连接件部件完整、装配符合工艺要求;馈线绑扎均匀,穿墙保护措施得当。

8)防雷接地引下线与接地极采用焊接,焊缝要饱满,焊后清渣并作防腐处理。

以上任一项不符合要求时,该项减0.1~1分。

3.6 通信电源

3.6.1 基本要求

1)通信电源设备数量、型号符合设计要求,部件及配件完整。

2)所有设备安装到位并已连通,处于正常工作状态。

3)配电、换流设备都作了可靠的接地连接。

4)蓄电池的连接条、螺栓、螺母做了防腐处理,并且连接可靠。

5)隐蔽工程验收记录、分项工程自检和设备调试记录、安装和非安装设备及附(备)件清单、有效的设备检验合格报告或证书等资料齐全。

3.6.2 实测项目

见表 3.6.2。

表 3.6.2　通信电源实测项目

项 次	检查项目	技术要求		检查方法
1	设备、列架的绝缘电阻	交流配电屏	符合设计要求，无要求时应≥2 MΩ	用500V兆欧表在设备内布线和地之间测量
		直流配电屏		
		开关电源		
		不中断电源		
2	Δ 开关电源的主输出电压	-40 ~ -57V		万用表实测
3	开关电源输出杂音	电话衡重杂音	≤2mV	杂波表实测
		峰值杂音(0 ~ 300Hz)	≤100mV	
		宽频杂音(3.4 ~ 150kHz)	≤100mV	
		宽频杂音(0.15 ~ 30MHz)	≤30mV	
4	电池组供电特性	放电、浮冲及免维护等符合要求		电池性能测试仪实测或核查随工验收记录
5	Δ 电源系统报警功能	机房内可视，可听报警显示不正常状态		模拟实测
6	Δ 远端维护管理功能	可实现远端的遥测、遥控和遥信的集中管理		实际操作
7	不间断电源	断开主供电线路时，UPS 能正常启动，系统不掉电，不影响系统的工作		实际操作
8	通信电源系统防雷	符合 YD 5078—98		YD/T 944—1998
9	通信电源的接地	符合设计要求		接地电阻测量仪测量
10	设备安装的水平度	≤2mm/m		量具实测
11	设备安装的垂直度	≤3mm		用吊锤和量具实测

3.6.3　外观鉴定

1）配电屏、设备、列架布局合理、安装稳固、横竖端正、排列整齐。

2）设备安装后表面光泽一致、无划伤、无刻痕、无剥落、无锈蚀；部件标识正确、清楚。

3）电源输出配线路由和位置正确、布放整齐，符合施工工艺要求。

4）设备内布线整齐、美观、绑扎牢固，接线端头焊（压）结牢固、平滑；编号标识清楚，余留长度适当。

5）设备抗震加固措施符合设计要求。

以上任一项不符合要求时，该项减 0.1 ~ 1.5 分。

4 收费设施

4.1 入口车道设备

4.1.1 基本要求

1)入口车道设备数量、型号规格符合设计要求,部件及配件完整。

2)收费亭、电动(手动)栏杆、车道控制器(车道计算机)、收费员显示终端、键盘、信号灯、车辆检测器、摄像机、发(打)卡设备等主要设备是符合国家或行业标准的定型产品。

3)收费亭内操作台、设备安装符合要求。

4)收费亭、控制器、发(打)卡机、UPS、电动栏杆等设备的接地连接符合规范要求。

5)电动栏杆、信号灯、摄像机等安装方位和位置正确。

6)收费亭至收费岛、天棚上安装设备的裸露的电源线、信号线按设计要求进行保护处理。

7)所有设备安装到位并连通,处于正常工作状态。

8)隐蔽工程验收记录、分项工程自检和设备调试记录、安装和非安装设备及附(备)件清单、有效的设备检验合格报告或证书等资料齐全。

4.1.2 实测项目

见表4.1.2。

表4.1.2 入口车道设备实测项目

项次	检查项目		技术要求	检查方法
1	设备机壳防腐涂层及厚度		符合设计要求,无要求时按 GB/T 18226	用涂层测厚仪实测
2	Δ设备强电端子对机壳绝缘电阻		≥50 MΩ	500V 兆欧表测量
3	Δ车道控制器安全接地电阻		≤4Ω	接地电阻测量仪测量
4	Δ电动栏杆机安全接地电阻		≤4Ω	接地电阻测量仪测量
5	收费亭防雷接地电阻		≤10Ω	接地电阻测量仪测量
6	收费天棚信号灯色度和亮度	红色	符合 GB 14887	色度/亮度计实测
		绿色	符合 GB 14887	
7	收费车道内通行信号灯色度和亮度	红色	符合 GB 14887	色度/亮度计实测
		绿色	符合 GB 14887	
8	Δ车道信号灯动作		按规定的触发状态正常工作	实际操作
9	电动栏杆起落总时间		≤4.0 s或符合设计要求	秒表,测10次,取平均值
10	Δ电动栏杆动作响应		按规定操作流程动作,具有防砸车和水平回转功能	实际操作
11	Δ车道车辆检测器计数精度偏差		≤0.1%	人工记数核对,要大于1000辆。或借助录像带核对历史记录
12	环形线圈电感量		符合设计要求	用电感测量仪器实测
13	摄像机清晰度		符合设计要求	用测试卡和视频测试仪实测
14	读写卡设备响应时间及对异常卡的处理		符合设计要求	实测40次
15	Δ闪光报警器		按规定的触发状态正常工作	实际操作

续上表

项次	检查项目	技术要求	检查方法
16	专用键盘	标记清楚、牢固,键位划分合理,操作灵活,响应准确、可靠	实际操作
17	手动栏杆与天棚信号灯的互锁功能	只有手动栏杆打开时天棚信号灯才由红色变为绿色	实际操作
18	Δ初始状态动作	车道控制标志显示车道关闭,车道栏杆处于水平关闭状态,收费员显示器显示内容齐全正确	实际操作
19	Δ车道打开动作	按"交班"键,识别操作员身份,登录成功后,可打开车道,处于正常工作状态,并具有防止恶意登录功能	输入身份卡正确、错误各一次
20	Δ入口正常处理流程	符合规定的操作流程	实际操作
21	公务车处理流程	符合规定的操作流程	实际操作
22	军车处理流程	符合规定的操作流程	实际操作
23	车队处理流程	符合规定的操作流程	实际操作
24	其他紧急车处理流程	符合规定的操作流程	实际操作
25	Δ违章车报警流程	符合规定的操作流程	实际操作
26	修改功能流程	有车型判别错误时,可按规定的流程修改	实际操作
27	车道维修和复位操作流程	维护菜单允许维护员进行车道维护和复位操作等	实际操作
28	Δ车道关闭操作流程	按"交班"键,识别操作员身份,可关闭车道,处于关闭状态	实际操作
29	对车道控制设备状态监测功能	运行过程中,车道控制器(车道计算机)可对车道设备进行监测,故障时应给出报警信号,提醒收费员和站内监控人员	实际操作
30	Δ断电数据完整性测试	任意流程时关闭车道控制器(车道计算机)电源,车道工作状态正常,加电后数据无丢失	实际操作
31	Δ断网测试	断开车道控制器(车道计算机)与收费站的通信链路,车道工作状态正常、加电后数据无丢失	实际操作
32	图像抓拍	车道关闭时,抓拍检测器处于启动状态,车辆进入入口车道时,图像抓拍检测器侦获"来车"信号,触发图像抓拍,抓拍信息符合要求,能按规定格式存储转发	实际操作
33	每辆小客车平均处理时间	≤8s 或符合设计要求	秒表,5 位熟练收费员,一人操作三次,取平均值

4.1.3 外观鉴定

1)收费亭外设备安装稳固、端正。

2)收费亭内操作台、座椅、设备、配线列架等整齐、有序、无明显歪斜,标志清楚、牢固。

3)所有设备安装后,外观无划伤、刻痕,以及防护层剥落等缺陷。

4)设备及收费亭内布线整齐美观、固定可靠、标识清楚;过墙、板、地下通道处有保护套管,并留有适当余量。

5)设备之间连线接插头等部件连接可靠、紧密、到位准确;布线整齐、余留规整、标识清楚;固定螺丝等紧固,无松动。

6)配电箱内信号线、动力线及其接插头要求明显区分,标识清楚,有永久性接线图。

7)电动(手动)栏杆挡杆上反光标记完整醒目,落下时应处于水平位置。

以上任一项不符合要求时，该项减 0.1 ~1 分。

4.2 出口车道设备

4.2.1 基本要求

1）出口车道设备数量、型号规格符合设计要求，部件及配件完整。

2）收费亭、电动（手动）栏杆、车道控制器（车道计算机）、收费员显示终端、专用键盘、费额显示器、信号灯、车辆检测器、摄像机、收（打）卡设备等主要设备是符合国家或行业标准的定型产品。

3）收费亭内操作台、座椅、设备安装符合设计要求。

4）收费亭、控制器、收（打）卡机、UPS、电动栏杆等设备接地连接正确。

5）电动栏杆、费额显示器、信号灯、摄像机等安装方位和位置正确。

6）车道设备的电源线、信号线按设计要求进行保护处理。

7）所有设备安装到位并连通，处于正常工作状态。

8）隐蔽工程验收记录、分项工程自检和设备调试记录、安装和非安装设备及附（备）件清单、有效的设备检验合格报告或证书等资料齐全。

4.2.2 实测项目

见表 4.2.2。

表 4.2.2 出口车道设备实测项目

项次	检查项目	技术要求		检查方法
1	设备机壳防腐涂层及厚度	符合设计要求，无要求时按 GB/T 18226		用涂层测厚仪实测
2	Δ设备强电端子对机壳绝缘电阻	≥50 MΩ		500V 兆欧表测量
3	Δ车道控制器安全接地电阻	≤4Ω		接地电阻测量仪测量
4	Δ电动栏杆机安全接地电阻	≤4Ω		接地电阻测量仪测量
5	Δ收费亭防雷接地电阻	≤10Ω		接地电阻测量仪测量
6	收费天棚信号灯色度和亮度	红色	符合 GB 14887	色度/亮度计实测
		绿色	符合 GB 14887	
7	收费车道内通行信号灯色度和亮度	红色	符合 GB 14887	色度/亮度计实测
		绿色	符合 GB 14887	
8	Δ车道信号灯动作响应	按规定的触发状态正常工作		实际操作
9	电动栏杆起落总时间	≤4.0 s 或符合设计要求		秒表，测 10 次，取平均值
10	Δ电动栏杆动作响应	按规定操作流程动作，具有防砸车和水平回转功能		实际操作
11	Δ车道车辆检测器计数精度偏差	≤0.1%		人工记数核对，要大于 1000 辆。或借助录像带核对历史记录
12	环形线圈电感量	符合设计要求		用电感测量仪器实测
13	摄像机清晰度	符合设计要求		用测试卡和视频测试仪实测
14	读写卡设备响应时间及对异常卡的处理	符合设计要求		实测 40 次
15	专用键盘	标记清楚、牢固，键位划分合理，操作灵活，响应准确、可靠		实际操作
16	Δ费额显示器	通行卡处理后，通行费显示于费额显示器		实际操作 + 目测
17	Δ收据打印机	迅速正确打印收据		实际操作
18	Δ脚踏报警	工作正常		实际操作
19	Δ闪光报警器	按规定的触发状态正常工作		实际操作
20	手动栏杆与天棚信号灯的互锁功能	只有手动栏杆打开时天棚信号灯才由红色变为绿色		实际操作

续上表

项次	检查项目	技术要求	检查方法
21	Δ车道初始状态	车道信号灯显示车道关闭,车道栏杆处于水平关闭状态,收费员显示器显示内容齐全正确,并具有防止恶意登录功能	实际操作
22	Δ车道打开状态	按"交班"键,识别操作员身份,登录成功后,可打开车道,处于正常工作状态	输入身份卡正确、错误各一次
23	Δ出口正常处理流程	符合出口基本作业流程	实际操作
24	Δ换卡车处理流程	符合中途换卡车处理规定	实际操作
25	Δ入出口车型不符处理流程	自动报警,站处理	实际操作
26	Δ无支付或不足支付处理流程	符合出口"未付车"监督处理流程	实际操作
27	Δ丢卡、坏卡处理流程	符合卡丢失、卡故障处理流程	实际操作
28	Δ军警车处理流程	记录特殊事件	实际操作
29	Δ公务车处理流程	符合公务车处理流程	实际操作
30	Δ车队处理流程	符合出口"车队"处理流程	实际操作
31	Δ"拖车"处理流程	符合"拖车"处理流程	实际操作
32	Δ闯关车处理流程	符合"闯关车"处理流程	实际操作
33	车道维修和复位操作处理流程	维护菜单允许授权维护员进行车道维护和复位操作	实际操作
34	Δ车道关闭操作处理流程	按"交班"键,识别操作员身份,可关闭车道,处于关闭状态	实际操作
35	车道控制设备状态监测	运行过程中,车道控制器(车道计算机)可对车道设备进行监测,故障时给出报警信号	实际操作
36	Δ断网测试	断开车道控制器与光纤的连接,车道工作状态正常、数据无丢失	实际操作
37	Δ断电数据完整性测试	任意流程时关闭车道控制器(车道计算机)电源,车道工作状态正常,加电后数据无丢失	实际操作
38	Δ断网测试	断开车道控制器(车道计算机)与收费站的通信链路,车道工作状态正常、数据无丢失	实际操作
39	图像抓拍	车道关闭时,抓拍检测器处于启动状态,车辆进入入口车道时,图像抓拍检测器侦获"来车"信号,触发图像抓拍,抓拍信息符合要求,按规定格式存储转发	实际操作
40	每辆小客车平均处理时间	≤14s 或符合设计要求	秒表,5 位熟练收费员,一人操作三次,取均值

4.2.3 外观鉴定

1)收费亭外设备安装稳固、端正。

2)收费亭内操作台、座椅、设备、配线列架等整齐、有序,无明显歪斜,标志清楚、牢固。

3)所有设备安装后,外观无划伤、刻痕,以及防护层剥落等缺陷。

4)设备及收费亭内布线整齐美观、固定可靠、标识清楚;过墙、板、地下通道处要有保护套管,并留有适当余量。

5)设备之间连线接插头等部件要求连接可靠、紧密、到位准确;布线整齐、余留规整、标识清楚;固定螺丝等要求紧固,无松动。

6)配电箱内信号线、动力线及其接、插头明显区分,标识清楚,有永久性接线图。

7)电动(手动)栏杆挡杆上反光标记完整醒目,落下时处于水平位置。

以上任一项不符合要求时,该项减0.1~1分。

4.3 收费站设备及软件

4.3.1 基本要求

1)收费站内设备数量、型号符合要求,部件完整。

2)设备安装到位并连通,处于正常工作状态,并进行了严格测试和联调。

3)提交了分项工程自检和系统联调记录、设备及附(备)件清单、有效的设备检验合格报告或证书等资料。

4.3.2 实测项目

见表4.3.2。

表4.3.2 收费站设备及软件实测项目

项次	检查项目	技术要求	检查方法
1	Δ强电端子对机壳绝缘电阻	≥50MΩ	500V兆欧表测量
2	Δ收费站联合接地电阻	≤4Ω	接地电阻测量仪测量
3	Δ对车道的实时监控功能	收费站管理计算机可查看车道最后一辆车处理信息及车道状态、操作员信息,监视计算机可监视、显示车道设备及操作情况	实际操作
4	查原始数据功能	通过专用服务器和收费管理计算机可查询、统计原始数据	实际操作
5	Δ图像稽查功能	可稽查所有出入口车道"有问题"车辆图像	实际操作
6	打印报表功能	值班员可通过收费站管理计算机打印各种报表	实际操作
7	查看费率表功能	可通过收费管理计算机查看费率表	实际操作
8	与车道数据通信功能	专用服务器在不同模式下可和车道控制机交换规定的信息,数据传输准确	实际操作
9	Δ数据备份功能	车道控制器、收费站专用服务器、管理计算机数据保护安全、可靠	实际操作
10	字符叠加功能	在监视器上可观察到信息	实际操作
11	与收费中心的通信功能	可以和收费中心交换规定的数据,数据传输准确	实际操作后比对
12	查断网试验的数据上传	与收费中心计算机通信故障时,数据可存贮在移动存储器上并可在收费中心计算机上恢复	实际操作
13	Δ报警录像功能	用于报警时显示报警图像的显示器具有报警显示功能,值班员通过键盘控制切换控制器切换该路报警视频信号进行录像,或自动进行切换	实际操作
14	Δ主监视器切换显示各车道及收费亭摄像机功能	监视计算机可切换显示各车道及收费亭录像机	实际操作
15	查看事件报表打印功能	可查看入口、出口车道特殊处理明细表并打印	实际操作
16	数据完整性测试	系统崩溃或电源故障,重新启动时,系统能自动引导至正常工作状态,不丢失任何历史数据	模拟操作或查历史记录

4.3.3 外观鉴定

1)站内设备安装稳固、端正。

2)收费站内操作台、座椅、设备、配线列架等整齐、有序、无明显歪斜,标志清楚、牢固。

3)所有设备安装后,外观无划伤、刻痕,以及防护层剥落等缺陷。

4)设备及收费站监控室内布线整齐美观、固定可靠、标识清楚;过墙、板、地下通道处有保护套管,并留有适当余量。

5)设备之间连线接、插头等部件要求连接可靠、紧密、到位准确;布线整齐、余留规整、标识清楚;固定螺丝等紧固,无松动。

6)配电箱内信号线、动力线及其接、插头要求明显区分,标识清楚,有永久性接线图。

以上任一项不符合要求时,该项减0.1~1分。

4.4 收费中心设备及软件

4.4.1 基本要求

1)收费中心设备数量、型号符合要求,部件完整。

2)设备安装到位并已连通,处于正常工作状态,并进行了严格测试和联调。

3)分项工程自检和系统联调记录、设备及附(备)件清单、有效的设备检验合格报告或证书等资料齐全。

4.4.2 实测项目

见表4.4.2。

表4.4.2 收费中心设备及软件实测项目

项 次	检查项目	技术要求	检查方法
1	Δ强电端子对机壳绝缘电阻	≥50MΩ	500V兆欧表测量
2	Δ收费中心联合接地电阻	≤4Ω	接地电阻测量仪测量
3	Δ与收费站的数据传输功能	定时或实时轮询各收费站的数据	实际操作
4	Δ费率表、车型分类参数的设置与变更	可设置、变更费率表、车型分类参数,并下传到收费站	实际操作
5	Δ系统时间设定功能	对收费站计算机的时钟进行统一校准	实际操作
6	Δ图像稽查功能	可稽查所有出入口车道"有问题"车辆图像	实际操作
7	Δ报表统计管理及打印功能	收费中心计算机系统可打印规定的各种报表	实际操作
8	Δ对各站及车道CCTV图像切换及控制功能	可切换、可控制	实际操作
9	与监控中心计算机通信功能	与监控中心传输规定的数据,传输准确	实际操作
10	双机热备份功能	当主机宕机时,从机能够自动接管,保证业务的连续性和正确性,切换时间符合要求	模拟操作
11	通行卡管理功能	通过授权正确制作通行卡、公务卡、身份卡,并能记录、统计、查询本中心发行卡的信息	实际操作
12	数据完整性测试	系统崩溃或电源故障,重新启动时,系统能自动引导至正常工作状态,不丢失任何历史数据	模拟操作或查历史记录
13	通行费拆分	能按设置的逻辑日自动或手动完成通行费的正确拆分	模拟操作

4.4.3 外观鉴定

1)收费中心收费设备安装稳固、端正。

2)收费中心监控室内操作台、座椅、设备、配线列架等整齐、有序、无明显歪斜,标志清楚、牢固。

3)所有设备安装后,外观无划伤、刻痕,以及防护层剥落等缺陷。

4)设备及收费监控室内布线整齐美观、固定可靠、标识清楚;过墙、板、地下通道处要有保护套管,并留有适当余量。

5)设备之间连线接、插头等部件要求连接可靠、紧密、到位准确;布线整齐、余留规整、标识清楚;固定螺丝等要求紧固,无松动。

6)配电箱内信号线、动力线及其接插头要求明显区分,标识清楚,有永久性接线图。

以上任一项不符合要求时,该项减0.1~1分。

4.5 IC卡发卡编码系统

4.5.1 基本要求

1)IC卡编码系统的设备数量、型号符合要求,部件完整。

2)设备安装到位并已连通,处于正常工作状态。

3)分项工程自检和设备调试记录、设备及附(备)件清单、有效的设备检验合格报告或证书等资料齐全。

4.5.2 实测项目

见表4.5.2。

表4.5.2 IC卡发卡编码系统实测项目

项次	检查项目	技术要求	检查方法
1	发卡设备安全性测试	在交流220V侧进行绝缘和耐压测试	兆欧表和耐压测试仪实测
2	发卡设备可靠性测试	连续读写500张测试卡,读发卡设备无卡滞,用计算机软件核对应无错误	实际操作
3	兼容性测试	能适应符合标准的多家生产企业的卡	实际操作
4	卡处理时间(完成一次读写)	典型应答处理时间 ≤300ms	实际操作
5	发放身份IC卡	可制作不同类型的身份卡	实际操作
6	发放公务IC卡	可制作公务卡	实际操作
7	发放预付IC卡	可制作预付卡	实际操作
8	预付卡业务查询、统计与打印	路段分中心可为持卡人开设系列查询业务,可打印对账单等	实际操作
9	发放通行IC卡	可制作通行卡	实际操作
10	Δ防冲突	同时识别两张卡,识别正确	实际操作

4.5.3 外观鉴定

1)设备安装后,外观无划伤、刻痕,以及防护层剥落等缺陷。

2)设备安装稳定、机箱内布线整齐美观、固定可靠、标识清楚。

3)设备之间连线接、插头等部件要求连接可靠、紧密、到位准确。布线整齐、余留规整、标识清楚;固定螺丝等要求紧固,无松动。

4)收发卡箱边角圆滑、携带方便。

以上任一项不符合要求时,该项减0.1~1.5分。

4.6 内部有线对讲及紧急报警系统

4.6.1 基本要求

1)内部有线对讲及紧急报警系统的设备数量、型号符合要求,部件完整。

2)设备安装到位并已连通,处于正常工作状态。

3)分项工程自检和设备调试记录、设备及附(备)件清单、有效的设备检验合格报告或证书等资料齐全。

4.6.2 实测项目

见表4.6.2。

表4.6.2 内部有线对讲及紧急报警系统实测项目

项次	检查项目	技术要求	检查方法
1	Δ主机全呼分机	按下主控台全呼键,站值班员可向所有车道收费员广播	实际操作
2	Δ主机单呼某个分机	主机可呼叫某个分机	实际操作
3	Δ分机呼叫主机	分机可呼叫主机	实际操作
4	Δ分机之间的串音	分机之间不能相互通信	主管评定
5	主机对分机的侦听功能	能侦听分机试图呼叫分机的操作	实际操作
6	扬声器音量调节	可调	实际操作
7	话音质量	话音清晰,音量适中,无噪声,无断字等缺陷	实际操作
8	按钮状态指示灯	主机上有可视信号显示呼叫的分机号	实际操作+目测
9	Δ手动/脚踏报警功能	按动报警开关可驱动报警	实际操作
10	报警器故障监测功能	信号电缆出现断路故障时报警	断开信号电缆线
11	报警器向CCTV系统提供报警输出信号	报警器可向闭路电视系统提供报警输出信号	实际操作
12	报警器自检功能	报警器具有自检功能	实际操作

4.6.3 外观鉴定

1)主、分机安装位置正确、方便使用。

2)设备安装后,外观无划伤、刻痕及防护层剥落等缺陷。

3)主分机之间布线整齐美观、固定可靠、标识清楚;过墙、板、地下通道处有保护套管,并留有适当余量。

4)设备之间连线接插头等部件连接可靠、紧密、到位准确;布线整齐、余留规整、标识清楚。

以上任一项不符合要求时,该项减0.1~1.5分。

4.7 闭路电视监视系统

4.7.1 基本要求

1)闭路电视系统的设备及配件数量、型号规格符合要求,部件完整。

2)收费广场摄像机基础安装位置正确,立柱安装竖直、牢固。

3)防雷部件安装到位、连接措施符合规范要求。

4)收费广场、车道以及收费亭内摄像机(云台)安装方位、高度符合设计要求。

5)控制机箱外部完整,门锁开闭灵活。

6)车道至收费站内的传输线不允许有中间接头。

7)电源、控制线路以及视频传输线路按规范要求连接到位,闭路电视系统的所有设备处于正常工作状态。

8)收费中心、收费站、收费车道各级监控室的连接按设计要求已经开通。

9)提交了隐蔽工程验收记录、分项工程自检和设备调试记录、有效的设备检验合格报告或证书等资料。

4.7.2 实测项目

见表4.7.2。

表 4.7.2　闭路电视监视系统实测项目

项　次		检 查 项 目	技 术 要 求	检 查 方 法
1		立柱竖直度	≤5mm/m	铅锤、直尺或全站仪
2		Δ立柱、避雷针(接闪器)、法兰和地脚几何尺寸	符合设计要求	超声波测厚仪测量立柱壁厚,用全站仪测量立柱和避雷针高度,用量具测量其他尺寸
3		基础尺寸	符合设计要求	长、宽用量具测量,埋深查隐蔽工程验收记录或实测
4		Δ机箱、立柱、法兰和地脚的防腐涂层厚度	符合设计要求	用量具或涂层测厚仪测量
5		Δ强电端子对机壳绝缘电阻	≥50MΩ	500V 兆欧表测量
6		Δ安全保护接地电阻	≤4Ω	接地电阻测量仪
7		Δ防雷接地电阻	≤10Ω	接地电阻测量仪
8	传输通道指标	Δ8.1　视频电平	700mV ±30mV	电视信号发生器发送 75% 彩条信号,用视频测试仪检测
		Δ8.2　同步脉冲幅度	300 mV ± 20 mV	电视信号发生器发送 75% 彩条信号,用视频测试仪检测
		Δ8.3　回波 E(%KF)	<7	电视信号发生器发送 2T 信号, 用视频测试仪检测
		8.4　亮度非线性(%)	≤5	同上
		8.5　色度/亮度增益差	±5%	同上
		8.6　色度/亮度时延差(ns)	≤100	同上
		8.7　微分增益(%)	≤10	电视信号发生器发送调制的五阶梯测试信号, 用视频测试仪检测
		8.8　微分相位(度)	≤10	电视信号发生器发送调制的五阶梯测试信号, 用视频测试仪检测
		Δ8.9　幅频特性	5.8MHz 带宽内 ±2dB	电视信号发生器发送 sinx/x 信号,用视频测试仪检测
		Δ8.10　视频信杂比	≥56dB(加权)	电视信号发生器发送多波群信号,用视频测试仪检测
9	收费中心监视器画面指标	Δ随机信噪比(雪花干扰)(dB)	黑白: ≥37,彩色: ≥36	仪器测量,也可人工(5 人以上)主观评分, ≥4 分合格
		Δ单频干扰(网纹)(dB)	黑白: ≥40,彩色: ≥37	
		Δ电源干扰(黑白滚道)(dB)	黑白: ≥40,彩色: ≥37	
		Δ脉冲干扰(跳动)(dB)	黑白: ≥37,彩色: ≥31	
10		Δ监视范围	监控室能清楚识别车型、车牌、收费额等信息	实际操作
11		Δ外场摄像机安装稳定性	受大风影响或接受变焦、转动等控制时,动作平滑、无抖动	实际操作
12		Δ切换功能	可切换到任一车道	实际操作
13		Δ录像功能	可录像,且录像回放效果清晰	实际操作
14		Δ信息叠加功能	能将时间、车道号、车型、收费额等信息叠加到图像上,且显示清楚	实际操作

续上表

项　次	检 查 项 目	技 术 要 求	检 查 方 法
15	硬拷贝功能	拷贝图像清楚	实际操作
16	报警功能	故障报警	模拟
17	云台水平转动角	水平：≥350°	实际操作
18	云台垂直转动角	上仰：≥15°，下俯：≥90°	实际操作
19	自动光圈调节	自动调节	实际操作
20	调焦功能	快速自动聚焦	实际操作
21	变倍功能	可变倍	实际操作
22	雨刷功能	工作正常	实际操作

注 1)主观评分可采用五级损伤制评定：

(1)图像上不觉察有损伤或干扰存在:5 分；

(2)图像上稍有可觉察的损伤或干扰存在:4 分；

(3)图像上有明显的损伤或干扰存在:3 分；

(4)图像上损伤或干扰较严重:2 分；

(5)图像上损伤或干扰极严重:1 分。

2)17 ~ 22 项不适用于车道收费亭的定焦距摄像机。

4.7.3 外观鉴定

1)立柱、机箱及摄像机(云台)安装牢固、端正。

2)各部件表面光泽一致、无划伤、无刻痕、无剥落、无锈蚀。

3)基础混凝土表面应刮平，无损边、无掉角；机箱、立柱、法兰及地脚螺栓规格符合设计要求，防腐措施得当，裸露金属基体无锈蚀。

4)防雷接地和安全接地应分开设置，接地焊接牢固，焊缝饱满并做防腐处理；防雷引下线及接地体用材料规格、防腐与连接措施、安装位置符合设计要求；金属机箱与安全保护地连接可靠，接地极引出线裸露金属基体无锈蚀。

5)云台防护罩和机箱的出线管与箱体连接密封良好，箱体内无积水、尘土、霉变。

6)机箱内电力线、信号线、元器件等布线平直、整齐、固定可靠，标识正确、清楚，插头牢固。

7)摄像机的电力线、信号线、视频传输线在收费广场地下通道内排列整齐、有序、无扭绞，标识正确、清楚。

以上任一项不符合要求时，该项减 0.1 ~ 1 分。

4.8 收费站内光、电缆及塑料管道

4.8.1 基本要求

1)收费系统各种光、电缆规格程式及使用的保护管道符合设计要求。

2)人(手)孔及管道设置安装齐全、合格，防水措施良好。

3)塑料通信管道敷设与安装符合规范要求。

4)光、电缆接续及占用管道孔正确，密封防水措施符合规范要求。

5)光、电缆成端及进室的措施得当，符合规范要求。

6)直埋电缆符合相关施工规范要求。

7)在收费广场电缆沟内，光电缆不得有接头。

8)隐蔽工程验收记录、分项工程自检和通电调试记录、有效的光电缆及接续附件的检验合格报告或证书等资料齐全。

4.8.2 实测项目

见表 4.8.2。

表 4.8.2 收费站内光、电缆及塑料管道实测项目

项 次	检查项目	技术要求	检查方法
1	光纤护层绝缘电阻	≥1000 MΩ·km	1000V 兆欧表测量(仅对直埋光纤)
2	Δ单模光纤接头损耗	≤0.1dB	光万用表或光时域反射计测量
3	Δ多模光纤接头损耗	≤0.2dB	光万用表或光时域反射计测量
4	Δ低速误码率	BER≤10^{-8}	数据传输测试仪
5	同轴电缆衰耗	符合设计要求	衰耗测试仪
6	同轴电缆内外导体绝缘电阻	≥500 MΩ	用兆欧表 500V 档,在连接器的芯线和外导体之间测量
7	Δ电力电缆绝缘电阻	≥2MΩ	用 500V 兆欧表在配电箱和用电设备两点间测量
8	光电缆埋深	符合设计要求	查隐蔽工程记录,必要时挖开实测

4.8.3 外观鉴定

1)配电箱和用电设备控制箱内光、电缆排列整齐、有序,绑扎牢固,标识清楚;电力电缆尾端连接与接续应使用专用连接器并用热塑套管封合与标记。

2)同轴电缆成端应使用焊接方式,端头处理时预留长度一致、各层的开剥尺寸与电缆插头相应部分配合良好;芯线焊接端正、牢固、焊锡适量,焊点光滑、不带尖、不成瘤;组装成的同轴电缆插头配件齐全、位置正确、装配牢固。

3)光、电缆入收费中心(站)的进线与成端符合规范要求,沿电缆井引入时,光电缆排列整齐有序、绑扎牢固;进入墙壁要有保护套管,余留长度满足使用要求。

4)人(手)孔位置准确、预埋件安装牢固、防水措施良好,人(手)孔内无积水,高程符合设计要求。

5)直埋电缆两端铠装层接地处理措施得当,电缆标石埋设符合设计要求。

以上任一项不符合要求时,该项减 0.1 ~1.5 分。

4.9 收费系统计算机网络

收费系统计算机网络分项工程的检查评定参照本册 2.9 执行。

5 低压配电设施

5.1 中心(站)内低压配电设备

5.1.1 基本要求

1)电源设备数量、型号规格符合设计要求,部件及配件完整。

2)电源室内市电油机转换屏(柜)、交直流配电、动力开关柜、UPS、室外配电箱、发电机组、发电机组控制柜等设备安装稳固,位置、方位正确。设备、列架排列整齐、有序,标志清楚、牢固。

3)进入配电(箱)柜的所有电缆接头按规范进行开剥、焊接、镀锡、绑扎、密封和热塑封合防潮处理。

4)设备、列架内以及设备之间的连接布线符合规范要求。所有进出线都进行标记,并附有配电简图。

5)蓄电池组的连接条、螺栓、螺母进行防腐处理,并且连接可靠。

6)所有设备安装到位,工作、安全、防雷等接地连接可靠。

7)经过通电测试,处于正常工作状态。

8)电源室、发电机组室通过安全、消防验收。

9)隐蔽工程验收记录、分项工程自检和设备调试记录、安装和非安装设备及附(备)件清单、有效的设备检验合格报告或证书等资料齐全。

5.1.2 实测项目

见表5.1.2。

表5.1.2 中心(站)内低压配电设备实测项目

项 次	检查项目	技术要求		检查方法
1	室内设备、列架的绝缘电阻	交流配电箱(柜)	符合设计要求,无要求时应 ≥ 2MΩ(设备安装后)	用500V兆欧表在设备内布线和地之间测量
		直流配电箱(柜)		
		交流稳压器		
		不中断电源		
2	Δ安全接地电阻	≤4Ω		接地电阻测量仪
3	Δ联合接地电阻	≤1Ω		接地电阻测量仪
4	设备安装的水平度	≤2mm/m		量具实测
5	设备安装的垂直度	≤3mm/m		用铅锤和量具实测
6	发电机组控制柜接地电阻	≤4Ω		接地电阻测量仪
7	发电机组控制柜绝缘电阻	≥2MΩ(设备安装后)		≥2MΩ(设备安装后)
8	发电机组启动及启动时间	符合要求		实际操作
9	发电机组容量测试	符合设计要求		查出厂测试报告
10	发电机组相序	与机组输出标志一致		相序指示器测试
11	发电机组输出电压稳定性	符合设计要求		查出厂测试报告和实际测量
12	自动发电机组自启动转换功能测试	市电掉电后,机组能自动启动,稳定后送入规定的线路上,可手动优先切换		实际操作或查有效的历史记录
13	Δ机组供电切换对机电系统的影响	机电系统所有设备不因受到机组电源切换,而工作出现异常		实际操作或查有效的历史记录
14	Δ电源室接地装置施工质量检查	接地体的材质和尺寸、安装位置及埋深;接地体引入线与接地体的连接以及防腐处理等符合设计要求		查隐蔽工程验收记录和施工记录

5.1.3 外观鉴定

1)配电屏、设备、列架布局合理、安装稳固、横竖端正、排列整齐。

2)设备安装后表面光泽一致、无划伤、无刻痕、无剥落、无锈蚀;部件标识正确、清楚。

3)电源输出配线路由和位置正确、布放整齐,符合施工工艺要求。

4)设备内布线整齐、美观、绑扎牢固,接线端头焊(压)结牢固、平滑;编号标识清楚,预留长度适当。

5)设备抗震加固措施符合设计要求。

以上任一项不符合要求时,该项减0.1~1.5分。

5.2 外场设备电力电缆线路

5.2.1 基本要求

1)室内外配电设备、电缆程式、保护管道、人(手)孔形式等设施的数量、型号规格、技术要求符合设计规定,部件及配件完整。

2)电缆路由符合设计要求、人(手)孔及管道设置安装齐全、防水措施良好。

3)室内外配电箱等设备安装稳固,位置、方位正确。标志清楚、牢固。

4)室外配电箱应作双层防腐处理并有明显的"高压危险"字样及图案等标志。

5)进入配电(箱)柜的所有电缆接头都按规范进行了开剥、焊接、镀锡、绑扎、密封处理,最后并进行热塑封合防潮处理。

6)设备、列架内以及设备之间的连接布线符合规范要求。所有进出线都进行了标记,并附有配电简图。

7)直埋电缆符合相关施工规范要求。

8)所有设备安装到位并作可靠的接地连接。

9)经过了通电测试,处于正常工作状态。

10)提交了隐蔽工程验收记录、分项工程自检和设备调试记录、安装和非安装设备及附(备)件清单、有效的设备检验合格报告或证书等资料。

5.2.2 实测项目

见表5.2.2。

表5.2.2 外场设备电力电缆线路实测项目

项次	检查项目	技术要求	检查方法
1	Δ配电箱基础尺寸及高程	符合设计要求	用量具测量
2	配电箱涂层厚度	符合设计要求,无要求时按GB/T 18226	用涂层测厚仪实测
3	电缆埋深	符合设计要求	查验隐蔽工程记录或实测
4	Δ电源箱、配电箱、分线箱安全接地电阻	≤4Ω	用接地电阻测量仪实测
5	Δ配线架对配电箱绝缘电阻	≥10 MΩ	用兆欧表实测
6	Δ相线对绝缘护套的绝缘电阻	≥2MΩ(全程)	用兆欧表实测

5.2.3 外观鉴定

1)基础混凝土表面应刮平,无损边、无掉角;联结地脚及螺栓规格符合设计要求,外观无锈蚀现象。

2)配电箱安装后,防腐涂层光泽一致,无划伤、无刻痕、无剥落等缺陷。

3)箱体开孔合适、切口整齐;出线管与箱体连接密封良好;箱门开闭灵活。

4)箱内接线整齐、回路编号齐全正确。

5)机箱密封良好,机箱内应无积水、无明显尘土和霉变。

6)接地焊接牢固,焊缝饱满并做防腐处理;机箱应接地可靠,连线标识清楚,走线横平竖直,符合视觉美观要求。

7)电缆成端符合规范要求,沿电缆井引入时,电缆排列整齐有序、绑扎牢固;进入墙壁有保护套管,预留长度满足使用要求。

8)直埋电缆两端铠装层接地处理措施得当,电缆标石埋设符合设计要求。

以上任一项不符合要求时,该项减 0.1 ~1 分。

6 照明设施

6.0.1 基本要求

1)照明器和亮度传感器的类别、规格、适用场所、有效范围、数量、位置、安装间距、安装质量等符合要求。

2)设备的电力线、信号线、接地线的类别、规格、数量、布设方式、位置、连接质量等符合要求。

3)路面照明、建筑物(构造物)的景观照明、航空障碍灯、桥墩障碍灯等照明设施完整、协调。

4)高杆灯由取得相应资质的单位供货,并有可靠的测试记录和报告。

5)隐蔽工程验收记录、分项工程自检和设备调试记录、有效的设备检验合格报告或证书等资料齐全。

6.0.2 实测项目

见表6.0.2。

表6.0.2 照明设施实测项目

项次	检查项目	技术要求	检查方法
1	Δ灯杆基础尺寸	符合设计要求	长、宽用量具测量,埋深查隐蔽工程验收记录或实测
2	Δ灯杆壁厚	符合设计要求	金属灯杆用超声波测厚仪测量,混凝土灯杆查隐蔽工程验收记录
3	Δ灯杆、避雷针(接闪器)高度、法兰和地脚几何尺寸	符合设计要求	用全站仪测量灯杆和避雷针高度,用量具测量其他尺寸
4	Δ金属灯杆防腐涂层壁厚	镀锌:≥85μm,其他涂层符合设计要求	涂层测厚仪测量
5	灯杆垂直度	≤5mm/m	经纬仪
6	灯杆横纵向偏差	符合设计要求	经纬仪
7	Δ照明设备控制装置的接地电阻	≤4Ω	接地电阻测试仪
8	Δ灯杆接地电阻	≤10Ω	接地电阻测试仪
9	高杆灯灯盘升降功能测试	符合设计要求	实际操作
10	路段直线段照度及均匀度	符合设计要求	照度计
11	路段弯道段照度及均匀度	符合设计要求	照度计
12	大桥桥梁段照度及均匀度	符合设计要求	照度计
13	立交桥面段照度及均匀度	符合设计要求	照度计
14	收费广场照度及均匀度	符合设计要求	照度计
15	收费天棚照度及均匀度	符合设计要求	照度计
16	自动、手动两种方式控制全部或部分照明器的开闭	可控	实地操作
17	亮度传感器与照明器的联动功能	可控	模拟遮挡光探头
18	定时控制功能	可控	设定时间,观察

6.0.3 外观鉴定

1)灯柱、机箱及灯具安装位置和方位正确、牢固、端正。

2)各部件表面光泽一致、无划伤、无刻痕、无剥落、无锈蚀。

3)基础混凝土表面应刮平,无损边、无掉角;机箱、立柱、法兰及地脚螺栓规格符合设计要求,防腐措施得当,裸露金属基体无锈蚀。

4)高杆灯防雷接地焊接牢固,焊缝饱满并作防腐处理;防雷引下线及接地体用材料规格、防腐与连接措施、安装位置符合设计要求;金属机箱与安全保护地连接可靠,接地极引出线裸露金属基体无锈蚀。

5)机箱的出线管与箱体连接密封良好,箱体内无积水、尘土、霉变。

6)机箱内电力线、信号线、元器件等布线平直、整齐、固定可靠,标识正确、清楚,插头牢固。

7)灯杆、灯具装配安装后,线形与道路线形在横向、纵向、高度协调一致,线形美观。

以上任一项不符合要求时,该项减0.1~1分。

7 隧道机电设施

7.1 车辆检测器

车辆检测器分项工程的检评按本册2.1执行。

7.2 气象检测器

气象检测器分项工程的检评按本册2.2执行。

7.3 闭路电视监视系统

闭路电视监视系统分项工程的检评按本册2.3执行。

7.4 紧急电话系统

紧急电话系统分项工程的检评除安装高度和音量符合隧道设计要求外按本册3.4执行。

7.5 环境检测设备

7.5.1 基本要求

1)环境检测器及其配置的CO传感器、烟雾传感器、照度传感器、风向风速传感器的数量、型号规格符合要求,部件完整。

2)环境检测器及其配置的传感器安装位置正确,符合要求。

3)按规范要求连接环境检测器及其传感器的保护线、信号线、电力线,排列规整、无交叉拧绞,经过通电测试,处于正常工作状态。

4)隐蔽工程验收记录、分项工程自检和设备调试记录、安装和非安装设备及附(备)件清单、有效的设备检验合格报告或证书等资料齐全。

7.5.2 实测项目

见表7.5.2。

表7.5.2 环境检测设备实测项目

项 次	检 查 项 目	技 术 要 求	检 查 方 法
1	Δ传感器安装位置偏差	符合设计要求	用经纬仪或量尺测量
2	Δ绝缘电阻	强电端子对机壳≥50MΩ	500V兆欧表测量
3	Δ安全保护接地电阻	≤4Ω	接地电阻测量仪
4	防雷接地电阻	≤10Ω	接地电阻测量仪
5	Δ数据传输性能	24h观察时间内失步现象不大于1次或BER小于10^{-8}	数据传输测试仪

续上表

项次	检查项目	技术要求	检查方法
6	CO传感器灵敏度	符合要求或出厂检验指标	用相应仪器比对
	Δ烟雾传感器灵敏度	符合要求或出厂检验指标	用相应仪器比对
	Δ照度传感器灵敏度	符合要求或出厂检验指标	用相应仪器比对
	风速传感器灵敏度	符合要求或出厂检验指标	用相应仪器比对
7	CO传感器精度偏差	符合要求或出厂检验指标	用相应仪器比对
	烟雾传感器精度偏差	符合要求或出厂检验指标	用相应仪器比对
	照度传感器精度偏差	符合要求或出厂检验指标	用相应仪器比对
	风速传感器精度偏差	符合要求或出厂检验指标	用相应仪器比对
	风向传感器精度偏差	符合要求或出厂检验指标	用相应仪器比对
8	Δ数据采样周期	符合设计要求	实际操作
9	信号输出方式	符合设计要求	用示波器和数据传输分析仪
10	与风机、照明、消防、报警、诱导、可变标志、控制计算机的联动功能	符合设计要求	模拟或实际操作

7.5.3 外观鉴定

1)环境检测器控制箱安装稳固、位置正确,表面光泽一致、无划伤、无刻痕、无剥落、无锈蚀。

2)控制箱门开关灵活、出线孔分列明确、密封措施得当,机箱内无积水、无霉变、无明显尘土,表面无锈蚀。

3)控制箱内电力线、信号线、接地线分列明确,布线整齐、美观、绑扎牢固,接线端头焊(压)结牢固、平滑;编号标识清楚,余留长度适当、规整。

4)控制箱至传感器的电力线、信号线、接地线端头制作规范;按设计要求采取了线缆保护措施、布线排列整齐美观、安装牢固、标识清楚。

5)传感器的布设位置正确、排列整齐美观、安装牢固、标识清楚。

6)传感器表面光泽一致、无划伤、无刻痕、无剥落、无锈蚀。

以上任一项不符合要求时,该项减0.1~1分。

7.6 报警与诱导设施

7.6.1 基本要求

1)报警与诱导设施的数量、型号规格符合设计要求,部件完整。

2)报警与诱导设施的安装位置正确,符合要求。

3)按规范要求连接报警与诱导设施的保护线、信号线、电力线,排列规整、无交叉拧绞,经过通电测试,工作状态正常。

4)隐蔽工程验收记录、分项工程自检和设备调试记录、安装和非安装设备及附(备)件清单、有效的设备检验合格报告或证书等资料齐全。

7.6.2 实测项目

见表7.6.2。

表7.6.2 报警与诱导设施实测项目

项 次	检 查 项 目	技 术 要 求	检 查 方 法
1	报警按钮的位置和高度偏差	符合设计要求	用经纬仪或量尺测量
2	警报器的位置和高度偏差	符合设计要求	用经纬仪或量尺测量
3	诱导设施的位置和高度偏差	符合设计要求	用经纬仪或量尺测量
4	Δ绝缘电阻	强电端子对机壳≥50MΩ	500V 兆欧表测量
5	Δ安全保护接地电阻	≤4Ω	接地电阻测量仪
6	防雷接地电阻	≤10Ω	接地电阻测量仪
7	Δ数据传输性能	24h 观察时间内失步现象不大于1次或 BER≤10^{-8}	数据传输测试仪
8	Δ警报器音量	96~120dB(A)或设计要求	声级计
9	诱导设施的色度	符合 GB 14887 要求	用色度/亮度计实测
10	诱导设施的亮度	符合 GB 14887 要求	用色度/亮度计实测
11	报警信号输出	能将报警器位置、类型等信息传送到中心控制室计算机或本地控制器	实际操作
12	Δ报警按钮与警报器的联动功能	警报器可靠接受报警信号的控制	实际操作

7.6.3 外观鉴定

1)警报器和诱导设施控制箱安装稳固、位置正确,表面光泽一致、无划伤、无刻痕、无剥落、无锈蚀。

2)控制箱柜门开关灵活、出线孔分列明确、密封措施得当,机箱内无积水、无霉变、无明显尘土,表面无锈蚀。

3)控制箱内电力线、信号线、接地线分列明确,布线整齐、美观、绑扎牢固,接线端头焊(压)结牢固、平滑;编号标识清楚,预留长度适当、规整。

4)控制箱至警报器和诱导设施的电力线、信号线、接地线端头制作规范;按设计要求采取线缆保护措施、布线排列整齐美观、安装牢固、标识清楚。

5)警报器和诱导设施的布设位置正确、排列整齐美观、安装牢固、标识清楚。

6)警报器和诱导设施表面光泽一致、无划伤、无刻痕、无剥落、无锈蚀。

以上任一项不符合要求时,该项减0.1~1分。

7.7 可变标志

可变标志分项工程的检评按本册2.4执行。

7.8 通风设施

7.8.1 基本要求

1)通风设备及缆线的数量、型号规格、程式符合设计要求,部件及配件完整。

2)通风设备安装支架的结构尺寸、预埋件、安装方位、安装间距等符合设计要求,并附抗拔力的检验报告。

3)通风设备安装牢固、方位正确。

4)按规范要求连接通风设备的保护线、信号线、电力线,排列规整、无交叉拧绞,经过通电测试,工作状态正常。

5)隐蔽工程验收记录、分项工程自检和设备调试记录、安装和非安装设备及附(备)件清单、有效的设备检验合格报告或证书等资料齐全。

7.8.2 实测项目

见表7.8.2。

表7.8.2 通风设施实测项目

项次	检查项目	技术要求	检查方法
1	安装误差	符合设计要求	用经纬仪或量尺测量
2	Δ净空高度	符合设计要求	用经纬仪或量尺测量
3	Δ绝缘电阻	强电端子对机壳≥50MΩ	500V兆欧表测量
4	Δ控制柜安全保护接地电阻	≤4Ω	接地电阻测量仪
5	Δ防雷接地电阻	≤10Ω	接地电阻测量仪
6	Δ风机运转时隧道断面平均风速	符合设计要求	风速仪实测
7	风机全速运转时隧道噪声	符合设计要求	声级计实测
8	响应时间	发送控制命令后至风机启动带动叶轮转动时的时间≤5s,或符合设计要求	实际操作
9	方向可控性	接收手动、自动控制信号改变通风方向	实际操作
10	风速可控性	接收手动、自动控制信号调节通风量	实际操作
11	运行方式	风机具有手动、自动两种运行方式以控制风机的启动、停止、方向和风量	实际操作
12	本地控制模式	自动运行方式下,可以接收多路检测器的控制,控制风机启动、停止与方向、风量	实际操作
13	远程控制模式	自动运行方式下,通过标准串口,接收本地控制器或计算机控制系统的控制,控制风机启动、停止与方向、风量	实际操作

7.8.3 外观鉴定

1)通风设备安装稳固、位置正确。

2)通风设备的电力线、信号线、接地线端头制作规范;按设计要求采取线缆保护措施、布线排列整齐美观、安装固定、标识清楚。

3)设备表面光泽一致、无划伤、无刻痕、无剥落、无锈蚀。

4)控制柜内布线整齐、美观、绑扎牢固,接线端头焊(压)结牢固、平滑;编号标识清楚,预留长度适当;柜门开关灵活、出线孔密封措施得当,机箱内无积水、无霉变、无明显尘土,表面无锈蚀。

以上任一项不符合要求时,该项减0.1~1.5分。

7.9 照明设施

7.9.1 基本要求

1)照明设备及缆线的数量、型号规格、程式符合设计要求,部件及配件完整。

2)照明灯具安装支架的结构尺寸、预埋件、安装方位、安装间距等符合设计要求。

3)照明设备及控制柜安装牢固、方位正确。

4)按规范要求连接照明设备的保护线、信号线、电力线,排列规整、无交叉拧绞,经过通电测试,工作状态正常。

5）隐蔽工程验收记录、分项工程自检和设备调试记录、安装和非安装设备及附（备）件清单、有效的设备检验合格报告或证书等资料齐全。

7.9.2 实测项目

见表7.9.2。

表7.9.2 照明设施实测项目

项 次	检查项目	技术要求	检查方法
1	灯具的安装偏差	符合设计要求。无要求时：纵向≤30mm，横向≤20mm，高度≤10mm	用经纬仪或量尺测量
2	Δ绝缘电阻	强电端子对机壳≥50MΩ	500V兆欧表测量
3	Δ控制柜安全保护接地电阻	≤4Ω	接地电阻测量仪
4	Δ防雷接地电阻	≤10Ω	接地电阻测量仪
5	灯具启动时间的可调性	照明回路组的启动时间间隔可调、可控	实际操作
6	Δ启动、停止方式	可自动、手动两种方式控制全部或部分照明器的启动、停止	实际操作
7	Δ照度（入口段、过渡段、中间段）	符合设计要求	照度计
8	照度总均匀度、纵向均匀度	符合设计要求	照度计
9	紧急照明	双路供电照明系统，主供电路停电时，应自动切换到备用供电线路上	模拟操作

7.9.3 外观鉴定

1）照明灯具安装稳固、位置正确，灯具轮廓线形与隧道协调、美观。

2）照明设备的电力线、信号线、接地线端头制作规范；按设计要求采取线缆保护措施、布线排列整齐美观、安装固定符合要求、标识清楚。

3）设备表面光泽一致，无划伤、无刻痕、无剥落、无锈蚀。

4）控制柜内布线整齐、美观、绑扎牢固，接线端头焊（压）结牢固、平滑；编号标识清楚，预留长度适当；柜门开关灵活、出线孔密封措施得当，机箱内无积水、无霉变、无明显尘土，表面无锈蚀。

5）照明灯具应发光均匀、无刺眼的眩光。

以上任一项不符合要求时，该项减0.1～1.5分。

7.10 消防设施

7.10.1 基本要求

1）消防设施的火灾探测器、消防控制器、火灾报警器、消火栓、灭火器、加压设施、供水设施及消防专用连接线缆、管道、配（附）件等器材的产品质量符合国家或行业标准，其数量、型号规格符合设计要求，部件完整。

2）消防设施的安装支架、预埋锚固件、预埋管线、在隧道内安装孔位、安装间距等符合设计要求。

3）明装的线缆、管道保护措施符合设计要求。

4）所有安装设施安装到位、方位正确、不侵入公路建筑限界，设备标识清楚。

5）按规范要求连接消防设施的保护线、信号线、电力线，线缆排列规整、无交叉拧绞，标识完整、清楚，消防系统经过通电测试、联调，工作状态正常。

6）隐蔽工程验收记录、分项工程自检和设备调试记录、安装和非安装设备及附（备）件清单、有效的设备检验合格报告或证书等资料齐全。

7.10.2 实测项目

见表7.10.2。

表7.10.2 消防设施实测项目

项次	检查项目	技术要求	检查方法
1	火灾探测器安装位置	符合设计要求	用经纬仪或量尺测量
2	消防控制器安装位置	符合设计要求	用经纬仪或量尺测量
3	火灾报警器、消火栓安装位置	符合设计要求	用经纬仪或量尺测量
4	灭火器安装位置	符合设计要求	用经纬仪或量尺测量
5	消防控制器安装位置	符合设计要求	用经纬仪或量尺测量
6	加压设施气压	符合设计要求	利用设施上的气压表目测
7	供水设施水压	符合设计要求	利用设施上的水压表目测
8	绝缘电阻	强电端子对机壳≥50MΩ	500V兆欧表测量
9	Δ控制器安全保护接地电阻	≤4Ω	接地电阻测量仪
10	Δ防雷接地电阻	≤10Ω	接地电阻测量仪
11	Δ火灾探测器灵敏度	可靠探测火灾，不漏报、不误报，并将探测数据传送到火灾控制器和上端计算机	模拟测试
12	Δ火灾报警器灵敏度	按下报警器时，触发警报器，并把信号传送到火灾控制器和上端计算机	模拟测试
13	Δ消火栓的功能	打开阀门后在规定的时间内达到规定的射程	模拟测试1次
14	其他灭火器材的功能	按使用说明书	抽测1个
15	火灾探测器与自动灭火设施的联合测试	设计要求	模拟测试1次，或查施工记录、历史记录

7.10.3 外观鉴定

1)消防设施安装稳固、位置正确，与隧道协调、美观。

2)消防设施的电力线、信号线、接地线端头制作规范；按设计要求采取了线缆保护措施、布线排列整齐美观、安装固定、标识清楚。

3)设备表面光泽一致、无划伤、无刻痕、无剥落、无锈蚀。

4)控制箱内布线整齐、美观、绑扎牢固，接线端头焊(压)结牢固、平滑并进行了热塑封合；编号标识清楚，预留长度适当；箱门开关灵活、出线孔密封措施得当，机箱内无积水、无霉变、无明显尘土，表面无锈蚀。

以上任一项不符合要求时，该项减0.1~1.5分。

7.11 本地控制器

7.11.1 基本要求

1)本地控制器及其配件的数量、型号规格符合要求，部件完整。

2)本地控制器安装方位正确、不侵入公路建筑限界，设备标识清楚。

3)明装的线缆、管道保护措施符合设计要求。

4)本地控制器至控制中心以及隧道内下端设备的保护线、信号线、电力线的连接符合设计要求。线缆排列规整、无交叉拧绞，标识完整、清楚。

5)与下端设备及控制中心计算机进行通电测试、联调，工作状态正常。

6)隐蔽工程验收记录、分项工程自检和设备调试记录、有效的设备检验合格报告或证书等资料齐全。

7.11.2 实测项目

见表7.11.2。

表7.11.2 本地控制器实测项目

项 次	检 查 项 目	技 术 要 求	检 查 方 法
1	基础尺寸	符合设计要求	用量尺测量
2	安装水平度、竖直度	水平：≤3mm/m 垂直：≤5mm/m	铅锤、直尺或全站仪
3	Δ机箱、锚具和地脚的防腐涂层厚度	符合设计要求	用量具或涂层测厚仪测量
4	Δ强电端子对机壳绝缘电阻	≥50MΩ	500V兆欧表测量
5	Δ安全保护接地电阻	≤4Ω	接地电阻测量仪
6	Δ防雷接地电阻	≤10Ω	接地电阻测量仪
7	Δ数据传输性能	48h观察时间内失步现象不大于1次或24hBER≤10^{-8}	数据传输测试仪
8	Δ与计算机通信功能	按设计周期与中心计算机通信	实际操作
9	Δ对所辖区域内下端设备控制功能	按设计周期或中心控制采集、处理、计算各下端设备的数据	实际操作
10	Δ本地控制功能	中心计算机或通信链路故障时，具有独立控制功能	实际操作
11	断电时恢复功能	加电或系统重启动后可自动运行原预设控制方案	模拟测试

7.11.3 外观鉴定

1）本地控制器安装稳固、位置正确，设备表面光泽一致、无划伤、无刻痕、无剥落、无锈蚀。

2）与外部连接的电力线、信号线、接地线端头制作规范；按设计要求采取线缆保护措施、布线排列整齐美观、安装固定符合要求、标识清楚。

3）控制箱内布线整齐、美观、绑扎牢固，接线端头焊（压）结牢固、平滑并进行热塑封合；编号标识清楚，余留长度适当。

4）箱门开关灵活、出线孔密封措施得当，机箱内无积水、无霉变、无明显尘土，表面无锈蚀。

以上任一项不符合要求时，该项减0.1～1.5分。

7.12 隧道监控中心设备及软件

7.12.1 基本要求

7.12.1.1 隧道监控中心设备

1）所有设备型号规格、数量、性能参数和配置符合设计和合同要求。

2）隧道监控中心机房的防雷、接地、水暖、供电、空调通风、照明等辅助设施安装调试完毕并通过相关专业的验收。

3）隧道监控中心机房应整洁，通风、照明良好。

4）计算机控制系统所有硬件设备安装调试完毕，并与外场所有子系统通过了联调，系统处于正常运转工作状态。

5）隐蔽工程验收记录、分项工程自检和设备及系统联调记录、有效的设备检验合格报告或证书等资料齐全。

7.12.1.2 计算机控制系统软件

1）具有采集隧道段交通流、气象参数、隧道内环境参数、火灾信息、声音图像信息、隧道段主要交通设施运行状态信息的功能。

2)具有自动探测和确认隧道内异常事件并作出快速响应的功能。

3)具有建立隧道段交通数据库的功能。

4)按国家相关标准进行软件的稳定性、可靠性测试并附报告;编制并提供符合规范的软件手册及相关文档。

7.12.2 实测项目

见表7.12.2。

表7.12.2 隧道监控中心设备及软件实测项目

项次	检查项目	技术要求	检查方法
1	Δ系统设备安装连接的可靠性	系统设备安装连接应可靠,经振动试验后系统无告警、错误动作	橡皮锤轻轻敲击设备基架和服务器主机的配线背板15min
2	接地连接的可靠性	工作地、安全地、防雷地按规范要求分别连接到汇流排上	用万用表测量,目测检查
3	Δ联合接地电阻	≤4Ω	接地电阻测量仪测量
4	强电端子对机壳绝缘电阻	≥50 MΩ	500V兆欧表抽测人易触摸到的带电金属壳体设备
5	与本地控制器的通信功能	定时或实时轮询各本地控制器的数据,收集信息或发送执行命令	实际操作
6	与监控中心计算机通信功能	与监控中心传输规定的数据,传输准确	实际操作
7	服务器功能	主要完成网管、数据备份、资源共享。其他设计规定的内容	实际操作
8	中央管理计算机功能	协调和管理其他计算机。其他设计规定的内容	实际操作
9	交通控制计算机功能	接收下端车辆检测器传来的信息,作出执行控制方案。其他设计规定的内容	实际操作或模拟操作
10	通风照明计算机功能	接收下端环境检测器传来的信息,作出执行控制方案。其他设计规定的内容	实际操作或模拟操作
11	火灾报警控制计算机功能	接收下端火灾报警控制器传来的信息,作出执行控制方案。其他设计规定的内容	实际操作或模拟操作
12	图像控制计算机的功能	对各CCTV图像切换、控制,在大屏幕上显示。其他设计规定的内容	实际操作
13	紧急电话控制台功能	完成对下端分机呼叫的应答。其他设计规定的内容	实际操作
14	大屏幕的安装质量和功能	符合设计要求	目测和实际操作
15	地图板的安装质量和功能	符合设计要求	目测和实际操作
16	Δ报表统计管理及打印功能	中心计算机系统可打印规定的各种报表	实际操作
17	双机热备份功能	当主机宕机时,从机能够自动接管,保证业务的连续性和正确性,切换时间符合要求	模拟操作
18	数据完整性测试	系统崩溃或电源故障,重新启动时,系统能自动引导至正常工作状态,并执行原控制方案,不丢失历史数据	模拟操作或查历史记录

7.12.3 外观鉴定

1)监控中心计算机设备安装稳固、端正。

2)中心监控室内操作台、座椅、设备、配线列架等整齐、有序、无明显歪斜,标志清楚、牢固。

3)所有设备安装后,外观无划伤、刻痕,以及防护层剥落等缺陷。

4)设备及收费监控室内布线整齐美观、固定可靠、标识清楚;过墙、板、地下通道处要有保护套管,并留有适当余量。

5)设备之间连线接、插头等部件要求连接可靠、紧密、到位准确;布线整齐、余留规整、标识清楚;固定螺丝等要求紧固,无松动。

6)配电箱内信号线、动力线及其接、插头要求明显区分,标识清楚,有永久性接线图。

以上任一项不符合要求时,该项减0.1~1分。

7.13 隧道监控中心计算机网络

隧道监控中心计算机网络分项工程的检评参照本册第2.9.2条执行。

7.14 低压供配电

隧道低压供配电分项工程的检评按本册第5章执行。

附录 A 通信管道试通的检验与评定

A.0.1 通信管道工程试通管孔，是通信管道工程质量评定具有否决权的关键项目，应符合以下规定：

1）直线管道管孔试通应用比被试管孔标称直径小 5mm、长 900mm 的拉棒进行；钢材等单孔组群的通信管道，每 5 孔抽试 1 孔；5 孔以下抽试 1/2；2 孔试 1 孔；1 孔则全试。

2）管道在曲率半径大于 36m 时，应用比被试管孔标称直径小 6mm、长 900mm 的拉棒进行；试通管孔数同上。

3）有包封的管道管孔试通，同上处理。

A.0.2 通信管道工程管孔试通的评定标准，应按下列规定执行：

1）管孔试通全部通过 A.0.1 的规定或在试通总数（孔段）的 5% 以下标准拉棒不能通过，但能通过比标准拉棒直径小 1mm 的，为“合格”。

2）其他为不合格，应由施工单位返修至合格后，再进行验收。

附录 B　本规范用词说明

B.0.1　对执行条文严格程度的用词采用以下写法：

表示很严格，非这样不可的用词：

正面词采用"必须"；

反面词采用"严禁"。

表示严格，在正常情况下均应这样做的用词：

正面词采用"应"；

反面词采用"不应"或"不得"。

表示允许稍有选择，在条件许可时首先这样做的用词：

正面词采用"宜"或"可"；

反面词采用"不宜"。

B.0.2　条文中应按指定的其他有关标准、规范的规定执行，其写法为"应按……执行"或"应符合……要求（或规定）"。

如非必须按指定的其他有关标准、规范的规定执行，其写法为"可参照……"。

附件 1

《公路工程质量检验评定标准》

第二册　机电工程

（JTG F80/2—2004）

条　文　说　明

1 一般规定

本章主要是对《公路工程质量检验评定标准》(JTG F80—2004)第一册之1、2、3章的补充,说明如下:

1.0.1 机电工程是整个公路工程的一部分,但其技术要求、施工工艺、试验检评方法等与公路工程的土建部分有较大区别,故将其作为一个独立的专业单位工程设置。本着不同的专业应由不同的承包单位组织施工,以减少交叉、便于质量监控和管理的原则,划分了分部工程。表1-1给出了机电工程的层次结构和抽样单位,检评时可据此表对整个工程进行统计并进行抽样。

表1-1 机电工程分项工程划分表

单位工程	分部工程	分项工程	抽样单位	基本要求	实测项目	外观鉴定
机电工程	2 监控设施	2.1 车辆检测器	1个控制机箱			
		2.2 气象检测器	1个控制机箱			
		2.3 闭路电视监视系统	外场设备以1个摄像机为单位,室内设备以中心(分中心)为单位			
		2.4 可变标志	1个外场设备			
		2.5 光、电缆线路	以条为单位			
		2.6 监控中心设备安装及软件调测	中心为单位测点			
		2.7 地图板	以完整块为单位测点			
		2.8 大屏幕投影系统	1个完整屏幕为测点			
		2.9 计算机监控软件与网络	中心为单位测点			
	3 通信设施	3.1 通信管道与光电缆线路	以条为单位			
		3.2 光纤数字传输系统	站为单位测点			
		3.3 程控数字交换系统	站为单位测点			
		3.4 紧急电话系统	分机为单位测点,控制台的检测项目单列			
		3.5 无线移动通信系统	中心为单位测点			
		3.6 通信电源	站为单位测点			
	4 收费设施	4.1 入口车道设备	车道为单位测点			
		4.2 出口车道设备	车道为单位测点			
		4.3 收费站设备及软件	站为单位测点			
		4.4 收费中心设备及软件	中心为单位测点			
		4.5 IC卡及发卡编码系统	套为单位测点			
		4.6 闭路电视监视系统	外场设备以1个摄像机为单位,室内设备以站为单位			
		4.7 内部有线对讲及紧急报警系统	分机、报警器为多测点			
		4.8 站内光、电缆线路	以条为单位			
		4.9 收费系统计算机网络	中心为单位测点			

单位工程	分部工程	分项工程	抽样单位	基本要求	实测项目	外观鉴定
机电工程	5 低压配电设施	5.1 中心(站)内低压配电设备	站为单位测点			
		5.2 外场设备电力电缆	以条为单位			
	6 照明设施	照明设施	以中心为单位			
	7 隧道机电设施	7.1 车辆检测器	同 2.1			
		7.2 气象检测器	同 2.2			
		7.3 闭路电视监视系统	同 2.3			
		7.4 紧急电话系统	分机为单位测点			
		7.5 环境检测设备	控制箱为一个,探头分记			
		7.6 报警与诱导设施	控制箱为一个,按钮分记			
		7.7 可变标志	同 2.4			
		7.8 通风设施	1 个风机为一个测点			
		7.9 照明设施	控制箱为 1 个测点,灯具按个分记			
		7.10 消防设施	系统为 1 个测点,设备按点分记			
		7.11 本地控制器	以台为 1 个单位测点			
		7.12 隧道监控中心计算机控制系统	系统为 1 个点,设备按个分记			
		7.13 隧道监控中心计算机网络	系统为 1 个点,设备按个分记			
		7.14 低压供配电	以 1 个配电箱为测点			

1.0.2 本标准主要是为具有较完善机电设施的高速公路编制的,随着社会进步和经济发展,国家对交通安全日益重视,一些普通道路也逐步安装了许多机电设施,如交通信号灯、闭路监视系统、车辆检测系统等,因此本标准范围可覆盖各等级公路的机电设施。

1.0.3 施工单位是保证工程质量的内因,监理单位是外因,因此要求施工单位对每项工作都要100%的检查;监理单位不低于30%;对于建设管理单位,视工程投资和重要程度,依据交通部公路工程验收管理办法,自定抽检频率(一般不低于10%)。

1.0.4 和公路工程检验评定内容基本保持一致,机电工程也包括基本要求、实测项目、外观鉴定、资料等四个方面。公路工程的实测项目是客观参数,而机电工程有些系统的功能、性能无法用一个指标值来控制,只能用功能测试、外观评价的方法,因此本标准的实测项目包括了参数测量和功能测试两部分,有些规定与公路工程不同,每个项目对机电工程质量都很重要,因此规定权值均为1。

本标准中的检测方法大部分用了仪器测量,没有更具体化。一个电量参数或者一个功能验证试验需要多台测量仪表,在一定的条件下,按照一定的测量程序才能获得,根据测量规定还要对测量结果进行不确定度评定。而机电参数、功能验证众多,有些方法还在研究阶段,为了使评定结果的量值统一,需要一部专门的测试规程来指导不同测试单位和人员进行测试,该规程正在申报编制中。

关于机电工程外观鉴定的评定办法:

机电工程的设备安装与土建工程不同,除了包括土建工程中的基础部分外,质量监控重点是机电工程的设备机箱安装质量、与之相关联的电力线、信号线、防雷、接地、与安全保护等处理工序、工艺及各工作部件的设置等。这些工艺措施都是外观评定的内容,用多项指标规定整个分项工程的质量。而这些项目指标在短期内不会直接影响机电工程的安全,但当缺陷积累到一定程度时至少反映出两方面问题,一是表明承包商的技术水平有问题,二是工程管理不善导致工程质量不合格。因此机电工程的外观质量也是比较重要的检测项目,可以影响工程的合格判定。然而对这些项目的评定很难用参数或功能的“是”、“否”两个逻辑参量来明确判定(线路的连接“对错”可以判定,指标已放在基本要求中),因此用缺陷扣分的方法来处理。扣分原则如下:

1)外观鉴定条目下的每一款为一个项目；

2)有轻微缺陷，无证据时，该项目可扣0.1分；

3)有轻微缺陷，有证据时，每个证据可扣0.1分，每项目累计不超过1分；

4)有明显缺陷，每个证据可扣0.5分，每项目累计不超过1.5分，当累计至1.5分以上时为不合格项，要求返工修复此测点；

5)有严重缺陷，很明显不符合标准要求，此测点不得分，要求返修此测点。

6)在统计分项工程的外观缺陷减分时，按减分最多的测点计算，不累加。如检查了10部外场紧急电话分机，第1测点扣2.3分，第2测点扣1.7分，第10测点扣4分，其余测点没扣分，则该分项工程的外观鉴定减分应为4分。

1.0.5 本条中“质量保证资料应真实并基本齐全”有如下意义：公路机电工程中的大部分设备都是专用设备，没有经过鉴定、定型，有的甚至是草机，质量难以保证，需要专业检测实验室对提供的机电设备进行检测评定是一种有效途径。在检查机电设备的质量保证资料时，应要求承包商提供有资质的检测机构出具的合格检测报告或证书并在有效期内，这里的有资质是指通过了计量认证和实验室国家认可，并在附表上标明有该项产品的检测能力。

2 监控设施

2.1 车辆检测器

车辆检测器是监控系统最重要的数据信息采集设备，其采集的数据是监控中心进行实时分析、处理、决策的基础。车辆检测器的类型有环形线圈车辆检测器、超声波检测器、微波检测器、视频检测器，但无论是哪种车辆检测器其主要质量控制点都应包括测参数的准确性、数据传输性能、安全保护、机壳质量等。目前在公路机电工程中使用的主要是环形线圈车辆检测器，本标准主要以此为依据编写。

2.1.1 基本要求

对外场设备施工的基本要求是：承包商应严格按照设计和合同要求将合格的产品，按照施工规范或要求安装到施工图纸规定的位置，安装过程中对设备保护措施得当，安装后设备无损伤、能正常工作，通过了电气连通试验和自我检测，并提交了必要的保证资料。基本要求所列出的检查项目是工程开通的最低要求，必须保证。但是满足了基本要求还不能证明工程就合格了，还要通过实测和进一步的外观鉴定、综合评判才能说明施工队伍的水平和工程的真实质量。实践证明施工队伍配置合理的机具，高素质的人员和技术熟练、经验丰富、管理完善是保证施工质量的必要条件。

室外国产机电设备的机箱和门锁质量与进口设备相比仍有较大差距，在维护或检查时经常出现打不开门的现象，而 20 世纪 80 年代安装的国外进口设备的门锁到现在使用状态依旧良好，本标准专门提出了门锁质量要求。

2.1.2 实测项目

机电工程的实测项目是通过仪器测量或实际试验能够证明设备的性能指标和功能符合设计或标准要求的项目，分为一般项目和关键项目。一般项目不影响设备的运行和安全要求，关键项目直接影响设备的运行或安全，必须符合要求。按照功能、安全、耐久性将车辆检测器分了 12 个实测项目，6 个关键项目是各种检测器必须满足的，交通量和车速是监控中心进行实时分析、处理、决策的基础，直接影响到控制策略，绝缘电阻和接地影响人身安全（对于 36V 以下低压供电的检测器可不作要求），正确传输数据和可靠保证数据安全是基本要求。

交通量和平均测速精度，人们习惯用大于 9X% 表示，这种方式在实际计算时并不科学。如一检测器检测到了 120 辆车，而实际上只有 100 辆车，用习惯表示该检测器的精度：$120/100 \times 100\% = 120\% > 99\%$，并不能说明该检测器的检测精度高；而用相对误差表示：$(120-100)/100 \times 100\% = 20\%$，很容易说明该检测器的检测误差较大，即精度不高。所以本标准用了检测允差指标。

$$\text{允差} = \frac{X - X_0}{X_0} \times 100\% \tag{1}$$

式中：X——被测设备示值，如交通量或平均车速；

X_0——人工或更高一级检测设备示值，如人工计数的交通量或雷达测速仪测得平均车速。

2.1.3 外观鉴定

外观质量主要包括设备机箱的防护层是否损伤、安装方位是否端正、接线是否美观等，这些指标不会立即影响到设备的安全或功能发挥，但是却反映出施工企业的素质和熟练程度。公路建成开通后，经常发现一些机电设备锈迹斑斑，主要原因是在安装施工过程中的剐碰，破坏了原有的防护涂层所造成。所以对外观鉴定作了较多的规定，目的是促使企业提高素质，生产企业提高生产工艺生产出优质的产品，施工企业安装出一流工程。

2.2 气象检测器

2.2.1 基本要求

气象检测器也是一种室外信息采集设备，基本要求与车辆检测器基本相同。

2.2.2 实测项目

气象检测器目前还没有相应的行业标准和国家标准，本标准中的一些技术数据主要来自近几年进口设备的生产商提供的产品说明书或安装手册，是按照安装在具有独立预埋基础、通过法兰连接专用支撑(立柱)、配有控制机箱的成套气象检测器编制的。由于气象检测器有较高的立柱并承受不同的静荷载和动风载，其基础、法兰及立柱尺寸、防腐方法和涂层质量在不同的路段有不同的要求，所以实测项目的规定值有许多“符合设计要求”，对这部分项目在实际检评时要认真核对设计文件。实测项目有13项，6个关键项目，温度可推定是否结冰、能见度直接影响安全视距。绝缘电阻在产品标准中规定不小于100MΩ，是指在标准测试条件下的测量值，工程环境下可能会变差，所以在一些行业标准中有规定不小于2MΩ的，编写组曾在广东、湖南、江苏等较潮湿的气候条件下测量大量的公路机电设备的绝缘电阻大部分都在50MΩ以上，除非用了标准中禁止使用的材料(如易吸潮的塑料制品)作绝缘端子。考虑到机电工程检评一般在现场实施，绝缘电阻为50MΩ。

2.3 闭路电视监视系统

2.3.1 基本要求

与车辆检测器相比，闭路电视系统外场摄像机为了视野要求，其安装高度一般都比较高，对其防雷措施要求很严格，因此防雷作为基本要求。

2.3.2 实测项目

闭路电视系统是监控系统中重要的也是比较复杂的一类设备，除了机械安装外还有安全保护、防雷措施、图像传输质量、控制数据传输性能、电视图像质量等技术指标都很重要。本标准中的安装质量主要结合近几年高速公路建设经验制定，图像传输质量主要依据原广电部标准《有线电视系统测量方法》(GY/T 121—1995)、《有线电视接收机变换器入网技术条件和测量方法》(GY/T 125—1992)、《卫星数字电视上行站通用规范》(GY/T 146—2000)、《卫星数字电视接收机技术要求》(GY/T 148—2000)、国家标准《民用闭路电视监视系统工程技术规范》(GB 50198—1994)、《电视广播接收机主观试验评价方法》(GB 9379)等制定。

近几年有些高速公路尝试用数字压缩技术通过SDH传送模拟图像，但实测指标并不理想，特别是频率响应指标大部分不合格，主要原因是为了降低成本用了较便宜的芯片，编解码设备不过关所致。本标准用较多客观指标来规范图像传输质量，目的是建设一套符合标准的、可靠的、通用的图像传输系统，编制依据是基于模拟图像传输的实际情况。但不管是模拟传输还是数字传输，最终要还原为模拟图像，因为现阶段图像监视器大部分是模拟的，本标准规定的通道传输指标与传输设备无关，都应满足，才能判为合格。

2.4 可变标志

2.4.1 基本要求

本标准中可变标志包括：可变限速标志、可变信息标志，匝道、隧道、收费站的车道控制标志，交通信号灯等交通信息提供装置，基本要求项目较多。

2.4.2 实测项目

可变标志是监控系统信息提供设备之一。随着交通建设的深入，为了规范建设市场提高工程质量，交通部组织编写了可变限速标志、可变信息标志，匝道、隧道、收费站的车道控制标志等系列行业或国家标准，为本标准的编写提供了依据。由于大部分是新标准，工程建设者并不十分熟悉这些标准的内容，在本标准中除了安装指标外还对产品的主要指标作了规定，目的是进一步加强这类涉及行车安全类标准的执行力度。实测项目中的前7款主要规定的是安装质量，门架或悬臂安装的结构安全是重点，检评时对立柱及辅助支撑、基础、地脚的结构尺寸、材料规格要严格检查。除此之外，钢构件的防腐涂层质量也作为关键项目予以规定，是因为可变标志自身重量较重，具有较大的外观尺寸而会受到较大的活动风载，一旦防腐涂层受损，金属腐蚀速度加快，势必破坏支撑系统的结构稳定性，影响安全。防腐涂层质量有设计要求的按设计要求进行，无设计要求的按国标《高速公路交通工程设施钢构件防腐技术条件》(GB/T 18226)执行。

实测项目中视认距离是可变标志最重要的指标，检评时可按照交通行业标准《高速公路LED可变信息标志技术条件》(JT/T 431)有关章节评定，评定时注意在白天屏幕接受最大照度的照射时的视认性能和夜晚是否产生眩光。发光亮度和色度坐标，是两个客观指标可用非接触式亮度计测量。其他实测项目主要是设备的数据传输性能、安全保护、立柱的安装竖直度等。

2.5 光、电缆线路

监控系统的光电缆线路主要指中心(站)到附近的外场监控设备的供电电缆、控制信号电缆、传输光缆、同轴缆、音频电缆或综合缆等，一般由监控系统承包商负责施工完成，不包括对远程设备的控制线路，对于远程设备的控制一般借助中央隔离带下通信管道，通过传输系统实现，这部分内容属于通信分部工程的范围。

公路机电系统目前已很少使用充气型光电缆，本标准以全塑和填充型光电缆为主。

2.5.1 基本要求

光电缆施工质量的基本要求是:使用的规格、程式、数量要符合设计要求，施工路由、占用孔位正确，对于直埋电缆要设置符合要求的电缆标石以便于维护;光电缆的接续和接地要按照有关施工规范，由持证上岗的熟练技术工人完成。近年工程实践中，经常发现工程开通时，外场设备还能接受监控中心的控制，往往一场大雨过后就失灵的现象。究其原因大部分发生在光电缆接续处理工艺不合要求，导致接头受潮或进水。经过培训的电信、铁路、通信工程兵等施工队伍，很少发生光电缆接续质量问题，监理或业主检评时应对施工队伍的持证情况进行适当要求，目的是提高施工队伍技术素质，保证质量。

2.5.2 实测项目

监控系统的光电缆分项工程实测项目共8项，主要围绕接续质量。光缆接头损耗反映光纤熔接质量，绝缘电阻反映了接头密封措施是否得当，低速误码率反映了整体传输性能。

在实际检评时，先分清承包单位，属于通信承包商的可纳入通信分部工程统一考虑，剩余的纳入监控分部工程。之后，按电缆类型和条数统计抽样总体，按3.2.1确定检查频率，对于多芯缆，3芯(对)以下的全检，3芯(对)以上的抽检30%，但不少于3芯(对)。

事实上，公路光电缆线路的建设中有许多技术问题待探讨，如埋设深度、与其他建筑物的间距、穿越桥梁的防护、防蚁防蚀、防雷接地等都会影响到光电缆线路的建设质量，由于目前公路机电工程的设计规范和施工规范还没有颁布，工程检评时遇到此类问题可参照铁路或通信行业标准执行。

实测项目中的同轴电缆内外导体绝缘电阻和电力电缆绝缘电阻单位本应为MΩ·km，由于监控系统的光电缆线路相对较短，为了测量方便，此处的值是指端到端整条电缆的绝缘电阻，即兆欧表的示值，不需要再进行长度换算。其他说明见5.1节。

2.5.3 外观鉴定

在检查公路机电工程时，打开人手孔、配电箱、监控中心光电缆引上井或防静电底板下，经常看到线缆杂乱无序、标示不清、人手孔内积满了水的现象。直接后果是:一造成信号相互干扰，甚至发生触电事故，二不利于排查故障，增加维护成本。本条规定的内容也是光电缆工程质量的基本要求，是为了避免上述隐患而提出的。

1)对使用多股软线和$4mm^2$以上的硬线电力电缆尾端连接与接续应使用专用连接器并用热塑套管封合，每根线缆都应进行标记。

2)同轴电缆成端应使用焊接方式主要考虑接续稳固、减小信号反射。

3)直埋电缆两端铠装层接地是一种有效的防雷措施,一定要按施工规范要求进行接地处理。一般来讲,电缆及光电综合缆线路每隔一定距离都会将金属护套、铠装层进行接地,并不仅仅在线缆两端接地,通常是4km要作一处防雷系统接地,本标准主要是按在公路监控中心附近的外场设备编写的。当有长距离供电或信号传输时,应按设计要求进行抽查或查验隐蔽工程记录。

2.6 监控中心设备安装及软件调测

监控中心设备本应包括大屏幕投影和地图板,但考虑后两者投资较大又相对自成体系,由不同的生产商供货安装,所以分别单独列为一个分项工程。监控中心设备主要是计算机及其外围设备。与其他分项工程不同的是除了设备安装外,监控应用软件则反映了整个监控系统工程建设的成果,仅有好的硬件设施,软件不能正常运行,很多硬件不受控制,不能说该监控工程是合格的。

2.6.1 基本要求

基本要求实际上包括三部分内容:机房条件、监控设备和应用软件。机房条件一般不属于监控承包商的工作范围,但机房条件对监控中心设备及软件能否正常运行影响极大,除了对设备的影响外,还对负责安全监控任务的工作人员的心理和生理产生影响,如温度过冷或过热会影响人的工作效率和决策能力,将机房条件纳入监控系统是提醒建设者对此给予充分重视。安全工作无小事。监控承包商有义务对基础条件在设备和软件安装前进行条件符合性测试和记录,对不符合项按标准和设计要求提出整改建议,并通知监理、建设单位。对设备的基本要求首先是各设备的型号、规格、数量等符合设计要求,其次是设备已经安装到位具备了初步开通的条件,最后提交了齐全的资料。软件的基本要求有7项,其中1、3、5、7项是最基本的,其他项目可按合同要求酌情增删。

"按国家相关标准要求进行了软件的稳定性、可靠性测试并提供了报告;编制并提供了符合规范的软件手册及相关文档",相关文档有:

1)GB/T 16680—1996《软件文档管理指南》

2)GB/T 16260—1996《信息技术　软件产品评价　质量特性及其实用指南》

3)GB/T 17544—1998《信息技术　软件包　质量要求和测试》

4)GB/T 15532—1995《计算机软件单元测试》

5)GB/T 9386—1988《计算机软件测试文件编制规范》。

编写本条的目的主要是应一些工程管理单位的要求,如何提高软件的可靠性、安全性和可维护性。在实际检验中如何测试软件的可靠性、安全性和可维护性,还是一个问题。目前国际上也没有一个通用公认的标准,对软件的测试也只能凭经验和对功能的了解程度评价。所以本部分主要以功能验证为主。

2.6.2 实测项目

实测项目也是围绕机房条件、监控设备安装与连接和应用软件三部分要求编写的。监控中心设备是经常与人接触的,并且大部分设备是由220V交流直接供电,安全防护很重要。一般的监控中心都做联合接地,但有的中心在设备调试时出现了消除不掉的干扰,通过试验再独立做一套工作地或屏蔽地后,干扰有可能被消除。对于这种情况或没有联合接地的要单独检测工作地、保护地和防雷地。

监控软件的实测项目主要是系统的信息采集、信息处理、信息提供功能和自检功能,采用的方法是实际操作验证,在检评时向具体操作人员征询意见,可以得到更真实的有关软件或系统存在的问题,以便做到有的放矢验证,提高检验效率。

2.7 大屏幕投影系统

2.7.1 基本要求

大屏幕投影系统是监控(分)中心的显示设备,基本要求首先是各设备符合设计要求,其次是设备的安装质量,最后要求提交的资料齐全。

2.7.2 实测项目

为了扩大显示面积、增加显示内容、以更好的人机界面体现监控效果,有时用多台投影仪和多块屏幕拼接成一张更大屏幕。屏幕之间的拼接缝隙不应过大。

在一些宣传或技术资料中经常看到用×××ANSI流明来描述屏幕的亮度,这是不科学的、非规范的描述单位。流明是光通量的单位,是描述光源光出射强度大小的,可用来表征投影仪投射镜头的光通量,但是实际测量时很少有光通量测量仪,通常用光强(符号 I,单位cd)测量仪间接获得光源的光通量。投影仪光通量大并不表示屏幕上的图像就一定明亮,还与投射距离有关。在光计量领域一般用照度(符号 E,单位lx)或亮度(符号 L,单位 cd/m^2)表征非主动发光显示屏幕的明亮程度,按公式 $E = I/d^2$,通过照度可反推投影仪的出射光通量。本标准中用亮度 $150cd/m^2$ 指标是在统计近几年招投标文件和在监控中心非主动发光大屏幕上的亮度测量值基础上,结合主观评定给出的暂定值。检评时可依据合同商定其他值。

大屏幕投影系统的首要功能是能清晰地以图像方式显示各种静态信息和动态信息,窗口缩放和多视窗显示是大屏幕投影灵活、方便的显著特点,对选定的显示内容可放大或缩小,将多种交通路况信息以多视窗的形式显示在同一屏幕上。

2.8 地图板显示系统

地图板显示系统也是监控(分)中心的显示设备,质量控制要点是地图板的尺寸、安装的垂直度和平整度以及安装后的功能和显示效果。地图板是一种大型的信息提供装置,其机箱内部的显示元件、控制部件、各种布线等较复杂,一般在现场施工组装调试,对个别组装部件的质量保证资料如材质检验证明等进行检查是必要的,以防止以次充好。

2.9 监控系统计算机网络

本节主要是应一些工程管理单位"如何提高计算机网络的可靠性、安全性和可维护性"的要求编写。在实际检验中如何测试网络的性能,目前国际上也没有一个通用公认的标准。

2.9.1 基本要求

设备的数量、型号、规格以及网络线的质量符合设计要求。

2.9.2 对网络的实测项目

网线及其布线质量、网络传输性能等硬件指标是有标准可测的,但是网络维护性测试、健康测试指标只是定性测试,作为对比、查找故障是有效的。近两年已经有了RC2544标准和相应的网络测试设备,能定量地评价网络的性能,主要指标有6项:

(1)网络吞吐量;

(2)时延;

(3)帧丢失率;

(4)背对背帧处理;

(5)置位恢复速率;

(6)系统恢复速率。

但是一个网络的具体指标值是多少,并没有统一标准。本标准列出这些项目以突出客观检测,主要是为修订标准积累资料。

3 通信设施

3.1 通信管道与光电缆线路

通信管道与光电缆线路是公路通信系统的主要传输媒介与神经，是通信系统运行的基础。这几年混凝土管孔已不多见，取而代之的是塑料管道，特别是高密度聚乙烯硅芯塑料管的应用，极大地提高了穿缆效率，降低了管道的投资成本，应用也越来越广泛，本标准提出的指标和方法主要是基于塑料管的。

3.1.1 基本要求

围绕三部分内容编写，一是基本材料包括：管道材料如塑料管、管箱、钢管、混凝土管块、人（手）孔圈，光电缆材料等符合要求；二是施工工艺要符合规范；三是质量保证资料齐全有效。

3.1.2 实测项目

各种损耗指标反映了整个线路的施工质量，绝缘电阻反映了施工过程中是否损坏了电缆外护层。主要参照的规范有：通信行业标准《通信管道工程施工及验收技术规范》（YD 5103—2003）、《长途通信光缆塑料管道工程设计暂行技术规定》（YD 5025—96）、铁路行业标准《铁路光（电）缆传输工程设计规范》（TB 10026—2000）等。

本标准低速误码率反映信号线、音频线的整体传输性能，是基于不管传输中间环节多么复杂、施工质量如何好，最终要体现在线路端到端的传输质量上。测量时将一对线路的一端环接，另一端接在数据通信分析仪的发送和接收端，设置分析仪的相关参数进行测量，每对测量 15min。

用后向散射法（OTDR）测量每个接续点两个方向的接头损耗值（a_i，b_i），$(a_i+b_i)/2$ 即该接头的接续损耗，每根光纤的接头损耗平均值为：

$$a=[\Sigma(a_i+b_i)/2]/n \quad (\text{dB})$$

式中：a_i——某点从 $A \to B$ 方向测得的接头损耗测量值；

b_i——某点从 $B \to A$ 方向测得的接头损耗测量值；

n——OTDR 在光缆中继段上实际测到的被测光纤接头数。

实际上，光纤接续特性除了光纤线路衰减和接续损耗外，还有许多指标，如最大离散反射系数和 S 点最小回波损耗。有条件时可用 OTDR 和回波损耗测试仪分别测试。

光电缆的绝缘电阻随着长度的增加而变小，其单位应是 MΩ · km，而不是 MΩ/km，这一点务请注意。测量时先用兆欧表测得光电缆芯线的绝缘电阻，用乘以该光缆长度（换算到 km ）后的计算值与标准值进行比较，若不小于标准值则合格，否则不合格。

本标准没有考虑充气型光电缆的应用，工程中如有此类情况，可参照《铁路通信工程质量检验评定标准》（TB 10418—2000）4.1.5 条执行。

3.2 光纤数字传输系统

目前高速公路的主干线光纤数字传输系统已完成了 PDH 向 SDH 的过渡，早期设计建设的部分路段也大部分完成了设备更新，2M 以下业务还有部分路段沿用 PDH 的接口或线路，主要是程控交换和通过音频链路传送控制数据。SDH 的最高速率等级大部分路段使用 STM-4，有少部分路段尝试传送图像业务，已发展到 STM-16。

3.2.1 基本要求

设备的型号规格、数量要符合设计或合同要求；设备安装及布线连接质量基本具备开通条件；提交的资料齐全。

3.2.2 实测项目

目前阶段,公路光纤数字传输系统作为接入型的传输网,其传输性能主要由误码、抖动、漂移部分损伤技术指标来确定。按照实际测试经验,只要误码性能要求能得到满足,抖动和漂移性能一般也能符合要求,所以SDH的传输质量主要考虑误码性能。本标准是用2M支路口来反映整个传输系统的误码指标,测试时也应遵循这一原则,该指标主要参考铁路行业标准TB 10219—99制定,传送距离按50 km考虑,并且比施工验收严格10倍。其他传输指标参照通信行业标准《同步数字系列(SDH)长途光缆传输工程设计规范》(YD/T 5095—2000)制定。一些网管指标作为功能测试项。制定该条款时考虑了目前工程中测试仪器设备的配置情况,有些难以测量或测量成本很高并且意义不大的指标没有列入。

主要指标的制定依据说明如下:

1. 比特容差

见表3-1。

表3-1 YD/T 5095—2000关于电接口比特容差的规定

标称比特率(kbit/s)	比特率容差(10^{-6})	码 型
2 048	±50	HDB3
34 368	±20	HDB3
139 264	±15	CMI
155 520	±20	CMI

2. YD/T 5095—2000关于误码性能的规定

1)SDH网络全程端到端27 500km假设参考通道的误码性能指标符合表3-2。

表3-2 全程端到端误码性能指标

速率(kbit/s)	2 048	34 368/44 736	139 264/155 520	622 080	2 488 320
ESR	0.04	0.075	0.16	待定	待定
SESR	0.002	0.002	0.002	0.002	0.002
BBER	2×10^{-4}	2×10^{-4}	2×10^{-4}	1×10^{-4}	1×10^{-4}

2)6 800km数字通道的误码性能(长期系统指标)应不劣于表3-3的指标(测试时间不少于1个月)。

表3-3 6 800km数字通道的误码性能(长期系统指标)

速率(kbit/s)	2 048	34 368/44 736	139 264/155 520	622 080	2 488 320
ESR	1.63E-3	3.06E-3	6.53E-3	待定	待定
SESR	8.16E-5	8.16E-5	8.16E-5	8.16E-5	8.16E-5
BBER	8.16E-6	8.16E-6	8.16E-6	4.08E-6	4.08E-6

3)实际通道误码应按表3-3指标乘以实际通道长度与6800km之比进行计算。

4)420km假设参考数字段误码性能(长期系统指标)应不劣于表3-4的指标(测试时间不少于1个月)。

表3-4 420km假设数字段的误码性能(长期系统指标)

速率(kbit/s)	2 048	34 368/44 736	139 264/155 520	622 080	2 488 320
ESR	2.02E-5	3.78E-5	8.06E-5	待定	待定
SESR	1.01E-6	1.01E-6	1.01E-6	1.01E-6	1.01E-6
BBER	1.01E-7	1.01E-7	1.01E-7	5.04E-8	5.04E-8

5)实际数字段误码应按表3-4指标乘以实际数字段长度与420km之比进行计算,实际数字段长度小于30km的应按30km计算。

6)6 800km 数字通道的误码性能(短期系统指标)应不劣于表 3-5 的指标(测试时间不少于 24h)。

表 3-5　6800km 数字通道段的误码性能(短期系统指标)

速率(kbit/s)	2 048			34 368/44 736			139 264/155 520			622 080			2 488 320		
	S1	S2	$BISPO_7$	S1	S2	$BISPO_7$	S1	S2	$BISPO_7$	S1	S2	$BISPO_7$	S1	S2	$BISPO_7$
ES	43	74	411	89	131	771	204	266	1645	*	*	*	*	*	*
SES	0	6	21	0	6	21	0	6	21	0	6	21	0	6	21

注:表中 * 值待定。

7)工程数字段的误码性能(短期系统指标)应不劣于表 3-6 的指标(测试时间不少于 24h)。

表 3-6　工程数字段的误码性能(短期系统指标)

速率(kbit/s)	2 048			34 368/44 736			139 264/155 520			622 080			2 488 320		
	S1	S2	$BISPO_7$	S1	S2	$BISPO_7$	S1	S2	$BISPO_7$	S1	S2	$BISPO_7$	S1	S2	$BISPO_7$
ES	0	1	N_A	0	1	N_A	0	2	5	*	*	*	*	*	*
SES	0	1	N_A	0	1	N_A	0	1	0	0	1	0	0	1	0

注:表中 * 值待定,N_A 表示不适用。

3. YD/T 5095—2000 关于抖动性能

1)SDH 网络接口抖动性能

a. SDH 网络接口允许的最大输出抖动(滤波器频率响应按 20 dB/10 倍频程滚降,低频部分按 -60dB/10倍频程滚降,测试时间为 60s)

(1)SDH 网络输出口的最大允许输出抖动,应不超过表 3-7 中规定的数值。

(2)数字段输出口的最大允许输出抖动,应不超过表 3-7 括号中数值。

表 3-7　SDH 网络输出口的最大允许输出抖动

速率(kbit/s)	网络接口限值		测量滤波器参数		
	B1 UI_{p-p} $f_1 \sim f_4$	B2 UI_{p-p} $f_3 \sim f_4$	f_1 (Hz)	f_3 (kHz)	f_4 (MHz)
STM-1(电)	1.5(0.75)	0.075(0.075)	500	65	1.3
STM-1(光)	1.5(0.75)	0.15(0.15)	500	65	1.3
STM-4(光)	1.5(0.75)	0.15(0.15)	1000	250	5
STM-16(光)	1.5(0.75)	0.15(0.15)	5000	1000	20

注:STM-1 1UI = 6.43ns, STM-4 1UI = 1.61ns, STM-16 1UI = 0.402ns。

b. SDH 设备 STM-N 输入口的抖动和漂移容限

SDH 设备 STM-N 输入口允许的正弦调制输入抖动和漂移,应符合图 3-1 和表 3-8 规定的要求。

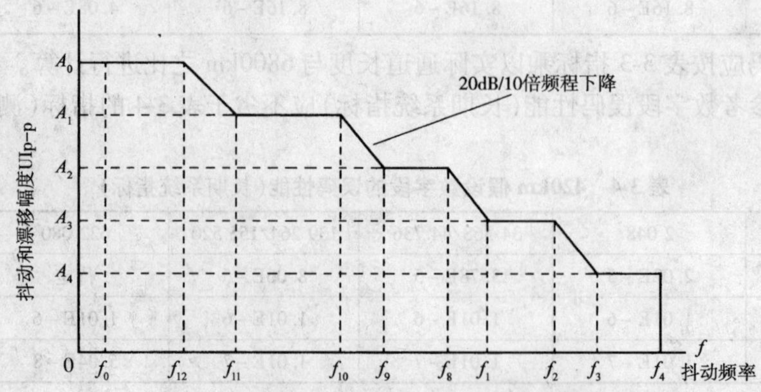

图 3-1　SDH 设备 STM-N 输入口输入抖动和漂移容限

表 3-8　SDH 设备 STM-N 输入口输入抖动和漂移容限的参数

STM 等级	抖动幅度(UI_{p-p})					频率									
	A_0 (18us)	A_1 (2us)	A_2 (0.25 us)	A_3	A_4	f_0 (Hz)	f_{12} (Hz)	f_{11} (Hz)	f_{10} (Hz)	f_9 (Hz)	f_8 (Hz)	f_1 (Hz)	f_2 (kHz)	f_3 (kHz)	f_4 (MHz)
STM-1(光)	2800	311	39	1.5	0.15	1.2E－5	1.78E－4	1.6E－3	1.56E－2	0.125	19.3	500	6.5	65	1.3
STM-1(电)	2800	311	39	1.5	0.075	1.2E－5	1.78E－4	1.6E－3	1.56E－2	0.125	19.3	500	3.25	65	1.3
STM-4(光)	11200	1244	156	1.5	0.15	1.2E－5	1.78E－4	1.6E－3	1.56E－2	0.125	9.65	1000	25	250	5
STM-16(光)	44790	4977	622	1.5	0.15	1.2E－5	1.78E－4	1.6E－3	1.56E－2	0.125	12.1	5000	100	1000	20

2)PDH/SDH 网络边界的抖动性能

a. 由 SDH 网络传送的 PDH 信号在 PDH/SDH 网络边界,应符合原有 PDH 网络的抖动性能要求。

b. PDH 网络输出口的最大允许输出抖动,应不超过表 3-9 中规定的数值(滤波器频率响应,按 20dB/10 倍频程滚降,测试时间为 60s)。

表 3-9　PDH 输出口的最大允许输出抖动

速率(kbit/s)	网络接口限值		测量滤波器参数		
	B1(UI_{p-p}) $f_1 \sim f_4$	B2(UI_{p-p}) $f_3 \sim f_4$	f_1 (Hz)	f_3 (kHz)	f_4 (kHz)
2 048	1.5	0.2	20	18	100
34 368	1.5	0.15	100	10	800
44 736	5.0	0.1	10	30	400
139 264	1.5	0.075	200	10	3 500

c. SDH 设备 PDH 支路输入口的抖动和漂移容限

SDH 设备 PDH 支路输入口允许的正弦调制输入抖动和漂移容限,应符合图 3-2 和表 3-10 规定的要求。

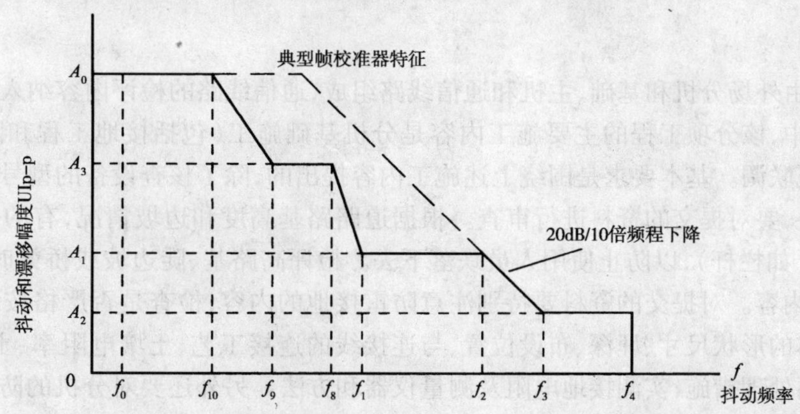

图 3-2　SDH 设备 PDH 支路输入口输入抖动和漂移容限

表 3-10　SDH 设备 PDH 支路输入口输入抖动和漂移容限的参数

	抖动幅度(UI_{p-p})			频　　率									伪随机测试信号
速率(kbit/s)	A_0 us	A_1 UI	A_2 UI	A_3 us	f_0 (Hz)	f_{10} (Hz)	f_9 (Hz)	f_8 (Hz)	f_1 (Hz)	f_2 (kHz)	f_3 (kHz)	f_4 (kHz)	
2 048	18	1.5	0.2	8.8	1.2E－5	4.88E－3	0.01	1.667	20	2.4	18	100	2E15－1
34 368	4	1.5	0.15	1	0.01	0.032	0.13	4.4	100	1.0	10	800	2E15－1
44 736	18	5.0	0.1	*	*	1.2E－5	*	*	10	0.6	30	400	2E20－1
139 264	4	1.5	0.075	1	0.01	0.032	0.13	2.2	200	0.5	10	3 500	2E23－1

注:(1)表中*待定;

(2)2048kbit/s 速率下 f_8,f_9,f_{10} 的数值是指不携带同步信号的 2048kbit/s 接口特性;

(3)2048kbit/s 1UI = 488ns,34386kbit/s 1UI = 29.1ns,

44736kbit/s 1UI = 22.4ns,139264it/s 1UI = 7.18 ns。

4. 漂移性能

在 SDH 网络中任何 STM-N 接口上的漂移限值以最大时间间隔误差(MTIE)来规范,应符合表 3-11 的要求。

表 3-11　STM-N 接口上的漂移限值

MTIE(us)	观察时间 τ(s)	MTIE(us)	观察时间 τ(s)
7.5τ	$\tau \leq 1/30$	$5\times10^{-3}\tau+2$	$17.5<\tau\leq1200$
$0.1\tau+0.25$	$1/30<\tau\leq17.5$	$1\times10^{-5}\tau+8$	>1200

3.3　数字程控交换系统

高速公路的程控交换系统相对市话局或长话局要小得多,体现在用户少、线缆对数少,相对来说比较简单,本节是针对较大的管理中心级汇接局编写的,对一些路段的收费站等小容量应用,在工程中常用光纤传输系统的一个远端模块代替交换机,这时的配线架、通信电源、机房、槽道等项目不再适用,在评定时可依据工程情况适当取舍,在检查记录中可填写"不适用",在统计记分时不计入。本标准提出了一些客观指标如障碍率、接通率、处理能力等一是质量保障的长期指标是测量所必须的,二是为了提高人们对公路用机电产品的重视程度。检测中经常发现一些常用设备功能上基本满足要求,用测量仪器实测的指标却不符合标准要求,经过交涉,承包商更换一些板卡再测就能通过。这说明承包单位不是不知道设备存在缺陷,而是存在侥幸心理:公路不是精细的设施,不用精工细作,凑合过去就行。只有客观测量才能反映出机电设施深层的质量问题,保证工程的长期可靠性。

3.4　紧急电话系统

3.4.1　基本要求

紧急电话系统由外场分机和基础、主机和通信线路组成,通信线路的检评内容纳入通信 5.1 通信管道与线路分项工程中,该分项工程的主要施工内容是分机基础施工(包括接地工程和防护栏杆)、分机安装与接线、主分机联调。基本要求是围绕上述施工内容提出的,除了核查设备的型号规格、数量、安装位置、布线的质量外,要对提交的资料进行审查。根据道路路基高度和边坡情况,有的基础可能设有必要的安全防护设施(如栏杆),以防止使用人员跌落下去。检评高路基、陡边坡或桥梁时,应注意根据设计要求增加这部分内容。对提交的资料要特别注意防雷接地的内容,检查是否严格按设计图纸进行了施工,包括对接地体的形状尺寸、埋深、布设位置、与连接线的连接工艺、土壤电阻率、土质处理情况,接地体、连接线的防腐处理措施,实测接地电阻及测量仪器和方法。另外还要对分机的防雷元件和措施进行检查。

3.4.2　实测项目

实测项目主要有:安全保护、话音质量、分机和主机的必要性能。在测量外场分机的声压级时一般在上端主机按标准下发一个音频信号,要注意尽量避开行驶的车辆,减小背景噪声。防雷接地电阻不大于10Ω是指维持指标,任何时候都不应高于此值,所以在监督类检评时,除了实测外,还应查验平常的维护测量值。防雷接地电阻大小还与设备内部配置的防雷元件的性能有关,有的设备可能规定为4Ω。

3.4.3 外观鉴定

在高速公路上经常发现一些紧急电话歪歪扭扭、地脚和其他金属件锈迹斑斑、整个分机破损不堪,除了人为破坏和产品本身质量外,安装处理不当也是主要原因。外观鉴定项目按施工和检查顺序,从下到上,由外到内,进行了较详细的规定。地脚明确规定用热镀锌作防腐处理,是改变一些设计单位对此不明确、施工单位用电镀锌处理的现象。试验和实践都证明电镀锌在室外可用1~2年,而热镀锌地脚可用十几年(当镀层大于35μm时)。

近一两年,太阳能技术开始在紧急电话中使用,显示了极大的优越性,但还没有颁布正式标准,本标准增加了一款有关太阳能紧急电话分机的外观要求,可按合同或设计要求适当增删。

3.5 移动通信系统

公路机电系统的无线移动通信系统主要目的是为了满足巡逻、灾情、事故报告、调度等管理功能,在多数高速公路和公用移动通信覆盖的经济发达地区已不再使用。本分部工程的提出主要为了一些早期建立的网站的改建项目和部分特殊路段。按照国家无线频段资源管理规定,目前有两种公路无线调度通信系统:

一是自建450MHz无线调度通信系统,系统由调度总机、中转台、车载台、手持台、天线等设备组成,调度总机设在监控调度中心,中转台设在沿线无人通信站,车载台装在巡逻车上,养护人员配备手持台,可实现调度与移动人员间,移动人员相互间的语音通信。该方案系统组网方便、设备简单、造价较低,且具有交通管理所需的调度功能。

二是可利用无线委员会批给交通部的30对频点,自建800MHz集群移动通信系统。系统由基站设备、无线交换机、天线等组成,基站配置多信道收发信机和控制器,通过中继线与无线交换机连接,无线交换机通过数字中继与程控数字交换机连接。移动用户为车载台和手持台。移动用户间,移动用户与固定用户间均能通信。

根据广东省已经开通的高速公路的管理运营经验,用450MHz无线调度系统即可满足现阶段路政管养和道路监控对无线调度应用的需求。本标准是基于450MHz无线调度系统编制的。

检评时除了按基本要求、实测项目、外观鉴定项目逐项检查外,对铁塔的防雷质量要按即将颁布的行业标准《公路机电工程防雷技术规范》进行检验。

3.6 通信电源

本部分是以较大通信中心的供电电源工程为对象编写,界面从交流配电屏的输入端开始到-48V及通信系统常用的各交直流电源。通信防雷完全按专业标准《通信工程电源系统防雷技术规定》(YD 5078—98)引用,目的是保障防雷安全。一般公路机电工程的监控、通信、收费三大系统都需要备用电源,所以将发电机组统一规并到低压供配电分项工程中。

现代电源技术发展很快,高频开关电源已经广泛使用,它利用电源控制技术和计算机技术,将交流配电单元、直流配电单元、监控单元和整流模块集中于同一机柜上,实现了集中监控整流模块与交直流配电单元的各种参数和状态,非常适合于程控交换机和各种通信设备配套使用。所以在站一级单位通信电源分项工程可能就一个设备,检评时视工程情况,酌情增减。

4 收费设施

公路收费系统中使用的专用机电设备较多,主要有收费亭、电动(手动)栏杆、车道控制器(车道计算机)、收费员显示终端、专用键盘、费额显示器、报警器、车道信号灯、天棚信号灯、车辆检测器、摄像机、收发(打)卡设备等。但是,经过鉴定、定型生产的并不多,如何保证这些产品的长期稳定性还须通过企业自律、社会监理、政府监督多种途径的齐抓共管才能实现。这些产品的行业标准到2003年底已基本完成,本标准中的指标大部分参照行业标准或报批稿中的数据,施工企业应向建设单位、监理、监督单位提交合格的质量检验报告。

4.1 入口车道

入口车道设备一般由车道控制器完成相关的动作或功能。车道控制器接收收费站控制计算机来的时钟、费率和操作权限的数据,完成设备的初始化,接收授权人的控制,自动统计车辆信息和各种操作信息,当与收费站的通信中断时应独立工作,通信恢复时将数据不丢失地上传给站级计算机。

一个合格的安装工程应该是设备安装整齐、到位,连线正确可靠,标识清楚、方便维护。

4.2 出口车道

4.2.1 基本要求

要点是设备的规格、数量;安装位置、布线质量、提交的资料。

4.2.2 实测项目

主要是各种设备的安全防护,其次是电动栏杆起落时间、车辆检测器计数精度,这两项指标是车道设备比较重要的指标。功能测试是目前国内设计收费车道的主要功能。

4.3 收费站设备及软件

4.3.1 基本要求

要点是设备的规格、数量;安装位置、布线质量、提交的资料。

4.3.2 实测项目

收费站计算机系统主要功能:对下不断地轮询本站各车道控制器,对收费车道的收费过程进行管理,对上定时将收费及交通量信息传送至收费中心,并接受其指令、参数下传各车道控制器。

4.4 收费中心设备及软件

收费中心设备及软件的主要功能:接收收费站计算机上传的统计信息并上报到收费中心;接受总中心转发的各种信息,并下传给收费站计算机;整理、统计、存贮、打印所辖收费站上传的数据;通信线路故障时,中心计算机可独立工作。

本节内容也适合分中心。

4.5 IC 卡及发卡编码系统

卡处理时间反映了车道收费效率、服务水平(不含人的因素)。

IC 卡发卡编码系统应能制作设计要求的各种卡,并进行卡的管理(查询、统计、打印等)。

IC 卡包括接触式和非接触式两种。本节提出的要求对这两种都适用,非接触式有一些更复杂的指标,现场测试非常困难。只能凭检验报告和出厂测试来证明,如有疑问可抽样到有资质的实验室复测。

4.6 内部有线对讲与紧急报警系统

内部有线对讲系统主要是单向呼叫功能,收费员之间不能相互通话,主机面板上有带指示灯的分机通话按钮、扬声器的音量控制旋钮,“群呼”按钮和状态指示灯,检评时要注意这些指示数的状态是否正常。

紧急报警系统是由安装在收费亭内的手动/脚踏报警开关和站上的报警警笛组成,可自检并可向 CCTV 系统提供报警输出信号。

4.7 闭路电视监视系统

收费系统的闭路监视系统与监控系统有所不同,监控系统监视的是交通路况,注重是交通安全、道路畅通情况,大都设置在关键路段上;收费系统监视的主要是资金安全,设置位置较多,如收费广场、车道、收费亭内外、财务室。图像传输方式也有区别,监控系统大部分用光缆传输,收费监视分为两级,第一级由收费车道至收费站,由于距离较短,一般用同轴电缆传输,第二级由收费站到收费中心,一般用光缆传输。对于第一级,传输通道相对比较简单,由施工单位组织测试并记录,以判定是否存在质量隐患,对于实测项目的第 8 项可不做测试。对于第二级,监理和监督单位都应重点测试,测试时按通道数量(包括备用通道)抽样。

4.8 光电缆线路

本条主要是收费站到车道的视频传输信号线有多模光缆、单模光缆、同轴电缆,控制信号线,还有 220/380V 的电源线,传送距离一般小于 1km。基本要求的第 7 款“在收费广场电缆沟内,光电缆不得有接头”时考虑了:

1)收费广场电缆沟内比较潮湿,且各种管线较多如电力、热力、水等;

2)收费广场至站内距离较短,施工单位在规划路由和布线时应避免中间接头,而不应为了节省材料将几段尾线连接成一条通路,留下质量隐患。

其他说明见 2.5。

4.9 计算机收费软件与网络

4.9.1 计算机软件

计算机应用软件除满足本章的功能测试外,其余同 2.9.1。

4.9.2 计算机网络

同本册 2.9.2。

5 低压配电设施

按工程界面划分原则，机电工程的配电一般是380V以下的线路。主要向监控、通信、收费中(分)心以及外场设备如CCTV摄像机、可变标志、检测器等提供电力。低压配电分项工程的主要内容有自备发电机组安装与调试、配电室机柜安装、室外配电箱(柜)安装、电缆分歧与封装、电缆铺设与防雷等。在公路配电工程中常见问题是电缆接续或分歧时，密封工艺处理不当，导致绝缘失效，所以对埋设后的电缆做绝缘测试是很重要的。检查时按电缆程式和供电点统计抽样总体，电缆原则上以供电点为单位统计总条数；配电柜以台为单位统计总数。

本章主要参照通信行业标准《通信电源设备安装工程验收规范》(YD 5079—99)编写，当设计文件涉及了相关内容时可参照使用。

6 照明设施

公路照明的目的是为司机和行人提供快速、准确及舒适的能见度和视野条件，提高夜间道路安全保障等级。公路照明包括路段、桥梁、广场的路面，隧道照明纳入隧道机电设施。

6.0.1 基本要求

高杆灯灯杆高度一般在20m以上，并承受比较大的荷载，其结构稳定性、电气安全性、防雷等性能显得尤为重要，要求取得国家特种设备安装资质的单位施工。

6.0.2 实测项目

评价照明效果的技术指标有亮度和照度。亮度的定义是：在观察方向上，光源给定点面元的发光强度的面密度，单位是cd/m^2（坎德拉每平方米）。照度的定义是：入射在一个表面的光通量的面密度，单位是lx（勒克斯）。一般亮度用来表征光源的明亮程度，照度才是用来表征被光源照射表面的亮暗程度的。早期的一些设计文件用亮度指标描述照明效果并不太科学，并且测量也不方便；而用照度指标既科学容易理解，也测量方便，只需用一只价格便宜的照度计即可实现。

7 隧道机电设施

隧道由于其交通环境不同于一般路段，隧道的通风、照明、消防等也具有其独特性，根据本标准编写大纲的专家评审意见，将其机电设施作为一个分部工程。

7.1 车辆检测器

隧道车辆检测器的用途同路段检测器一样，对其性能要求考虑到隧道环境条件等特点应更高一些。在审查施工企业提交的检验报告时应特别注意。施工质量检测说明同2.1。

7.2 气象检测器

同2.2。

7.3 闭路电视监视系统

隧道内摄像机多用低照度定焦镜头。2.3中的有些控制功能不适用，应予以注意。

7.4 紧急电话系统

隧道内紧急电话应是报警信息的一部分。设备的安装一般是在洞壁预挖的坑洞内，检测时注意设备不应侵入道路界限内。

7.5 环境检测设施

隧道环境检测设施主要指CO检测器、烟雾检测器、照度检测器、风向风速检测器等，它收集的信息影响是否启动通风设施。交通参数检测器、火灾检测器分别归入监控和消防分项工程中。

7.6 报警与诱导设施

本节主要是按发生火灾时现场人员如何报警及如何撤离危险区编写，此处的诱导设施主要是指发生火灾时，引导人员撤离到安全处的机电设施。

7.7 可变标志

隧道内用的可变标志主要是车道信号灯和车辆诱导信号灯。

7.8 通风设施

7.8.1 基本要求

隧道通风一般用射流风机，体积、质量都很大，且安装在行车道的正上方，其安装质量非常重要，一定要核查预埋件的隐蔽工程资料和实测报告。

7.8.2 实测项目

通风设备控制装置的接地电阻和绝缘电阻，通风设备的控制方式功能验证。

7.9 照明设施

7.9.1 基本要求

要点是照明设备的规格、数量；安装位置、质量；各种接线的质量；提交的资料。

7.9.2 实测项目

设备的安全保护、路面照度。照明灯具的控制方式与相应功能验证。

7.10 消防设施

7.10.1 基本要求

要点是消防设备的规格、数量；安装位置、质量；各种接线的质量；提交的资料。

7.10.2 实测项目

各设备的安全保护，用水、用气设施的水压、气压。

功能测试：功能测试首先是能够检测到火灾并启动报警，其次是消防设施（各种灭火器）能够正常工作（自动喷水灭火系统的自动启动，手动灭火设备的灭火功能）。

7.11 本地控制器

隧道控制器的安全防护、密封防潮应是检查重点之一，一方面是靠目测，另一方面要察看检验报告。

7.12 隧道监控中心计算机控制系统

在集中控制的隧道控制模式下，计算机控制系统主要完成以下功能：

1）能准确及时采集交通流、交通环境和主要交通设施运行状态的各种信息；

2）能探测和确认交通事件，能监测冬季路面状态；

3）能对交通事故做出快速响应，迅速准确地提供事故信息；

4）根据已掌握的信息，迅速作出有针对性的处理和优化控制方案，并立即执行；

5）有多种信息发布渠道，为用户提供信息服务。

在验收检验时应把握上述几个要点对整个隧道机电系统进行评价。

7.13 隧道监控中心计算机网络

以局域网为主要测试对象编写本节，其内容同2.9.2。

7.14 低压供配电

本条适用于220/380V供电系统，对于高压送配电由专业企业施工和部门验收，暂不纳入交通工程专业范畴。

对于防雷系统的检验，将有新的行业标准予以规定。

附件 2

《公路工程质量检验评定标准》

第一册　土 建 工 程

（JTG F80/1—2004）

相　关　内　容

1 总则

1.0.1 目的

为了加强公路工程质量管理，统一公路工程质量检验标准和评定标准，保证工程质量，制定本标准。

1.0.2 适用范围

本标准适用于四级及四级以上公路新建、改建工程的质量检验评定，其环保、机电工程部分按相应具体规定执行。

本标准适用于公路工程施工单位、工程监理单位、建设单位、质量检测机构和质量监督部门对公路工程质量的管理、监控和检验评定。

1.0.3 与相关规范关系

公路工程质量检验评定应以本标准为准。质量标准与其他规范不一致时，宜以颁布年份最新者为准。

在公路施工、质量管理和工程质量检验评定中，除应符合本标准外，尚应符合现行国家、交通部颁布的相关规范的规定。

1.0.4 特殊工程

对特大桥梁、特长隧道、特殊地区，或采用新材料、新结构、新工艺的工程，在本标准中缺乏适宜的技术规定时，在确保工程质量的前提下，可参照相关标准或按照实际情况制定相应的技术标准，并按规定报主管部门批准。

2 术语

2.0.1 检验 inspection

对检验项目中的性能进行量测、检查、试验等,并将结果与标准规定要求进行比较,以确定每项性能是否合格所进行的活动。

2.0.2 评定 evaluation

依据检验结果对工程质量进行评分并确定其等级的活动。

2.0.3 关键项目 dominant item

分项工程中对安全、卫生、环境保护和公众利益起决定性作用的实测项目。

2.0.4 一般项目 general item

分项工程中除关键项目以外的实测项目。

2.0.5 外观(质量) quality of appearance

通过观察和必要的量测所反映的工程外在质量。

2.0.6 权值 weight number

对工程项目或检测指标根据其重要程度所赋予的数值。

3 工程质量评定

3.1 一般规定

3.1.1 根据建设任务、施工管理和质量检验评定的需要，应在施工准备阶段按本标准附录A将建设项目划分为单位工程、分部工程和分项工程。施工单位、工程监理单位和建设单位应按相同的工程项目划分进行工程质量的监控和管理。

1 单位工程

在建设项目中，根据签订的合同，具有独立施工条件的工程。

2 分部工程

在单位工程中，应按结构部位、路段长度及施工特点或施工任务划分为若干个分部工程。

3 分项工程

在分部工程中，应按不同的施工方法、材料、工序及路段长度等划分为若干个分项工程。

3.1.2 工程质量检验评分以分项工程为单元，采用100分制进行。在分项工程评分的基础上，逐级计算各相应分部工程、单位工程、合同段和建设项目评分值。

3.1.3 工程质量评定等级分为合格与不合格，应按分项、分部、单位工程、合同段和建设项目逐级评定。

3.1.4 施工单位应对各分项工程按本标准所列基本要求、实测项目和外观鉴定进行自检，按附录J中“分项工程质量检验评定表”及相关施工技术规范提交真实、完整的自检资料，对工程质量进行自我评定。

工程监理单位应按规定要求对工程质量进行独立抽检，对施工单位检评资料进行签认，对工程质量进行评定。

建设单位根据对工程质量的检查及平时掌握的情况，对工程监理单位所做的工程质量评分及等级进行审定。

质量监督部门、质量检测机构可依据本标准对公路工程质量进行检测评定。

3.2 工程质量评分

3.2.1 分项工程质量评分

分项工程质量检验内容包括基本要求、实测项目、外观鉴定和质量保证资料四个部分。只有在其使用的原材料、半成品、成品及施工工艺符合基本要求的规定，且无严重外观缺陷和质量保证资料真实并基本齐全时，才能对分项工程质量进行检验评定。

涉及结构安全和使用功能的重要实测项目为关键项目（在文中以“Δ”标识），其合格率不得低于90%（属于工厂加工制造的桥梁金属构件不低于95%，机电工程为100%），且检测值不得超过规定极值，否则必须进行返工处理。

实测项目的规定极值是指任一单个检测值都不能突破的极限值，不符合要求时该实测项目为不合格。

采用附录B至附录I所列方法进行评定的关键项目，不符合要求时则该分项工程评为不合格。

分项工程的评分值满分为100分，按实测项目采用加权平均法计算。存在外观缺陷或资料不全时，应予减分。

$$分项工程得分=\frac{\Sigma[检查项目得分\times权值]}{\Sigma检查项目权值}$$

$$分项工程评分值=分项工程得分-外观缺陷减分-资料不全减分$$

(1)基本要求检查

分项工程所列基本要求,对施工质量优劣具有关键作用,应按基本要求对工程进行认真检查。经检查不符合基本要求规定时,不得进行工程质量的检验和评定。

(2)实测项目计分

对规定检查项目采用现场抽样方法,按照规定频率和下列计分方法对分项工程的施工质量直接进行检测计分。

检查项目除按数理统计方法评定的项目以外,均应按单点(组)测定值是否符合标准要求进行评定,并按合格率计分。

$$检查项目合格率=\frac{检查合格的点(组)数}{该检查项目的全部检查点(组)数}\times100\%$$

$$检查项目得分=检查项目合格率\times100$$

(3)外观缺陷减分

对工程外表状况应逐项进行全面检查,如发现外观缺陷,应进行减分。对于较严重的外观缺陷,施工单位须采取措施进行整修处理。

(4)资料不全减分

分项工程的施工资料和图表残缺,缺乏最基本的数据,或有伪造涂改者,不予检验和评定。资料不全者应予减分,减分幅度可按本标准3.2.4条所列各款逐款检查,视资料不全情况,每款减1~3分。

3.2.2 分部工程和单位工程质量评分

附录A所列分项工程和分部工程区分为一般工程和主要(主体)工程,分别给以1和2的权值。进行分部工程和单位工程评分时,采用加权平均值计算法确定相应的评分值。

$$分部(单位)工程评分值=\frac{\Sigma[分项(分部)工程评分值\times相应权值]}{\Sigma分项(分部)工程权值}$$

3.2.3 合同段和建设项目工程质量评分

合同段和建设项目工程质量评分值按《公路工程竣(交)工验收办法》计算。

3.2.4 质量保证资料

施工单位应有完整的施工原始记录、试验数据、分项工程自查数据等质量保证资料,并进行整理分析,负责提交齐全、真实和系统的施工资料和图表。工程监理单位负责提交齐全、真实和系统的监理资料。质量保证资料应包括以下六个方面:

(1)所用原材料、半成品和成品质量检验结果;

(2)材料配比、拌和加工控制检验和试验数据;

(3)地基处理、隐蔽工程施工记录和大桥、隧道施工监控资料;

(4)各项质量控制指标的试验记录和质量检验汇总图表;

(5)施工过程中遇到的非正常情况记录及其对工程质量影响分析;

(6)施工过程中如发生质量事故,经处理补救后,达到设计要求的认可证明文件。

3.3 工程质量等级评定

3.3.1 分项工程质量等级评定

分项工程评分值不小于75分者为合格,小于75分者为不合格;机电工程、属于工厂加工制造的桥梁金属构件不小于90分者为合格,小于90分者为不合格。

评定为不合格的分项工程,经加固、补强或返工、调测,满足设计要求后,可以重新评定其质量等级,但计算分部工程评分值时按其复评分值的90%计算。

3.3.2 分部工程质量等级评定

所属各分项工程全部合格，则该分部工程评为合格；所属任一分项工程不合格，则该分部工程为不合格。

3.3.3 单位工程质量等级评定

所属各分部工程全部合格，则该单位工程评为合格；所属任一分部工程不合格，则该单位工程为不合格。

3.3.4 合同段和建设项目质量等级评定

合同段和建设项目所含单位工程全部合格，其工程质量等级为合格；所属任一单位工程不合格，则合同段和建设项目为不合格。

附录A 单位、分部及分项工程的划分

附表A-1 一般建设项目的工程划分

单位工程	分部工程	分项工程
路基工程（每10km或每标段）	路基土石方工程*①（1~3km路段）②	土方路基*，石方路基*，软土地基*，土工合成材料处治层*等
	排水工程（1~3km路段）	管节预制，管道基础及管节安装*，检查（雨水）井砌筑*，土沟，浆砌排水沟*，盲沟，跌水，急流槽*，水簸箕，排水泵站等
	小桥及符合小桥标准的通道*，人行天桥，渡槽（每座）	基础及下部构造*，上部构造预制、安装或浇筑*，桥面*，栏杆，人行道等
	涵洞、通道（1~3km路段）	基础及下部构造*，主要构件预制、安装或浇筑*，填土，总体等
	砌筑防护工程（1~3km路段）	挡土墙*，墙背填土，抗滑桩*，锚喷防护*，锥、护坡，导流工程，石笼防护等
	大型挡土墙*，组合式挡土墙*（每处）	基础*，墙身*，墙背填土，构件预制*，构件安装*，筋带，锚杆、拉杆，总体*等
路面工程（每10km或每标段）	路面工程（1~3km路段）*	底基层，基层*，面层*，垫层，联结层，路缘石，人行道，路肩，路面边缘排水系统等
桥梁工程③（特大、大、中桥）	基础及下部构造*（每桥或每墩、台）	扩大基础，桩基*，地下连续墙*，承台，沉井*，桩的制作*，钢筋加工及安装，墩台身（砌体）浇筑*，墩台身安装，墩台帽*，组合桥台*，台背填土，支座垫石和挡块等
	上部构造预制和安装*	主要构件预制*，其他构件预制，钢筋加工及安装，预应力筋的加工和张拉*，梁板安装，悬臂拼装*，顶推施工梁*，拱圈节段预制，拱的安装，转体施工拱*，劲性骨架拱肋安装*，钢管拱肋制作*，钢管拱肋安装*，吊杆制作和安装*，钢梁制作*，钢梁安装，钢梁防护*等
	上部构造现场浇筑*	钢筋加工及安装，预应力筋的加工和张拉*，主要构件浇筑*，其他构件浇筑，悬臂浇筑*，劲性骨架混凝土拱*，钢管混凝土拱*等
	总体、桥面系和附属工程	桥梁总体*，钢筋加工及安装，桥面防水层施工，桥面铺装*，钢桥面铺装*，支座安装，搭板，伸缩缝安装，大型伸缩缝安装*，栏杆安装，混凝土护栏，人行道铺设，灯柱安装等
	防护工程	护坡，护岸*④，导流工程*，石笼防护，砌石工程等
	引道工程	路基*，路面*，挡土墙*，小桥*，涵洞*，护栏等
互通立交工程	桥梁工程*（每座）	桥梁总体，基础及下部构造*，上部构造预制、安装或浇筑*，支座安装，支座垫石，桥面铺装*，护栏，人行道等
	主线路基路面工程*（1~3km路段）	见路基、路面等分项工程
	匝道工程（每条）	路基*，路面*，通道*，护坡，挡土墙*，护栏等

单位工程	分部工程	分项工程
隧道工程	总体	隧道总体等
	明洞	明洞浇筑,明洞防水层,明洞回填*等
	洞口工程	洞口开挖,洞口边仰坡防护,洞门和翼墙的浇(砌)筑,截水沟、洞口排水沟等
	洞身开挖*	洞身开挖*(分段)等
	洞身衬砌*	(钢纤维)喷射混凝土支护,锚杆支护,钢筋网支护,仰拱,混凝土衬砌*,钢支撑,衬砌钢筋等
	防排水	防水层、止水带、排水沟等
	隧道路面	基层*,面层*等
	装饰	装饰工程
	辅助施工措施	超前锚杆、超前钢管等
环保工程	声屏障(每处)	声屏障
	绿化工程(1~3km 路段或每处)	中央分隔带绿化,路侧绿化,互通立交绿化,服务区绿化,取、弃土场绿化等
交通安全设施(每 20km 或每标段)	标志*(5~10km 路段)	标志*
	标线、突起路标(5~10km 路段)	标线*,突起路标等
	护栏*、轮廓标(5~10km 路段)	波形梁护栏*,缆索护栏*,混凝土护栏*,轮廓标等
	防眩设施(5~10km 路段)	防眩板、网等
	隔离栅、防落网(5~10km 路段)	隔离栅、防落网等
机电工程	监控设施	车辆检测器，气象检测器，闭路电视监视系统，可变标志，光电缆线路，监控(分)中心设备安装及软件调测，大屏幕投影系统，地图板，计算机监控软件与网络等
	通信设施	通信管道与光电缆线路，光纤数字传输系统，数字程控交换系统，紧急电话系统，无线移动通信系统，通信电源等
	收费设施	入口车道设备，出口车道设备，收费站设备及软件，收费中心设备及软件，IC 卡及发卡编码系统，闭路电视监视系统，内部有线对讲及紧急报警系统，收费站内光、电缆及塑料管道，收费系统计算机网络等
机电工程	低压配电设施	中心(站)内低压配电设备,外场设备电力电缆线路等
	照明设施	照明设施
	隧道机电设施	车辆检测器,气象检测器,闭路电视监视系统,紧急电话系统,环境检测设备,报警与诱导设施,可变标志,通风设施,照明设施,消防设施,本地控制器,隧道监控中心计算机控制系统,隧道监控中心计算机网络,低压供配电等
房屋建筑工程	(按其专业工程质量检验评定标准评定)	

注:①表内标注*号者为主要工程,评分时给以 2 的权值;不带*号者为一般工程,权值为 1。

②按路段长度划分的分部工程,高速公路、一级公路宜取低值,二级及二级以下公路可取高值。

③斜拉桥和悬索桥可参照附表 A-2 进行划分。

④护岸参照挡土墙。

附表 A-2　特大斜拉桥和悬索桥为主体建设项目的工程划分

单位工程	分部工程	分项工程
塔及辅助、过渡墩（每座）	塔基础*	钢筋加工及安装，扩大基础，桩基*，地下连续墙*，沉井*等
	塔承台*	钢筋加工及安装，双壁钢围堰，封底，承台浇筑*等
	索塔*	索塔*
	辅助墩	钢筋加工，基础，墩台身浇（砌）筑，墩台身安装，墩台帽，盖梁等
	过渡墩	
锚碇	锚碇基础*	钢筋加工及安装，扩大基础，桩基*，地下连续墙*，沉井*，大体积混凝土构件*等
	锚体*	锚固体系制作*，锚固体系安装*，锚碇块体，预应力锚索的张拉与压浆*等
上部构造制作与防护（钢结构）	斜拉索*	斜拉索制作与防护*
	主缆（索股）*	索股和锚头的制作与防护*
	索鞍*	主索鞍和散索鞍制作与防护*
	索夹	索夹制作与防护
	吊索	吊索和锚头制作与防护*等
	加劲梁*	加劲梁段制作*，加劲梁防护*等
上部构造浇筑与安装	悬浇*	梁段浇筑*
	安装*	加劲梁安装*，索鞍安装*，主缆架设*，索夹和吊索安装*等
	工地防护*	工地防护*
	桥面系及附属工程	桥面防水层的施工，桥面铺装，钢桥面板上防水黏结层的洒布，钢桥面板上沥青混凝土铺装*，支座安装*，抗风支座安装，伸缩缝安装，人行道铺设，栏杆安装，防撞护栏等
	桥梁总体	桥梁总体*
引桥	（参见附表 A-1“桥梁工程”）	
引道	（参见附表 A-1“路基工程”和“路面工程”）	
互通立交工程	（参见附表 A-1“互通立交工程”）	
交通安全设施	（参见附表 A-1“交通安全设施”）	

注：表内标注＊号者为主要工程，评分时给以 2 的权值；不带＊号者为一般工程，权值为 1。

附录 J　工程质量检验评定用表

附表 J-1　分项工程质量检验评定表

分项工程名称：　　　　所属分部工程名称：　　　　所属建设项目：
工程部位：　　　　施工单位：　　　　监理单位：
（桩号、墩台号、孔号）

基本要求																	
实测项目	项次	检查项目	规定值或允许偏差	实测值或实测偏差值										质量评定			
				1	2	3	4	5	6	7	8	9	10	平均值、代表值	合格率(%)	权值	得分
	合计																

外观鉴定		减分		监理意见	
质量保证资料		减分			
工程质量等级评定		评分：		质量等级：	

检验负责人：　　　　检测：　　　　记录：　　　　复核：　　　　年　月　日

注：机电工程的功能试验检查项目，规定值或允许偏差是指功能或试验要求；实测值或实测偏差是指检查结果，即“通过”或“不通过”。

附表 J-2　分部工程质量检验评定表

分部工程名称：　　　　　　　　　　　　　　所属单位工程：

所属建设项目：　　　　　　　　　　　　　　工程部位：

（桩号、墩台号、孔号）

施工单位：　　　　　　　　　　　　　　　　监理单位：

施工单位	分项工程					备注
	工程名称	质量评定				
		实得分	权值	加权得分	等级	
	合计					
质量等级			加权平均分			
评定意见						

检验负责人：　　　　　　　　　　计算：　　　　复核：　　　　　　　　　　年　月　日

附表 J-3　单位工程质量检验评定表

单位工程名称：　　　　　　　　　　所属建设项目：
路线名称：　　　　　　　　　　　　工程地点、桩号：
施工单位：　　　　　　　　　　　　监理单位：

<table>
<tr><td rowspan="3">施工单位</td><td colspan="5">分 项 工 程</td><td rowspan="3">备 注</td></tr>
<tr><td rowspan="2">工程名称</td><td colspan="4">质 量 评 定</td></tr>
<tr><td>实得分</td><td>权值</td><td>加权得分</td><td>等级</td></tr>
<tr><td rowspan="15"></td><td></td><td></td><td></td><td></td><td></td><td></td></tr>
<tr><td></td><td></td><td></td><td></td><td></td><td></td></tr>
<tr><td></td><td></td><td></td><td></td><td></td><td></td></tr>
<tr><td></td><td></td><td></td><td></td><td></td><td></td></tr>
<tr><td></td><td></td><td></td><td></td><td></td><td></td></tr>
<tr><td></td><td></td><td></td><td></td><td></td><td></td></tr>
<tr><td></td><td></td><td></td><td></td><td></td><td></td></tr>
<tr><td></td><td></td><td></td><td></td><td></td><td></td></tr>
<tr><td></td><td></td><td></td><td></td><td></td><td></td></tr>
<tr><td></td><td></td><td></td><td></td><td></td><td></td></tr>
<tr><td></td><td></td><td></td><td></td><td></td><td></td></tr>
<tr><td></td><td></td><td></td><td></td><td></td><td></td></tr>
<tr><td></td><td></td><td></td><td></td><td></td><td></td></tr>
<tr><td></td><td></td><td></td><td></td><td></td><td></td></tr>
<tr><td colspan="2">合 计</td><td></td><td></td><td></td><td></td></tr>
<tr><td>质量等级</td><td colspan="3"></td><td colspan="2">加权平均分</td><td></td></tr>
<tr><td>评定意见</td><td colspan="6"></td></tr>
</table>

检验负责人：　　　　　　　　计算：　　　　复核：　　　　　　　　年　月　日

附表 J-4　建设项目(合同段)质量检验评定表

项目名称：　　　　　　　　　　路线名称：

起讫桩号：　　　　　　　　　　完工日期：

施工单位	单位工程			备注
	工程名称	实得分	投资额	
质量等级		加权平均分		
评定意见				

检验负责人：　　　　　　　　计算：　　　　复核：　　　　　　　　年　月　日

附表 J-5 ____________________工程汇总表

工　程	实得分	权值	加权得分	等级	备　注
加权平均分				质量等级	

计算：　　　　　　　　　　　　　　　　复核：　　　　　　　　　　　　　　　　年　月　日

JTG

中华人民共和国行业标准 JTG D80—2006

高速公路交通工程及沿线设施设计通用规范

General Specification of Freeway Traffic Engineering and Roadside Facilities

2006-08-17 发布 2006-10-01 实施

中华人民共和国交通部发布

7

中华人民共和国交通部公告

2006 年第 33 号

关于发布《高速公路交通工程及沿线设施设计通用规范》(JTG D80—2006)的公告

现发布《高速公路交通工程及沿线设施设计通用规范》(JTG D80—2006),自 2006 年 10 月 1 日起施行。

《高速公路交通工程及沿线设施设计通用规范》(JTG D80—2006)的管理权和解释权归交通部,日常解释及管理工作由主编单位中交第一公路勘察设计研究院负责。

本规范是首次发布,各单位在使用中,要正确理解和掌握规范的条文要求,根据项目特点,灵活运用技术指标。若有修改意见,请及时函告中交第一公路勘察设计研究院(地址:陕西省西安市高新技术开发西区科技二路 63 号,邮编:710075),以便修订时研用。

特此公告。

中华人民共和国交通部

二〇〇六年八月十七日

前　　言

《公路工程技术标准》(JTG B01—2003)已于2004年03月01日颁布实施,《高速公路交通工程及沿线设施设计通用规范》据此同步完成编制工作。

本规范共分七章,即:总则、术语与符号、交通调查、总体设计、交通安全设施、服务设施、管理设施,以及附录、条文说明。

本规范具有以下特点:

(1)引入了"安全、服务、管理"的理念,即:确保行车安全,为用路者提供良好的服务,通过科学管理以充分发挥公路工程项目的社会、经济效益。

(2)遵循"安全、环保、可持续发展"的原则,制定了高速公路交通工程及沿线设施分级,并规定了其相应配置的设施。

(3)在设计上引入了运行速度、安全性评价等概念、方法。

(4)制订了高速公路交通工程及沿线设施总体设计及其设计要点。

(5)制订了高速公路交通工程及沿线设施同主体工程的设计界面。

(6)制订了交通安全设施、服务设施、管理设施的各项技术指标、建设规模及其相应设备的配置等。

请各有关单位在执行中,将发现的问题和建议,函告中交第一公路勘察设计研究院(地址:陕西省西安市高新技术开发西区科技二路63号,邮编:710075),以便修订时参考。

主 编 单 位:中交第一公路勘察设计研究院
参 编 单 位:交通部公路科学研究院
西安公路研究所
西安金路交通工程公司
北京深华科交通工程有限公司
北京市泰克公路科学技术研究所
北京政华设计咨询有限公司
主要起草人:陈永耀　贾日学　何　勇　闵　江
杨　光　单文义　孙芙灵　刘　伟

目　次

1 总则

1.0.1 为统一高速公路交通工程及沿线设施设计的技术标准、建设规模,指导工程建设,制定本规范。

1.0.2 本规范根据《公路工程技术标准》(JTG B01—2003)规定的设计原则制定,高速公路交通工程及沿线设施的等级采用其规定的 A 级。

1.0.3 本规范适用于新建和改建的高速公路交通工程及沿线设施设计。

1.0.4 高速公路交通工程及沿线设施的设计交通量应采用该高速公路主体工程的预测交通量。

1.0.5 高速公路交通工程及沿线设施应包括交通安全设施、服务设施和管理设施。各项设施的设计应结合项目所在地区路网规划和公路总体设计的要求,遵照"安全第一、服务用户、科学管理"的原则精心设计,以保障行车安全,为用路者提供良好的服务。

1.0.6 高速公路交通工程及沿线设施设计所采用的设计车辆外廓尺寸、汽车荷载等应符合《公路工程技术标准》(JTG B01—2003)的相应规定。

1.0.7 高速公路交通工程及沿线设施设计必须与主体工程的设计相配合。新建或改(扩)建公路工程设计应采用运行速度进行安全性评价,据以采取调整公路平、纵线形技术指标,或设置交通安全设施,或采取相应管理措施,以增进行车安全。

1.0.8 高速公路交通工程及沿线设施应与主体工程同步规划、设计、施工,其中管理设施的监控系统、收费系统、通信系统、配电、照明、房屋建筑等,可根据交通量增长及路网发展状况采取"总体规划、一次设计、分期实施"的原则做出分期修建设计,但与主体工程相关的基础工程、管道等应在主体工程实施时一并预留或预埋。各系统的分期设计方案应充分考虑到未来科技进步的影响。

1.0.9 高速公路改(扩)建工程的设计,应做出交通组织设计,减少对行车的干扰,增进通行与施工安全;不中断交通的施工路段,其服务水平可按降低一级设计。

1.0.10 高速公路交通工程及沿线设施的概、预算编制应执行交通部和相关行业有关概、预算编制办法的规定,并汇入主体工程的概、预算中。

1.0.11 高速公路交通工程及沿线设施设计涉及电子、通信、计算机应用、电力及房屋建筑、环境景观等多个专业,除应符合本规范规定外,还应符合现行有关标准的规定。

2 术语与符号

2.1 术语

2.1.1 主线控制 main line control

在存在常发性交通拥挤和比较容易出现偶发性交通拥挤的路段,对主线上的交通流进行调节和诱导,使之比较均匀、稳定的控制方式为主线控制。

2.1.2 匝道控制 on-ramp control

在主线交通量接近饱和时,通过控制上游入口匝道的车辆进入流量,并诱导车辆顺利汇入主线车流的控制方式为匝道控制。

2.1.3 通道控制 channels control

通过发布诱导信息和控制手段,将相对拥挤公路上的部分交通量转移到通行能力过剩的相邻或平行的公路,以实现整个通道系统处于最佳运行状态的控制方式为通道控制。

2.1.4 常发性交通拥挤 regular traffic jam

由于公路通行能力小于交通需求而产生的交通拥挤称为常发性交通拥挤。常发性交通拥挤产生的时间、地点规律性较强。

2.1.5 偶发性交通拥挤 incidental traffic jam

由于随机交通事件引发的交通拥挤称为偶发性交通拥挤。偶发性交通拥挤产生的时间、地点带有随机性,但也有一定规律可循。

2.1.6 系统响应时间 system response time

单位时间内,从事件发生到系统确认(包括系统自动检测或通过其他途径得到事件信息,并得到确认)所用时间的平均值称为系统响应时间。

2.2 符号

2.2.1 SDH (Synchronous Digital Hierarchy)——同步数字序列

2.2.2 IP (Internet Protocol)——因特网协议

2.2.3 STM-1(Synchronous Transfer Mode)——同步传送基本模块

2.2.4 STM-4、STM-16——同步传送高阶模块

2.2.5 ISDN (Integrated Services Digital Network)——综合业务接入网

2.2.6 PRC (Primary Reference Clock)——全国基准时钟

2.2.7 LPR (Local Primary Reference)——区域基准时钟

2.2.8 BITS (Building Integrated Timing System)——通信楼综合定时供给系统

3 交通调查

3.0.1 高速公路交通工程及沿线设施的技术标准和建设规模,应根据交通调查和该公路工程项目预测交通量确定。

3.0.2 高速公路交通工程及沿线设施设计,应在该公路工程项目工程可行性研究报告的交通调查和预测交通量资料的基础上,根据需要进行补充、完善,作为设计依据。

实施高速公路交通工程及沿线设施的续建工程,或高速公路进行改(扩)建时,应对已建工程的交通量、交通组成、交通流特性、交通事故等资料进行综合分析,并对预测交通资料进行核对、修正,作为续建或改(扩)建的设计依据。

3.0.3 制订交通工程及沿线设施总体设计方案时,应对公路工程项目所在地区的路网现状、发展规划、交通环境等进行调查,拟定提高公路运输能力、经济效益,降低交通事故程度的措施、方案。

3.0.4 拟定交通安全设施、服务设施、管理设施设计方案时,应根据设计项目具体情况确定调查内容。其主要内容包括:

(1)新建工程

①高速公路项目所在地区的路网分布及其相应交通工程及沿线设施配置情况;

②预测路段交通量和互通式立体交叉的出入交通量;

③交通组成和公路客货运输量及其流向等;

④相邻或相交收费公路的收费制式、方式等;

⑤交通管理与交通环境等;

⑥自然环境和人文环境等;

⑦公路周边雾、雪、冰冻、强风、暴雨等小气候条件。

(2)交通工程及沿线设施的续建工程,或高速公路改(扩)建工程的调查内容,除新建工程要求的资料外,还应补充以下内容:

①路段运行速度调查及其分析、评价;

②交通密度调查与分析;

③交通延误调查与分析;

④路边停车需求及其地点;

⑤交通事故调查、预测与分析。

4 总体设计

4.1 一般规定

4.1.1 高速公路交通工程及沿线设施总体设计，是高速公路总体设计的重要组成部分，应协调内部及其外部各专业间的关系，确定总体与各项设施的技术标准、建设规模、主要技术指标，以符合"安全、环保、可持续发展"的总体目标，提高安全、服务、管理水平。

4.1.2 交通工程及沿线设施总体设计应根据公路在路网中的功能、作用，综合考虑管理体制、控制出入、收费制式，以及高速公路联网、近期与远期等各种因素，准确体现主体工程的设计意图，在安全性评价的基础上，优化、完善设计方案，以提供运行安全、行驶舒适、服务周到的交通环境。

4.1.3 交通工程及沿线设施的交通安全设施、服务设施、管理设施除应保持其各自特性和相对独立外，还应相互匹配、互联互动，并可扩展联网管理，使之成为统一、协调、完整的系统工程。

4.1.4 高速公路交通工程及沿线设施设计，应拟定发生特殊交通安全或紧急事件情况下的应急处理预案。

4.2 总体设计要点

4.2.1 应根据高速公路在公路网中的位置及其功能，结合与之相衔接、平行、交叉等公路项目的关系，考虑高速公路联网后交通流的监控与组织，以及管理、服务、救助、收费等的要求。

4.2.2 应在公路工程主体设计的基础上，根据服务水平、车道数以及路段、交叉、桥梁、隧道等所处的地理位置、路侧自然环境、平纵技术指标、路基横断面型式等科学确定技术标准，正确运用交通工程及沿线设施的技术指标，做出符合实际情况的设计方案。

4.2.3 根据交通量和项目所在地区的社会、经济条件，合理确定建设规模，处理好近期与远期的关系，使交通工程及沿线设施得以充分利用，实现公路建设的可持续发展。

4.2.4 总体协调交通工程及沿线设施与主体工程间和相邻行业间的关系，在符合相关法规、标准、规范的前提下，跟踪其发展动态，采用成熟、实用、高效、先进的技术。

4.2.5 协调交通安全设施、服务设施、管理设施各专业间的设计界面等，制作总体设计各项设施布置总图，检核其科学性、合理性，防止漏项、重复。

4.2.6 根据高速公路所处路网的位置及沿线城镇分布，分层次拟定指示、指路标志的设置方案；结合高速公路平、纵、横面设计及其路段、构造物所处的地理位置、自然环境等情况，拟定交通安全设施的设置原则、路侧与桥梁护栏的防撞等级、应急处理方案与措施。

4.2.7 服务设施的布设除应符合本项目的需要和间距规定外，还应考虑高速公路联网后对驾乘者和车辆服务的需求，拟定服务设施的合理位置及其间距。

4.2.8 管理设施的设计应以实施联网管理为目标，注重对交通流数据的采集、处理、决策与发布，逐步实现公路信息化、决策科学化。

4.2.9 根据高速公路的设计交通量，拟定交通工程及沿线设施分期实施原则，划定征地范围，确定预留项目、管道预埋等方案。

4.2.10 在总体设计方案的论证中，不仅应对设计、施工、维修、营运、管理等各阶段进行成本效益分析，还应从安全、环保、可持续发展等社会效益方面进行全过程、全方位的综合分析，采用综合效益最佳的总体设计方案。

4.2.11 高速公路分期修建的续建工程或改(扩)建工程,应对已建工程项目进行安全性评价,修改、完善设计。

4.3 总体设计界面

4.3.1 交通工程及沿线设施总体设计与高速公路主体工程总体设计应同步进行并交互设计,使其相辅相成,各负其责。

4.3.2 根据主体工程的技术标准、建设规模及其远期规划,提出交通工程及沿线设施的技术标准与建设规模,经协调并确认后执行。

4.3.3 根据主体工程总体设计,拟定交通工程及沿线设施总体设计方案,经协调、商定后执行,并划定同确定后的主体工程总体设计之间的界面等。

4.3.4 根据主体工程提出的原则指导意见、要求和设计意图,制订交通工程及沿线设施各设施设计方案,并协调各设施间的衔接与配合。

4.3.5 对主体工程设计进行安全性评价,反馈优化、完善设计方案的建议,或调整、补充设置交通工程设施。

4.3.6 主体工程总体设计经共同确认后,应在主体工程和交通工程及沿线设施的设计文件中以相同设计方案进行总体设计,其相关的主要内容为:

(1)交通工程及沿线设施的技术标准与建设规模。

(2)交通安全设施、服务设施、管理设施的设置方案。

(3)收费制式及其主线收费站、匝道收费站的设置方案。

(4)路侧、中间带、挡土墙、桥梁、隧道等人工构造物上的标志、护栏基础形式和设置方式;护栏的防撞等级;紧急出口、避险车道的位置设置与方案。

(5)服务设施、管理设施等的供水设计方案,及其排污处理方案。

(6)服务设施、管理设施、收费广场的综合排水设计方案,及其同主体工程排水设计的衔接方案。

(7)通信管道埋设位置,及其通过桥涵、隧道等人工构造物的方案。

(8)同主体工程土方基础工程施工的相关设计方案。

(9)应急处理预案的应急方案及其相应的设施与技术措施。

(10)超限超载检测站选址与设置方案。

4.4 设计界面

4.4.1 交通工程及沿线设施与主体工程的设计界面

(1)交通安全设施

①标志、隔离栅、防护网等设于高速公路构造物上时,交通工程及沿线设施方提供设置桩号、预留孔尺寸、结构重力、受力条件等;主体工程方做构造物结构设计及预留、预埋设计,并计列工程数量。标志、隔离栅、防护网及其安装由交通工程及沿线设施方设计,并计列工程数量。

②半刚性或柔性护栏设于桥梁上时,交通工程及沿线设施方提供设置桩号、防撞等级、预留孔尺寸、结构重力、受力条件等;主体工程方做桥梁结构设计及预留、预埋设计,并计列工程数量。半刚性或柔性护栏设计及其安装由交通工程及沿线设施方设计,并计列工程数量。

③刚性护栏设于桥梁上时,交通工程及沿线设施方提供设置桩号、防撞等级、结构重力、受力条件、刚性护栏几何尺寸与结构设计,以及桥梁端部刚柔过渡段设计等;主体工程方做桥梁结构设计及刚性护栏设计,并计列工程数量。刚性护栏及其桥梁端部刚柔过渡段的桥上部分工程计入主体工程;路段部分及其安装列入交通工程及沿线设施。

④中央分隔带开口的尺寸、位置等,由主体工程方与交通工程及沿线设施方商定,其中土建工程部分应由主体工程方设计,并计列工程数量;中央分隔带开口处两端护栏端头的处理、活动护栏等应由交

通工程及沿线设施方设计,并计列工程数量。

⑤紧急出口、避险车道设计方案、位置、连接道等,由交通工程及沿线设施方与主体工程方商定,其中土建工程部分应由主体工程方设计,并计列工程数量;紧急出口、避险车道部分的护栏、隔离栅及其安装应由交通工程及沿线设施方设计,并计列工程数量。

(2)服务设施

①服务区、停车区、公共汽车停靠站出入口的加(减)速车道和贯穿车道,应由主体工程方随主线一并设计;交通工程及沿线设施方与主体工程方共同商定场地平整高程;平整场地、土(石)方工程、防护工程、征地等应由主体工程方同步实施,并计列工程数量。

②服务区、停车区、公共汽车停靠站场区排水设计应由交通工程及沿线设施方设计,并同主体工程综合排水系统设计相衔接。

③服务设施的房屋建筑等对场地平整与高程有特殊要求时,应事先同主体工程方协商,并提供设计图纸,由主体工程方实施并计列工程数量。

(3)管理设施

①监控系统外场设备设于高速公路构造物上时,交通工程及沿线设施方提供设置桩号、预埋件图纸、结构重力、受力条件等;主体工程方做构造物结构设计及预留、预埋设计,并计列工程数量。外场设备及其安装由交通工程及沿线设施方设计,并计列工程数量。

②收费广场平面布置及其主轴线的路线高程,应由交通工程及沿线设施方与主体工程方共同商定,最终由主体工程方根据主线及互通式立体交叉总体设计方案要求确定,双方据此进行相关设计。

③收费广场平面布置、车道数、车道宽度、收费岛尺寸等设计图,应由交通工程及沿线设施方设计;收费广场土建工程(路基、路面、桥梁、涵洞、通道及排水设计)应由主体工程方设计,并计列工程数量。收费广场范围内设置的收费亭地下专用通道,应由交通工程及沿线设施方设计,并计列工程数量。

④收费广场路面以上的收费岛、收费亭、收费天棚以及预埋管道应由交通工程及沿线设施方设计,并计列工程数量。

⑤埋设在路基横断面内的通信系统管道,应由交通工程及沿线设施方与主体工程方商定,并确定管道设置位置,由交通工程及沿线设施方设计;主体工程方应在相关设计图中标示预留管道、人井、管箱的尺寸、位置等,并列入主体工程方设计文件。

⑥在桥梁构造物上设置的照明、供电设施,应由交通工程及沿线设施方事先与主体工程方商定,并确定基础位置、受力条件、预埋方式等;主体工程方做基础及预留、预埋设计,并计列工程数量;照明、供电设施及其安装应由交通工程及沿线设施方设计,并计列工程数量。

⑦斜拉桥、悬索桥等特殊大桥设置结构监测或隧道设置监控系统时,应由主体工程方设计,并纳入监控系统,由交通工程及沿线设施方实行系统集成。

⑧管理设施的房屋建筑等对场地平整与高程有特殊要求时,应事先同主体工程方协商,并提供设计图纸,由主体工程方实施并计列工程数量。

⑨超限超载检测站的位置应由主体工程方与交通工程及沿线设施方共同商定,由交通工程及沿线设施方设计并计列工程数量,其中主体工程方做场地以及预留、预埋设计,并计列工程数量。

4.4.2 交通工程及沿线设施的各专业间设计界面,可根据项目具体情况和专业分工参照附录 A 执行。

5 交通安全设施

5.1 一般规定

5.1.1 高速公路的交通安全设施等级应为A级。

(1)A级交通安全设施应为用路者提供系统和完善的指示、指路、警告、禁令等信息,保障行驶安全、舒适。

(2)A级交通安全设施应配置:标志、标线、视线诱导标、隔离栅、防护网、防眩板、护栏、防撞设施等。

(3)位于风、雪、沙、坠石等危及公路安全的路段,应设置防风栅、防雪(沙)栅、防落网、积雪标杆等交通安全设施。

(4)特殊情况下可设置紧急出口、避险车道等交通安全设施。

5.1.2 交通安全设施的各类设备使用年限应不小于表5.1.2的规定。

表5.1.2 交通安全设施各类设备使用年限

项 目	使用年限(年)	项 目	使用年限(年)
标志	7	混凝土护栏	20
标线	3	防眩板	5
波形梁护栏	15	防护网	5
缆索护栏	15		

5.1.3 八车道及其以上高速公路,应根据交通量、交通组成、交通条件在中间带侧增设出口预告标志、警告标志;或设置门架或路面标示等指示、指路标志等交通安全设施。

5.1.4 路侧安全距离不足或车辆偏离驶出边缘车道,会危及驾乘者及其车辆安全或第三方安全时,应在路侧或中间带设置护栏。

5.1.5 高速公路改(扩)建工程不中断交通施工时,应根据实际情况做出交通组织设计,设置临时交通安全设施。

5.2 标志

5.2.1 标志设置

(1)公路标志版面内容应能准确、醒目地向用路者提供警告、禁令、指示、指路、安全等信息。

(2)标志的设置应根据高速公路的线形、互通式立体交叉、桥梁、隧道、服务设施等的位置,自然环境,交通状况,用路者需求等因素综合确定,其数量应相对均衡,避免信息过载或疏漏。

(3)指路标志应结合路网、行政区划、城镇地名等告知用路者当前所在地理位置,并预知将要到达目的地的行驶方向和路径;在高速公路周边一定范围的公路上应设置高速公路入口指示标志。

(4)标志的任何部位不得侵入公路建筑限界。

5.2.2 标志版面

(1)标志版面形状应符合表5.2.2-1规定。

表 5.2.2-1　标志版面形状

版面形状	适用范围
矩形(含正方形)	指路标志、旅游区标志、辅助标志、指示标志(部分)、施工标志
正等边三角形	警告标志
圆形	禁令标志、指示标志
倒等边三角形	减速让行标志
菱形	分、合流诱导标志
八角形	停车让行标志

(2)标志版面尺寸应符合表 5.2.2-2 规定。

表 5.2.2-2　标志版面尺寸

设计速度(km/h)		120	100	80
警告标志	三角形边长(cm)	130	130	110
禁令标志	圆形标志外径(cm)	120	120	100
指示标志	圆形标志外径(cm)	120	120	100
	正方形边长(cm×cm)	120	120	100
	长方形边长(cm×cm)	190×140	190×140	160×120
指路标志	汉字高度 h(cm)	60~70	60~70	50~60
	拼音字、拉丁字、少数民族文字高	大写(1/2)h;小写(1/3)h		
	阿拉伯数字高	字高 h;字宽 0.6h		

注:指路标志版面尺寸根据字数、文字高度及其间隔等计算确定。

(3)标志版面的颜色应符合表 5.2.2-3 规定。

表 5.2.2-3　标志版面颜色

颜色	含义	适用范围
红色	停止或禁止	各类禁令标志
黄色	警告	警告标志
绿色	允许行驶、方向指导	指路标志
蓝色	为用路者提供服务指引、行驶信息	指示标志
黑色	交通控制	警告标志、禁令标志、辅助标志
白色	交通控制	禁令标志、指示标志、指路标志、旅游区标志、施工标志、辅助标志
棕色	为旅游区提供指引	旅游区标志

5.2.3　标志支撑方式

标志支撑方式根据标志所提供信息的重要程度、板面尺寸、公路交通量及其组成、车道数、设计风速、路侧基础条件等可采用柱式、悬臂式、门架式或附着式。

5.2.4　标志结构设计

(1)结构设计应按标志支撑方式、板面尺寸分类归并,对其上部结构、立柱、横梁、连接等进行设计,并分别验算其强度、变形和稳定性。

(2)设计风速采用标志所在地区离平坦空旷地面 10m 高,重现期为 30 年一遇 10min 的计算平均最大风速。

缺乏风速观测资料时,可按《全国基本风压分布图》及全国各气象台站的基本风速和基本风压值的有关数据,并经实地调查核实后采用。

(3)标志基础应进行基底稳定性、倾覆性和滑动性等验算。

5.3 标线

5.3.1 标线设置

(1)公路标线应设置反光标线,能清晰地识别与辨认,并符合白天、雨天、夜间视认性规定的要求。

(2)设置“路面文字标记”处,其被覆盖部分的摩擦系数不应低于所在地段路面的摩擦系数。

(3)突起路标与反光标线配合使用时,其反射器颜色应与标线一致。

(4)标线的设置应同标志内容相互配合,相辅相成。

5.3.2 行车道边缘线、车道分界线宽度应符合表5.3.2规定。

表5.3.2 行车道边缘线、车道分界线宽度

设计速度(km/h)	行车道边缘线(cm)	车道分界线(cm)
120、100	20	15
80	20或15	15

5.3.3 路面标记尺寸与重复设置次数应符合表5.3.3规定。

表5.3.3 路面标记尺寸与重复设置次数

项目	字高(cm)			字宽	间隔(cm)	
	120km/h	100km/h	80km/h	(cm)	横向	纵向
汉字	900		600	150	—	700
阿拉伯数字	700			120	60	—
重复设置次数	≥3					

5.3.4 导向箭头尺寸与重复设置次数应符合表5.3.4规定。

表5.3.4 导向箭头尺寸与重复设置次数

设计速度(km/h)	120、100	80
导向箭头(cm)	900	600
重复设置次数	≥3	≥3

5.3.5 上跨高速公路跨线桥中墩的端面,或紧邻路基的桥台、隧道洞口侧墙的端面,或收费岛、安全岛的端面等处,应设置黄黑相间的立面标记。

5.3.6 标线采用的材料其耐磨性、抗滑性应符合规定要求,且无毒害、无污染。

5.4 视线诱导标

5.4.1 高速公路主线、出入口、匝道以及线形变化较大的路段,应视需要设置轮廓标、分流或合流诱导标、线形诱导标等视线诱导标。

5.4.2 高速公路主线应连续设置轮廓标,轮廓标的设置间距最大为50m。

主线为曲线的路段或匝道处,轮廓标的间距不应大于表5.4.2规定。

表5.4.2 曲线路段、匝道处轮廓标间距

圆曲线半径(m)	<90	90~≤180	180~≤275	275~≤375	375~≤1 000	1 000~<2 000	≥2 000
间距(m)	8	12	16	24	32	40	48

主线路基宽度变化处以及傍山、临河等路段,轮廓标应适当加密。

5.4.3 互通式立体交叉、服务区、停车区、公共汽车停靠站等的出入口应设置分流或汇流诱导标。

5.4.4 主线线形变化较大路段、匝道等处,应设置引导驾驶者行驶方向的线形诱导标。线形诱导标每处设置数量不应少于三块。

5.5 隔离栅

5.5.1 高速公路沿线两侧应连续设置隔离栅。

桥梁、隧道等人工构造物处，或挡土墙高度大于1.5m，或两侧有天然屏障的地段，可不设置隔离栅，但隔离栅与人工构造物或天然屏障相连接处应予以封闭。

5.5.2 隔离栅高度可根据公路两侧地形及其周边具体情况等因素确定，以1.50～1.80m为宜。

5.5.3 隔离栅应以风力影响为主进行稳定性验算，并考虑人、牲畜等对隔离栅的破坏因素。

5.5.4 隔离栅可选用焊接网、编织网、钢板网、刺铁丝网等。

在靠近城镇的路段宜采用焊接网、编织网等。

采用刺铁丝网隔离栅时，宜结合当地情况配合常青灌木或荆棘植物以构成绿篱。

5.5.5 采用金属类隔离栅时，应进行防腐处理。

5.6 防护网

5.6.1 上跨高速公路的桥梁两侧和人行天桥两侧应设置防护网。

5.6.2 桥梁防护网高度可根据桥梁两侧及其周边具体情况等因素确定，以1.80～2.10m为宜。

5.6.3 桥梁防护网应以风力影响为主进行稳定性验算，并考虑人对防护网的破坏因素。

5.6.4 桥梁金属防护网应做防雷接地设计，其接地电阻应小于10Ω。

5.6.5 在可能落石的挖方路段，应设置防护网。

5.7 防眩板

5.7.1 防眩板设置条件

(1)夜间交通量大或大型车比例较高的直线较长的路段，或中间带宽度等于或小于2m的路段应设置防眩板。

(2)中间带宽度等于或大于12m，或上下行车道中心线高差大于2m，或路段有连续照明时，可不设置防眩板。

(3)设置防眩板的路段，应验算其停车视距，不满足停车视距规定的路段必须采取相应的技术措施。

(4)凹形竖曲线底部设置防眩板时，应适当增加防眩板的高度。

5.7.2 防眩板结构设计应符合表5.7.2规定。

表5.7.2 防眩板结构设计参数

设计要素	直线路段	平、纵线形组合路段
遮光角(°)	8	8～15
防眩高度(cm)	160～170	120～180
板宽(cm)	8～25	
间距(cm)	50～100	

5.7.3 条件适宜时，可采用植物防眩，其设置条件可参照防眩板的相关规定。

5.8 护栏

5.8.1 护栏防撞等级分为五级，各级主要技术指标应符合表5.8.1规定。

表 5.8.1 护栏防撞等级

防撞等级	代号		碰撞条件			性能评价	
	路侧护栏	中央分隔带护栏	碰撞速度(km/h)	车辆质量(t)	碰撞角度(°)	加速度(g)	碰撞能量(kJ)
1	B		100	1.5	20	≤20	70
			40	10			
2	A	Am	100	1.5	20	≤20	160
			60	10			
3	SB	SBm	100	1.5	20	≤20	280
			80	10			
4	SA	SAm	100	1.5	20	≤20	400
			80	14			
5	SS		100	1.5	20	≤20	520
			80	18			

注:碰撞能量大于 520kJ 时,其护栏应按特殊防撞等级设计。

5.8.2 高速公路在提供足够宽路侧安全区的路段可不设置护栏。

高速公路需设置护栏时,可采用刚性或半刚性或柔性护栏,并根据路侧情况采用不同的防撞等级。

5.8.3 高速公路路侧护栏的防撞等级应符合表 5.8.3 的规定。

表 5.8.3 路侧护栏防撞等级

路侧情况	一般路段、匝道	临河、傍山地段;桥头引道或隧道洞口连接线路段	地形陡峭、高挡墙的路段;车辆越出路外可能发生严重事故的路段	车辆越出路外可能发生严重二次事故的路段
防撞等级	2 级(A)	3 级(SB)	4 级(SA)	5 级(SS)

5.8.4 高速公路路侧设置护栏时,护栏起、讫点端头应作安全性处理。

两段路侧护栏之间相距较近时,宜将两段连接而连续设置。

5.8.5 高速公路中央分隔带护栏的防撞等级应符合表 5.8.5 的规定。

表 5.8.5 中央分隔带护栏

中间带情况	一般路段	车辆越过中央分隔带可能发生严重事故的路段	车辆越过中央分隔带可能发生严重二次事故的路段
防撞等级	2 级(Am)	3 级(SBm)	4 级(SAm)

5.8.6 高速公路整体式断面的中间带必须连续设置护栏。

高速公路整体式断面中间带宽度大于或等于 12m 时,可不设中央分隔带护栏。

5.8.7 高速公路的中央分隔带开口处,应设置活动护栏;中央分隔带开口处的护栏端头应作安全性处理。

5.8.8 高速公路桥涵护栏的防撞等级应符合表 5.8.8 的规定。

表 5.8.8 桥涵护栏

桥涵设置位置	小桥、涵洞、通道	中桥	大桥、特大桥;车辆越出桥外可能发生严重事故的地段	跨越深沟狭谷的特殊桥梁;车辆越出桥外可能发生严重二次事故的地段
防撞等级	2 级(A)	3 级(SB)	4 级(SA)	5 级(SS)

5.8.9 高速公路的小桥、涵洞、通道应设置与路基段形式相同的护栏。

5.8.10 桥梁护栏与路基护栏相衔接处为不同防撞等级、或不同结构形式时,应设置过渡段,使护栏的刚度逐渐过渡,并形成为一个整体。

5.9 防撞垫

5.9.1 高速公路主线分流端、匝道出口的护栏端头应设置防撞垫。

5.9.2 上跨高速公路跨线桥中墩的端部、中央分隔带开口处端头等，宜设置防撞垫。

5.10 特殊交通安全设施

5.10.1 高速公路可在适当位置设置供急救、消防、管理等特定车辆在紧急状况下使用的紧急出口，为失控车辆提供避险的车道等特殊交通安全设施。

5.10.2 紧急出口

(1)相邻两互通式立体交叉的间距大于30km时，宜根据路网设置一处以上紧急出口或U形转弯设施。

(2)紧急出口应设在与医院、消防、急救联系便捷处。

(3)紧急出口可与服务区、停车区相结合设置。

5.10.3 避险车道

连续长陡下坡路段宜结合地形设置避险车道。

6 服务设施

6.1 一般规定

6.1.1 高速公路的服务设施等级应为A级。

(1)A级服务设施应为连续行驶的用路者提供解除疲劳、紧张,以及满足生理要求的场所,或为汽车加油,或对车辆作必要检查、维修等需求,以确保行驶安全、舒适。

(2)A级服务设施应每间隔一定距离,在适当位置设置服务区、停车区、公共汽车停靠站。

6.1.2 服务区、停车区的建设规模应根据公路设计交通量、交通组成、自然环境、用地条件等因素确定。

停车场、餐饮等的建筑面积可按预测的第10年交通量设计;交通量大、或大型客车多、或靠近旅游景点等处,可按实际情况确定。但用地及其预留、预埋等相关工程应按预测的第20年交通量设计。

6.1.3 服务区、停车区的位置应结合路网规划,相邻高速公路服务设施所提供的服务项目、内容,以及沿线人文景观等条件确定。

6.1.4 公共汽车停靠站可根据沿线城镇分布、出行需求,并结合服务区或互通式立体交叉设置。

6.2 服务区

6.2.1 服务区应设置停车场、公共厕所、加油站、车辆维修、餐饮与小卖部等配套设施。

6.2.2 服务区的平均间距不宜大于50km;最大间距不宜大于60km。

6.2.3 服务区的建筑规模,应根据交通量、交通组成、沿线城镇布局、用地条件等因素确定。其用地、建筑面积不宜超过表6.2.3规定。

表6.2.3 服务区用地和建筑面积

服务设施	用地面积(hm^2/处)	建筑面积(m^2/处)
服务区	4.000 0 ~ 5.333 3	5 500 ~6 500

注:1. 服务区用地面积不含服务区出入口加减速车道、贯穿车道以及填(挖)方边坡、边沟等的用地。

2. 四车道高速公路采用下限值,六车道高速公路采用上限值。

3. 八车道高速公路服务区用地和建筑面积可根据交通量、交通组成等经论证后确定,但分别不宜超过8.000 0hm^2/处和8 000m^2/处。

4. 当停车区与服务区共建时,其用地和建筑面积为服务区与停车区规定值之和。

6.2.4 服务区的布设宜采用分离式,可对称布设或非对称布设。地形条件适宜时,亦可采用集中式或其他形式。

6.2.5 服务区内各类设施应按功能分区布置,将为人服务的设施和为车服务的设施以及服务区内的附属设施分开设置。

6.2.6 服务区广场应结合服务主楼、停车场、公共厕所、加油站、维修站等的布设,作交通流线设计。其中人流、车流的路线应明确、简捷、安全。

6.2.7 服务区的停车场的车位数与停车方式,应根据交通量、交通组成设计,应方便停放、进出自如,且充分利用场地。

6.2.8 服务区附属设施的房屋建筑,应根据功能分区、交通流线、停车方式确定其平面布置。服务主楼宜布置在景观、朝向较好的位置,且结合自然环境进行景观设计。

6.2.9 服务区的生活废水等应进行污水处理和综合治理。

6.3 停车区

6.3.1 停车区应设置停车场、公共厕所、长凳,只给用路者提供最低限度的服务。

6.3.2 停车区可在服务区之间布设一处或多处,其平均间距不宜大于15km;最大间距不宜大于25km。

6.3.3 停车区的布设宜采用分离式,但无须对称布置。

6.3.4 停车区的建筑规模,应根据交通量、交通组成、公路用地条件等因素确定,其用地、建筑面积不宜超过表6.3.4规定。

表6.3.4 停车区用地和建筑面积

服务设施	用地面积(hm^2/处)	公共厕所面积(m^2/处)
停车区	1.000 0~1.200 0	60~110

注:1. 停车区用地面积不含停车区出入口加减速车道以及填(挖)方边坡、边沟等的用地。

2. 四车道高速公路宜采用下限值,六、八车道高速公路可采用上限值。

6.3.5 停车区宜结合沿线自然环境、工程条件等布置。有条件时宜结合周围环境、地形条件等,设置在便于眺望大型人工构造物、自然风景的地点,或适合休息的位置。

6.4 公共汽车停靠站

6.4.1 公共汽车停靠站的布置可根据公路沿线城镇布局、城镇人口、公共交通状况与客流量、自然与地形条件等确定。

6.4.2 公共汽车停靠站宜与服务区、互通式立体交叉合并设置。

独立设置的公共汽车停靠站,应结合主线平、纵面设计,确保公共汽车出、入公共汽车停靠站的运行安全,并必须采取相应措施严格保证乘客上、下及等候时的安全。

6.4.3 上、下行线的公共汽车停靠站,应易于识别,相互间的联络必须利用人行通道或设置专用联络通道。公共汽车停靠站必须设置防止乘客等进入高速公路的设施,以确保车辆、人员的安全。

7 管理设施

7.1 一般规定

7.1.1 高速公路的管理设施等级应为 A 级。

(1)A 级管理设施应为用路者提供清晰、完整、明了、准确的公路信息;为公路管理者提供科学、先进的技术手段,保障高速公路运行的安全、舒适与高效。

(2)A 级管理设施应设置管理、监控、收费、通信、配电、照明和养护等设施。

7.1.2 管理设施应适应我国高速公路建设的特点,并充分考虑省(市、自治区)内,或区域联网统一管理的规划要求,确定符合项目所在地区特点的联网管理模式。

7.1.3 管理机构应根据主体工程总体设计,确定交通工程及沿线设施总体设计及其管理机构的部门、人员定编等,以保证日常管理工作的正常运行,并随交通量增长情况逐步完善。

管理机构的设置涉及国家有关政策、法规、项目所在地区经济发展以及建设单位管理模式、编制等多种因素,其设计应在充分调查研究的基础上,拟定本项目的管理机构方案,采用现代化管理技术与手段,使高速公路充分发挥其整体功能与经济效益。

7.1.4 斜拉桥、悬索桥等特殊大桥设置结构监测,或隧道设置监控系统时,应具备主线控制的基本功能和手段,并纳入主线监控系统实行系统集成。

7.1.5 供配电设施应设置电力监控,并纳入主线监控系统实行系统集成。

7.2 管理机构

7.2.1 省(市、自治区)管理机构宜设置管理中心、管理分中心、管理站、养护工区等。

(1)管理中心:宜设置收费中心、监控中心、通信中心,负责全省(市、自治区) 高速公路的管理与养护,收集监控、收费、运行信息并反馈决策信息,应具备从行政、技术和信息等方面对全省(市、自治区)路网和任一路段进行实时监视、调度、管理和控制的能力。

(2)管理分中心:宜设置收费分中心、监控分中心、通信分中心,负责所辖区域或路段的管理工作,应具备收集、分析所辖区域或路段管理各部门有关资料与数据,随时掌握公路状况和交通情况,实现对公路运行和信息的监视和控制的能力。

(3)管理站:根据行政区划或路段长度、构造物特性以及管理需要,宜设置路段监控站、通信站、收费站、隧道管理站、特大桥管理站,负责所辖范围内交通安全、收费、监控、通信等设备的业务管理和保养维护,应具备收集、分析、整理公路运行和信息,并按时逐级上报的能力。

(4)养护工区:负责所辖路段的保养与维护,应具备收集、分析所辖路段公路各设施的相关资料、数据,掌握公路运用状况,并按时逐级上报的能力。

7.2.2 管理机构的设置

(1)管理中心宜设在省(市、自治区)会城市,每省一处。

(2)管理分中心、管理站、养护工区,宜靠近所辖路段或区域设置。

(3)收费站应设在主线或匝道收费广场的一侧。

7.3 监控系统

7.3.1 一般规定

(1)监控系统应具备信息采集、信息处理与决策、信息发布与控制功能，且同高速公路路网、当地路政管理、交通管理、养护、急救等部门建立紧密联系，以实时掌握交通流运行状态，增进交通安全，提高服务质量和运行效率。

(2)A 级管理设施的监控系统分类，规定如表 7.3.1-1。

表 7.3.1-1 监控系统分类

分类	A2		A1	
	A22 系统配置	A21 系统配置	A12 系统配置	A11 系统配置
适用范围	四、六车道高速公路服务水平一、二级的路段	四、六车道高速公路服务水平达到二级下限的路段	八车道高速公路服务水平一、二级的路段。 四、六车道高速公路特大桥、特长隧道等特殊区段	八车道高速公路服务水平达到二级下限的路段。 六车道高速公路服务水平低于二级的路段

(3)监控系统的各项设备的设计交通量应符合表 7.3.1-2 规定。

表 7.3.1-2 监控系统各项设备的设计交通量

设备名称	设计交通量
监控系统机电设备及其外场设备基础	预测的第 5 年交通量
管道及桥梁、隧道等构造物区段的外场设备基础	预测的第 20 年交通量

(4)监控系统应对可能发生的特殊交通安全或紧急事件拟定能及时采集、迅速决策处理并发布控制指令、实施救助的应急处理方案与措施。

7.3.2 监控管理机构应由监控中心(或区域监控中心)、监控分中心、监控站组成。

7.3.3 监控系统模式可采用集中式或分布式。

(1)集中式

高速公路里程较短或独立的特长隧道、特大桥等宜设一处监控中心，监控所属的高速公路或路段。

(2)分布式

高速公路路网形成且覆盖范围较大时宜采用分布式，设置监控中心、分中心和监控站。分布式采用监控分中心(监控站)预先分析、处理，监控中心负责协调、决策的方式进行管理。

7.3.4 监控系统根据监控类别、公路路网、交通量、联网管理等情况，可分别采用主线控制、匝道控制、通道控制等方式。

7.3.5 监控系统性能指标

(1)宜采用检测率、误报率、平均检测时间等指标评价交通事件自动检测算法的性能。

(2)宜采用系统响应时间、交通事故率下降比例、交通延误下降比例、总旅行时间下降比例等指标评价交通监控系统的性能。

(3)宜采用系统响应时间等指标评价自动检测报警系统的性能。

7.3.6 监控系统各类设备的配置应符合以下规定。

(1)A22 系统配置

①信息采集

a. 信息采集主要以交通巡逻车、服务信息等设施为主。

b. 在互通式立体交叉等重点区段，宜设置少量车辆检测器、摄像机等设施。

c. 设置气象检测器。

②信息处理与决策

a. 监控中心、分中心宜配置监控计算机、闭路电视、服务信息等控制设施，并可设置图像显示设施。

b. 监控软件能辅助人工进行交通异常分析判断。

c. 备有应急处理预案。

③信息发布与控制

a. 可在重点路段设置小型可变信息标志、可变限速标志等设施。

b. 应向用路者提供重点路段服务信息和发布相关的警告、禁令告示。

c. 应向交通广播电台、交通信息网站等及时提供交通服务信息以向用路者发布。

(2)A21 系统配置

①信息采集

a. 信息采集宜采用检测器、闭路电视、服务信息和紧急报警设施等。

b. 在互通式立体交叉、长大桥、中长隧道等重点区段,应设置车辆检测器、摄像机等设施;交通量大的路段可连续设置摄像机等设施,以进行重点监视。

c. 设置气象检测器。

d. 宜设置交通信息网站、紧急报警设施。

②信息处理与决策

a. 监控中心、监控分中心应设置监控计算机、闭路电视、服务信息和紧急报警等控制设施,并宜设置图像显示设施。

b. 监控软件能配合人工进行交通异常分析判断,监视偶发性交通拥挤或交通事件,实行交通诱导或主线控制。

c. 备有多种应急处理预案。

③信息发布与控制

a. 在全线需要控制的路段应设置小型或大型可变信息标志、可变限速标志等设施。

b. 应向用路者提供全线基本服务信息和发布必要的控制指令。

c. 应向交通广播电台、交通信息网站等及时提供交通服务信息以向用路者发布。

(3)A12 系统配置

①信息采集

a. 信息采集应以检测器、闭路电视、服务信息和紧急报警设施等为主。

b. 在互通式立体交叉、特大桥、特长隧道等重点区段,应设置一定数量车辆检测器,连续设置摄像机等设施;交通量大的路段宜连续设置摄像机等设施,以进行重点监控。

c. 设置气象检测器。

d. 应设置交通信息网站、紧急报警设施。

②信息处理与决策

a. 监控中心、监控分中心应设置监控计算机、闭路电视、服务信息和紧急报警等控制设施,并应设置图像显示设施。

b. 监控软件能与人工干预相结合进行交通异常分析判断,对偶发性交通拥挤或交通事件实行交通诱导或主线控制;可对重要路段实施匝道控制。

c. 特大桥、特长隧道等设置的监控系统应具备主线控制基本功能和手段,并纳入主线监控系统,实行系统集成。

d. 备有齐全的应急处理预案。

③信息发布与控制

a. 重点路段应布设较完善的可变信息标志、可变限速标志等设施。

b. 常发性交通拥挤等路段应连续设置车道控制标志。

c. 应向用路者提供重点路段较完善的服务信息和发布控制指令。

d. 应向交通广播电台、交通信息网站等实时提供交通服务信息以向用路者发布。

(4)A11 系统配置

①信息采集

a. 信息采集应由检测器、闭路电视、服务信息和紧急报警设施等构成完善的系统。

b. 全路段应连续设置车辆检测器、摄像机等设施，实行全路段监控。

c. 设置气象检测器。

d. 应设置交通信息网站和完善的紧急报警设施。

②信息处理与决策

a. 监控中心、监控分中心应设置完善的监控计算机、闭路电视、服务信息和紧急报警等控制设施，并应设置图像显示设施。

b. 监控软件应具备应对多种交通条件的交通异常自动判断功能，能针对常发性和偶发性交通拥挤实行主线控制，必要时可实行通道控制或匝道控制。

c. 备有反应迅速、完善的应急处理预案。

③信息发布与控制

a. 应布设满足及时诱导或疏导常发性交通拥挤所必需的可变信息标志、可变限速标志等设施。

b. 交通量大的等路段应连续设置车道控制标志。

c. 应向用路者实时提供全线和路网的服务信息，并发布相应控制指令。

d. 应向交通广播电台、交通信息网站等实时提供交通服务信息以向用路者发布。

7.3.7 监控外场设备基础、管道、供电与防雷、接地

(1)监控外场设备基础、管道

①监控外场设备基础、管道应与高速公路主体工程同步实施。

②监控外场设备信号和电力管道应单独设置，不得占用干线通信管道。

③监控外场设备信号和电力管道应选择不同路由，信号管道宜设在中央分隔带，电力管道宜设在路侧。监控外场设备供电电缆可采用铠装直埋或穿管敷设方式。

(2)监控外场设备供电与防雷、接地

①监控外场设备宜采用低压供电方式供电；较远距离大功率的外场设备可采用在低压电缆和低压断路器等设备耐压范围内升降压方式或中压方式供电，以降低电缆线径。

②监控外场设备宜采用联合接地方式，特殊强雷区设有独立避雷针的地方可将安全接地与防雷接地分别设置。

③应根据监控系统所处地区年均雷暴天数及设施所处地形地貌特点，对监控系统设备及光、电缆等进行系统的防雷、接地设计。

7.3.8 可变信息标志字模

可变信息标志字模型式应符合表 7.3.8 规定。

表 7.3.8 可变信息标志字模型式

类　别	车 道 数	字模高(cm)	字 模 点 阵	字模数(个)
小型标志	—	60~80	24×24	双列≤8
大型标志	四车道	≤80	24×24	单行≤10
	六、八车道	80 或 100	24×24 或 32×32	单行≤12

(1)大型可变信息标志应采用门架式支撑方式。

(2)四车道高速公路小型可变信息标志的支撑方式可采用立柱式或悬臂式。

(3)六车道及其以上高速公路小型可变信息标志的支撑方式宜采用悬臂式。

7.4 收费系统

7.4.1 一般规定

(1)收费系统设计应服从公路路网规划，缩短收费服务时间，提高收费服务水平。

(2)收费系统各项设备的设计交通量应符合表 7.4.1 规定。

表7.4.1 收费系统各项设备的设计交通量

设备名称	设计交通量
收费系统机电设备	预测的第5年交通量
收费岛、收费广场、收费车道、路面、地下通道、天棚	预测的第15年交通量
收费广场用地、站房房屋、站房区用地、相关土方工程	预测的第20年交通量

(3)收费服务时间

①封闭式收费:入口6~8s;出口14~20s。

②开放式或混合式收费:12~14s。

③省(市、自治区)界联合收费站:宜采用20~26s。

(4)收费服务水平采用平均等待车辆数1辆。当条件受限制时,可采用3辆。

(5)收费车道数应根据交通量、收费服务时间、收费服务水平确定,出口、入口收费车道均不应少于2条。规划拟建不停车收费系统时,应预留不停车收费车道。

7.4.2 收费管理机构应由省(市、自治区)收费中心(或区域收费中心)、收费分中心、收费站组成。

7.4.3 收费制式

(1)收费制式应根据公路路网、地区特点、建设与管理等因素论证后确定,可采用开放式、封闭式或混合式。

(2)确定收费制式必须对各种制式下的工程建设总费用、管理费用、营运费用、漏收率等,进行全面、综合技术经济分析、比较、论证。

(3)已联网或规划联网收费区域内的高速公路应采用封闭式。

(4)建设里程长,用路者行驶距离差别较大,且主线和互通式立体交叉出入交通量均较大的高速公路应采用封闭式。

(5)独立收费的桥梁、隧道宜采用开放式。

(6)近期预测交通量较少且短途交通量较少,或互通式立体交叉间距较大且出入交通量小宜采用混合式。

7.4.4 收费方式应根据收费系统的建设规模、运行管理、联网收费等具体条件,可采用半自动收费、自动收费或不停车收费。

(1)一般情况下,应选择人工收费、计算机管理、闭路电视监视的半自动收费方式。

(2)具备条件时,可设置票卡式自动收费系统。

(3)需提高收费系统服务水平并且路网或路线内经常性用户数量较多时,可采用不停车收费方式。

7.4.5 收费标准应统一采用车型分类标准收费,并限制超限超载车辆进入高速公路。

(1)收费站前或距收费站适当位置处宜设置限制超限超载车辆进入的检测设施。

(2)收费站入口车道宜设置计重设备。

(3)收费广场前根据具体情况可设置供被限制进入的超限超载车辆迂回掉头或驶离高速公路的专用道路。

7.4.6 收费广场及其设计要点

(1)收费广场

①收费广场位于主线时,其平面、纵面线形应与互通式立体交叉的主线线形标准一致;位于互通式立体交叉匝道或连接线上时,其圆曲线半径不得小于200m,竖曲线半径应大于800m。

②收费广场中心线至匝道分流点的距离不应小于75m,至相交公路平面交叉的距离不应小于150m。

③收费岛前后的路面应采用水泥混凝土路面。

④收费广场场区应作排水设计。

(2)收费岛

①收费岛宽度宜采用2.2m,收费岛侧面高度宜采用0.30m。

②收费岛长度应根据收费广场类型及其安装的收费设备确定。主线收费广场收费岛长度为28~

36m；匝道收费广场为18～36m；不停车收费车道可根据实际需要确定。

(3)收费车道

①收费车道宽度应采用3.2m。

②行驶方向右侧应设置超宽车道，其宽度为4.0m。

(4)收费亭地下专用通道

①收费车道数大于或等于8条时，应设置地下专用通道（兼电缆通道）。

②收费车道数较少或不适宜设地下专用通道时，应设置电缆沟或电缆管道。

(5)收费天棚

收费天棚净高应大于或等于5.5m，其构造应有利于挡雨水、遮阳和排除汽车废气。

(6)收费岛内设置的通信、照明、配电、供水、排水等管道，其布设应合理、互不干扰，先期不实施者应做出预埋设计。

7.4.7 收费系统计算机网络与软件平台

(1)收费系统计算机网络由收费中心、收费分中心、收费站各局域网及其构成的广域网组成。局域网宜采用以太网，并采用开放式结构体系。

(2)收费系统软件应考虑联网收费，采用开放性好、安全、可靠、先进的软件平台。

7.4.8 联网收费结算模式应根据投资和管理体制确定，收费中心应统一管理收费数据，并按规定拆分和清算。由收费站拆分通行费用时，收费中心应统一校核，并核准。

(1)统一收缴通行费，按投资、里程、交通量等因素结算的宜采用统收统分模式。

(2)按每辆车实际行驶里程结算的，宜采用按费率拆分模式。

7.4.9 收费监控模式分为分布监控和集中监控，有条件的高速公路宜采用集中监控模式。

(1)分布监控以收费站监控为主，收费监控图像、紧急报警信号上传至收费站，选部分图像送收费分中心。

(2)集中监控以收费分中心监控为主。高速公路里程较短时，由收费分中心集中监控；里程较长时，可视情况划分为若干路段，每段选一位置相对居中的收费站对周边收费站实施集中监控，并选部分图像送收费分中心。

7.4.10 收费系统可靠性和网络安全

(1)收费车道计算机系统必须具有48h以上独立工作和降级使用功能。

(2)收费站计算机系统应与收费车道计算机系统实行数据冗余存储，数据保存时间40d以上；收费站计算机系统应采用数据自动备份技术。

(3)收费中心和收费分中心的局域网服务器（主机系统）电源、网络等应采用双机热备工作方式。各局域网的设备应能独立工作、可靠度高、稳定性好，确保收费数据的完整、准确和安全。

(4)联网收费必须建立网管系统，能对网络节点、通信设备、网络用户进行实时状态和操作权限的监控和管理，确保联网收费系统网络安全运行。

(5)联网收费条件下不停车收费系统对收费交易过程除应满足保密、完整的要求外，其原始交易记录还应具备真实可信、不可抵赖的要求。

7.5 通信系统

7.5.1 一般规定

(1)通信系统应根据高速公路通信网络规划，统一技术标准，统一进网要求，保证已建和在建高速公路通信系统的互联互通。

(2)通信系统应为用路者与管理者提供语音、数据、图像信息交互服务宽带网络平台。

(3)通信系统应以光纤通信为主，有条件的地区可配合采用移动通信。

(4)通信系统设计应符合交通工程及沿线设施总体设计，并配合监控系统、收费系统等制订相应的设计方案。

(5)通信网设计应充分考虑现行通信应用技术水平、通信技术的发展趋势,采用先进、可靠、开放的通信网络技术。

(6)通信系统设计应符合国家标准、行业标准,以及国际电信联盟等标准化组织制定的相关专业标准。

7.5.2 通信系统管理机构应由通信中心、通信分中心、通信站组成。

7.5.3 高速公路通信网由传送网、业务网、支撑网组成。

(1)传送网应按省、各条高速公路网络分割模式设计,分割网络可分为干线网与接入网。

(2)业务网应由电话交换网、数据通信网、图像传输网、会议电视网、紧急报警系统、路侧广播系统、移动通信系统等组成。

(3)支撑网应由数字同步网、公共信令网、网络管理网组成。

7.5.4 传送网

(1)通信中心、通信分中心之间的通信网络应为干线网,可由树型、环型和格型相结合的网络构成。

(2)路段内通信系统宜采用接入网,以路段通信分中心为核心,沿线收费站、服务区为用户构成环型或链状拓扑网络结构。

(3)干线网目前宜采用基于 SDH 的多业务传输平台。随着技术发展成熟程度,局部网也可采用基于 IP 的分组交换网络平台。

(4)省内干线网的带宽根据网络结构及需求设置,宜采用 STM-4 等级或 STM-16 等级。

(5)接入网宜采用基于 SDH 综合业务接入网 STM-1、STM-4 等级系统。有条件时可采用千兆以太网接入技术。

7.5.5 光、电缆

(1)光纤应选用 ITU-T G.652 或 ITU-T G.655 标准。

(2)高速公路敷设的光、电缆应满足监控系统、收费系统、通信系统等的需求以及扩展备用的需求。扩展备用的光纤数应等于或大于 8 芯。省际联网预留光纤数应等于或大于 4 芯。

(3)通信光、电缆应敷设在通信管道内。

7.5.6 电话交换网

(1)电话交换网应由长途电话网及本地电话网构成。电话交换网应逐步向动态无级网发展。

(2)电话交换网目前宜采用程控数字交换系统,随着软交换技术发展,可在非汇接节点建设软交换 IP 电话网,但组网方式及信令必须符合本规范相关条款规定。

(3)各级通信中心宜设电话交换设备,电话交换设备应具有 ISDN 功能及 V5 接口功能。

(4)上下级交换机局间应设基干中继电路,相邻交换机局间宜设直达中继电路,中继电路的数量应根据话务需求设置,但基干电路的数量不应少于 2×2Mbit/s。

(5)省高速公路通信中心的电话交换机宜采用全自动呼出、呼入方式与公用网本地交换机连接,并纳入公用网的统一编号;通信分中心的程控数字交换机宜采用自动呼出、半自动呼入方式与公用网本地交换机连接。

(6)数字中继应采用 2Mbit/s 数字中继接口,局间信令应采用我国 No.7 信令;模拟中继应采用二线模拟市话中继接口,局间信令应采用模拟用户信令。

(7)各省(市、自治区)本地电话交换网应统一编号。每个省(市、自治区)为一个长途区号,可采用与公网相同或用三位号的前两位。省(市、自治区)内用户编号视用户容量确定,可采用 5 位编号,用户数量较多的省份,可采用 6 位编号。

(8)电话交换网的网同步应采用主从同步方式。

①省高速公路通信中心程控交换机宜设置二级 B 类时钟。

②通信分中心程控交换机宜设置三级时钟。

(9)程控数字交换机应设置计费管理系统,具有完善的监控管理接口和功能,并设置维护管理设备。

(10)根据高速公路管理需要可设指令电话系统。

7.5.7　数据通信网

(1)数据通信应主要为监控、收费系统等数据传输服务。但应作好高速公路数据通信网统一规划,逐步建成高速公路专用数据网,为高速公路管理办公自动化、信息查询提供服务。

(2)监控外场设备、收费站至监控分中心、收费分中心的数据传输宜采用 E_1 或10/100M以太网方式;监控分中心、收费分中心至监控中心、收费中心的数据传输宜采用10/100M、100/1 000M 以太网方式。

7.5.8　图像传输网

(1)图像传输网应为监控系统、收费系统等图像传输服务。

(2)监控外场摄像机、收费站至监控分中心、收费分中心的图像传输可采用模拟传输方式、数字非压缩方式或数字压缩方式。

(3)监控分中心、收费分中心至省监控中心、收费中心的图像传输宜采用数字压缩方式,标准采用MPEG II 或 MPEG IV。

(4)采用 IP 组播技术,实现从监控中心、收费中心到沿线监控站、收费站的三级闭路电视控制时,沿线监控站、收费站至监控分中心、收费分中心之间的图像应采用数字压缩技术并采用 IP 网络进行传输。

(5)为保证图像数字压缩处理传输的质量,图像信号由摄像机至监控中心、收费中心传输过程中只允许压缩一次。

7.5.9　会议电视网

设计会议电视系统时,应采用 ITU-T H.320 与 ITU-T H.323 相结合的系统。

7.5.10　紧急报警系统

(1)紧急报警系统应由紧急报警控制台、紧急报警设施等组成。

(2)紧急报警系统可采用光、电缆及无线传输方式。

7.5.11　移动通信

设置移动通信时,宜采用数字集群网、专用调度网、无线接入网技术。

7.5.12　通信支撑网

(1)通信网应依据传送网与业务网采用的技术体制需要,设计通信支撑网。

(2)通信支撑网由数字同步网、公共信令网、网络管理网组成。

①数字同步网

a. 数字同步网,宜采用主从同步方式。

b. 数字同步网由三级组成:

一级节点:设基准时钟 PRC;

二级节点:设基准时钟 LPR;

三级节点:设辅助 BITS 时钟。

c. 数字同步网主用基准钟信号应为 GPS 同步信号,备用基准应为电信公网 PRC、LPR 基准钟信号。

d. 当 GPS、公网 PRC、LPR 无法正常提供同步源时,应由二级节点基准时钟 LPR 提供定时信号。

e. 当二级节点还未建设 LPR 时,高速公路分中心可根据需要从同级电信公网数字链路中提取定时信号作为外接时钟源。

f. 同步网设计必须避免定时信号形成环路。低等级时钟只能接收高等级或同一等级时钟的定时。

②公共信令网

a. 公共信令网应采用中国 No.7 信令标准。

b. 信令网应能完成电路和非电路交换的信令接续,应作为发展智能网等多种功能的业务支撑网。

c. 在高速公路电话网存在随路信令时,No.7 信令应能与随路信令连通。

d. No.7 信令网未建成时,信令点间可采用直连和准直连相结合的工作方式。

③网络管理网

网络管理网应能对网络、设备、业务的运行状态、性能进行实时监视、监测和控制,其组成应符合下列规定：

a. 网络管理网应按不同子系统分设管理网，条件具备时实现统一的管理网。

b. 网络管理网应由网元管理系统及网络管理系统构成。

c. 网元管理系统应随工程同步建设，并应预留网络管理系统接口。

7.5.13 通信电源

(1) 通信系统用电负荷必须为一级负荷。

(2) 通信设备电源设计应保证对通信设备不间断、无瞬变供电。

(3) 通信分中心应对全线通信设备电源进行集中监控。

7.5.14 防雷、接地

(1) 机房的通信设备均应采用与建筑防雷及其他系统接地合用的联合接地方式，接地电阻应等于或小于1Ω。会议电视系统接地电阻应等于或小于0.5Ω。

(2) 光、电缆应做防雷、接地设计。

(3) 设置于路侧的紧急报警设施的防雷、接地电阻应等于或小于10Ω。

7.5.15 通信管道

(1) 通信管道宜布设在中间带内，通信管道必须与高速公路土建工程同步实施。

(2) 通信干线管道的管孔数量应预留相当于2孔内径 ϕ90mm 以上的管孔容量。

(3) 中间带内敷设的通信管道与护栏立柱等设施的各方向间距均应符合规定的安全距离。当不能满足规定的安全距离时，应采取通信管道深埋或混凝土（钢筋混凝土）包封、加固通信管道等技术措施。

7.6 配电照明

7.6.1 交通工程及沿线设施用电设备的电力负荷级别应符合表7.6.1规定。

表7.6.1 用电设备的电力负荷级别

用电设备	电力负荷级别
监控系统、收费系统、通信系统的控制室紧急报警系统 隧道等重要设施的消防系统、应急照明系统	一级负荷
管理中心的照明 服务区综合楼的照明 一般设施的消防系统	二级负荷
其他设施	三级负荷

7.6.2 为保证交通工程及沿线设施用电的电压质量，应在沿线适当的地点设置变电所或变电站。

7.6.3 变电所的高压电源宜就近采用10kV电源。电压质量不能满足用电设备要求时，应采取相应的措施。

7.6.4 变电所的电力应进行监控。变压器的出线开关应装设通信模块，以实现遥测遥控。

7.6.5 柴油发电机的容量除满足一、二级负荷用电外，还应满足最大一台电动机启动的要求。

7.6.6 配电室内设有封闭式的干式变压器和低压配电柜时，为确保安全，10kV高压进出线应采用全封闭的环网开关柜。

7.6.7 自变压器输出侧至用电设备之间的低压配电级数不宜超过三级。

7.6.8 低压配电屏和各级配电箱的备用回路，宜为总回路数的25%。

7.6.9 由树干式系统供电的配电箱，其进线开关应选带保护的开关；由放射式系统供电的配电箱，进线开关可采用隔离开关。

7.6.10 公路收费广场、服务区、管理区等场区应设置照明；城市附近的互通式立体交叉可设置照明。

7.6.11 服务区的停车场宜设置高杆灯照明，照度宜为15～30lx，均匀度应大于0.3。

7.6.12 收费广场车道数大于或等于12时宜设高杆灯照明；小于12时宜设中杆灯照明，其照度宜为20～40lx，均匀度应大于0.4。

7.6.13 收费天棚应设车道照明，照度宜为 30 ~ 50lx。

7.6.14 监控中心机房应设应急备用照明。

7.7 房屋建筑

7.7.1 管理机构的房屋建筑选址和规模应根据高速公路总体设计、交通量、交通环境、管理机构布局，以及当地建筑、人文、景观等确定。

7.7.2 管理机构的房屋建筑的规模宜按预测的第 20 年交通量确定。

7.7.3 管理机构中监控、通信系统的用地和建筑面积指标宜符合表 7.7.3 规定。

表 7.7.3 监控、通信系统的用地和建筑面积指标

管理机构类型	用地面积(hm^2/处)	建筑面积(m^2/处)
监控通信中心	2.0	5 000 ~ 8 000
监控通信分中心	1.333 3 ~ 1.666 7	3 000 ~ 4 000
监控通信站	0.333 3 ~ 0.666 7	800 ~ 1 200

注：1. 监控、通信系统房屋建筑的用地为不包含填(挖)方边坡、边沟等的场区用地面积。

2. 八车道高速公路监控分中心、通信分中心的用地和建筑面积指标可根据交通量、交通组成等经论证后确定，但分别不应超过 2.500 0hm^2/处和 6 000m^2/处。

3. 八车道高速公路监控所、通信站的用地和建筑面积指标可根据交通量、交通组成等经论证后确定，但分别不应超过 1.200 0hm^2/处和 2 000m^2/处。

7.7.4 监控、通信中心与监控、通信分中心除设置管理办公楼外，还应根据实际情况设置锅炉房、变配电室、水泵房、传达室、宿舍、食堂、浴室、文体活动用房、车库等。

7.7.5 监控、通信、收费分中心可同收费站合并建设，并充分考虑各功能部分的合并运用。

(1)各级通信中心为有人通信站；收费站、服务区所设通信站为无人通信站。

(2)有人通信站除设置通信机械室外，应根据实际需要配置相应的值班室、休息室及文件资料室等辅助房屋。

7.7.6 收费站的用地和建筑面积指标宜符合表 7.7.6 规定。

表 7.7.6 收费站用地和建筑面积指标

收费站类型	用地面积(hm^2/座)	建筑面积(m^2/座)
主线收费站	0.866 7 ~ 1.000 0	1 500 ~ 1 700
匝道收费站	0.333 3 ~ 0.466 7	800 ~ 1 000

注：1. 表中用地面积和建筑面积指标：主线收费站系按 12 条车道，匝道收费站系按 6 条车道计算之值。收费车道数每增加或减少 1 条时，用地面积指标应相应增加或减少 0.041 7 ~ 0.466 7hm^2，建筑面积指标应相应增加或减少 100m^2。

2. 表中用地面积为不包含填(挖)方边坡、边沟等的场区用地面积。

3. 八车道高速公路主线收费站的用地和建筑面积指标可根据交通量、交通组成等经论证后确定，但分别不应超过 1.500 0 hm^2/座和 2 000m^2/座。

4. 八车道高速公路匝道收费站的用地和建筑面积指标可根据交通量、交通组成等经论证后确定，但分别不应超过 0.600 0 hm^2/座和 1 200m^2/座。

7.7.7 收费站房屋建筑应包括：收费天棚、收费主楼以及供水、供暖、供电、食宿等附属用房，必要时还可另设停车场及车库。

7.7.8 收费站主体建筑为收费主楼，宜靠近收费广场，应有好的朝向。监控室的室内净高不应低于 3.0m。

7.7.9 养护工区应能满足高速公路养护和维修的要求，宜每 40 ~ 50km 设置一处，也可与监控通信分中心或收费站合建。合建时，除建筑风格应保持一致外，各功能分区应保持相对独立。

7.7.10 养护工区与收费站合建时，应在被交路上设置独立的出入口。

7.7.11 养护工区的用地和建筑面积指标宜符合表 7.7.11 规定。

表 7.7.11 养护工区用地和建筑面积指标

类　型	用地面积(hm^2/处)	建筑面积(m^2/处)
养护工区	0.666 7 ~ 1.000 0	1 200 ~ 1 500

注:1. 表中用地面积为不包含填(挖)方边坡、边沟等的场区用地面积。

2. 八车道高速公路养护工区的用地和建筑面积指标可根据交通量、交通组成等经论证后确定,但分别不应超过 1.500 0hm^2/处和 1 800m^2/处。

7.7.12 养护工区应设置办公室、养护机械库、养护机械维修库、车库,以及食宿、供水、取暖、配电等附属用房,必要时还可另设养护机械停车场。

附录 A

交通工程及沿线设施各专业间设计界面

A.0.1 交通安全设施

(1)交通标志平面设计图应标出可变限速标志、可变信息板的位置。可变限速标志、可变信息板及其他监控外场设备的位置、桩号应由监控系统方与交通安全设施方共同商定,由监控系统方设计。

(2)监控外场设备设于门架式标志上时,由监控系统方提供受力条件、位置及接线要求,由交通安全设施方做门架式标志结构设计并预留位置及接线。监控外场设备的安装由监控系统方设计。

(3)中央分隔带埋设通信管道时,护栏立柱同通信管道及其基础间应有足够的安全距离。中央分隔带护栏由交通安全设施方设计;通信管道由通信系统方设计,其设计图应汇入交通安全设施设计布置图中。

(4)紧急报警设施及其外场设备基础由监控系统方设计;人孔位置、通信管道由通信系统方设计,其设计图应汇入交通安全设施设计布置图中。

(5)服务区边坡及排水沟外侧设置隔离栅时,由交通安全设施方设计,并计列工程数量。服务区内管理小区的围墙或采用隔离栅封闭时,由房屋建筑方设计,并计列工程数量。

(6)服务区预告至服务区出口的标志由交通安全设施方设计,并计列工程数量。服务区内部问询、商店、停车场、加油站等标志由房屋建筑方设计,并计列工程数量。

(7)收费广场路面标线、减速标线、护栏等由交通安全设施方设计,并计列工程数量。收费岛上的标志、护栏等由收费系统方设计,并计列工程数量。

A.0.2 监控系统

(1)路段上的闭路电视摄像机由监控系统方设计;收费广场、收费车道及收费亭监控摄像机由收费系统方设计。监控系统图像传至收费站进行集中上传时,视频图像编辑及合成设备由收费系统方设计;收费图像在监控分中心显示时,监视器系统由监控系统方设计。

(2)监控外场设备至变电所间供电线路由监控系统方设计;低压配电柜的出线端以上部分由配电系统方设计。

(3)监控中心或监控分中心机房的配电负荷大小、配电技术要求、回路数量由监控系统方提出;变电所配电柜到监控机房、控制室等房间配电盘之间的供电线路由房屋建筑方设计。

(4)监控机房的房间开间、房间面积、布局、走线、装修等由监控系统方提出要求,由房屋建筑方设计。

(5)配电系统的电力监控由配电系统方设计,由监控系统方实行系统集成。

A.0.3 收费系统

(1)收费车道至收费站控制室的数据、图像传输应由收费系统方设计;收费站至收费结算中心或收费分中心的数据、图像传输应由通信系统方设计。

(2)收费中心、分中心、收费站站房的配电负荷大小、技术要求等由收费系统方提出;变电所配电柜到收费站房等房间配电盘之间的供电线路由房屋建筑方设计。

(3)收费站房的房间开间、房间面积、布局、走线、装修等由收费系统方提出要求,由房屋建筑方设计。收费天棚应由收费系统方提出相关技术要求,由房屋建筑方设计。

A.0.4 通信系统

(1)主线通信管道、分歧通信管道至房建区边缘人孔,由通信系统方设计;房建区边缘人孔至机房前人孔的通信管道由房屋建筑方设计。

(2)通信系统机房的配电负荷大小、配电技术要求、回路数量由通信系统方提出；变电所配电柜到通信机房等房间配电盘之间的供电线路由房屋建筑方设计。

(3)通信机房的房间开间、房间面积、布局、走线、装修等由通信系统方提出要求，由房屋建筑方设计。

A.0.5 配电照明

(1)根据服务设施、监控系统、收费系统、通信系统等提出的用电要求，配电照明方负责变电所至各设施、系统设备的总配电柜(盘)的配电设计。

(2)服务区内厅、院、廊等照明，以及收费广场天棚照明由房屋建筑方设计；互通式立体交叉、收费广场、停车场等的高杆照明由配电照明方设计。

(3)监控系统、收费系统、通信系统等外场设备的低压配电由各系统自行设计，如需中压供电则应提供设备位置桩号，由配电照明方设计。

A.0.6 监控系统、收费系统、通信系统等外场设备的防雷接地由各系统自行设计；机房、控制室联合接地系统由房屋建筑方设计。

本规范用词说明

为科学确定技术标准，合理运用技术指标，本规范对各项技术指标条文的规定，按其执行的严格程度，在用词上采用了以下写法，请使用者充分考虑地区之间的发展差别，以及各地域的自然、地理、地质条件的特殊性和差异性，并结合工程项目的具体情况运用。

规范条文用词：

(1)表示很严格，非这样做不可的用词：

正面词采用“必须”；反面词采用“严禁”。

(2)表示严格，在正常情况下应这样做的用词：

正面词采用“应”；反面词采用“不应”或“不得”。

(3)表示允许有选择，有条件时首先应这样做的用词：

正面词采用“宜”；反面词采用“不宜”。

(4)表示允许有选择的用词：

正面词采用“可”。

附件

《高速公路交通工程及沿线设施设计通用规范》

（JTG D80—2006）

条 文 说 明

1 总则

1.0.1 本规范的编制目的主要是为指导规划和初步设计阶段高速公路交通工程及沿线设施的设计工作，以正确、合理确定高速公路交通工程及沿线设施的建设规模和技术标准，同时规定了交通安全设施、服务设施、管理设施等与主体工程的关系和相互之间的设计界面。

1.0.2 本规范的编制依据是2004年3月1日实施的《公路工程技术标准》(JTG B01—2003)［以下简称《标准》(2003)］。本规范的编制系与修订《公路工程技术标准》(JTJ 001—97)工作同步进行，是与《标准》(2003)中“9 交通工程及沿线设施”一章相配套的设计通用规范。

根据《标准》(2003)的规定，交通工程及沿线设施的建设规模与标准应根据公路功能、公路等级、交通量、自然环境等因素确定。交通工程及沿线设施等级分为A、B、C、D四级，高速公路按表1-1规定应采用A级。

表1-1 交通工程及沿线设施分级

交通工程及沿线设施等级	适用范围	交通工程及沿线设施等级	适用范围
A	高速公路	C	一级公路、二级公路作为集散公路时
B	一级公路、二级公路作为干线公路时	D	三级公路、四级公路

本规范为高速公路设计规范，仅对交通工程及沿线设施A级做了相关规定。

1.0.3 为本规范的适用范围。

1.0.4 《标准》(2003)中规定：“高速公路和具干线功能的一级公路的设计交通量应按20年预测”，故高速公路交通工程及沿线设施的设计交通量“采用预测的该高速公路第20年的交通量”，该设计交通量预测的起算年为该项目可行性研究报告中的计划通车年。

1.0.5 根据树立和落实科学的发展观，全面提升勘察设计理念的精神，在制定规范的指导思想上引入了“安全、服务、管理”的理念，即：确保行车安全，为用路者提供良好的服务，通过科学管理以充分发挥该公路工程项目的社会、经济效益。

1.0.6 从2004年6月20日开始，交通部、公安部、国家发改委等七部门在全国各级人民政府的配合下，开展了车辆超限超载治理工作，经过半年时间车辆超限超载严重势头得到有效遏制，超限超载率已从治理前的80%以上，稳定在目前的10%左右。统一治超综合效果十分显著：公路交通事故明显下降，全国公路交通事故同比下降26.7%；路桥设施得到有效保护，公路路况和公路设施完好率较治超前明显好转；车辆行驶速度明显加快，全国公路货车平均行驶时速由原来的50km/h提高到70km/h；市场秩序逐步好转，长期被扭曲的公路运价出现理性回归；多轴重型货车和集装箱车辆销量见长，运力结构得到优化，车辆生产向标准化、规范化迈进。

因之本规范特别强调高速公路交通工程及沿线设施设计所采用的设计车辆的外廓尺寸、汽车荷载等应符合《标准》(2003)的相应规定。凡超限超载车辆不得驶入高速公路。对因军事、经济建设等特殊需要，需通行特殊车辆或对行车安全有特殊要求的车辆，须为超出《标准》(2003)规定的超高、超长、超宽、超重、超速车辆提供服务时，应进行验算并采取必要的工程措施。

1.0.7 在设计上引入了运行速度、安全性评价的概念，要求对线形设计受地形条件限制的地段，或改、扩建工程，或其他特殊情况等，采用运行速度、安全性评价进行检验，以便在主体工程调整公路平、纵线形设计的同时，或者据此指导设置相应交通安全设施、管理措施。这种做法已成为进行“动态设计”，或“定量”地评价设计，以及提出对策的一种方法、手段，将有利于保障行车安全。

设计速度是公路设计时确定其几何线形的关键参数，但是经过多年来的实践，设计与管理人员发现这种设计方法本身存在一定的缺陷。因为设计速度对一特定路段而言是一固定值，这一值作为基础参数，用于规定一个路段的最低设计标准，但在实际的驾驶行为中，没有一个驾驶员自始至终地去恪守这一固定车速。现有路段观测结果表明，设计速度的设计方法不能保证线形标准的一致性。实际的行驶速度总是随公路线形、车辆动力性能与驾驶员特性等各种条件的改变而变化。只要条件允许，驾驶者总是倾向于采用较高的速度行驶。从公路使用者安全角度考虑，不能简单地以设计速度来控制公路线形指标，因为车辆是连续行驶的，需要以动态的观点来考虑车辆进入曲线时的运行速度，所选择的设计速度要与车辆运行速度相适应，从而提高公路的安全性。近年来德、法等欧洲国家和美国、澳大利亚等发达国家广泛运用了以运行速度概念为基础的设计方法。运行速度的引入，可以有效地解决路线设计指标与实际行驶速度所要求的线形指标脱节的问题，增进行车安全。本规范规定高速公路交通工程及沿线设施的设计应按这一思想与方法配合主体工程进行设计。

2 术语与符号

本章仅列出了规范正文中新出现的术语与符号。

3 交通调查

3.0.1 《标准》(2003)在设计理论上吸纳了国家"九五"重点科技攻关项目《公路通行能力研究》成果,并编制了我国的《通行能力手册》。通行能力的纳入对科学确定技术标准,合理运用技术指标、确定建设规模、保护生态环境、提高公路服务水平提供了设计依据。为此,本规范明确规定应根据交通调查和该公路工程项目预测交通量确定高速公路交通工程及沿线设施的技术标准和建设规模。

3.0.2 交通量是公路工程项目从工程前期工作的可行性研究开始,以至规划、勘察、设计、管理、养护等一系列工作的基础资料。而仅仅利用工程可行性研究报告中的交通调查和预测资料进行交通工程及沿线设施设计是不能满足规定要求的。在交通工程及沿线设施的设计过程中,为了分析交通流的动态发展,制订交通管理和控制方案,还应搜集相关的流量、流向、车速、密度、停车、事故、公路沿线具体环境等资料,才能满足设计深度要求。

交通工程及沿线设施设计中所作的交通调查,其相关补充资料应纳入设计文件的"附件:基础资料"中,以供设计使用与备查。

3.0.4 对应补充调查的"交通调查"主要项目做出了规定。实际应用过程中,应根据设计项目的实际情况,按补充调查的目的,对调查的内容、地点、时间做出详细的计划和安排。同时还应重视调查资料的分析和整理工作,分析主要影响因素。

4 总体设计

4.1 一般规定

4.1.1 高速公路交通工程及沿线设施的总体设计是指应做好以下工作:参与、配合主体工程总体设计;协调外部与内部各专业间的关系;确定标准、规模、方案,以成为完整的系统工程,实现安全、环保、可持续发展的总体目标,提高安全、服务、管理水准。因之一个建设项目由两个或两个以上单位设计时,建设单位应指定一个设计单位牵头,负责总体设计,协调主体工程同交通工程及沿线设施、独立大桥、隧道等之间的关系。同样,交通工程及沿线设施亦存在以上问题,应明确总体设计单位,以做好相应设计。

4.1.2 "准确体现主体工程的设计意图"是指交通工程及沿线设施总体设计同主体工程总体设计的辩证关系是既为主从,又应相互补充、协调,优化、完善设计方案,以构成最佳设计,交通工程及沿线设施总体设计应使公路工程项目达到"安全、服务、科学管理"之目标。

4.2 总体设计要点

交通工程及沿线设施所涉及的面广、专业多,所以从技术上必须加强对这些工程的总体设计,以确保诸多专业的相互协调,使之布局、方案合理,功能充分发挥,所以应在统筹布局的指导下系统地做好各项设计。据此拟定了11项设计要点,其思路如下:

(1)根据高速公路在公路网中的位置及其功能,考虑联网后的要求。

(2)科学确定技术标准、正确运用技术指标,做出符合实际情况的设计方案。

(3)处理好近期与远期、"适度"与"超前"的关系,实现公路建设的可持续发展。

(4)协调与主体工程间和相邻行业间的关系,提高公路信息发布、服务与管理水平。

(5)协调各专业间的设计界面等,使之成为齐全、完善的系统工程。

(6)拟定交通安全设施的设置原则,保障行车安全。

(7)拟定服务设施的合理位置及其间距,以改进服务、增进行车安全。

(8)管理设施应以联网管理为目标,实现公路信息化、决策科学化。

(9)拟定交通工程及沿线设施分期实施原则,确定预留、预埋等方案。

(10)按"全寿命设计",采用综合效益最佳的总体设计方案。

(11)分期修建的续建工程或改(扩)建工程,应进行安全性评价,修改、完善设计。

4.3 总体设计界面

根据近年来高速公路建设的经验,在多个设计单位承担同一设计项目时必须明确各自的职责,为此分别规定了主体工程总体设计、交通工程及沿线设施总体设计各自应负的责任,和双方共同确认并在各自设计文件中以相同的设计方案进行设计的规定内容。"责任单位"应确定或拟定相关设计方案,然后经双方"确认"后共同执行,并对所执行的设计负责。

4.4 设计界面

4.4.1 交通工程及沿线设施同高速公路主体工程的设计界面,按交通安全设施、服务设施、管理设施三部分，共规定了17项界面。各高速公路工程项目可根据项目特点作以相应调整。

4.4.2 关于交通工程及沿线设施各专业间的设计界面以附录方式列出。各高速公路工程项目可根据项目特点、设计单位具体情况等作以相应调整。

5　交通安全设施

5.1　一般规定

5.1.1　根据《标准》(2003)规定,高速公路的交通安全设施等级应为A级。

5.1.2　根据交通部安排的一批研究课题成果,对已建工程做了大量调研、分析、测试、研究,制定了一批交通安全设施技术标准规范。本规范在上述研究工作的基础上,从可行性、产品生产和工程综合经济效益等角度出发,并参考发达国家的情况,规定了交通安全设施各类设备的使用年限。

5.1.3　我国在四、六车道高速公路交通安全设施的设计方面已经取得了较成熟和规范的一整套设计方法。现行设计规范所规定的各级公路交通安全设施的设置也是围绕四、六车道,尤其是四车道高速公路制定的。随着我国经济发达地区的一批高速公路如广佛、沈大、杭甬和沪宁高速公路等的改(扩)建,八车道及其以上高速公路的建设期已经到来。但由于研究、资料和实践经验的欠缺,近期还难以对八车道及其以上高速公路交通安全设施的设计进行系统详尽的规定。在对原有四车道高速公路线形、路基路面、构造物、交通状况、运营管理和交通事故等资料综合分析的基础上,如何针对改(扩)建的八车道高速公路线形、路基路面、构造物和将来的交通状况、运营管理与交通事故预测等实际情况,通过公路安全性评价、交通组织设计和交通运行分析等技术手段,从而有效地提高公路交通安全能力,确保高速、准时、舒适、畅通功能的发挥,是交通安全设施乃至整个交通工程及沿线设施项目设计的重点。为此,对八车道及其以上高速公路的交通安全设施规定应进行调整和加强。

5.1.4　调查发现许多速公路路侧一律设置了防撞护栏,这种做法不妥。在公路上行驶的车辆,由于种种原因,可能驶离路外,并与路外障碍物相撞,而酿成事故。为了提高驶离路外车辆的安全性,国外提出了路侧安全距离的概念。即将公路硬路肩边缘以外一定范围内的所有障碍物统统清除,提供足够宽的无阻碍路侧恢复区,让驶出路外的车辆靠自己恢复正常行驶,而不会酿成严重事故。

而在公路外侧设置的护栏,其本身就是障碍物,它对行车同样构成危险。因此,只有在车辆越出路外的事故严重度比车辆碰撞护栏的事故严重度还大时,设置护栏才是合理的。

公路的中间带或路侧设置的护栏并不能减少事故发生的次数,如果护栏设置合理,则可减轻事故严重度,减少人员的伤亡,或避免二次事故的发生,或降低二次事故的严重度,或防止危及第三方的安全。因此,设置护栏是有条件的。只有通过对事故严重度的分析,确定设置护栏的原则和标准,才能获得最大的安全性和最佳的经济效益。设置路侧安全区就是为了消除与障碍物的碰撞,提供足够宽的无阻碍的路侧恢复区。根据美国的调查,提供一定的路侧恢复区,例如,从硬路肩边缘以外9m或更宽,即可使失控车辆恢复正常行驶。国外提出的路侧安全距离的概念也是为了寻求最大的安全性与最省的费用之间的折中。

鉴于此,本规范规定:路侧安全距离不足或车辆偏离驶出边缘车道,会危及驾乘者及其车辆安全或第三方安全时,应在路侧或中间带设置护栏。

5.1.5　高速公路改(扩)建工程大多数是因为原公路交通量接近饱和,或原公路难以满足该区域交通发展的需求,因而在不中断交通进行施工期间,如不采取积极的交通组织措施,该公路的交通运行状况必然难以满足社会的期望和需求,甚至将诱发大量的交通事故并对区域社会生活和经济发展造成不良影响。因而本规范规定高速公路改(扩)建工程不中断交通施工时,应根据实际情况做出交通组织设计,设置相应临时交通安全设施,以确保行车与施工作业人员安全。

5.2 标志

5.2.1 交通标志的设置应根据公路网布局、设计项目在路网中的地位和作用,以确定交通标志的设置层次和引导方向。交通标志的设置应能体现设计项目在路网中的地位,清晰地反映路网之间的关系,使用路者能清楚、醒目、准确预知将要到达目的地的行驶方向和路径。互通式立体交叉或平面交叉口附近,因车辆的行驶方向复杂,往往需要设置很多的各类交通标志,这些位置应经过深入研究,尽量将交通标志分散设置。在距高速公路入口相邻公路及城郊公路的2~3个路口甚至更大范围内应设置指示标志,以引导车辆能就近、便捷驶入高速公路。

5.2.3 交通标志以一定的支撑方式设置于路上,向用路者提供交通信息,保障行车安全顺畅。支撑方式选择是否恰当对交通标志功能的发挥和保障标志的视认性起着很大的作用,应结合所提供信息的重要性、标志板面尺寸、交通量及其组成、公路条件,尤其是车道数等因素进行综合选择。一般情况下,四车道高速公路主要选择柱式和悬臂式;八车道及以上高速公路则以门架式为宜,且应根据大型车辆的具体比例增加标志信息,尤其是方向、出口预告及出口等重要信息重复提示的频度。

5.2.4 交通标志结构设计应满足功能要求和安全性的要求,要保证交通标志足够的强度、刚度和稳定性。交通标志亦是作为美化路容的重要设施之一,其结构形式应考虑美观要求。同一项目从结构计算和经济性的要求方面考虑,可能会选择十几种甚至几十种材料规格,但为方便加工,便于采购,应尽量使材料规格不宜过多,一般情况下以3~5类为宜。

交通标志所受荷载除恒载(自重)外,主要承受风载。设计风速是交通标志结构计算的重要条件。

5.3 标线

路面标线是确保车流分道行驶,导流交通行驶方向,加强车辆行驶纪律和秩序,增加公路通行能力,更好地组织交通,引导用路者视线,管制用路者驾驶行为的重要手段,它可以有效地指引车辆在汇合或分流前进入合适的车道。交通标线与交通标志一起构成了公路的立体交通语言,两者应相辅相成,不应相互冲突。

设置"路面文字标记"处因降低了轮胎与路面之间的抗滑能力而对行车不利,因而对标线材料的抗滑性能作出了相应规定,要求其被覆盖部分的摩擦系数不应低于所在地段路面的摩擦系数。

5.4 视线诱导标

5.4.1 连续设置视线诱导标是标明公路几何线形走向、线形突变或车流交织,诱导驾驶员视线并予以警示的有效办法。连续设置视线诱导标使用路者能明了前方公路情况,从而能快速、舒适地行驶,增加行车安全,有效避免交通事故。高速公路、一级公路上车辆行驶速度很高,为提高行车的安全性和舒适性,指示道路前方线形非常重要,在夜间视线诱导标的作用就更加明显。

车道数及车道宽度或路肩宽度发生变化的路段,是造成交通流不稳定的重要原因,在夜间往往会引起交通安全方面的问题。如果在该路段设置轮廓标和突起道钉等视线诱导标,使用路者了解车道数或车道宽度的变化,这对顺利通过瓶颈路段防止事故发生是十分有效的。

5.4.2 轮廓标的设置间距应根据公路线形而定。高速公路设置最大间距为50m,如轮廓标附设在路侧钢波形梁护栏上,其设置间距依钢护栏立柱间距而定,最大设置间距为48m。在高速公路互通式立体交叉、服务区、停车区等进出口匝道连接线处,特别在小半径曲线上,应在公路两侧连续设置轮廓标。主线路基宽度变化处以及傍山临河等路段,轮廓标应适当加密,可起到加强诱导和警示的效果。

5.4.4 在一般情况下,线形诱导标每处设置数量不应少于三块,且应保证在用路者视野内线形诱导标的数量不少于三块。

5.5 隔离栅

5.5.1 隔离栅能阻止人、畜进入高速公路或其他禁入的区域，防止非法侵占公路用地。它可有效地排除横向干扰，避免由此产生的交通延误或交通事故，保障高速公路效益的发挥。

5.5.2 隔离栅的结构设计主要是指其高度、稳定性和网孔尺寸的计算和确定。隔离栅的高度是结构设计的重要指标，该指标的取值高低直接影响着工程材料费用的开支和性能价格比。所以高度的确定必须结合实际的地域地形、村镇人口的稠密程度以及人流流动的分布情况等诸多因素进行，但隔离栅的高度不宜频繁变化。

隔离栅的高度主要以成人身高为参考标准，一般在1.50～1.80m。在城市及郊区人口密度较大的路段，特别是青少年较为集中的地方，如学校、运动场、体育馆、影(剧)院等处，隔离栅的设计高度宜取上限，并且根据实际需要可在此基础上进一步加高到使人无法攀越的程度。而在人迹稀少的农村或郊外，由于人流较小，攀登隔离栅穿越公路的可能性远远低于城郊公路，其设计高度可取下限值。当然，隔离栅并不能成为阻挡行人穿越公路的最终设施，模范地遵守交通规则取决于社会的文明程度和法制观念的提高。

5.6 防护网

5.6.1 高速公路上跨桥和人行天桥上抛扔物品，或大风把桥上的杂物刮到高速公路上，或是桥上行驶车辆装载的物品散落到高速公路上，一旦发生上述情况，往往会使在高速公路上正常行驶的车辆猝不及防甚至引发交通事故。因而在上述构造物的两侧设置防护网是非常必要的。

5.6.2 桥梁防护网的设置高度为1.8～2.1m。在交通量大、行人密度高、临近城镇厂矿等地点可取上限，反之则取下限。防护网宜与桥梁横断面比例协调，避免给人以憋闷压抑感。如桥梁两侧设置混凝土护栏时，网面可从护栏顶部设计；如两侧为桥梁栏杆时，防护网应从桥面起算。

5.6.4 在空旷的原野，上跨高速公路的跨线桥往往是周围地物中的最高点，在桥上设置金属防护网后，则其遭雷击的危险性大大增加，因而桥梁防护网应做防雷接地设计。

5.7 防眩板

5.7.1 中间带宽度等于或小于2m的路段，其中间带设置防眩板后可能造成停车视距不足，因之应逐段验算停车视距。不满足停车视距规定的路段必须采取相应的技术措施。

5.8 护栏

5.8.1 车辆碰撞护栏是十分复杂的过程，目前为止尚没有精确计算方法进行设计。护栏作为公路基本安全设施，从开始应用至今已经历了约90年的时间，通过长期的研究和实践，对护栏的结构、碰撞理论、设置原则、制造安装等方面累积了丰富的经验，护栏对促进公路交通安全起到了积极的作用。但同时，应该把护栏本身看作为一种障碍物，它的设置是有条件的。只有进行正确的设计，才有可能实现护栏功能和目标。

确定护栏碰撞条件的原则是：

(1)满足当前公路交通实际情况，确保85%以上失控车辆不会越出、冲断或下穿护栏。

(2)“以人为本”，降低事故的严重度及减少二次事故的发生。

(3)经济实用。车辆碰撞护栏是小概率交通事件，护栏碰撞条件的确定应考虑到国家经济承受能力。

(4)根据确定的护栏碰撞条件设计的护栏结构应通过实车碰撞试验的验证。

目前欧、美、日护栏碰撞条件的发展趋势有如下特征：

(1)车辆组成向小型化和大型化两极发展，大型车比例逐渐提高。

(2)小客车自身的被动安全措施进一步强化(安全带、气囊、ABS、防侧撞装置、座椅、整车结构等)，使得护栏预防二次事故发生的功能更加受到重视。

(3)护栏的碰撞能量有提高的趋势。

(4)路基护栏和桥梁护栏采用统一的碰撞条件，但碰撞等级有区别。

考虑到我国目前公路状况、车辆行驶状况，以及发展趋势，并同国际接轨，以实车碰撞试验数据为依据，既能保证大部分车辆的行车安全，又考虑我国的技术、经济实力，交通部曾立专题对国内交通事故、国省道干线公路上车辆运行速度和我国现阶段主流车型等进行调研分析，依据上述原则和发展趋势制定了我国护栏的防撞等级，共分成五级。

对护栏防撞性能的评价，作为"通用规范"只规定了护栏受撞击时护栏所能承受的碰撞能量(kJ)和乘员所能承受的纵向冲击加速度(g——重力加速度，单位 m/s^2)两项指标。

5.8.2 公路上设置的护栏是一种安全设施，但护栏也是一种障碍物，同样，会对行车安全构成威胁。因此，设置护栏是有条件的。只有通过对事故严重度的分析，确定设置护栏的原则和标准，才能获得最大的安全性和最佳的经济效益。在设计中引入"容错"的设计理念，设置路侧安全区则可消除与障碍物的碰撞，提供足够宽的无阻碍的路侧恢复区。在公路上行驶的车辆，由于种种原因，可能驶离路外，并与路外障碍物相撞，而酿成事故，而将硬路肩边缘以外一定范围内的所有障碍物统统清除，提供足够宽的无阻碍的路侧恢复区，让驶出路外的车辆靠自己恢复正常行驶，就不会酿成严重事故。据美国的调查，在提供路侧安全距离的路段(硬路肩边缘以外 9m 或更宽的区域内，清除所有障碍物)，所有驶出路外的车辆中，有 80% 的失控车辆能够恢复安全行驶。各国路侧安全距离的规定见表 5-1、表 5-2。

表 5-1 各国路侧安全距离标准

国　　别	路侧安全距离(m)	国　　别	路侧安全距离(m)
丹麦	3.00～9.00	英国	4.50
葡萄牙	2.00	捷克	4.50
匈牙利	2.50	瑞士	10.00
比利时	3.50	荷兰	10.00
波兰	3.50	法国(高速公路)	10.00

表 5-2 德国高速公路路侧安全距离的标准

路段特征	边坡坡度	障碍物距硬路肩外边缘的距离(m)	
		一般值	增宽值
直线段、$R \geqslant 1\,500$m 曲线内、外侧	平坡 1:∞～1:8	6	10
	缓坡 1:8～1:5	8	12
	陡坡 1:5～1:1.5	10	14
$R < 1\,500$m 曲线外侧	平坡 1:∞～1:8	10	12
	缓坡 1:8～1:5	12	14
	陡坡 1:5～1:1.5	14	16

在路侧侧向净区内无条件地设置护栏，据统计 80% 失控车辆不能恢复安全行驶，而是硬撞路侧(中央分隔带)护栏，其失控车辆碰撞护栏的事故严重度明显高于失控车辆不碰撞护栏而恢复安全行驶的事故严重度。因之是否设置护栏，在设计时须对采取"设置护栏以保护和降低极小概率事故的严重度"，还是"设置路侧安全区增大车辆恢复安全行驶的几率"进行比较，这就需要设计人员视路侧情况做出合理的设计。

据此，本规范规定高速公路在提供足够宽路侧安全区的路段可不设置护栏。而当需设置护栏时，则必须视路侧情况选用不同的型式和防撞等级。

5.8.4 事故资料显示，在郊外公路上与护栏有关的事故约占 38% 左右。这个数字在一定程度上反映了护栏设计是否适当，设计不当的护栏将成为危险物。那么，在高速公路上如何掌握设置护栏的原则呢？一般来说，设置护栏受到适用性、安全性、经济性、环境限制和交通管理约束等一些因素的影响。所有这些因素，设计者必须全面比较和选择。通过对各国护栏设计实践的调查发现，护栏设置的依据，通常是以设置护栏与不用护栏保护的相对危险性比较后才作出判断的。失控车辆越出路外产生的后果与失控车辆碰撞护栏产生的后果进行比较，能减小事故严重度的场所，就被认为是需要设置护栏的场所。除采用事故严重度指标作为评价设置护栏的依据外，也可采用成本-效益分析法对设置护栏的效益作出评价。

5.8.6 车辆与中央分隔带护栏接触、冲撞、爬上甚至冲断护栏的事故，约占总事故的22%～25%。也就是说，在高速公路上发生的事故，有1/4与中央分隔带有关。因此，在中央分隔带设置护栏是非常必要的，因为这类事故一旦发生其后果是非常严重的。各国在规定中央分隔带护栏设置标准时，都把中央分隔带的宽度作为是否设置中央分隔带护栏的重要依据。

各国在规定中央分隔带护栏设置标准时，一般以中央分隔带的宽度和交通量为依据。从"表5-3 部分国家及组织设置中央分隔带护栏的标准"中可以看出，中央分隔带宽度与交通量有关，交通量达20 000辆/d时，中央分隔带宽度在5～9m之间变化，中央分隔带宽度小于该规定值，就应该设护栏。

表5-3 部分国家及组织设置中央分隔带护栏的标准

国家及组织	中央分隔带宽度(m)	交通量(辆/日)
比利时	0	5 000
	4	10 000
	6	15 000
	8	20 000
丹麦	3	5 000
	6	10 000
	8	20 000
波兰	4	
	6	20 000
葡萄牙	4	10 000
	5	20 000
	6	30 000
瑞典		15 000
英国	2	
		10 500
欧盟	4.5	
	6	20 000
捷克、芬兰	5	
经互会标准	5	
阿尔及利亚	4.5	
	4.5～6	4 000
罗马尼亚	中间带有障碍物时，需设置护栏	
法国	4.5m或中间带有障碍物时，需设置护栏	
美国	9m以下	20 000
奥地利、荷兰 匈牙利、日本 原联邦德国	高速公路、汽车专用公路 一律设置	

比较宽的中央分隔带，车辆横越的几率也相对低。美国规定，中央分隔带宽度超过 9.144m(30 英尺)，可不设中央分隔带护栏；中央分隔带宽度超过 15.24m(50 英尺)时，就没有必要设置中央分隔带护栏了。

根据我国《公路工程技术标准》关于公路横断面的规定，本规范规定高速公路整体式断面，中间带必须连续设置护栏。高速公路整体式断面中间带宽度大于或等于 12m 时，可不设中央分隔带护栏。

5.8.7 中央分隔带开口是供交通事故处理车辆、急救车辆在紧急情况下通行和一侧公路施工封闭时临时开启放行的设施。中央分隔带开口活动护栏在正常情况下要求具有一定的隔离、防撞性能，在临时开放时应能快速、灵活地移动。不封闭的中央分隔带开口很容易导致恶性交通事故。

中央分隔带开口活动护栏的种类很多，国内目前主要采用的活动护栏形式分为三类：插拔式活动护栏、伸缩式活动护栏和充水式或充砂式活动护栏。其中插拔式活动护栏在我国已经有很长的使用历史，有丰富的应用经验。伸缩式活动护栏具有使用方便、灵活的优点。但是，在实际使用中发现伸缩式活动护栏在车辆碰撞下极易破碎，且产生大量飞溅的破片，对用路者不利，而且容易引发二次事故。充水式活动护栏是近几年出现的活动护栏新形式。这种活动护栏具有合理的截面形式，在充水后具有较大的自重，具有较好的防撞能力；而在放水后即可轻松地移动。但是，由于其自身需要充水的特点，在冬季气温低于 0℃ 的地域无法使用，此类区域可采用充砂式活动护栏。从功能上比较，插拔式活动护栏在使用的便捷性、适用地域和造价上优于充水(砂)式活动护栏，而充水(砂)式活动护栏在安全性能方面有优势，但它们都不具备规定的防撞要求。

国内新研制试用的链式混凝土活动护栏已具备一定的防撞能力，正试用验证中，待条件成熟后，其运用将改变目前中央分隔带开口活动护栏不具备防撞要求的现状。

5.8.8 一般情况下，车辆越出桥外的事故严重度比越出路基外的事故严重度高，应选择比路基段高的防撞等级的护栏。有些国家将路基护栏和桥梁护栏规定为两套防撞等级体系。但从护栏体系而言，路基护栏和桥梁护栏相当一部分种类是通用的，所以本规范采用的是一套防撞等级体系，只是规定了不同桥梁位置应设置不同等级的防撞护栏。

5.8.10 不同形式护栏如混凝土护栏与波形梁或缆索护栏等其他类型护栏的连接过渡属于比较特殊的设计，接头处如处理不当，对安全和美观都有影响，一旦在该处发生碰撞事故，将会产生非常严重的后果。因此，应对不同刚度护栏相连接处的端头与衔接做出专门设计，并设置过渡段，使其刚度逐渐过渡并构成一个整体。

5.9 防撞垫

高速公路互通式立体交叉、服务区、停车区出口处的三角地带，属危险三角区，应该做专门防护设计。该处防护设计构造应与路侧波形梁护栏相一致，三角区的顶端用圆头把两侧护栏连接起来。这是一种最简易的处理办法。在危险三角区范围设置防撞垫可有效提高交通安全性。防撞垫能有效地吸收碰撞能量，降低正面碰撞的危害程度。而侧面碰撞时能改变车辆碰撞角度，并将车辆导向正确方向。因此在交通分流的危险三角区、上跨高速公路跨线桥桥墩的迎车面、中央分隔带混凝土护栏的起始端部等处，宜设置防撞垫。

5.10 特殊交通安全设施

5.10.2 高速公路相邻两互通式立体交叉的间距大于 30km 时，应在两互通式立体交叉间设置一处以上紧急出口，以供消防、急救、管理等特定车辆在发生特殊交通安全或紧急事件情况下的疏散、撤离、抢险、救援等紧急状况下使用。紧急出口一般设置在高速公路旁有地方公路网且修建较短的简易便道就能使高速公路与地方公路网接通的地点。设置紧急出口处，其中央分隔带一般应设置开口及活动护栏，不应设置路侧护栏或若设置路侧护栏则应易于拆除。

当不具备设置紧急出口条件时，亦可设置 U 形转弯设施，以便于误行车辆或发生特殊交通安全事件情况下车辆掉头行驶。

设置紧急出口处的隔离栅应设置外形与该路段隔离栅相仿、宽度7m左右的活动栅门。该栅门平时应设锁使隔离栅连续封闭，仅供管理部门在紧急状况下开启使用。紧急出口可对称布置也可交错布置。

5.10.3 避险车道最早起源于美国并有30多年的历史。在20世纪70年代，人们发现失控车辆经常冲出公路停在路边废料堆上，或者冲到山上用于运滚木的旧路上且未导致严重交通事故，由此公路工程技术人员受到启发。第一条避险车道在美国加利福尼亚诞生，此后得到很快的发展。据1990年的统计数字，美国27个州设置的避险车道数量已达170条。避险车道的设置可为失控车辆减少人员伤亡及财产损失。

我国山区公路交通事故统计数据表明，长陡下坡是事故多发路段。近年来，通过国内外技术交流，也引进国外治理长陡坡危险路段的工程措施，在高速公路连续长陡下坡路段设置了避险车道并接近20余条，有效预防了这些路段重大交通事故的发生或降低了事故的严重程度。特别是2003年在八达岭高速公路上设置避险车道后，对减少交通安全事故的严重程度起到了较好的作用。本规范将避险车道作为一种特殊交通安全设施而列入。

6 服务设施

6.1 一般规定

6.1.1 根据《标准》(2003)规定,高速公路的服务设施等级应为A级。

根据服务设施的服务功能,应设置服务区、停车区和公共汽车停靠站。据调查,各地根据情况设置的观景台,实质上就是本规范规定的停车区。

6.1.2 设计交通量是服务设施设计的最基本的依据。早期建成通车的高速公路服务区的土建设施规模有的偏小,造成通车后没几年服务区便不能满足需求,而增加面积又十分困难,因此本规范规定初期停车场、餐饮等的建筑面积可按预测的第10年交通量设计;而用地和相关土方工程等按预测的第20年交通量设计。

6.2 服务区

6.2.2 现阶段我国服务设施建设存在的主要问题是布局不合理,技术标准与建设规模不统一。如有些路段服务区的间距长达150km,但近的却只有11km,有些地区甚至不设置服务区或全部缓建;其次是服务区征地面积偏小,尤其是早期建设的一些服务区,在路网逐步形成及大型车辆比率逐步上升的国道干线上,这一问题更加突出;第三是内部布设不合理,不仅建筑物过于零散,绿化面积偏大而挤占停车场地,而且一些设施如住宿、汽车修理等长期空置,无人问津;第四是一个时期或区域设计千篇一律,过分追求小而全,或装饰过于奢华,但"服务"的功能却没有很好体现。影响服务设施的设置间距的因素较多,考虑到具体情况的差异,为此提出"平均间距"与"最大间距"的概念,以方便建设者和设计人员在实际工程中灵活掌握。

6.2.3 服务区的用地和建筑面积指标的拟定主要依据"交通工程及沿线设施建设规模"专题项目研究成果,以及相关公路建设项目用地指标等确定。鉴于近年来高速公路的迅速发展,特别是六、八车道高速公路的建设增添了更为复杂的因素,为此给出了一个范围值,具体运用时应进行论证,并附详细资料、数据,以作为确定用地面积和建筑规模的依据。

由于加减速车道、贯通车道以及填(挖)方边坡、边沟等用地受地形、场地等实际情况影响差别很大,为保证服务区的实际用地,上述用地不计入服务区用地指标内。

6.2.4 目前国内一般服务区多为双边对称布局,由于受景观、特种土产产源地的影响等,也出现过一侧超负荷使用,而另一侧则使用率却不高的情况。因此,本规范规定可根据情况呈非对称布局,以满足实际使用的需要。

6.3 停车区

6.3.1 停车区仅设置小型停车场、厕所、长凳和绿地等设施,只提供最低限度的服务。在环境优美的地方可结合地形及景观设置观景台。

6.3.2 据调查,目前我国除少数高速公路外,绝大多数高速公路没有设置停车区。据对全国几大片区20多条干线公路近百个服务区的调查,其平均间距为45.6km。世界银行咨询专家在对国内世界银行贷款公路建设项目进行技术评估时指出,路段服务设施布设要服从路网的总体布局,推荐服务区和停车区最大间距为30km。本规范规定在服务区之间可设置一处或多处停车区,两处相邻服务设施的间距不宜大于15km，最大间距不宜大于25km。在服务区间布设停车区，既可提高公路交通安全性，也可有效降低建设和管理费用。

6.3.4 停车区的用地面积指标的拟定原则与服务区相同，公共厕所面积60~110m²/处。

6.4 公共汽车停靠站

6.4.1 为保证高速公路的公共汽车的高速运营，使之不离开高速公路就能上、下乘客，因此应设置公共汽车停靠站。公共汽车停靠站应根据各自情况灵活设置，但都必须保证旅客的安全。

6.4.2 公共汽车停靠站的设置应与当地客运规划、线路布局和相关政策紧密结合，以服务大众，方便乘行。公共汽车停靠站应结合服务区、互通式立体交叉等设置，但应设置联络通道疏导人员，以保证安全，并不对服务区和互通式立体交叉的管理造成影响。

7 管理设施

7.1 一般规定

7.1.1 根据《标准》(2003)规定,高速公路管理设施等级应为A级。

高速公路的管理设施应体现出管理和服务的功能,其管理、监控、收费、通信、配电、照明和养护等均为管理设施中的子设施。

7.1.3 我国高速公路的发展速度较快,近十年来完成欧美等发达国家半个世纪完成的工作,因此管理机构的设置也是一项日趋完善的工作。每个项目管理机构的设置,应根据项目所在地区的管理现状和地区的有关政策、法规因地制宜设置。

管理机构的部门和人员设置应是一个动态的过程,高速公路建成初期,交通量一般较小,部门的设置应保证日常管理工作的正常运转,人员可根据现状情况精简配置。随着交通量的增长,管理业务量的上升,应随时调节、补充相应的人员编制。也有经济增长和发展较快的地区,高速公路建成后,受各种因素的影响,交通量的增长速度较快,此时应根据业务量,无论管理设置是否增设,都应完善管理人员,保证日常工作的正常进行。

7.1.4 斜拉桥、悬索桥等特殊设计的大桥设置桥梁结构监测时,应与主线监控系统实行系统集成。实行桥梁结构监测的桥梁应具备主线控制的基本功能和手段,即可进行速度控制、信息发布;可通过交通信号开放或关闭桥梁,允许或禁止车辆进入;通过车道控制标志和广播等引导车辆转向、逆行等。

隧道的安全与通畅十分重要,应根据具体情况,按照相关的标准规范选择合适、可靠的控制方式,并与监控系统实行系统集成,以便统一管理。实行隧道控制应具有主线控制的基本功能和手段,可进行速度控制、信息发布;可通过交通信号控制系统开放或关闭某条车道或某条隧道,允许或禁止车辆进入;通过车道控制标志和广播系统等引导车辆转向、逆行等。出现紧急事件时,火灾检测报警系统(包括自动检测报警系统和手动按钮报警系统两类)应能由监控中心(分中心)或隧道监控站立即启动火灾处理预案,通过交通控制、照明、广播等控制手段关闭隧道,疏导交通,引导洞内人员紧急逃生;通过通风控制手段控制火势及烟雾蔓延;调动公路内外部门紧急灭火、救助及善后处理。

7.1.5 电力监控应由配电专业负责设计,并应与主线监控系统实行系统集成,以便统一管理。

7.2 管理机构

7.2.1 近年来高速公路发展迅速,各省(市、自治区)随着融资渠道的不同,联网收费管理模式不同,高速公路的管理体制和机构设置也呈现出多样化的趋势。我国大部分省份已实行了省内联网,各省均根据自己省内高速公路项目的建设特点形成了有助于运营管理的联网管理体制。联网收费管理也就成为影响各省高速公路管理体制的重要因素,从几个省的管理现状来看,投资渠道比较单一的省份管理体制多采用自上而下的统一管理体制;而投资方式多元化的省份,则采用的是联合管理的方式。

随着高速公路的发展,为避免重复建设,同时受机电工程设备和系统的技术要求限制,我国大部分省(市、自治区)已完成了机电工程的联网规划。不论是哪种投资方式下的建设项目,高速公路管理机构的设置均应服从联网规划,才能实现技术上和管理上的统一。

受联网收费管理的制约,高速公路的管理机构应主要围绕联网收费为主线设置,养护体制、机构、人员设置和编制应结合项目所在路段情况,根据各项目的路段及行政管理服从整个高速公路管理的统一规定。

7.2.2　各省(市、自治区)管理机构,宜根据实际运营管理情况设置。本条款是根据国内几个运营比较成熟的省份的管理经验提出的,为管理机构的设置提供参考依据,目的在于在相对合理的情况下达到整个管理体制的相对统一。

管理中心、管理分中心、管理站、养护工区及其他机构,主要为所辖路段的管理而设,应保证所辖路段的运营管理正常运转。特别是在紧急情况下,应具备较高的应变能力和控制能力。在设计过程中已考虑了管理人员的工作生活设施,因此这些设施的设置应越靠近所辖路段越好。

收费站是收费广场的直接管理机构,应具备对交通量较集中的收费广场技术上和管理上的实时控制能力,因此必须设在收费广场一侧。

7.3　监控系统

7.3.1　一般规定

(1)监控系统应具备信息采集、信息处理与决策和信息发布与控制功能。

①信息采集

设计时应根据监控系统分类有选择地采集所需信息供分析、决策使用。

a. 交通流信息

车辆检测器有多种类型,基本检测参数是交通量、车速、(时间)占有率等,有的车辆检测器还可检测车辆类型(车长)、车头时距等交通流信息。

各种类型的检测器所适合的路面条件、环境条件,检测精度、维修条件以及价格各不相同,因此需要根据项目具体情况比较分析,选用最适用的类型。

b. 气象信息

公路周边小气候条件(团雾、冰冻、阵风、暴雨等)对交通安全和通行能力的影响极大,因此应设置气象检测器等设备来采集气象信息。需注意的是,气象检测器检测到的气象信息往往只能代表检测器所在位置附近的小范围气象情况,而沿高速公路连续设置气象检测器的做法又因成本过高而不现实。因此,设计时应进行充分的调查以确定设置位置。

c. 事件及路况信息

受到监控系统建设成本、维护成本和技术等多种因素的限制,建设一个完全自动采集信息的监控系统是不现实的。因此需特别强调多途径获取信息,多部门协调工作的重要性。所以,除以上与监控系统联机工作的信息采集设施外,还应根据所确定的规模有选择地设置闭路电视、交通服务信息等,并依靠交通、路政巡逻车以及与沿线养护服务部门的联系,采集高速公路交通事故、车辆故障、公路养护维修等事件及事件信息。

②信息处理与决策

一般情况下监控系统仅提供对信息的预分析和决策方案,最终的决策以及控制指令的发布还需要监控人员通过对信息的进一步确认和分析判断之后做出,这种控制模式即为“半自动控制”。更高级的监控系统则具有自动完成交通事件检测、决策处理、控制指令发布等全部任务的功能,这种控制模式即为“自动控制”。半自动控制和自动控制应可以相互切换。

③信息发布与控制

狭义的信息发布与控制主要由设置在沿线并与监控中心联机工作的信息提供设备以及控制设备所构成,广义的信息发布与控制则还包括向高速公路相关管理部门发布指令和向社会公众发布信息的设施。

(2)根据《标准》(2003)规定,监控系统根据功能和系统配置分为A1和A2两类。本设计通用规范在其原则分类的基础上,以车流密度为指标,按服务水平状况作了进一步细化,分为A22、A21、A12、A11四种。

本规范的监控系统的系统配置是依据以上服务水平状况对其适用范围做出的规定。即:处于一级服务水平时,交通量小、用路者能自由或较自由地选择行车速度,行驶车辆不受或基本不受交通流中其他车辆的影响，交通流处于自由流状态，超车需求远小于超车能力，被动延误少，可为用路者提供舒适、便利的服务。随着交通量的增大，行驶车辆受别的车辆或行人的干扰较大，速度逐渐减小，处于二级服务水平时，用路者选择行车速度的自由度受到了一定限制，但已开始有拥挤感。当达到二级服务水平下限时，车辆间的相互干扰较大，开始出现车队，被动延误增加，为用路者提供的舒适与便利程度将开始下降。因之应采取相应的系统配置进行控制与管理，以改善公路的运行质量。

(3)监控系统各项设备的设计交通量是最基本的设计依据，一经确定，监控系统的标准、规模即随之而定。由于监控系统所用设备属于电子、机电类，技术更新很快，设备使用寿命较短(一般5～10年)，因此规定监控系统机电设备应按预测的第5年交通量设计。但管道及桥梁、隧道等构造物区段的外场设备、基础等设施如不随主体工程一次建成，后补将十分困难，甚至没有可能，因此应同主体工程保持一致，按预测的第20年交通量设计。

(4)高速公路发生特殊交通安全或紧急事件后，如何使各职能部门能够处变不惊、有序工作、分工明确、减少失误，最大限度地保障国家和人民群众的生命财产安全，监控系统必须根据总体设计中预先建立的应急处理预案，迅速作出反应，正确评估事态，采用预先制订的相应实施救助处理方案与措施对事件进行处理。

对大量的交通事故调查表明，死亡人员中除少数人在事故当场立即死亡外，大多数是重伤无法得到及时有效的救护而死亡的。如果交通事故发生后，伤者能够得到合理的现场救护并迅速送至医院，那么受伤者的死亡率就会减小，康复的机会就会增大。据法国民防部门所做的一项调查统计，同样伤势的重伤员，在30min内获救，其生存概率为80%；在60min内获救，其生存概率为40%；在90min内获救，其生存概率在10%以下。另据统计，重伤者有三分之二的人会在25min内死亡，如果受伤者在30min以上才能得到治疗，死亡的危险要大3倍。我国卫生部对1 000例交通事故安全调查研究表明：伤害者中，只有14.3%是乘救护车到达医院的。另外，在车祸死亡者中只有大约40%是当场死亡的，而60%的人是死于医院或送往医院的途中，其中约30%的受伤者因为抢救不及时而死亡。目前，我国的交通事故紧急救援工作还未成体系，并且没有相应的法规予以保证。事故发生后，大部分是靠交警巡查或过路车辆及路过者的口头报案来抢救伤者，很多地区因交通和信息不便，致使伤者得不到及时救治，使一些不该死亡的伤者丧生，交通事故损失增大。因之，建立适合我国国情的高速公路交通安全紧急救援体系已刻不容缓，对降低事故、降低死亡率、改善我国高速公路交通安全形势是一个有效的途径。

7.3.3 监控系统模式

根据系统结构分类，高速公路监控系统可分为集中式和分布式两大类型。由于目前我国大多数高速公路的监控系统配置较低，功能多不完善，监控中心(分中心)还需要更多地依靠巡逻车等发现高速公路出现的交通问题，依靠高速公路路政等机构处理交通事件。如果集中式监控的范围过大，将使监控中心的协调难度加大，监控中心和监控系统的作用难以发挥。另外，外场设备距离监控中心过远，也使数据、图像的传输成本加大。

监控系统根据路线长度和特殊路段分布情况可以分级(分布)设置，但是最基本、最重要的还是监控外场设备级和之上的控制级(监控分中心或监控站)，绝大多数交通事件的发现和处理都要靠这两级来完成。因此分布式应按“监控分中心(监控站)预先分析、处理，监控中心负责协调、决策”的方式进行管理，监控系统的投资和关注重点也应向监控外场设备级和之上的控制级倾斜。

7.3.4 监控系统控制方式

(1)主线控制

主线控制根据不同路段情况可采用不同的控制手段，如：

①通过可变限速标志实行主线速度控制；

②通过可变信息板发布交通、路况、气象及路线诱导等信息和限制速度、限制车道使用，以及控制互通式立体交叉出入等控制指令；

③可通过车道控制标志对车道开放、车道变换、车道关闭等进行车道控制；

④可在特别拥挤时段，对其上游入口匝道进行控制以调节主线流量等。

(2)匝道控制

匝道控制(主要是入口匝道控制)只有在主线临近饱和,需要通过入口匝道控制进入主线的流量时才有必要实施。我国高速公路多采用封闭式收费,互通式立体交叉均设有收费站,必要时可通过收费车道调节入口流量。

(3)通道控制

高速公路形成路网或具有与之相平行的高速公路(或干线、集散公路)条件下,当主线服务水平低于二级时,可以采用通道控制来调节主线和相平行的高速公路的流量。

7.3.5 监控系统性能指标

(1)"交通事件自动检测算法":其性能评价指标为检测率、误报率、平均检测时间,这三项指标要求综合体现既准确又迅速。但三项指标之间又存在相互矛盾的关系:检测率越高,误报率也相应越高;平均检测时间长,则误报率低(但是平均检测时间一般应控制在几分钟之内,时间过长,交通事件的突变特征将消失,导致检测率下降)。目前任何一种算法都无法符合这一综合性能要求,故全面提高三项指标的要求也很难做到。因此,系统应配有多种算法,以相互补充。如当监控系统配有闭路电视时,选择算法应优先保证检测率,此时即使误报率较大,也可以通过闭路电视进行确认。如果不具备闭路电视确认条件,则宁可牺牲检测率,也必须降低误报率,否则系统将无法使用。

(2)除交通事件自动检测算法有比较公认的性能指标外,监控系统则缺乏相应的综合性能指标,或有指标但比较难以实际测定,或难以界定是监控系统还是其他因素所起的作用(如舒适性、耗油率、噪声等指标)。本次根据监控系统的目标提出"系统响应时间"、"交通事故率下降比例"、"交通延误下降比例"和"总旅行时间下降比例"等指标,可供制订系统设计目标以及后评价用。

7.3.6 监控系统各类设备的配置

本规范对《标准》(2003)监控系统A1和A2类的规定按服务水平等情况做了进一步细化,将其系统设备配置规模划分为A22、A21、A12和A11四类。我国目前大部分高速公路的监控系统处于A22类水平,少数处于A21类或A12类水平。A11类为监控系统设施最高配置规模,具备交通事件自动检测的功能,是今后中东部地区主要高速公路、特大城市近郊高速公路等主通道高速公路可采用的配置规模。

(1)A22系统配置

四、六车道高速公路处于一、二级服务水平的路段,其运行状态良好,对监控系统的需求不强。除因交通量统计和交通运行宏观管理的需求在互通式立体交叉等重点路段设置少量车辆检测器、摄像机、小型可变信息标志(兼可变限速标志)和可变限速标志等设施,及公路周边小气候条件复杂路段设置气象检测器外,中心控制设备相应配置较少,因此A22类配置监控系统较为简单,设备配置规模较低,监控系统起到的作用也比较有限。

(2)A21系统配置

①信息采集

为了便于设计人员掌握,根据我国并参照德国、日本等国的技术标准,明确了A21类配置各类外场设备的设置原则,要求在互通式立体交叉、长大桥、中长隧道等特殊路段布设车辆检测器、摄像机等设施,其数量、间距可根据具体情况确定。在相应路段设置遥控摄像机,用于重点监测交通运行状况和交通事件的确认。

②信息处理与决策

中心应配置较完善的系统设备和监控软件,但由于未在沿线密布车辆检测器等,无法实现交通事件自动检测,因此仍然主要依靠人工对交通事件进行分析判断。另外,在此条件下的信息处理与决策子系统主要针对偶发性交通事件实行主线控制和半自动控制。

③信息发布与控制

与系统信息采集和信息处理设施规模相对应,在全线需要控制的路段应设置小型或大型可变信息标志、可变限速标志等设施,宜设置交通信息网站等,A21类配置应可向用路者提供全线基本的服务信息和发布必要的控制指令。

(3)A12系统配置

A12 类配置规模较高，主要体现在外场设备的配置数量、设备档次及相应的中心设备配置及系统软件处理功能等方方面面。但由于沿线未连续设置车辆检测器等，仍无法实现交通事件自动检测，仍然主要依靠人工结合系统分析信息对交通事件进行分析判断。

八车道高速公路的交通量大，同四、六车道高速公路相比宜提高一档设置，因而八车道高速公路的基本配置规定为 A12 类。

(4) A11 系统配置

①信息采集

A11 类为监控系统设施最高配置规模。服务水平达到二级下限并已临近饱和的路段，此时会出现常发性交通拥挤。监控系统应能及时、自动地检测交通拥挤等交通事件的发生，以便及时疏导交通。此时再主要依靠人工去发现、判断交通事件已很难做到。例如，即使沿线密布遥控摄像机，也无法要求监控人员 24h 不间断地操作摄像机，搜寻路段的每一个角落。交通事件自动检测的功能就变得很重要，在此条件下相应路段需采取连续设置车辆检测器等技术措施。

同等交通量条件下，检测器间距越近，平均检测时间越短，检测精度越高，但成本也相应上升。研究表明：检测器最大间距宜为 800m，超过 800m 时将难以达到系统指标；低于 400m 时系统效率的提高也不明显，因此路段检测器的间距可为 500 ~ 800m。

作为辅助监测和交通事件确认的手段，沿线应设遥控摄像机，间距以基本覆盖 A1 类全程路段为限，不宜过密，但也不应留死角。

②信息处理与决策

A11 类监控系统属于完善的监控系统，为弥补单一交通事件检测算法的不足，应配有多种交通事件检测算法，具有完善交通事件自动判断功能。

监控系统应同时针对常发性和偶发性交通拥挤实行主线监控，在主线已临近饱和时可实行通道控制或匝道控制。

尽管 A1 类配置的设备已很完善，但仍无法要求监控系统的检测率为 100%、误报率为零。因此仍应主要实行半自动控制，只有在必要时(如无人值守时)才实行自动控制。

③信息发布与控制

交通拥挤路段发生各种交通事件的几率较大，需及时对车道的使用进行控制。因此设置车道控制标志是目前较为可行的简捷实用的技术手段。车道控制标志布设间距视平曲线及视距大小一般为 500 ~ 1 000m，并采取门架标志进行布置。

交通广播电台和交通信息网站是较为实用的信息提供方式，因而有条件的地区应设置专用的交通广播电台和交通信息网站，各监控中心、监控分中心除应实时提供交通信息以供向用路者发布外，同时也是宣传交通法规、交通常识的重要工具。

7.3.7 监控外场设备基础、管道、供电与防雷、接地

(1)由于一些设计界面不清，监控外场设备往往未预留自己的专用管道，施工时则挤占通信干线管道，造成管道资源的无谓浪费。为此特规定“监控外场设备信号和电力管道应单独设置，不得占用干线通信管道”。

(2)鉴于某些监控系统设计时对于外场设备无论其功率多大、距离多远，统统采用低压(220V/380V)方式供电，造成电力电缆线径过粗的不合理现象，提出“较远距离大功率的外场设备(如大型可变信息板等)可采用在低压电缆和低压断路器等设备耐压范围内升降压方式或中压方式供电，以降低电缆线径”。

一般来说，雷电对监控外场设备及光电缆的危害十分严重，而不同地区的雷电频度和强度又相差很大，如果采用同样的防护措施不仅不能产生同样效果，还将造成投资浪费。另外，防雷接地是一个系统工程，采取单一措施往往效果不佳，因此，“应根据监控系统所处地区年均雷暴天数及设施所处地形地貌特点，对监控系统设备及光、电缆等进行系统的防雷、接地设计”。

7.3.8 可变信息标志字模

根据《道路交通标志和标线》(GB 5768—1999)规定，100 ~ 120km/h 高速公路汉字高度为 60 ~

70cm。可变信息板的LED发光标志字模高度取80cm。从实际效果看，只要LED颜色、发光亮度和对比度合适，这一字高已完全满足要求。六、八车道高速公路为使信息板版面尺寸与公路宽度相适应，字高可采用80cm或100cm。根据汉字视认性研究，标志汉字采用等宽线条、方形黑体字体最有利于驾驶者辨认，而24×24的点阵可以很好地表达汉字字形，因此可变信息板采用24×24点阵即已够用。六、八车道高速公路采用100cm字高，如兼顾图形显示时，也可采用32×32点阵。完全图形化可变信息板的点阵和尺寸不受此限制。

与固定反光标志不同的是，LED标志的汉字采用不等宽线条字体可能更好（发光笔画宽度应尽量比笔画的间隔宽度小）；另外，LED的半功率角宜小不宜大，否则将影响远距离观看的清晰度。

研究表明，3个信息单元、10个汉字的信息量是用路者在高速行驶中较能接受的范围，因此规定单行字模数 ≤10 个。六、八车道高速公路为了使信息板版面尺寸与公路宽度相适应，单行字模数也可采用12个（汉字高为80cm）。

为了降低成本，小型可变信息板字模数可使用双列6个字模（多用4个字模），可分别显示汉字和限速标志等图形，或者交替显示（但不应滚动显示）。这种信息板的实际使用效果较好。

7.4 收费系统

7.4.1 一般规定

设计交通量是收费系统设计的最基本的依据。早期建成通车的高速公路收费系统的土建设施规模有的偏小，造成通车后没几年收费设施（收费车道、收费广场、地下通道、站房房屋等）便不能满足需求，而增加收费车道又十分困难，因此本规范将收费岛、收费广场、收费车道、路面、地下通道、天棚的设计交通量定为：按预测的第15年交通量设计；而收费广场用地、站房房屋、站房区用地和相关土方工程等与主体工程保持一致，按预测的第20年交通量设计。

关于收费系统服务时间的取值原系参照日本的《高速公路设计要领》的规定，近年来许多省份曾作过相关的研究和测试，结果均表明有较大差异，尤其是收费广场出现排队时，查表得到的结果存在较大差距。本规范的制定参照了交通部所列的“交通工程及沿线设施建设规模”专题项目研究成果对服务时间作了相应规定。

7.4.2 收费管理机构

(1)省（市、自治区）收费中心（或区域收费分中心）：负责制定和下传联网收费系统运行参数（费率表、时间同步、系统参数设置等）；接受收费站、收费分中心上传的原始收费数据并对通行费进行拆分和复核，与指定银行进行账目信息交换和通行费结算、分割；联网收费系统操作、维修人员权限的设置与管理；通行券、票证管理；数据库及系统维护、网络管理；汇总、统计、查询、打印有关收费、管理、交通量等报表；数据存储、备份和安全保护。

(2)收费分中心：负责接收和下传联网收费系统运行参数；准确可靠地收集管辖区内每一收费站上传的原始收费数据与图像等信息；汇总、统计、查询、打印有关收费、管理、交通量等报表，并上传所有数据和信息给结算中心；通行券、票证的管理；数据库及系统维护、网络管理等；数据、资料的存储与备份和安全保护；抓拍图像的管理等。

(3)收费站：负责对各收费车道采集的收费数据、运行状况进行实时检测与监控；向收费分中心/收费结算中心传输收费业务数据（收入、交通、管理）；接收收费分中心下传的系统运行参数并下传给收费车道；收费员录入班次的收费额；值班员录入欠（罚）款和银行缴款数据；通行券、票证的管理；抓拍图像的管理等。

(4)各收费车道按操作流程工作，并将收费处理数据实时上传收费站计算机系统；接收收费站下传的系统运行参数；对车道设备进行管理与控制，将各种违章报警信号实时传送到收费控制室，具有设备状态自检功能；当通信中断时具有后备独立工作能力，可降级使用，但不丢失数据。

7.4.3 收费制式

(1)国外收费公路经过几十年的发展在选择收费制式方面积累了丰富的经验，归纳出三种经典制式，即按路段均等收费制（开放式）、按互通式立体交叉区段均等收费制（封闭式）和混合式。

①开放式

开放式收费站建在主线上，长距离收费公路可能建有多个主线站，每个站按控制路段的距离不同而取不同的收费标准。开放式的站点数量最少，所需车道数也最少，因此经济性最好。

但由于开放式无法准确地按行驶里程收费，因此合理性较差，另外有可能出现漏收问题。因此尽管在欧美国家大量应用开放式，但在我国则主要应用在独立收费的桥梁、隧道和不封闭（含有多个平交路口）的收费公路上。

②封闭式

封闭式要求在收费公路所有入、出口设收费站，车辆进入收费公路在入口站领取一张记录入口站名（或编号）的通行券，驶离收费公路时在出口站凭通行券计算行驶里程并根据车型计价收费。

封闭式的收费合理性最好，另外全程两次停车，一次交费，用路者易接受。但是封闭式所需收费站点数多，入出口均需设收费车道，而且因为收费手续复杂、效率低而导致收费车道数最多，且所需收费设备比较复杂、昂贵，造成系统投资大；封闭式收费管理所遇到的特殊情况多，逃费作弊的途径多，再加上系统内各个收费站和收费中心需作为一个整体才能正常运转，从而造成管理难度大、系统可靠性要求高和运营成本大。简单地说，封闭式的合理性最好，经济性最差，管理难度大。而且随着路网规模的扩大，收费站点数量的增多，其优缺点均更加突出，这在东部地区已有明显的表现。

封闭式适用于里程较长，车辆行驶距离差距较大，且主线和互通立交流量均较大的收费公路。我国西部地区大部分收费公路流量较小，还贷能力较差，宜避免大范围采用封闭式。

③混合式

混合式是将全线根据里程长短划分为若干路段，每个路段选位置居中的互通式立体交叉出入匝道之间建主线收费广场，收取路段全程通行费；另建匝道收费广场，分别收取各控制区段的通行费。混合式可以基本按里程收费，合理性优于开放式，但不及封闭式。

总起来说，混合式回避了封闭式依靠通行券收费带来的种种麻烦和问题，因此是一种兼顾合理性和经济性的收费制式。混合式适用于希望有效减少收费站数量，简化收费手续，互通式立体交叉间距较大而流量不大的收费公路，我国西部地区远离中心城市的高速公路适宜采用这种制式。

（2）联网收费对选择收费制式带来的影响

由于联网收费可减少主线收费站的数量，加上国家从政策上鼓励高速公路联网收费，因此高速公路收费制式的讨论近年来已经淡化。这就造成了在我国已建成通车的4万多公里高速公路中，除个别路段采用开放式及混合式收费外，几乎新建高速公路均采用封闭式收费。

从收费技术和经济效益角度看，在我国中西部地区一些高速公路（尤其是山区和荒漠地区）互通式立体交叉的交通量比较小，长距离主线交通比重大，在这些路上一律采用封闭式收费系统将出现收费站多，但相当数量的匝道收费站效益很差的不合理现象。对这些地区的高速公路应进行综合技术经济比较，对采用的收费制式进行论证。

7.4.4 收费方式

（1）一般情况下应选择"人工收费、计算机管理、闭路电视监视"的半自动收费方式。有些高速公路由于主体工程和交通工程设施未同步实施，因此在竣工通车时采用人工收费过渡。考虑到交通部对于高速公路竣工验收已有相关规定，以及人工收费会给联网收费带来困难，并给以后进行联网改造造成资源浪费，因此本规范不认可"人工收费方式"，而要求采用"半自动收费"。

（3）不停车收费是一种先进的收费方式，国外发达国家正在大规模开展应用，我国尚处在起步阶段。不停车收费方式尽管是收费系统发展的方向，但由于标准体系要求严格、投资较大，且系统运行和升级改造均涉及广大用户及银行系统，因此较半自动收费要复杂得多。从国外的发展经验看，正确选择适合国情的标准体系是最重要的。另外，从方便用户以及维护经营者自身利益的角度出发，不停车收费系统宜在较大的区域范围内统一建设，并且努力做到同相邻的系统兼容，用户可以跨区域（跨系统）行驶缴费。

7.4.5 为提高高速公路的使用效率和服务质量，高速公路联网收费设施的相关规定亦已实施。为此本规范规定:"收费标准应统一采用车型分类标准收费,并限制超限超载车辆进入高速公路",同时对检测设施、计重设备、限制进入的超限超载车辆迂回掉头或驶离高速公路的专用道路等作了规定。

7.4.6 收费广场及其设计要点

(2)收费岛侧面高度涉及收费人员的安全。初期的收费岛外缘高度大都采用 0.15m 和 0.20m,失控车辆冲上收费岛、冲撞收费亭的事故时有发生。经多年实践,本规范规定以 0.30m 为宜。

影响收费岛长度的主要因素是岛上安装设备的类型。半自动收费的收费岛长度以 28m 居多。不停车收费和动态称重车道的收费岛长度,则需要增长;同时通过设计车速也影响岛的长度,亦应予以考虑。

收费岛宽度主要考虑收费亭的设置以及用地等因素。经多年实践,一般认为收费岛宽 2.20m 比较合适。高寒地区因需设置保温层、暖气,或将地下通道口设在亭内等,故收费岛宽度最大可达 2.60m。

(4)收费广场车道大于或等于 8 条时,通行车辆较多,不设地下人行通道会造成诸多不安全因素,因此本规范规定收费车道大于或等于 8 条时应设地下人行通道。如收费广场处地下水位很高,且设地下通道难于解决渗水问题时,也可设电缆通道或电缆管道。

(5)收费天棚的主要功能是遮阳、挡雨雪,是为保障车道收费的正常操作而设置的。国内出现过收费天棚净高超过 14m 的大型收费站,并以此作为标志性建筑,违背了设置天棚的原意。因此本规范规定,天棚高度满足净空要求即可,在结构上应做成开放型,不宜做成塔形或钟形,否则会形成天棚下噪声会聚,且不利于废气的排放。

7.4.7 计算机、网络及相关软件是科学技术中最活跃的领域,同样收费系统计算机网络及软件平台是收费系统中发展变化最快的部分。收费系统是利用先进技术来构筑高速公路收费管理的平台,但先进不是目的,而保证收费信息的完整、可靠和安全是选择收费系统计算机网络和软件平台的出发点。

7.4.8 联网收费结算目前有两种模式:统收统分结算模式和费率拆分结算模式。

(1)统收统分结算模式。类似京津塘高速公路早期组建两市一省联合公司,实行统收统分结算模式。

(2)费率拆分结算模式。这种按每辆车拆分结算的模式又分两种情况:一是在省联网收费拆账中心进行拆账;二是先在收费站拆账再在省联网收费拆账中心进行校核。应当说这两种模式在国内都有成功实例,都可以采用,但要强调的是联网收费的数据必须集中到联网拆账中心并由省联网拆账中心管理,当拆账结果出现矛盾或分歧时,以联网拆账中心的拆账结果和数据为准。

(3)联网收费结算遇到的另一个问题是路径判别问题,随着各省高速公路联网和业主的多元化,这一问题将更显突出。目前国内遇到这种问题时普遍采用的是按最短路径法收费,经抽样调查或协商后将路径不明的车辆通行费按商定的比例进行分配。

至于标识站法,需要行驶车辆停车后在通行券上作标记,在一定程度上标识站相当于主线收费站,不符合联网收费的总体目标,不宜使用。不停车收费的标识站技术尚待开发。

7.4.9 收费监控模式

分布式监控模式是常规方案,是各省都曾采用的收费监控模式。但在近几年先后出现了由大型收费站带小型收费站监控及由收费分中心对所辖收费站进行集中监控的模式,由于集中监控模式可以减少管理人员,节省管理费用及提高监控效能,近年来在许多省份得到推广。

随着通信技术和计算机技术的发展,收费站数据、图像和语音最近也出现了集中监管的实例,即收费站不再设服务器和局域网,而是在一个分中心范围内由分中心实施收费过程的监管,由分中心对数据、图像、语音等进行统一管理。

集中监控模式视高速公路长度而定。长度较短(几十公里)的高速公路可由收费分中心集中监控,收费站不设监控人员,所有收费站视频信号及紧急报警信号均上传收费分中心,并设置收费亭与收费分中心之间的内部对讲电话;长度较长(百公里以上)的高速公路则需划分为若干路段,每段选一个规模较大、位置相对居中的收费站对周边收费站实施集中监控。周边收费站不设监控人员,其视频信号及紧急报警信号均上传监控收费站,并设置收费亭与监控收费站之间的内部对讲电话;监控收费站选部分图像送至收费分中心。

7.4.10 收费系统可靠性和网络安全

联网收费以后,联网范围可能覆盖数千公里高速公路,每天的通行费收入将十分可观,收费系统的安全和可靠性必须引起各方关注。收费交易过程除了要满足收费系统基本的保密性、完整性要求外,还应满足以下几点要求:

①收费交易过程中的各种数据信息应当以密文的方式传输和存储。

②收费交易过程中信息应能避免被非法篡改。

③电子标签的合法性证明。

④路侧系统的合法性证明。只有系统内部的合法的路侧天线才能够实现对电子标签的读写交易。

⑤原始交易要真实可信,并且具备不可抵赖性。

高可靠的设备和软件是联网收费系统安全可靠运行的基本条件,而建立完善的路网收费管理制度是系统安全可靠运行的根本保障。

收费系统计算机网络必须与英特网、办公网隔离,并建立完善的网管系统,使收费系统管理者能对联网收费系统的关键设备本身的完好状态及运行状况进行严密的监控,确保收费系统数据能完整、准确、可靠地传送到省(区域)联网收费拆账中心,并在出现问题时应有对策及补救措施。

7.5 通信系统

7.5.1 一般规定

本规范适用于高速公路通信系统的规划、设计。设计应与规划相结合,统一技术标准,统一进网要求,以适应高速公路通信系统建设特点,保证通信网的完整性、统一性及先进性。高速公路通信系统工程设计应符合 ITU、IEEE、GB、YD、JT 等标准化组织制定的相关专业标准。

7.5.3 通信网组成

(1)通信网从功能上可分为传送网、业务网、支撑网。

(2)通信系统传送网设计是根据各省高速公路建设安排,按路分割设计。

(3)通信系统主要为高速公路的管理服务,包括语音、数据、图像信号的传输与交换等。现阶段主要业务有业务电话、指令电话、会议电视、紧急救援、路侧广播、移动通信及监控系统、收费系统的数据、图像传输。随着高速公路管理现代化的需求,信息化建设的实施,高速公路通信的业务网应由电话交换网、数据通信网、图像传输网、会议电视网、路侧广播系统、移动通信系统等组成。

7.5.4 传送网

通信网中通信中心、通信分中心之间的网络为干线网,网络结构可以为树型、环型和格型相结合的网络。目前,干线网设计多采用成熟的 SDH 同步数字传输技术。随着 IP 技术的成熟,下一代通信网络 NGN 技术的发展趋势,可以局部设计基于 IP 的分组交换网络,采用同一技术整合多种业务传输。

目前,各省高速公路交通工程总体规划中通信干线多采用环网加树型结构,SDH 同步数字传输序列等级为 STM-4 或 STM-16。对于省界高速公路通信系统联网可根据需要开通 STM-1 或更高等级 SDH 系统,为语音、数据、图像交换提供通道。

路段内通信系统为接入网,接入网应以路段分中心为核心,沿线收费站、服务区的电话业务、数据、图像传输等终端用户通过接入网连接至分中心。接入网可采用环型或链状拓扑结构,宜采用 SDH 技术的 STM-1、STM-4 等级的综合业务接入网,也可采用千兆以太网接入技术,例如:某一条高速公路或独立大桥、隧道语音、数据、图像数字信号传输的局部网设计。

7.5.5 光、电缆

光、电缆是传送网的重要组成部分,光纤类型选择应结合工程实际考虑。

各条高速公路在传输设计中对干线光、电缆的芯数都已考虑了预留,本规范仅对预留及省际联网所需光纤芯数作了规定。

7.5.6 电话交换网

本规范对高速公路电话交换网目前所采用的交换技术、功能要求,中继接口、编号及时钟精度提出具体规定，以便统一工程设计。随着软交换技术的发展，可在局部非汇接节点采用 VoIP 软交换交换机。

7.5.7 数据通信网

目前通信系统数据传输业务主要是为监控系统及收费系统的数据采集汇总服务。许多省高速公路管理部门都出台了有关高速公路信息化建设的规划，高速公路数据通信网建设提到日程上来，但应做好统一规划（包括 IP 地址及域名 DNS 的分配），分层建设。

7.5.8 图像传输网

本规范仅根据目前高速公路监控及收费系统图像传输技术作了一般性规定，在工程设计中可依据各条路实际情况选择不同传输方案。

7.5.9 会议电视网

对于会议电视网，各省高速公路管理部门可根据需要设置。

7.5.11 移动通信

高速公路移动通信系统工程设计应在充分比较单机性能价格比的前提下决定所采取的方案。

7.5.12 通信支撑网

数字同步网、公共信令网、网络管理网是目前高速公路通信网所采用的同步数字传送序列及程控数字交换机技术体制必须建设的支撑辅助系统。

本规范就通信系统工程设计中某些关键技术问题作出规定。

网元管理系统是传统意义上的网元层及网元管理层的统称，即为了管理一个或多个 SDH 网元所使用的软硬件系统。网元管理系统管理由单一设备供应商提供的 SDH 网元或 SDH 子网。

网络管理系统是为了管理 SDH 传送网网络所使用的软硬件系统。网络管理系统提供全网的端对端网络视图，能够管理网络内由不同设备供应商提供的 SDH 或 SDH 子网。

7.5.13 通信电源

通信系统用电负荷必须为一级负荷。

7.5.14 防雷、接地

本规范未一一列出标准，请参见相应行业规范。

7.5.15 通信管道

通信管道在高速公路路基横断面的布设位置与深度，应与路上其他设施构造物统一协调，保证通信管道安全。

7.6 配电照明

7.6.1 根据电力负荷因事故中断供电在政治上造成影响或在经济上造成损失的程度，区分其对供电可靠性要求，进行负荷分级。

一级负荷应由两个电源供电，当一个电源发生故障时，另一个电源应不致同时受到损坏。一级负荷容量不大时应优先采用从临近的电力系统取得第二低压电源，亦可采用应急发电机组作为备用电源。

二级负荷的供电系统宜由两回线路供电。

三级负荷对供电无特殊要求。

7.6.2 为保证供电可靠性和电压质量，以及经济合理、维护管理方便的原则，应在适当地点设置变电所。

7.6.3 在供电条件较差的地区，难以保证电压质量，可采用有载调压变压器等技术措施。

7.6.4 电力监控应对每个站的变电所的低压进线开关装设通信模块，以便在监控室或监控中心进行遥测遥控。

7.6.5 交通工程设施的大部分变电所，一、二级负荷的用电较少，柴油发电机应按最大一台电动机的启动条件选择，才能满足全部用电要求。

7.6.7 配电线路上下级保护电器的动作应有选择性，各级间应协调配合。配电级数超过三级时，选择性配合就很困难，故配电线路以不超过三级为宜。

7.6.8 有不少工程投入使用后，往往会提出增加回路、增加容量的要求，故预留适当数量的备用回路很有必要。

7.6.9 当内部发生故障和需要检修时，不影响外部电网。

7.6.11 停车场的占地面积较大，以高杆照明为宜，否则达不到照度和均匀度的要求。

7.6.12 车道数小于12的收费广场照明，采用中杆灯即能满足广场照明的要求，且比高杆灯节省投资，安装维修也方便一些。

7.6.14 监控中心机房设备和备用照明，应为一级负荷，故需保证双路电源供电。

7.7 房屋建筑

7.7.1 管理机构房建选址和规模的影响因素很多，且各地管理机构的名称也不统一，本规范将其分为三类：即管理中心，内含监控、收费、通信中心，原则上为省一级，布设上为一省一处；管理分中心，内含监控、收费、通信分中心，原则上一路一处，但立项里程较短（或分期建设）的高速公路应在规划上设置一处分中心；在管理分中心下可设置管理站，内含监控站、收费站、通信站、隧道管理站、特大桥管理站等。

7.7.3 管理模式大致分为三种：即分站式、集中式和混合式。分站式为传统的营运管理模式，即收费管理人员住宿于其工作的收费、监控、通信站（所）或分中心；集中式为收费管理人员按区域集中住宿于一个或几个集中住宿区，而各收费站不设食宿等用房，其建设规模的指标均用于集中住宿区。集中式主要应用于收费站较为密集的经济发达地区。混合式则为在一条高速公路上根据各路段的不同情况分别采用分站式和集中式进行营运管理。以上几种模式都是根据各地实际情况来采用的，但不论采用何种模式，一条高速公路的总体的用地和建设规模均不得突破本规范的规定。各站点的用地和建设规模指标的拟定主要依据"交通工程及沿线设施建设规模"专题项目研究成果，以及相关公路建设项目用地指标等确定。鉴于近年来高速公路的迅速发展，特别是八车道高速公路的建设增添了更为复杂的因素，为此给出了一个范围值，具体运用时应进行论证，并附详细资料、数据，以作为确定用地面积和建筑规模的依据。

7.7.10 养护工区的设置应根据地区的实际情况确定。已形成路网的可在几条高速公路的交汇处附近设置养护工区，这就需要在区域路网规划时统一设计，综合考虑。

另外，养护工区中的养护机械、材料可能具有一定的污染性，所以在和其他的站点合建时，一定要保持各功能分区相对独立和互不干扰，并各自设立不同的出入口。